콕콕
정교수
전산회계
1급

공인회계사·세무사 **정성진** 지음

다락원

〈콕콕 정교수 전산회계 1급: 무료강의 안내〉

▶ [회계입문 이론 강의] 무료로 제공!
▶ [전산회계 1급 전체 기출풀이] 무료로 제공!
▶ [정교수의 찍어주마(무료특강) 강의]까지 전부 무료로 제공됩니다!

* 본 책 공부 중 질문사항은 네이버카페 https://cafe.naver.com/eduacc의 『전산회계 1급 Q&A』코너를 이용해 주세요!

〈무료강의 듣는 방법〉

▶ 『회계입문도서』는 **전자책(PDF)으로** 제공(down)됩니다. 예스24, 교보문고, 알라딘에서 [콕콕 정교수 회계입문]을 검색해 주세요. 『회계입문 이론강의』 및
▶ 『전산회계 1급 전체 기출풀이 해설강의』 그리고
▶ 『정교수의 찍어주마(무료특강) 강의』는
다음처럼 이용하시면 됩니다.
* [유튜브]에서 → [원큐패스 채널]을 검색 → [재생목록]에서 → [무료강의- 원큐패스 콕콕정교수 전산회계 1급]

머리말

콕콕 정교수
전산회계 1급 특징

전산회계 1급 시험에 합격하기 위해서는 회계원리 기초 내용을 익힌 뒤, 이를 KcLep 프로그램에 입력할 줄 알아야 합니다. 어느 정도 공부만 하면 꼭 전공자가 아니어도, 그리고 학원에 가지 않아도 독학으로 충분히 합격할 수 있는 시험임에도 많은 분들이 합격에 어려움을 겪고 있습니다.

이에 저자의 오랜 공인회계사·대학교수 경험을 바탕으로 학생들이 쉽게 전산회계 1급 자격증을 취득할 수 있도록 책을 구성하였는데, 이 책은 다음과 같은 특징을 갖고 있습니다.

- 대화식으로 기술되어 이해하기가 아주 쉽습니다.
- 합격에 꼭 필요한 기출 내용만으로 책을 구성하고 출제빈도가 높은 핵심내용은 별도로 구분하였습니다.
- 이론 공부 뒤 곧장 해당 내용을 KcLep에 입력하도록 구성되어 있습니다.
- 한 권으로 「이론」 + 「실무」 + 「기출」을 끝낼 수 있습니다.
- 시험 직전 체크할 수 있는 「핵심체크 & 빈출 120문제」가 별책으로 제공됩니다.
- 회계입문, 전산회계1급 기출 풀이, 정교수의 찍어주마(무료특강) 강의가 무료 제공됩니다.

전산회계1급 시험은 차변·대변만 어렴풋이 아는 학생이라면 매일 2시간의 꾸준한 학습으로 1~2개월이면 합격할 수 있을 정도의 시험입니다. 차변·대변을 모른다 하더라도 2~3개월이면 충분합니다.

이 책을 차분히 읽고 시키는 대로 따라만 하면 여러분의 손에 전산회계1급 자격증이 쥐어질 것입니다.

공인회계사·세무사 정성진

전산회계 1급 시험안내

📝 시험개요: 시험시간 60분

- ✓ 100점 만점(이론 30점, 실무 70점): 70점 이상 취득 시 합격
- ✓ 이론: 객관식 15문제(문제당 2점)
- ✓ 실무: KcLep 프로그램 입력 총 23문제(문제당 3점)

🔍 평가범위

- ✓ 이론: 회계원리 8문제(16점), 원가회계 4문제(8점), 부가가치세 3문제(6점)
- ✓ 실무: KcLep 프로그램 기초정보 등록·수정 3문제(10점), 일반전표 입력 6문제(18점), 매입매출전표 입력 6문제(18점), 오류수정 2문제(6점), 결산정리 3문제(9점), 부가가치세 신고서 조회 및 장부조회 3문제(9점)

회계원리	모든 부분이 골고루 출제되고 있기 때문에 차변, 대변의 기본원리를 이해한 뒤, 각 계정과목별로 자주 출제되는 내용을 이해한 뒤 일부 내용을 암기해야 함.
원가회계	원가종류, 원가계산, 원가배분, 개별/종합원가계산에서 반복적으로 출제되고 있으며 암기보다는 이해가 중요함.
부가가치세	기본개념, 사업자등록, 세금계산서, 면세적용대상, 매입세액불공제, 부가가치세 계산 및 신고납부가 주로 출제되고 있으며 일정 부분 암기 필요함.

📅 시험일정

	원서접수	시험일자	합격자 발표
제118회	01.02 ~ 01.08	02.09(일)	02.27(목)
제119회	03.06 ~ 03.12	04.05(토)	04.24(목)
제120회	05.02 ~ 05.08	06.07(토)	06.26(목)
제121회	07.03 ~ 07.09	08.02(토)	08.21(목)
제122회	08.28 ~ 09.03	09.28(일)	10.23(목)
제123회	10.30 ~ 11.05	12.06(토)	12.24(수)

※ 한국세무사회 국가공인자격시험 사이트(http://license.kacpta.or.kr)에서 인터넷으로 원서 접수하며 응시료는 30,000원임.

공인회계사·세무사 **정성진** 지음

1부 핵심체크

I. 회계기본원리

01 회계거래의 요건
자산, 부채, 자본, 수익, 비용에 영향을 미쳐야 함. 예 단순한 계약서 작성은 회계상 거래가 아님.

02 회계거래 결합관계: 거래의 8요소 빈출
- 차변: 자산증가, 부채감소, 자본감소, 비용발생
- 대변: 자산감소, 부채증가, 자본증가, 수익발생

03 회계순환과정
- 거래식별 → 분개 → 전기 → 수정전 시산표 → 기말수정분개 → 수정후 시산표 → 수익·비용 마감 → 손익계산서 → 자산·부채·자본 마감 → 재무상태표
- 손익계산서: 수익·비용 계정 마감 → 집합손익계정 마감 → 손익계산서 작성(수익·비용계정은 차기로 이월되지 않음.)
- 재무상태표: 자산·부채·자본 계정 마감 → 재무상태표 작성(자산·부채·자본계정은 차기로 이월됨.)

04 복식부기 자기검증
- 발견 가능 실수 : 차변·대변 중 한쪽만 전기
- 발견 불가능 실수 : 차변·대변 양편에 동일한 틀린 금액 입력, 차변·대변을 반대로 입력, 차변·대변에 이중으로 두 번 입력, 분개 자체를 누락

05 재무제표 종류 5가지 빈출
재무상태표(특정 시점의 자산·부채·자본 현황), 손익계산서(일정 기간 경영성과), 자본변동표(일정기간 자본변동), 현금흐름표(일정기간 영업활동, 투자활동, 재무활동의 현금흐름), 주석(주기는 재무제표 아님.)

06 재무제표 표시
기업명, 보고기간(재무상태표-보고기간 종료일, 손익계산서-회계기간), 금액단위, 당기·전기 비교표시

07 재무상태표 구조 빈출
- 자산: 유동자산(당좌자산, 재고자산), 비유동자산(투자자산, 유형자산, 무형자산, 기타비유동자산)
- 부채: 유동부채, 비유동부채
- 자본: 자본금, 자본잉여금, 자본조정, 기타포괄손익누계, 이익잉여금

08 손익계산서 구조: 매출 → 매출총이익 → 영업이익 → 법인세차감전순이익 → 당기순이익

09 재무제표 작성 기준
- 재무상태표: 유동성구분, 유동성배열, 총액표시
- 손익계산서: 총액표시, 발생주의, 수익·비용대응, 구분표시

10 유동성 배열
- 자산: 당좌자산 → 재고자산 → 투자자산 → 유형자산 → 무형자산 → 기타 비유동자산
- 부채: 유동부채 → 비유동부채

11 재무제표 작성 기본가정
기업실체가정, 계속기업가정, 기간별 보고가정

12 회계정보특성
- 신뢰성: 중립성, 검증가능성, 표현의 충실성
- 목적적합성: 적시성, 예측가능성, 피드백가치

II. 자산

01 현금및현금성자산 [빈출]
- 현금: 통화(지폐, 동전), 통화대용증권(자기앞수표, 당좌수표, 우편환증서, 만기도래 약속어음, 만기도래 채권이자표, 배당금지급통지서)
- 요구불예금: 보통예금, 당좌예금
- 현금성자산: 취득일로부터 만기가 3개월 이내인 금융상품(양도성예금증서, 기업어음, 어음관리계좌, 환매조건부채권)

02 현금성자산 아닌 것
우표, 수입인지, 만기미도래 약속어음, 선일자수표, 단기금융상품(회계기간 말 기준 1년 이내 만기인 적금, 정기예금), 특정현금과 예금(담보제공, 당좌개설보증금)

03 매출채권 [빈출] [주로 실무]
- 받을어음 추심수수료: 수수료비용(판매관리비)
- 받을어음 배서 거래처: 배서하는 받을어음 거래처는 최초 어음발행 거래처 입력
- 받을어음 매각거래 할인료: 매출채권 처분손실(영업외비용)
- 받을어음할인 차입거래: 어음할인액(단기차입금), 할인료(이자비용)
- 외화외상매출금 환산: 매출일 대비 외화입금일 사이의 환율차이(외환차익, 외환차손)

04 대손충당금 [빈출] [주로 실무]
- 회계연도 말 설정시점: 부족 시(추가 설정), 남을 경우(환입)
- 대손 발생 시: 기설정한 대손충당금과 외상매출금 상계 처리. 부족액은 추가 대손상각비 처리
- 이미 대손처리한 매출채권 회수: 현금 ××× / 대손충당금 ×××
- 기타 채권(선급금, 미수금 등): 기타의대손상각비(영업외비용)

05 유가증권 종류
- 단기매매증권: 1년 이내 처분 목적 주식, 채권(당좌자산)
- 만기보유증권: 만기까지 보유 목적 채권(투자자산)
- 매도가능증권: 1년 이후 처분 목적 주식, 채권(투자자산)

06 단기매매증권
- 취득비용: 수수료비용(영업외비용)
- 평가손익: 단기매매증권 평가손익(영업외손익)
- 처분손익: 단기매매증권처분손익(영업외손익)

07 만기보유증권: 취득 수수료(취득원가에 가산), 기말에 공정가치로 평가하지 않음(원가법).

08 매도가능증권
- 취득비용: 취득원가 가산
- 평가손익: 기타포괄손익누계(자본)
- 처분손익: 매도가능증권처분손익(영업외손익)

09 단기매매증권 vs 매도가능증권 〔빈출〕
- 취득비용: 단기매매증권(당기비용), 매도가능증권(취득원가)
- 평가손익: 단기매매증권(영업외손익), 매도가능증권(기타포괄손익누계)

10 기타 당좌자산 〔빈출〕
- 매출채권 vs 미수금: 매출채권(상거래에서 받지 못한 외상매출금, 받을어음), 미수금(상거래 이외에서 받지 못한 금액)
- 선급금(계약금, 선금 지급액), 선납세금(이자 원천징수세액, 법인세 중간예납세액), 선급비용(미래 비용을 미리 지급한 부분을 자산으로 처리), 미수수익(발생한 수익 중 받지 못한 금액), 가지급금(지급된 현금이 어디에 사용될지 모를 때 사용)

11 재고자산 취득원가: 매입가격 + 매입부대비용 - 매입할인 - 매입환출및에누리

12 재고자산 가액: 수량 × 단가 〔빈출〕〔어려우면 계산문제 패스〕
- 재고자산 수량파악: 실지재고조사법, 계속기록법, 혼합법
- 재고자산 단가계산: 개별법, 선입선출법, 후입선출법, (이동)평균법
- 물가상승 시 비교
  - 기말재고: 후입선출법 < 평균법 < 선입선출법   - 매출원가: 선입선출법 < 평균법 < 후입선출법

13 재고자산 평가
- 재고감모손실(수량 감소), 재고평가손실(가치하락)
- 재고감모손실: 정상분(매출원가), 비정상분(영업외비용)
- 재고평가손실: 매출원가 처리, 재고자산평가충당금(재고 차감계정) 설정

14 **특수 형태 재고자산 포함 여부:** 시용품(포함), 위탁품(포함), 장기할부판매품(불포함), 선적지조건 구입(포함), 도착지조건 구입(불포함)

15 **부동산 분류:** 유형자산(업무에 사용), 투자자산(시세차익, 임대 목적), 재고자산(부동산 매매회사의 판매용)

16 **유형자산 취득** `빈출` `주로 실무`
- 건설중인 자산: 공사중인 건물에 사용되는 계정과목. 완공 시 건물로 대체
- 취득원가에 가산되는 부대비용: 취득세, 거래비용, 국공채 매입가액과 현재가치 차이, 최초 운송비용, 중개수수료, 자산해체비용, 자본화 차입금이자, 설치준비비, 조립비용, 시운전비, 토지구획비용
- 토지, 건물 일괄취득: 토지, 건물의 공정가치로 구분
- 수익적 지출(당기비용 처리), 자본적 지출(자산처리)

17 **감가상각비** `빈출` `어려우면 계산문제 패스`
- 개념: 유형자산 취득원가를 일정기간 비용으로 인식하는 과정(단, 토지, 건설중인자산, 투자부동산은 감가상각 안 함.)
- 감가상각비 종류: 공장 부분(제조원가, 518), 본사/영업부 부분(판매비와관리비, 818)
- 감가상각 방법: 정액법, 정률법, 연수합계법, 생산량비례법, 이중체감법(한 번 선택된 감가상각방법은 계속 적용)
- 정액법: (취득원가 - 잔존가치) ÷ 내용연수
- 정률법(체감잔액법): 미상각잔액(취득원가 - 기초감가상각누계액)×상각률
- 연수합계법: (취득원가-잔존가치)×(잔여내용연수/내용연수합계)
- 이중체감법: 미상각잔액×((1/내용연수)×2배)
- 1년차 감가상각비 비교: 정률법 〉 연수합계법 〉 정액법

18 **유형자산처분손익** `주로 실무`
- 처분가액 〉 장부가액: 유형자산처분이익(영업외수익)
- 처분가액 〈 장부가액: 유형자산처분손실(영업외손실)
- 유형자산 폐기: 잔존 장부가액(취득가액-감가상각누계액) + 폐기비용을 유형자산처분손실 처리

19 **주요 무형자산** `빈출`
영업권(타인구입), 산업재산권(특허권, 실용신안권, 의장권, 상표권), 개발비, 소프트웨어, 임차권리금, 광업권, 어업권, 라이선스(임차보증금, 전세권은 기타비유동자산임.)

20 **개발비** `빈출`
- 연구단계: 경상연구개발비(당기비용)
- 개발단계: 성공가능성↑(개발비, 무형자산), 성공가능성↓(경상연구개발비, 당기비용)
- 연구단계와 개발단계 구분이 어려우면 모두 연구단계로 봐 당기 비용 처리
- 무형자산 상각: 20년 이내 정액법 상각, 감가상각누계액 설정할 수도 있지만 보통 무형자산에서 직접 차감

21 **기타비유동자산:** 임차보증금, 전세권, 전신전화가입권, 장기미수금(주의: 임차권리금은 무형자산)

Ⅲ. 부채와 자본

01 유동부채 `빈출` `주로 실무`
- 매입채무 vs 미지급금: 매입채무(원재료, 상품 외상구입), 미지급금(기계장치 등 외상구입)
- 선수금: 매출 시 계약금 수령액
- 예수금: 급여 지급 시 국민연금, 건강보험료 원천징수액
- 유동성장기부채: 결산일 기준 1년 이내 상환기일 도래한 장기차입금
- 가수금: 이유를 모르는 현금수령 시 사용하는 임시계정

02 퇴직급여충당부채 `주로 실무`
- 퇴직금 적립 시: (차) 퇴직급여　　×××　　(대) 퇴직급여충당부채　×××
- 퇴직금 지급 시: (차) 퇴직급여충당부채　×××　　(대) 보통예금　×××

03 퇴직연금 `빈출` `주로 실무`

구 분	확정기여형(DC)	확정급여형(DB)
퇴직연금 납입 시	(차) 퇴직급여　××× 　　수수료비용　××× 　　　(대) 보통예금　××× : 퇴직연금 계좌에 납입이 퇴직금 지급임.	(차) 퇴직연금운용자산　××× 　　수수료비용　××× 　　　(대) 보통예금　××× : 퇴직금 지급용 별도 회사 소유 계좌에 퇴직금 예치
충당부채 적립 시	DC형 퇴직연금 계좌는 종업원 소유로 퇴직연금 불입이 퇴직금 지급임. 따라서 회계처리 없음.	(차) 퇴직급여　××× 　　　(대) 퇴직급여충당부채　×××
퇴직금 지급 시		(차) 퇴직급여충당부채　××× 　　　(대) 퇴직연금운용자산　×××

04 사채발행 형태 `어려우면 패스`
- 액면발행(액면이자율 = 시장이자율)
- 할인발행(액면이자율 〈 시장이자율): 사채할인발행차금
- 할증발행(액면이자율 〉 시장이자율): 사채할증발행차금
- 사채발행비: 사채발행금액에서 차감(할인발행차금 성격)

05 사채할인발행차금 `어려우면 패스`
- 사채액면가액에서 차감하여 표시

　사　　　채　　　×××
　사채할인발행차금　(×××)

- 사채할인발행차금 상각: 이자비용에 추가

　(차) 이자비용　×××
　　　(대) 보통예금　　　　×××
　　　　　사채할인발행차금　×××

(*) 사채할인발행차금은 유효이자율법으로 상각

06 충당부채 vs 우발부채: 충당부채(부채 O), 우발부채(부채 ×, 주석 기재)

07 자본의 구성 [빈출]

항목	내용
자본금	액면금액의 합계(주식수 × 액면가액)
자본잉여금	주식발행초과금, 감자차익, 자기주식처분이익
자본 조정	주식할인발행차금, 자기주식, 감자차손, 자기주식처분손실, 미교부주식배당금
기타포괄손익누계	매도가능증권평가손익, 해외사업장의 재무제표 환산손실, 투자부동산 재평가잉여금
이익잉여금	이익준비금, 임의적립금, 미처분이익잉여금

08 주식발행(증자)
- 현물출자: 출자하는 자산의 공정가치
- 주식발행비: 발행가액에서 차감
- 주식할인발행차금: 주식발행초과금과 먼저 상계 후 잔액을 표시
- 자기주식처분손실: 자기주식처분이익과 먼저 상계 후 잔액을 표시

09 배 당 [빈출] [주로 실무]
- 현금배당 결의시점: (차) 이월이익잉여금 ××× (대) 미지급배당금 ×××
- 주식배당 결의시점: (차) 이월이익잉여금 ××× (대) 미교부주식배당금 ×××
- 무상주배당: (차) 자본잉여금 ××× (대) 미교부주식배당금 ×××
- 현금배당(자산 감소, 자본감소) vs 주식배당/무상주배당(자산, 자본 변동 없음.)

Ⅳ. 수익·비용

01 손익계산서 구조 [빈출] [어려우면 계산문제 패스]
- 매출원가 = 기초재고 + 당기 매입 - 기말재고
- 매출총이익 = 매출 - 매출원가
- 영업이익 = 매출총이익 - 판매비와관리비

02 재화의 공급시기 [빈출]
- 원칙: 인도시점
- 위탁판매: 수탁자 판매시점
- 할부판매: 인도시점
- 도착지 인도조건: 도착 후 인수시점
- 광고수수료: 매체수수료(광고가 대중에게 전달되는 시점), 제작수수료(광고제작 진행률에 따라 인식)
- 시용판매: 매입의사 표시시점
- 상품권판매: 상품권이 사용된 시점
- 선적지 인도조건: 선적시점
- 수강료: 강의시간에 걸쳐 인식

03 매출 조정 항목 [빈출]
- 매출할인: 매출채권 조기회수로 깎아주는 금액으로 매출에서 차감(상품매출할인, 제품매출할인 구별)
- 매출환입및에누리: 물품의 하자 등으로 물건값을 깎아주는 금액으로 매출에서 차감(상품매출환입및에누리, 제품매출환입및에누리 구별 입력)

04 매출원가 조정 항목
- 매입환출및에누리, 매입할인: 매출원가에서 차감
- 관세환급금: 매출원가에서 차감
- 타계정대체: 매출원가에서 차감(적요 8번, 타계정으로 대체액 손익계산서 반영분 선택)

05 제조원가 vs 판관비 `빈출` `주로 실무`
제조원가(제조부, 연구개발부서, 500번대 코드), 판관비(본사, 영업부 등, 800번대 코드)

06 주요 판매비와관리비 `빈출` `주로 실무`
복리후생비(임직원 복지, 회사부담 건강보험료 등), 기업업무추진비(거래처 선물, 경조사비 등), 세금과공과(재산세, 자동차세, 교통위반과태료, 회사부담 국민연금 등), 도서인쇄비(명함, 책 구입)

07 주요 영업외손익 `빈출` `주로 실무`
- 영업외수익: 외화환산이익(회계기간말 평가이익), 외환차익(외화 환전 이익), 자산수증이익, 채무면제이익, 보험차익
- 영업외비용: 외화환산손실(회계기간말 평가손실), 외환차손(외화 환전 손실), 기타의대손상각비(미수금, 선급금 등 상거래 이외 채권 대손 손실), 재해손실

V. 부가가치세

01 부가가치세 특징 `빈출`
전단계세액공제법, (일반)소비세, 간접세, 국세, 다단계거래세, 단일세율(비례세율), 소비지국과세

02 부가가치세 사업자
- 사업자 요건: 사업성, 독립성, 영리목적 유무와 무관
- 간이과세자: 직전연도 공급대가(공급가액+VAT) 연 1억 400만 원 미만 개인사업자

03 사업자등록
- 사업자등록 신청: 사업개시일로부터 20일 이내(단, 사업개시 전이라도 신청은 가능)
- 사업자등록증 정정신고: 상호, 법인 대표자, 사업장 주소, 사업종류, 사업 상속
- 개인대표 변경, 사업 증여: 사업자등록증 신규발급
- 사업자 미등록증 불이익: 공급가액 1% 가산세, 매입세액 환급 불가

04 총괄납부 vs 사업자단위
- 총괄납부: 사업장마다 사업자등록, 주사업장이 납부만 총괄
- 사업자단위: 주사업장만 사업자등록, 주사업장 신고·납부 모두 수행, 사업자단위 과세는 법인의 경우 본점만 가능

05 영세율 `빈출`
- 특징: 이중과세 방지, 수출촉진, 완전면세
- 영세율 적용대상: 해외 직수출, 내국수출(내국신용장, 구매확인서), 용역 국외공급, 외국항행용역
- 영세율 사업자의무: 부가가치세 신고(과세사업자), 내국수출의 경우 세금계산서 발행

06 면세 (빈출)
- 면세 특징: 부분면세, 역진성 완화
- 면세 적용대상: 기초생활(미가공식료품, 수돗물, 생리대, 기저귀, 분유, 여객운송, 주택건설·임대), 국민후생(의료보건, 인허가 교육), 문화(도서, 신문, 방송, 예술), 부가가치구성(토지공급, 금융보험, 인적용역)
- 면세 안 되는 대상: 사무실건설·임대, 미용성형, 일반의약품, 무도학원, 자동차학원, 광고, 토지임대, 수집용우표, 전문직용역

07 세금계산서 (빈출)
- 세금계산서 발행: 공급하는자 1장, 공급받는자 1장, 총 2장
- 세금계산서 필요적 기재사항
  공급하는 자 등록번호·성명(명칭), 공급받는 자 등록번호, 공급가액과 부가가치세액, 작성연월일
- 전자세금계산서 의무발행: 법인, 직전연도 사업장별 과세분+면세분 공급가액 8,000만 원 이상 개인사업자(전자세금계산서는 발급일 다음 날까지 발급명세 전송)
- 세금계산서 발급시기: 원칙(재화용역의 공급시기)
- 세금계산서 발급시기 예외
  (공급 이전: 발행 후 7일 이내 대금 받는 경우, 월합계세금계산서: 매월 거래 합계에 대해 매월 말일을 작성연월일로 다음 달 10일까지 발행)

08 부가가치세 과세대상·공급시기 (빈출)
- 부가가치세 과세대상: 재화공급, 용역공급, 재화수입
- 실질공급: 과세○(매매계약, 가공계약, 교환계약, 경매, 수용, 현물출자), 과세×(국세징수법공매, 민사집행법경매, 세금물납, 단순담보제공, 국가무상제공, 사업포괄양도)
- 간주공급: 매입세액공제 받은 후 자가공급, 개인적 공급, 사업상증여, 폐업 시 잔존재화
- 용역의 공급이 아닌 것: 고용관계 근로제공, 용역 무상제공(단, 특수관계자에 부동산 무상사용은 과세)
- 재화 공급시기: 현금·외상판매(인도시점), 자가공급·개인적 공급·사업상증여(사용된 시점), 폐업 시 잔존재화(폐업시점), 장기할부판매(대가의 각 부분 받기로 한 때)
- 용역 공급시기: 역무 제공완료 시점

09 부가가치세 매출세액 (어려우면 계산문제 패스)
- 공급가액 = 공급대가 ÷ 1.1
- 매출세액: 과세표준(공급가액)×10%, 0%
- 과세표준의 가액: 통상(금전가액), 무상공급(시가), 저가공급(특수관계자-시가, 이외-실거래가), 간주공급(시가), 용역 무상공급(과세×)
- 과세표준 불포함: 매출환입, 매출에누리, 매출할인, 도달 전 파손, 연체이자, 반환조건 용기대금, 관련 없는 국고보조금
- 과세표준 포함: 대가 받은 용기대금, 할부금에 포함된 이자, 마일리지 판매금, 사용하던 유형자산 판매
- 수입품 과세표준: 과세가격 + 관세 + 개별소비세 + 주세 + 교육세 + 농어촌특별세 + 교통·에너지·환경세
- 과세표준에서 차감하지 않는 항목: 대손금, 판매장려금, 하자보증금

10 부가가치세 매입세액 `빈출`
- 매입세액공제 시 제출서류: 매입처별세금계산서합계표, 신용카드수령금액합계표, 원본 5년간 보관
- 매입세액 불공제: 세금계산서 등 미수취, 매입처별세금계산서합계표 미제출·부실기재, 사업무관, 사업자등록전 지출, 면세사업, 기업업무추진비, 토지조성·취득, 비영업용 소형승용차(배기량 1,000cc 초과)
- 매입세액 공제되는 승용차: 택시·리스차량·운전면허학원차량, 배기량 1,000cc 이하 경차, 9인승 이상
- 의제매입세액: 면세품을 구입해 과세 재화를 공급할 때 면세 구입액의 일정액을 매입세액 공제하는 제도

11 부가가치세 신고 · 납부 `어려우면 계산문제 패스`
- 신고납부기한: 1기 예정(4.25), 1기 확정(7.25), 2기 예정(10.25), 2기 확정(다음 연도 1.25)
- 특수 경우 과세기간: 개업(사업개시일~과세기간 종료일), 폐업(과세기간 개시일~폐업일), 간이과세자(1.1~12.31)
- 예정기간 고지납부: 개인(예정기간 1월~3월에 대해 직전 과세기간 1/2을 고지서 받아 납부, 단, 전기 대비 실적 악화 시 직접 예정신고 가능), 간이과세자(전반기 1월~6월에 대해 직전 연도 1/2을 고지받아 납부)
- 부가가치세 환급: 일반환급(확정신고기한 경과 후 30일 이내), 조기환급(예정·확정·조기환급신고기한 후 15일 이내)

VI. 원가회계

01 원가회계 vs 재무회계
원가회계(경영자 의사결정, 특수목적보고서, 미래 지향적), 재무회계(외부정보이용자, 재무제표, 과거 지향적)

02 원가의 구성과 종류 `빈출`
- 총제조원가 = 직접재료비 + 직접노무비 + 제조간접비
  - 직접재료비 + 직접노무비 = 기본원가(직접원가)
  - 직접노무비 + 제조간접비 = 가공원가(전환원가)
- 매몰원가(비관련원가) vs 기회원가(관련원가)

03 조업도에 따른 원가종류(원가행태) `빈출`
- 변동원가: 직접재료비, 직접노무비
- 고정원가: 임차료, 감가상각비
- 준변동원가(혼합원가): 전기요금, 통신요금
- 준고정원가(계단원가): 추가 공장 임차

04 원가계산 `빈출` `어려우면 계산문제 패스`
- 재고 흐름: 원재료 → 재공품 → 제품 → 매출원가
- 직접재료비 = 기초재료비 + 당기매입액 − 기말재료비
- 직접노무비 = 당기노무비 지급액 − 전기노무비 미지급액 + 당기노무비 미지급액
- 총제조원가 = 직접재료비 + 직접노무비 + 제조간접비

- 제품제조원가 = 기초재공품 + 총제조원가 – 기말재공품
- 매출원가 = 기초제품 + 제품제조원가 – 기말제품
- 제조원가명세서 vs 손익계산서
  제조원가명세서(기초원재료, 기말원재료, 기초재공품 기말재공품, 총제조원가), 손익계산서(기초제품, 매출원가, 기말제품)

05 보조부문 원가배분 〔빈출〕
- 원가배분: 제조간접비(공통원가)를 여러 제품에 배부하는 과정
- 원가부문: 보조부문(수선부문, 전력부문), 제조부문(조립부문, 절단부문)
- 원가배분 순서: 보조부문 → 제조부문 → 제품
- 주요 원가배분 기준: 건물감가상각비·공장임차료·재산세(면적), 기계감가상각비(사용시간), 전기요금(전기사용량), 수선비(수선횟수), 복리후생비·노무관리·식당·공장인사관리(종업원수), 구매(주문횟수)
- 보조부문 원가배분방법: 직접배분법(가장 단순, 보조부문 상호관계 무시), 단계배분법(정해진 순서로 보조부분을 보조부문과 제조부문에 배부), 상호배분법(보조부문 간 상호관계 완벽 반영)
- 원가배분방법 정확도: 상호배분법 〉 단계배분법 〉 직접배분법

06 개별원가계산 〔빈출〕
- 다품종 소량생산: 조선업, 건설업, 기계제조업, 항공기
- 작업지시서(작업원가표) 관리가 핵심
- 개별원가계산 원가구분: 직접재료비, 직접노무비, 제조간접비
- 실제배부(실제개별원가계산): 배부기준 실제발생액×실제배부율, 예정배부(정상개별원가계산): 배부기준 실제발생액×예정배부율
- 배부차이 조정: 비례배분법, 매출원가조정법, 영업외손익법

07 종합원가계산 〔빈출〕
- 소품종 대량생산: 철강업, 화학약품제조업, 플라스틱산업, 석유정제업, 제지업, 식품가공업, 시멘트산업
- 공정별 원가집계가 핵심
- 종합원가계산 원가구분: 직접재료비, 가공비
- 종합원가계산 순서: 물량흐름 → 완성품환산량 → 완성품환산량 단위당원가 → 완성품·기말재공품 원가계산

08 선입선출법 완성품환산량 〔빈출〕
- 재료비: 당기투입수량
- 가공비: 기초재공품×당기작업률 + 당기투입·당기완성 + 기말재공품×당기작업률

09 평균법 완성품환산량 〔빈출〕
- 재료비: 기초재공품 + 당기투입
- 가공비: 당기완성 + 기말재공품×당기작업률

10 원가 기타
- 전부원가계산(고정제조간접비 포함) vs 변동원가계산(고정제조간접비 불포함)
- 공손: 정상공손(제조원가), 비정상공손(영업외비용)

VII. 장부조회

01 재무상태표: 특정 월말의 자산, 부채, 자본 계정과목 잔액

- 10월 31일 현재 유동부채 잔액
- 6월 30일 현재 비유동자산과 비유동부채의 금액 차이
- 5월 31일 현재 재고자산의 전기말 대비 증가금액

02 월(일)계표: 특정 계정과목의 월별 지출액을 현금과 그 이외 지출로 구분 조회 `빈출`

- 2월 중 현금으로 지급한 판매관리비로 분류되는 복리후생비 금액
- 1월부터 6월까지 제조에 소요된 제조경비 총액
- 1월부터 6월까지 판매관리비 중 현금으로 지출된 기업업무추진비 금액

03 현금출납장: 특정 일자의 현금잔액, 특정 기간의 현금 입출금 금액

- 5월 20일 현재 현금잔액
- 1월 중 현금유입액과 현금유출액의 차이

04 총계정원장: 특정 계정과목의 가장 적게 또는 크게 발생한 월별 금액 조회 `빈출`

- 7월부터 12월까지 외상매출금 회수가 가장 많은 달
- 상반기(1월~6월) 중 제품매출이 가장 많은 달과 그 금액
- 하반기(7월~12월) 중 세금과공과(판매관리비)가 가장 많이 발생한 달

05 거래처원장: 거래처별 특정 계정과목의 월말 잔액 `빈출`

- 6월 30일 현재 외상매출금 잔액이 가장 많은 거래처와 금액
- 4월 중 ㈜나은상사의 외상매출금 회수액
- 9월 중 ㈜인천상회에게 외상매입금을 지급한 금액

06 계정별원장: 특정 계정과목의 월별 발생액, 거래내역, 거래건수 등 상세내역 `빈출`

당기 1월부터 3월까지 원재료 매입 횟수가 가장 많은 월과 매입액이 가장 큰 월

07 손익계산서: 1월부터 특정 월말까지 수익, 비용 합계금액

1월부터 5월까지 영업외비용 발생액

08 매입매출장: 매입, 매출의 구체적인 유형을 조회

- 1기 예정(1월~3월) 중 카드로 매출된 공급대가는 얼마인가?
- 1기 부가가치세 확정기간(4월~6월)의 직수출에 의한 공급가액은 얼마인가?

2부 빈출 120제

I. 회계원리

01. ㈜수암골의 재무상태가 다음과 같다고 가정할 때, 기말자본은 얼마인가? [110회]

기 초		기 말		당기 중 추가출자	이익 배당액	총수익	총비용
자 산	부 채	부 채	자 본				
900,000원	500,000원	750,000원	( )	100,000원	50,000원	1,100,000원	900,000원

① 500,000원 ② 550,000원 ③ 600,000원 ④ 650,000원

02. 다음은 회계상 거래의 결합관계를 표시한 것이다. 옳지 않은 것은? [119회]

거 래	분개 결합관계
① 현금으로 100만 원의 상품을 구입하였다.	자산의 증가 – 자산의 감소
② 직원의 커피음료 대금 10만 원을 현금으로 지급하였다.	비용의 발생 – 자산의 감소
③ 업무용 화물차량을 5천만 원에 대출로 구입하였다.	자산의 증가 – 부채의 증가
④ 매입 예정인 상품의 계약금 100만 원을 현금으로 지급하였다.	비용의 증가 – 자산의 감소

03. 다음은 이론상 회계순환과정의 일부이다. 순서가 가장 옳은 것은? [86회]

① 수정후시산표 → 기말수정분개 → 수익·비용계정 마감 → 집합손익계정 마감 → 자산·부채·자본계정 마감 → 재무제표 작성
② 수정후시산표 → 기말수정분개 → 자산·부채·자본계정 마감 → 수익·비용계정 마감 → 집합손익계정 마감 → 재무제표 작성
③ 기말수정분개 → 수정후시산표 → 수익·비용계정 마감 → 집합손익계정 마감 → 자산·부채·자본계정 마감 → 재무제표 작성
④ 기말수정분개 → 수정후시산표 → 자산·부채·자본계정 마감 → 집합손익계정 마감 → 수익·비용계정 마감 → 재무제표 작성

04. 다음 중 재무제표에 해당하지 않는 것은? [113회]

① 기업의 계정별 합계와 잔액을 나타내는 시산표
② 일정 시점 현재 기업의 재무상태(자산, 부채, 자본)을 나타내는 보고서
③ 기업의 자본에 관하여 일정기간 동안의 변동 흐름을 파악하기 위해 작성하는 보고서
④ 재무제표의 과목이나 금액에 기호를 붙여 해당 항목에 대한 추가 정보를 나타내는 별지

05. 다음은 재무상태표의 기본구조에 대한 설명이다. 틀린 것은? [69회]

① 자산과 부채는 유동성이 작은 항목부터 배열하는 것을 원칙으로 한다.
② 자산은 유동자산과 비유동자산으로 구분한다.
③ 비유동자산은 투자자산, 유형자산, 무형자산 및 기타 비유동자산으로 구분한다.
④ 자본은 자본금, 자본잉여금, 자본조정, 기타포괄손익누계액 및 이익잉여금(또는 결손금)으로 구분한다.

06. 손익계산서에 대한 설명 중 잘못된 것은? [73회]

① 제품, 상품 등의 매출액에 대응되는 원가로서 판매된 제품이나 상품 등에 대한 제조원가 또는 매입원가를 매출원가라 한다.
② 판매비와관리비는 제품, 상품, 용역 등의 판매활동과 기업의 관리활동에서 발생하는 비용으로서 매출원가에 속하지 아니하는 모든 영업비용을 포함한다.
③ 판매비와관리비는 당해 비용을 표시하는 적절한 항목으로 구분하여 표시하여야 하며 일괄표시 할 수 없다.
④ 기업의 주된 영업활동이 아닌 활동으로부터 수익과 차익은 영업외수익에 해당한다.

07. 다음 중 아래의 자료에서 설명하고 있는 재무정보의 질적특성에 해당하지 않는 것은? [111회]

> 재무정보가 정보이용자의 의사결정에 유용하게 활용되기 위해서는 그 정보가 의사결정의 목적과 관련이 있어야 한다.

① 예측가치　　　　　　　　　　② 피드백가치
③ 적시성　　　　　　　　　　　④ 중립성

08. 다음의 자산계정들을 일반기업회계기준에 따라 유동성배열법으로 나열한 경우 맞는 것은? [55회]

> · 기계장치　　· 제품　　· 현금및현금성자산　　· 외상매출금

① 외상매출금, 현금및현금성자산, 제품, 기계장치
② 현금및현금성자산, 외상매출금, 기계장치, 제품
③ 현금및현금성자산, 제품, 외상매출금, 기계장치
④ 현금및현금성자산, 외상매출금, 제품, 기계장치

09. 다음 중 현금및현금성자산으로 분류되는 금액은? [82회]

> · 수입인지: 50,000　· 우표: 50,000　· 배당금지급통지표: 50,000　· 선일자수표: 100,000
> · 만기 120일 양도성예금증서: 200,000　· 타인발행 자기앞수표: 100,000

① 100,000　　　　　　　　　　② 150,000
③ 200,000　　　　　　　　　　④ 250,000

10. 다음 중 유가증권의 취득원가와 평가에 대한 설명으로 가장 옳지 않은 것은? [86회]
① 단기매매증권의 취득원가는 취득을 위하여 제공한 대가의 시장가격에 취득 시 발생한 부대비용을 포함한 가액으로 측정한다.
② 매도가능증권평가손익은 기타포괄손익누계액으로 재무상태표에 반영된다.
③ 유가증권 처분 시 발생하는 증권거래 수수료 등의 부대비용은 처분가액에서 차감하여 회계처리한다.
④ 만기보유증권은 기말에 상각후 원가법으로 평가한다.

11. 다음 (주)세무의 매도가능증권 거래로 인하여 당기손익에 미치는 영향으로 옳은 것은? [72회]

> (주)세무는 1월 16일에 (주)회계의 주식 100주를 주당 10,000원에 취득(매도가능증권으로 회계처리 함)하고, 취득 관련 수수료비용 20,000원을 포함하여 현금으로 지급하였다. 그리고 다음 날 1월 17일에 (주)회계의 주식 50주를 주당 9,000원에 현금 처분하였다.

① 당기순이익 40,000원 감소 ② 당기순이익 50,000원 감소
③ 당기순이익 60,000원 감소 ④ 당기순이익 70,000원 감소

12. 다음 매출채권에 관한 설명 중 가장 잘못된 것은? [86회]
① 매출채권은 일반적인 상거래에서 발생한 외상매출금과 받을어음을 말한다.
② 매출채권과 관련된 대손충당금은 대손이 발생 전에 사전적으로 설정하여야 한다.
③ 매출채권은 재무상태표에 대손충당금을 표시하여 회수가능한 금액으로 표시할 수 있다.
④ 상거래에서 발생한 매출채권과 기타 채권에서 발생한 대손상각비 모두 판매비와 관리비로 처리한다.

13. 당해 연도 1월 1일 현재 외상매출금 잔액은 2,000,000원이다. 당기에 외상매출금 잔액 중 1,200,000원이 대손 처리된 경우에 인식할 대손상각비는 얼마인가? (단, 기초 대손충당금 잔액은 1,000,000원이다.) [118회]
① 200,000원 ② 800,000원
③ 1,000,000원 ④ 2,000,000원

14. 다음 사항을 적절히 반영한다면 수정 후 당기순이익은 얼마인가?(단, 다음 사항이 반영되기 전 당기순이익은 700,000원이라고 가정한다.) [85회]

> • 선급보험료 100,000원 과소계상   • 선수임대료 100,000원 과대계상   • 미수이자 100,000원 과대계상

① 600,000 ② 700,000 ③ 800,000 ④ 900,000

15. 다음 중 기말재고자산의 수량 결정 방법으로 옳은 것을 모두 고른 것은? [107회]

> 가. 총평균법   나. 계속기록법   다. 선입선출법   라. 후입선출법   마. 실지재고조사법

① 가, 다 ② 나, 마 ③ 가, 나, 다 ④ 다, 라, 마

16. 다음 중 재고자산의 평가방법에 대한 설명으로 가장 옳지 않은 것은? [87회]
① 후입선출법은 실제물량 흐름과 일치하는 평가방법이다.
② 선입선출법을 적용 시 기말재고는 최근에 구입한 상품의 원가로 구성된다.
③ 물가가 상승하고 있을 때 선입선출법을 적용하면 평균법에 비해 일반적으로 매출원가가 적게 계상된다.
④ 총평균법은 기초재고자산과 당기에 매입한 상품에 대해 평균 단위당 원가로 기말재고자산가액을 계산하는 것이다.

17. 다음 중 재고자산 취득원가 측정에 대한 내용으로 올바른 것은? [61회]
① 매입과 관련된 할인, 에누리는 취득원가에서 차감하지 않는다.
② 취득과정에서 정상적으로 발생한 부대비용은 취득원가에 포함하지 않는다.
③ 제조원가 중 비정상적으로 낭비된 부분은 취득원가에 포함하지 않는다.
④ 제조원가 중 추가 생산단계에 투입하기 전에 보관이 필요한 경우 이외의 보관비용은 취득원가에 포함한다.

18. 다음은 유형자산의 감가상각과 관련한 설명이다. 가장 옳지 않은 것은? [84회]
① 정액법은 자산의 내용연수 동안 일정액의 감가상각액을 인식하는 방법이다.
② 감가상각의 주목적은 취득원가의 배분에 있다.
③ 감가상각비는 손익계산서의 당기 비용인 판매비와관리비로만 회계처리 한다.
④ 감가상각방법은 해당 자산으로부터 예상되는 미래 경제적 효익의 소멸형태에 따라 선택하고, 소멸형태가 변하지 않는 한 매기 계속 적용한다.

19. 다음은 12월 말 결산법인인 ㈜한국의 기계장치와 관련된 자료이다. ㈜한국이 2024년 12월 31일에 계상할 감가상각비는 얼마인가? (단, 월할 상각할 것) [118회]

• 취득일 : 2023년 7월 1일	• 상각방법 : 정률법	• 내용연수 : 5년
• 상각률 : 45%	• 취득원가 : 20,000,000원	• 잔존가치 : 500,000원

① 3,487,500원
② 4,500,000원
③ 6,975,000원
④ 9,000,000원

20. 다음 중 무형자산에 해당하는 것의 개수는? [65회]

• 상표권	• 내부 창출된 영업권	• 컴퓨터소프트웨어	• 장기미수금	• 임차권리금	• 경상개발비

① 1개
② 2개
③ 3개
④ 4개

21. 다음 중 무형자산과 관련된 설명으로 옳지 않은 것은? [110회]
① 연구프로젝트에서 발생한 지출이 연구단계와 개발단계로 구분할 수 없는 경우에는 모두 연구단계에서 발생한 것으로 본다.
② 내부적으로 창출한 브랜드, 고객목록과 같은 항목은 무형자산으로 인식할 수 있다.
③ 무형자산은 회사가 사용할 목적으로 보유하는 물리적 실체가 없는 자산이다.
④ 무형자산의 소비되는 행태를 신뢰성 있게 결정할 수 없을 경우 정액법으로 상각한다.

22. 다음 중 재무상태표에서 해당 자산이나 부채의 차감적인 평가항목을 모두 선택한 것은? [71회]

가. 감가상각누계액	나. 대손충당금	다. 사채할인발행차금	라. 퇴직연금운용자산

① 가, 나   ② 가, 나, 다   ③ 가, 나, 라   ④ 가, 나, 다, 라

23. 다음은 퇴직급여충당부채와 결산정리 사항이다. 연말 재무상태표에 계상할 퇴직급여충당부채와 손익계산서에 인식되는 퇴직급여는 얼마인가? [84회]

퇴직급여충당부채	
7/15 현금 1,000,000원	1/1 전기이월 2,000,000원

• 결산정리 사항: 기말 현재 전 종업원이 일시 퇴직할 경우 지급할 퇴직금은 4,000,000원임.

① 퇴직급여충당부채 4,000,000원, 퇴직급여 3,000,000원
② 퇴직급여충당부채 4,000,000원, 퇴직급여 2,000,000원
③ 퇴직급여충당부채 6,000,000원, 퇴직급여 3,000,000원
④ 퇴직급여충당부채 4,000,000원, 퇴직급여 2,000,000원

24. 다음 중 충당부채, 우발부채 및 우발자산에 관련된 내용으로 틀린 것은? [84회]
① 충당부채를 인식하기 위해서는 과거사건이나 거래의 결과로 현재의무가 존재하여야 한다.
② 충당부채를 인식하기 위해서는 당해 의무를 이행하기 위하여 자원이 유출될 가능성이 매우 높고, 그 의무의 이행에 소요되는 금액을 신뢰성 있게 추정할 수 있어야 한다.
③ 우발자산은 자산으로 인식하지 아니하고 자원의 유입가능성이 매우 높은 경우에만 주석에 기재한다.
④ 우발부채도 충당부채와 동일하게 재무상태표에 부채로 인식한다.

25. 다음 중 사채의 발행과 관련한 내용으로 옳은 것은? [107회]
① 사채를 할인발행한 경우 매년 액면이자는 동일하다.
② 사채를 할증발행한 경우 매년 유효이자(시장이자)는 증가한다.
③ 사채발행 시 발행가액에서 사채발행비를 차감하지 않고 사채의 차감계정으로 처리한다.
④ 사채의 할인발행 또는 할증발행 시 발행차금의 상각액 또는 환입액은 매년 감소한다.

26. 자본에 대한 설명 중 잘못된 것은? [82회]

① 자본금은 우선주자본금과 보통주자본금으로 구분하며, 발행주식수×주당 발행가액으로 표시된다.
② 잉여금은 자본잉여금과 이익잉여금으로 구분 표시한다.
③ 주식의 발행은 할증발행, 액면발행 및 할인발행이 있으며, 어떠한 발행을 하여도 자본금은 동일하다.
④ 자본은 자본금·자본잉여금·이익잉여금·자본조정 및 기타포괄손익누계액으로 구분 표시한다.

27. 다음 자료를 바탕으로 자본잉여금의 금액을 계산하면 얼마인가?(단, 각 계정과목은 독립적이라고 가정한다.) [85회]

- 감자차익: 300,000
- 이익준비금: 100,000
- 사업확장적립금 300,000
- 주식발행초과금: 500,000
- 자기주식처분이익: 300,000
- 감자차손: 250,000
- 자기주식처분손실: 100,000
- 주식할인발행차금: 150,000

① 800,000   ② 900,000   ③ 1,100,000   ④ 1,300,000

28. 다음의 회계거래 중에서 자본총액에 변동이 없는 것은? [83회]

① 유상증자를 실시하다.
② 현금배당을 주주총회에서 결의하다.
③ 발행주식 중 일부를 유상으로 소각하다.
④ 결의했던 현금배당을 지급하다.

29. 다음 중 계정과목과 자본 항목의 분류가 올바르게 연결된 것은? [107회]

① 주식발행초과금: 이익잉여금
② 자기주식처분손실: 자본조정
③ 자기주식: 자본잉여금
④ 매도가능증권평가손익: 자본조정

30. ㈜한국상사의 기초(1월 1일) 자본금은 50,000,000원(발행주식 수 10,000주, 1주당 액면금액 5,000원)이다. 당해 연도 10월 1일 1주당 6,000원에 2,000주를 유상증자하였을 경우, 기말 자본금은 얼마인가? [109회]

① 12,000,000원   ② 50,000,000원
③ 60,000,000원   ④ 62,000,000원

31. 다음 자료를 이용하여 매출총이익을 계산하면 얼마인가? [84회]

- 총매출액: 500,000
- 기말상품 재고액: 110,000
- 매출에누리: 5,000
- 매출할인: 20,000
- 매입할인: 5,000
- 총매입액: 200,000
- 매입환출: 5,000
- 기초상품 재고액: 100,000

① 300,000   ② 295,000   ③ 290,000   ④ 280,000

32. 다음 중 일반기업회계기준에 의한 수익 인식 시점에 대한 설명으로 옳지 않은 것은? [110회]

① 위탁판매의 경우에는 수탁자가 위탁품을 소비자에게 판매한 시점에 수익을 인식한다.
② 시용판매의 경우에는 상품 인도 시점에 수익을 인식한다.
③ 광고 제작 수수료의 경우에는 광고 제작의 진행률에 따라 수익을 인식한다.
④ 수강료의 경우에는 강의 시간에 걸쳐 수익으로 인식한다.

II. 부가가치세

33. 다음 중 부가가치세법에 대한 설명으로 옳지 않은 것은? [86회]
① 부가가치세는 일반소비세이며 간접세에 해당한다.
② 현행 부가가치세는 전단계거래액공제법을 채택하고 있다.
③ 부가가치세의 역진성을 완화하기 위하여 면세제도를 두고 있다.
④ 소비지국과세원칙을 채택하여 수출재화 등에 영세율이 적용된다.

34. 다음 중 부가가치세법상 주사업장 총괄납부제도에 대한 설명으로 틀린 것은? [119회]
① 부가가치세 신고와 납부를 모두 주된 사업장에서 한다.
② 원칙적으로 해당 과세기간 개시 20일 전까지 신청해야 한다.
③ 주된 사업장은 법인의 경우 본점 또는 지점도 가능하다.
④ 세금계산서 발급은 각 사업장별로 해야 한다.

35. 다음 중 부가가치세법상 업종별 사업장의 범위로 맞지 않는 것은? [108회]
① 제조업은 최종제품을 완성하는 장소
② 사업장을 설치하지 않은 경우 사업자의 주소 또는 거소
③ 운수업은 개인인 경우 사업에 관한 업무를 총괄하는 장소
④ 부동산매매업은 법인의 경우 부동산의 등기부상 소재지

36. 다음 중 부가가치세법상 재화의 공급으로 보는 경우는? [118회]
① 조세의 물납
② 법률에 따른 공매, 경매, 수용
③ 사업상의 증여
④ 사업장별 그 사업에 관한 모든 권리·의무를 포괄 승계한 사업양도 (단, 사업양수자는 부가가치세 대리납부를 안 함.)

37. 다음 중 부가가치세법에 따른 재화 또는 용역의 공급시기에 대한 설명으로 적절하지 않은 것은? [109회]
① 위탁판매의 경우 수탁자가 공급한 때이다.
② 상품권의 경우 상품권이 판매되는 때이다.
③ 장기할부판매의 경우 대가의 각 부분을 받기로 한 때이다.
④ 내국물품을 외국으로 반출하는 경우 수출재화를 선적하는 때이다.

38. 다음 중 부가가치세법상 영세율에 대한 설명으로 가장 옳지 않은 것은? [110회]
① 수출하는 재화에 대해서는 영세율이 적용된다.
② 영세율은 수출산업을 지원하는 효과가 있다.
③ 영세율을 적용하더라도 완전면세를 기대할 수 없다.
④ 영세율은 소비지국과세원칙이 구현되는 제도이다.

39. 다음 중 부가가치세 면세대상이 아닌 것은? [83회]
① 항공법에 따른 항공기에 의한 여객운송 용역의 공급 ② 수돗물의 공급
③ 토지의 공급 ④ 연탄의 공급

40. 다음 중 세금계산서의 필요적 기재사항에 해당하지 않는 것은? [109회]
① 공급연월일 ② 공급하는 사업자의 등록번호와 성명 또는 명칭
③ 공급받는자의 등록번호 ④ 공급가액과 부가가치세액

41. 다음 중 부가가치세법상 세금계산서에 대한 설명으로 가장 옳지 않은 것은? [87회]
① 원칙적으로 재화 또는 용역의 공급시기에 발급하여야 한다.
② 일정한 경우에는 재화 또는 용역의 공급시기 전에도 세금계산서를 발급할 수 있다.
③ 월합계세금계산서는 예외적으로 재화 또는 용역의 공급일이 속하는 달의 다음 달 14일까지 세금계산서를 발급할 수 있다.
④ 법인사업자는 전자세금계산서를 의무적으로 발급하여야 한다.

42. 다음의 부가가치세 과세표준에 관한 설명 중 옳지 않은 것은? [80회]
① 일반과세자의 과세표준은 공급대가의 금액으로 한다.
② 대손금은 과세표준에 포함하였다가 대손세액으로 공제한다.
③ 매출에누리와 환입은 과세표준에 포함되지 않는다.
④ 공급받는 자에게 도달하기 전에 파손, 멸실된 재화의 가액은 과세표준에 포함되지 않는다.

43. 다음 중 부가가치세법상 부가가치세 매입세액공제 대상인 것은? [119회]
① 면세사업자의 소모품 매입세액
② 과세·면세 겸영사업자의 과세 매출분 관련 수수료 비용 매입세액
③ 일반과세자의 개별소비세 과세 대상 비영업용 승용차 구입 관련 매입세액
④ 일반과세자의 거래처 접대용 상품 구입 관련 매입세액

44. 부가가치세법상 예정신고납부에 대한 설명이다. 가장 옳지 않은 것은? [67회]
① 법인사업자는 예정신고기간 종료 후 25일 이내에 부가가치세를 신고, 납부하여야 한다.
② 개인사업자는 예정신고기간 종료 후 25일 이내에 예정 고지된 금액을 납부하여야 한다.
③ 개인사업자에게 징수하여야 할 예정고지금액이 60만 원 미만인 경우 징수하지 아니한다.
④ 개인사업자는 사업실적이 악화된 경우 등 사유가 있는 경우에는 예정신고납부를 할 수 있다.

45. 부가가치세법상 납세지 관할 세무서장은 조기 환급신고에 따른 환급세액을 신고 기한이 지난 후 며칠 이내에 환급해야 하는가? [87회]
① 10일 ② 15일 ③ 20일 ④ 25일

III. 원가회계

46. 다음 중 원가회계에 대한 설명이 아닌 것은? [110회]
① 외부의 정보이용자들에게 유용한 정보를 제공하기 위한 정보이다.
② 원가통제에 필요한 정보를 제공하기 위함이다.
③ 제품원가계산을 위한 원가정보를 제공한다.
④ 경영계획수립과 통제를 위한 원가정보를 제공한다.

47. 다음 중 제조원가에 대한 설명으로 옳지 않은 것은? [118회]
① 제조원가는 제품을 제조하기 위해 투입한 경제적 자원을 말한다.
② 제조간접원가는 간접재료원가, 간접노무원가 등 제품을 생산하기 위해 투입된 직접재료원가와 직접노무원가 이외의 모든 제조원가를 말한다.
③ 직접노무원가는 제품을 생산하기 위하여 투입된 생산직 종업원의 급여로서 특정 제품에 직접 추적할 수 없는 노무원가를 말한다.
④ 직접노무원가와 제조간접원가를 합하여 가공원가 혹은 전환원가라고 하는데, 이는 원재료를 완제품으로 전환하는 데 소요되는 원가를 말한다.

48. 다음 자료에서 기본원가(혹은 기초원가)와 가공비의 합은 얼마인가? [52회]

- 직접재료비: 150,000
- 직접노무비: 320,000
- 간접재료비: 50,000
- 간접노무비: 80,000
- 간접경비: 30,000
- 광고선전비: 300,000

① 630,000 ② 760,000
③ 930,000 ④ 950,000

49. 다음 중 원가행태를 나타낸 표로 올바른 것은? [60회]

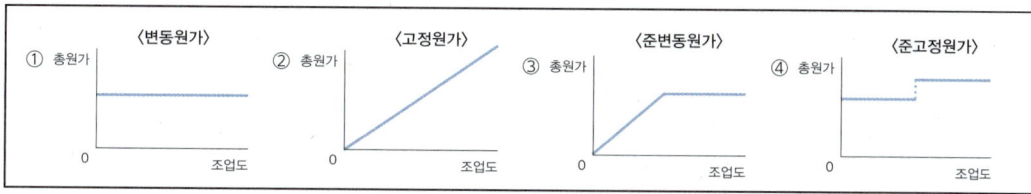

50. 다음의 자료에서 당기총제조원가를 구하시오. [81회]

㉠ 당기에 직접재료를 5,000,000원에 구입하였다.
㉡ 당기에 발생한 직접노무원가는 3,500,000원이다.
㉢ 제조간접원가는 2,000,000원이 발생하였다.
㉣ 기초원재료재고는 500,000원이고 기말원재료재고는 2,000,000원이다.

① 7,000,000 ② 9,000,000 ③ 10,500,000 ④ 12,000,000

51. 다음 자료를 보고 당월의 노무비 지급액은? [49회]

- 당월 노무비 발생액: 500,000
- 전월말 노무비 미지급액: 20,000
- 당월말 노무비 미지급액: 60,000

① 540,000 ② 520,000 ③ 460,000 ④ 440,000

52. 다음은 제조원가와 관련된 자료이다. 기말재공품은 얼마인가? [71회]

- 당기총제조원가: 13,500,000
- 기초재공품: 500,000
- 당기제품제조원가: 12,000,000

① 2,000,000 ② 800,000 ③ 1,000,000 ④ 900,000

53. 다음 자료를 기초로 당기 제품제조원가를 계산하면? [86회]

- 기초제품재고액: 250,000
- 매출원가: 840,000
- 기말제품재고액: 120,000

① 370,000 ② 710,000 ③ 960,000 ④ 1,210,000

54. 다음 중 제조원가명세서에서 제공하는 정보는 무엇인가? [116회]

① 기부금 ② 이자비용 ③ 당기총제조원가 ④ 매출원가

55. 다음 중 보조부문 원가의 배부기준으로 적합하지 않은 것은? [112회]

	보조부문원가	배부기준		보조부문원가	배부기준
①	건물 관리 부문	점유면적	②	공장 인사관리 부문	급여 총액
③	전력 부문	전력 사용량	④	수선 부문	수선 횟수

56. 다음 중 원가배분에 대한 설명으로 옳지 않은 것은? [117회]

① 직접배분법은 보조부문 상호간의 용역수수관계를 전혀 고려하지 않는 방법이다.
② 직접배분법은 보조부문 상호간의 용역수수관계가 밀접한 경우 정확한 원가배분이 가능하다.
③ 단계배분법은 보조부문간의 일정한 배분 순서를 정한 다음 그 배분 순서에 따라 보조부문비를 배분하는 방법이다.
④ 단계배분법은 용역수수관계를 완전히 반영하지 못하기 때문에 원가계산의 부정확성이 존재한다.

57. 다음은 보조부문원가에 관한 자료이다. 보조부문의 제조간접비를 다른 보조부문에는 배부하지 않고 제조부문에만 직접 배부할 경우 수선부문에서 절삭부문으로 배부될 제조간접비는 얼마인가? [85회]

구 분		보조부문		제조부문	
		수선부문	포장부문	조립부문	절삭부문
제조간접비		80,000원	60,000원		
부문별배부율	수선부문		50%	30%	20%
	포장부문	20%		40%	40%

① 16,000 ② 18,000 ③ 24,000 ④ 32,000

58. ㈜세은의 제조간접원가 예정배부율은 작업시간당 10,000원이다. 작업시간이 200시간이고 제조간접원가 배부차이가 200,000원 과다배부일 때 제조간접원가 실제발생액은 얼마인가? [119회]

① 1,800,000원 ② 2,000,000원 ③ 2,200,000원 ④ 2,400,000원

59. ㈜성진은 직접원가를 기준으로 제조간접원가를 배부한다. 다음 자료에 의하여 계산한 제조지시서 no.1의 제조간접원가 배부액은 얼마인가? [109회]

공장전체 발생원가	제조지시서 no.1
• 총생산수량 : 10,000개 • 기계시간 : 24시간 • 직접재료원가 : 800,000원 • 직접노무원가 : 200,000원 • 제조간접원가 : 500,000원	• 총생산수량 : 5,200개 • 기계시간 : 15시간 • 직접재료원가 : 400,000원 • 직접노무원가 : 150,000원 • 제조간접원가 : (?)원

① 250,000원 ② 260,000원 ③ 275,000원 ④ 312,500원

60. 정상개별원가계산에서 제조간접비의 배부차이를 조정하는 일반적인 방법이 아닌 것은? [62회]

① 매출원가조정법 ② 비례배분법 ③ 순실현가치법 ④ 영업외손익법

61. 종합원가계산방법과 개별원가계산방법에 대한 내용으로 가장 올바르지 않은 것은? [83회]

	구분	종합원가계산방법	개별원가계산방법
①	핵심과제	완성품환산량 계산	제조간접비 배분
②	업종	식품 제조업 등	조선업 등
③	원가집계	개별작업별 집계	공정 및 부문별 집계
④	장점	경제성 및 편리함	정확한 원가계산

62. 다음 중 종합원가계산에 대한 설명으로 옳지 않은 것은? [113회]

① 소품종 대량 생산하는 업종에 적용하기에 적합하다.
② 공정 과정에서 발생하는 공손 중 정상공손은 제품의 원가에 가산한다.
③ 평균법을 적용하는 경우 기초재공품원가를 당기에 투입한 것으로 가정한다.
④ 제조원가 중 제조간접원가는 실제 조업도에 예정배부율을 반영하여 계산한다.

63-1. 다음 자료를 토대로 선입선출법에 의한 직접재료원가 및 가공원가의 완성품환산량을 각각 계산하면 얼마인가? [112회]

• 기초재공품 5,000개(완성도 70%)   • 당기착수량 35,000개
• 기말재공품 10,000개(완성도 30%)   • 당기완성품 30,000개
• 재료는 공정초기에 전량투입되며, 가공원가는 공정 전반에 걸쳐 균등하게 발생한다.

	직접재료원가	가공원가		직접재료원가	가공원가
①	35,000개	29,500개	②	35,000개	34,500개
③	40,000개	34,500개	④	45,000개	29,500개

63-2. ㈜대한은 평균법에 의한 종합원가계산을 채택하고 있다. 재료원가는 공정 초기에 모두 투입되며, 가공원가는 공정 전반에 걸쳐 고르게 투입되는 경우 완성품환산량으로 맞는 것은? [107회]

> • 기초재공품: 100개(완성도 50%) • 당기 착수수량: 2,000개 • 당기완성수량: 1,800개 • 기말재공품: 300개(완성도 70%)

① 재료원가 2,100개, 가공원가 2,010개
② 재료원가 2,100개, 가공원가 2,100개
③ 재료원가 2,100개, 가공원가 1,960개
④ 재료원가 2,100개, 가공원가 1,950개

IV. 일반전표

64. 외상매출금 회수
10월 2일, 동아전자에 대한 외상매출금 15,000,000원에 대하여 다음의 약속어음을 배서양도 받고, 나머지 금액은 동점 발행 당좌수표로 받았다. [114회]

```
                        약 속 어 음
                        동아전자 귀하
                        금 ₩ 10,000,000원
        위의 금액을 귀하 또는 귀하의 지시인에게 이 약속어음과 상환하여 지급하겠습니다.

    지급기일 11.02.                  발행일 09.02.
    지급지 ****************           발행지 ********************
    지급장소 **************            주소  ********************
                                          발행인 평화산업
```

65. 받을어음 추심
만기가 도래하여 거래은행에 추심 의뢰한 한성의 받을어음 20,000,000원 중 추심수수료 200,000원을 차감한 금액이 보통예금계좌에 입금되었다. [68회]

66. 받을어음 배서
포항수산에 지급할 외상매입금 5,000,000원에 대해 2,000,000원은 현금, 나머지 3,000,000원은 서강전자로부터 받은 약속어음을 배서 양도하였다. [71회]

67. 받을어음 할인(매각거래)
대전으로부터 받은 약속어음 5,000,000원을 만기 전에 광주은행에 할인하고 할인료 50,000원을 차감한 후 보통예금 계좌로 이체받았다.(단, 매각거래로 처리한다.) [116회]

68. 외화외상매출금 회수
8월 1일에 선적하여 '미국 Ace Co.'에 수출한 제품에 대한 외상매출금을 회수하여 원화로 당사 보통예금 계좌에 입금하였다. [115회]

> • 외상매출금: $20,000   • 8월 1일 환율: 1,100원/$ • 11월 28일 환율: 1,070원/$

69. 대손발생
금호전자의 부도로 외상매출금 잔액 2,700,000원이 회수불가능하여 대손처리하였다.(단, 대손처리하기 전 재무상태표상 대손충당금 잔액은 2,000,000원임) [105회]

70. 대손처리한 매출채권의 회수
작년도에 대손이 확정되어 대손충당금과 상계 처리한 외상매출금 400,000원이 당사의 보통예금에 입금되었다.(단, 부가가치세법상 대손세액은 고려하지 말 것) [119회]

71. 외화환산손익
단기차입금 중 ABC.CO.LTD에 대한 외화차입금 10,000,000원(미화 $10,000)이 계상되어 있다. 보고기간 종료일 현재 적용 환율은 미화 1$당 1,200원이다. [118회]

72. 단기매매증권 취득
단기매매차익을 목적으로 상장회사인 ㈜세무의 주식 100주를 주당 35,000원(액면가액 25,000원)에 구입하고 100주에 대한 매입수수료 5,000원을 포함하여 당사의 보통예금계좌에서 지급하였다. [116회]

73. 만기보유증권 취득
채권(만기는 2년 뒤 5월 31일이고, 시장성은 없다)을 만기까지 보유할 목적으로 당좌수표를 발행하여 20,000,000원에 취득하였다. 또한, 채권을 취득 하는 과정에서 발생한 수수료 100,000원은 보통예금에서 지급하였다.(단, 하나의 전표로 입력할 것) [117회]

74. 계약금 지급
광주로부터 원재료 7,000,000원(100개, @70,000원)을 구입하기로 계약하고, 계약금 700,000원을 당좌수표를 발행하여 지급하였다. [116회]

75. 가지급금 정산
12월 2일 본사 영업부 직원 김부장 씨가 출장에서 돌아와 6월 25일에 회사에서 지급한 출장비(가지급금) 500,000원에 대해 실제 사용한 교통비 및 숙박비 475,000원과 정산하고 잔액은 현금으로 회수하였다.(단, 가지급금에 대한 거래처를 입력한다.) [93회]

76. 이자수령 시 선납세금 납부
국민은행의 이자수익 중 원천징수세액 9,240원을 제외한 나머지 금액인 50,760원이 보통예금으로 입금되었음을 확인하였다.(단, 원천징수세액은 자산으로 처리할 것) [63회]

77. 법인세 중간예납 시 선납세금 납부
당해 사업연도 법인세 중간예납세액 1,100,000원을 현금으로 납부하였다.(법인세 납부액은 자산계정으로 처리할 것) [71회]

78. 선급비용
9월 1일에 사랑은행에 지급한 영업부서 자동차 보험료로 전액 비용 처리한 1,200,000원 중 당해 연도 분 보험료는 800,000원이다. [100회]

79. 미수수익
다음 우정은행에 예치한 정기예금에 대한 기간 경과 분 이자를 인식하시오. [119회]

- 예금금액: 100,000,000원
- 연이자율: 2%, 월할로 계산할 것
- 예금기간: 당해연도 4.1~다음연도 3.31
- 이자지급일: 연 1회(매년 3월 31일)

80. 현금과부족 정산
12월 1일 처리한 현금과부족 20,000원 중 10,000원은 이자비용 지급임이 추후 확인되었으며, 나머지 10,000원은 기말까지 그 내역을 파악할 수 없었다. [119회]

81. 수입 통관수수료 지급
수입한 원재료에 대해 관세 2,000,000원, 통관 수수료 300,000원을 현금으로 지출하였다. [113회]

82. 유형자산 취득(국공채 할인)
한국자동차로부터 업무용 승용차를 구입하는 과정에서 취득해야 하는 공채를 현금 200,000원(액면금액)에 구입하였다. 단, 공채의 현재가치는 160,000원이며 회사는 이를 단기매매증권으로 처리하고 있다. [80회]

83. 유형자산 취득(자본화 차입이자)
사옥신축을 위한 신한은행 차입금의 이자비용 3,000,000원을 현금으로 지급하였으며 이자비용은 자본화하기로 하였다. 단, 건물은 아직 완공되지 않았다. [98회]

84. 유형자산 자본적 지출
다음의 공장건물에 대한 지출내역을 보고 회계처리를 하시오.(고정자산 등록은 생략하고, 하나의 전표로 입력한다.) 단, 대금은 전액 당좌수표를 발행하여 지급하였다. [58회]

- 파손으로 인한 유리교체비용: 1,800,000
- 건물외벽의 도색비: 3,300,000
- 내용연수 증가를 위한 대수선비: 14,600,000

85. 무형자산 인식
신제품을 개발하고 특허권을 취득하기 위한 수수료 2,200,000원을 보통예금으로 지급하였다.(무형자산으로 처리할 것) [75회]

86. 임차보증금 지급
성진기업과 공장건물의 임대차계약을 체결하고 임차보증금 10,000,000원 중 3,000,000원은 현금으로 지급하고 나머지는 추후 지급하기로 하였다. [63회]

87. 계약금 수령
용문에 제품 6,000,000원(10개, @600,000원)을 판매하기로 계약하고, 대금 중 15%를 당좌예금계좌로 송금받다. [101회]

88. 예수금 수령
영업부 직원 11월분 급여를 당사의 보통예금계좌에서 이체하였다. [119회]

직종구분	급여총액	근로소득세 등 공제액 합계	차인지급액
영업부	10,000,000	500,000	9,500,000

89. 예수금 납부
다음과 같이 8월분 국민연금보험료를 보통예금으로 납부하였다. [116회]

- 회사부담분: 400,000원(영업부직원), 600,000원(생산부직원)
- 종업원부담분: 1,000,000원(급여지급 시 이 금액을 차감하고 지급함)
- 회사부담분 국민연금보험료는 세금과공과로 회계 처리한다.

90. 유동성장기부채
결산시점(12.31) 기준으로 믿음은행으로부터 차입한 장기차입금 50,000,000원이 다음 연도 6월 30일에 만기가 도래하고, 회사는 이를 상환할 계획이다. [116회]

91. 가수금 정리
12월 31일, 12월 19일자 가수금 3,000,000원 중 2,000,000원은 산본에 대한 제품매출의 계약금이고, 나머지는 산본의 외상매출금을 회수한 것으로 확인되었다. [65회]

92. 확정기여형(DC형) 퇴직연금 납부
생산부 직원에 대한 확정기여형(DC) 퇴직연금에 가입하고 8,000,000원을 보통예금계좌에서 지급하였다. 이 금액에는 연금운용에 대한 수수료 500,000원이 포함되어 있다. [115회]

93. 확정급여형(DB형) 퇴직연금 납부
영업관리직 사원에 대한 확정급여형(DB형) 퇴직연금에 가입하고, 8월분 퇴직연금 9,800,000원을 당사 보통예금에서 이체하여 납부하였다. [119회]

94. 임대보증금 수령
달마와 사무실 임대차계약을 맺고 임대보증금 15,000,000원 중 5,000,000원은 달마 발행 당좌수표로 받고 나머지는 월말에 지급받기로 하였다. [66회]

95. 퇴직금 지급
생산직원 장현정 씨의 퇴직으로 퇴직금 12,000,000원 중 소득세 및 지방소득세로 1,320,000원을 원천징수한 후 차인지급액을 전액 보통예금 계좌에서 이체하였다.(퇴직 직전 퇴직금을 지급하기 위한 퇴직급여충당부채는 20,000,000원이다.) [43회]

96. 유상증자
새로운 보통주 주식 10,000주(1주당 액면금액 5,000원, 1주당 발행금액 10,000원)를 추가 발행하였으며, 발행대금은 보통예금 통장으로 입금되었다. 신주발행과 관련된 비용 1,000,000원은 당좌수표를 발행하여 지급하였다.(단, 하나의 전표로 입력할 것) [115회]

97. 현물출자
공장 신축용 토지를 취득하였으며, 취득대가로 당사의 주식 100주(주당 액면금액 5,000원)를 신규발행하여 교부하였다. 취득 당시 토지의 공정가치는 1,000,000원이다. [75회]

98. 배당금 지급 결의
회사는 10월 1일 개최된 이사회에서 현금배당 800,000원의 중간배당을 결의하였다.(단, 이익준비금은 고려하지 않는 것으로 한다.) [87회]

99. 미지급 배당금 지급
11월 4일, 10월 1일 주주총회에서 결의한 배당금 800,000원을 현금으로 지급하였다. (원천징수는 없는 것으로 가정함.) [118회]

100. 자기주식 처분
회사가 보유중인 자기주식 모두를 12,000,000원에 처분하고 매각대금은 보통예금으로 입금되었다. 처분시점의 장부가액은 13,250,000원이다.(자기주식처분이익 잔액은 250,000원임.) [97회]

101. 매출할인 후 외상매출금 회수
제품매출처인 수미마트의 외상매출금 15,000,000원이 조기 회수되어 매출대금의 2%를 할인해주고 나머지는 보통예금으로 송금받았다. [81회]

102. 카드결제 비용 지출
영업직 직원에 대한 일본뇌염 예방접종을 세계로병원에서 실시하고, 접종 비용 2,500,000원을 법인카드인 신한카드로 결제하였다. [70회]

103. 계정재분류 3: 제품 타계정대체
☐ 기말재고 조사 결과 당사에서 제조한 제품(원가 1,300,000원, 시가 1,800,000원)을 경기도 지방자치단체에 기부하였다.
[117회]

V. 매입매출전표

부 가 세 유 형

매출						매입					
11. 과세	과세매출	16. 수출	수출	21. 전자	전자화폐	51. 과세	과세매입	56. 금전	금전등록	61. 현과	현금과세
12. 영세	영세율	17. 카과	카드과세	22. 현과	현금과세	52. 영세	영세율	57. 카과	카드과세	62. 현면	현금면세
13. 면세	계산서	18. 카면	카드면세	23. 현면	현금면세	53. 면세	계산서	58. 카면	카드면세		
14. 건별	무증빙	19. 카영	카드영세	24. 현영	현금영세	54. 불공	불공제	59. 카영	카드영세		
15. 간이	간이과세	20. 면건	무증빙			55. 수입	수입분	60. 면건	무증빙		

104. 전자세금계산서 발행 제품 매출
☐ 부산상사에 제품(공급가액 20,000,000원, 부가가치세 별도)을 공급하면서 전자세금계산서를 발급하였다. 판매대금 중 부가가치세에 해당하는 금액은 은행권 자기앞수표로 받았고, 나머지 잔액은 동점발행 약속어음(3개월 후 만기)으로 받았다.
[119회]

105. 세금계산서 발행 유형자산 처분
☐ 다음 거래 내역을 보고 적절한 회계처리를 하시오.(단, 차량운반구의 취득원가 5,000,000원, 감가상각누계액 3,200,000원이며, 매각연도의 감가상각비계산은 생략한다.)
[111회]

전자세금계산서(공급자 보관용)							승인번호		20181011-15454645-58844486	
공급자	사업자등록번호	108-83-65144	종사업장번호			공급받는자	사업자등록번호	216-88-00087	종사업장번호	
	상호(법인명)	㈜청송스포츠	성명(대표자)	최수지			상호(법인명)	㈜계백전자	성명	손나은
	사업장주소	대전광역시 중구 선화로 81번길 85					사업장주소	서울 영등포구 국회대로 50길 9		
	업태	제조, 판매	종목	스포츠용품			업태	도소매	종목	차량
	이메일자						이메일			
작성일자		공급가액		세액			수정사유			
5. 8		1,000,000		100,000						
비고										
월	일	품목	규격	수량	단가		공급가액	세액	비고	
5	8	차량 매각대금					1,000,000	100,000		
합계금액		현금	수표	어음			외상미수금	이 금액을 (청구) 함		
1,100,000							1,100,000			

106. 내국수출 - 내용신용장(Local L/C), 구매확인서
☐ 람보전자에 Local L/C에 의하여 제품 8,000,000원을 납품하고 영세율 세금계산서를 발행하였으며, 대금 중 50%는 외상으로 하고 나머지는 어음으로 수령하였다.
[118회]

107. 무증빙 매출
☐ 정하나 씨 개인에게 제품을 1,100,000원(부가가치세 포함)에 현금매출 하고, 간이영수증을 발급하였다.(가산세여부는 고려하지 말 것)
[115회]

108. 해외 직수출
□ 일본 Ta Co. 회사에 제품 1,000개(@2,000엔)를 직수출하고, 대금은 외상으로 하였다. 단, 선적일 시점의 환율은 100엔당 1,200원이었다. [119회]

109. 카드 매출
□ 미인에 제품을 2,000,000원(부가세 별도)에 판매하고 신용카드(우리카드)로 결제를 받았다. [119회]

110. 현금영수증 매출
□ 비사업자인 개인 정하나 씨에게 제품을 880,000원(부가세 포함)에 현금판매 하고 현금영수증을 발행하였다. [117회]

111. 수정 매출전표
□ 현필상회에 공급했던 제품A 중 일부가 품질에 문제가 있어 공급가액 8,000,000원, 부가세 800,000원이 반품되었으며 대금은 외상매출금과 상계처리하기로 하였다. 수정전자세금계산서를 발행하였다. [73회]

112. 전자세금계산서 수취 원재료 매입
□ (주)명품바디로부터 스포츠용품 제조에 필요한 원재료를 매입하고 다음과 같이 전자세금계산서를 수취하였다. 대금은 다음 달에 결제할 예정이다. [114회]

전자세금계산서(공급받는자 보관용)						승인번호		20170716-41050052	
공급자	사업자등록번호	131-81-37650	종사업장번호		공급받는자	사업자등록번호	108-83-65144	종사업장번호	
	상호(법인명)	(주)명품바디	성명(대표자)	양호란		상호(법인명)	(주)청송스포츠	성명(대표자)	최수지
	사업장주소	서울 동작구 장승배기로 161				사업장주소	대전 중구 선화로 81번길 85		
	업태	제조	종목	스포츠용품		업태	제조,판매	종목	스포츠용품
	이메일					이메일			
작성일자		공급가액		세액		수정사유			
07.15		20,000,000		2,000,000					
비고									

월	일	품목	규격	수량	단가	공급가액	세액	비고
7	15	고무창		1,000	20,000	20,000,000	2,000,000	

합계금액	현금	수표	어음	외상미수금	이 금액을 청구 함
22,000,000				22,000,000	

113. 전자세금계산서 수취 비용 지급
□ 좋은빌딩으로부터 당월의 영업부 사무실 임차료에 대한 공급가액 2,000,000원(부가가치세 별도)의 전자세금계산서를 발급받고, 대금은 다음 달에 지급하기로 하였다. [116회]

114. 세금계산서 수취 유형자산 취득
□ 제조부는 정밀소재에서 제품 제조를 위한 기계장치를 13,000,000원(부가가치세 별도)에 10개월 할부로 구매하고 세금계산서를 발급받았다. 할부대금은 다음 달부터 지급한다. [119회]

115. 수출용 원재료 국내 매입 – 내국신용장(Local L/C), 구매확인서
☐ 나은전자에서 수출용 제품의 원재료를 내국신용장에 의하여 1,500,000원에 구입하고 영세율 세금계산서를 발급받았다. 대금은 아직 내국신용장 개설은행에서 지급되지 않았다. [113회]

116. 세금계산서 수취 면세품 매입
☐ 충청실업으로부터 공장건물 신축용 토지를 80,000,000원에 매입하고 전자계산서를 발급받았다. 대금 중 20,000,000원은 당사 보통예금 계좌에서 이체하여 지급하고, 나머지는 5개월 후에 지급하기로 하였다. [113회]

117. 매입세액 불공제 지출(비영업용 소형승용차, 기업업무추진비, 사업무관, 토지 취득 관련 지출)
☐ 영업부에서 사용할 업무용승용차(2,000cc)를 대우렌트카로부터 30,000,000원(부가가치세 별도)에 구입하고 전자세금계산서를 발급받았다. 대금 중 25,000,000원은 보통예금으로 지급하였고, 나머지는 이달 말에 지급하기로 하였다. [107회]

118. 수입부가가치세 납부
☐ 부품제작에 필요한 원재료를 수입하고, 인천세관으로부터 수입전자세금계산서를 발급받았다. 부가가치세는 현금으로 지급하였다. [117회]

전자수입세금계산서(공급받는자 보관용)							승인번호		20160108-41000042	
공급자	사업자등록번호	603-42-33561	종사업장번호		공급받는자	사업자등록번호	108-83-65144		종사업장번호	
	상호(법인명)	인천세관	성명(대표자)	이세관		상호(법인명)	(주)청송스포츠		성명(대표자)	최수지
	사업장주소	인천광역시 강서구 공항진입로 108				사업장주소	대전 중구 선화로 81번길 85			
	업태	관공서	종목			업태	제조,판매		종목	스포츠용품
	이메일					이메일				
작성일자		공급가액		세액			수정사유			
9.16.		22,000,000		2,200,000						
비고										
월	일	품목	규격	수량	단가	공급가액		세액		비고
9	16	전자부품 원재료				22,000,000		2,200,000		
합계금액		현금		수표		어음		외상미수금		이 금액을 영수 함
24,200,000		24,200,000								

119. 과세대상 카드 매입
☐ 해수전자로부터 영업부서에서 사용할 컴퓨터를 구입하고 대금 1,650,000원(부가가치세 포함)을 비씨카드로 결제하였다.(단, 컴퓨터는 유형자산 계정으로 처리할 것) [118회]

120. 과세대상 현금영수증 매입
☐ 진성상사로부터 원재료를 공급가액 22,000,000원(부가세 포함)에 전액 보통예금으로 매입하고, 지출증빙용 현금영수증을 수령하였다. [118회]

3부 빈출 계정과목 요약

I. 재무상태표

구분			내용
자산	유동자산	당좌자산	
		현금	통화(지폐, 동전), 통화대용증권(자기앞수표, 타인발행 당좌수표 등)
		당좌예금	당좌수표를 발행할 수 있는 예금
		보통예금	수시 입출금 예금
		단기금융상품	결산일로부터 만기가 1년 이내 도래하는 금융상품
		단기매매증권	회계기간 말 기준 1년 이내 처분 예정인 단기시세차익 목적으로 취득한 시장성 있는 주식, 채권
		외상매출금	구두상 외상으로 매출한 금액
		받을어음	어음을 받으면서 외상으로 매출한 금액
		대손충당금	미회수된 매출채권 중 회수가 불가능하다고 예상되는 금액
		단기대여금	빌려준 돈 중 회계기간 종료일 현재 1년 이내에 돌려받을 수 있는 금액
		미수수익	발생한 수익 중 아직 받지 못한 부분으로 미수이자가 대표적임.
		미수금	회사 본연의 상거래, 즉 상품, 제품의 매출이 아닌 다른 이유로 발생한 받지 못한 채권
		소모품	구입한 소모성 물품 중 아직 사용하지 못한 부분
		선급금	상품, 원재료, 기계 등을 구입하거나 사무실 전세를 얻기 위해 선금 또는 계약금 명목으로 미리 지급한 금액
		선급비용	미리 낸 비용 중 아직 비용화가 되지 않은 부분
		가지급금	현금, 예금을 지급하였으나 그 내역을 정확히 알지 못할 때 사용하는 임시계정
		부가세대급금	재화, 용역을 구입할 때 지급한 매입세액으로 추후 환급받을 금액
		선납세금	이자 수령 시 원천징수, 법인세 중간예납으로 미리 납부한 세금
		현금과부족	현금 분실, 현금 지출 후 기록누락 등으로 장부상 현금보다 금고 안의 현금이 적을 때 사용
		재고자산	
		상품	구입해 판매하는 물품
		제품	제조해 판매하는 물품
		원재료	물건의 제조를 위해 구입하는 원료, 재료 등
		매입환출및에누리	매입한 상품, 원재료의 결함, 하자로 깎은 물건값으로 해당 상품, 원재료에서 차감됨.
		매입할인	매입채무를 조기에 갚으면서 할인받은 금액으로 해당 상품, 원재료에서 차감됨.
		재공품	공정 중에 있어 완성되지 않은 재고
	비유동자산	투자자산	
		장기금융상품	회계기간 말 기준으로 1년 이후 만기가 도래하는 장기성예금 등
		특정현금과예금	담보제공된 금융상품 또는 당좌개설보증금

구 분			내 용
자산	비유동자산	투자자산	
		장기대여금	회계기간 말 기준으로 1년 이후 회수되는 대여금
		매도가능증권	단기매매증권, 만기보유증권이 아닌 것으로 회계기간 말 기준 1년 이후 처분 목적인 주식, 채권
		만기보유증권	만기까지 보유하려고 취득한 채권
		투자부동산	시세차익이나 임대료를 받기 위해 취득한 토지, 건물 등
		퇴직연금운용자산	확정급여형(DB) 퇴직연금에 가입하고 회사가 외부 금융기관에 예치 중인 금융자산
	유형자산	토 지	영업, 제조활동에 사용할 대지 등
		건 물	영업, 제조활동에 사용할 공장 등
		기 계 장 치	영업, 제조활동에 사용할 각종 기계 등
		차량 운반구	영업, 제조활동에 사용할 승용차, 트럭 등
		비 품	영업, 제조활동에 사용할 컴퓨터, 책상 등
		건설중인자산	건물이 완공되기 전에 지출된 재료비, 인건비, 각종 경비를 처리할 임시계정
		감가상각누계액	유형자산 취득원가의 매년 비용 처리한 금액의 누계액(해당 유형자산에서 차감 표시)
	무형자산	영 업 권	특정 기업을 인수, 합병할 때 그 가치를 인정해 장부상 금액보다 더 지급한 금액
		특 허 권	발명을 독점적으로 이용할 수 있는 권리
		상 표 권	상표를 독점적으로 이용할 수 있는 권리
		개 발 비	신제품이나 신기술을 개발하면서 발생한 비용 중 무형자산의 요건을 갖춘 경우의 금액
		소프트웨어	컴퓨터에 사용되는 각종 소프트웨어
	기타 비유동	임차보증금	부동산 등을 빌리면서 보증금으로 맡긴 돈
		전 세 권	임차인이 전세 기간 만료 후 보증금을 받을 수 있도록 등기소에 등록된 것
		장기미수금	회계기간 말 기준으로 1년 이후 회수가 예상되는 미수금
		부도어음과수표	부도가 발생하여 대금을 회수하지 못한 어음과 수표
부채	유동부채	외상매입금	원재료, 상품을 구두상 외상으로 구입하면서 갚아야 할 빚
		지 급 어 음	원재료, 상품을 어음을 발행해 주면서 외상으로 구입하면서 갚아야 할 빚
		미지급금	영업활동(상거래) 이외 거래에서 발생한 부채로 건물, 기계장치 취득 시 외상 구입한 금액
		예 수 금	정상적인 영업활동(상거래) 이외 거래로 인해 일시적으로 받아둔 돈으로 급여 지급 시 원천징수한 소득세, 국민연금 등이 대표적 사례임.
		부가세예수금	재화, 용역을 판매할 때 소비자로부터 받은 금액으로 추후 납부할 금액
		당좌차월	은행잔고 이상 인출하여 발생한 차입금으로 일종의 마이너스 통장 잔액
		가 수 금	현금 등을 받았으나 수령의 이유를 모를 때 일단 임시로 사용하는 계정과목
		선 수 금	정상적인 영업활동(상거래)에서 상품, 제품을 판매하기 전에 계약금 명목으로 미리 수령한 돈

구 분			내 용
부채	유동부채	단기차입금	회계기간 말 기준으로 1년 이내에 갚아야 할 차입금
		미지급세금	회사가 낼 법인세 중 아직 납부하지 않은 금액
		미지급비용	이미 발생한 관리비, 전기료, 수도료 등의 각종 비용 중 지급하지 못한 부분
		선수수익	발생하지 않은 수익을 미리 받은 금액으로 월세 선수령이 대표적 사례임.
		유동성장기부채	장기차입금 중 회계기간 말 기준으로 1년 이내 만기가 도래하는 장기차입금을 유동부채로 바꾸는 계정과목
		미지급배당금	주주총회에서 배당 결의된 금액 중 아직 지급되지 않은 금액
	비유동부채	사 채	회사가 일반 대중에게 자금을 조달하려고 집단적으로 발행하는 채권의 액면가액
		사채할인발행차금	사채를 액면보다 싸게 발행하면서 발생한 차액으로 액면가액에서 차감 표시
		사채할증발행차금	사채를 액면보다 비싸게 발행하면서 발생한 차액으로 액면가액에 가산 표시
		장기차입금	금융기관에서 빌린 돈 중 회계기간 말을 기준으로 1년 이후에 갚아야 할 차입금
		임대보증금	건물주가 세입자로부터 받은 전세보증금
		퇴직급여충당부채	전 임직원이 일시에 퇴직한다 가정할 때 지급할 퇴직금 중 아직 지급하지 않은 금액
자본	자 본 금		발행한 주식의 액면금액 합계
	자본잉여금	주식발행초과금	주식을 발행하면서 액면금액을 초과해서 받은 금액
		감자차익	주식을 액면금액보다 싸게 취득하여 소각하면서 발생한 이익
		자기주식처분이익	자기주식을 취득가액보다 높게 처분하여 발생한 이익
	자본조정	주식할인발행차금	주식을 발행하면서 액면금액보다 적게 받은 금액
		자기주식	회사가 발행했던 자신의 주식을 주식시장에서 다시 사들인 주식
		감자차손	주식을 액면금액보다 비싸게 취득하여 소각하면서 발생한 손실
		자기주식처분손실	자기주식을 취득가액보다 낮게 처분하여 발생한 손실
		미교부주식배당금	주식배당이 결의될 때 사용되는 임시계정
	기타포괄손익누계액	재평가차익	부동산을 재평가하여 가격이 상승한 금액
		매도가증권평가(손)익	회계기간 말 매도가능증권의 평가이익, 평가손실
		해외사업환산(손)익	외화로 표시된 재무제표를 원화로 환산하면서 발생한 평가 손익
	이익잉여금	이익준비금	지급되는 배당금의 최소 10%를 법정으로 적립한 금액
		임의적립금	기술개발준비, 시장개척준비 등을 위해 임의로 적립한 이익잉여금
		이월이익잉여금	이익준비금, 임의적립금을 제외한 나머지 이익잉여금으로 주주에게 언제든지 배당될 수 있는 금액

II. 손익계산서

구 분		내 용
매출액	상품매출액	도소매 기업이 구입한 상품의 판매액
	제품매출액	제조기업의 제품 판매액
	매출환입및에누리	매출한 상품, 제품의 결함, 하자로 물건값을 깎아준 금액으로 매출에서 차감함.
	매출할인	매출채권을 조기에 회수하면서 외상대금을 깎아준 금액으로 매출에서 차감함.
매출원가	상품매출원가	도소매 기업이 판매한 상품의 구입 가액
	제품매출원가	제조기업이 판매한 제품의 제조원가
판매비와 관리비	급 여	임직원에게 근로의 대가로 지급되는 인건비
	상 여 금	임직원에게 근로의 대가로 지급되는 보너스
	잡 급	일용직 근로자에게 지급하는 일당
	퇴직급여	퇴직급여란 근로기준법에 따라 1년 이상 근무한 임직원이 퇴직할 때 지급할 퇴직금 중 당해 연도 발생한 금액
	복리후생비	임직원 복지를 위한 회식비, 경조사비, 피복비, 회사부담 건강보험료, 직원용 식당 운영비 등
	여비교통비	시내교통비, 국내외 출장비, 주차료, 통행료 등
	기업업무추진비	회사 업무와 관련하여 거래처 접대를 위한 비용. 거래처를 위한 경조사비도 기업업무추진비임.
	통 신 비	유무선 전화료, 우편료, 팩스비용, 인터넷비용 등
	수도광열비	상하수도요금, 도시가스요금, 난방용 유류비 등
	전 력 비	한국전력에 납부하는 전기요금
	세금과공과	자동차세, 재산세, 교통위반 과태료, 협회·조합비, 회사부담 국민연금. 단, 회사부담 건강보험료는 복리후생비임.
	감가상각비	유형자산의 당해 연도 원가 배분액
	임 차 료	임차한 부동산, 집기비품에 지급되는 매월 사용료로 사무실 임차료, 복사기 임차료 등
	수 선 비	건물수선비, 공기구 수선비, 비품 수선비 등
	보 험 료	산재보험료, 자동차보험료, 화재보험료 등
	차량유지비	차량유류비, 차량수리비, 주차비, 검사비 등
	경상연구개발비	개발단계의 비용 중 자산성이 없는 비용으로 연구원 급여, 시험재료비, 외주연구개발비 등
	교육훈련비	초청 강사료, 위탁교육훈련비, 해외연수비 등
	운 반 비	상하차비, 택배비, 배달비 등
	도서인쇄비	명함제작비, 참고서적 구입비, 신문구독비 등
	소모품비	소모성자재, 소모성공구나 비품 중 당해 연도 사용액
	수수료비용	기장 및 세무자문료, 인터넷뱅킹수수료 등
	광고선전비	광고선전물 제작비용, 신문·TV 등 광고료, 홍보용 달력 제작 등
	대손상각비	회수가 불확실한 매출채권(외상매출금, 받을어음)의 대손추산액 중 당해 연도 보충액. 단, 매출채권이 아닌 미수금, 선급금 등에 대한 대손추산액은 영업외비용의 '기타의 대손상각비' 사용

구분		내용
판매비와 관리비	무형자산상각비	영업권, 개발비 등 무형자산의 상각비
	잡 비	이상 열거한 비용에 포함시키기 어려운 잡다한 항목. 만약 중요한 항목일 경우 별도 계정과목을 설정해 구분표시 하여야 함.
영업외 수익	이자수익	은행 예적금 이자 수령액 등
	배당금수익	보유 중인 주식에서 수령한 배당금
	임 대 료	빌려준 부동산 등에서 받은 월세
	단기매매증권평가이익	단기매매증권의 회계기간 말 공정가격(시가)이 취득가액보다 상승하여 발생한 미실현 평가이익. 단, 매도가능증권평가이익은 기타포괄손익임.(미실현이익)
	단기매매증권처분이익	단기매매증권을 처분하여 장부금액보다 더 많이 수령한 금액으로 실현된 이익(실현이익)
	외환차익	달러 등 외화를 실제 은행에서 환전하여 원화를 수령할 때 환율 상승으로 장부가액보다 더 수령한 원화 금액(실현이익)
	외화환산이익	달러 등 외화의 회계기간 말 환율이 외화를 처음 취득했을 때보다 오른 경우 그 상승 금액(미실현이익)
	유형자산처분이익	토지, 건물 등 유형자산을 처분할 때 장부가액보다 높게 처분하여 더 수령한 금액
	매도가능증권처분이익	매도가능증권을 처분하여 장부금액보다 더 많이 수령한 금액
	만기보유증권처분이익	채권과 같은 만기보유증권을 처분하여 장부금액보다 더 많이 수령한 금액
	자산수증이익	외부에서 무상으로 토지 등을 기증받아 생긴 이익
	채무면제이익	외상매입금, 차입금 등 부채를 탕감받아 생긴 이익
	보험차익	화재보험에 가입 후 화재로 인해 소실된 자산 금액보다 더 많은 보험금을 수령하여 발생한 차익
	잡 이 익	위 항목에 해당하지 않으면서 중요하지 않은 수익
영업외 비용	이자비용	차입금, 당좌차월, 사채 등으로부터 발생한 이자 지급액
	외환차손	달러 등 외화를 실제 은행에서 환전하여 원화를 수령할 때 환율 하락으로 장부가액보다 덜 수령한 원화 금액(실현손실)
	외화환산손실	달러 등 외화의 회계기간 말 환율이 외화를 처음 취득했을 때보다 하락하여 발생한 손실(미실현손실)
	기 부 금	국가, 복지기관 등에 업무와 관계없이 무상으로 기증한 금액
	기타의대손상각비	회수가 불확실한 미수금, 선급금 등 상거래 이외 채권에 대한 대손추산액 중 당해 연도 보충액. 매출채권(외상매출금, 받을어음)에 대한 대손추산액은 판매관리비의 '대손상각비' 사용
	매출채권처분손실	외상매출금, 받을어음을 금융기관 등에 할인하여 처분하면서 수수료 지급 등으로 장부가액보다 덜 수령한 금액
	단기매매증권평가손실	단기매매증권의 회계기간 말 공정가격(시가)이 취득가액보다 하락하여 발생한 손실. 단, 매도가능증권평가손실은 기타포괄손익누계임.(미실현손실)
	단기매매증권처분손실	단기매매증권을 처분하여 장부금액보다 더 적게 수령하여 발생한 손실(실현손실)
	만기보유증권처분손실	채권과 같은 만기보유증권을 처분하여 장부금액보다 더 적게 수령해 발생한 손실
	재고자산감모손실	재고자산의 수량, 물량이 감소하여 손해 본 금액 중 원가성이 없는 금액. 단, 재고자산감모손실 중 원가성이 있는 부분은 매출원가에 포함시킴.
	재해손실	화재, 홍수, 지진 등 불가항력적 사고로 발생한 손실
	유형자산처분손실	토지, 건물 등 유형자산을 처분할 때 장부가액보다 낮게 처분하여 발생한 손실
	잡 손 실	위 항목에 해당하지 않으면서 중요하지 않은 비용

빈출문제 정답

01 ④	02 ④	03 ③	04 ①	05 ①	06 ③	07 ④	08 ④	09 ②	10 ①	11 ③	12 ④	13 ①	14 ③	15 ②
16 ①	17 ③	18 ③	19 ③	20 ①	21 ②	22 ④	23 ①	24 ④	25 ①	26 ③	27 ③	28 ④	29 ②	30 ③
31 ②	32 ②	33 ②	34 ①	35 ④	36 ①	37 ②	38 ②	39 ①	40 ①	41 ③	42 ①	43 ②	44 ③	45 ②
46 ①	47 ③	48 ④	49 ④	50 ④	51 ①	52 ①	53 ①	54 ③	55 ①	56 ②	57 ③	58 ①	59 ③	60 ③
61 ③	62 ④	63-1 ②	63-2 ①											

01	• 기초자본: 기초자산 900,000원 – 기초부채 500,000 원 = 400,000원 • 당기순이익: 총수익 1,100,000원 – 총비용 900,000원 = 200,000원 • 기말자본: 기초자본 400,000 + 추가출자 100,000 - 이익배당액 50,000 + 당기순이익 200,000 = 650,000원
02	① 현금(자산) 감소, 상품(자산) 증가　　　② 복리후생비(비용) 발생, 현금(자산) 감소 ③ 차량(자산) 증가, 대출(부채) 증가　　　④ 계약금(자산) 증가, 현금(자산) 감소
04	① 시산표, ② 재무상태표, ③ 자본변동표, ④ 주석에 대한 설명으로 시산표는 기본 재무제표가 아님.
07	해당 설명은 회계정보의 목적적합성에 대한 설명임. ① 예측가치, ② 피드백가치, ③ 적시성은 목적적합성의 특징이며 ④ 중립성은 신뢰성에 대한 특징임.
13	대손충당금 잔액 1,000,000원이고 상각된 채권금액 1,200,000원 일 경우 부족액 200,000원은 추가로 대손상각비 처리해야 함. (차) 대손충당금(외상매출금)　　1,000,000　　(대) 외상매출금　　1,200,000 　　　대손상각비(판매관리비)　　200,000
19	• 2023년 감가상각비: [20,000,000 × 45% × (6개월/12개월)] = 4,500,000원 • 2024년 감가상각비: [20,000,000 - 4,500,000] × 45% = 6,975,000원
21	내부적으로 창출한 브랜드, 고객목록과 같은 항목은 무형자산으로 인식할 수 없음.
30	자본금은 주식 액면금액의 합계이므로 10.1 유상증자는 액면금액 5,000원으로 계산함. 기초(50,000,000원) + 유상증자(10,000,000원, 2,000주×5,000원) = 60,000,000원
34	주사업장 총괄납부는 납부만 본점에서 총괄함. 따라서 사업자등록, 세금계산서 발급, 부가가치세 신고는 각 사업장별로 해야 함.
36	매입세액을 공제받고 사업상 증여를 하면 매출이 발생하지 않아 부가가치세를 징수할 수 없으므로 실질 공급이 아니더라도 부가가치세를 과세함. 즉, 간주공급임.
38	영세율은 완전면세제도이다.
43	② 과세·면세 겸영의 경우 수수료비용의 부가가치세 매입세액은 과세 부분만큼 공제받을 수 있으나 ① 면세사업 전용, ② 비영업용 소형승용차로 개별소비세 과세대상(1,000cc 초과), ④ 기업업무추진비(접대비) 관련 매입세액은 공제받을 수 없음.
47	직접노무원가는 특정 제품생산에 투입된 것이 직접 추적 가능한 노무원가를 말함.
54	① 기부금, ② 이자비용, ④ 매출원가는 손익계산서에 표시되며 ③ 당기총제조원가는 제조원가명세서에 표시됨.
55	공장 인사 관리 부문의 원가는 종업원의 수를 배부기준으로 하는 것이 논리적임.
56	직접배부법은 보조부문에 배부하지 않고 모두 제조부문에만 배부하므로 보조부문 상호간의 용역수수관계가 밀접한 경우 부정확한 원가배분을 초래하는 단점이 있음.
58	• 제조간접비 예정배부액: 시간당 10,000원 × 작업시간 200시간 = 2,000,000원　• 배부차이: 200,000원 과대배부 • 제조간접비 실제발생액: 2,000,000 - 200,000(과대배부액) = 1,800,000원

59	• 제조간접비 배부율 : 500,000(제조간접비) ÷ 직접원가(1,000,000) = 0.5원/직접원가당 • 직접원가 : 직접재료비 800,000 + 직접노무비 200,000 = 1,000,000원 • 제조지시서 No. 1 제조간접비 : (직접재료비 400,000 + 직접노무비 150,000) × 0.5원 = 275,000원
62	제조간접비를 예정배부율로 배부하는 것은 개별원가계산에 대한 설명임.
63 -1	• 완성수량 : 기초재공품 당기 완성 5,000개 + 당기 착수 당기 완성 25,000개 = 30,000개 • 직접재료비 완성품 환산량 : 당기 착수량 35,000개 • 가공비 완성품 환산량 : 기초재공품 추가 가공 1,500개(5,000개×30%) + 당기 투입 당기 완성 25,000개 + 기말재공품 3,000개 (10,000개×30%) = 29,500개

64	(차) 받을어음(평화산업) 10,000,000
	     현 금 5,000,000
	  (대) 외상매출금(동아전자) 15,000,000
		65	(차) 보통예금 19,800,000
			     수수료비용(판매관리비) 200,000
			  (대) 받을어음(한성) 20,000,000

66	(차) 외상매입금(포항수산) 5,000,000
	  (대) 받을어음(서강전자) 3,000,000
	      현 금 2,000,000
		67	(차) 보통예금 4,950,000
			     매출채권처분손실 50,000
			  (대) 받을어음(대전) 5,000,000

68	(차) 보통예금 21,400,000
	     외환차손 600,000
	  (대) 외상매출금(미국 Ace Co.) 22,000,000
	※ 외환차손 = $20,000 × (1,070원/$ - 1,100원/$)
	     = (-) 600,000
		69	(차) 대손충당금(외상매출금) 2,000,000
			     대손상각비(판매관리비) 700,000
			  (대) 외상매출금(금호전자) 2,700,000

70	(차) 보통예금 400,000
	  (대) 대손충당금(외상매출금) 400,000
		71	(차) 외화환산손실 2,000,000
			  (대) 단기차입금(ABC.CO.LTD) 2,000,000

72	(차) 단기매매증권 3,500,000
	     수수료비용(영업외비용) 5,000
	  (대) 보통예금 3,505,000
		73	(차) 만기보유증권 20,100,000
			  (대) 당좌예금 20,000,000
			      보통예금 100,000

74	(차) 선급금(광주) 700,000
	  (대) 당좌예금 700,000
		75	(차) 여비교통비(판매관리비) 475,000
			     현 금 25,000
			  (대) 가지급금(김부장) 500,000

76	(차) 보통예금 50,760
	     선납세금 9,240
	  (대) 이자수익 60,000
		77	(차) 선납세금 1,100,000
			  (대) 현 금 1,100,000

78	(차) 선급비용(사랑은행) 400,000
	  (대) 보험료(판매관리비) 400,000
	(*) 거래처는 입력하지 않아도 무방함.
		79	(차) 미수수익(우정은행) 1,500,000
			  (대) 이자수익 1,500,000
			(*) 거래처는 입력하지 않아도 무방함.

80	(차) 이자비용 10,000
	     잡손실 10,000
	  (대) 현금과부족 20,000
		81	(차) 원재료 2,300,000
			  (대) 현 금 2,300,000

82	(차) 차량운반구 40,000
	     단기매매증권 160,000
	  (대) 현 금 200,000
		83	(차) 건설중인자산 3,000,000
			  (대) 현 금 3,000,000

84	(차) 수선비(제조원가) 5,100,000
	     건 물 14,600,000
	  (대) 당좌예금 19,700,000
		85	(차) 특허권 2,200,000
			  (대) 보통예금 2,200,000

86	(차) 임차보증금(성진기업)	10,000,000		87	(차) 당좌예금	900,000
	(대) 현 금		3,000,000		(대) 선수금(용문)	900,000
	미지급금(성진기업)		7,000,000			
88	(차) 급여(판매관리비)	10,000,000		89	(차) 세금과공과(판매관리비)	400,000
	(대) 보통예금		9,500,000		세금과공과(제조원가)	600,000
	예수금		500,000		예수금	1,000,000
					(대) 보통예금	2,000,000
90	(차) 장기차입금(믿음은행)	50,000,000		91	(차) 가수금	3,000,000
	(대) 유동성장기부채(믿음은행)		50,000,000		(대) 선수금(산본)	2,000,000
					외상매출금(산본)	1,000,000
92	(차) 퇴 직 급 여(제조원가)	7,500,000		93	(차) 퇴직연금운용자산	9,800,000
	수수료비용(제조원가)	500,000			(대) 보통예금	9,800,000
	(대) 보통예금		8,000,000			
94	(차) 현 금	5,000,000		95	(차) 퇴직급여충당부채	12,000,000
	미수금(달마)	10,000,000			(대) 보통예금	10,680,000
	(대) 임대보증금(달마)		15,000,000		예수금	1,320,000
96	(차) 보통예금	100,000,000		97	(차) 토 지	1,000,000
	(대) 자본금		50,000,000		(대) 자본금	500,000
	당좌예금		1,000,000		주식발행초과금	500,000
	주식발행초과금		49,000,000			
98	(차) 이월이익잉여금	800,000		99	(차) 미지급배당금	800,000
	(대) 미지급배당금		800,000		(대) 현 금	800,000
100	(차) 보통예금	12,000,000		101	(차) 보통예금	14,700,000
	자기주식처분이익	250,000			매출할인(제품)	300,000
	자기주식처분손실	1,000,000			(대) 외상매출금(수미마트)	15,000,000
	(대) 자기주식		13,250,000			
102	(차) 복리후생비(판매관리비)	2,500,000		103	(차) 기부금	1,300,000
	(대) 미지급금(신한카드)		2,500,000		(대) 제 품	1,300,000
					(적요 8.타계정으로 대체액 손익계산서 반영분)	
104	유형:11.과세, 공급가액: 20,000,000원, 부가세: 2,000,000원, 거래처: 부산상사, 전자: 여, 분개: 혼합			105	유형:11.과세, 공급가액: 1,000,000원, 부가세: 100,000원, 거래처: 계백전자, 전자: 여, 분개: 혼합	
	(차) 받을어음(부산상사)	20,000,000			(차) 감가상각누계액(차량운반구)	3,200,000
	현 금	2,000,000			미수금(계백전자)	1,100,000
	(대) 제품매출		20,000,000		유형자산처분손실	800,000
	부가세예수금		2,000,000		(대) 차 량 운 반 구	5,000,000
					부가세예수금	100,000
106	유형:12.영세, 공급가액: 8,000,000원, 부가세: 0원, 거래처: 람보전자, 전자: 부, 분개: 혼합			107	유형:14.건별, 공급가액: 1,000,000원, 부가세: 100,000원, 거래처: 정하나, 전자: -, 분개: 혼합	
	(차) 외상매출금(람보전자)	4,000,000			(차) 현 금	1,100,000
	받 을 어 음(람보전자)	4,000,000			(대) 제품매출	1,000,000
	(대) 제품매출		8,000,000		부가세예수금	100,000
	(*) 영세율 구분: 내국신용장·구매확인서에 의하여 공급하는 재화 선택					

108	유형:16.수출, 공급가액: 24,000,000원, 부가세: 0원, 거래처: Ta Co., 전자: -, 분개: 혼합	109	유형:17.카과, 공급가액: 2,000,000원, 부가세: 200,000원, 거래처: 미인, 전자: -, 분개: 혼합
	(차) 외상매출금(Ta Co.) 24,000,000 　　　(대) 제품매출 24,000,000 (*)영세율 구분: 1.직접 수출 선택		(차) 외상매출금(우리카드) 2,200,000 　　　(대) 제품매출 2,000,000 　　　　　부가세예수금 200,000 (*)외상매출금 거래처를 반드시 우리카드 입력
110	유형:22.현과, 공급가액: 800,000원, 부가세: 80,000원, 거래처: 정하나, 전자: -, 분개: 혼합	111	유형:11.과세, 공급가액: (-)8,000,000원, 부가세: (-)800,000원, 거래처: 현필상회 전자: 여, 분개: 혼합
	(차) 현 금 880,000 　　　(대) 제품매출 800,000 　　　　　부가세예수금 80,000		(차) 외상매출금(현필상회) (-)8,800,000 　　　(대) 제품매출 (-)8,000,000 　　　　　부가세예수금 (-)800,000
112	유형:51.과세, 공급가액: 20,000,000원, 부가세: 2,000,000원, 거래처: (주)명품바디, 전자: 여, 분개: 혼합	113	유형:51.과세, 공급가액: 2,000,000원, 부가세: 200,000원, 거래처: 좋은빌딩, 전자: 여, 분개: 혼합
	(차) 원재료 20,000,000 　　부가세대급금 2,000,000 　　　(대) 외상매입금((주)명품바디) 22,000,000		(차) 임차료(판매관리비) 2,000,000 　　부가세대급금 200,000 　　　(대) 미지급금(좋은빌딩) 22,000,000
114	유형:51.과세, 공급가액: 13,000,000원, 부가세: 1,300,000원, 거래처: 정밀소재, 전자: 부, 분개: 혼합	115	유형:52.영세, 공급가액: 1,500,000원, 부가세: 0원, 거래처: 나은전자, 전자: 부, 분개: 혼합
	(차) 기계장치 13,000,000 　　부가세대급금 1,300,000 　　　(대) 미지급금(정밀소재) 14,300,000		(차) 원재료 1,500,000 　　　(대) 외상매입금(나은전자) 1,500,000
116	유형:53.면세, 공급가액: 80,000,000원, 부가세: 0원, 거래처: 충청실업, 전자: 여, 분개: 혼합	117	유형:54.불공, 공급가액: 30,000,000원, 부가세: 3,000,000원, 거래처: 대우렌터카, 전자: 여, 분개: 혼합
	(차) 토 지 80,000,000 　　　(대) 보통예금 20,000,000 　　　　　미지급금(충청실업) 60,000,000		(차) 차량운반구 33,000,000 　　　(대) 보통예금 25,000,000 　　　　　미지급금(대우렌터카) 8,000,000 (*) 불공사유에 3.비영업용 소형승용차 구입·유지 및 임차 클릭
118	유형:55.수입, 공급가액: 22,000,000원, 부가세: 2,200,000원, 거래처: 인천세관, 전자: 여, 분개: 혼합	119	유형:57.카과, 공급가액: 1,500,000원, 부가세: 150,000원, 거래처: 해수전자, 전자: -, 분개: 혼합
	(차) 부가세대급금 2,200,000 　　　(대) 현 금 2,200,000		(차) 비 품 1,500,000 　　부가세대급금 150,000 　　　(대) 미지급금(비씨카드) 1,650,000
120	유형:61.현과, 공급가액: 20,000,000원, 부가세: 2,000,000원, 거래처: 진성상사, 전자: -, 분개: 혼합		
	(차) 원재료 20,000,000 　　부가세대급금 2,000,000 　　　(대) 보통예금 22,000,000		

KcLep & 실습데이터 설치

🔒 KcLep 수험용 프로그램 설치방법

① 한국세무사회 국가공인자격시험 사이트(http://license.kacpta.or.kr) 접속

② 자료실 클릭

한국세무사회 국가공인자격시험	시험안내	원서접수	자격증	알림마당	나의수험정보
	시험개요	개별접수	자격증신청	공지사항	원서접수관리
	시험일정	단체접수	자격조회	자주하는질문	자격증관리
	자격우대사항	접수내역	자격증갱신	자료실	확인서발급
	합격률			구인안내	1:1문의
				학원안내	회원정보관리
				교재안내	

③ KcLep 설치파일 다운로드

공지사항	번호 ↓	제목	파일	등록일	조회
자주하는질문	6	2025년 수험용 프로그램 케이렙(v.2025.03.07.)	⤓	2025/03/05	5020
자료실 >	5	[수동설치] 2025년 수험용 프로그램 케이렙 (v.2025.03.07.)	⤓	2025/03/05	1396
	4	2025 자격시험 홍보물[전단지,포스터,안내책자]	⤓	2024/12/13	17094

④ 설치파일 클릭하여 KcLep 설치하면 바탕화면세 KcLep 단축아이콘 표시

실습데이터 설치방법

① 「cafe.naver.com/eduacc 공지&DATA다운로드」에서 [콕콕정교수 전산회계 1급] 이론+실무+기출 실습데이터의 Data_Install_JH1.zip 파일을 다운로드

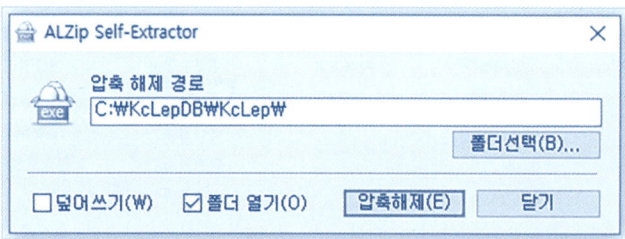

② Data_Install_JH1.exe 클릭한 후 "압축해제(E)" 클릭

③ 압축해제 후 생성되는 실습데이터

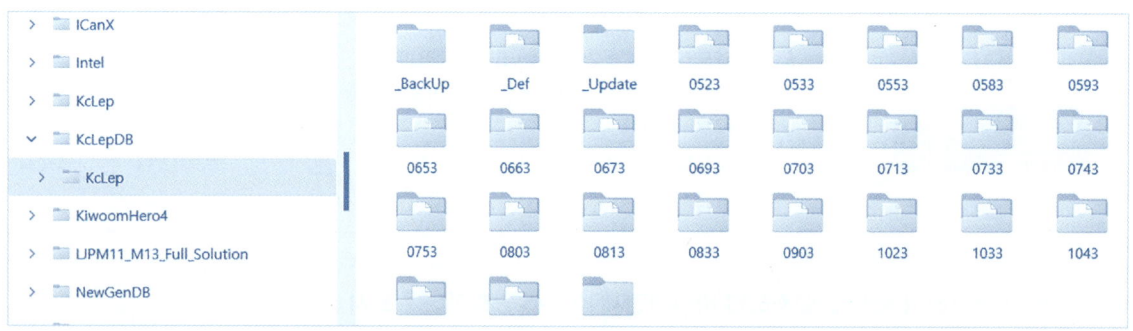

④ 설치한 실습데이터를 KcLep 프로그램에 인식시키기 위해 KcLep 실행 후 "회사등록" 클릭

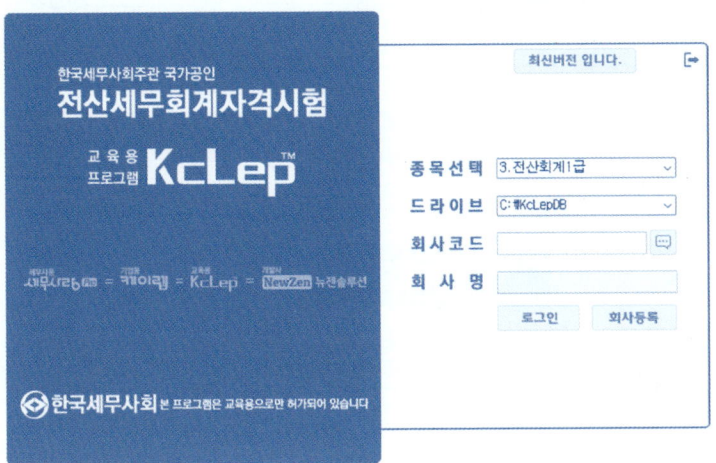

⑤ "F4 회사코드재생성" 클릭한 후 "예(Y)" 클릭

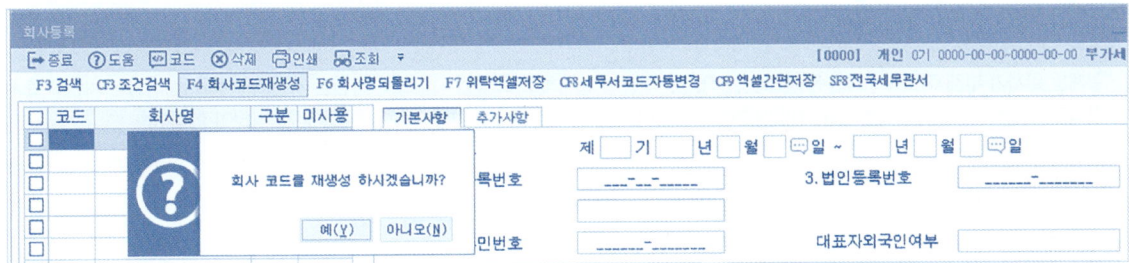

> **참고** 입력된 데이터를 모두 지우고 실습데이터를 다시 설치하는 법

✔ **기존 데이터 삭제**

윈도우 탐색기를 클릭하여 ③번에서 살펴봤던 KclepDB의 폴더들을 모두 삭제(단, 기입력한 데이터를 백업하려면 해당 폴더를 다른 곳에 복사 필요)

✔ **데이터 재설치**

다운받았던 Data_Install_JH1.exe 클릭한 후 "압축해제(E)" 클릭 ⇒ KcLep 실행 ⇒ "회사등록" 클릭 ⇒ "F4 회사코드재생성" 클릭한 후 "예(Y)" 클릭

합격전략 & 진도체크표

합격전략

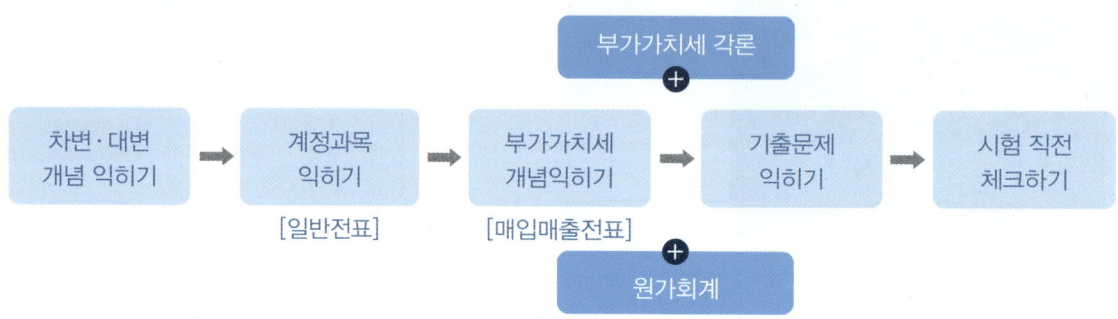

[1단계] 차변·대변 개념 익히기

회계는 회사가 부채·자본·수익을 통해 조달한 자금은 대변에 표시하고, 조달된 자금으로 마련한 자산과 사용하는 비용은 차변에 표시합니다. 이 개념을 익혀야 일반전표, 매입매출전표 입력이 가능하므로 반드시 차변·대변 개념을 먼저 익혀야 합니다.

[2단계] 자산·부채·자본·수익·비용 주요 계정과목 익히기 ⇒ 일반전표

회계거래 중 부가가치세가 수반되는 않는 거래는 일반전표에 입력되는데 예금거래, 유가증권 취득, 외상대금 회수, 급여지급, 퇴직연금 납부, 물품 기부 등이 이에 해당됩니다. 출제유형이 뻔하기 때문에 일반전표 입력은 생각보다 어렵지 않습니다.

[3단계] 부가가치세 개념 익히기 ⇒ 매입매출전표

회계거래 중 부가가치세가 수반되는 거래는 매입매출전표에 입력되는데 매출, 매입, 각종 비용 지출 등 대부분 거래가 이에 해당됩니다. 다만, 일부 거래는 부가가치세가 과세되지 않기 때문에 부가가치세 일반과세 VS 영세율 VS 면세의 차이에 대한 정확한 이해가 꼭 필요합니다.

[4단계] 기출문제 시험유형 익히기

10회 안팎 기출문제를 실제 시험과 동일한 시간에 풀어 보면서 이론, 실무 시험유형을 몸에 익혀야 합니다.

[5단계] 시험 직전 체크

회계원리, 부가가치세, 원가회계 중 반드시 암기가 필요한 일부 내용은 별책 부록 「콕콕 정교수 핵심체크 & 빈출 120문제」에 미리 체크해 두었다가 시험 직전 점검을 해야 합니다.

✓ 마지막 당부

- 이론문제 최소 22점, 실무문제 최소 52점을 획득해야 안전하게 합격합니다.
- 70점만 넘으면 합격이므로 회계초심자는 아래 어려운 내용은 과감히 포기해도 합격에 지장이 없습니다.
  : 감가상각비·사채·자본 중 어려운 내용, 손익계산서 계산문제, 원가회계 어려운 계산문제, 부가가치세 납부세액 계산문제

📋 하루 2시간, 1개월 합격 진도체크표

시간		공부할 내용	진도체크
1주차	월	Ⅰ-01. 회계기본개념·회계등식	☐
	화	Ⅰ-02. 재무제표 작성과정(회계순환과정)	☐
	수	Ⅰ-03. 재무제표 종류·작성원칙	☐
	목	Ⅱ-04.05. KcLep 기초정보관리 / 일반전표 입력	☐
	금	Ⅲ-06. 현금및현금성자산·단기금융상품 / Ⅲ-07. 매출채권	☐
	토	Ⅲ-08. 대손회계	☐
	일	Ⅲ-09. 유가증권	☐
2주차	월	Ⅲ-10. 기타당좌자산 / Ⅲ-11. 재고자산 1/3	☐
	화	Ⅲ-11. 재고자산 2/3~3/3	☐
	수	Ⅳ-12. 투자자산 / Ⅳ-13. 유형자산 취득	☐
	목	Ⅳ-14. 감가상각비 / Ⅳ-15. 유형자산 처분·폐기	☐
	금	Ⅳ-16. 무형자산·기타 비유동자산 / Ⅴ-17. 유동부채	☐
	토	Ⅴ-18. 비유동부채	☐
	일	Ⅴ-19. 자본·20. 배당	☐
3주차	월	Ⅵ-21.22. 손익계산서	☐
	화	Ⅶ-23. 부가가치세 기본개념 / Ⅶ-24. 부가가치세 공급대상·공급시기	☐
	수	Ⅶ-25. 영세율·면세 / Ⅶ-26. 세금계산서	☐
	목	Ⅶ-27. 부가가치세 납부세액 계산·신고납부	☐
	금	Ⅷ-28. 매입매출전표 입력 방법 / Ⅷ-29. 매출전표 유형별 입력	☐
	토	Ⅷ-30. 매입전표 유형별 입력	☐
	일	Ⅸ-31. 부가가치세 신고서·세금계산서 합계표 조회	☐
4주차	월	Ⅸ-32. 장부조회 / Ⅹ-33. 원가의 개념과 종류	☐
	화	Ⅹ-34. 원가계산	☐
	수	Ⅹ-35. 보조부문의 원가배분 / Ⅹ-36. 개별원가계산	☐
	목	Ⅹ-37. 종합원가계산	☐
	금	Ⅺ-38. 오류수정 / Ⅺ-39. 기말결산정리	☐
	토	Ⅺ-40. 전기분 재무제표 수정	☐
	일	기출문제 풀기 & 핵심 요약정리	☐

※ 단, 회계를 처음 공부하는 학생은 하루 2시간, 2개월 합격전략으로 공부하세요.

Contents

머리말 • 003
전산회계1급 시험안내 • 004
KcLep & 실습데이터 설치 • 005
합격전략 & 진도체크표 • 008

I 회계의 기본원리

- 01 회계의 기본개념과 회계등식 • 016
- 02 재무제표 작성과정: 회계순환과정 • 038
- 03 재무제표 종류 및 작성원칙 • 058

II KcLep 프로그램 배우기

- 04 KcLep 설치 및 기초정보 관리 • 076
- 05 KcLep 일반전표 입력법 • 094

III 계정과목별 회계처리 – 유동자산

- 06 현금및현금성자산·단기금융상품 • 106
- 07 매출채권 • 116
- 08 대손회계 • 126
- 09 유가증권 • 140
- 10 기타 당좌자산 • 154
- 11 재고자산 • 168

계정과목별 회계처리 – 비유동자산

- 12 투자자산 • 190
- 13 유형자산 취득 • 196
- 14 감가상각비 • 212
- 15 유형자산 처분·폐기 • 226
- 16 무형자산·기타 비유동자산 • 234

 **계정과목별 회계처리 – 부채와 자본**

- 17 유동부채 • 248
- 18 비유동부채 • 266
- 19 자본 • 292
- 20 배당 • 314

 계정과목별 회계처리 – 수익·비용

- 21 손익계산서 1: 매출·매출원가 • 326
- 22 손익계산서 2: 판매비와관리비·영업외손익 • 342

Contents

 부가가치세 이론

- 23 부가가치세 기본개념·사업자등록 • 366
- 24 부가가치세 과세대상·공급시기 • 380
- 25 영세율·면세 • 392
- 26 세금계산서 • 402
- 27 부가가치세 납부세액 계산·신고납부 • 414

 매입·매출전표

- 28 매입매출전표 입력 방법 • 438
- 29 매출전표 유형별 입력 • 446
- 30 매입전표 유형별 입력 • 468

 부가가치세 신고서 및 장부조회

- 31 부가가치세 신고서·세금계산서 합계표 조회 • 496
- 32 장부조회 • 512

 원가회계

- 33 원가의 개념과 종류 • 528
- 34 원가계산 • 544
- 35 보조부문의 원가배분 • 558
- 36 개별원가계산 • 570
- 37 종합원가계산 • 578

결산정리 및 오류수정

- **38** 오류수정 • 596
- **39** 기말결산정리 • 609
- **40** 전기분 재무제표 수정 • 630

기출문제

실전, 시험 당일 문제 푸는 요령 • 4
전산회계 1급 120회 기출문제 (2025년 06월, 합격률 39.43%) • 8
전산회계 1급 119회 기출문제 (2025년 04월, 합격률 58.32%) • 19
전산회계 1급 118회 기출문제 (2025년 02월, 합격률 37.37%) • 30
전산회계 1급 117회 기출문제 (2024년 12월, 합격률 46.84%) • 41
전산회계 1급 116회 기출문제 (2024년 10월, 합격률 43.59%) • 51
전산회계 1급 115회 기출문제 (2024년 08월, 합격률 48.81%) • 62
전산회계 1급 114회 기출문제 (2024년 06월, 합격률 37.78%) • 73
전산회계 1급 113회 기출문제 (2024년 04월, 합격률 42.89%) • 84
전산회계 1급 112회 기출문제 (2024년 02월, 합격률 40.16%) • 95
전산회계 1급 111회 기출문제 (2023년 12월, 합격률 39.55%) • 105
전산회계 1급 110회 기출문제 (2023년 10월, 합격률 30.02%) • 114
전산회계 1급 109회 기출문제 (2023년 08월, 합격률 33.26%) • 124

I. 회계의 기본원리

01 회계의 기본개념과 회계등식

02 재무제표 작성과정: 회계순환과정

03 재무제표 종류 및 작성원칙

이 단원은 재무제표에 대한 기본 개념을 배우고 향후 일반전표·매입매출전표 입력의 필수지식인 차변·대변의 개념을 익히는 부분입니다.

 학습방법

차변·대변 개념 이해 → 재무제표 작성 순서 → 재무제표 종류 및 작성원칙 순서로 학습하게 됩니다. 차변·대변의 개념과 재무제표 작성순서는 이해 위주로 공부하시고 재무제표의 작성원칙은 암기하시기 바랍니다.

 출제빈도   매회 이론 1~2문제

회계기본개념·회계등식	
재무제표 작성과정(회계순환)	3가지 항목이 번갈아 1~2문제 정도 이론문제로 출제되는데, 그중 재무제표 종류·작성원칙의 출제빈도가 가장 높음.
재무제표 종류·작성원칙	

01 회계의 기본개념과 회계등식

학습내용 · 회계정의 · 회계상 거래 개념 · 회계등식 · 회계거래 결합관계

출제경향 이 부분은 기초적 내용으로 전산회계 1급에서 주로 출제되었기 때문에 전산회계 1급에서는 이론문제로만 2~3년에 1~2문제 출제될 정도로 출제빈도가 아주 낮은 편임. 회계등식과 차변·대변의 결합관계만 제대로 파악하고 있으면 충분함.

1 회계의 정의

회사를 제대로 운영하기 위해서는 물건을 팔면 얼마나 남는지, 보유 중인 현금은 얼마인지, 갚아야 할 외상대금은 얼마인지 등 회사의 재무현황을 정확히 알려주는 '회계정보' 파악이 매우 중요한데, 이 회계정보를 만들어 전달하는 것이 회계입니다.

1. 회계의 정의

회계란 특정 기업에 발생한 경제적 사건(거래)을 식별하여 화폐 금액으로 기록한 뒤, 이 재무정보를 주주·채권자 등 정보이용자에게 전달하는 일련의 과정

2. 회계정보의 종류

구 분	내 용	재무제표 명칭
재무상태	기업이 보유한 총 자산과 상환할 부채 그리고 자본의 현황	재무상태표
경영성과	기업의 연간 매출, 매출원가, 각종 관리비 등 차감 후 연간 이익 현황	손익계산서

3. 회계정보의 이용자

구 분	내 용
내부이용자	경영자, 근로자
외부이용자	주주, 잠재적 투자자, 채권자, 거래처, 정부기관

4. 회계의 종류

구 분	재무회계	(원가)관리회계
목 적	회사의 재무상태, 경영성과를 외부에 공표	원가계산, 제품 가격 결정 등
정보이용자	내부(경영자, 근로자), 외부(주주, 잠재적 투자자, 채권자, 거래처, 정부 등)	내부(경영자)
보고수단	재무제표(재무상태표, 손익계산서 등)	특수 형태 보고서
회계기준	기업회계기준	없 음

(*) 세무회계: 법인세 계산 관련 정보 제공

정교수 콕콕

핵심체크

재무회계 vs (원가)관리회계
- 재무회계: 재무제표 외부 공표
- (원가)관리회계: 경영자의 의사결정 위한 자료보고

2 회계상 거래의 개념

거래의 사전적 의미는 '재화 또는 서비스를 대상으로 상인과 상인, 또는 상인과 고객 사이에서 이루어지는 경제적 행위'입니다. 하지만 회계에서 말하는 거래는 이러한 사전적 의미와는 다른 부분이 있으므로 주의가 필요합니다.

1. 회계상 거래의 개념

회계상 거래로 인식되기 위해서는 다음 두 가지 요건을 모두 갖추어야 하며 만약 이 두 가지를 모두 갖추지 못하면 회계상 거래가 아니므로 장부에 반영할 필요가 없습니다.

회계거래의 요건	• 기업의 재무상태(자산, 부채, 자본, 수익, 비용)에 영향을 미쳐야 한다. • 금액으로 측정할 수 있어야 한다.

핵심체크

회계거래의 요건
- 자산, 부채, 자본, 수익, 비용에 영향을 미쳐야 함.
- 금액으로 측정 가능

2. 연습문제

자, 이제 회계에서 말하는 거래의 의미를 파악하기 위해 몇 가지 사례를 살펴보겠습니다.

사례 1

여러 명의 지원자를 대상으로 면접을 실시한 뒤 그중 1명을 선발해 연봉 4천만 원 조건으로 근로계약서를 작성하였으며 해당 직원은 이틀 뒤 출근 예정임.

상식적으로 볼 때 직원채용도 거래의 일종이지만 단순한 직원채용은 회계상 거래가 아닙니다. 왜냐하면, 직원채용 근로계약서 작성만으로는 회사의 자산, 부채, 자본, 수익, 비

 정교수 콕콕

용 어디에도 영향을 미치지 않기 때문입니다. 채용한 근로자에게 월급이 지급되어 비용이 지출되면 그때야 회계상 거래 발생하는 것입니다.

> **사례 2**
>
> 삼성역 인근 1층 상가를 보증금 1억 원에 빌리는 임대차 계약서를 작성하고 현금 1,000만 원을 계약금으로 지급함.

임대차 계약서 작성과정에서 계약금 1,000만 원이 현금 지급되어 현금자산은 감소하고 그만큼 나중에 받을 임차보증금 자산이 생기기 때문에 계약금 지급은 회계적 거래입니다.

> **사례 3**
>
> 주력 제품을 1,000만 원어치 구매한다는 구매주문서를 단골 거래처로부터 팩스 전송받음.

1,000만 원어치 제품 구매주문을 받은 것은 아주 기쁜 일이지만 회계적으로 거래가 아닙니다. 왜냐하면, 주문서 접수는 회사의 자산, 부채, 자본, 수익, 비용에 영향을 미치지 않기 때문입니다. 따라서 주문서 접수 후 제품을 배송하거나 계약금을 받는 등의 구체적 회계적 사건이 일어나기 전까지는 회계상 거래가 아닙니다.

❸ 재무제표 생성과정과 자산·부채·자본·수익·비용의 개념

회계란 회사에서 발생한 수많은 거래를 잘 요약·정리한 뒤 이를 표로 정리해서 정보이용자에게 전달하는 일련의 과정인데 그 결과로 재무상태표와 손익계산서로 대표되는 재무제표가 작성됩니다.

1. 주식회사의 개념

재무제표 생성과정을 이해하기 위해서는 주식회사에 대한 기초적인 지식이 필요한데 다음이 주식회사의 기본개념입니다.

1) 주식회사의 시초

주식회사의 시초는 17세기 초 네덜란드의 동인도 회사에서 찾을 수 있습니다. 동인도 회사는 아시아의 후추, 커피, 비단 등의 무역을 위해 네덜란드, 영국, 프랑스 등이 동인도에 설립한 회사로 가장 유명한 것이 바로 네덜란드의 동인도 회사입니다. 말레이시아, 인도네시아 지역에서 가장 세력이 강했던 네덜란드의 동인도 회사는 귀족과 왕으로부터 자금을 투자받아 동인도 회사를 설립했던 영국, 프랑스와 달리 일반 시민들로부터 투자를 받았다고 합니다. 그리고 향후 이익 분배를 위해 투자증서를 발급했는데 이것이 오늘날 주식의 시초입니다.

2) 주식회사의 시작: 투자금(출자금)의 모집

주식회사를 시작하기 위해서는 회사 설립에 필요한 자금이 필요한데 그 시작이 바로 주주의 투자금, 바로 주주의 출자금입니다. 주주가 회사에 투자금을 납입하면 회사는 이를 증명하기 위해 주식을 발행하여 교부합니다.

3) 부족한 자금의 차입: 차입금

회사의 자금이 충분하다면 문제가 없지만 대부분의 경우에는 부족한 자금을 은행에서 빌리는데 이를 차입금이라고 합니다.

4) 경영의 시작: 소유와 경영의 분리

17세기 초 아시아무역은 성공만 하면 엄청난 이익을 볼 수 있었지만 해적의 공격, 나쁜 바다 날씨 등으로 그 위험 또한 매우 높았다고 합니다.

이를 효과적으로 관리하기 위해 동인도 회사는 경험 많은 선장을 고용한 뒤 항해에 관한 모든 권한을 일임했는데 오늘날의 주식회사도 마찬가지입니다. 회사를 설립한 뒤 주주들은 대표이사를 선임하여 회사경영을 맡기는데 이를 소유와 경영의 분리라고 합니다.

2. 주식회사 설립 사례

이상 설명한 주식회사의 기본개념을 바탕으로 간단한 회사 설립 사례를 알아보겠습니다.

> **사례**
> (주)명지패션 인터넷 의류 쇼핑몰을 1월 1일 창업
> - 자금조달: 5명 주주 투자금 50,000,000원. 대한은행 대출 30,000,000원
> - 자금사용: 사무실 보증금 30,000,000원, 의류구입 40,000,000원, 여유자금 10,000,000원

먼저 회사를 설립하려면 자금이 필요하겠죠? 자금은 크게 회사의 주인인 주주가 투자하는 자기자본과 회사에 돈을 빌려주는 타인자본으로 구성됩니다. 사례에서는 5명의 주주가 투자한 5,000만 원, 대한은행에서 빌린 3,000만 원, 총 8,000만 원의 자금이 마련되었습니다. 이를 도표로 요약하면 다음과 같습니다.

정교수 콕콕

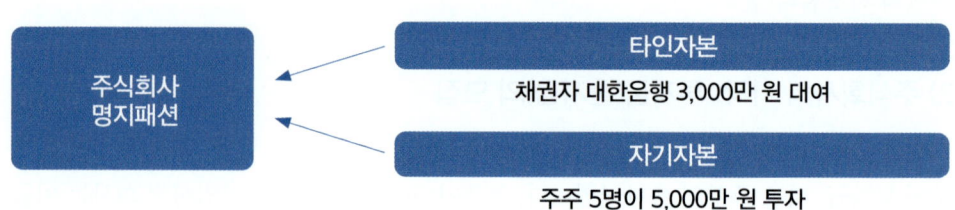

1) 자금의 조달

조달된 자금을 법률적으로 따져보면 ㈜명지패션에 5명의 주주가 5,000만 원을 투자하고, 채권자 대한은행이 3,000만 원을 대여, 즉 빌려준 것입니다. ㈜명지패션은 열심히 돈을 벌어 나중에 대한은행에 원금과 이자를 갚고, 주주 5명에게는 원금과 이익금을 돌려줘야 합니다. 다만, ㈜명지패션은 돈을 벌면 주주보다는 채권자인 대한 은행에 원금과 이자를 먼저 갚아야 합니다. 왜냐하면 투자자는 채권자에게 원금과 이자를 갚은 뒤 남은 돈을 찾아가는 조건으로 투자를 한 것이기 때문입니다.

2) 자금의 운용

자, 이제 자금을 조달했으니 ㈜명지패션은 본격적인 인터넷쇼핑몰 사업을 시작해야겠죠? 먼저 ㈜명지패션은 김성공 씨를 대표이사로 선임하고 직원 1명을 채용한 뒤 동대문에 보증금 3,000만 원에 사무실을 빌렸습니다. 다음으로 판매할 의류 4,000만 원어치를 구입하고 나머지 현금 1,000만 원은 회사 금고에 보관했는데 이를 도표로 요약하면 오른쪽과 같습니다.

주식회사 명지패션	
• 현금	1,000만 원
• 재고자산	4,000만 원
• 임차보증금	3,000만 원

3. 재무제표의 생성과정

[1단계] 회사 창업단계 재무상태표

자, 이상 과정을 거쳐 드디어 회사가 창업되었습니다. 그럼 창업된 ㈜명지패션의 재무상태표를 만들어 볼까요?
이미 설명한 바와 같이 재무상태란 기업이 보유한 총자산과 상환할 부채 현황 등을 말하는데 재무상태표는 아래와 같은 양식으로 작성하기로 이미 사회적으로 약속이 되어 있습니다.

⟨재무상태표 양식⟩

운용 중인 재산(자산)	타인자본(부채)
	자기자본(자본)

1) 자금의 조달

㈜명지패션을 창업하기 위해 은행에서 빌린 돈은 타인자본, 즉 부채 부분에 표시하고, 5명의 주주가 투자한 돈은 자기자본, 즉 자본에 표시하는 것입니다. 특히 자기자본보다 타인자본을 먼저 갚아야 하기 때문에 타인자본, 즉 부채가 더 위에 표시되는 것입니다.

2) 자금의 운용

그리고 회사가 조달한 자금으로 운용 중인 내역은 자산 쪽에 표시하되, 마지막으로 중요한 것은 자산은 왼쪽, 부채와 자본은 오른쪽에 표시하는 것이 재무상태표 작성의 가장 기본적인 원칙입니다. 이상 원칙을 적용하여 ㈜명지패션의 창업 단계의 재무상태표를 작성하면 다음과 같습니다.

3) 창업 단계의 재무상태표

⟨창업 단계 재무상태표⟩

㈜명지패션   201x.1.1

현　　　금	10,000,000	차　입　금	30,000,000
재 고 자 산	40,000,000		
임 차 보 증 금	30,000,000	자　본　금	50,000,000
합　　　계	80,000,000	합　　　계	80,000,000
자금운용		자금조달	

왼쪽의 자금운용 쪽은 좀 전의 ⟨자금운용 요약⟩을 그대로 옮겨 적은 것이고 오른쪽의 자금조달 쪽은 좀 전의 ⟨자금조달 요약⟩을 그대로 옮겨 적으면서 대한은행에서 빌린 돈을 차입금으로, 5명의 주주가 투자한 돈을 자본금으로 그 이름만 바꾸어 적었습니다.

[2단계] 경영성과를 표시하는 손익계산서

자, 이제 본격적으로 쇼핑몰 사업을 시작할 차례인데요. ㈜명지패션의 1년간 사업결과를 요약하면 다음과 같습니다.

영업결과 (1.1–12.31)	• 연간 판매액 (창업 시 구매한 재고자산 4,000만 원 중 1,500만 원어치 판매)	30,000,000원
	• 직원급여	3,000,000원
	• 사무실 월세	1,500,000원
	• 차입금이자	500,000원
	(*) 모든 거래는 현금거래라 가정	

1) 연간이익 계산

통상 회계에서는 연간 회사에 유입되는 것을 수익이라 부르며, 판매원가, 급여, 월세 등 각종 지출을 비용이라고 부릅니다. 이때 수익에서 비용을 차감하면 이익 또는 당기순이익이 계산되는데 이를 표로 표현하면 다음과 같습니다.

> 수입 – 비용 = 이익 또는 당기순이익

이상 영업결과를 요약하면 ㈜명지패션은 당기순이익 1,000만 원을 달성했는데 구체적인 계산내역은 다음과 같습니다.

> 30,000,000원(연간 판매액) – 15,000,000원(판매된 재고의 원가) – 3,000,000원(급여)
> – 1,500,000원(사무실 월세) – 500,000원(은행 이자) = 10,000,000원(당기순이익)

2) 손익계산서의 표시

만약 회사의 영업결과를 이렇게 순이익 1,000만 원이라고만 표시하면 이를 이용하는 경영자, 채권자, 주주 등은 여기서 다양한 경영 관련 정보를 파악하기 어렵습니다.

이런 이유로 회사의 경영성과를 알려주는 손익계산서는 크게 [매출 관련] ⇒ [영업 및 판매 관리 관련] ⇒ [영업 이외 관련] ⇒ [당기순이익] 순서로 작성하는데 이를 이용하여 ㈜명지패션의 경영성과인 손익계산서를 작성하면 다음과 같습니다.

⟨손익계산서⟩

㈜명지패션　　　　　　　　　　　　　　　　　　　　　201×.1.1~12.31

매　　　　　　　　　출	30,000,000
매　　출　　원　　가	(15,000,000)
매　출　총　이　익	15,000,000
급　　　　　　　　　여	(3,000,000)
임　　　차　　　료	(1,500,000)
영　　업　　이　　익	10,500,000
이　　자　　비　　용	(500,000)
당　기　순　이　익	10,000,000

(*) 숫자 밑의 줄은 매출총이익, 영업이익, 당기순이익 등 각 단계별 구분을 위한 표시이며 괄호는 (-)표시임.

손익계산서를 이렇게 몇 단계로 나누어 표시하는 이유는 물건 판매에 원가는 얼마나 들어가서 마진이 얼마나 생겼고, 회사 관리에 급여, 임차료, 광고선전비 등은 얼마나 들었는지, 그리고 장사 결과 벌어들인 돈으로 차입금 이자 등은 얼마나 납부했는지 구분된 정보가 필요하기 때문입니다.

[3단계] 창업 1년 뒤 재무상태표

자, 이제 ㈜명지패션의 1년간 사업운영 결과 ㈜명지패션의 1년 뒤 재무상태표는 어떻게 변동되었을까요?

1) 변동 항목의 계산

이를 작성하기 위해서는 창업 이후 금액 변동이 생긴 항목에 대한 금액 계산이 먼저 이루어져야 하는데, 그 항목이 바로 현금과 재고자산입니다.

현금 항목은 판매대금이 입금되고 급여 등을 지급했기 때문에, 그리고 재고자산 항목은 판매가 이루어졌기 때문에 그 금액이 창업 초기에 비해 변동되었을 것입니다. 현금과 재고자산을 제외하면 임차보증금과 차입금, 자본금에 대해서는 거래를 한 적이 없기 때문에 그 금액이 창업 초기와 변동이 없습니다.

구체적으로 현금 잔고와 재고자산 잔고가 어떻게 변동되었는지는 여러분도 작성해 봤던 용돈기입장과 비슷한 다음과 같은 표를 작성해 보면 알 수 있습니다.

① 현금 항목

〈현 금〉

㈜명지패션 201×.1.1~12.31

날짜	적요	수입	지출	잔액
201×.1.1	기 초 현 금			10,000,000
201×.×.×	매 출	30,000,000		40,000,000
201×.×.×	급 여		3,000,000	37,000,000
201×.×.×	임 차 료		1,500,000	35,500,000
201×.×.×	이 자 지 급		500,000	35,000,000
201×.12.31	기 말 현 금			35,000,000

회사 시작 단계에 현금이 1,000만 원 있었고, 매출로 3,000만 원의 현금이 입금되었습니다. 그리고 급여 300만 원, 임차료 150만 원, 이자 50만 원, 총 500만 원의 현금을 지급했습니다. 결국 기초현금 1,000만 원 + 입금 3,000만 원 - 출금 500만 원으로 기말현금은 3,500만 원입니다.

② 재고자산 항목

〈재고자산〉

㈜명지패션 201×.1.1~12.31

날짜	적요	수입	지출	잔액
201×.1.1	기 초 재 고			40,000,000
201×.×.×	판 매		15,000,000	25,000,000
201×.12.31	기 말 재 고			25,000,000

기초에 있던 재고 4,000만 원 중 1,500만 원어치 판매가 되었기 때문에 기말의 재고는 2,500만 원입니다.

위 양식은 사회에서 흔히 사용되는 현금출납부, 가계부, 용돈기입장과 동일한 양식으로 기초 잔액에 당기에 수입된 금액은 더하고 지출된 금액은 차감해서 그 잔액을 구합니다. 계산 결과 ㈜명지패션의 201×.12.31 현금 잔액은 3,500만 원, 재고자산은 2,500만 원인데 이를 창업 1년 뒤 재무상태표에 표시하면 다음과 같습니다.

2) 창업 1년 뒤 재무상태표

⟨1년 뒤 재무상태표⟩

㈜명지패션 201×.12.31

현 금	35,000,000	차 입 금	30,000,000
재 고 자 산	25,000,000		
임 차 보 증 금	30,000,000	자 본 금	50,000,000
		이 익 잉 여 금	10,000,000
합 계	90,000,000	합 계	90,000,000
자금운용		자금조달	

다만, 자금조달 쪽의 자본금 아래쪽에 창업 단계에서는 없었던 이익잉여금이라는 항목이 추가되었는데, 이익잉여금이란 회사가 매년 운영 결과 발생한 이익을 모아 놓은 금액입니다. 이 사례에서는 ㈜명지패션이 1년간 영업을 했기 때문에 첫 1년차에 달성한 당기순이익 1,000만 원이 적혀 있는데 그 금액은 손익계산서의 당기순이익 금액과 일치합니다. 자, 지금까지 아주 간단한 회사 설립사례를 통해 재무상태표와 손익계산서가 만들어지는 과정을 알아봤습니다. 이제 마지막으로 재무상태표와 손익계산서의 관계에 관해 설명하겠습니다.

3) 재무상태표와 손익계산서의 관계

만약 ㈜명지패션의 2년차 당기순이익이 1,200만 원이라면 2년차 말에 작성된 재무상태표에는 이익잉여금이 얼마로 표시되어 있을까요? 정답은 2,200만 원입니다. 왜냐하면 1년차 당기순이익 1,000만 원에 2년차 당기순이익 1,200만 원을 합치면 그 금액이 2,200만 원이기 때문입니다.
결국 당기순이익은 주주 몫이므로 재무상태표의 이익잉여금으로 옮겨지게 되어 있습니다.

⟨재무상태표와 손익계산서의 관계⟩

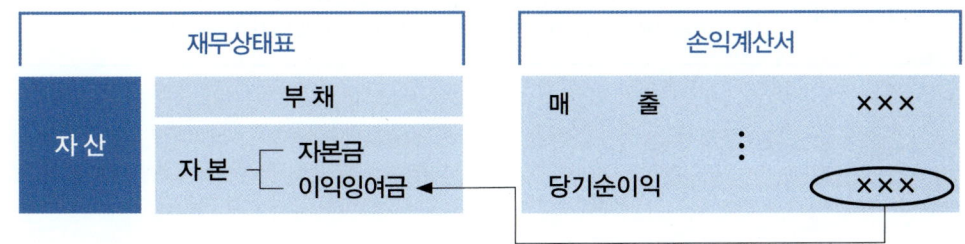

자산, 부채, 자본, 수익, 비용의 개념
- 자산: 기업에 지배되고 미래 경제적 효익 창출이 기대되는 자원
- 부채: 미래에 타인에게 갚아야 할 경제적 의무 (타인자본)
- 자본: 자산에서 부채를 차감한 잔액(주주가 청구권을 가지는 자기자본)
- 수익: 경영활동으로 획득한 자산의 유입이나 부채의 감소
- 비용: 수익 획득 위한 자산의 유출, 사용 또는 부채 증가

4. 자산·부채·자본·수익·비용의 개념

자, 그럼 이상 공부한 내용을 바탕으로 자산, 부채, 자본, 수익, 비용과 계정과목에 대해 구체적으로 정리해 보겠습니다.

구분		내용
재무상태	자산	과거 거래로 현재 기업에 지배되고 미래에 경제적 효익 창출이 기대되는 자원
	부채	기업이 미래에 타인에게 갚아야 할 경제적 의무(타인자본)
	자본	자산에서 부채를 차감한 잔액으로 주주가 청구권을 가짐.(자기자본) ⇒ 일명 순자산
경영성과	수익	경영활동으로 획득한 자산의 유입(또는 부채의 감소)
	비용	수익을 획득하기 위해 발생한 자산의 유출, 사용(또는 부채의 증가)

4 회계등식의 기본개념

지금까지 공부한 내용을 바탕으로 이번에는 아주 중요한 회계등식의 개념에 대해 알아보겠습니다. 회계공부를 처음 시작하면 두세 번 큰 산을 만나면서 어려움을 느끼는데, 그 첫 번째 산이 바로 이 회계등식이니 절대 암기하지 말고 원리를 이해하면서 따라오시기 바랍니다.

회계등식을 이해하기 위해서는 좀 전에 공부한 재무상태표의 생성과정에 대한 간단한 복습이 필요합니다. (주)명지패션은 주주 5명의 투자금 5,000만 원과 채권자 대한은행의 대여금 3,000만 원으로 총자금 8,000만 원을 조달한 뒤, 현금 1,000만 원, 재고자산 4,000만 원, 임차보증금 3,000만 원의 자산을 마련했는데, 이를 도표로 요약하면 다음과 같습니다.

창업 사례	• 자금조달: 주주 투자 5,000만 원, 은행 차입 3,000만 원, 총 8,000만 원 • 자금사용: 현금 1,000만 원, 재고자산 4,000만 원, 임차보증금 3,000만 원

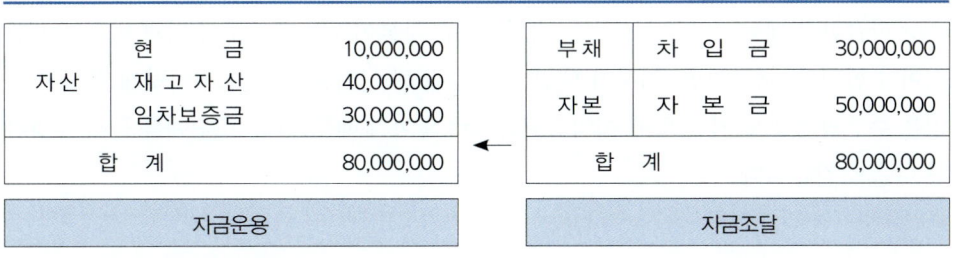

1. 회계등식: 대차평균의 원리

표를 보면 알겠지만 조달된 자금 8,000만 원으로 자산을 마련했기 때문에 자금 운용액과 자금조달액은 항상 같습니다. 결국, 항상 아래와 같은 공식이 성립하는데 이를 회계등식 또는 대차평균의 원리라고 부릅니다.

이 공식을 좀 전 사례에 적용하면 [자산(8,000만 원) = 부채(3,000만 원) + 자본(5,000만 원)]입니다. 자산은 왼쪽, 부채와 자본은 오른쪽에 표시하는 것으로 약속되어 있다는 것만 기억하면 됩니다. 이렇게 (자산 = 부채 + 자본)으로 표시되는 회계등식은 다음과 같이 몇 가지 다른 형태로 표현할 수 있습니다.

2. 회계등식 변형

위의 공식을 변형해 보면 아래와 같이 표현할 수도 있습니다.

즉, 보유한 자산 8,000만 원을 팔아서 부채 3,000만 원을 갚으면 주주가 투자한 자본 5,000만 원이 남는데 [자산(8,000만 원) − 부채(3,000만 원) = 자본(5,000만 원)]입니다. 이렇게 남은 자본 5,000만 원을 순자산이라고 부르기도 하는데, 회사가 보유 중인 자산에서 갚을 빚을 차감하고 남은 순수한 자산의 줄임말이라고 생각하면 됩니다.

핵심체크

회계등식(대차평균원리)
- 자산 = 부채 + 자본
- 자산 − 부채 = 자본
- 자산 = 부채 + 기초자본 + 순이익
- 자산 = 부채 + 기초자본 + 수익 − 비용
- 자산 + 비용 = 부채 + 기초자본 + 수익

 정교수 콕콕

5 회계등식의 확장

이상 학습한 회계등식의 구성요소는 자산, 부채, 자본이지만 추가로 수익과 비용도 포함되어야 합니다. 왜냐하면, 회사가 매년 영업을 통해 이익을 달성하고 이렇게 달성된 이익은 주주의 몫으로 자본 쪽에 이익잉여금으로 쌓이기 때문인데, 이를 예를 들어 설명하면 다음과 같습니다.

1. 순이익 발생 후 회계등식

1) 순이익 발생 후 재무상태표 변화

영업 결과	1년간 영업 결과 1,000만 원의 순이익 달성 (수익 3,000만 원 – 비용 2,000만 원)

순이익은 수익에서 비용을 차감하여 [수익 – 비용]으로 계산하는데 회사가 1년간 1,000만 원의 순이익을 달성했다면 회사 금고의 돈이 그만큼 늘어나게 됩니다. 즉, 회사 자산 중 현금이 1,000만 원 늘어나고, 주주 몫도 1,000만 원 늘어납니다. 이를 좀 전 창업 단계의 재무상태표에 추가로 반영하면 순이익 반영 후 재무상태표는 아래와 같이 바뀝니다.

〈당기순이익 반영 후 재무상태표〉

거래			현금으로 벌어들인 당기순이익 1,000만 원 반영			
자산	현 금	20,000,000 ~~10,000,000~~		부채	차 입 금	30,000,000
	재 고 자 산	40,000,000		자본	자 본 금	50,000,000
	임 차 보 증 금	30,000,000			이 익 잉 여 금	10,000,000
합 계		90,000,000 ~~80,000,000~~		합 계		90,000,000 ~~80,000,000~~
자금운용				자금조달		

2) 순이익 반영 후 회계등식

이를 이용해 회계등식을 확장해 보면 다음과 같습니다.

회계등식 3: 자산 = 부채 + 기초자본 + 순이익

이 공식을 사례에 적용하면 [자산(9,000만 원) = 부채(3,000만 원) + 기초자본(5,000만 원) + 순이익(1,000만 원)]입니다.

3) 기말자본 = 기초자본 + (당기)순이익

여기서 용어 한 가지를 더 공부하면 바로 기초자본과 기말자본입니다. 기초자본이란 작년도에서 넘어온 자본이며 이 기초 자본에 당기 중에 벌어들인 이익, 즉 당기순이익을 더하면 기말의 자본이 됩니다. 이를 사례에 적용하면 [기초자본 5,000만 원 + 당기순이익 1,000만 원 = 기말자본 6,000만 원]입니다.

핵심체크
기초자본 + 순이익 = 기말자본

2. 수익 · 비용이 포함된 회계등식

자, 여기서 회계등식을 한 번 더 확장해 보겠습니다. 연간 순이익 1,000만 원은 수익 3,000만 원에서 비용 2,000만 원을 차감해서 계산했기 때문에 회계등식은 다음과 같이 변경될 수 있습니다.

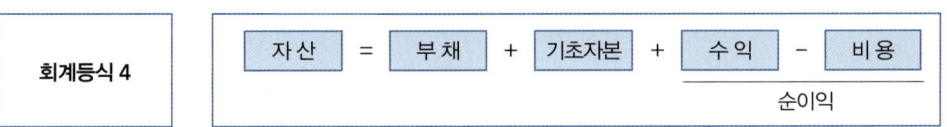

회계등식 4: 자산 = 부채 + 기초자본 + 수익 − 비용 (수익 − 비용 = 순이익)

이 공식을 사례에 적용하면 [자산(9,000만 원) = 부채(3,000만 원) + 자본(5,000만 원) + 수익(3,000만 원) − 비용(2,000만 원)]입니다. 회사에 이익이 생기면 이건 주주의 몫이기 때문에 "기초자본에 이익이 더해져 기말자본이 된다."라고 생각하면 됩니다. 항상 머릿속에 (순이익 = 수익 − 비용)을 염두에 두고 순이익 대신 (수익−비용)을 대입할 줄 알아야 합니다.

핵심체크
수익 − 비용 = 순이익

3. 수익 · 비용이 재배치된 회계등식

위의 회계등식을 마지막으로 한 번만 더 변형해 보면 다음과 같이 바뀝니다. 비용의 위치를 오른쪽에서 왼쪽으로 바꾼 것인데 옮기면서 (−)가 (+)로 바뀌었습니다.

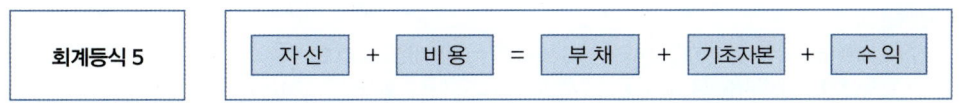

회계등식 5: 자산 + 비용 = 부채 + 기초자본 + 수익

 **정교수 콕콕**

이 공식을 사례에 적용하면 [자산(9,000만 원) + 비용(2,000만 원) = 부채(3,000만 원) + 기초자본(5,000만 원) + 수익(3,000만 원)]입니다.

마지막 이 공식이 좀 어렵기는 하지만 "회사가 부채, 자본, 수익으로 조달한 돈으로 회사의 자산을 마련하고 비용을 쓴다."라고 생각하면 됩니다.

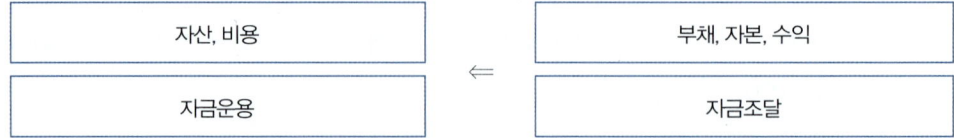

이상 공부한 내용을 도표로 정리하면 다음과 같습니다. 절대 암기하지 말고 "자산 = 부채 + 자본"이라는 기본개념을 바탕으로 이해를 통해 아래 공식들을 정리할 수 있어야 합니다.

〈회계등식 요약〉

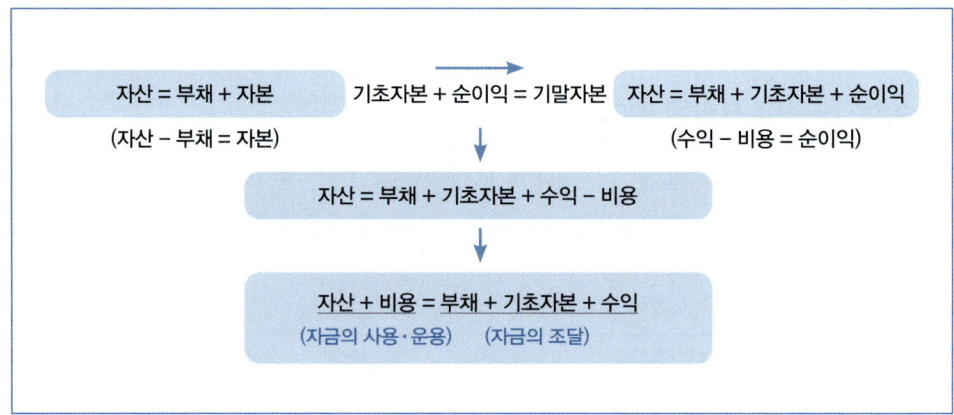

이상 공부한 내용을 기출문제로 점검해 보겠습니다.

이론기출 확인문제 | 전산회계 1급, 97회 |

㈜무릉의 재무상태가 다음과 같을 때, 기말자산은 얼마인가?

기초		기말		총수익	총비용
부채	자본	자산	부채		
400,000원	160,000원	(?)	450,000원	300,000원	240,000원

① 110,000원　② 170,000원　③ 540,000원　④ 670,000원

|정답| ④
- 기초자본(160,000) + 순이익(300,000 − 240,000) = 기말자본(220,000)
- 기말자산(?) = 기말부채(450,000) + 기말자본(220,000)에서 기말자산은 670,000원임.

6 회계거래의 차변·대변 요약

1. 차변·대변의 개념

이미 설명한 바와 같이 회사의 재무적 상태를 알려주는 재무상태표는 왼쪽에 자금의 운용, 오른쪽에 자금의 조달을 표시합니다.

〈재무상태표 구조〉

| 운용 중인 재산(자 산) | ⇐ | 타인자본(부 채) |
| | | 자기자본(자 본) |

| 자금운용(차 변) | | 자금조달(대 변) |

하지만 기존과 달리 위에 지금까지 보지 못했던 두 개의 단어가 있음을 볼 수 있는데, 바로 차변(借邊)과 대변(貸邊)입니다.

1) 차변(借邊)

먼저 차변부터 알아보겠습니다.

차변은 한자로 借邊이라고 표현하는데 借는 '빌려오다', '꾸어오다', 邊은 '곁', '측면'이라는 의미를 갖습니다.

즉, 차변이란 돈을 빌려온 쪽을 말하는데, 결국 회사가 채권자와 주주로부터 자금을 조달받아 토지, 건물, 재고 자산 등의 자산을 마련하기 때문에 자산은 돈을 빌려온 쪽이라는 뜻입니다. 이런 이유로 영어로 차변은 '채무자'란 뜻의 Debit을 사용하고 있습니다.

이를 좀 다르게 표현하면 자산이란 주주와 채권자에게 돈을 빌려와 토지, 건물, 재고자산 등으로 운영 중인 쪽이라고 할 수도 있는데, 결국 회사가 보유 중인 자산이 차변입니다.

2) 대변(貸邊)

다음으로 대변입니다. 대변은 한자로 貸邊이라고 표현하는데 貸는 '빌려준다'라는 의미를 갖기 때문에 대변이란 돈을 빌려준 쪽을 말합니다. 회사가 자금을 운용할 수 있도록 자금을 대준 쪽은 채권자와 주주이므로 부채와 자본이 돈을 빌려준 쪽, 즉 대변이 되는 것입니다. 이런 이유로 영어로 대변은 '대여자'란 뜻의 Crdeit을 사용하고 있습니다.

 정교수 콕콕

이렇게 설명하면 가끔씩 아래와 같이 반문하는 학생들이 있습니다.
"자산이란 회사가 보유한 토지, 건물들을 말하는 건데 그게 왜 빌려온 거예요?"
어떻게 보면 일리가 있어 보이는 질문이지만 회사는 나중에 채권자에게는 차입원금과 이자를 갚아야 하고, 주주에게는 투자금과 이익금을 반환할 의무가 있기 때문에 회사가 보유한 자산은 모두 채권자 또는 주주로부터 빌려온 자금으로 마련했다고 해도 틀린 말이 아닙니다.

2. 회계거래의 결합관계 요약

회계거래가 발생하면 자산, 부채, 자본, 수익, 비용, 이렇게 5가지 항목에 영향을 미치는데 이를 좀 전 살펴본 차변, 대변을 이용해 도표로 요약하면 다음과 같습니다.

 핵심체크

회계거래 결합관계(거래의 8요소)
- 차변: 자산증가, 부채감소, 자본감소, 비용발생
- 대변: 자산감소, 부채증가, 자본증가, 수익발생

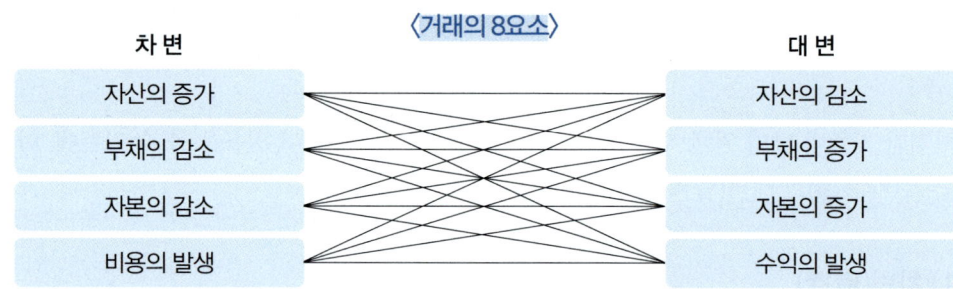

만약 회계거래가 발생해 자산증가, 부채감소, 자본감소, 비용발생이 생기면 이를 꼭 차변에만 기재해야 하며 자산감소, 부채증가, 자본증가, 수익발생이 생기면 이는 꼭 대변에만 기재해야 합니다. 예들 들어 현금으로 회사 부채를 상환했다면 줄어든 부채는 차변에, 줄어든 현금은 대변에 기재해야 합니다.

이렇게 차변에 4가지 거래, 그리고 대변에 4가지 거래가 있다 보니 이를 '거래의 8요소'라고 부르기도 하는데, 특별히 용어에 신경 쓸 필요는 없습니다. 다만, 자산의 증가·감소, 부채의 증가·감소, 자본의 증가·감소, 수익·비용의 발생을 논리적으로 따져서 차변 또는 대변 어느 쪽에 표시가 되는지 파악할 수는 있어야 합니다.

회계거래 결합관계는 차변, 대변 개념문제와 혼합하여 이론문제로 가끔 출제되는데 개념만 제대로 익히면 충분히 맞힐 수 있습니다.

이론기출 확인문제 | 전산회계 1급, 80회 |

다음 중 계정의 성격이 올바르게 설명되지 않은 것은?

	계정명	분개 방식	결산 시 계정잔액
①	급여 계정	증가 시 차변에 기록	차 변
②	소모품 계정	감소 시 대변에 기록	대 변
③	매입채무 계정	증가 시 대변에 기록	대 변
④	매출채권 계정	감소 시 대변에 기록	차 변

|정답| ②
소모품 계정은 자산이므로 결산 시 잔액은 대변이 아닌 차변에 표시됨.

 정교수 콕콕

이론기출 확인문제 | 전산회계 1급, 80회 |

다음 거래를 분개할 때 거래의 8요소 중 잘못된 것은?

> ㈜한세는 기계장치 17,000,000원을 ㈜서울에서 구입하고, 먼저 지급하였던 계약금 1,700,000원을 차감한 나머지는 1개월 후에 지급하기로 하였다.

① 자산의 증가
② 자산의 감소
③ 부채의 증가
④ 부채의 감소

|정답| ④
기계대금 1,700만 원 중 계약금 170만 원을 제외한 1,530만 원을 지급하지 못했으므로 부채가 증가한 거래임.
기계장치(자산) 증가, 선급금(계약금, 자산) 감소, 미지급금(부채) 증가

이론기출 확인문제 | 전산회계 1급, 102회 |

다음 중 거래의 8요소와 그 예시로 가장 적절하지 않은 것은?

① 자산증가/자본증가 : 회사의 설립을 위한 자본금 1,000만 원을 보통예금에 입금하다.
② 자산증가/자산감소 : 마스크생산에 사용되는 원단 구입대금 3,000만 원을 현금으로 지급하다.
③ 자산증가/부채증가 : 직원의 주택구입자금 1억 원을 보통예금에서 이체하여 대여하다.
④ 부채감소/부채증가 : 약속어음을 발행하여 외상매입금을 지급하다.

|정답| ③
직원에게 1억 원을 대여해 주면 부채 증가가 아닌 아닌 돈을 받을 권리인 대여금, 즉 자산이 증가함.
① 보통예금(자산) 증가, 자본금(자본) 증가, ② 재고자산(자산) 증가, 현금(자산) 감소, ④ 어음발행(부채) 증가, 외상매입금(부채) 감소

01 이론기출 공략하기
회계의 기본개념과 회계등식

01 난이도 ★
다음 중 분개의 구조상 차변 요소가 아닌 것은? [2021년, 97회]

① 자산의 감소
② 자본의 감소
③ 비용의 발생
④ 부채의 감소

02 난이도 ★ 필수
다음 중 회계상 거래가 아닌 것은? [2022년, 105회]

① 사업을 위하여 10,000,000원을 추가로 출자하다.
② 지급기일이 도래한 약속어음 10,000,000원을 보통예금에서 이체하여 변제하다.
③ 성수기 재고 확보를 위하여 상품 30,000,000원을 추가 주문하기로 하다.
④ 화재가 발생하여 창고에 있던 재고자산 20,000,000원이 멸실되다.

03 난이도 ★
회계분야 중 재무회계에 대한 설명으로 적절한 것은? [2023년, 109회]

① 관리자에게 경영활동에 필요한 재무정보를 제공한다.
② 국세청 등의 과세관청을 대상으로 회계정보를 작성한다.
③ 법인세, 소득세, 부가가치세 등의 세무 보고서 작성을 목적으로 한다.
④ 일반적으로 인정된 회계원칙에 따라 작성하며 주주, 투자자 등이 주된 정보이용자이다.

04 난이도 ★★ 필수
다음 중 회계등식으로 맞는 것은? [2012년, 53회]

① 기말자산 + 총비용 = 기말부채 + 기말자본 + 총수익
② 기말자산 + 총비용 = 기말부채 + 기초자본 + 총수익
③ 기말자산 + 총비용 = 기말부채 + 기초자본 + 총수익 − 순손실
④ 기말자산 + 총비용 + 순이익 = 기말부채 + 기초자본 + 총수익

05 난이도 ★★
㈜수암골의 재무상태가 다음과 같다고 가정할 때, 기말자본은 얼마인가? [2023년, 110회]

기초		기말		당기 중 추가출자	이익 배당액	총수익	총비용
자산	부채	부채	자본				
900,000원	500,000원	750,000원	( )	100,000원	50,000원	1,100,000원	900,000원

① 500,000원　　② 550,000원　　③ 600,000원　　④ 650,000원

06 난이도 ★★ 필수
다음 거래에 대한 회계처리 시 나타나는 거래요소의 결합관계를 아래의 보기에서 모두 고른 것은? [2022년, 103회]

> 단기대여금 50,000원과 그에 대한 이자 1,000원을 현금으로 회수하다.

〈보 기〉
가. 자산의 증가　　나. 자산의 감소　　다. 부채의 증가　　라. 부채의 감소
마. 수익의 발생　　바. 비용의 발생

① 가, 나, 바　　② 나, 다, 마　　③ 나, 라, 바　　④ 가, 나, 마

07 난이도 ★
다음은 회계상 거래의 결합관계를 표시한 것이다. 옳지 않은 것은? [2020년, 86회]

	거 래	거래의 결합관계
①	현금으로 100만 원의 상품을 구입하였다.	자산의 증가 – 자산의 감소
②	직원의 커피음료 대금 10만 원을 현금으로 지급하였다.	비용의 발생 – 자산의 감소
③	업무용 화물차량을 5천만 원에 대출로 구입하였다.	자산의 증가 – 부채의 증가
④	매입 예정인 상품의 계약금 100만 원을 현금으로 지급하였다.	비용의 증가 – 자산의 감소

08 난이도 ★★ 다음의 설명 중 옳지 않은 것은? [2025년, 118회]

① 자산은 과거의 거래나 사건의 결과로서 현재 기업 실체에 의해 지배되고 미래에 경제적 효익을 창출할 것으로 기대되는 자원을 말한다.

② 기업의 자금조달방법에 따라 타인자본과 자기자본으로 구분된다. 부채는 자기자본에 해당되며, 타인으로부터 빌린 빚을 말한다.

③ 자본은 기업실체의 자산 총액에서 부채 총액을 차감한 잔여액 또는 순자산을 말한다.

④ 비용은 기업실체의 경영활동과 관련된 재화의 판매 또는 용역의 제공 등에 따라 발생하는 자산의 유출이나 사용 또는 부채의 증가이다.

09 난이도 ★★ 필수 다음 중 거래내용에 대한 거래요소의 결합관계를 바르게 표시한 것은? [2024년, 114회]

	거래요소의 결합관계	거래내용
①	자산의 증가 : 자산의 증가	외상매출금 4,650,000원을 보통예금으로 수령하다.
②	자산의 증가 : 부채의 증가	기계장치를 27,500,000원에 구입하고 구입대금은 미지급하다.
③	비용의 발생 : 자산의 증가	보유 중인 건물을 임대하여 임대료 1,650,000원을 보통예금으로 수령하다.
④	부채의 감소 : 자산의 감소	장기차입금에 대한 이자 3,000,000원을 보통예금에서 이체하는 방식으로 지급하다.

정답 및 해설

01 ① 자산의 감소는 대변에 표시됨.

02 ③ ① 추가 출자하면 자본과 자산이 증가함.
② 약속어음(부채)을 보통예금(자산)으로 변제하면 부채, 자산이 감소함.
③ 단순한 상품의 추가 주문은 자산, 부채, 자본, 수익, 비용에 영향을 미치지 않음.
④ 화재로 재고자산이 멸실되면 자산이 감소하고 비용이 발생함.

03 ④ ① 관리회계, ②③ 세무회계에 대한 설명임.

04 ② 기말자산=기말부채+(기초자본+순이익)인데 순이익=(총수익−총비용)이므로 기말자산=(기말부채+기초자본+총수익−총비용)임. 이를 다시 정리하면 (기말자산+총비용=기말부채+기초자본+총수익)임.

05 ④
- 기초자본: 기초자산 900,000원 − 기초부채 500,000원 = 400,000원
- 당기순이익: 총수익 1,100,000원 − 총비용 900,000원 = 200,000원
- 기말자본: 기초자본 400,000 + 추가출자 100,000 − 이익배당액 50,000 + 당기순이익 200,000 = 650,000원

06 ④ 단기대여금을 회수하면 자산 감소, 이자를 수령하면 수익 발생, 이를 현금으로 받으면 자산 증가 ⇒ 자산 감소, 수익 발생, 자산 증가

07 ④ ① 현금(자산) 감소, 상품(자산) 증가
② 복리후생비(비용) 발생, 현금(자산) 감소
③ 차량(자산) 증가, 대출(부채) 증가
④ 계약금(자산) 증가, 현금(자산) 감소

08 ② 부채는 타인으로부터 빌린 빚으로 자기자본이 아니라 타인자본임.

09 ② ① 보통예금(자산) 증가, 외상매출금(자산) 감소
② 기계장치(자산) 증가, 미지급금(부채) 증가
③ 보통예금(자산) 증가, 임대료(수익) 발생
④ 이자비용(비용) 발생, 보통예금(자산) 감소

02 재무제표 작성과정: 회계순환과정

학습내용 · 회계순환과정의 순서 · 복식회계 자가검증 기능

출제경향 몇 년에 1~2문제 정도 이론문제로만 출제될 정도로 출제빈도가 낮은 편인데 회계순환과정(재무제표가 만들어지는 순서)과 복식부기 자가검증기능 문제가 출제되고 있음.

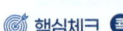

회계순환과정
거래식별 → 분개 → 전기 → 수정 전 시산표 → 기말수정분개 → 수정 후 시산표 → 재무제표

1 회계의 순환과정

회계의 순환과정이란 다음과 같은 재무제표의 작성과정, 즉 작성순서를 말합니다.

> 거래식별 → 분개 → 전기 → 수정 전 시산표 작성 → 기말 수정분개 → 수정 후 시산표 작성 → 재무제표 작성

[1단계] 거래의 식별과 분개

회계는 회사에서 발생한 거래를 식별하고 이에 대한 분개를 작성하는 것으로 시작합니다. 전산회계 1급 교재와 인강은 차변/대변 개념을 알고 기본적인 분개를 끊을 줄 앉다는 가정 하에 진행되므로 분개를 전혀 모른 채 전산회계1급을 공부하는 분들은 "콕콕 정교수 회계입문" 책 또는 유튜브 무료동영상을 통해 차변, 대변에 대한 기본개념을 익힌 뒤 아래 내용을 보기를 권합니다.

1. 전표 작성

실무상 거래가 발생하면 분개를 해야 하는데 분개는 전표에 거래 건마다 작성을 합니다. 다음은 자본금 출자와 은행차입으로 회사를 설립한 뒤 복사기를 구입하는 거래의 전표 작성사례입니다.

① **거래 1: 20××년 1월 1일, 주주로부터 자본금 500,000원 출자 받아 금고에 예치**

〈전 표〉

20××년 1월 1일　　　　　　　　　　　　　　　　　　　　　　일련번호: 01

차 변			대 변		
과목	적요	금액	과목	적요	금액
현금	자본금출자	500,000	자본금	자본금출자	500,000

 정교수 콕콕

② 거래 2: 20××년 1월 10일, 은행에서 300,000원을 차입하여 금고에 예치

〈전 표〉

20××년 1월 10일   일련번호: 02

차변			대변		
과목	적요	금액	과목	적요	금액
현금	은행차입	300,000	단기차입금	은행차입	300,000

③ 거래 3: 20××년 1월 15일, 복사기를 300,000원에 구입하고 현금 지급

〈전 표〉

20××년 1월 15일   일련번호: 03

차변			대변		
과목	적요	금액	과목	적요	금액
비품	복사기 구입	300,000	현금	복사기 구입	300,000

2. 분개장 작성

그런 다음 분개장만 쭉 읽어 내려가도 일자별로 어떤 거래가 발생했는지 금방 파악이 가능하도록 모든 분개를 분개장에 요약·정리하는데, 다음은 좀 전 거래를 분개장에 옮긴 사례입니다.

〈분개장〉

월	일	번호	적요	차변	대변
1	1	01	자본금 출자 (현 금) 　　　　　(자본금)	500,000	500,000
1	10	02	은행 차입 (현 금) 　　　　　(단기차입금)	300,000	300,000
			⋮		

[2단계] 전기(轉記)

이렇게 분개장을 작성한 뒤 차변, 대변 금액을 각 계정별 장부에 옮겨 적어야 하는데 이를 전기라고 합니다. 계정별 장부, 즉 계정원장은 모든 계정과목별로 작성되는데 다음은 조금 전 거래를 현금 계정원장과 자본금, 차입금 계정원장에 옮겨 적은, 즉 전기한 사례입니다.

1. 현금 계정원장

회사 설립 당시 금고 잔고 0원에서 출발하여 출자금 50만 원과 은행차입금 30만 원이 입금되어 금고의 현금 잔액이 80만 원이 되었습니다. 그리고 복사기를 30만 원에 구입해 현금 잔액이 50만 원이 되었습니다. 현금은 자산으로 증가는 차변, 감소는 대변에 적어 넣어야 하므로 다음과 같이 현금 계정원장이 작성됩니다.

〈현금 계정원장〉

일자	번호	적요	차변	대변	잔액
1.1	01	자본금 출자	500,000		500,000
1.10	02	은행차입	300,000		800,000
1.15	03	복사기 구입		300,000	500,000
월 계			800,000	300,000	
누 계			800,000	300,000	

2. 자본금 계정원장

최초 0원이던 자본금이 1월 1일에 50만 원 출자로 잔액 50만 원이 되었습니다. 자본금은 자본 항목이므로 증가하면 대변에 적어 넣어야 합니다.

〈자본금 계정원장〉

일자	번호	적요	차변	대변	잔액
1.1	01	자본금 출자		500,000	500,000
월 계				500,000	
누 계				500,000	

3. 차입금 계정원장

최초 0원이던 차입금이 1월 10일에 은행에서 30만 원 차입하여 잔액 30만 원이 되었습니다. 부채는 증가하면 대변에 적어 넣어야 합니다.

〈차입금 계정원장〉

일자	번호	적요	차변	대변	잔액
1. 10	02	은행차입		300,000	300,000
월 계				300,000	
누 계				300,000	

계정별원장은 모든 계정별로 작성되기 때문에 계정별 원장에는 현금원장, 예금원장, 외상매출금원장, 받을어음원장, 비품원장, 차입금원장, 외상매입금원장, 자본금원장 등이 있습니다. 그리고 이 계정별원장을 두꺼운 한 권의 장부에 중간중간 띠지를 붙여 한꺼번에 작성하다 보니 계정별원장을 '총계정원장'이라고 부르기도 합니다.

4. T계정

실무에서는 좀 전 설명한 계정별 원장이 사용되지만, 회계공부 차원에서는 계정원장을 책에 매번 표시하기가 어려워 대부분 회계 책들은 다음과 같이 차변과 대변의 기초잔액, 증가, 감소, 기말잔액을 한꺼번에 표시하는 T자 모양 계정, 즉 'T계정'을 사용하고 있습니다.
T계정은 자산·부채에 사용되는 형식과 수익·비용에 사용되는 형식이 약간 다른데, 먼저 자산·부채 계정의 T계정부터 살펴보고 다음으로 수익·비용의 T계정을 살펴보겠습니다.

1) 자산·부채·자본의 T계정

좀 전의 현금, 자본금, 차입금의 계정별 장부를 T계정에 옮겨 적으면 다음과 같습니다.

① 현금 T계정

〈현금 T계정〉

기초잔액		–	1.15	비품구입	300,000
1. 1	자본금	500,000			
1.10	차입금	300,000	기말잔액		500,000
		800,000			800,000

가. 기초잔액과 당기 증가분

회사를 처음 설립할 때는 현금이 없었다가 1.1 자본금 출자로 50만 원, 1.10. 은행차입으로 30만 원의 현금이 회사 금고에 들어왔습니다. 현금은 자산이고 자산의 증가는 차변에 표시해야 하므로 T계정의 왼쪽, 즉 차변에 50만 원과 30만 원을 표시하면 됩니다. 이렇게 표시하면 기초 현금과 당월에 입금된 현금의 합계, 즉 차변 총계 80만 원이 회사가 사용 가능한 총현금인 것을 한눈에 알 수 있습니다.

나. 당기 감소분과 기말잔액

회사의 사용 가능한 총현금 80만 원에서 1.15 비품 구입에 30만 원을 사용했습니다. 자산의 감소는 대변이므로 지출된 현금 30만 원을 T계정의 오른쪽, 즉 대변에 표시하면 됩니다. 그런 다음 남은 기말 현금 50만 원을 바로 밑에 표시합니다.
이렇게 표시하면 회사의 사용 가능 현금 80만 원 중 30만 원을 사용했고 기말에 50만 원이 남았음을 한눈에 알 수 있습니다.

② 자본금 T계정

〈자본금 T계정〉

	–	기초잔액		–
기말잔액	500,000	1.1	현금출자	500,000
	500,000			500,000

가. 기초잔액과 당기 증가분

회사를 처음 설립할 때는 자본금이 없었다가 1.1 출자로 50만 원의 자본금이 생겼습니다. 자본의 증가는 대변에 표시해야 하므로 T계정의 오른쪽, 즉 대변에 50만 원을 표시하면 됩니다.

나. 당기 감소분과 기말잔액

당기에 감소한 자본금이 없으므로 감소는 표시할 필요가 없고, 남은 기말자본금 50만 원만 T계정의 차변 왼쪽 아래 표시하면 됩니다.

③ 차입금 T계정

〈차입금 T계정〉

	–	기초잔액		–
기말잔액	300,000	1.10	은행차입	300,000
	300,000			300,000

가. 기초잔액과 당기 증가분

회사를 처음 설립할 때는 차입금이 없었다가 1.10 은행차입으로 30만 원의 차입금이 생겼습니다. 부채의 증가는 대변에 표시해야 하므로 T계정의 오른쪽, 즉 대변에 30만 원을 표시하면 됩니다.

나. 당기 감소분과 기말잔액

당기에 감소한 차입금이 없으므로 감소는 표시할 필요가 없고, 남은 기말차입금 30만 원만 T계정의 차변 왼쪽 아래 표시하면 됩니다.

2) 수익·비용의 T계정

수익·비용 계정원장에는 매달 또는 매년 발생한 총액이 얼마인지만 표시될 뿐 잔액이라는 개념이 없습니다. 다음 2가지 거래를 통해 수익, 비용의 T계정을 작성해 보겠습니다.

구분	거래
1.16	상품을 80만 원에 현금 판매
1.20	직원 급여 10만 원을 현금 지급

① 수익 T계정

〈매출 T계정〉

총액	800,000	1.16	현금매출	800,000
	800,000			800,000

수익이 발생하면 그만큼 회사의 대변 항목인 이익잉여금이 증가하기 때문에 매출 발생 80만 원은 대변에 적습니다. 그리고 총 발생한 금액을 차변에 적어 차변과 대변 금액을 맞춰 줍니다.

② 비용 T계정

〈급여 T계정〉

1.20	현금급여	100,000	총액	100,000
		100,000		100,000

비용이 발생하면 그만큼 회사의 대변 항목인 이익잉여금이 감소하기 때문에 급여 지급 10만 원은 차변에 적습니다. 그리고 총 발생한 금액을 대변에 적어 차변과 대변 합계를 맞춰 줍니다.

3) T계정 요약

자산·비용계정		부채·자본·수익계정	
(차 변)	(대 변)	(차 변)	(대 변)
+	−	−	+

핵심체크

T계정 요약
차 변(자산증가, 부채·자본감소, 비용발생), 대 변(자산감소, 부채·자본증가, 수익발생)

지금까지 살펴본 T계정을 요약하면 자산의 증가 거래는 차변, 감소 거래는 대변에 기록하고, 부채 및 자본의 증가 거래는 대변, 감소 거래는 차변에 기록합니다. 또한 수익의 발생 거래는 대변, 비용의 발생 거래는 차변에 기록합니다.

[3단계] 수정 전 시산표 작성

이상 내용을 정리하면 [거래 발생 → 분개 → 분개장에 전기 → 계정원장 전기]인데 이렇게 각 계정별 원장을 작성한 뒤 재무상태표, 손익계산서에 각 계정별 금액을 뽑아 넣으면 재무제표가 완성됩니다. 하지만 이것만으로는 수많은 거래가 제대로 처리되었는지 검증하기 어렵습니다.

1. 시산표

핵심체크

시산표
모든 계정과목이 제대로 전기되었는지 검증하는 표

그래서 고안된 방법이 바로 시산표(試算表)인데 시산표란 말 그대로 '시험 삼아 계산하는 표'로 본격적으로 재무상태표와 손익계산서를 작성하기 전에 모든 계정과목을 차변과 대변에 그대로 모아 작성해서 각 계정별 금액이 맞는지 검증하는 표입니다. 시산표에는 몇 가지 양식이 있는데 그중 가장 많이 사용되는 것이 합계잔액시산표입니다.

2. 합계잔액시산표 작성 사례

합계잔액시산표란 계정별로 합계와 잔액이 모두 맞는지 시험 삼아 계산하는 표인데 아래 거래를 합계잔액시산표에 옮겨 적어 보겠습니다.

정교수 콕콕

번호	거래 내용	분개
거래 1	주주로부터 50만 원을 출자 받아 회사 설립	현　　금　500,000 / 자본금　500,000
거래 2	은행에서 30만 원 차입해 금고에 보관	현　　금　300,000 / 차입금　300,000
거래 3	사무실 빌리면서 보증금으로 30만 원 현금 지급	임차보증금　300,000 / 현　금　300,000
거래 4	판매할 상품을 40만 원에 현금 구입	상　　품　400,000 / 현　금　400,000
거래 5	상품 중 35만 원어치를 80만 원에 현금 판매	현　　금　800,000 / 매　출　800,000
거래 6	직원 급여 10만 원 현금 지급	급　　여　100,000 / 현　금　100,000
거래 7	사무실 월세 5만 원 현금 지급	임　차　료　50,000 / 현　금　50,000
거래 8	은행 차입금에 대한 이자 2만 원 지급	이 자 비 용　20,000 / 현　금　20,000

① 현금계정 입금, 출금, 잔액 요약

제시된 8건의 거래 중 현금이 입금되거나 출금된 내용을 요약하면 다음과 같습니다.

구분	거래 내용	합계
현금 입금	500,000(출자금) + 300,000(차입금) + 800,000(매출)	1,600,000
현금 출금	300,000(보증금) + 400,000(상품구입) + 100,000(급여지급) + 50,000(월세지급) + 20,000(이자지급)	(−)870,000
잔액		730,000

현금은 자산항목이기 때문에 증가는 차변, 감소는 대변에 표시해야 합니다. 현금증가 총액 1,600,000원은 합계잔액시산표 차변의 합계 칸에, 현금감소 총액 870,000원은 합계잔액시산표 대변의 합계 칸에 표시하고, 그 잔액 730,000원을 합계잔액시산표의 차변 잔액 부분에 표시하는 것입니다.

② 나머지 항목

재고자산, 임차보증금, 차입금, 자본금, 매출, 급여, 임차료, 이자비용은 한 번씩만 발생했기 때문에, 자산·비용은 차변에, 부채·자본·수익은 대변에 그 금액을 그대로 적어주면 다음과 같은 〈수정 전 합계시산표〉가 작성됩니다.

〈수정 전 합계잔액시산표〉

차 변		계정과목	대 변	
잔 액	합 계		합 계	잔 액
730,000	1,600,000	현　　　　　금	870,000	
400,000	400,000	재　고　자　산		
300,000	300,000	임　차　보　증　금		
		차　　입　　금	300,000	300,000
		자　　본　　금	500,000	500,000
		매　　　　　출	800,000	800,000
100,000	100,000	급　　　　　여		
50,000	50,000	임　　차　　료		
20,000	20,000	이　자　비　용		
1,600,000	2,470,000		2,470,000	1,600,000

차변과 대변 일치
차변과 대변 일치

③ 합계잔액시산표 요약

합계잔액시산표에서 자산의 증가는 차변, 감소는 대변, 잔액은 차변에 표시되며, 부채와 자본의 증가는 대변, 감소는 차변, 잔액은 대변에 표시됩니다. 또한, 수익은 대변, 비용은 차변에 표시됩니다.

한 가지 주의할 점은 분개를 입력할 때 차변과 대변에 동일한 금액이 입력되므로 분개를 그대로 집계한 시산표 역시도 차변 합계와 대변 합계가 같아야 합니다. 또한 시산표의 차변 잔액과 대변 잔액도 같아야 합니다. 자, 그럼 관련한 기출문제를 풀어 보겠습니다.

이론기출 확인문제　　　　　　　　　　　　　　　　　　　　　　　| 전산회계 1급, 69회 |

다음 합계잔액시산표상 A, B, C에 들어갈 금액의 합은?

차 변		계정과목	대 변	
잔 액(원)	합 계(원)		합 계(원)	잔 액(원)
10,000	(A)	현　　　　　금	240,000	
20,000	(B)	외　상　매　출　금	310,000	
	110,000	외　상　매　입　금	(C)	10,000
		자　　본　　금	500,000	500,000
250,000	250,000	여　비　교　통　비		
		이　자　수　익	110,000	110,000

① 560,000원　　② 620,000원　　③ 680,000원　　④ 700,000원

|정답| ④
- 현금은 자산: 차변합계(A) − 대변합계(240,000원) = 10,000원에서 A는 250,000원임.
- 외상매출금은 자산: 차변합계(B) − 대변합계(310,000원) = 20,000원에서 B는 330,000원임.
- 외상매입금은 부채: 대변합계(C) − 차변합계(110,000원) = 10,000원에서 C는 120,000원임.
- A(250,000) + B(330,000) + C(120,000) = 700,000원

[4단계] 기말 수정분개

지금까지 시산표라는 복잡한 표를 공부했는데요. 좀 전 [3단계]에서 작성된 합계잔액시산표는 완벽한 상태가 아닙니다. 왜냐하면, 수정할 사항이 있기 때문입니다.

1. 매출원가 인식

좀 전 [3단계]의 시산표를 보면 총매출이 80만 원입니다. 하지만 이러한 매출을 발생시키기 위해서는 창고에 보관 중인 재고자산이 구매자에게 판매되어 회사가 보유 중인 재고자산도 없어져야 하는데, 합계잔액시산표를 보면 재고자산 40만 원이 그대로 남아 있습니다. 즉, 다음과 같은 분개를 통해 매출 80만 원에 대한 매출원가를 추가로 인식해야 합니다.

2. 기말수정분개

매출원가를 비용으로 추가로 인식하기 위해 다음과 같이 수정하는 분개를 기말에 추가해야 하는데 이를 기말수정분개라고 합니다. 보통 판매된 재고의 원가는 매출이 발생할 때마다 인식하기보다는 아래와 같이 월말 또는 회계연도 말에 한꺼번에 반영합니다.

| (차 변) | 매출원가 | 350,000 | (대 변) | 재고자산 | 350,000 |

장부에 그대로 남아있던 40만 원에 구매한 재고자산 중 35만 원을 없애고 이 금액을 매출원가로 바꾸는 것인데, 이 기말수정분개를 반영한 후 다시 한 번 합계잔액시산표를 만들어야 하는데, 이를 '수정 후 합계잔액시산표'라고 부릅니다.

[5단계] 수정 후 합계잔액시산표 작성

좀 전 설명한 매출원가 관련 기말 수정분개를 반영하면 재고자산은 400,000원 → 50,000원, 매출원가는 0원 → 350,000원으로 변경되어 다음과 같은 〈수정 후 합계잔액시산표〉가 작성됩니다.

핵심체크

수정 후 시산표
수정 전 시산표에 기말 수정분개를 추가하여 작성한 시산표

정교수 콕콕

⟨수정 후 합계잔액시산표⟩

차 변		계정과목	대 변	
잔 액	합 계		합 계	잔 액
730,000	1,600,000	현　　　　　금	870,000	
50,000	400,000	재 고 자 산	350,000	
300,000	300,000	임 차 보 증 금		
		차　 입　 금	300,000	300,000
		자　 본　 금	500,000	500,000
		매　　 출	800,000	800,000
350,000	350,000	매 출 원 가		
100,000	100,000	급　　　　여		
50,000	50,000	임　 차　 료		
20,000	20,000	이 자 비 용		
1,600,000	2,820,000		2,820,000	1,600,000

차변과 대변 일치
차변과 대변 일치

기말 수정분개를 통해 판매되어 줄어든 재고자산 35만 원을 대변 합계에 적어주면 결국 재고자산 기말 잔액은 5만 원이 되고, 그만큼 매출원가 차변 합계액이 35만 원이 늘어나게 됩니다. 하지만 기말 수정분개를 추가하더라도 합계잔액시산표의 차변과 대변의 합계는 여전히 같습니다. 왜냐하면 재고자산의 차변금액 35만 원이 없어진 반면, 매출원가 차변금액이 35만 원 늘어났기 때문입니다.

[6단계] 재무제표 작성

자, 이제 마지막으로 수정 후 합계잔액시산표에서 손익계산서와 재무상태표 같은 재무제표를 뽑아내야 하는데 그 과정을 표시하면 다음과 같습니다.

차 변		계정과목	대 변		
잔 액	합 계		합 계	잔 액	
730,000	1,600,000	현　　　　　금	870,000		재무상태표
50,000	400,000	재 고 자 산	350,000		
300,000	300,000	임 차 보 증 금			
		차　 입　 금	300,000	300,000	
		자　 본　 금	500,000	500,000	
		매　　 출	800,000	800,000	손익계산서
350,000	350,000	매 출 원 가			
100,000	100,000	급　　　　여			
50,000	50,000	임　 차　 료			
20,000	20,000	이 자 비 용			
1,600,000	2,820,000		2,820,000	1,600,000	

1. 손익계산서 작성: 수익·비용 계정 마감

위 합계잔액시산표 중 아랫부분이 손익계산서 항목인데 잔액 부분만 뽑아내 순서대로 나열하면 다음과 같은 손익계산서가 만들어지는데, 당기순이익이 280,000원 산출됩니다. 손익계산서 작성순서는 먼저 매출, 매출원가 등 수익·비용 계정을 마감한 뒤 다음으로 이를 집계한 집합손익계정을 마감합니다.(자세한 내용은 잠시 뒤 내용 참고)
한 가지 주의할 점은 수익·비용계정은 당기순이익으로 집계된 뒤 재무상태표의 이익잉여금으로 들어가기 때문에 다음 회계연도로 이월되지 않습니다.

〈손익계산서〉

(주)○○　　　　　　　　　　　　　　　　　　　　　20××.1.1~12.31

매　　　　　　　　출	800,000
매　출　원　가	(350,000)
급　　　　　　　여	(100,000)
임　　차　　료	(50,000)
이　자　비　용	(20,000)
당　기　순　이　익	280,000

정교수 콕콕

손익계산서 작성순서
수익·비용계정 마감
↓
집합손익계정 마감
↓
손익계산서 작성

수익·비용계정은 차기로 이월되지 않음.

2. 재무상태표 작성: 자산·부채·자본 계정 마감

① 이익잉여금 계산

위 수정 후 합계잔액시산표에서 아래 손익계산서 부분 전체를 없애고 이를 당기순이익 한 줄로 바꾸어 표시하면, 손익계산서 부분은 다음 도표와 같이 대변에 280,000원만 남게 됩니다.

		매　　　　출	800,000	800,000
350,000	350,000	매　출　원　가		280,000
100,000	100,000	급　　　　여		당기순이익
50,000	50,000	임　　차　　료		
20,000	20,000	이　자　비　용		

이 대변의 당기순이익 280,000원을 이익잉여금으로 단어를 바꾼 뒤, 합계잔액시산표 윗부분인 재무상태표 부분 밑에 붙이면 아래와 같은 재무상태표가 완성됩니다.

재무상태표 작성순서
자산·부채·자본계정 마감
↓
재무상태표 작성

자산·부채·자본계정은 차기로 이월됨.

② 재무상태표 완성

따라서 손익계산서가 먼저 완성되어 이익잉여금으로 들어갈 금액이 얼마인지 먼저 확정한 뒤, 그 다음 순서로 자산, 부채, 자본 계정을 마감하여 재무상태표가 작성됩니다. 한 가지 주의할 점은 마감된 자산, 부채, 자본계정은 다음 연도 기초 잔액이 되기 때문에 다음 회계연도로 이월됩니다.

〈재무상태표〉

㈜○○　　　　　　　　　　　　　　　　　　　　　　　　　　　　20××.12.31

현　　　금	730,000	차 입 금		300,000
재 고 자 산	50,000	자 본 금		500,000
임 차 보 증 금	300,000	이 익 잉 여 금		280,000
합　　　계	1,080,000	합　　　계		1,080,000

3. 재무제표 작성 순서

이상 공부한 재무제표의 작성순서를 요약하면 거래식별 → 분개 → 전기 → 수정 전 시산표 작성 → 기말 수정분개 → 수정 후 시산표 작성 → 손익계산서 작성 → 재무상태표 작성입니다. 여기서 다음 2가지는 꼭 기억하시기 바랍니다.

첫째, 기말 수정분개 후 수정 후 시산표가 작성된다. 즉, 수정 전 시산표 → 기말 수정분개 → 수정 후 시산표 순서로 작성된다.

둘째, 손익계산서가 먼저 작성되어 당기순이익이 확정된 후 재무상태표가 작성된다. 즉, 손익계산서 → 재무상태표 순서로 작성된다.

마지막으로 참고 할 내용이 바로 주요 장부와 결산의 본절차, 예비절차 개념입니다.

① 주요 장부
분개장, 총계정원장이 재무제표 작성의 가장 중요한 기본이므로 이를 주요 장부라고 합니다.

② 결산 본절차
시산표 작성 과정(수정 전 시산표 → 기말 수정분개 → 수정 후 시산표)을 결산의 예비절차라고 하며 총계정원장을 마감하는 것을 결산의 본절차라고 부릅니다. 다만, 결산의 예비절차, 본절차는 시험에 자주 출제되지는 않으니 어려우면 과감히 패스해도 상관없습니다.

정교수 콕콕

🎯 **핵심체크** 콕

재무제표 작성순서

수정 전 시산표
↓
기말수정분개
↓
수정 후 시산표
↓
수익·비용 마감
↓
손익계산서
↓
자산·부채·자본 마감
↓
재무상태표

이론기출 확인문제 | 전산회계 1급, 75회 |

다음 중 회계의 순환과정으로 가장 올바른 것은?

① 거래식별 → 전기 → 분개 → 수정 전 합계잔액시산표 작성 → 집합손익계정의 마감 → 기말 수정분개 → 자산·부채·자본계정의 마감 → 재무제표 작성
② 거래식별 → 분개 → 전기 → 수정 전 합계잔액시산표 작성 → 기말 수정분개 → 수정 후 합계잔액시산표 작성 → 수익·비용계정의 마감 → 집합손익계정의 마감 → 자산·부채·자본계정의 마감 → 재무제표 작성
③ 수정 후 합계잔액시산표 작성 → 기말 수정분개 → 자산·부채·자본계정의 마감 → 집합손익계정의 마감 → 수익·비용계정의 마감 → 재무제표 작성
④ 수정 전 합계잔액시산표 작성 → 수익·비용계정의 마감 → 수정 후 합계잔액시산표 작성 → 기말 수정분개 → 집합손익계정의 마감 → 자산·부채·자본계정의 마감 → 재무제표 작성

|정답| ②
거래식별 → 분개 → 전기 → 수정 전 시산표 작성 → 기말수정분개 → 수정 후 시산표 → 수익·비용계정 마감 → 집합손익계정의 마감 → 자산·부채·자본계정 마감 → 재무제표 작성

이론기출 확인문제 | 전산회계 1급, 77회 |

회계순환과정의 결산 절차에 대한 설명 중 잘못된 것은?

① 결산 절차를 통해 마감된 장부를 기초로 재무제표가 작성된다.
② 일반적으로 결산 절차는 예비 절차와 본 절차로 구분할 수 있다.
③ 수익·비용에 해당되는 계정의 기말 잔액은 다음 회계연도로 이월되지 않는다.
④ 자산·부채·자본에 해당되는 계정과목을 마감하기 위해서 임시적으로 집합손익 계정을 사용한다.

|정답| ④
• 집합손익계정은 당기순이익을 확정짓기 위한 수익, 비용 계정을 마감하기 위해 사용함.

[참고] 집합손익계정 마감

이미 설명한 것처럼 손익계산서에서 당기순이익을 계산한 뒤 이를 재무상태표의 이익잉여금으로 보내는데 이 과정에서 「집합손익계정」이라는 임시계정이 사용됩니다. 즉, 수익에는 매출, 이자수익 등 여러 항목이 있고 비용에도 급여, 임차료, 이자비용 등 여러 가지 항목이 있기 때문에 이를 일목요연하게 정리하는 「집합손익계정」이 필요한데 이를 정리하면 다음과 같습니다.

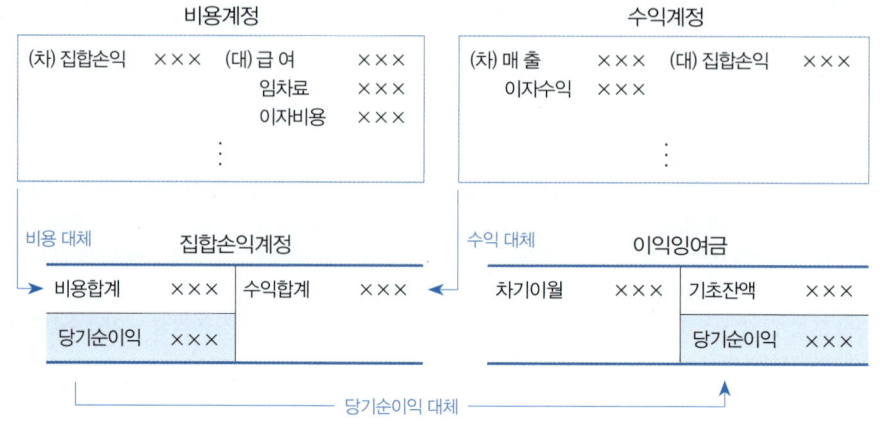

2 복식부기의 장점: 자기검증 기능

1. 복식회계

① 대차평균의 원리

회사에 회계거래가 발생하면 항상 차변과 대변에 같은 금액이 표시되어야 하며, 거래가 반영된 후의 차변 합계와 대변합계도 같아야 합니다. 다음 재무상태표는 좀 전 작성했던 사례인데 역시 차변 합계와 대변합계가 1,080,000원으로 같습니다.

〈재무상태표〉

(주)○○ 20××.12.31

현 금	730,000	차 입 금	300,000
재 고 자 산	50,000	자 본 금	500,000
임 차 보 증 금	300,000	이 익 잉 여 금	280,000
합 계	1,080,000	합 계	1,080,000

② 거래 후 재무상태표

이 상태에서 은행에서 10만 원을 추가로 빌려와 금고에 넣었다면 회사의 재무상태표는 다음과 같이 바뀝니다.

〈차입 후 재무상태표〉

(주)○○

현 금	830,000 ~~730,000~~	차 입 금		400,000 ~~300,000~~
재 고 자 산	50,000	자 본 금		500,000
임 차 보 증 금	300,000	이 익 잉 여 금		280,000
합 계	1,180,000 ~~1,080,000~~	합 계		1,180,000 ~~1,080,000~~

좀 전 재무상태표와 비교해 보면 차변인 자산 쪽이 10만 원 증가하고, 대변인 부채가 10만 원 증가했는데, 이렇게 회사에 어떤 거래가 발생하면 차변과 대변에 동시에 기록하게 되는데, 이를 복식부기라 부르며 복식부기를 통해 회계정보를 만드는 일련의 과정을 복식회계라 부릅니다.

2. 복식부기의 장점: 자기검증

그럼 회계는 거래를 기록할 때 왜 차변과 대변에 동시에 복식으로 처리하고 있을까요? 그 이유는 바로 자기검증 기능 때문입니다.

① 실수 후 재무상태표

좀 전 사례에서 10만 원을 추가로 차입하여 금고에 넣는 거래가 발생하면 차입금이 10만 원, 현금이 10만 원 증가하게 됩니다. 그런데 경리부서 직원이 실수로 현금 쪽 기재할 때 '0'을 한 개 빼먹고 1만 원을 기록하고 차입금은 10만 원을 기재했다면 어떻게 될까요?

〈실수 후 재무상태표〉

(주)○○

현 금	740,000 ~~730,000~~	차 입 금		400,000 ~~300,000~~
재 고 자 산	50,000	자 본 금		500,000
임 차 보 증 금	300,000	이 익 잉 여 금		280,000
합 계	1,090,000 ~~1,080,000~~	합 계		1,180,000 ~~1,080,000~~

 **정교수 콕콕**

실수 후의 재무상태표를 보면 뭔가 이상한 부분이 있지 않나요? 차변 합계는 109만 원인데 대변합계가 118만 원이죠? 실수 후 재무상태표는 차변에는 1만 원, 대변에는 10만 원을 넣었기 때문에 차변 합계가 대변 합계보다 9만 원이 작아져 차변과 대변이 일치하지 않습니다.

② 자기검증 기능

차변과 대변, 양쪽으로 구분된 복식부기는 이렇게 차변 또는 대변, 한쪽에 잘못된 숫자가 입력될 경우 차변과 대변의 합계가 불일치하기 때문에 이를 쉽게 잡아낼 수 있는데, 이를 복식부기의 자기검증기능이라고 합니다.

다만, 차변과 대변에 동시에 잘못된 같은 숫자를 넣거나 차변과 대변을 거꾸로 입력하거나 하면 아무리 복식부기라 하더라도 이를 잡아낼 수가 없어서 복식부기의 자기검증은 차변과 대변의 금액이 다르게 입력될 때만 기능을 발휘할 수 있습니다.

 **핵심체크**

복식부기 자기검증
- 발견가능 실수: 차변·대변 중 한쪽에만 전기하는 실수
- 발견 불가능 실수
  - 차변·대변 양편에 동일한 틀린 금액 입력
  - 차변·대변을 반대로 입력
  - 차변·대변에 이중으로 두 번 입력
  - 분개 자체를 누락

이론기출 확인문제 | 전산회계 1급, 50회 |

다음 중 복식부기에서 발견할 수 없는 오류가 아닌 것은?

① 대차 양편에 틀린 금액을 같이 전기
② 대차 반대로 전기한 금액
③ 전기(轉記)를 누락하거나 이중전기
④ 대차 어느 한쪽의 전기를 누락

|정답| ④
대차 어느 한쪽의 전기를 누락한 경우에는 차변과 대변의 합계금액이 일치하지 않기 때문에 발견할 수 있는 오류이다.

02 재무제표 작성과정: 회계순환과정
이론기출 공략하기

01 난이도 ★★ 필수

다음 중 회계순환과정의 순서가 가장 올바른 것은? [2016년, 69회]

① 거래식별 → 전기 → 분개 → 수정 전 시산표 작성 → 기말 수정분개
② 수정 전 시산표 작성 → 수익비용계정의 마감 → 수정 후 시산표 작성→ 기말 수정분개 → 집합손익계정의 마감 → 자산부채자본계정의 마감 → 재무제표 작성
③ 수정 후 시산표 작성 → 기말 수정분개 → 자산부채자본계정의 마감 → 집합손익계정의 마감 → 수익비용계정의 마감 → 재무제표 작성
④ 기말 수정분개 → 수정 후 시산표 작성 → 수익비용계정의 마감 → 집합손익계정의 마감 → 자산부채자본계정의 마감 → 재무제표 작성

02 난이도 ★★

다음 중 기말 결산 과정에서 가장 먼저 수행해야 할 절차는 무엇인가? [2021년, 95회]

① 재무제표의 작성　　② 수정전시산표의 작성
③ 기말수정분개　　　④ 수익·비용계정의 마감

03 난이도 ★★

회계는 기록, 계산하는 방법에 따라서 단식회계와 복식회계로 나눌 수가 있다. 다음 중 복식회계의 특징과 거리가 먼 것은? [2013년, 54회]

① 자기검증이 불가능하다.
② 재무상태와 손익을 파악하기가 쉽다.
③ 자산, 부채, 자본 등 모든 변화를 기록할 수 있다.
④ 일정한 원리에 따라 기록한다.

04 다음은 복식회계에서 발견할 수 없는 오류를 나열한 것이다. 이에 해당하지 않는 것은? [2017년, 73회]

① 동일한 금액을 차변과 대변에 반대로 전기(轉記)한 경우
② 차변과 대변의 전기를 동시에 누락한 경우
③ 차변과 대변에 틀린 금액을 똑같이 전기한 경우
④ 차변만 이중으로 전기한 경우

05 다음 중 주요 장부로 구분할 수 있는 것은? [2022년, 105회]

① 현금출납장 ② 분개장
③ 정산표 ④ 합계잔액시산표

06 다음 중 기말 결산 시 원장의 잔액을 차기로 이월하는 방법을 통하여 장부를 마감하는 계정과목이 아닌 것은? [2022년, 103회]

① 선수금 ② 기부금
③ 개발비 ④ 저장품

정답 및 해설

01 ④ 회계순환과정은 [거래식별 → 분개 → 전기 → 수정 전 시산표 작성 → 기말 수정분개 → 수정 후 시산표 작성 → 재무제표]인데 기말수정분개 후 수정 후 시산표가 작성되며, 손익계산서가 먼저 작성되어 재무상태표의 이익잉여금으로 들어갈 금액이 확정되어야 재무상태표가 작성되므로 자산·부채·자본계정보다 수익비용 계정이 먼저 마감되어야 함.

02 ② 수정전 시산표 ⇒ 기말수정분개 ⇒ 수정후 시산표 ⇒ 손익계정 마감 ⇒ 손익계산서 ⇒ 재무상태표 순서로 작성됨.

03 ① 자기검증이 불가능한 것은 단식회계임.

04 ④ 차변만 이중으로 전기한 경우, 차변 합계금액이 대변 합계금액 보다 커지므로 오류를 발견할 수 있음.

05 ② 주요 장부는 분개장, 총계정원장임.

06 ② 재무상태표 항목인 선수금(부채), 개발비(자산), 저장품(자산)은 차기로 이월되지만, 기부금은 비용계정으로 차기로 이월되지 않음.

03 재무제표 종류 및 작성원칙

학습내용 · 재무제표 종류/작성원칙 · 재무제표 작성 기본가정 · 회계정보 특성

출제경향 이론문제로만 출제되고 있으며 난이도는 쉬운 편임.
■ 재무제표 종류/작성원칙: 1년에 1문제 정도 출제   ■ 회계정보 특성: 1년에 1~2문제 정도 출제

1 재무제표의 종류

재무제표(財務諸表)란 어떤 회사의 재무적 상태를 나타내는 여러 가지 표라는 뜻으로 그 표에는 재무상태표, 손익계산서, 자본변동표, 현금흐름표와 주석이 있습니다. 이를 요약하면 다음과 같습니다.

핵심체크 콕콕콕

5가지 재무제표 종류
- 재무상태표: 특정 시점의 자산·부채 자본 현황
- 손익계산서: 일정 기간의 경영성과
- 자본변동표: 일정기간 자본의 변동을 나타내는 표
- 현금흐름표: 일정기간 현금의 유출입을 알려주는 표
- 주석(주기는 재무제표 아님): 각 계정에 대한 세부 설명내역

⟨재무제표의 종류 5가지⟩

종류	내 용
재무상태표	특정 시점, 예를 들면 매년 12월 31일자에 회사가 보유한 자산, 부채, 자본 현황을 알려주는 보고서
손익계산서	일정 기간, 예를 들면 1월 1일 ~ 12월 31일의 회사의 경영성과를 알려주는 보고서
자본변동표	일정 기간 자본금, 이익잉여금 등 자본항목이 당기 중에 얼마나 변동이 일어나 기말에 얼마의 잔액이 있는지 알려주는 보고서
현금흐름표	일정 기간 동안 회사에 현금이 얼마나 유입되고 유출되었는지 알려주는 보고서
주 석	4가지 주요 재무제표의 각 계정과목에 대한 구체적인 세부 내역으로 통상 재무제표 맨 뒤에 설명 형태로 추가되는 내용(예: 차입금에 대한 이자율, 만기일 등 정보)

(주의) 주기
재무제표 본문에 재무제표 본래 내용 이외에 간단한 설명을 추가한 문구를 말하는데 대표적인 사례가 손익계산서의 당기순이익 밑에 주당순이익을 기재한 것임. 주의할 점은 주기는 재무제표에 포함되어 있을 뿐, 별도 재무제표의 종류에 포함되지 않음.

주석 사례	주기 사례
(주석 15번) 장기차입금 ○○은행 ○○지점, 만기 5년, 차입이자율 5% 조건으로 차입하였으며, 담보로 본사 건물이 제공되었음.	손익계산서 매 출 　××× 　　　： 당기 순이익 　××× (기본주당순이익 ×××)

이론기출 확인문제　　　　　　　　　　　　　| 전산회계 1급, 2012년, 50회 |

다음 중 재무회계에 관한 설명으로 가장 적절하지 않은 것은?

① 재무제표에는 재무상태표, 손익계산서, 자본변동표, 현금흐름표 등이 있다.
② 일정기간 동안 기업의 경영성과에 대한 정보를 제공하는 보고서는 재무상태표이다.
③ 기업의 외부정보이용자에게 유용한 정보를 제공하는 것을 주된 목적으로 한다.
④ 회계연도는 1년을 초과할 수 없다.

|정 답| ②
경영성과를 나타내는 재무제표는 손익계산서이다. 재무상태표는 특정 시점의 회사의 자산, 부채, 자본을 나타내는 표임.

1. 재무상태표

1) 재무상태표 기본구조

재무상태표는 특정 시점의 기업의 재무상태를 알려주는 표로 제일 먼저 재무상태표의 구조부터 익혀야 합니다. 일단 재무상태표는 크게 자금의 운용 부분인 자산, 자금의 조달 부분인 부채와 자본으로 구성되는데, 그 외에도 아래와 같이 회사명칭, 기준일, 화폐단위 또한 표시해야 합니다.

핵심체크

재무상태표 표시
기업명, 보고일자, 금액단위

핵심체크

재무상태표 구조
- 자 산
  유동자산(당좌자산, 재고자산), 비유동자산(투자자산, 유형자산, 무형자산, 기타비유동자산)
- 부 채
  유동부채, 비유동부채
- 자 본
  자본금, 자본잉여금, 자본조정, 기타포괄손익누계, 이익잉여금

〈재무상태표 기본구조〉

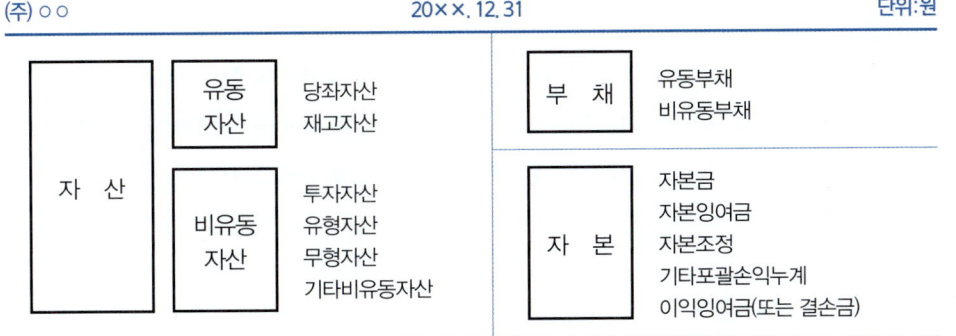

 **정교수 콕콕**

① 자산
자산은 1년 이내에 현금화가 가능한 유동자산과 1년 이후에 현금화가 가능한 비유동자산으로 구분되는데 유동, 비유동 구분 기준은 1년입니다.
유동자산에는 당좌자산과 재고자산이 있는데 당좌(當座)자산이란 어렵지 않게 현금화가 될 수 있는 보통예금, 외상매출금 같은 자산을 말하며, 재고자산은 판매 또는 생산을 목적으로 가지고 있는 물건을 말합니다.
비유동자산에는 투자용 주식과 같은 투자자산, 토지·건물과 같이 형체가 있는 유형자산, 소프트웨어와 같이 형체가 없는 무형자산, 마지막으로 임차보증금 같은 기타 비유동자산이 있습니다.

② 부채
부채 또한 1년 이내에 갚아야 하는 유동부채와 1년 이후에 상환해도 되는 비유동부채로 나뉘는데, 유동부채에는 단기차입금, 외상매입금 등이 있으며, 비유동부채에는 장기차입금 등이 있습니다.

③ 자본
자본에는 여러 가지 항목이 있지만 가장 기본적인 것은 투자금에 해당하는 자본금과 매년 당기순이익이 쌓여 있는 이익잉여금이 있습니다. 그 이외에 자본거래에서 발생한 자본잉여금, 자본조정, 기타포괄손익누계액이 있는데, 이에 대해서는 나중에 자세히 설명할 예정이니 여기서는 이 정도로만 감을 잡기 바랍니다.

2) 재무상태표 작성기준

🎯 **핵심체크 콕콕콕**

재무상태표 작성기준
유동성 구분, 유동성 배열, 총액표시

기업회계기준에서는 재무상태표를 작성할 때 통상 다음과 같은 원칙을 규정하고 있습니다.

① 유동성 구분
1년을 기준으로 유동, 비유동으로 구분하여 표시합니다.

🎯 **핵심체크 콕콕콕**

유동성 배열
• 자산
　당좌자산 → 재고자산 → 투자자산 → 유형자산 → 무형자산 → 기타 비유동자산
• 부채
　유동부채 → 비유동부채

② 유동성 배열
자산은 유동성이 큰 것부터 먼저 배열하고, 부채는 빨리 상환해야 할 것부터 배열합니다. 따라서 자산은 당좌자산 → 재고자산 → 투자자산 → 유형자산 → 무형자산 → 기타 비유동자산 순서로 배열하고, 부채는 유동부채 → 비유동부채 순서로 배열합니다.

③ 총액표시

자산과 부채를 상계하여 자본만 표시하는 것이 아니라 자산과 부채를 총액으로 각각 표시하여야 합니다.

이론기출 확인문제 | 전산회계 1급, 57회 |

다음은 일반기업회계기준상 재무상태표의 기본구조를 설명한 내용이다. 틀린 것은?

① 자산은 유동자산과 비유동자산으로 구분한다.
② 자산과 부채는 유동성이 작은 항목부터 배열하는 것을 원칙으로 한다.
③ 부채는 유동부채와 비유동부채로 구분한다.
④ 자본은 자본금, 자본잉여금, 자본조정, 기타포괄손익누계액 및 이익잉여금(또는 결손금)으로 구분한다.

|정 답| ②
자산과 부채는 유동성이 큰 항목부터 배열하는 것을 원칙으로 한다.

이론기출 확인문제 | 전산회계 1급, 67회 |

유동성 배열법에 따라 재무상태표를 작성할 때, 위에서 아래의 순서로 바르게 나열한 것은?

| ㄱ. 유형자산 | ㄴ. 투자자산 | ㄷ. 당좌자산 | ㄹ. 재고자산 |

① ㄴ→ㄷ→ㄹ→ㄱ
② ㄴ→ㄷ→ㄱ→ㄹ
③ ㄷ→ㄹ→ㄴ→ㄱ
④ ㄷ→ㄴ→ㄹ→ㄱ

|정 답| ③
유동성이 가장 빠른 것부터 배열하면 ㄷ. 당좌자산 ⇒ ㄹ. 재고자산 ⇒ ㄴ. 투자자산 ⇒ ㄱ. 유형자산 순서임.

2. 손익계산서

1) 손익계산서 기본구조

손익계산서는 일정 기간 동안 발생한 수익, 비용을 보고하는 표인데 그 기본구조는 다음과 같습니다. 손익계산서는 매출 → 매출총이익 → 영업이익 → 법인세 차감 전순이익 → 당기순이익 순서로 작성됩니다.

손익계산서 구조

매출 → 매출총이익 → 영업이익 → 법인세차감 전 순이익 → 당기순이익

핵심체크
손익계산서 표시
기업명, 보고기간, 금액

⟨손익계산서 기본구조⟩

(주)○○　　　　　　　　20××.1.1~20××.12.31　　　　　　　　단위:원

매　　　　　　출	×××
매　출　원　가	(×××)
매　출　총　이　익	×××
판　매　비　와　관　리　비	(×××)
영　업　이　익	×××
영　업　외　수　익	×××
영　업　외　비　용	(×××)
법인세차감전순이익	×××
법　인　세　비　용	(×××)
당　기　순　이　익	×××

① 매출총이익
매출에서 판매한 물건의 원가인 매출원가를 차감하면 매출총이익이 계산됩니다.

② 영업이익
매출원가 이외에 영업과 회사 관리를 위한 추가 비용, 즉 판매비와 관리비가 소요되는데, 여기에는 급여, 복리후생비, 여비교통비, 기업업무추진비 등의 비용이 있습니다. 매출총이익에서 판매비와 관리비를 빼면 회사 영업에서 발생한 이익, 즉 영업이익이 계산됩니다.

③ 당기순이익
그 이외에 이자 수령, 이자 지급, 기부금 등과 같이 영업과 직접 관련이 없는 항목은 영업외수익과 영업외비용에 포함시키는데, 영업이익에 영업외수익을 더하고 영업외비용을 차감하면 법인세 납부 전 순이익, 즉 법인세차감 전 순이익이 계산됩니다. 마지막으로 법인세를 차감하면 회사가 달성한 당기순이익이 도출됩니다.

핵심체크
손익계산서 작성기준
총액표시, 발생주의, 수익·비용 대응, 구분표시

2) 손익계산서 작성기준

① 총액표시
수익과 비용은 총액 보고를 원칙으로 합니다.

② 발생주의
수익과 비용은 현금을 수취하지 못했다 하더라도 수익창출 활동이 완료되는 경제적 사건이 발생하면 인식하여야 합니다. 이를 발생주의라 부르기도 하는데, 외상으로 물건을 판매했다 하더라도 매출을 인식하는 것이 그 대표적 사례입니다.

③ 수익·비용 대응원칙

수익이 발생하면 그에 대응하는 비용도 함께 인식하여야 하는데 이를 수익·비용 대응의 원칙이라 부르기도 합니다. 매출에 대한 매출원가를 인식하는 것이 그 사례입니다.

④ 구분표시

수익과 비용을 상계하지 않고 구분하여 표시합니다.

이론기출 확인문제 | 전산회계 1급, 99회 |

다음 중 손익계산서 작성 시 따라야 할 원칙이 아닌 것은?

① 발생주의　　　　　　　　　② 순액주의
③ 수익과 비용의 대응　　　　④ 구분계산의 원칙

|정 답| ②
손익계산서는 순액이 아니라 총액으로 표시해야 함. 예를 들면 매출, 매출원가를 각각 표시해야지 이를 차감한 순이익만 표시하면 안 됨.

---

3. 현금흐름표

현금흐름표란 일정 기간 회사에 현금이 얼마나 유입 또는 유출되었는지 그 내용을 알려주는 표입니다. 회사의 현금은 꼭 영업을 통해서만 늘어나는 것이 아니라 은행차입, 유상증자 등을 통해서도 가능하므로 현금흐름표는 다음과 같이 크게 영업활동, 투자활동, 재무활동으로 나뉘어 작성됩니다. 손익계산서가 발생주의로 작성된다면 현금흐름표는 현금주의로 작성됩니다.

현금흐름표는 개념만 익히고 구체적인 내용은 과감히 패스해도 전산회계 1급 합격에는 지장이 없습니다.

〈현금흐름표 기본구조〉

(주)○○　　　　　　20××.1.1~20××.12.31　　　　　　단위:원

Ⅰ. 영업활동으로 인한 현금흐름	×××
Ⅱ. 투자활동으로 인한 현금흐름	×××
Ⅲ. 재무활동으로 인한 현금흐름	×××
Ⅳ. 현금의 증가	×××
Ⅴ. 기초현금	(×××)
Ⅵ. 기말현금	×××

정교수 콕콕

핵심체크

현금흐름표 작성기준
현금주의

이론기출 확인문제 (어려우면 Pass) | 전산회계 1급, 93회 |

회사는 현금주의에 의한 당기순이익을 계산한 결과 당해 회계연도의 순이익은 300,000원이었다. 당해연도 말은 전년도 말에 비하여 매출채권감소 70,000원, 미지급비용감소 50,000원이었다. 발생주의 기준에 의한 당해 회계연도의 당기순이익을 계산하면 얼마인가?

① 210,000원 ② 230,000원 ③ 250,000원 ④ 280,000원

|정 답| ④

현금주의란 실제 현금으로 입출금된 내역만으로 이익을 계산하는데 다음과 같이 계산됨.

> 발생주의 당기순이익 + 현금 입금된 항목 − 현금 입금되지 않은 항목 = 현금주의 당기순이익

- 발생주의 당기순이익 + 매출채권 입금(70,000) − 50,000(미지급비용 지급) = 300,000(현금주의 당기순이익)
- 발생주의 당기순이익: 300,0000 − 70,0000 + 50,000 = 280,000

핵심체크
특정 시점 vs 일정 기간
- 특정 시점: 재무상태표
- 일정 기간: 손익계산서, 현금흐름표, 자본변동표

4. 자본변동표

재무상태표에서 설명한 것처럼 자본은 크게 자본금, 자본잉여금, 자본조정, 기타포괄손익누계, 이익잉여금으로 구성됩니다. 자본변동표는 일정 기간 동안 이 5가지 항목이 기초 대비 어떻게 변동되었는지 보여주는 표인데 그 기본구조는 다음과 같습니다.

자본변동표는 개념만 익히고 구체적인 내용은 과감히 패스해도 전산회계 1급 합격에는 지장이 없습니다.

〈자본변동표 기본구조〉

(주)○○   20××.1.1~20××.12.31   단위:원

구 분	자본금	자본잉여금	자본조정	기타포괄손익누계	이익잉여금
기초금액					
증가·감소					
기말잔액					

5. 재무제표의 작성책임과 양계연도 표시

재무제표 작성은 실무진이 하지만 그 작성책임은 경영진에게 있으며, 통상 전기와 당기를 모두 표시하여 전기 대비 증감을 알 수 있게 표시합니다.

〈재무상태표 비교표시 예시〉

과 목	제 10기 당기	제 9기 전기
⋮	⋮	⋮
외상매출금	50,000,000	20,000,000
⋮	⋮	⋮

이론기출 확인문제 | 전산회계 1급, 59회 |

재무제표 작성과 표시의 일반원칙으로 가장 틀린 것은?

① 전기 재무제표의 모든 계량정보를 당기와 비교하는 형식으로 표시한다.
② 재무제표의 작성과 표시에 대한 책임은 회계담당자에게 있다.
③ 재무제표는 이해하기 쉽도록 간단하고 명료하게 표시하여야 한다.
④ 재무제표는 기업의 재무상태, 경영성과, 현금흐름 및 자본변동을 공정하게 표시하여야 한다.

|정 답| ② 재무제표의 작성 책임은 회계담당자가 아닌 경영자에게 있음.

2 재무제표 작성의 기본가정

이상 설명한 재무제표를 작성하는 이유는 회사의 재무상태와 경영성과, 현금흐름 등의 정보를 작성하여 이를 정보이용자에게 전달함이 목적인데, 여기에는 세 가지 기본가정이 깔려 있습니다.

1. 기업실체의 가정

회계가 보고할 대상은 주주나 채권자로부터 독립된 별도의 특정 기업이라는 것인데 이를 기업실체의 가정이라고 합니다.

2. 계속기업의 가정

보고 대상인 기업이 목적을 달성하기 위해 계속 존재한다는 가정인데, 이를 계속기업의 가정이라고 합니다. 회사가 곧 청산될 예정이라면 유동성 배열, 원가인식 등의 기업회계 기준에 따른 회계처리가 의미가 없기 때문입니다.

3. 기간별 보고의 가정

기업의 경제활동을 일정 기간 단위로 구분하여 보고해야 한다는 기간별 보고의 가정인

핵심체크

재무제표 작성 기본가정
기업실체가정, 계속기업가정, 기간별 보고가정

데, 이 원칙에 따라 재무제표는 통상 1년 단위로 보고하고 있습니다. 기말 결산의 근거입니다.

이론기출 확인문제 | 전산회계 1급, 105회

다음은 무엇에 대한 설명인가?

> 기업은 그 목적과 의무를 이행하기에 충분할 정도로 장기간 존속한다고 가정하는 것을 말한다. 즉, 기업은 경영활동을 청산하거나 중대하게 축소시킬 의도가 없을 뿐 아니라 청산이 요구되는 상황도 없다고 가정된다.

① 계속기업의 가정   ② 기업실체의 가정
③ 기간별 보고의 가정   ④ 회계정보의 질적 특성

|정 답| ①
재무제표 작성 대상인 기업은 계속된다는 가정, 즉 계속기업의 가정에 대한 설명임.

핵심체크 콕 콕 콕

회계정보특성
- 신뢰성
  중립성, 검증가능성, 표현의 충실성
- 목적적합성
  적시성, 예측가능성, 피드백가치

3 유용한 회계정보의 특성

재무상태표, 손익계산서 등의 회계정보가 이를 이용하는 채권자, 주주 등에게 좋은 정보가 되기 위해서는 두 가지 특성을 갖추어야 하는데 바로 신뢰성과 목적적합성입니다.

신뢰성	목적적합성
중립성, 검증가능성, 표현의 충실성	적시성, 예측가능성, 피드백가치

1. 신뢰성

신뢰성이란 제공되는 회계정보가 믿을 수 있는 정보이어야 한다는 것입니다. 이를 위해 회계정보는 오류나 편견 없이 중립적이고 검증 가능해야 하며, 표현이 충실해야 합니다. 신뢰성을 나타내는 단어는 중립성, 검증가능성, 표현의 충실성입니다.

2. 목적적합성

목적적합성이란 채권자, 투자자 등의 정보이용자에게 재무제표와 같은 회계정보가 의사결정에 차이가 날 정도의 정보를 제공하는지 여부를 말합니다.
이를 위해 회계정보는 적시에 제공되어야 하며, 정보제공으로 인해 기업의 미래예측에 도움이 되어야 하며, 정보이용자는 회계정보를 통해 의사결정을 확인 또는 수정하는 피드백 기능이 있어야 합니다. 목적적합성을 나타내는 단어는 적시성, 예측가능성, 피드백가치입니다.

[참고] 회계정보의 부차적 특성: 비교가능성

재무제표는 전기와 당기를 비교 표시해야 할 뿐 아니라 다른 기업과 비교할 수 있도록 동일한 회계기준을 계속 적용해야 합니다. 이렇게 재무제표를 전기/당기 비교 표시하는 것을 회계정보의 계속성, 기업 간 비교할 수 있도록 동일한 회계기준을 적용하는 것을 회계정보의 통일성이라 부릅니다.

3. 회계정보 특성 학습요령

유용한 회계정보의 특성 부분은 상당히 헷갈리는 내용이며 아래 문제를 풀어보면 그 말이 그 말 같다는 느낌을 받게 되니 아래와 같은 요령으로 정리한 뒤 암기하기 바랍니다.

[1단계] 두 가지 특성 암기: 신뢰성, 목적적합성

[2단계] 신뢰적이기 위한 조건 암기: 중립성, 검증가능성, 표현의 충실성

[3단계] 목적 적합이기 위한 조건 암기: 적시성, 예측가능성, 피드백가치

이론기출 확인문제 | 전산회계 1급, 80회 |

다음은 재무회계개념체계에 대한 설명이다. 회계정보의 질적 특성인 목적적합성과 신뢰성 중 목적적합성을 갖기 위해서 필요한 요건이 아닌 것은?

① 예측가치   ② 피드백가치   ③ 적시성   ④ 중립성

|정 답| ④
목적적합성은 예측가능성, 피드백가치, 적시성이 그 특징이며, 신뢰성은 중립성, 검증가능성, 표현의 중립성이 그 특징임.

이론기출 확인문제 | 전산회계 1급, 106회 |

다음 중 회계정보의 질적특성과 관련된 설명으로 잘못된 것은?

① 유형자산을 역사적 원가로 평가하면 측정의 신뢰성은 저하되나 목적적합성은 제고된다.
② 회계정보는 기간별 비교가 가능해야 하고, 기업실체간 비교가능성도 있어야 한다.
③ 회계정보의 질적특성은 회계정보의 유용성을 판단하는 기준이 된다.
④ 회계정보가 갖추어야 할 가장 중요한 질적특성은 목적적합성과 신뢰성이다.

|정 답| ①
유형자산의 역사적 원가는 믿을 수 있는 정보로 신뢰성은 높지만 최근 가치가 아니므로 목적에는 적합하지 않음.

03 재무제표 종류 및 작성원칙
이론기출 공략하기

| 재무제표 일반 |

01 난이도 ★ 필수
다음 중 일정시점의 기업의 자산, 부채 및 자본 내역을 알 수 있는 보고서는? [2017년, 74회]
① 현금흐름표 ② 손익계산서
③ 재무상태표 ④ 자본변동표

02 난이도 ★★★
각 재무제표의 명칭과 함께 기재해야 할 사항으로 틀린 것은? [2012년, 53회]
① 기업명 ② 보고기간 종료일
③ 금액단위 ④ 기능통화

03 난이도 ★★ 필수
다음 중 재무제표에 해당하지 않는 것은? [2024년, 113회]
① 기업의 계정별 합계와 잔액을 나타내는 시산표
② 일정 시점 현재 기업의 재무상태(자산, 부채, 자본)을 나타내는 보고서
③ 기업의 자본에 관하여 일정기간 동안의 변동 흐름을 파악하기 위해 작성하는 보고서
④ 재무제표의 과목이나 금액에 기호를 붙여 해당 항목에 대한 추가 정보를 나타내는 별지

04 난이도 ★★ 필수
다음 중 일반기업회계기준에서 말하는 재무제표에 해당하는 것을 모두 고르면 몇 개인가? [2022년, 103회]

| • 재무상태표 | • 수입금액조정명세서 | • 현금흐름표 | • 손익계산서 | • 자본변동표 |
| • 제조원가명세서 | • 합계잔액시산표 | • 주석 | • 주주명부 | |

① 5개 ② 4개 ③ 3개 ④ 2개

05 다음 중 재무제표의 작성책임과 공정한 표시에 관한 내용으로 틀린 것은? [2018년, 78회]

① 재무제표의 작성과 표시에 대한 책임은 담당자에게 있다.
② 재무제표는 경제적 사실과 거래의 실질을 반영하여 기업의 재무상태, 경영성과, 현금흐름 및 자본변동을 공정하게 표시하여야 한다.
③ 일반기업회계기준에 따라 적정하게 작성된 재무제표는 공정하게 표시된 재무제표로 본다.
④ 재무제표가 일반기업회계기준에 따라 작성된 경우에는 그러한 사실을 주석으로 기재하여야 한다.

재무상태표 일반원칙

06 일반기업회계기준에 의한 재무상태표에 관한 설명이다. 틀린 것은? [2015년, 65회]

① 유동자산은 당좌자산과 재고자산으로 구분하고, 비유동자산은 금융자산, 유형자산, 무형자산, 기타비유동자산으로 구분한다.
② 부채는 유동부채와 비유동부채로 구분한다.
③ 자본은 자본금, 자본잉여금, 자본조정, 기타포괄손익누계액 및 이익잉여금(또는 결손금)으로 구분한다.
④ 재무상태표는 정보이용자들이 기업의 유동성, 재무적 탄력성, 수익성과 위험 등을 평가하는 데 유용한 정보를 제공한다.

07 다음의 재무상태표 작성기준 중 그 내용이 가장 적절한 항목은? [2020년, 93회]

① 자산과 부채는 유동성이 작은 항목부터 배열한다.
② 자산, 부채, 자본은 총액으로 표기하지 않고 순액으로 기재한다.
③ 자산과 부채는 결산일 기준 1년 또는 정상영업주기를 기준으로 구분 표시한다.
④ 자본항목 중 잉여금은 주주와의 거래인 이익잉여금과 영업활동의 결과인 자본잉여금으로 구분하여 표시한다.

| 손익계산서 일반원칙 |

08 난이도 ★
다음 중 손익계산서가 제공할 수 있는 재무정보로 가장 적절한 것은? [2025년, 118회]
① 타인자본에 대한 정보 ② 자기자본에 대한 정보
③ 자산총액에 대한 정보 ④ 경영성과에 대한 정보

09 난이도 ★★ 필수
다음 중 손익계산서 작성기준에 대한 설명으로 가장 옳지 않은 것은? [2019년, 87회]
① 수익은 실현주의를 기준으로 계상한다.
② 비용은 수익비용 대응의 원칙을 적용한다.
③ 수익과 비용은 순액으로 기재함을 원칙으로 한다.
④ 수익과 비용의 인식기준은 발생주의를 원칙으로 한다.

| 재무제표 작성의 기본가정 |

10 난이도 ★★★ 필수
다음 중 회계순환과정에 있어 기말결산정리의 근거가 되는 가정으로 적절한 것은? [2024년, 115회]
① 발생주의 회계 ② 기업실체의 가정
③ 계속기업의 가정 ④ 기간별 보고의 가정

11 난이도 ★★ 필수
다음은 재무회계개념체계에 대한 설명이다. 회계의 기본가정(공준) 중 무엇에 대한 설명인가? [2015년, 62회]

> 기업실체는 그 경영활동을 청산하거나 중대하게 축소시킬 의도가 없을 뿐 아니라 청산이 요구되는 상황도 없다고 가정된다.

① 계속기업의 가정 ② 기업실체의 가정
③ 연결재무제표 ④ 발생주의 가정

12 난이도 ★★★　다음 중 발생주의에 따라 작성되지 않는 재무제표는? [2018년, 77회]

① 재무상태표　　　　　　　　　　② 현금흐름표
③ 자본변동표　　　　　　　　　　④ 손익계산서

| 재무정보의 특성 |

13 난이도 ★★★　주식시장에 상장되어 있는 두 회사 중 한 회사에 투자하기 위해 두 회사의 회계정보를 비교하고자 하는 경우 회계정보가 갖추어야 할 속성으로 가장 적합한 것은? [2013년, 54회]

① 비교가능성　　　　　　　　　　② 신뢰성
③ 목적적합성　　　　　　　　　　④ 중립성

14 난이도 ★★ 필수　회계정보의 질적특성 중 하나인 신뢰성은 회계정보에 대한 오류나 편견 없이 객관적이고 검증가능하며 나타내고자 하는 바를 충실하게 표현해야 하는 정보의 특성을 말한다. 다음 중 회계정보가 신뢰성을 갖기 위해서 필요한 요건이 아닌 것은? [2017년, 75회]

① 표현의 충실성　　　　　　　　② 중립성
③ 적시성　　　　　　　　　　　　④ 검증가능성

15 난이도 ★★ 필수　다음 중 아래의 자료에서 설명하고 있는 재무정보의 질적특성에 해당하지 않는 것은? [2023년, 111회]

> 재무정보가 정보이용자의 의사결정에 유용하게 활용되기 위해서는 그 정보가 의사결정의 목적과 관련이 있어야 한다.

① 예측가치　　　　　　　　　　　② 피드백가치
③ 적시성　　　　　　　　　　　　④ 중립성

16 난이도 ★★

다음은 재무회계개념체계에 대한 설명이다. 회계정보의 질적 특성 중 무엇에 대한 설명인가? [2020년, 90회]

> 정보이용자가 기업실체의 미래 재무 상태, 경영 성과, 순현금흐름 등을 예상하는데 그 정보가 활용될 수 있는 능력을 의미한다. 예를 들어, 반기 재무제표에 의해 발표되는 반기 이익은 올해의 연간 이익을 예상하는 데 활용될 수 있다.

① 신뢰성
② 예측가치
③ 표현의 충실성
④ 피드백가치

17 난이도 ★★ 필수

다음 중 회계정보의 질적특성에 대한 설명으로 잘못된 것은? [2022년, 103회]

① 회계정보의 질적특성이란 회계정보가 유용하기 위해 갖추어야 할 주요 속성을 말한다.
② 회계정보의 질적특성은 회계정보의 유용성의 판단기준이 된다.
③ 회계정보가 갖추어야 할 가장 중요한 질적특성은 목적적합성과 신뢰성이다.
④ 비교가능성은 목적적합성과 신뢰성보다 중요한 질적특성이다.

정답 및 해설

01 ③ 특정 일자의 기업 재무상태를 나타내는 보고서는 재무상태표임.

02 ④ 재무제표에는 회사명, 해당 기간의 종료일, 금액단위(원 또는 천 원 등)가 표시되어야 함. 기능통화란 기업이 주요 활동무대에서 사용하는 통화의 종류를 말하는데, 우리나라 재무제표는 원화로 표시하도록 되어 있어 기능통화를 표시하도록 하고 있지 않음.

03 ① ① 시산표, ② 재무상태표, ③ 자본변동표, ④ 주석에 대한 설명으로 시산표는 기본 재무제표가 아님.

04 ① 기본재무제표에는 재무상태표, 손익계산서, 현금흐름표, 자본변동표, 주석. 이렇게 5개임.

05 ① 재무제표의 작성과 표시에 대한 책임은 경영진에게 있음.

06 ① 비유동자산은 투자자산, 유형자산, 무형자산, 기타비유동자산으로 구분한다.

07 ③ ① 자산·부채는 유동성 큰 항목부터 배열
② 총액으로 표시함
③ 통상 1년이며, 건설사 등은 건물 완공시기인 정상영업주기를 회계기간으로 함.
④ 주주와 거래는 자본잉여금, 영업결과는 이익잉여금임.

08 ④ 손익계산서는 일정기간(통상 1년)의 경영성과를 나타내는 재무제표임. ① 타인자본, ② 자기자본, ③ 자산 정보는 재무상태표에 표시됨.

09 ③ 수익·비용은 총액기재가 원칙임.

10 ④ 감가상각비, 매출원가 인식 등 기말결산은 1년 단위로 재무제표를 작성하기 위한 것이므로 기말결산정리는 "기간별 보고 가정"에 따른 것임.

11 ① 계속기업의 가정이란 기업실체는 그 목적과 의무를 이행하기에 충분할 정도로 장기간 존속한다고 가정하는 것을 말한다.

12 ② 재무상태표, 자본변동표, 손익계산서는 발생주의로 작성되지만 현금흐름표는 현금주의로 작성됨.

13 ① 비교가능성은 회계정보가 특정기업의 회계정보를 일정기간과 다른 기간 간에 비교할 수 있게 하고, 특정 기업의 회계정보를 다른 기업의 회계정보와 비교할 수 있게 하는 속성을 의미한다.

14 ③ 신뢰성을 위한 질적특성에는 표현의 충실성, 중립성, 검증가능성이 있다. 적시성은 목적적합성을 위한 질적특성이다.

15 ④ 해당 설명은 회계정보의 목적적합성에 대한 설명임. ① 예측가치, ② 피드백가치, ③ 적시성은 목적적합성의 특징이며 ④ 중립성은 신뢰성에 대한 특징임.

16 ② 예측가치에 대한 설명임.

17 ④ 목적적합성과 신뢰성이 중요한 질적 특성이고 비교가능성은 부차적인 특성임.

II. KcLep 프로그램 배우기

04　KcLep 설치 및 기초정보 관리

05　KcLep 일반전표 입력법

이번 단원에서는 KcLep 프로그램을 다루는 법을 배우게 됩니다.
04. 기초정보 관리에서는 즉 회사·거래처등록·계정과목을
등록·수정하는 방법, 05. 일반전표 입력·수정에서는 일반전표를
입력하는 방법을 배우게 됩니다.

 **학습방법**

KcLep 프로그램 이용법은 책에 설명된 대로 따라 입력하기만 하면 어렵지 않게 배울 수 있습니다.

 **출제빈도**   매회 이론 1~2문제

별도로 출제되지는 않고 자산·부채·자본·수익·비용과	거래처등록 1문제, 계정과목·적요 등록 1문제가 매회 실무 문제로 꼭 출제됨.
일반전표 입력·수정 입력방법	별도로 출제되지는 않고 자산·부채·자본·수익·비용과 연계되어 출제됨.

04 KcLep 설치 및 기초정보 관리

이론 / 실무

학습내용
- 회사정보 수정 • 거래처 등록 • 계정과목/적요 등록

출제경향
KcLep 프로그램의 기본 사용법에 해당하는 내용으로 매 시험마다 2문제씩 출제되고 있음. 난이도가 쉬우므로 반드시 맞혀야 함.
- 회사 정보 수정: 아주 가끔씩 출제 • 거래처 등록: 매 시험마다 1문제 출제 • 계정과목/적요 등록: 매 시험마다 1문제 출제

본 교재의 실습자료는 cafe.naver.com/eduacc의 「공지&DATA다운로드」에서 에 있는 [콕콕정교수 전산회계 1급] 이론+실무+기출 실습데이터의 Data_Install_JH1.zip 파일을 다운받아 컴퓨터에 설치 후, 회사등록 클릭, F4 회사코드재생성 클릭 후 「㈜일진자동차」 선택

1 KcLep 프로그램 및 실습 데이터 설치

KcLep 프로그램은 한국세무사회자격시험 사이트(https://license.kacpta.or.kr)에 주기적으로 신버전이 무료업로드 되는데, 최신 버전으로 설치 후 프로그램을 실행하면 아래 화면이 나옵니다.

1. 급수/드라이브

종목 전산회계 1급 선택, 드라이브 C:\KcLepDB 그대로 둡니다.

2. 실습용 데이터 설치

회사 코드의 바로 우측 말풍선(...)을 누르면 아무것도 보이지 않는데 이는 프로그램 설치 후 아무것도 입력하지 않았기 때문입니다. 전산회계 시험은 기입력된 회사 데이터에 특정 내용을 추가하거나 수정하는 방식으로 치뤄지기 때문에 앞으로의 KcLep 실습을 위해 실습용 데이터를 설치해야 합니다.

아래 절차에 따라 앞으로 KcLep 실습에 사용할 데이터를 설치해 보겠습니다.

> cafe.naver.com/eduacc 「공지 & Data 다운로드」에서 [콕콕정교수 전산회계 1급] 이론+실무+기출 실습데이터의 Data_Install_JH1.zip 다운로드 ➡ 압축파일을 푼 후 Data_Install_JH1.exe 더블 클릭해 데이터 설치

3. 설치한 실습용 데이터 인식

설치된 실습용 데이터를 KcLep이 인식하도록 아래 절차를 따라 해주세요.

> KcLep 실행 ➡ 「기초정보관리」의 「회사등록」 메뉴 클릭 ➡ 회사등록 메뉴 상단의 F4 회사코드 재생성 버튼 클릭

(*) 보다 자세한 설치방법은 교재 맨 앞의 "KcLep & 실습데이터 설치" 부분 참고

4. KcLep 프로그램 실행

이상 데이터를 설치한 후 오늘의 실습대상인 「(주)일진자동차」를 선택하면 아래와 같이 KcLep 메인화면이 나타납니다.

《(주)일진자동차 메인화면》

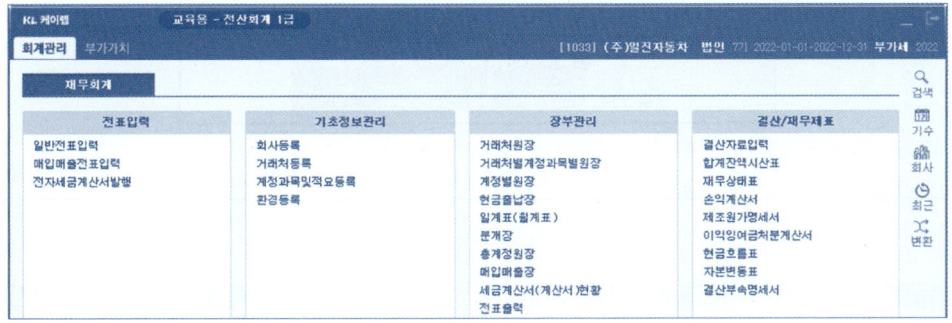

전산회계 1급 시험에 주로 출제되는 메뉴는 「전표입력」, 「기초정보관리」, 「장부관리」, 「결산/재무제표」, 「전기분재무제표」인데 앞으로 이 메뉴들을 하나씩 자세히 설명하겠습니다. 참고로 전산회계 1급 시험 차원에서 「고정자산및감가상각」, 「자금관리」, 「데이터관리」는 볼 필요가 없습니다.

2 회사등록 내용 수정

회사등록내용 수정
이미 등록되어 있는 회사내용을 수정하는 문제가 아주 가끔 출제됨.

전산회계 1급 시험에 아주 가끔씩 출제되는 KcLep 문제는 기등록된 회사 내용 중 잘못된 내용을 수정 입력하는 것입니다. 설치한 실습용 데이터 중 「(주)일진자동차」 회사 데이터를 이용해 기등록된 회사의 내용을 수정해 볼 텐데 아주 쉬운 내용이므로 출제되면 꼭 맞혀야 합니다. 전산회계2급에서 자주 출제되기 때문에 전산회계1급에서는 거의 출제되지 않습니다.

실무기출 확인문제 | 전산회계 1급, 103회 |

다음은 ㈜일진자동차의 사업자등록증이다. [회사등록] 메뉴에 입력된 내용을 검토하여 누락분은 추가입력하고 잘못된 부분은 정정하시오. (주소 입력 시 우편번호는 입력하지 않아도 무방함).

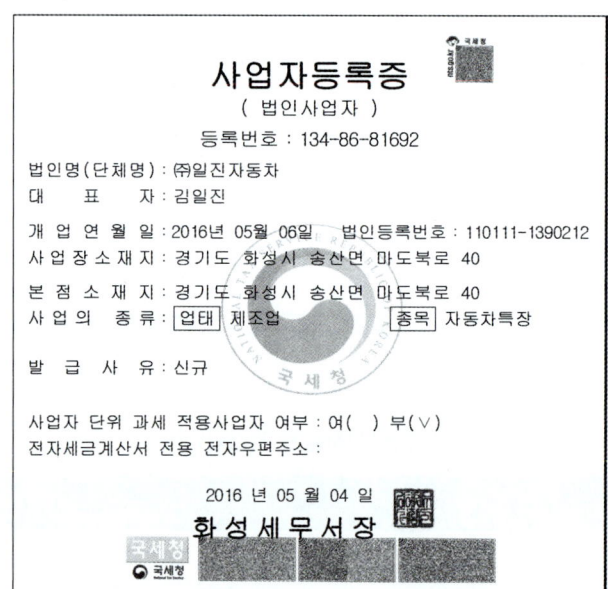

「(주)일진자동차」의 KcLep 메인화면에서 「회사등록」 메뉴를 클릭해 이미 등록된 회사 내용과 사업자등록증 내용을 비교해 보면 다음과 같이 4가지 내용이 KcLep에 잘못 입력

된 걸 알 수 있습니다.

구 분	KcLep	사업자등록증
사업자등록번호	134-68-81692	134-86-81692
개업연월일	2016년 5월 4일	2016년 05월 06일
사업장소재지	경기도 화성시 송산면 봉가리 473-1	경기도 화성시 송산면 마도북로 40
업태, 업종	도소매, 자동차	제조업, 자동차특장

이상 사업자등록증 내용을 KcLep에 올바르게 수정하고 나면 「(주)일진자동차」의 회사 등록내용이 다음과 같이 수정됩니다.

<회사등록 내용 수정결과>

3 거래처 등록

거래가 발생하면 어떤 거래처와 거래를 했는지 정보가 필요한데 이를 위해 KcLep은 분개를 입력할 때마다 거래처를 같이 입력해야 합니다. KcLep은 거래처를 크게 일반거래처, 금융기관, 신용카드사로 구분하여 거래처 정보를 입력하는데 그중 1문제가 꼭 출제됩니다.

거래처 등록

일반거래처, 금융기관, 신용카드 중 1문제가 번갈아 가면서 거의 매회 출제됨.

 정교수 콕콕

[기초정보등록] 밑에 있는 [거래처등록]을 클릭하면 다음과 같은 창이 나타납니다.

〈거래처 등록 창〉

좌측 상단을 보면 [일반거래처] [금융기관] [신용카드] 메뉴가 보이며, 우측에는 거래처별로 입력해야 하는 정보창이 보입니다. 기출문제로 각각을 입력해 보겠습니다.

1. 일반거래처 등록

실무기출 확인문제 | 전산회계 1급, 104회 |

㈜일진자동차에 다음의 신규거래처를 [거래처등록] 메뉴를 이용하여 추가로 등록하시오.

- 거래처코드 : 1001
- 거래처명 : ㈜보석상사
- 유형 : 동시
- 사업자등록번호 : 108-81-13579
- 대표자 : 송달인
- 업태 : 제조
- 종목 : 금속가공
- 사업장주소 : 경기도 여주시 세종로 14(홍문동)

※ 주소입력 시 우편번호 입력은 생략해도 무방함.

일반거래처 등록 창의 좌측에는 거래처 코드, 거래처명, 거래유형을 입력해야 하고, 우측 창에 사업자등록번호, 대표자명, 업태, 종목, 주소를 입력합니다. 유형이란 「㈜일진자동차」가 ㈜보석상사에 매출을 하는지, 매입을 하는지, 아니면 매출과 매입을 동시에 하는지 여부입니다.

전산회계 시험문제에서는 주어진 정보대로 입력하되 통상 우편번호는 입력하지 않습니다. [일반거래처] 탭을 클릭 후 관련 정보를 입력한 결과는 아래와 같습니다.

〈일반거래처 등록〉

2. 금융기관 등록

실무기출 확인문제 | 전산회계 1급, 100회 |

기업은행에서 통장을 신규 개설하였다. ㈜일진자동차에 다음의 자료를 이용하여 [거래처등록] 메뉴에 입력하시오.

- 코드번호: 98007
- 계좌번호: 413-920-769077
- 유형: 정기적금
- 계좌개설은행/지점: 기업은행/마곡점
- 계좌개설일: 2021년 11월 10일

[금융기관] 탭을 클릭 후 주어진 정보를 입력한 결과는 아래와 같습니다.

〈금융기관 등록〉

No	코드	거래처명	계좌번호	유형
1	98000	희망은행(당좌)	1233-45-99990	당좌예금
2	98001	신한은행	110-088-123456	보통예금
3	98002	KEB하나은행	231-09-235874	보통예금
4	98003	국민은행	12345-85-110-123	정기예금
5	98004	세종은행	095-21-0013-112	보통예금
6	98005	보람은행	105-222-1345678-0	보통예금
7	98006	우리은행	1563-1254-6856-93	정기예금
8	98007	기업은행	413-920-769077	정기적금

1. 계 좌 번 호   413-920-769077
2. 계좌개설은행/지점   003   기업은행   마곡점
3. 계 좌 개 설 일   2021-11-10
4. 예금 종류 / 만기   예금종류   만기
5. 이자율/매월납입액   이자율   %   매월납입액
6. 당 좌 한 도 액

3. 신용카드 등록

실무기출 확인문제 | 전산회계 1급, 101회 |

제품 매출을 위해 소망카드와 신용카드가맹점 계약을 하였다. ㈜일진자동차에 다음의 자료를 이용하여 [거래처등록] 메뉴에서 거래처를 등록하시오(단, 주어진 자료 외의 다른 항목은 입력할 필요 없음).

- 코드: 99605
- 거래처명: 소망카드
- 가맹점번호: 654800341
- 유형: 매출

[신용카드] 탭을 클릭 후 주어진 정보를 입력한 결과는 아래와 같습니다.

〈신용카드 등록〉

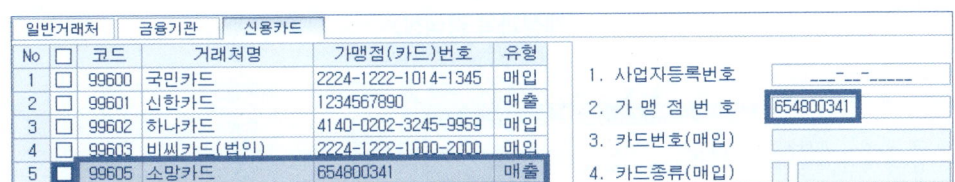

4 계정과목·적요 등록

자, 이제 마지막으로 계정과목 및 적요 등록만 배우면 KcLep을 사용할 기본적인 준비가 끝납니다. 메인화면의 [기초정보등록] 밑의 [계정과목및적요등록]을 클릭하면 아래 화면이 나타납니다.

계정과목이란 각 회계거래마다 붙여질 거래의 이름인데 KcLep은 이미 계정과목 목록을 만들어 놨기 때문에 여러분은 이 중에서 가장 적당한 계정과목을 고르기만 하면 됩니다. 계정과목 및 적용 등록 메뉴는 [계정체계] [코드/계정과목] [세부코드]의 3단으로 구성되어 있습니다.

〈계정과목 및 적요 등록 창〉

1. 계정과목 찾기

핵심체크

계정과목 찾기
오른쪽 마우스 클릭 후
'찾기' 클릭

특정 계정과목이 어디쯤 있는지 찾기 어려운 경우에는 「코드/계정과목」 부분에 마우스를 갖다 놓고 마우스 오른쪽 클릭 후 '찾기'를 눌러, 검색창에 계정과목 입력 후 원하는 계정과목이 나타날 때까지 '다음 찾기'를 눌러 찾으면 됩니다.

〈계정과목 검색창〉

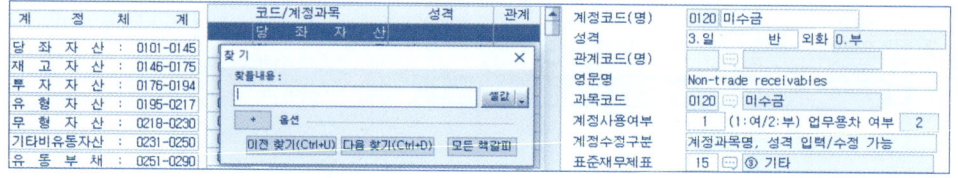

2. 계정과목 신규 등록

KcLep에 이미 등록한 계정과목이 아닌 거래가 발생한다면 새로운 계정과목을 등록해야 하는데 다음 실무 기출문제를 통해 알아보겠습니다.

실무기출 확인문제 | 전산회계 1급, 101회 |

㈜일진자동차 다음 자료를 이용하여 [계정과목및적요등록] 메뉴에서 계정과목을 등록하시오.

- 코드 : 851
- 계정과목 : 인적용역비
- 성격 : 경비
- 현금적요 : 1. 사업소득자 용역비 지급

정교수 콕콕

🎯 **핵심체크** 콕 콕

계정과목·적요 등록·수정
계정과목의 적요 등록 또는 기존 등록내용의 수정 문제가 자주 출제됨.

1) 코드확인

[계정체계]에서 손익계산서 아랫부분의 판매관리비(0801-0900)를 클릭하면 [코스/계정과목] 부분에 판매관리비들이 자세히 나오는데, 코드 851번 자리에 '사용자설정계정과목'이라고 쓰여 있는 것이 보입니다. 이는 KcLep에 없는 계정과목을 사용자가 등록할 수 있도록 준비된 메뉴인데 신설되는 계정과목 이름은 우측 맨 위의 계정코드(명) 우측에 있는 '사용자설정계정과목'이라는 부분에 입력해야 합니다.

2) 계정과목/적요 입력

맨 오른쪽 위 계정코드명을 클릭한 뒤 '인적용역비'라고 입력하고 성격에는 '3.경비'를 클릭합니다. 그런 다음 마우스로 현금적요 1번 밑의 빈칸을 클릭한 뒤 '1' 입력 후 Enter↵ 치고 '사업소득자 용역비 지급'이라고 입력합니다. 띄어쓰기가 채점대상은 아닌 걸로 알려져 있기는 하지만 가능한 주어진 그대로 입력하는 게 좋습니다.

3) 입력결과: [851] 인적용역비

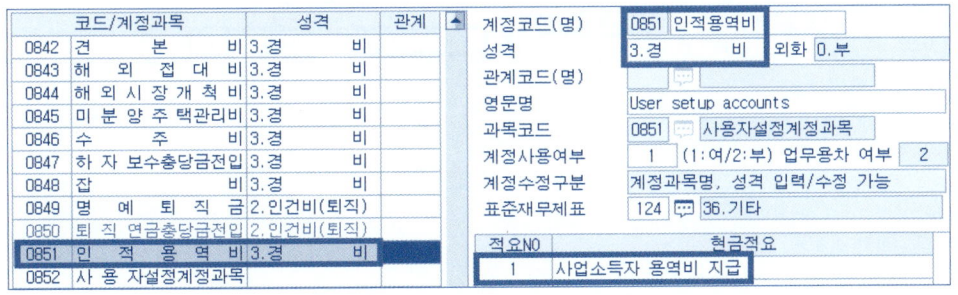

3. 적요 등록/수정

전산회계 1급 시험에 출제되는 유형 중 하나가 이미 등록된 계정과목의 적요를 수정 또는 추가하는 것인데 다음 기출문제를 통해 알아보겠습니다.

실무기출 확인문제 | 전산회계 1급, 103회 |

㈜일진자동차에 다음 자료를 이용하여 아래의 계정과목에 대한 적요를 추가로 등록하시오.

- 계정과목 : 831. 수수료비용
- 현금적요 : (적요NO. 8) 오픈마켓 결제대행 수수료

1) 계정과목 확인 후 적요 입력

이미 기존에 입력되어 있는 판매관리비(0801-0900) 중 831번의 '수수료비용' 계정과목을 찾아 주어진 현금적요 8번을 추가 입력하면 됩니다.

831번의 수수료비용을 클릭 후 오른쪽의 현금적요 7번 밑의 빈칸을 클릭한 뒤 '8' 입력 후 Enter↵ 치고 '오픈마켓 결제대행 수수료'라고 입력하면 됩니다.

2) 입력 결과: [831] 수수료비용

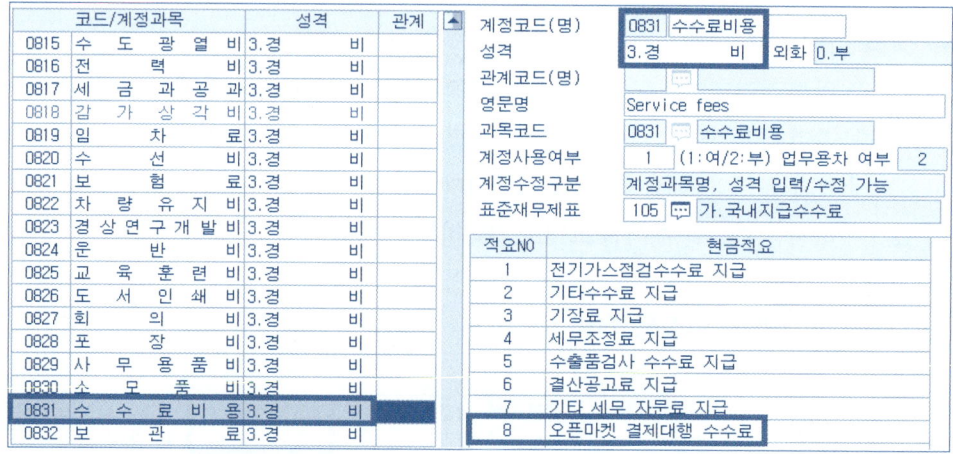

5 KcLep의 기존 계정과목 수정

KcLep에 이미 등록되어 있는 계정과목도 신규 계정과목 입력과 동일한 방법으로 수정할 수 있습니다. 다만 계정과목 중 빨간색으로 표시된 계정과목은 수정이 제한된 항목인데 이를 수정하기 위해서는 Ctrl + F2를 누른 후 수정이 가능합니다. 전산회계시험 차원에서는 참고만 하면 됩니다.

04 실무기출 공략하기
KcLep 설치 및 기초정보 관리

본 교재의 실습자료는 cafe.naver.com/eduacc의 「공지&DATA다운로드」에서 공지 에 있는 [콕콕정교수 전산회계 1급] 이론+실무+기출 실습데이터의 Data_Install_JH1.zip 파일을 다운받아 컴퓨터에 설치 후, 회사등록 클릭, F4 회사코드재생성 클릭 후 「㈜해나라」 선택

㈜해나라(회사코드: 0553) 관련 아래 내용을 전산세무회계 수험용 프로그램에 입력하여 다음 물음에 답하시오.

| 거래처등록 |

01 난이도 ★ 필수
다음 자료를 보고 거래처등록 메뉴에서 등록하시오. [2016년, 67회]

- 회사명: 상당정보(거래처코드: 01350)
- 사업자등록번호: 131-92-23923
- 대표자: 정유미
- 종목: 화장품
- 업태: 도, 소매
- 사업장주소: 서울시 서초구 방배로 162

※ 유형은 동시로 하고, 주소 입력 시 우편번호 입력은 생략해도 무방함.

02 난이도 ★
종업원에게 주택자금을 대출해 주기 위해 종업원을 거래처에 등록하려고 한다. 다음의 내용을 참고하여 등록하시오. [2015년, 64회]

- 코드번호: 810
- 성명: 이성실
- 유형: 동시

03 난이도 ★ 필수
정기적금 가입에 따른 다음 내역을 거래처등록메뉴에 등록하시오. [2014년, 61회]

- 코드: 99000
- 거래처명: 미래은행
- 계좌번호: 123-123-123
- 유형: 정기적금

04 난이도 ★ 필수

신용카드 유효기간 만료로 인하여 사업용신용카드인 법인카드를 새로 발급받았다. 다음의 내용을 거래처등록메뉴에 입력하시오.

[2015년, 62회]

- 코드: 99800
- 카드번호: 9440-2657-1111-5555
- 거래처명: 국민카드
- 카드종류(매입): 사업용카드
- 유형: 매입

| 계정과목 등록 |

05 난이도 ★ 필수

당사 제품의 매출 신장을 위해 무형자산 계정과목을 등록하고자 한다. 다음과 같이 계정과목을 추가로 등록하시오.

[2017년, 71회]

- 코드: 229
- 성격: 1.일반
- 계정과목: 라이선스와프랜차이즈
- 현금적요 1번: 라이선스 계약금

06 난이도 ★★★

국고보조금 계정과목을 코드 0217에 차감(기계장치 계정과목에서 차감)항목으로 등록하시오.

[2014년, 58회]

07 난이도 ★

다음과 같이 계정과목을 등록하시오.

[2016년, 69회]

- 계정과목: 저작권
- 코드: 230
- 성격: 일반

08 난이도 ★

제조경비 중 임차료와 관련하여 창고임차료의 비중이 크므로 계정과목을 별도로 설정하고자 한다. 아래의 계정과목을 추가 등록하시오. [2015년, 64회]

- 코드: 537
- 계정과목: 창고임차료
- 성격: 제조경비

| 적요 등록 |

09 난이도 ★★★ 필수

(주)해나라는 제조부 직원 모두 퇴직연금에 가입하기로 하였다. 퇴직급여계정의 대체적요 9번에 '확정기여형퇴직연금납입'을 등록하고, 퇴직연금운용자산계정의 대체적요 1번에 '확정급여형퇴직연금 부담금 납입'을 등록하시오.(기존 계정과목을 사용한다.) [2013년, 54회]

10 난이도 ★

계정과목 적요등록 중 0819 임차료 계정의 현금적요 7번에 '법인승용차 리스료 지급'을 등록하시오. [2014년, 59회]

11 난이도 ★★

생산부 직원들에게 매출증가에 따른 성과급을 지급하기로 하였다. 제조원가의 상여금 계정에 다음 내용의 적요를 등록하시오. [2014년, 61회]

현금적요 2.	직원성과급 지급

12 난이도 ★

영업외수익의 임대료 계정과목 대체적요에 '6. 임대료수익의 선수수익 대체'를 추가등록 하시오. [2014년, 60회]

| 회사등록정보 변경 |

13 난이도 ★★ 필수
다음 사업자등록증을 보고 회사등록사항을 정정하시오. [2013년, 55회]

```
             사업자등록증
            (법인사업자용)
         등록번호: 214 - 81 - 29167
────────────────────────────────────────
법인명(단체명): (주)해나라
대표자: 이철수
개업연월일: 2010년 7월 1일
법인등록번호: 110111 - 3776387
사업장소재지: 서울시 서초구 서초동 260-1
사업의 종류: 업태 - 제조  종목 - 스포츠용품
교부사유
                    2010년 7월 1일
                    서 초 세 무 서 장
```

14 난이도 ★
정부방침에 따라 신주소(도로명 주소)가 전면 사용되어 기존 지번주소로 등록되어 있는 아래 거래처의 주소를 주어진 신주소로 변경하시오. (우편번호는 입력하지 말 것.) [2013년, 57회]

- 거래처명: (주)태평유통   • 신주소: 서울특별시 강동구 도산대로 108 (상일동)

정답 및 해설

01 [기초정보등록] ⇒ [거래처등록] ⇒ [일반거래처]에 문제에 제시된 내용 입력

65	00901	삼선전자(주)	277-81-45251	동시
66	02001	청계천테크	613-81-32457	동시
67	02004	(주)다판다회로	105-05-09543	동시
68	02007	(주)동우	208-81-62797	동시
69	02008	(주)광원개발	124-84-25549	동시
70	03500	클린카센터	123-08-14986	동시
71	03502	(주)광속통신	654-81-12340	동시
72	35051	(주)최고전자	125-85-12457	동시
73	01350	상당정보	131-92-23923	동시

1. 사업자등록번호 131-92-23923   사업자등록상태조회
2. 주민 등록 번호 ___-___   주 민 기 재 분 부 0:부 1:여
3. 대 표 자 성 명 정유미
4. 업   종   업태 도,소매   종목 화장품
5. 주   소   서울시 서초구 방배로 162

☑ ##### 상세 입력 안함 #####

02 [기초정보등록] ⇒ [거래처등록] ⇒ [일반거래처]에 문제에 제시된 내용 입력

66	02001	청계천테크	613-81-32457	동시
67	02004	(주)다판다회로	105-05-09543	동시
68	02007	(주)동우	208-81-62797	동시
69	02008	(주)광원개발	124-84-25549	동시
70	03500	클린카센터	123-08-14986	동시
71	03502	(주)광속통신	654-81-12340	동시
72	35051	(주)최고전자	125-85-12457	동시
73	01350	상당정보	131-92-23923	동시
74	00810	이성실		동시

- 주의할 점은 회사가 아닌 개인과 거래 시에도 일반거래처란에 입력해야 함.
- 우측의 세부정보는 문제에서 주어진 정보가 없으므로 입력할 필요 없음. 만약 문제에서 주민등록번호가 제시되는 경우에는 입력하여야 함.

03 [기초정보등록] ⇒ [거래처등록] ⇒ [금융기관]에 문제에 제시된 내용 입력

No	코드	거래처명	계좌번호	유형
1	98000	세찬은행		보통예금
2	98001	국민은행		보통예금
3	98002	행복은행		보통예금
4	98003	소망은행		보통예금
5	98004	큰빛은행		보통예금
6	99000	미래은행	123-123-123	정기적금

1. 계 좌 번 호 123-123-123
2. 계좌개설은행/지점
3. 계 좌 개 설 일 ___-__-__
4. 예금 종류 / 만기 예금종류

04 [기초정보등록] ⇒ [거래처등록] ⇒ [신용카드]에 문제에 제시된 내용 입력

No	코드	거래처명	가맹점(카드)번호	유형
1	99601	롯데카드		매출
2	99602	비씨카드(법인)		매입
3	99603	우리카드		매출
4	99800	국민카드	9440-2657-1111-5555	매입
5				

1. 사업자등록번호 ___-__-_____
2. 가 맹 점 번 호
3. 카드번호(매입) 9440-2657-1111-5555
4. 카드종류(매입) 3 3.사업용카드

05 [기초정보등록] ⇒ [계정과목및적요등록] ⇒ 무형자산(0218-0230) 클릭 후 229번에 문제에 제시된 내용 입력

06 [기초정보등록] ⇒ [계정과목및적요등록] ⇒ 유형자산(0195-0217) 클릭 후 217번에 문제에 제시된 내용 입력

성격에 4. 차감항목을 입력하는 경우에는 어떤 계정과목에서 차감하는지 관계코드를 추가로 입력하여야 함. 문제에서는 기계장치에서 차감이므로 [관계코드]에서 기계장치 선택

07 [기초정보등록] ⇒ [계정과목및적요등록] ⇒ 무형자산(0218-0230) 클릭 후 230번에 문제에 제시된 내용 입력

문제에 제시된 정보만 입력하면 되므로 현금적요는 입력하지 않아도 됨.

08 [기초정보등록] ⇒ [계정과목및적요등록] ⇒ 제조원가(0501-0600) 클릭 후 537번에 문제에 제시된 내용 입력

문제에 제시된 정보만 입력하면 되므로 현금적요는 입력하지 않아도 됨.

09 [기초정보등록] ⇒ [계정과목및적요등록] ⇒ 제조원가(0501-0600) 중 508번 퇴직급여 클릭 후 적요 9번에 '확정급여형퇴직연금납입' 문구 추가

문제에서 제시된 적요를 입력하기 위해서는 해당 계정과목을 먼저 찾아야 하는데, 제조부 직원의 퇴직급여이므로 제조원가를 클릭해 찾아보면 됨.

퇴직연금운용자산은 직원의 퇴직금을 지급하기 위해 은행이나 보험회사에 퇴직금을 미리 예치하는 것인데, 이는 투자자산에 해당함. 투자자산을 클릭한 뒤 0186번에 퇴직연금운용자산을 클릭해 적요 입력. 퇴직연금에 대한 자세한 내용은 추후 비유동부채의 퇴직급여충당부채 부분에서 자세히 설명할 예정임.

10 [기초정보등록] ⇒ [계정과목및적요등록] ⇒ 판매관리비(0801-0900) 중 819번 임차료 클릭 후 현금적요 7번에 '법인승용차 리스료 지급' 문구 추가

11 [기초정보등록] ⇒ [계정과목및적요등록] ⇒ 제조원가(0501-0600) 클릭 후 0505. 상여금 계정 현금 적요 2번에 '직원성과급 지급' 문구 추가

12 [기초정보등록] ⇒ [계정과목및적요등록] ⇒ 영업외수익(0901-0950) 클릭 후 0904. 임대료 계정의 대체 적요 6번에 '임대료수익의 선수수익 대체' 문구 추가

13 [기초정보등록] ⇒ [회사등록] ⇒ [해나라] 클릭 후 문제에서 제시된 정보와 다른 정보를 찾아 수정

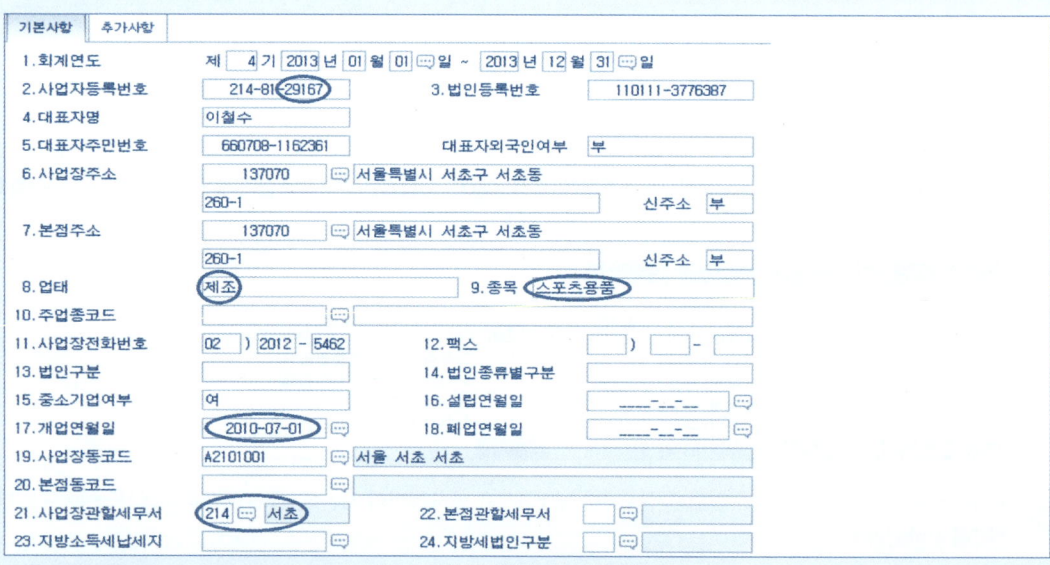

- 사업자등록번호: 214-81-29167로 수정
- 업태, 종목: 제조, 스포츠용품으로 수정
- 개업연월일: 2010년 7월 1일로 수정
- 세무서: 서초로 수정

14 [기초정보등록] ⇒ [거래처등록] ⇒ [일반거래처]에서 (주)태평유통을 찾아 신주소 입력

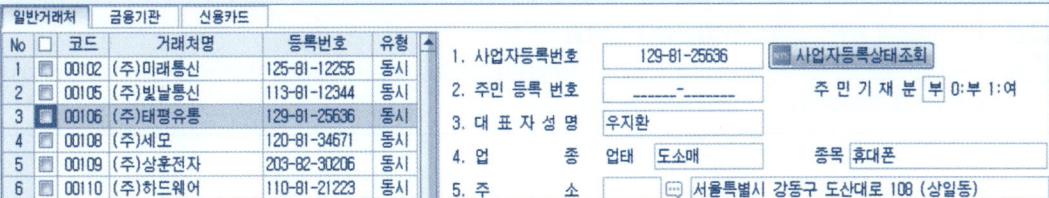

- (주)태평유통을 찾을 때는 스크롤바를 움직이면서 찾아도 되고, 오른쪽 마우스를 클릭해 '찾기' 메뉴를 눌러 태평유통을 입력해 찾을 수도 있음.
- 신주소는 주소 입력란의 말풍선(💬)을 누르지 말고 시험장에서는 인터넷이 연결되지 않으므로 주소란에 신주소를 그냥 입력할 것

05 KcLep 일반전표 입력법

이론 **실무**

학습내용: • 전표의 종류 • KcLep 일반전표 입력법

출제경향: KcLep 프로그램 메뉴 중 일반전표를 입력하는 법을 배우는 단원으로 별도로 시험에 출제되지는 않지만 앞으로 공부할 내용의 분개를 KcLep에 입력하기 위해 입력법을 학습하는 것임.

정교수 콕콕

본 교재의 실습자료는 cafe.naver.com/eduacc의 「공지&DATA다운로드」에서 에 있는 [콕콕정교수 전산회계 1급] 이론+실무+기출 실습데이터의 Data_Install_JH1.zip 파일을 다운받아 컴퓨터에 설치 후, 회사등록 클릭, F4 회사코드재생성 클릭 후 「㈜일진자동차」 선택

 핵심체크

전표의 종류
- 입금전표: 현금이 입금되는 거래 입력
- 출금전표: 현금이 출금되는 거래 입력
- 대체전표: 현금의 입출금이 없거나 거래에 현금 이외 다른 거래가 함께 포함된 거래 입력

1 전표의 종류

실제 업무 현장에서는 거래가 발생하면 단순히 분개만 작성하는 것이 아니라 전표에 분개를 표시하는데, 전표의 종류에는 크게 입금전표, 출금전표, 대체전표가 있습니다. 입금전표란 현금이 입금되는 거래를 표시하는 전표이고 출금전표란 현금이 인출되는 거래를 표시하는 전표이며, 대체전표는 현금의 입출금이 없거나 거래에 현금 이외 다른 거래가 함께 포함된 경우에 사용되는 전표입니다. 하나씩 알아보겠습니다.

1. 입금전표

입금전표는 현금이 입금되는 거래를 입력하는 전표입니다. 예를 들어 자본금 3,000만 원을 현금으로 출자받으면 아래 분개와 같이 현금이 차변에 표시됩니다.

(차) 현 금 30,000,000   (대) 자본금 30,000,000

그런데 현금이 입금되면 차변은 항상 「현금」이므로 굳이 차변과 대변을 모두 표시할 필요 없이 대변만 표시하면 된다는 논리로 다음과 같은 입금전표가 만들어집니다.

입금전표	
계정과목	자본금
적요	금액
출자금 수령	30,000,000

2. 출금전표

출금전표는 현금이 출금되는 거래를 입력하는 전표입니다. 예를 들어 임차보증금 3,000만 원을 현금으로 지급하면 아래 분개와 같이 현금이 대변에 표시됩니다.

(차) 임차보증금   30,000,000   (대) 현금   30,000,000

그런데 현금이 출금되면 대변은 항상「현금」이므로 굳이 차변과 대변을 모두 표시할 필요 없이 차변만 표시하면 된다는 논리로 다음과 같은 출금전표가 만들어집니다.

출금전표	
계정과목	임차보증금
적요	금액
임차보증금 지급	30,000,000

3. 대체전표

대체전표는 현금의 입출금이 없거나 거래에 현금 이외 다른 거래가 함께 포함된 경우 거래를 입력하는 전표입니다.

KcLep 분개 입력

특별한 언급이 없으면 대체전표(차변 3번, 대변 4번)로 입력

1) 현금의 수입과 지출이 없는 거래: 보통예금에 이자 10,000원 입금

대체전표						
차 변			대 변		
과목	적요	금액	과목	적요	금액
보통예금	이자수령	10,000	이자수익	보통예금이자	10,000

 **정교수 콕콕**

이 거래의 분개는 아래와 같은데 차변, 대변 모두 현금거래가 없는 것을 알 수 있습니다.

> (차) 보통예금 10,000   (대) 이자수익 10,000

2) 현금이 일부만 포함된 거래: 상품 1,000만 원 판매 후 현금 500만 원 수령, 나머지 500만 원은 2개월 뒤 수령하기로 함.

대체전표					
차변			대변		
과목	적요	금액	과목	적요	금액
현금	상품판매	5,000,000	매출	상품판매	10,000,000
외상매출금	상품판매	5,000,000			

이 거래의 분개는 아래와 같은데 차변에 현금, 외상매출금이 동시에 발생한 것을 알 수 있습니다.

> (차) 현　　금　　5,000,000　　(대) 매　출　　10,000,000
> 　　외상매출금　5,000,000

입금전표와 출금전표는 현금거래가 많고 수기로 회계처리를 하던 예전 시절에 고안된 양식인데 지금은 회계프로그램 사용으로 굳이 입금전표와 출금전표가 필요 없는 것이 현실입니다.

전산회계 시험 차원에서는 대체전표 입력으로도 충분하므로 특별한 언급이 없으면 모든 거래는 대체전표로 KcLep에 입력해도 됩니다.

2 KcLep 전표 입력

KcLep을 실행한 뒤 지난번 입력했던 「(주)일진자동차」를 클릭한 후 메인 메뉴 중 [전표등록] 밑에 있는 「일반전표입력」을 클릭하면 아래 화면이 열립니다.

〈일반전표 입력창〉

일반전표 입력창은 크게 상단의 정보 입력부분과 하단의 전표로 구분됩니다.
① 상단: 월, 일, 계정과목, 거래처, 적요, 차변, 대변 금액 입력
② 하단: 상단 부분에 거래를 입력하면 하단에 전표가 자동으로 생성

1. 입금전표 입력

자, 그럼 좀 전에 알아봤던 거래를 차례로 일반전표 창에 입력해 보겠습니다. 먼저 입금전표입니다.

사례 1

1월 6일, 주주로부터 3,000만 원을 출자받아 금고에 보관하다.
(차) 현 금   30,000,000   (대) 자본금   30,000,000

 정교수 콕콕

1) 날 짜

일반전표 입력창의 맨 뒤 좌측 상단의 월, 일 칸에 1월 6일을 입력

2) 구 분

날짜 입력 후 Enter 치면 컴퓨터 커서가 자동으로 구분 밑의 칸으로 이동되면서 화면 맨 밑에 아래 문구가 생기는데, 아래 중 하나를 선택해서 번호를 입력. 입금전표이므로 2번 클릭

> 구분을 입력하세요. 1.출금, 2.입금, 3.차변, 4.대변, 5.결산차변, 6.결산대변

핵심체크

계정과목, 거래처 조회
F2 눌러 검색

3) 계정과목 입력

구분 칸에 2번을 입력하면 자동으로 해당 칸에 '입금'이 자동 생성되며 커서는 바로 우측 계정과목으로 이동되는데 F2를 눌러 아래의 창이 뜨면 '자본금' 입력 후 조회되는 계정과목 중 '자본금' 선택

입금전표는 현금이 입금된 거래이므로 차변에 현금은 입력할 필요 없이 대변 항목만 입력하면 됨.

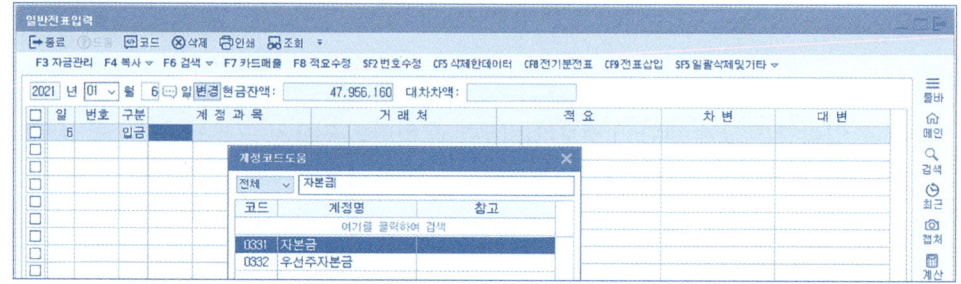

핵심체크

거래처 입력
채권, 채무 관련 계정과목만 거래처 입력

4) 거래처 입력

계정과목을 선택하면 커서가 자동으로 거래처 쪽으로 이동하는데 여기서 다시 F2 눌러 거래처 선택 창에서 거래처를 선택. 전산회계시험에서는 채권, 채무에 해당하는 계정과목에 대해서만 거래처를 등록해야 하는데 현금은 채권이 아니므로 거래처를 입력할 필요가 없음.

5) 적요 입력

F2 눌러 해당 적요를 고르든지 아니면 '자본금 수령'과 같이 적당한 내용을 입력하면 되는데, 전산회계시험 차원에서는 시험문제에서 적요 입력하라는 문구가 없는 한 특별히 입력할 필요 없음. 다만, 타계정으로 대체되는 경우에는 반드시 입력이 필요한데 자세한 내용은 추후 설명 예정.

6) 금액입력

계속 Enter⏎를 치고 나면 자동으로 대변 부분으로 이동되며 여기에 30,000,000원을 입력해야 하는데 KcLep는 입력 편의상 키패드의 '+'를 누르면 '000'이 자동으로 입력됨.

7) 입금전표 입력 결과

위 절차대로 입력하고 나면 아래와 같은 입금전표가 완성됨.

〈입금전표 입력 결과〉

2. 출금전표 입력

다음으로 출금전표입니다.

사례 2

5월 6일, 한국기업에 현금으로 임차보증금 3,000만 원을 지급하다.

(차) 임차보증금 30,000,000   (대) 현 금 30,000,000

1) 날 짜

일반전표 입력창의 맨 뒤 좌측 상단의 월, 일 칸에 5월 6일을 입력

정교수 콕콕

2) 구 분

날짜 입력 후 Enter↵ 치면 컴퓨터 커서가 자동으로 구분 밑의 칸으로 이동되면서 화면 맨 밑에 아래 문구가 생기는데, 아래 중 하나를 선택해서 번호를 입력. 출금전표이므로 1번 클릭

> 구분을 입력하세요. 1.출금, 2.입금, 3.차변, 4.대변, 5.결산차변, 6.결산대변

3) 계정과목 입력

구분 칸에 1번을 입력하면 자동으로 해당 칸에 '출금'이 자동 생성되며 커서는 바로 우측 계정과목으로 이동되는데 F2를 눌러 아래의 창이 뜨면 '보증금' 입력 후 조회되는 계정과목 중 '임차보증금' 선택.
출금전표는 현금이 출금된 거래이므로 대변에 현금은 입력할 필요 없이 차변 항목만 입력하면 됨.

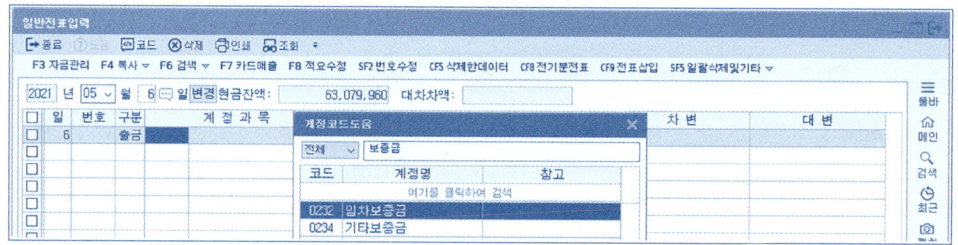

4) 거래처, 적요, 금액 입력

계정과목을 선택하면 커서가 자동으로 거래처 쪽으로 이동하는데 여기서 다시 F2눌러 거래처 선택 창에서 아래와 같이 거래처 "한국기업" 선택. 전산회계 시험은 특별한 언급이 없는 한 적요 입력할 필요 없음.

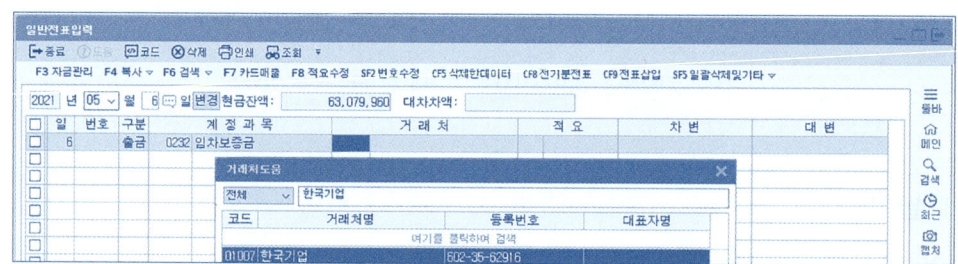

계속 Enter↵를 치고 나면 자동으로 대변 부분으로 이동되며 여기에 30,000,000원을 입력해야 하는데 KcLep는 입력 편의상 키패드의 '+'를 누르면 '000'이 자동으로 입력됨.

5) 출금전표 입력 결과

위 절차대로 입력하고 나면 아래와 같은 출금전표가 완성됨.

〈출금전표 입력 결과〉

일	번호	구분	계정과목	거래처	적요	차변	대변
6	00002	출금	0232 임차보증금	01007 한국기업		30,000,000	(현금)

3. 대체전표 입력

자, 그럼 마지막으로 일반전표를 입력해 보겠습니다.

> **사례 3**
>
> 9월 6일, 보통예금 계좌로 이자 1만 원을 수령하다.
>
> (차) 보통예금 10,000   (대) 이자수익 10,000

1) 날 짜

일반전표 입력창의 맨 뒤 좌측 상단의 월, 일 칸에 9월 6일을 입력

2) 구 분

날짜 입력 후 Enter↵치면 컴퓨터 커서가 자동으로 구분 밑의 칸으로 이동되면서 화면 맨 밑에 아래 문구가 생기는데, 이번엔 대체전표로 차변과 대변을 모두 입력해야 하므로 차변은 3번, 대변은 4번에 입력

> 구분을 입력하세요. 1.출금, 2.입금, 3.차변, 4.대변, 5.결산차변, 6.결산대변

정교수 콕콕

3) 차변 입력

구분 칸에 3번을 입력하면 자동으로 칸에 '차변'이 자동 생성되며 커서는 바로 우측 계정과목으로 이동되는데 F2를 눌러 아래의 창이 뜨면 '보통' 입력 후 조회되는 계정과목 중 '보통예금' 선택. 보통예금은 채권채무가 아니므로 거래처 입력할 필요 없으며 전산회계 시험은 특별한 언급이 없는 한 적요 입력할 필요 없음.

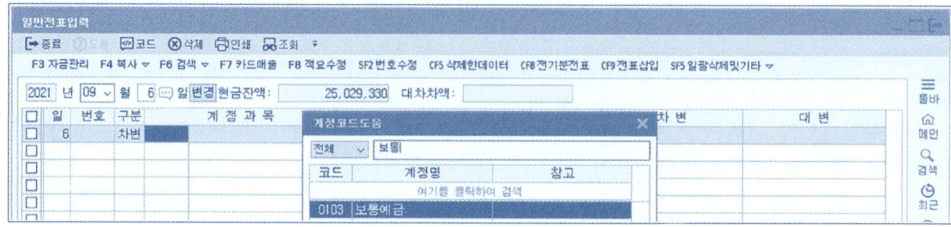

다음으로 거래처, 적요, 금액을 입력해야 하는데, 보통예금은 채권이 아니므로 거래처는 입력할 필요 없으며 적요 또한 입력할 필요 없음. 금액 10,000원 입력

4) 대변 입력

다음으로 대변을 입력해야 하는데 구분 칸에 4번을 입력하면 자동으로 칸에 '대변'이 자동 생성되며 커서는 바로 우측 계정과목으로 이동되는데 F2를 눌러 아래의 창이 뜨면 '이자' 입력 후 조회되는 계정과목 중 '이자수익' 선택. 이자수익은 채권채무가 아니므로 거래처 입력할 필요 없으며 전산회계 시험은 특별한 언급이 없는 한 적요 입력할 필요 없음.

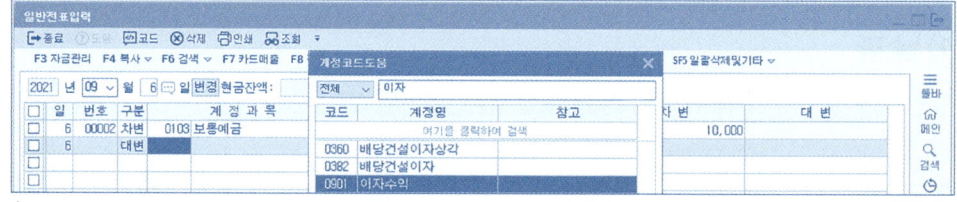

5) 대체전표 입력 결과

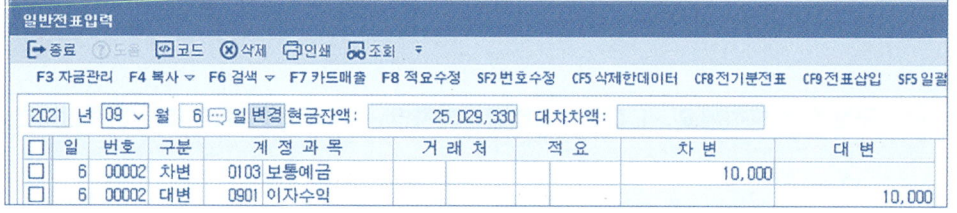

3 일반전표 입력 시 주의할 사항 요약

1. 분개 삭제

잘못 입력한 분개는 일자 옆의 ☐ 클릭한 후 화면 맨 위의 ⊗삭제 버튼을 누르거나 F5 눌러 삭제

2. 차변 · 대변 불일치

차변 금액과 대변금액이 불일치하면 화면 중간에 빨간색으로 [차액:×××] 같은 문구가 나타나 검증기능으로 사용되므로 차변과 대변금액은 항상 같은 금액 입력해야 함.

3. 거래처 입력

전산회계시험에서는 아래와 같은 채권, 채무에 대한 거래처만 입력

채 권	외상매출금, 받을어음, 선급금, 미수금, 대여금, 임차보증금 등
채 무	외상매입금, 지급어음, 미지급금, 단기차입금, 장기차입금 선수금, 임대보증금 등

4. 적요 입력

전산회계시험에서 적요를 입력하라는 말이 없으면 입력하지 않되 타계정대체 경우만 제한적으로 입력합니다. 예를 들어 판매목적으로 보유 중이던 상품을 자선단체에 기부하면 판매가 아닌 다른 목적으로 사용되게 되는데 이를 타계정대체라고 부릅니다.
타계정으로 대체되어 나간 경우는 적요 8번, 타계정에서 대체되어 들어온 경우는 적요 9번을 입력해야 하는데, 자세한 내용은 추후 다시 설명하겠습니다.

[참고] 제조원가 vs 판매비와관리비 구분 입력

> KcLep 입력 시 공장과 같은 제조 현장에서 발생한 비용은 제조원가, 본사·영업부·관리부에서 발생한 비용은 판매비와관리비로 구분하여 입력해야 합니다. 제조원가는 코드번호 500번대, 판매비와관리비는 800번대에서 선택해야 합니다.

 정교수 콕콕

🎯 **핵심체크**

입력된 분개 삭제

⊗삭제 또는 F5

🎯 **핵심체크**

거래처 입력

- 채권: 외상매출금, 받을어음, 선급금, 미수금, 대여금, 임차보증금
- 채무: 외상매입금, 지급어음, 미지급금, 장단기차입금, 선수금, 임대보증금

Ⅲ 계정과목별 회계처리 - 유동자산

06 현금및현금성자산·단기금융상품

07 매출채권

08 대손회계

09 유가증권

10 기타 당좌자산

11 재고자산

유동자산은 1년 이내에 현금화가 가능한 자산으로 크게 당좌자산과 재고자산이 있습니다. 먼저 특정 거래에 유동자산 중 어떤 계정과목을 사용해야 하는지 파악한 뒤 이를 KcLep에 입력할 줄 알아야 합니다.

 학습방법 계정과목별 이론 학습 ⇒ KcLep 입력

각 계정과목별로 먼저 이해를 한 뒤 일부 중요 내용은 암기해야 합니다.

 출제빈도 매회 이론 2~3문제, 실무 2~3문제

당좌자산	현금·단기금융상품		
	매출채권	이론	현금 및 현금성자산, 유가증권 분류·평가, 선급비용 개념, 재고자산 단가계산에서 주로 출제
	대손회계		
	유가증권	실무	매출채권 추심·배서·할인, 외화외상매출금, 대손회계, 유가증권 취득, 선납세금에서 주로 출제
	기타 당좌자산		
재고자산			

06 현금및현금성자산·단기금융상품

학습내용 · 현금및현금성자산의 종류 · 단기금융상품 · 현금과부족
출제경향 이론문제로 주로 출제되고 있으며 출제빈도가 꽤 높으니 현금및현금성자산의 종류를 이해한 뒤 일부 내용은 암기해야 함.
· 현금및현금성자산의 종류: 2~3회 시험마다 1문제씩 출제 · 현금과부족: 가끔씩 실무문제로 출제되므로 개념을 반드시 이해

정교수 콕콕

본 교재의 실습자료는 cafe.naver.com/eduacc의 「공지&DATA다운로드」에서 [공지]에 있는 [콕콕정교수 전산회계 1급] 이론+실무+기출 실습데이터의 Data_Install_JH1.zip 파일을 다운받아 컴퓨터에 설치 후, [회사등록] 클릭, [F4 회사코드재생성] 클릭 후 「㈜과거전자」선택

 핵심체크 콕콕콕

현금및현금성자산
현금, 요구불예금, 현금성자산

현금및현금성자산이라면 지갑에 있는 지폐와 주머니의 동전만 떠올리겠지만 회계상으로는 현금, 요구불예금, 현금성자산 이렇게 3가지가 있습니다.

 현금

현금은 지폐처럼 언제든지 물건 구매 등에 사용할 수 있는 유동성이 가장 높은 것으로 크게 통화와 통화대용증권으로 구분합니다.

핵심체크 콕콕콕

현금
· 통화: 지폐, 동전
· 통화대용증권: 자기앞수표, 당좌수표, 우편환증서, 만기도래 약속어음, 만기도래 채권이자표, 배당금지급통지서

통화	지폐, 동전
통화대용증권	은행 발행 자기앞수표, 타인 발행한 수표(당좌수표), 우편환증서, 만기도래 타인발행 약속어음, 만기도래 채권이자표, 배당금 지급통지서

 현금이 아닌 항목

> 우표·수입인지, 만기 미도래 타인발행 약속어음, 선일자수표

핵심체크 콕콕콕

현금 아닌 것
우표, 수입인지, 만기미도래 약속어음, 선일자수표

이 항목은 당장 지폐처럼 쓸 수 없으므로 회계상 현금이 아닙니다. 현금인지 아닌지 구분하는 기준은 당장 현금처럼 쓸 수 있느냐 여부입니다. 예를 들어 만기 미도래 약속어음은 당장 현금처럼 쓸 수 없어 현금이 아니지만, 만기도래 약속어음은 은행에 제시하면 당장 현금화가 되므로 현금입니다.

2. 용어해설

① 자기앞수표: 은행이 지급을 보증하면서 발행하는 수표로 현금처럼 사용되는데 10만 원권 수표가 대표적임. → 현금 ○
② 만기 미도래 타인발행 약속어음: 약속어음은 만기일에 대금을 지급하겠다는 약정을 한 증서로 만기일 전까지는 현금처럼 쓸 수 없으므로 현금이 아님. → 현금 ✕
③ 우편환증서: 우체국에 돈을 맡긴 뒤 우편환증서를 발행해 우편으로 보내 수령인이 이를 우체국에서 현금으로 바꾸는 제도 → 현금 ○
④ 채권이자표: 채권 주인이 이자를 받을 때 제시하는 표 → 현금 ○
⑤ 배당금 지급통지서: 배당금을 받을 때 제시하는 표 → 현금 ○
⑥ 선일자수표: 수표 발행 당시에는 잔고가 없지만, 나중에 입금될 날짜를 발행일로 하여 발행된 수표로 지금 당장 현금화가 되지 않아 현금이 아님. → 현금 ✕

2 요구불예금

요구불예금이란 예금주가 요구하면 특별한 손해 없이 현금처럼 쉽게 인출해 쓸 수 있는 상태의 예금을 말하는데 그 대표적 예는 다음과 같습니다. 단, 사용제한(담보 제공, 질권 설정)된 예금은 인출이 불가능하므로 현금성 자산이 아닌 장기성 금융상품입니다.

요구불예금
보통예금, 당좌예금

| 보통예금, 당좌예금 |

(*) 당좌예금: 당좌수표가 결제되는 통장으로 당좌수표 보유자가 이를 은행에 제시하면 당좌예금에서 대금이 지급됨.

실무기출 확인문제 | 전산회계 1급, 21회 |

7월 3일 본사 당좌예금계좌의 잔액부족에 대비하여 본사의 보통예금계좌에서 당좌예금계좌로 30,000,000원을 계좌이체 하였다.

|정 답|

| 7. 3. | (차) 당좌예금 | 30,000,000 | (대) 보통예금 | 30,000,000 |

일	번호	구분	계 정 과 목	거 래 처	적 요	차 변	대 변
3	00001	차변	0102 당좌예금			30,000,000	
3	00001	대변	0103 보통예금				30,000,000

(*) 일반전표 입력 클릭 → 7.3 입력 → 차변에 당좌예금 선택 후 30,000,000 입력 → 대변 보통예금 선택, 30,000,000 입력

정교수 콕콕

| 주 의 | 당좌수표 수령 vs 당좌수표 발행 |

당좌수표 수령	당좌수표 발행
타인이 발행한 당좌수표를 받으면 언제든 사용할 수 있으므로 현금 처리. 당좌수표 받으면 당좌예금에 입금하는 것이 아니라 그냥 금고에 보관하는 것임.	당좌수표를 발행해 건네주면 이를 받은 상대방이 은행에 당좌수표를 제시하고 내 당좌예금에서 돈을 받아감. 즉, 당좌예금 잔액이 감소함.
차변에 「현금」 처리 : 현금유입	대변에 「당좌예금」 처리 : 당좌예금 감소

핵심체크 콕콕콕

현금성자산
취득일로부터 만기가 3개월 이내인 금융상품: 양도성예금증서, 기업어음, 어음관리계좌, 환매조건부채권

3 현금성자산

현금성자산이란 현금, 요구불예금처럼 당장 현금처럼 사용하긴 어렵지만, 그 만기가 취득일로부터 3개월 이내로 큰 거래비용 없이 사용이 용이한 금융상품을 말합니다. 전산회계시험에서 회계기간 말 기준 3개월이란 문구를 넣어 오답을 유도하는 경우가 종종 있으니 주의할 것

> 양도성 예금증서(CD), 기업어음(CP), 어음관리계좌(CMA), 환매조건부채권(RP)

(*) 당좌거래개설보증금: 어음발행을 위해 은행에 두는 의무예치금으로 인출이 불가능하므로 현금성자산이 아닌 장기금융상품임.

[용어해설]
① 양도성예금증서(CD): 은행이 정기예금을 자유롭게 거래할 수 있게 만든 무기명 증서
② 기업어음(CP): 회사가 자금차입을 위해 금융기관을 통해 발행한 어음인데 자유롭게 거래가 되어 현금화가 가능
③ 어음관리계좌(CMA): 증권회사가 고객이 맡긴 예금을 채권 등에 투자해 수익을 올리는 금융계좌인데 자유롭게 입출금이 가능
④ 환매조건부채권(RP): 증권회사가 일정 기간 뒤 다시 되 사주는 조건으로 발행한 채권으로 거래가 자유로움.

핵심체크 콕콕콕

단기금융상품
회계기간 말 기준 1년 이내 만기인 적금, 정기예금

4 단기금융상품

1. 개 념

단기금융상품이란 현금성자산보다는 현금화가 어려운 금융상품으로 만기가 회계기간 말로부터 1년 이내인 것을 말합니다. 회계기간 말 기준으로 1년 이내에 만기가 돌아오는 적금, 정기예금이 대표적 단기금융상품입니다.

2. 주의할 점

현금성 자산은 취득일을 기준으로 3개월 이내 현금화가 가능한 금융자산이고, 단기금융상품은 회계기간 말을 기준으로 1년 이내에 현금화가 가능한 금융자산입니다.

핵심체크

현금성자산 vs 단기금융상품
- 현금성자산: 취득일기준 3개월 이내
- 단기금융상품: 회계기간말 기준 1년 이내

이론기출 확인문제 | 전산회계 1급, 79회

다음 중에서 「현금및현금성자산」에 속하지 않는 것은?

① 현금 및 지폐
② 타인발행 당좌수표
③ 자기앞수표
④ 취득 당시 5개월 후 만기 도래 기업어음(CP)

|정답| ④
취득 당시 만기가 3개월을 넘으면 현금성자산이 아닌 단기금융상품임.

이론기출 확인문제 | 전산회계 1급, 83회

다음 중 현금및현금성자산으로 분류되는 금액은?

- 수입인지: 50,000원
- 우표: 50,000원
- 배당금지급통지표: 50,000원
- 만기 120일 양도성예금증서: 200,000원
- 선일자수표: 100,000원
- 타인발행 자기앞수표: 100,000원

① 100,000원   ② 150,000원   ③ 200,000원   ④ 250,000원

|정답| ②
수입인지, 우표는 현금처럼 쓸 수 없음. 양도성예금증서는 취득 당시에 만기가 3개월을 넘음. 선일자수표는 수표 발행 당시 통장잔고가 없어 현금처럼 쓸 수 없음. 배당금지급통지표(50,000)와 타인발행 자기앞수표(100,000)는 곧장 현금처럼 쓸 수 있으므로 현금및현금성자산임.

5 현금과부족

1. 개념

현금과부족이란 현금 분실, 현금 지출 후 기록오류 등으로 장부상 현금보다 금고 안의 현금이 많거나 적을 수가 있는데 이를 현금과부족이라고 합니다. 현금과부족은 회계기간 중에 현금과부족처리했다가 기말에 그 원인을 찾아 처리하는 임시계정입니다.

2. 회계처리

현금부족액 또는 현금잉여액이 발생하면 일단 '현금과부족'으로 처리한 뒤 나중에 그 원

 정교수 콕콕

인을 밝힙니다.

즉, 부족한 현금의 원인이 밝혀지지 않으면 '잡손실(영업외비용)'로 처리하고, 남는 현금의 원인이 밝혀지지 않으면 '잡이익(영업외수익)' 처리를 합니다.

현금과부족 내용은 전산회계 1급에서는 주로 실무문제로 출제되는데 구체적인 내용을 알아 보겠습니다.

실무기출 확인문제 | 전산회계 1급, 70회 변형 |

- 11월 1일: 장부상 현금보다 실제 현금이 20,000원 적은 것을 발견하여 회계처리 하였다.
- 11월 30일: 11월 1일 처리한 현금과부족 중 10,000원은 이자비용 지급임이 추후 확인되었으며, 나머지 10,000원은 그 내역을 파악할 수 없었다.

(1) 현금과부족 발생 시점

11. 1.	(차) 현금과부족	20,000	(대) 현 금	20,000

일	번호	구분	계정과목	거래처	적요	차변	대변
1	00001	차변	0141 현금과부족			20,000	
1	00001	대변	0101 현금				20,000

(*) 일반전표 입력 클릭 → 11. 1 입력 → 차변에 현금과부족 선택 후 20,000 입력 → 대변 현금 선택, 20,000입력

(2) 현금과부족 원인 파악 시점

11. 30.	(차) 잡손실(영업외비용)	10,000	(대) 현금과부족	20,000
	이자비용(영업외비용)	10,000		

일	번호	구분	계정과목	거래처	적요	차변	대변
30	00001	차변	0980 잡손실			10,000	
30	00001	차변	0951 이자비용			10,000	
30	00001	대변	0141 현금과부족				20,000

(*) 일반전표 입력 클릭 → 11.30 입력 → 차변에 이자비용 10,000 / 잡손실 10,000 입력 → 대변 현금과부족 선택, 20,000 입력

[참고] 현금과부족의 원인이 잉여 현금인 경우

만약 좀 전 사례에서 11.1 실제 현금이 20,000원 더 많았고, 12.31까지 그 원인을 찾지 못했다면 다음과 같이 회계 처리하여야 합니다.

날 짜	회 계 처 리			
11. 01	(차) 현 금	20,000	(대) 현금과부족	20,000
12. 31	(차) 현금과부족	20,000	(대) 잡이익(영업외수익)	20,000

06 현금및현금성자산·단기금융상품 이론기출 공략하기

01 난이도 ★★ 필수
기업이 보유하고 있는 수표 중 현금및현금성자산으로 분류되지 아니하는 것은? [2023년, 107회]
① 선일자수표
② 당좌수표
③ 타인발행수표
④ 자기앞수표

02 난이도 ★★ 필수
다음 중 유동자산이 아닌 것은? [2015년, 64회]
① 장기미수금 중 1년 이내에 실현되는 부분
② 기업의 정상적인 영업주기 내에 실현될 것으로 예상되는 재고자산
③ 사용의 제한이 있는 현금및현금성자산
④ 단기매매 목적으로 보유하는 자산

03 난이도 ★★
재무상태표에 현금및현금성자산으로 계상되는 항목인 것은? [2016년, 67회]
① 우표, 수입인지
② 타인발행 약속어음
③ 질권설정된 보통예금
④ 취득 당시 만기가 3개월 이내에 도래하는 채권

04 난이도 ★★
다음 중 일반기업회계기준에서의 현금및현금성자산이 아닌 것은? [2017년, 71회]
① 취득 당시 만기가 3개월 이내에 도래하는 채권 및 단기금융상품
② 우편환증서, 전신환증서 등 통화대용증권
③ 당좌거래개설보증금
④ 통화

05 다음 중 현금및현금성자산에 해당하는 항목의 총합계액은 얼마인가? [2025년, 119회]

난이도 ★★ 필수

- 당좌예금 : 450,000원
- 타인발행수표 : 250,000원
- 취득 당시 만기가 4개월 남은 단기금융상품 : 300,000원
- 자기앞수표 : 500,000원

① 700,000원 ② 1,050,000원
③ 1,200,000원 ④ 1,500,000원

06 다음의 열거된 항목 중 현금 및 현금성자산의 개수는? [2020년, 93회]

난이도 ★★ 필수

- 자기앞수표
- 선일자수표
- 우편환증서
- 보통예금
- 우표

① 5개 ② 4개 ③ 3개 ④ 2개

07 다음 자료에 의하여 결산 시 재무상태표에 표시되는 현금 및 현금성자산금액은 얼마인가? [2021년, 95회]

난이도 ★★

- 국세환급통지서: 200,000원
- 선일자수표: 300,000원
- 우편환증서: 10,000원
- 직원가불금: 100,000원
- 자기앞수표: 30,000원
- 취득 당시에 만기가 3개월 이내에 도래하는 정기적금: 500,000원

① 540,000원 ② 640,000원
③ 740,000원 ④ 1,140,000원

정답 및 해설

01 ① 선일자수표는 당좌예금 잔고가 없는 상태에서 향후 입금되는 날을 발행일로 하므로 당장 현금처럼 사용할 수 없음.

02 ③ 유동자산은 회계기간 말 기준으로 1년 이내에 현금화가 가능해야 하는데 사용 제한이 있는 현금및현금성자산은 1년 이내에 사용을 할 수가 없어 비유동자산임.

03 ④ ① 우표, 수입인지는 공공서비스 이용을 위한 수수료로 현금성자산이 아님.
② 약속어음은 만기까지 사용이 불가능해 현금성자산이 아님.
③ 질권 설정된 보통예금은 사용이 제한되어 있어 현금성 자산이 아님. 질권설정이란 처분을 못 하게 제한을 건다는 뜻임.

04 ③ 당좌거래개설보증금은 어음수표 용지 수령을 위해 은행에 맡기는 예치금으로 통상 1년 이내에 현금화할 수 없기 때문에 장기금융상품으로 분류함.

05 ③ 당장 현금처럼 사용할 수 있는 것이 현금및현금성자산이므로 「당좌예금(450,000) + 타인발행수표(250,000) + 자기앞수표(500,000) = 1,200,000원임.」

06 ③ 선일자수표, 우표는 현금처럼 쓸 수 없음.

07 ③ 국세환급통지서(200,000) + 우편환증서(10,000) + 자기앞수표(30,000) + 취득 시 만기 3개월 이내 정기적금(500,000) = 740,000원

06 현금및현금성자산·단기금융상품
실무기출 공략하기

> 본 교재의 실습자료는 cafe.naver.com/eduacc의 「공지&DATA다운로드」에서 공지 에 있는 [콕콕정교수 전산회계 1급] 이론＋실무＋기출 실습데이터의 Data_Install_JH1.zip 파일을 다운받아 컴퓨터에 설치 후, 회사등록 클릭, F4 회사코드재생성 클릭 후 「㈜과거전자」 선택

01 난이도 ★★ 필수

10월 12일, 제품 3,000,000원을 거래처 라미유통에 판매하기로 계약하고, 계약금으로 600,000원을 라미유통 발행 당좌수표로 받다. [2022년, 101회]

02 난이도 ★★ 필수

7월 28일, 원강전자에 대한 외상매입금 5,000,000원을 지급하기 위해 당사의 당좌수표를 발행하여 지급하였다. [2021년, 98회 변형]

03 난이도 ★★ 필수

다음 대화를 읽고 12월 31일자로 일반전표에 적절한 회계처리를 하시오. [2025년, 119회]

대화자	내용
경리부장	"대표님! 지난 달 현금과부족 처리한 현금 부족분 5만원을 결산일까지 결국 찾지 못했습니다."
대표자	"기업회계기준에 따라 처리하세요."

04 난이도 ★★ 필수

12월 11일에 실제 현금보유액이 장부상 현금보다 670,000원이 많아서 현금과부족으로 처리하였던 금액 중 340,000원은 결산일에 선수금(성희상사)으로 밝혀졌으나, 330,000원은 그 원인을 알 수 없다. 12월 31일자로 전표 입력하시오. [2024년, 117회]

정답 및 해설

01 일반전표 입력

| 10.12 | (차) 현금 | 600,000 | (대) 선수금(라미유통) | 600,000 |

(*) 당좌수표를 받으면 곧장 현금처럼 사용이 가능하므로 현금 계정과목 사용

02 일반전표 입력

| 7.28 | (차) 외상매입금(원강전자) | 5,000,000 | (대) 당좌예금 | 5,000,000 |

03 일반전표 입력

| 12.31 | (차) 잡손실(영업외비용) | 50,000 | (대) 현금과부족 | 50,000 |

(*) 현금 분실 원인을 찾지 못하면 잡손실(영업외비용) 처리

04 일반전표 입력

| 12.31 | (차) 현금과부족 | 670,000 | (대) 선수금(성희상사) | 340,000 |
| | | | 잡이익(영업외수익) | 330,000 |

(*) 잉여현금의 원인을 찾지 못하면 잡이익(영업외수익) 처리

07 매출채권

학습내용: • 매출채권 개념 • 받을어음 추심·배서·할인 • 외화외상매출금 기말환산

출제경향: 이론과 실무문제로 매회 1~2문제 정도로 출제빈도가 매우 높지만 난이도는 쉬운 편임.
받을어음 추심, 받을어음 배서, 받을어음 할인, 부도어음, 외화외상매출금 외화환산 문제가 번갈아가며 출제되고 있음.

정교수 콕콕

본 교재의 실습자료는 cafe.naver.com/eduacc의 「공지&DATA다운로드」에서 공지 에 있는 [콕콕정교수 전산회계 1급] 이론+실무+기출 실습데이터의 Data_Install_JH1.zip 파일을 다운받아 컴퓨터에 설치 후, 회사등록 클릭, F4 회사코드재생성 클릭 후 「㈜과거전자」 선택

1 매출채권: 외상매출금, 받을어음

실무상 물건을 매출하면 현금매출보다 외상매출이 훨씬 많은데, <u>구두상 외상매출을 했</u>다면 '외상매출금', 어음을 받으면서 외상매출을 했다면 '받을어음'으로 회계처리 합니다. 이런 돈을 받을 권리인 매출채권은 보통 3개월 전후 회수되기 때문에 회계상 당좌자산입니다.

핵심체크

외상매출금
구두상 외상 매출하면서 못받은 금액

1. 외상매출금

외상매출금 발생 시점과 추후 외상매출금 회수시점의 회계처리를 기출문제로 알아보겠습니다.

실무기출 확인문제 | 전산회계 1급, 61회 |

3월 10일 온리통신에 상품 7,200,000원을 판매하면서 5,200,000원은 현금을 수령하였고 나머지는 외상으로 한 뒤, 4월 3일 온리통신으로부터 외상대금 2,000,000원을 현금으로 입금 받았다.

|정 답|
① 외상매출 시점: 3월 10일

(차)	현　　　　　금	5,200,000	(대)	상품매출	7,200,000
	외상매출금(온리통신)	2,000,000			

일	번호	구분	계정과목		거래처	적요	차변	대변
10	00001	차변	0101	현금			5,200,000	
10	00001	차변	0108	외상매출금	00114 온리통신		2,000,000	
10	00001	대변	0401	상품매출				7,200,000

(*) 일반전표 입력 클릭 → 3.10 입력 → 차변 현금 5,200,000 → 차변 외상매출금 입력 후 F2 눌러 거래처는 온리통신 선택, 2,000,000 입력 → 대변 상품매출 선택 후 7,200,000 입력

② 외상매출금 회수 시점: 4월 3일

　(차) 현　　　금　　2,000,000　　(대) 외상매출금(온리통신)　2,000,000

일	번호	구분	계정과목		거래처	적요	차변	대변
3	00001	차변	0101	현금			2,000,000	
3	00001	대변	0108	외상매출금	00114 온리통신			2,000,000

(*) 일반전표 입력 클릭 → 4.3 입력 → 차변 현금 2,000,000 입력 → 대변 외상매출금 선택, F2 눌러 온리통신 선택 후 2,000,000 입력

핵심체크

거래처 입력
외상매출금, 받을어음은 채권이므로 거래처 반드시 입력

2. 받을어음

어음이란 상거래 시 지급을 약속하는 다음과 같은 증서를 말합니다.

약 속 어 음

(주)○○ 귀하　　　　　마가 2154121

금 ₩ 2,000,000

위의 금액을 귀하 또는 귀하의 지시인에게 이 약속어음과 상환하여 지급하겠습니다.

지급기일 20X1. 9. 30.　　　발행일 20X1. 8. 14.
지 급 지 ○○은행　　　　발행지 주식회사 ○○○
지급장소 ○○지점　　　　주소 서울 서대문 명륜동 2번지
　　　　　　　　　　　　발행인 대표이사 ○○○ (인)

통상 은행이 어음용지를 발행회사에 지급하고, 발행회사는 외상으로 물건을 구입할 때 금액, 수령인, 발행일자, 만기일자 등을 기재한 후 매입처에 교부합니다. 대신 만기일 전에 어음금액을 지급할 수 있도록 은행에 돈을 예치해야 하며 지급할 예금이 없다면 부도가 발생합니다.

핵심체크

받을어음
어음을 수령하면서 외상매출한 금액

 정교수 콕콕

1) 받을어음 수령

매출 시 이렇게 발행된 어음을 받아 오면 이것이 바로 받을어음인데 외상매출금보다 좀 더 신뢰성이 높은 매출채권이라 생각하면 됩니다.

실무기출 확인문제 | 전산회계 1급, 64회 |

11월 3일 (주)한성의 외상매출금 30,000,000원 중 10,000,000원은 현금으로 받고, 나머지는 (주)한성이 발행한 약속어음(만기: 12월 3일)을 받았다.

|정 답|

(차) 현　　　　금　　10,000,000　　(대) 외상매출금((주)한성)　30,000,000
　　받을어음((주)한성)　20,000,000

일	번호	구분	계 정 과 목	거 래 처	적 요	차 변	대 변
3	00001	차변	0101 현금			10,000,000	
3	00001	차변	0110 받을어음	00113 (주)한성		20,000,000	
3	00001	대변	0108 외상매출금	00113 (주)한성			30,000,000

(*) 일반전표 입력 클릭 → 11. 3 입력 → 차변에 현금 10,000,000 → 차변에 받을어음, 거래처는 F2 눌러 (주)한성 선택 후 20,000,000 입력 → 대변 외상매출금 선택, 거래처는 (주)한성 선택, 30,000,000 입력

 핵심체크 콕 콕

받을어음 추심수수료
수수료비용(판매관리비)

2) 받을어음 추심

이렇게 어음을 보유하다가 만기가 가까워져 오면 거래은행에 어음대금의 회수를 의뢰하는데 이를 어음의 추심위임이라고 합니다. 이때 은행은 약간의 수수료를 받고 추심업무를 수행하는데, 이 추심수수료를 판매비와관리비의 수수료비용으로 처리합니다.

실무기출 확인문제 | 전산회계 1급, 55회 |

12월 3일 만기가 도래하여 거래은행에 추심 의뢰한 (주)한성의 받을어음 20,000,000원 중에서 추심수수료 200,000원을 차감한 금액이 보통예금계좌에 입금되었다.

|정 답|

(차) 보 통 예 금　　19,800,000　　(대) 받을어음((주)한성)　20,000,000
　　수수료비용(판매관리비)　200,000

일	번호	구분	계 정 과 목	거 래 처	적 요	차 변	대 변
3	00001	차변	0103 보통예금			19,800,000	
3	00001	차변	0831 수수료비용			200,000	
3	00001	대변	0110 받을어음	00113 (주)한성			20,000,000

(*) 일반전표 입력 클릭 → 12. 3 입력 → 차변 보통예금 19,800,000, 수수료비용(판관비) 200,000 입력 → 대변에 받을어음 입력, 거래처는 F2 눌러 (주)한성 선택, 금액은 20,000,000 입력

3) 받을어음 배서

현금이 부족해 어음을 만기까지 기다리기 어려운 경우에는 이 어음을 다른 회사로 넘길 수 있는데 이를 어음의 배서양도라고 합니다. 이렇게 어음 뒷면에 회사 이름을 적고 싸인 또는 도장을 찍어 넘기면 어음 소유권이 이전되기 때문에 회사 자산에서 이를 없애야 합니다.

실무기출 확인문제 | 전산회계 1급, 109회 |

10월 20일 (주)포항수산에 지급할 외상매입금 5,000,000원에 대해 2,000,000원은 현금, 나머지 3,000,000원은 (주)서강전자로부터 받은 약속어음을 배서 양도하였다.

|정답|

(차) 외상매입금((주)포항수산)	5,000,000	(대) 현　　　　　금	2,000,000
		받을어음((주)서강전자)	3,000,000

일	번호	구분	계정과목	거래처	적요	차변	대변
20	00002	차변	0251 외상매입금	00142 (주)포항수산		5,000,000	
20	00002	대변	0101 현금				2,000,000
20	00002	대변	0110 받을어음	00410 (주)서강전자			3,000,000

(*) 일반전표 입력 클릭 → 10. 20 입력 → 차변 외상매입금 5,000,000입력하되 거래처는 F2 눌러 (주)포항수산 선택 → 대변 현금 2,000,000 입력 → 대변 받을어음 3,000,000 입력하되 거래처는 (주)서강전자 입력

주 의 　어음배서 시 받을어음 거래처 입력

어음배서의 KcLep 입력 시 주의할 점은 바로 받을어음의 거래처 입력입니다. 사례에서 ㈜포항수산에 대한 외상매입금 500만 원을 상환하기 위해 현금 200만 원과 (주)서강전자로부터 받은 어음 300만 원을 배서하였기 때문에 받을어음에 대한 거래처는 (주)포항수산이 아니라 (주)서강전자를 입력해야 합니다. 그래야 현재 보유 중인 (주)서강전자에서 받은 어음이 재무제표에서 없어지게 됩니다.

받을어음 배서 거래처
배서하는 받을어음 거래처는 최초 어음발행 거래처 입력

4) 받을어음 할인

통상 어음의 만기는 2개월 정도인데 현금이 부족해 어음을 만기까지 기다리기 어려운 회사는 이 어음을 은행에 팔고, 은행이 만기일에 어음대금을 받을 수도 있는데 이를 어음할인이라 합니다. 이 과정에서 은행은 어느 정도의 할인수수료를 받는데 만기일 전에 어음이 부도가 날 경우 책임이 누구에게 있느냐에 따라 회계처리가 달라집니다.

 정교수 콕콕

① 매각거래

만기일 전에 부도가 발생해도 어음을 매각한 회사에 책임이 없는 조건의 어음할인입니다. 이럴 경우 어음의 매각으로 회계처리 하며 받을어음을 은행에 처분하면서 할인료를 지급하면 이를 '매출채권처분손실'이라는 계정과목으로 처리하는데, 받을어음 처분이 일상적이지는 않으므로 영업외비용입니다.(전산회계1급 시험에는 주로 매각거래가 출제되고 있음)

핵심체크 콕 콕

받을어음 매각거래 할인료
매출채권처분손실(영업외비용)

실무기출 확인문제 | 전산회계 1급, 58회 |

9월 5일 거래처 고대주유소로부터 제품 매출하고 받은 받을어음 5,000,000원을 거래은행인 기업은행에 할인하고 할인료 200,000원을 차감한 잔액을 당사 보통예금에 입금하였다. (매각거래로 처리할 것)

|정 답|

| (차) 보통예금 | 4,800,000 | (대) 받을어음(고대주유소) | 5,000,000 |
| 매출채권처분손실(영업외비용) | 200,000 | | |

일	번호	구분	계 정 과 목	거 래 처	적 요	차 변	대 변
5	00002	차변	0103 보통예금			4,800,000	
5	00002	차변	0956 매출채권처분손실			200,000	
5	00002	대변	0110 받을어음	00123 고대주유소			5,000,000

(*) 일반전표 입력 클릭 → 9. 5 입력 → 차변 보통예금 4,800,000, 매출채권처분손실 200,000 입력 → 대변 받을어음 입력하되 거래처는 고대주유소 선택

핵심체크 콕

받을어음할인 차입거래
• 어음할인액: 단기차입금
• 할인료: 이자비용

② 차입거래

은행에 매각한 어음이 만기일 전에 부도가 발생하면 이를 매각한 회사가 물어내는 조건이라면 이는 어음을 은행에 맡기고 은행에서 돈을 차입한 것과 차이가 없으므로 회계상이는 차입금입니다. 단, 어음만기가 1년 이내이기 때문에 어음할인액은 '단기차입금'이며 은행에 지급하는 할인료는 차입거래이므로 '이자비용'으로 처리합니다.

실무기출 확인문제 차입거래는 출제된 적이 없음.

12월 10일 거래처 (주)복잡회로에서 수령한 받을어음 10,000,000원을 거래은행인 국민은행에 할인하고 할인료 500,000원을 차감한 잔액을 당사 보통예금에 입금하였다. (차입거래로 처리할 것)

|정 답|

| (차) 보통예금 | 9,500,000 | (대) 단기차입금(국민은행) | 10,000,000 |
| 이자비용(영업외비용) | 500,000 | | |

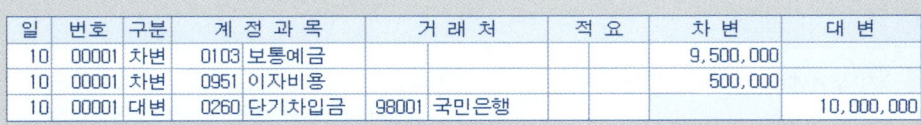

(*) 일반전표 입력 클릭 → 12. 10 입력 → 차변 보통예금 9,500,000 → 이자비용 500,000 → 대변 단기차입금 입력하되 거래처는 국민은행 선택

그리고 향후 어음만기일이 되어 국민은행이 어음대금을 회수하면 다음과 같이 처리하면 됩니다.

| (차) 단기차입금(국민은행) | 10,000,000 | (대) 받을어음((주)복잡회로) | 10,000,000 |

2 외화 외상매출금

지금까지 설명은 모두 국내에서 거래를 가정한 것인데 수출기업은 외국회사에 외상으로 매출을 할 수 있습니다. 이럴 경우 변동되는 환율로 인해 지금까지와는 좀 다른 거래가 발생하는데 기출문제를 통해 자세히 알아보겠습니다.

1. 외화 외상매출 발생

실무기출문제

9월 3일에 선적하여 미국 Ace corp.에 아래 조건으로 제품을 수출했는데 대금은 9월 13일에 수령하기로 하였다. 회계처리 하시오.

- 외상매출금: 10,000달러
- 9월 3일 환율: 1,100원/달러

|정 답|

| (차) 외상매출금(Ace corp) | 11,000,000 | (대) 제품매출 | 11,000,000 |

(*) 매출액: 10,000달러 × 1,100원 = 11,000,000원, 선적일자 환율로 매출액을 계산함

🎯 **핵심체크**

수출은 선적일자 환율로 매출액 계산

2. 외화 외상매출 회수

실무기출 확인문제 | 전산회계 1급, 70회 |

9월 13일, 9월 3일에 선적하여 미국 Ace corp.에 수출한 제품에 대한 외상매출금을 회수하여 원화로 당사 보통예금 계좌에 입금하였다.

- 외상매출금: 10,000달러
- 9월 3일 환율: 1,100원/달러
- 9월 13일 환율: 1,150원/달러

 정교수 콕콕

정답

(차) 보통예금	11,500,000	(대) 외상매출금(Ace corp)	11,000,000
		외환차익(영업외수익)	500,000

일	번호	구분	계 정 과 목	거 래 처	적 요	차 변	대 변
13	00003	차변	0103 보통예금			11,500,000	
13	00003	대변	0108 외상매출금	00800 Ace corp.			11,000,000
13	00003	대변	0907 외환차익				500,000

(*) 일반전표 입력 클릭 → 9. 13 입력 → 차변 보통예금 11,500,000 입력 → 대변 외상매출금 선택, F2 눌러 Ace Corp 선택 후 11,000,000 입력 → 대변 외환차익 500,000 입력

9월 3일 외상매출로 11,000,000원(10,000달러 ×1,100원) 외상매출금 발생, 9월 13일 11,500,000원(10,000달러 ×1,150원) 수령함에 따라 500,000원을 더 수령하는데 이는 환율이 1,000원/$ ⇒ 1,150원/$로 1달러당 50원 상승했기 때문입니다.
이렇게 환율이 올라 더 많은 원화를 수령하면 '외환차익', 반대로 환율이 떨어져 더 적은 원화를 수령하면 '외환차손'이라고 부릅니다. 시험에 자주 출제되므로 꼭 숙지하기 바랍니다.

 핵심체크 콕 콕

외화외상매출금 환산
매출일 대비 외화입금일 환율
차이: 외환차익, 외환차손

 핵심체크

부도어음과수표
부도 발생한 어음수표에 사용

3 부도어음

어음 발행회사가 만기일에 은행에 어음이 제시되기 전까지 회사 통장에 결제금액을 입금하지 못하면 부도가 발생하는데 이를 부도어음이라고 합니다. 부도는 어음뿐 아니라 수표도 발생할 수 있기 때문에 '부도어음과수표'라는 계정과목을 사용합니다.

실무기출 확인문제	전산회계 1급, 55회

7월 10일, 5월 10일에 제품을 매출하고 (주)별짱으로부터 수취한 어음 5,000,000원이 부도처리 되었다는 것을 대한은행으로부터 통보받았다(7월 10일자로 회계처리하시오).

정답

(차) 부도어음과수표((주)별짱)	5,000,000	(대) 받을어음((주)별짱)	5,000,000

일	번호	구분	계 정 과 목	거 래 처	적 요	차 변	대 변
10	00002	차변	0246 부도어음과수표	02007 (주)별짱		5,000,000	
10	00002	대변	0110 받을어음	02007 (주)별짱			5,000,000

(*) 일반전표 입력 클릭 → 7. 10 입력 → 차변에 부도어음과수표 선택, 거래처는 F2 눌러 (주)별짱 선택 후 5,000,000 입력 → 대변 받을어음 선택, 거래처는 (주)별짱 선택, 5,000,000입력

07 매출채권 실무기출 공략하기

본 교재의 실습자료는 cafe.naver.com/eduacc의 「공지&DATA다운로드」에서 공지 에 있는 [콕콕정교수 전산회계 1급] 이론+실무+기출 실습데이터의 Data_Install_JH1.zip 파일을 다운받아 컴퓨터에 설치 후, 회사등록 클릭, F4 회사코드재생성 클릭 후 「㈜과거전자」 선택

01 난이도 ★★ 필수
8월 6일, 거래처 (주)캐스터로부터 제품을 매출하고 받은 받을어음 10,000,000원을 거래은행인 국민은행에서 할인하고, 할인료 350,000원을 차감한 잔액을 당사 보통예금에 입금하였다. (매각거래로 처리할 것) [2024년, 116회]

02 난이도 ★★ 필수
9월 3일, (주)캐스터에서 매출대금으로 받아 보관 중인 약속어음 2,000,000원이 만기가 도래하여 기업은행에 추심의뢰한 바, 추심수수료 30,000원을 차감한 금액이 당점 기업은행 보통예금 통장에 입금되다. [2016년, 68회]

03 난이도 ★★
12월 30일, 국민은행에 받을어음의 추심을 의뢰하고 수수료비용 4,500원을 현금으로 지급하다. [2018년, 81회]

04 난이도 ★★ 필수
10월 5일, (주)표시유통의 외상매출금 중 10,000,000원은 자기앞수표로 받고, 5,000,000원은 신한은행 보통예금 계좌로 이체받았다. [2016년, 69회]

05 난이도 ★★★ 필수
10월 6일, 선적지 인도조건으로 Ace corp에 수출(선적일자 9월 23일, 도착일자 9월 28일)한 제품의 외상매출금이 보통예금계좌에 원화로 환전되어 입금된다. 관련 환율은 다음과 같다. [2024년, 115회]

- 외상매출금: $3,000
- 9월 28일 환율: ₩1,300/$
- 9월 23일 환율: ₩1,200/$
- 10월 6일 환율: ₩1,000/$

06 난이도 ★★★

5월 14일, 아르헨티나 현지법인인 메르씨봉봉에 직수출(선적일: 5월 1일)하였던 제품에 대한 외상매출금($1,000)을 수령한 후 즉시 원화로 환전하여 보통예금에 입금하였다. (5월 1일 환율: 1,100원/$, 5월 14일 환율: 1,300원/$)

[2017년, 75회]

07 난이도 ★★

7월 8일, 4월 10일에 제품을 매출하고 (주)한백건설로부터 수취한 어음 5,000,000원이 부도처리되었다는 것을 국민은행으로부터 통보받았다.

[2024년, 112회]

08 난이도 ★ 필수

10월 10일, (주)푸른빛통신의 외상매입금 2,000,000원을 결제하기 위하여 (주)한국건설부터 받을어음 2,000,000원을 배서양도 하였다.

[2017년, 71회]

09 난이도 ★★

8월 18일, 매출거래처인 우주기획의 외상매출금 1,000,000원에 대하여 다음의 약속어음을 배서양도받고, 나머지 금액은 보통예금으로 받았다.

[2024년, 114회]

```
                            약 속 어 음
                            우주기획 귀하
                           금 ₩ 600,000
         위의 금액을 귀하 또는 귀하의 지시인에게 이 약속어음과 상환하여 지급하겠습니다.

         지급기일 20X1.9.30.              발행일 20X1.04.30.
         지 급 지 ****************         발행지 ******************
         지급장소 **************           주  소 ********************
                                          발행인 (주)기쁨나라
```

정답 및 해설

01 일반전표 입력

매각거래이므로 할인료 350,000원은 매출채권처분손실 계정과목 사용

8. 6	(차) 보통예금 9,650,000 매출채권처분손실(영업외비용) 350,000	(대) 받을어음((주)캐스터) 10,000,000

02 추심수수료는 판매비와관리비의 수수료비용(831번) 계정과목 사용

9. 3	(차) 보통예금 1,970,000 수수료비용(판매관리비) 30,000	(대) 받을어음((주)캐스터) 2,000,000

03 일반전표 입력

12.30	(차) 수수료비용(판매비와관리비) 4,500	(대) 현 금 4,500

04 자기앞수표는 현금처럼 당장 사용이 가능하므로 현금 계정과목 사용

10. 5	(차) 현 금 10,000,000 보통예금 5,000,000	(대) 외상매출금((주)표시유통) 15,000,000

05 환전되어 입금된 보통예금(3,000,000원, 3,000달러×1,000원), 기존의 외상매출금(3,600,000원, 3,000달러×1,200원). 덜 입금된 금액 600,000원은 외환차손 처리. 선적지 조건 매출이므로 선적일 환율 적용

10. 6	(차) 보통예금 3,000,000 외환차손(952, 영업외비용) 600,000	(대) 외상매출금(Ace corp) 3,600,000

06 환전되어 입금된 보통예금(1,300,000원, 1,300×1,000달러), 기존의 외상매출금(1,100,000원, 1,100×1,000달러), 더 입금된 차익 200,000원을 외환차익으로 처리

5.14	(차) 보통예금 1,300,000	(대) 외상매출금(메르씨봉봉) 1,100,000 외환차익(907, 영업외수익) 200,000

07 일반전표 입력

7. 8	(차) 부도어음과수표((주)한백건설) 5,000,000	(대) 받을어음((주)한백건설) 5,000,000

08 갚아야 할 외상매입금의 거래처는 (주)푸른빛통신, 배서 양도한 받을어음의 거래처는 (주)한국건설임.

10. 10	(차) 외상매입금((주)푸른빛통신) 2,000,000	(대) 받을어음((주)한국건설) 2,000,000

09 외상매출금의 거래처는 우주기획, 받을어음의 거래처는 최초 어음 발행자인 (주)기쁨나라를 선택해야 함.

8. 18	(차) 받을어음((주)기쁨나라) 600,000 보통예금 400,000	(대) 외상매출금(우주기획) 1,000,000

08 대손회계

학습내용 · 대손상각비 인식 · 대손 발생 · 대손 처리된 채권 회수
출제경향 이론문제, 실무문제가 모두 출제되며 출제빈도도 높은 편임. 난이도는 다소 있지만 반드시 숙지해야 하는 중요한 내용임.
대손상각비 설정(인식), 대손발생, 대손 처리된 매출채권 회수문제가 번갈아 가면서 거의 매회 1문제 출제되고 있음.

본 교재의 실습자료는 cafe.naver.com/eduacc의 「공지&DATA다운로드」에서 공지 에 있는 [콕콕정교수 전산회계 1급] 이론＋실무＋기출 실습데이터의 Data_Install_JH1.zip 파일을 다운받아 컴퓨터에 설치 후, 회사등록 클릭, F4 회사코드재생성 클릭 후 「㈜일진자동차」 선택

1 대손상각비 개념

거래처의 부도 발생 등으로 외상매출금을 회수하기 어려울 것으로 판단되면 거래처가 완전히 망하기 전이라 하더라도 미리 손실을 인식하는 것이 합리적입니다.

1. 대손상각비 의의

대손(貸損)이란 '외상매출금 등을 회수하지 못해 손해를 본다.'라는 뜻이고, 상각비(償却費)란 '자산의 가격을 줄여 간다.'라는 뜻입니다. 즉, 대손상각비란 매출채권을 회수하지 못할 위험에 따라 매출채권의 가치를 줄이는 비용처리라고 이해하면 됩니다.

2. 대손상각비 인식 시점

통상 대손상각비는 매 회계기간 말에 보유 중인 매출채권의 회수가능성을 평가하여 그 회수가능성이 낮다고 판단될 때 장부에 미리 반영하는데 이는 재무제표의 건전성을 위한 조치라고 생각하면 됩니다.

3. 대손상각비 인식 방법

대손상각비를 인식하기 위해서는 다음과 같이 매출채권에서 직접 차감하거나 충당금을 설정하는 두 가지 방법이 가능합니다.

구분	직접 차감	충당금 설정
회수가 의심되는 회계연도 말	차) 대손상각비 ××× 　대) 외상매출금 ×××	차) 대손상각비 ××× 　대) 대손충당금 ×××
실제 회수 불능 시	회계처리 없음	차) 대손충당금 ××× 　대) 외상매출금 ×××

직접 차감하는 방식은 회수가능성이 낮다고 판단되는 외상매출금을 회계연도 말에 바로 없애버리고 그만큼 대손상각비라는 비용을 인식하는 방법입니다. 다만, 실제 망하지 않았음에도 외상매출금을 장부에서 없애면 안 되기 때문에 고안된 방법이 바로 해당 외상매출금에 대해 대손충당금을 설정하는 것입니다.

2 회계연도말 대손충당금 설정

일반기업회계기준은 매출채권에서 회수 가능성이 낮은 매출채권을 직접 차감하지 않고 대신 대손충당금을 설정하는 것을 원칙으로 하고 있습니다.
사례를 통해 구체적으로 어떤 방식으로 대손충당금을 설정하는지 알아보겠습니다.

1. 대손충당금 설정

회계기간 말에 매출채권 중에서 회수가 어려울 것으로 판단되는 금액을 계산해야 하는데 거래처를 하나씩 평가하기 어렵기 때문에 매출채권 총액의 1% 설정과 같이 대략적인 금액으로 대손충당금을 설정합니다. 기출문제를 통해 구체적으로 알아보겠습니다.

실무기출 확인문제 | 전산회계 1급, 112회 변형 |

12.31 현재 외상매출금 잔액의 1%에 대하여 대손이 예상된다. 보충법에 의하여 대손충당금 설정 회계처리를 하시오. 외상매출금 잔액은 137,506,000원이며 대손충당금 잔액은 123,500원임.

1) 필요한 대손충당금 총액 계산

- 결산일 대손예상액: 외상매출금 137,506,000원 × 대손율 1% =　　　1,375,060원
- 대손충당금 잔액　　　　　　　　　　　　　　　　　　　　　　(-) 123,500원
- 추가로 필요한 대손충당금　　　　　　　　　　　　　　　　　　　1,251,560원

 일단 결산일 현재 필요한 총 대손예상액, 즉 필요한 대손충당금을 계산한 뒤 부족한 금액을 추가로 설정하는 방법을 보충법이라고 부릅니다. 일반기업회계기준은 대손충당금에 대해 보충법을 사용하도록 규정하고 있습니다.

2) 회계처리

| 12. 31 | (차) 대손상각비(판매관리비) | 1,251,560 | (대) 대손충당금(외상매출금) | 1,251,560 |

일	번호	구분	계정과목	거래처	적요	차변	대변
31	00001	차변	0835 대손상각비			1,251,560	
31	00001	대변	0109 대손충당금				1,251,560

(*) 일반전표 입력 클릭 → 12. 31 입력 → 차변에 대손상각비(판매비와관리비) 선택, 1,251,560 입력 → 대변에 대손충당금(외상매출금) 선택, 1,251,560 입력 (대손상각비는 판매관리비에서 선택, 대손충당금은 여러 종류 중 외상매출금의 대손충당금 선택)

핵심체크

외상매출금 대손상각비
- 대손상각비: 판매관리비
- 대손충당금: 외상매출금에 대한 대손충당금(0109) 선택

한 가지 주의할 점은 대손상각비 계정과목은 판매관리비에서 선택해야 하며 대손충당금은 다음과 같이 외상매출금 계정과목에 대한 대손충당금(0109)을 선택해야 한다는 것입니다.

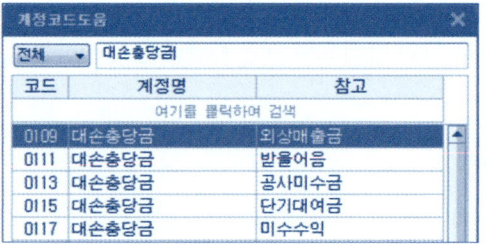

2. 대손충당금 설정 후 재무제표의 변화

이렇게 회수가 의심되는 외상매출금 1,375,060원에 대해 대손상각비와 대손충당금을 회계처리하면 ㈜일진자동차의 재무상태표와 손익계산서가 다음과 같이 바뀝니다.

〈재무상태표〉		〈손익계산서〉	
:		:	
외상매출금	137,506,000	판매비와관리비	
대손충당금	(-) 1,375,060	대손상각비	1,251,560
:		:	

차변 항목인 대손상각비는 판매관리비의 비용으로 처리되며 대변 항목인 대손충당금은 대변에 따로 있는 것보다 관련 항목인 외상매출금과 함께 있는 것이 보기가 좋으므로 차변으로 옮겨 외상매출금 밑에 (-)로 표시합니다. 즉, 대손충당금은 매출채권의 차감적 평가계정입니다.

3. 대손충당금 잔액이 남을 경우 (어려우면 패스)

만약 필요한 대손충당금보다 대손충당금 잔액이 많을 경우에는 오히려 대손충당금을 환입, 즉 줄여야 하는데 기출문제로 알아보겠습니다.

실무기출 확인문제 | 전산회계 1급, 86회 |

매출채권(외상매출금, 받을어음) 잔액에 대하여 보충법을 사용하여 대손충당금을 설정한다.
- 외상매출금: 대손충당금 필요액 3,306,000원, 설정 전 잔액 3,700,000원
- 받을어음: 대손충당금 필요액 1,380,000원, 설정 전 잔액 1,500,000원

---

1) 환입할 대손충당금 총액 계산

구 분	대손충당금 필요액	설정 전 잔액	환입할 금액
외상매출금	3,306,000	3,700,000	394,000
받을어음	1,380,000	1,500,000	120,000
합 계	4,686,000	5,200,000	514,000

2) 회계처리

(차) 대손충당금(외상매출금)	394,000	(대) 대손충당금환입	514,000
대손충당금(받을어음)	120,000	(판매비와관리비에서 차감하는 항목)	

필요액보다 남는 대손충당금은 외상매출금 394,000원, 받을어음 120,000원, 총 514,000원으로 차변에 대손충당금을 줄여주고 대변에는 대손상각비 환입이라는 계정과목을 사용합니다. 최초 대손상각비가 판매비와관리비로 처리됐기 때문에 환입할 때는 판매비와관리비의 대손상각비에서 차감하게 됩니다. 다만, KcLep은 대손충당금환입을 영업외수익(0908) 처리하도록 계정과목이 입력되어 있는데 혹시 실무 시험으로 출제되면 그냥 영업외수익으로 입력하면 됩니다.

3 실제 대손 발생 시 회계처리

회계기간 말에 매출채권 중에서 회수가 어려울 것으로 판단되는 금액을 대손충당금으로 설정한 뒤 다음 연도에 실제로 특정 업체가 파산해 그 업체의 매출채권을 받지 못하게 되면 어떻게 처리할까요? 실무기출문제를 통해 구체적으로 알아보겠습니다.

> **실무기출 확인문제** | 전산회계 1급, 99회 |
>
> 7월 7일, 매출 거래처인 ㈜거성물산의 회생계획인가결정을 받음에 따라 ㈜거성물산에 대한 외상매출금 2,200,000원을 대손 처리하였다. 대손발생일 직전의 외상매출금에 대한 대손충당금 잔액은 1,375,060원이다.

1. 실제 대손 발생

[핵심체크 콕 콕]
실제 대손 발생 시
기설정한 대손충당금과 외상매출금 상계 처리

기출문제와 같이 다음 연도 7월 7일, 드디어 ㈜거성물산이 파산하여 외상매출금 2,200,000원을 받지 못하는 게 확실해지면 아래와 같이 이미 설정해준 대손충당금과 ㈜거성물산의 외상매출금을 같이 없애는 겁니다.

다만, 7월 7일 현재 대손충당금 잔액은 1,375,060원, 대손이 확정된 외상매출금은 2,200,000원이기 때문에 부족한 대손충당금 824,940원을 추가로 대손상각비(판매관리비)로 인식해야 합니다. 이를 요약하면 다음과 같습니다.

|정답|

7.7	(차) 대손충당금(외상매출금)	1,375,060	(대) 외상매출금(㈜거성물산)	2,200,000
	대손상각비(판매관리비)	824,940		

일	번호	구분	계정과목	거래처	적요	차변	대변
7	00002	대변	0108 외상매출금	00123 (주)거성물산			2,200,000
7	00002	차변	0109 대손충당금			1,375,060	
7	00002	차변	0835 대손상각비			824,940	

(*) 일반전표 입력 클릭 → 7. 7 입력 → 대변에 외상매출금(거성물산) 선택, 2,200,000 입력 → 차변에 대손충당금(외상매출금) 선택, 1,375,060 입력 → 차변에 대손상각비(판매관리비) 선택, 824,940 입력

2. 대손 발생 후 재무상태표 변화

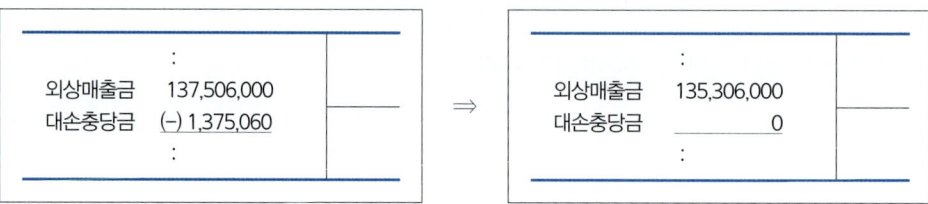

3. 실제 대손 시 회계처리 요약

이상 실제 대손 발생 시 회계처리를 요약하면 다음과 같습니다.

대손충당금 잔액 충분	(차) 대손충당금	×××	(대) 매출채권	×××
대손충당금 잔액 부족	(차) 대손충당금 대손상각비	××× ×××	(대) 매출채권	×××

정교수 콕콕

🎯 **핵심체크** 콕콕

대손충당금 부족 시
부족한 부분을 대손상각비 비용으로 인식

출제 확률이 높은 대손충당금 이론 기출문제를 한 문제 더 풀어볼 텐데 아래 문제는 꼭 풀 수 있어야 합니다.

이론기출 확인문제 | 전산회계 1급, 99회 |

기말 외상매출금 잔액 50,000,000원에 대하여 1%의 대손충당금을 설정하려 한다. 기초 대손충당금이 300,000원이 있었으며, 당기 중 회수가 불가능한 것으로 판명된 매출채권 150,000원을 대손처리하였다. 보충법에 의한 기말 대손충당금 설정 분개로 올바른 것은?

① (차) 대손상각비 500,000원 (대) 대손충당금 500,000원
② (차) 대손상각비 350,000원 (대) 대손충당금 350,000원
③ (차) 대손상각비 300,000원 (대) 대손충당금 300,000원
④ (차) 대손상각비 150,000원 (대) 대손충당금 150,000원

|정 답| ②
- 12월 31일 기말 필요액: 50,000,000 × 1% = 500,000
- 설정 전 대손충당금 잔액: 300,000 − 150,000 = 150,000
- 추가 설정액: 500,000 − 150,000 = 350,000

4 대손처리된 채권의 회수

가끔씩은 매출채권을 받을 수 없을 줄 알고 대손충당금과 상계처리 했는데 업체가 기사회생하여 매출채권을 갚기도 하는데 이럴 경우에는 없앴던 대손충당금을 다음과 같이 부활시키면 됩니다.

(차) 현 금	×××	(대) 대손충당금	×××

🎯 **핵심체크** 콕

대손처리한 매출채권 회수
현금 ××× / 대손충당금 ×××

실무기출 확인문제 | 전산회계 1급, 63회 |

3월 12일, 전기에 대손이 확정되어 대손충당금과 상계처리하였던 ㈜소현상사의 외상매출금 550,000원이 회수되어 당사의 보통예금 계좌에 입금되었다.

| 정 답 |

| 3.12 | (차) 보통예금 550,000 | (대) 대손충당금(외상매출금) 550,000 |

일	번호	구분	계정과목	거래처	적요	차변	대변
12	00001	차변	0103 보통예금			550,000	
12	00001	대변	0109 대손충당금				550,000

(*) 일반전표 입력 클릭 → 3.12 입력 → 차변 보통예금 선택, 550,000 입력 → 대변 외상매출금에 대한 대손충당금 (109) 선택, 550,000 입력

이렇게 회계처리 하는 이유는 대손이 발생했을 때 해당 매출채권과 대손충당금을 없앴기 때문에 그만큼 대손충당금을 부활하는 것인데 이를 좀 더 구체적으로 표시하면 다음과 같습니다.

| 대손 발생 취소 | (차) 매 출 채 권 ××× | (대) 대손충당금 ××× |
| 현금 회수 | (차) 현 금 ××× | (대) 매 출 채 권 ××× |

↓

| 일괄 표시 | (차) 현 금 ××× | (대) 대손충당금 ××× |

기타 채권 대손상각비

기타의대손상각비(영업외비용)

5 기타 채권에 대한 대손상각비

외상매출금, 받을어음과 같은 매출채권이 회수되지 않을 것으로 예상될 때는 차변에 대손상각비 계정과목을 사용해 판매비와관리비에 포함시켰습니다. 하지만 단기대여금, 미수금, 선급금과 같이 영업과 무관한 기타 채권이 회수되지 않을 것으로 예상될 때는 이를 '기타의대손상각비'라는 계정과목으로 영업외비용에 포함시켜야 합니다.

| 기타 채권의 대손상각비 설정 | (차) 기타의대손상각비(영업외비용) ××× | (대) 대손충당금 ××× |

〈손익계산서〉

	:	
영업이익		×××
	:	
영업외비용		
기타의대손상각비		(×××)
	:	

[참고] 대손상각 인식 오류: 전기오류수정손실

실무에서 가끔씩 거래처가 파산했음에도 불구하고 이 사실을 몰라 해당 업체에 대한 매출채권에 대해 대손상각비를 인식하지 못하다가, 다음 연도에 그 사실을 발견하는 경우도 있습니다. 이럴 경우 원칙적으로는 과거의 손익계산서를 수정해야 하지만, 그 금액이 크지 않아 중요하지 않을 경우 파산 사실을 알게 된 연도의 손익계산서에 다음과 같이 회계처리 합니다.

(차) 전기오류수정손실(영업외비용)　　×××　　　　(대) 매출채권　　×××

실무기출 확인문제　　　　　　　　　　　　　　　| 전산회계 1급, 68회 |

7월 20일 전년도에 제이의류가 파산하여 외상매출금 6,000,000원이 회수불가능한 것을 뒤늦게 올해 확인하였다. 그 금액이 중요하지 않아 전기분 재무제표는 수정하지 않고 당기 손익에 반영한다.

|정답|

7.20	(차) 전기오류수정손실(영업외비용) 6,000,000　　(대) 외상매출금(제이의류) 6,000,000

일	번호	구분	계정과목	거래처	적요	차변	대변
20	00001	차변	0962 전기오류수정손실			6,000,000	
20	00001	대변	0108 외상매출금	00147 제이의류			6,000,000

(*) 일반전표 입력 클릭 → 8.20 입력 → 차변 전기오류수정손실(962) 선택, 6,000,000 입력 → 대변 외상매출금 선택, 거래처 제이의류 선택, 6,000,000 입력

08 대손회계 이론기출 공략하기

01 난이도 ★★ 필수
다음 중 매출채권에 대한 설명으로 틀린 것은? [2016년, 68회]

① 매출채권이란 영업활동으로 제품이나 서비스를 제공하고 아직 대금을 받지 못한 경우의 금액을 말한다.
② 매출채권에는 외상매입금과 지급어음이 있다.
③ 매출채권에 대한 대손충당금 설정은 순실현가능가치로 평가하고, 매출채권에 대한 자산 평가를 적정하게 한다.
④ 매출채권에 대한 대손충당금 설정은 대손이 예상되는 회계연도에 대손예상액만큼을 대손충당금으로 적립하였다가 실제로 대손이 확정되는 시점에 대손충당금과 상계 처리한다.

02 난이도 ★ 필수
다음 중 대손충당금 설정대상 계정과목에 해당되는 것은? [2017년, 75회]

① 외상매출금 ② 지급어음 ③ 미지급금 ④ 가수금

03 난이도 ★★★
영업활동과 관련하여 비용이 감소함에 따라 발생하는 매출채권의 대손충당금환입은 다음의 계정구분 중 어디에 속하는가? [2013년, 56회]

① 판매비와 관리비 ② 영업외수익 ③ 자본조정 ④ 이익잉여금

04 난이도 ★
결산 시 대손충당금을 과소설정 하였다. 정상적으로 설정한 경우와 비교할 때, 어떠한 차이가 있는가? [2012년, 50회]

① 당기순이익이 많아진다.
② 당기순이익이 적어진다.
③ 자본이 과소표시 된다.
④ 자산이 과소표시 된다.

05 난이도 ★★ 필수
다음 거래에 대한 분개로 맞는 것은? [2012년, 52회]

> 8월 31일, 거래처의 파산으로 외상매출금 100,000원이 회수불능이 되다.
> (단, 8월 31일 이전에 설정된 대손충당금 잔액은 40,000원이 있다)

① (차) 대손상각비　　　　100,000원　　(대) 외상매출금　　100,000원
② (차) 대손충당금　　　　 40,000원　　(대) 외상매출금　　100,000원
　　　　대손상각비　　　　 60,000원
③ (차) 대손충당금　　　　 60,000원　　(대) 외상매출금　　100,000원
　　　　대손상각비　　　　 40,000원
④ (차) 대손충당금환입　　 40,000원　　(대) 외상매출금　　100,000원
　　　　대손상각비　　　　 60,000원

06 난이도 ★★ 필수
다음 중 대손충당금에 대한 설명으로 가장 옳지 않은 것은? [2024년, 116회]

① 대손충당금은 유형자산의 차감적 평가계정이다.
② 회수가 불확실한 채권은 합리적이고 객관적인 기준에 따라 산출한 대손 추산액을 대손충당금으로 설정한다.
③ 미수금도 대손충당금을 설정할 수 있다.
④ 매출 활동과 관련되지 않은 대여금에 대한 대손상각비는 영업외비용에 속한다.

07 난이도 ★★ 필수
당해 연도 1월 1일 현재 외상매출금 잔액은 2,000,000원이다. 당기에 외상매출금 잔액 중 1,200,000원이 대손 처리된 경우에 인식할 대손상각비는 얼마인가? (단, 기초 대손충당금 잔액은 1,000,000원이다.) [2025년, 118회]

① 200,000원　　　　　　　　　　② 800,000원
③ 1,000,000원　　　　　　　　　④ 2,000,000원

08 (주)서울은 유형자산 처분에 따른 미수금 기말잔액 45,000,000원에 대하여 2%의 대손충당금을 설정하려 한다. 기초 대손충당금 400,000원이 있었고 당기 중 320,000원 대손이 발생되었다면 보충법에 의하여 기말 대손충당금 설정 분개로 올바른 것은? [2012년, 51회]

① (차) 대손상각비　　　　820,000원　　(대) 대손충당금　　820,000원
② (차) 기타의대손상각비　820,000원　　(대) 대손충당금　　820,000원
③ (차) 대손상각비　　　　900,000원　　(대) 대손충당금　　900,000원
④ (차) 기타의대손상각비　900,000원　　(대) 대손충당금　　900,000원

09 제조업을 운영하는 A회사가 장기대여금에 대한 대손충당금을 설정할 경우, 다음의 손익계산서 항목 중 변동되는 것은? [2016년, 70회]

① 매출원가　　　　　　　② 매출총이익
③ 영업이익　　　　　　　④ 법인세비용차감전순손익

10 제조업을 운영하는 A회사가 기말에 외상매출금에 대한 대손충당금을 설정할 경우, 다음의 손익계산서 항목 중 변동되는 것은? [2020년, 88회]

① 영업이익　　　　　　　② 매출원가
③ 매출액　　　　　　　　④ 매출총이익

정답 및 해설

01 ② 매출채권에는 외상매출금과 받을어음이 있음. 지급어음이란 외상으로 원재료, 상품 등을 구입하면서 발행하는 어음으로 부채임.

02 ① 지급어음, 미지급금, 가수금계정은 부채계정과목으로 대손충당금은 채권에 대해 설정하는 것임.

03 ① 영업활동과 관련하여 비용이 감소함에 따라 발생하는 대손충당금환입은 판매비와관리비의 부(-)의 금액으로 표시함.

04 ① 대손충당금을 과소 설정하면 그만큼 대손상각비와 대손충당금이 적게 인식된다. 대손상각비가 적게 인식되면 당기순이익이 늘어나고 그만큼 이익잉여금이 늘어나 자본도 과대표시됨. 또한 대손충당금이 적게 인식되면 외상매출금에서 차감되는 금액이 줄어들기 때문에 외상매출금 순액이 늘어나 자산이 과대표시됨.

05 ② 대손이 발생하면 대손충당금에서 우선 상계한 후 대손충당금이 부족하면 대손상각비 비용으로 인식함.

06 ① 대손충당금은 매출채권(외상매출금, 받을어음)에 대한 차감적 평가계정임. 미수금과 같이 매출 활동과 관련되지 않은 채권은 기타의대손상각비(영업외비용) 처리함.

07 ① 대손충당금 잔액 1,000,000원이고 상각된 채권금액 1,200,000원 일 경우 부족액 200,000원은 추가로 대손상각비 처리해야 함.

(차) 대손충당금(외상매출금)	1,000,000	(대) 외상매출금	1,200,000
대손상각비(판매관리비)	200,000		

08 ② 유형자산 처분에 따른 미수금은 기타의 대손상각비로 처리하고, 대손충당금 설정액은 900,000원(45,000,000원×2%) - 80,000원(대손충당금 잔액, 400,000-320,000) = 820,000원

09 ④ 장기대여금에 대한 대손상각비는 영업외비용임. 영업외비용이 증가하면 법인세차감전순손익에 영향을 미침.

10 ① 외상매출금의 대손상각비는 판매관리비이므로 영업이익이 변동됨

08 대손회계 실무기출 공략하기

> 본 교재의 실습자료는 cafe.naver.com/eduacc의 「공지&DATA다운로드」에서 공지 에 있는 [콕콕정교수 전산회계 1급] 이론+실무+기출 실습데이터의 Data_Install_JH1.zip 파일을 다운받아 컴퓨터에 설치 후, 회사등록 클릭, F4 회사코드재생성 클릭 후 「㈜과거전자」 선택

01 난이도 ★★ 필수
7월 31일, 매출처 (주)미래통상의 부도로 외상매출금 잔액 50,000원이 회수불가능하여 대손처리하였다. (단, 대손처리하기 전 대손충당금잔액을 조회하여 회계처리 할 것) [2018년, 79회]

02 난이도 ★★★ 필수
8월 31일, 전기에 회수불능으로 일부 대손처리한 ㈜코코의 외상매출금이 회수되었으며, 대금은 하나은행 보통예금 계좌로 입금되었다. [2024년, 115회]

[보통예금(하나)] 거래 내용

행	연월일	내 용	찾으신 금액	맡기신 금액	잔 액	거래점
		계좌번호 120-99-80481321					
1	11-12	㈜코코		₩2,500,000	******	1111

03 난이도 ★★★
12월 4일, 당해 연도 초에 대손이 확정되어 대손충당금과 상계 처리한 ㈜대운전자의 미수금 1,100,000원이 보통예금 계좌에 입금된 것을 확인하였다. (단, 부가가치세법상 대손세액은 고려하지 말 것) [2025년, 119회]

04 난이도 ★★ 필수
10월 31일, ㈜피치기업의 파산으로 인해 단기대여금 5,000,000원이 회수가 불가능하여 대손처리 하였다. 단기대여금에 대한 대손충당금 현재 잔액은 3,000,000원이며, 대손세액공제는 고려하지 않기로 한다. [2022년, 105회]

정답 및 해설

01 일반전표 입력

[결산/재무제표] → [재무상태표] 클릭 후 7월 입력하여 조회하면 대손충당금(외상매출금) 잔액은 충분하므로 회수불능 외상매출금 50,000원을 대손충당금과 상계

| 7.31 | (차) 대손충당금(109, 외상매출금) | 50,000 | (대) 외상매출금((주)미래통상) | 50,000 |

02 일반전표 입력

| 8.31 | (차) 보통예금 | 2,500,000 | (대) 대손충당금(109, 외상매출금) | 2,500,000 |

(*) 전기에 없앤 대손충당금(외상매출금)을 대변에 다시 살려주어야 함.

03 일반전표 입력

| 12.4 | (차) 보통예금 | 1,100,000 | (대) 대손충당금(121, 미수금) | 1,100,000 |

(*) 전기에 없앤 대손충당금(미수금)을 대변에 다시 살려주어야 함.

04 일반전표 입력

대변에 단기대여금-거래처 ㈜피치기업 선택 후 5,000,000원 입력, 차변에 단기대여금 대손충당금 3,000,000원 입력 후 부족액 2,000,000원은 기타의대손상각비(영업외비용) 처리

| 10.31 | (차) 대손충당금(단기대여금)
기타의대손상각비(954) | 3,000,000
2,000,000 | (대) 단기대여금((주)피치기업) | 5,000,000 |

09 유가증권

학습내용 · 유가증권 분류 · 단기매매증권 · 매도가능증권의 비교

출제경향 매회 시험마다 1~2문제 출제되어 출제빈도가 매우 높음.
회계연도 말에 단기매매증권과 매도가능증권의 평가손익 회계처리 문제가 주로 출제되고 있음.

정교수 콕콕

본 교재의 실습자료는 cafe.naver.com/eduacc의 「공지&DATA다운로드」에서 공지 에 있는 [콕콕정교수 전산회계 1급] 이론+실무+기출 실습데이터의 Data_Install_JH1.zip 파일을 다운받아 컴퓨터에 설치 후, 회사등록 클릭, F4 회사코드재생성 클릭 후 「㈜화랑전자」 선택

핵심체크

유가증권
주식, 채권

핵심체크

유가증권 종류
- 단기매매증권: 1년 이내 처분 목적 주식, 채권 (당좌자산)
- 만기보유증권: 만기까지 보유 목적 채권(투자자산)
- 매도가능증권: 1년 이후 처분 목적 주식, 채권 (투자자산)

1 유가증권 분류

유가증권(有價證券)이란 '재산적 가치가 있는 증서'인데 크게 지분증권인 '주식'과 채무증권인 '채권'이 있습니다. 유가증권은 주식과 채권이 자유롭게 매매가 가능한지, 그리고 단기간의 시세차익이 목적인지, 장기간 보유가 목적인지에 따라 다음과 같이 분류됩니다.

분 류		내 용
단기매매증권	당좌자산 (유동자산)	회계기간 말 기준 1년 이내 처분 예정인 단기시세차익 목적으로 취득한 시장성 있는 주식, 채권. 단, 시장성이 없어지면 매도가능증권으로 분류해야 함.
만기보유증권	투자자산 (비유동자산)	만기까지 보유하려고 취득한 채권
매도가능증권		단기매매증권, 만기보유증권이 아닌 것으로 회계기간 말 기준 1년 이후 처분 목적인 주식, 채권

(*) 만기는 채권만 있으므로 만기보유증권은 채권뿐임.

이론기출 확인문제 | 전산회계 1급, 63회 |

유가증권과 관련한 다음의 설명 중 적절치 않은 것은?

① 유가증권에는 지분증권과 채무증권이 포함된다.
② 만기가 확정된 채무증권을 만기까지 보유할 적극적인 의도와 능력이 있는 경우에는 만기보유증권으로 분류한다.

③ 만기보유증권으로 분류되지 아니하는 채무증권은 매도가능증권으로만 분류된다.
④ 주로 단기간 내의 매매차익을 목적으로 취득한 유가증권으로서 매수와 매도가 적극적이고 빈번하게 이루어지는 것은 단기매매증권으로 분류한다.

|정답| ③
채권과 같은 채무증권이라 하더라도 시세차익을 목적으로 1년 이내 단기에 처분할 목적으로 취득했다면 단기매매증권으로 분류될 수 있다.

2 단기매매증권

단기매매증권이란 취득 목적이 회계기간 말 기준 1년 이내인 시장성 있는 주식, 채권으로 취득, 보유, 처분 시 다음과 같이 처리합니다.

1. 단계별 처리

분류	내용	
취득 시	취득 시 수수료 등 거래비용은 영업외비용의 수수료비용 처리(판매관리비 아님.)	
보유 시	배당금 수령	영업외수익의 배당금수익 처리
	평가손익	회계기간 말에 주식을 평가하여 취득가액보다 상승하면 단기매매증권평가이익, 하락하면 단기매매증권 평가손실 인식. 즉, 영업외손익에 포함시켜 당기 손익으로 인식
처분 시	처분 직전 장부상 금액보다 더 높게 처분하면 단기매매증권 처분이익, 낮게 처분하면 단기매매증권 처분손실로 하여 영업외손익에 포함시켜 당기손익으로 인식	

이상 단계별 내용을 기출문제를 통해 알아보겠습니다.

이론기출 확인문제 | 전산회계 1급, 48회 |

(주)영광은 제1기의 1월 2일에 단기적인 시세차익 목적으로 상장주식 100주(주당 20,000원)를 현금으로 취득하였으며 이때 거래수수료 100,000원을 현금으로 지급하였다. 12월 31일의 1주당 시가는 25,000원이었다. (주)영광은 제2기 1월 1일에 1주당 30,000원에 50주를 매각하였다. 제2기 12월 31일의 1주당 시가는 20,000원이었다. 회계처리 하시오.

1) 주식 취득 시점: 1기, 1월 2일

(차) 단기매매증권	2,000,000	(대) 현 금	2,100,000
수수료비용(영업외비용)	100,000		

(*) 단기매매증권 취득금액은 100주×주당 20,000 = 2,000,000원이며 취득 시 발생한 거래 수수료는 영업외비용의 수수료비용으로 당기비용 처리한다.(주식 취득이 주업이 아니므로 영업외비용 처리하는 것임.)

정교수 콕콕

핵심체크 콕콕콕

단기매매증권
- 취득비용: 수수료비용(영업외비용)
- 평가손익: 단기매매증권 평가손익(영업외손익)
- 처분손익: 단기매매증권처분손익(영업외손익)

정교수 콕콕

2) 회계기간 말 시가평가: 1기, 12월 31일

| (차) 단기매매증권 500,000 | (대) 단기매매증권평가이익(영업외수익) 500,000 |

(*) 주식가격 상승, 주당 5,000원(20,000→25,000), 총평가이익(100주×5,000원) = 500,000원 만큼 단기매매증권 금액 증가. 증가한 금액은 영업외수익의 단기매매증권평가이익으로 처리

핵심체크

유가증권 처분수수료는 처분손익에 가감

3) 주식처분시점: 2기, 1월 2일

| (차) 현금 1,500,000 | (대) 단기매매증권 1,250,000 |
| | 단기매매증권처분이익(영업외수익) 250,000 |

(*) 총 처분가액 1,500,000원(50주×30,000원), 처분된 단기매매증권 전년도 말 평가액 1,250,000원(50주×25,000원), 처분이익 250,000원(1,500,000원 - 1,250,000원)은 단기매매증권처분이익(영업외수익). 유가증권 처분수수료가 발생할 경우 수수료비용(영업외비용)이 아니라 처분손익에서 가감함.

4) 회계기간 말 시가평가: 2기, 12월 31일

| (차) 단기매매증권평가손실(영업외비용) 250,000 | (대) 단기매매증권 250,000 |

(*) 주식가격 하락 주당 5,000원(25,000→20,000) 하락, 총 평가손실 250,000원(남은 주식 50주×5,000원)을 단기매매증권평가손실(영업외비용) 처리하고 그만큼 단기매매증권 금액 줄여줌.

2. 단기매매증권 평가이익 발생 시 재무제표 변화

〈재무상태표〉

:
단기매매증권 ××× ⇑
:

〈손익계산서〉

:
영업외수익
  단기매매증권평가이익 ××× ⇑
:

3. 단기매매증권 실무시험

실무기출 확인문제 | 전산회계 1급, 58회 |

9월 14일 단기 매매차익을 목적으로 상장회사인 청운전자의 주식 100주를 주당 15,000원(액면가액 5,000원)에 구입하고 매입수수료 5,000원을 포함하여 당사의 보통예금계좌에서 인터넷뱅킹으로 지급하였다.

| 정 답 |

| 9. 14 | (차) 단기매매증권 | 1,500,000 | (대) 보통예금 | 1,505,000 |
| | 수수료비용(영업외비용) | 5,000 | | |

일	번호	구분	계 정 과 목	거 래 처	적 요	차 변	대 변
14	00001	차변	0107 단기매매증권			1,500,000	
14	00001	차변	0984 수수료비용			5,000	
14	00001	대변	0103 보통예금				1,505,000

(*) 일반전표 입력 클릭 → 9. 14 입력 → 차변 단기매매증권 선택, 1,500,000(100주×5,000원) 입력 → 차변 수수료비용(영업외비용) 5,000, 당기 비용 처리 → 대변 보통예금 1,505,000. 주식의 액면가액 5,000원은 문제 풀이에 필요 없는 정보임.

3 매도가능증권

1. 개념

매도가능증권이란 회계기간 말 기준 1년 이후 처분할 목적인 주식, 채권을 말합니다.

2. 단계별 처리

분류		내용
취득 시		취득 시 각종 수수료 등 거래비용은 취득원가에 가산
보유 시	배당금 수령	영업외수익의 배당금수익 처리
	평가손익	회계기간 말에 주식을 평가하여 취득가액보다 상승하면 매도가능증권평가이익, 하락하면 매도가능증권평가손실 인식하여 자본의 한 종류인 기타포괄손익누계로 처리하여 당기 손익에 포함하지 않음.
처분 시		처분 직전 장부상 금액보다 더 높게 처분하면 매도가능권처분이익, 낮게 처분하면 매도가능증권처분손실로 하여 영업외손익에 포함시켜 당기손익으로 인식. 실제 처분되었기 때문에 만기보유증권이라 하더라도 처분손익을 당기손익으로 인식하는 것임.

(*) 매도가능증권은 시세차익을 노린 단기투자가 아니므로, 공정가치(기말 주식가격)가 취득가격보다 상승 또는 하락할 때 이 상승, 하락 분을 영업외손익으로 인식하지 않고 자본의 한 구성인 기타포괄손익누계에 포함시키고 있음.

3. 기출문제를 통한 단계별 회계처리

이론기출 확인문제 | 전산세무 2급, 100회 변형 |

아래의 자료를 이용하여 1기의 매도가능증권평가손익과 2기의 매도가능증권처분손익을 구하면 얼마인가?

- 1기 07.05: 매도가능증권 1,000주를 주당 5,000원에 취득하고 취득 수수료 100,000원과 함께 현금 지급
- 1기 12.31: 1주당 기말 공정가치는 6,000원임.
- 2기 02.01: 매도가능증권 전부를 주당 3,000원에 현금 처분

정교수 콕콕

핵심체크

매도가능증권
- 취득비용: 취득원가 가산
- 평가손익: 기타포괄손익누계(자본)
- 처분손익: 매도가능증권처분손익(영업외손익)

1) 취득시점: 1기 07.05

| (차) 매도가능증권 | 5,100,000 | (대) 현 금 | 5,100,000 |

(*) 매도가능증권 취득수수료 100,000원은 취득원가에 가산해야 함.

2) 기말시점: 2기 12.31

| (차) 매도가능증권 | 900,000 | (대) 매도가능증권평가이익(기타포괄손익누계) | 900,000 |

(*) 주식가격 상승: 5,100,000원 ⇒ 6,000,000원(1,000주 × 6,000원), 평가이익 900,000원 발생, 매도가능증권 평가이익은 당기 손익이 아닌 기타포괄손익누계(자본항목)으로 처리해야 함.

3) 매도가능증권 평가이익 발생 시 재무제표 변화

〈재무상태표〉

| 매도가능증권 ××× ⇑ | 기타포괄손익누계
　매도가능증권평가이익 ××× ⇑ |

〈손익계산서〉

변동 없음

4) 처분시점: 2기 02.01 `어려우면 패스`

2기에 매도가능증권을 처분할 때 1기말 자본에 생긴 매도가능증권평가이익(기타포괄손익누계)도 같이 없애야 합니다. 따라서 매도가능증권 처분손익은 다음과 같이 계산됩니다.

① 기타포괄손익누계 고려 전 처분손실 : 3,000,000원

> 6,000,000원(처분 직전 장부가액) – 3,000,000원(처분가액) = 3,000,000원

② 기타포괄손익누계 고려 후 처분손익 : 3,000,000 - 900,000 = 2,100,000원

> 1기말 자본에 생긴 매도가능증권평가이익(기타포괄손익누계) 900,000원을 처분손실 3,000,000원에서 차감하면서 없애야 함.

③ 회계처리

(차) 현 금	3,000,000	(대) 매도가능증권	6,000,000
매도가능증권평가이익(기타포괄손익누계)	900,000		
매도가능증권처분손실(영업외수익)	2,100,000		

(*) 처분흐름 요약

```
      1기 7.5              2기 2.1
  ─────────────      ─────────────
  취득 5,100,000원      처분 3,000,000원
         └──── 처분손실 2,100,000원 ────┘
```

4 만기보유증권

1. 개 념

만기가 있는 채권으로 만기까지 보유하려고 취득한 것을 만기보유증권으로 분류하는데 전산회계1급에서는 거의 출제되지 않습니다. 다만, 만기보유증권을 취득할 때 발생한 거래비용은 취득원가에 가산하며 만기보유증권은 회계기간 말에 공정가격으로 평가하지 않습니다. 또한 만기보유증권이 회계기간 말 기준으로 1년 이내에 만기가 도래하면 당좌자산, 1년 이후에 만기가 도래하면 투자자산으로 분류한다는 것은 기억해야 합니다.

핵심체크
- 만기보유증권 취득 수수료 취득원가 가산
- 만기보유증권은 회계기간 말 시가평가 하지 않음

2. 기출문제

실무기출 확인문제 | 전산회계 1급, 56회 |

9월 5일 ㈜동신에서 발행한 채권(만기는 회계기간말 기준으로 1년 6개월 남았고 시장성은 없음.) 10,000,000원을 만기까지 보유할 목적으로 당좌수표를 발행하여 취득하였다. 단, 채권을 취득하는 과정에서 발생한 수수료 50,000원은 현금으로 지급하였다.

|정답|

| 9. 5 | (차) 만기보유증권(투자자산) | 10,050,000 | (대) 당좌예금 | 10,000,000 |
| | | | 현　　금 | 50,000 |

일	번호	구분	계 정 과 목	거 래 처	적 요	차 변	대 변
5	00001	차변	0181 만기보유증권			10,050,000	
5	00001	대변	0102 당좌예금				10,000,000
5	00001	대변	0101 현금				50,000

(*) 일반전표 입력 클릭 → 9. 5 입력 → 차변 만기보유증권은 거래수수료를 취득원가에 가산함. 또한 회계기간말 기준으로 만기가 1년 넘게 남았으므로 181번(투자자산) 만기보유증권을 선택해야 함. 10,500,000 입력 → 대변 당좌수표 발행하면 당좌예금에서 인출되므로 당좌예금 10,000,000 입력, 나머지 50,000은 현금 입력

5 자주 출제되는 문제 유형

동일한 주식이라도 단기매매증권으로 분류될 때와 매도가능증권으로 분류될 때 다음 두 가지 차이가 있는데 전산회계1급 시험에서 자주 출제되므로 꼭 기억해야 합니다.

항 목	단기매매증권	매도가능증권
취득비용	당기비용(영업외비용) 처리	취득원가에 가산
평가손익	영업외손익의 단기매매증권 평가손익 처리	기타포괄손익누계의 매도가능증권 평가손익 처리

핵심체크

단기매매증권 vs 매도가능증권
- 취득비용: 당기비용(단기매매), 취득원가(매도가능)
- 평가손익: 영업외손익(단기매매), 기타포괄손익누계(매도가능)

 정교수 콕콕

이론기출 확인문제 | 전산회계 1급, 104회 |

다음 중 유가증권의 취득원가 및 평가에 대한 설명으로 옳지 않은 것은?

① 단기매매증권은 공정가치로 평가하며 평가손익을 당기손익으로 인식한다.
② 매도가능증권은 시장성이 있는 경우 공정가치로 평가하며 평가손익을 당기손익으로 인식한다.
③ 단기매매증권의 취득부대비용은 발생 즉시 비용으로 처리한다.
④ 만기보유증권의 취득부대비용은 취득원가에 가산한다.

|정 답| ②
- 매도가능증권평가손익은 당기손익이 아닌 기타포괄손익누계(자본항목)으로 처리함.
- 단기매매증권 취득 부대비용 ⇒ 당기 비용, 매도가능증권 취득 부대비용 ⇒ 취득원가에 가산

이론기출 확인문제 | 전산회계 1급, 99회 |

다음 중 유가증권에 대한 설명으로 옳지 않은 것은?

① 단기매매증권의 미실현보유손익은 당기손익으로 처리한다.
② 매도가능증권에 대한 미실현보유손익은 기타포괄손익누계액으로 처리한다.
③ 만기보유증권은 공정가치로 평가하여 재무상태표에 표시한다.
④ 단기매매증권은 유동자산으로 분류한다.

|정 답| ③
만기보유증권은 기말 시가(공정가치)로 평가하지 않고 취득원가로 그대로 둠.

09 유가증권 이론기출 공략하기

01 난이도 ★★★ 필수
유가증권에 대한 설명이다. 옳은 것은? [2014년, 61회]

① 유가증권 중 채권은 취득한 후에 단기매매증권이나 매도가능증권 중의 하나로만 분류한다.
② 단기매매증권이 시장성을 상실한 경우에는 매도가능증권으로 분류하여야 한다.
③ 단기매매증권과 만기보유증권은 원칙적으로 공정가치로 평가한다.
④ 매도가능증권은 주로 단기간 내의 매매차익을 목적으로 취득한 유가증권이다.

02 난이도 ★★ 필수
다음 중 단기매매증권에 대한 설명으로 틀린 것은? [2025년, 118회]

① 단기 시세차익을 목적으로 취득한 시장성 있는 유가증권을 말한다.
② 단기매매증권 중 채권은 원가법, 주식은 공정가액으로 기말 평가한다.
③ 단기매매증권 처분에 따른 처분손익은 손익계산서에 반영한다.
④ 단기매매증권은 유동자산 중 당좌자산으로 분류된다.

03 난이도 ★★ 필수
다음은 ㈜대한이 당기 중 취득하여 기말 현재 보유하고 있는 유가증권 관련 자료이다. 기말 회계처리로 적절한 것은 무엇인가? [2021년, 100회]

- 취득원가 2,000,000원인 ㈜미국의 주식은 단기보유목적으로 취득하였으며, 동 주식의 기말공정가치는 2,400,000원이다.
- 취득원가 1,800,000원인 ㈜중국의 시장성 있는 주식을 장기투자목적으로 취득하였고, 동 주식의 기말공정가치는 1,700,000원이다.

① (차) 유가증권 300,000 (대) 유가증권평가이익 300,000
② (차) 단기매매증권 400,000 (대) 단기매매증권평가이익 400,000
③ (차) 단기매매증권 400,000 (대) 단기매매증권평가이익 400,000
　　　만기보유증권평가손실 100,000 　　　만기보유증권 100,000
④ (차) 단기매매증권 400,000 (대) 단기매매증권평가이익 400,000
　　　매도가능증권평가손실 100,000 　　　매도가능증권 100,000

04 다음 중 매도가능증권에 대한 설명으로 옳지 않은 것은? [2024년, 114회]

난이도 ★★ 필수

① 기말 평가손익은 기타포괄손익누계액에 반영한다.
② 취득 시 발생한 수수료는 당기 비용으로 처리한다.
③ 처분 시 발생한 처분손익은 당기손익에 반영한다.
④ 보유 목적에 따라 당좌자산 또는 투자자산으로 분류한다.

05 다음 유가증권 거래로 인하여 당기손익에 미치는 영향을 바르게 설명한 것은? [2016년, 67회]

난이도 ★★

- 3월 1일 단기시세차익을 얻을 목적으로 (주)고려의 주식 1,000주를 주당 10,000원(액면가액 5,000원)에 현금 취득하였다.
- 6월 30일 (주)고려의 주식 300주를 주당 9,000원에 처분하였다.

① 당기순이익이 1,200,000원 감소
② 당기순이익이 300,000원 감소
③ 당기순이익이 1,350,000원 감소
④ 당기순이익이 1,050,000원 감소

06 다음은 ㈜은혜상사가 당기에 구입하여 보유하고 있는 단기매매증권이다. 다음 자료에 따라 당기 말 재무제표에 표시될 단기매매증권 및 영업외손익은 얼마인가? [2021년, 96회]

난이도 ★★

- 4월 1일: ㈜장현테크가 발행한 보통주 200주를 주당 10,000원에 취득하였다.
- 8월 31일: ㈜장현테크로부터 중간배당금(주당 1,000원)을 수령하였다.
- 12월 31일: ㈜장현테크의 보통주 시가는 주당 12,000원으로 평가된다.

	단기매매증권	영업외수익		단기매매증권	영업외수익
①	2,400,000원	200,000원	②	2,400,000원	600,000원
③	2,000,000원	200,000원	④	2,000,000원	600,000원

07 난이도 ★★★ 다음의 자료로 2기 5월 5일 현재 주식수와 주당금액을 계산한 것으로 맞는 것은? [2013년, 57회]

- (주)갑의 주식을 1기 8월 5일 100주를 주당 10,000원(액면가액 5,000원)에 취득하였다. 회계처리 시 계정과목은 단기매매증권을 사용하였다.
- (주)갑의 주식을 1기 12월 31일 주당 공정가치는 7,700원이었다.
- (주)갑으로부터 2기 5월 5일에 무상으로 주식 10주를 수령하였다.

① 100주, 7,000원/주 ② 100주, 7,700원/주
③ 110주, 7,000원/주 ④ 110주, 7,700원/주

08 난이도 ★★ 필수 다음 빈칸 안에 들어갈 내용으로 알맞은 것은? [2016년, 70회]

구 분	계 정	재 무 제 표
단기매매증권평가손실(이익)	(가)	손익계산서
매도가능증권평가손실(이익)	기타포괄손익누계	(나)

① (가) 영업외비용(수익) (나) 손익계산서
② (가) 자본조정 (나) 현금흐름표
③ (가) 영업외비용(수익) (나) 재무상태표
④ (가) 자본조정 (나) 재무상태표

09 난이도 ★★ 필수 다음 (주)세무의 매도가능증권 거래로 인하여 당기손익에 미치는 영향으로 옳은 것은? [2017년, 72회]

(주)세무는 1월 16일에 (주)회계의 주식 100주를 주당 10,000원에 취득(매도가능증권으로 회계처리함)하고, 취득 관련 수수료비용 20,000원을 포함하여 현금으로 지급하였다. 그리고 다음 날 1월 17일에 (주)회계의 주식 50주를 주당 9,000원에 현금 처분하였다.

① 당기순이익 40,000원 감소한다. ② 당기순이익 50,000원 감소한다.
③ 당기순이익 60,000원 감소한다. ④ 당기순이익 70,000원 감소한다.

10 다음 중 단기매매증권 취득 시 발생한 비용을 취득원가에 가산할 경우 재무제표에 미치는 영향으로 옳은 것은?

[2024년, 116회]

① 자산의 과소계상
② 부채의 과대계상
③ 자본의 과소계상
④ 당기순이익의 과대계상

11 다음의 계정별원장을 분석하여 9월 1일 단기매매증권처분가액을 계산하면 얼마인가?

[2022년, 101회]

단기매매증권		단기매매증권처분이익
8/1 현금 500,000원	9/1 현금 500,000원	9/1 현금 100,000원

① 400,000원
② 500,000원
③ 600,000원
④ 1,000,000원

정답 및 해설

01 ② ① 채권을 단기처분 목적이면 단기매매증권, 만기까지 보유 목적이면 만기보유증권, 1년 이후 처분 목적이면 매도가능증권으로 분류함.
② 단기매매증권은 곧장 처분이 가능해야 하므로 시장성을 상실하면 매도가능증권으로 분류해야 함.
③ 만기보유증권은 만기까지 보유하므로 기말에 공정가치로 평가하지 않음.
④ 매도가능증권은 1년 이후 장기간 매매차익을 목적으로 함.

02 ② 채권도 만기까지 보유하지 않고 1년 이내 매각할 의도가 있으면 단기매매증권으로 처리하고 기말에 공정가치로 평가해야 함.
(단, 만기까지 보유하는 채권은 매도가능증권으로 처리하고 기말에 공정가치로 평가하지 않음.)

03 ④ • ㈜미국-단기매매증권: 2,000,000 ⇒ 2,400,000, 단기매매증권평가이익(영업외수익) 400,000원 발생
• ㈜중국-매도가능증권: 1,800,000 ⇒ 1,700,000, 매도가능증권평가손실(기타포괄손익누계) 100,000원 발생

04 ② 매도가능증권 취득 시 발생한 수수료는 취득원가에 가산함.

05 ② 3.1에 주당 10,000원에 취득한 단기매매증권을 6.30에 주당 9,000원에 300주를 처분했으므로 300,000원[300주×(10,000-9,000)]의 처분손실이 발생하여 당기순이익이 300,000원 감소함.

06 ② • 단기매매증권 200주 × 12,000원 = 2,400,000원
• 단기매매증권평가이익 400,000원[200주×(12,000원-10,000원)] + 배당금수익 200,000원(200주×1,000원) = 600,000원

07 ③ 2012.8.5. 단기매매증권 1,000,000원(100주×1주당 10,000원)
2012.12.31. 단기매매증권 770,000원(100주×1주당 7,700원)
2013.5.5. 무상주식 수령 10주는 취득가액이 0원으로 총가액은 770,000원으로 변동 없으며 주당 가액은 7,000원임.(770,000원÷110주)

08 ③ 결산일 현재 공정가치로 평가할 때 장부가액과 차액은 단기매매증권은 영업외손익(손익계산서 계정), 매도가능증권은 기타포괄손익누계액(재무상태표 계정)으로 반영한다.

09 ③ • 1월 16일: 매도가능증권 취득 시 수수료는 취득원가에 가산함. 따라서 1주당 취득단가는 10,200원임.(1,020,000÷100주)
  (차) 매도가능증권   1,020,000   (대) 현 금   1,020,000

• 1월 17일: 50주를 주당 9,000원에 처분해 60,000원[50주×(10,200-9,000)]의 처분 손실 발생.
  (차) 현 금   450,000   (대) 매도가능증권   510,000
      매도가능증권처분손실   60,000

1월 17일 영업외비용 매도가능증권처분손실 60,000원이 발생해 당기순이익 60,000원이 감소함.

10 ④ 단기매매증권 취득 시 수수료는 당기 비용처리 하는데 이를 취득원가에 가산하면 ⇒ 비용 과소계상(당기순이익 과대계상 → 자본 과대계상), 자산 과대계상 됨.

11 ③ 8/1 단기매매증권 500,000원 취득 → 9/1 취득한 단기매매증권 500,000원 전량 처분 + 단기매매증권처분이익 100,000원 발생 ⇒ 처분 시 현금 수령액은 600,000원임.

09 유가증권 실무기출 공략하기

> 본 교재의 실습자료는 cafe.naver.com/eduacc의 「공지&DATA다운로드」에서 공지 에 있는 [콕콕정교수 전산회계 1급] 이론+실무+기출 실습데이터의 Data_Install_JH1.zip 파일을 다운받아 컴퓨터에 설치 후, 회사등록 클릭, F4 회사코드재생성 클릭 후 「㈜금왕전자」선택

01 난이도 ★★ 필수
2월 12일, 당사는 ㈜봄날의 주식 100주(액면가 @5,000원)를 900,000원에 취득하였다. 취득 시 수수료 30,000원을 포함하여 930,000원을 현금으로 지급하였다. (단, ㈜봄날의 주식은 시장성이 있으며 단기시세차익 목적이다. 하나의 전표로 처리할 것)
[2024년, 116회]

02 난이도 ★★ 필수
3월 12일, 일시보유목적으로 취득한 시장성 있는 ㈜봄날 주식 100주(장부금액 900,000원)를 주당 8,000원에 전부 처분하고 대금은 보통예금계좌로 이체받다. (단, 주식 처분과 관련하여 발생한 수수료 50,000원은 현금으로 지급하였다. 하나의 전표로 회계처리 하시오.)
[2015년, 62회]

03 난이도 ★★ 필수
7월 13일, 장기투자 목적으로 ㈜부산상사의 보통주 4,000주를 1주당 10,000원(1주당 액면가 5,000원)에 취득하고, 대금은 매입수수료 115,000원과 함께 보통예금 계좌에서 이체하여 지급하였다.
[2024년, 117회]

04 난이도 ★★★ 필수
7월 20일, 회사가 보유하고 있던 매도가능증권(투자자산)을 다음과 같은 조건으로 처분하고 대금은 보통예금으로 회수하였다. (단, 전기의 기말평가는 일반기업회계기준에 따라 처리하였다.)
[2022년, 102회]

취득가액	전년도말 공정가치	처분가액	비 고
24,000,000원	28,000,000원	29,000,000원	시장성이 있다.

05 난이도 ★★
다음은 회계연도 말 결산일 현재 단기매매차익을 목적으로 보유하고 있는 주식의 내역이다. 당사는 단기매매증권의 평가손익을 통산하여 회계처리 하고 있다.
[2025년, 119회 변형]

주식명	취득원가	전년도 말 공정가액	당해연도 말 공정가액
㈜인천 보통주	32,000,000원	34,000,000원	30,500,000원
㈜울산 보통주	18,000,000원	21,000,000원	21,000,000원
합 계	50,000,000원	55,000,000원	51,500,000원

06 당기 중 단기시세차익을 목적으로 ㈜눈사람의 주식 100주(1주당 액면금액 100원)를 10,000,000원에 취득하였으나, 기말 현재 시장가격은 12,500,000원이다. 12월 31일자로 기말 결산분개를 하시오. (단, ㈜눈사람의 주식은 시장성이 있다.)

난이도 ★★ 필수   [2024년, 114회]

정답 및 해설

01 단기매매증권 취득가액은 900,000원이며 수수료비용 30,000원은 영업외비용 처리함.

| 2. 12 | (차) 단기매매증권(107, 당좌자산) 900,000 수수료비용(영업외비용) 30,000 | (대) 현금 930,000 |

02 단기매매증권처분손실은 매각손실 100,000원(처분가액 800,000 − 취득가액 900,000) + 처분수수료 50,000원 = 150,000원임.

| 3. 12 | (차) 보통예금 800,000 단기매매증권처분손실(영업외비용) 150,000 | (대) 단기매매증권(107, 당좌자산) 900,000 현금 50,000 |

03 매도가능증권 취득 수수료는 취득원가에 가산함. 4,000주×10,000원 + 115,000 = 40,115,000원

| 7. 13 | (차) 매도가능증권(178, 투자자산) 40,115,000 | (대) 보통예금 40,115,000 |

04
- 전년도말 매도가능증권평가이익(기타포괄손익누계): 4,000,000원 (28,000,000 − 24,000,000)
- 매도가능증권 처분 시 매도가능증권평가손실(기타포괄손익누계)를 먼저 없애야 함.
- 매도가능증권처분이익: 29,000,000(처분가액) − 매도가능증권 장부가액(28,000,000) − 매도가능증권평가이익(4,000,000) = 5,000,000원

| 7.20 | (차) 보통예금 29,000,000 매도가능증권평가이익 4,000,000 (기타포괄손익누계) | (대) 매도가능증권(178, 투자자산) 28,000,000 매도가능증권처분이익 5,000,000 (영업외수익) |

(*) 매도가능증권은 투자자산에 해당하는 178번, 매도가능증권평가이익은 기타포괄손익누계의 394번을 선택해야 함. 헷갈리면 「계정과목및적요등록」 표를 보고 선택할 것

05 단기매매증권이 전년도말 공정가액(55,000,000) → 당해연도 공정가액(51,500,000)으로 3,500,000원 하락하였음. 단기매매증권평가손실(영업외비용) 처리하되, 회계연도 말이므로 12.31자로 입력

| 12.31 | (차) 단기매매증권평가손실(영업외비용) 3,500,000 | (대) 단기매매증권(107, 당좌자산) 3,500,000 |

06

| 12.31 | (차) 단기매매증권(107, 당좌자산) 2,500,000 | (대) 단기매매증권평가이익(영업외수익) 2,500,000 |

(*) 취득가액 10,000,000원, 기말 공정가치 12,500,000원 ⇒ 단기매매증권평가이익(영업외수익) 2,500,000원

10 기타 당좌자산

학습내용 · 미수금 · 선급금 · 선납세금 · 선급비용 · 미수수익

출제경향 매회 시험마다 1문제 정도 출제되는데 이론보다 실무 문제로 더 많이 출제되고 있음. 선급금, 선급비용, 선납세금, 미수수익이 번갈아 가면서 출제되고 있는데 공부량 대비 출제빈도가 매우 높으니 이해를 바탕으로 학습해야 함.

본 교재의 실습자료는 cafe.naver.com/eduacc의 「공지&DATA다운로드」에서 공지 에 있는 [콕콕정교수 전산회계 1급] 이론+실무+기출 실습데이터의 Data_Install_JH1.zip 파일을 다운받아 컴퓨터에 설치 후, 회사등록 클릭, F4 회사코드재생성 클릭 후 「㈜화랑전자」 선택

1 단기대여금

대여금이란 나중에 갚는 조건으로 돈을 빌려 주는 것인데, 그중에서 회계기간 종료일 현재 1년 이내에 돌려받을 수 있는 돈을 단기대여금이라고 합니다. 1년 이후에 돌려받는 대여금은 장기대여금으로 비유동자산에 포함시킵니다.

실무기출 확인문제 | 전산회계 1급, 68회 |

10월 28일 거래처인 (주)대흥에 대한 외상매출금 현재 잔액 중 20,000,000원을 대여금(9개월 만기)으로 전환하기로 하였다.

|정 답|

| 10. 28 | (차) 단기대여금((주)대흥) | 20,000,000 | (대) 외상매출금((주)대흥) | 20,000,000 |

일	번호	구분	계 정 과 목	거 래 처	적 요	차 변	대 변
28	00001	차변	0114 단기대여금	01015 (주)대흥		20,000,000	
28	00001	대변	0108 외상매출금	01015 (주)대흥			20,000,000

(*) 일반전표 입력 클릭 → 10. 28 입력 → 차변에 단기대여금 선택, 거래처는 F2 눌러 (주)대흥 선택 후 20,000,000 입력 → 대변 외상매출금 선택, 거래처는 (주)대흥 선택, 20,000,000입력

이렇게 외상매출금이 단기대여금으로 바뀌면 (주)대흥에서 받을 돈 2,000만 원은 상거래채권이 아닌 일반채권으로 바뀌게 됩니다.

2 미수금

미수금이란 회사 본연의 상거래, 즉 상품, 제품의 매출이 아닌 다른 이유로 발생한 받지 못한 채권입니다. 그 대표적인 사례가 회사가 영업에서 사용하던 기계, 트럭을 팔면서 받지 못한 돈인데 자세한 내용은 다음과 같습니다.

실무기출 확인문제 | 전산회계 1급, 56회 |

8월 16일 업무용으로 사용하던 기계장치(장부금액 10,000,000원)를 10,000,000원에 대성기업에 처분하고, 대금은 대성기업이 발행한 어음(90일 만기)을 받았다.

|정 답|

| 8. 16 | (차) 미수금(대성기업) | 10,000,000 | (대) 기계장치 | 10,000,000 |

일	번호	구분	계 정 과 목	거 래 처	적 요	차 변	대 변
16	00001	차변	0120 미수금	01040 대성기업		10,000,000	
16	00001	대변	0206 기계장치				10,000,000

(*) 일반전표 입력 클릭 → 8. 16 입력 → 차변에 미수금, 거래처는  눌러 대성기업 선택 후 10,000,000 입력 → 대변 기계장치 선택, 10,000,000 입력

여기서 한 가지 주의할 점은 업무에 사용하던 기계장치를 팔고 대성기업의 어음을 받으면 이때 받을어음 계정이 아닌 미수금 계정을 사용해야 합니다. 왜냐하면 받을어음은 상품, 제품 같이 본연의 영업활동에서 수령한 어음에만 사용하기 때문입니다.

[매출채권 vs 미수금]

전산회계시험에서 상품, 제품 등 상거래에서 못 받은 돈은 외상매출금 또는 받을어음, 상거래가 아닌 거래에서 못 받은 돈 또는 어음을 미수금으로 회계처리하는 문제가 자주 되므로 반드시 구별할 줄 알아야 함.

핵심체크

매출채권 vs 미수금
- 매출채권: 상거래에서 받지 못한 금액(외상매출금, 받을어음)
- 미수금: 상거래 이외에서 받지 못한 금액

3 선급금

실무에서 상품, 원재료, 기계 등을 구입하거나 사무실 전세를 얻기 위해 선금 또는 계약금 명목으로 총 매입금액 또는 총 전세금의 10% 정도를 미리 지급하는 경우가 있는데, 이럴 때 사용하는 계정과목이 선급금입니다.

핵심체크

선급금
계약금, 선금 지급액

실무기출 확인문제 | 전산회계 1급, 56회 |

7월 23일 제품을 생산하기 위해 서현실업으로부터 원재료를 매입하기로 하고, 계약금으로 1,000,000원을 보통예금에서 지급하였다.

 정교수 콕콕

|정답|

| 7.23 | (차) 선급금(서현실업) | 1,000,000 | (대) 보통예금 | 1,000,000 |

일	번호	구분	계정과목	거래처	적요	차변	대변
23	00003	차변	0131 선급금	01067 서현실업		1,000,000	
23	00003	대변	0103 보통예금				1,000,000

(*) 일반전표 입력 클릭 → 7. 23 입력 → 차변에 선급금, 거래처는 F2 눌러 서현실업 선택 후 1,000,000 입력 → 대변 보통예금 선택, 1,000,000 입력

 핵심체크 콕 콕

선납세금
이자 수령 시 원천징수세액, 법인세 중간예납세액

4 선납세금

회사가 1년에 한 번 법인세를 납부하면 국가는 중간에 사용할 세금이 부족할 수 있어 회사는 매년 8월에 1년 치 법인세의 대략 50%를 미리 선납하는데 이를 법인세 중간예납이라고 합니다. 또한 회사가 예·적금에 대한 이자를 은행에서 받을 때 이자에 대한 법인세를 미리 징수당합니다.

선납세금이란 이렇게 회사가 미리 납부하는 세금으로 전산회계1급 시험에서는 '은행이자 받을 때 징수당하는 세금'과 '법인세 중간예납'이 주로 실무문제로 출제되고 있습니다.

실무기출 확인문제 | 전산회계 1급, 99회 |

9월 25일 이자수익 200,000원에 대하여, 원천징수세액을 제외한 나머지 금액이 보통예금으로 입금되었다.(원천징수세율은 15.4%로 가정하고, 자산으로 처리한다.)

|정답|

| 9.25 | (차) 선납세금
보통예금 | 30,800
169,200 | (대) 이자수익(영업외수익) | 200,000 |

일	번호	구분	계정과목	거래처	적요	차변	대변
25	00001	차변	0136 선납세금			30,800	
25	00001	차변	0103 보통예금			169,200	
25	00001	대변	0901 이자수익				200,000

(*) 일반전표 입력 클릭 → 9. 25 입력 → 차변 선납세금 30,800(200,000×15.4%) 입력 → 차변 보통예금 169,200 입력 → 대변 이자수익 200,000 입력

은행은 이자를 지급할 때 법인세 14%와 지방소득세 1.4%, 총 15.4%를 미리 세금을 징수하고 나머지만 예금주에게 지급합니다. 따라서 사례에서 200,000원 이자를 지급할 때 원천징수 할 세금은 총 30,800원(200,000원×15.4%)입니다.

5 가지급금

현금 또는 예금이 지급되었지만 정확히 어떤 명목으로 사용될지 알 수 없는 경우가 있습니다. 가지급금이란 이런 지출이 있을 때 사용하는 계정과목으로 나중에 그 사용내역이 확인되면 해당 계정과목으로 바꾸는데, 가지급금은 전산회계 1급 시험에 종종 출제되기 때문에 그 개념을 꼭 알아야 합니다.

> **정교수 콕콕**
>
> **핵심체크**
>
> **가지급금**
> 지급된 현금이 어디에 사용될지 모를 때 사용하는 임시계정

1. 발생시점

실무기출 확인문제 | 전산회계 1급, 24회 변형 |

2월 17일 생산직 직원 회식을 위해 현금 500,000원을 공장장 이세영에게 가지급하고 회식 후 현금영수증을 받아 경비처리 하기로 하였다. (계정과목 가지급금 사용하고 거래처 입력할 것.)

|정 답|

| 2. 17 | (차) 가지급금(이세영) | 500,000 | (대) 현 금 | 500,000 |

일	번호	구분	계 정 과 목	거 래 처	적 요	차 변	대 변
17	00001	차변	0134 가지급금	01034 이세영		500,000	
17	00001	대변	0101 현금				500,000

(*) 일반전표 입력 클릭 → 2. 17 입력 → 차변에 가지급금, 거래처는 F2 이세영 선택 후 500,000 입력 → 대변 현금 선택, 500,000입력

2. 정산시점

이렇게 지출된 가지급금이 나중에 그 사용 내역이 정확히 정해지면 추후 이 가지급금을 없애야 하는데 다음과 같이 정산 처리하면 됩니다.

실무기출 확인문제 | 전산회계 1급, 93회 |

2월 18일, 공장장 이세영이 복귀하여 2월 17일에 가지급금으로 처리하였던 생산부서 회식비 500,000원을 정산하고, 초과지출분 16,000원을 추가로 이세영에게 현금 지급하였다.(가지급금계정에 거래처 입력할 것)

|정 답|

| 2. 18 | (차) 복리후생비(제조원가) | 516,000 | (대) 가지급금(이세영) | 500,000 |
| | | | 현 금 | 16,000 |

일	번호	구분	계 정 과 목	거 래 처	적 요	차 변	대 변
18	00001	차변	0511 복리후생비			516,000	
18	00001	대변	0134 가지급금	01034 이세영			500,000
18	00001	대변	0101 현금				16,000

(*) 일반전표 입력 클릭 → 2. 18 입력 → 차변에 복리후생비 선택(생산부서이므로 제조원가 선택), 516,000 입력 → 대변에 기존의 가지급금 선택(거래처 이세영) → 대변에 추가 현금 지급액 16,000원 입력

핵심체크

선급비용(자산)
미래 비용을 미리 지급 후 자산 처리한 금액(비용의 이연)

6 선급비용

1. 선급비용 개념

선급비용이란 미리 지급한 비용으로 그 대표적인 사례가 보험료입니다. 통상 자동차보험료는 1년 치, 화재보험료는 2~3년 치를 선납하는 경우가 많은데, 기업회계기준은 이 중 당해 연도 해당 부분만 비용으로 처리하고 나머지는 회계연도 말에 '선급비용' 이라는 자산으로 처리하도록 하고 있습니다. 즉, 선급비용이란 미리 낸 비용 중 아직 비용화가 되지 않은 부분을 회사의 자산으로 처리하는 것입니다.

이미 지급한 보험료가 왜 자산이냐고 물을 수 있지만 자동차보험을 중간에 해약하면 남은 기간에 대한 보험료를 돌려주기 때문에 회계연도 말에 남은 기간에 대한 보험료 또한 자산이 맞습니다.

이론기출 확인문제 | 전산회계 1급, 60회 변형 |

미경과 보험료를 선급비용 처리한 경우, 20x1년과 20x2년에 각각 비용으로 인식할 보험료 금액은?

- 03/01: 12개월분(20x1년 3월~20x2년 2월) 보험료 240,000원 현금 지급
- 12/31: 기말 결산에 보험료 선급분을 계상하다.

|정답|

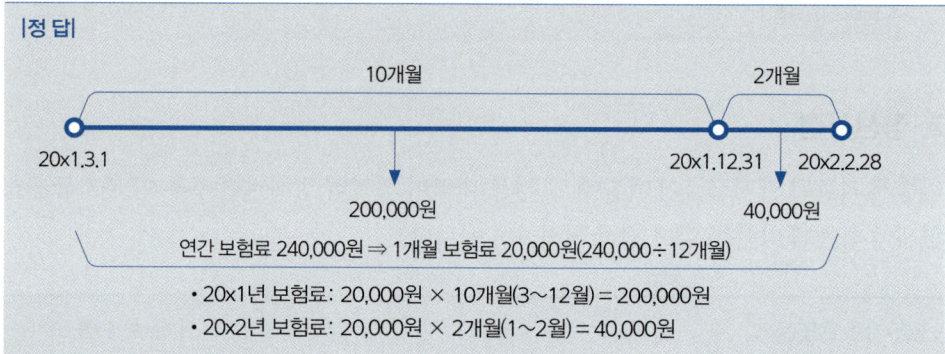

- 20x1년 보험료: 20,000원 × 10개월(3~12월) = 200,000원
- 20x2년 보험료: 20,000원 × 2개월(1~2월) = 40,000원

핵심체크

선급비용(자산)의 비용처리
기간 경과 부분만큼 선급비용(자산)에서 차감하고 비용으로 인식

2. 선급비용 처리방법

여기서 한 가지 주의할 점은 처음 1년 치 보험료를 낼 때 회계처리 하는 방법에 따라 아래와 같이 회계연도 말에 선급비용을 계산하는 방식이 달라집니다. 다만, 구체적 분개 문제는 전산회계 1급에 자주 출제되지 않으므로 계산과정 위주로 공부하세요.

구분	① 최초 전액 비용처리	② 최초 전액 자산처리
최초 납부시점	보험료 240,000 / 현금 240,000	선급비용(자산) 240,000 / 현금 240,000
회계연도 말	선급비용(자산) 40,000 / 보험료 40,000	보험료 200,000 / 선급비용(자산) 200,000

① 최초 전액 비용 처리(24만 원) ⇒ 회계연도 말에 선급비용(자산) 4만 원 인식

> 이 방법은 일단 1년 치 보험료 전액을 '보험료'라는 비용 처리 후 회계연도 말에 아직 보험기간이 지나지 않은 다음연도 1, 2월 두 달치 40,000원을 '선급비용(자산)'으로 처리하는 방법입니다.

② 최초 전액 선급비용(자산) 처리(24만 원) ⇒ 회계연도 말에 보험료(비용) 20만 원 인식

> 이 방법은 일단 1년 치 보험료 전액을 '선급비용'이라는 자산으로 처리 후 회계연도 말에 당해연도에 해당 하는 보험료를 계산해 비용으로 인식하는 방법입니다.

이렇게 당해 연도에 납부한 보험료 중 일단 선급비용이라는 자산으로 잡았다가 나중에 비용으로 처리하는 것을 '미룬다.'라는 뜻의 비용의 이연(移延)이라고 부르기도 하는데 이론 및 실무문제로 자주 출제됩니다.

위 두 방법 중 어느 방법으로 회계처리 하든 결과적으로 당해연도에 비용으로 처리된 금액은 20만 원이며 당해연도 말에 선급비용(자산)으로 처리되는 금액은 4만 원인데 이를 요약하면 다음과 같습니다.

〈선급비용 요약〉

구 분	최초 전액 비용처리한 경우	최초 전액 자산 처리한 경우
최초 비용처리 한 금액	240,000원	–
비용 인식(취소) 금액	(–)40,000원	200,000원
20×1년 최종 비용	200,000원	200,000원
20×1년말 선급비용(자산) 금액	40,000원	40,000원

이론기출 확인문제 | 전산회계 1급, 80회 |

다음 내용을 보고 결산시점 수정분개로 적절한 것은?

> • 9월 1일 본사 건물에 대한 화재보험료 1,500,000원을 보통예금계좌에서 이체하였다.
> • 경리부에서는 이를 전액 비용처리 하였다.
> • 12월 31일 결산시점에 화재보험료 미경과분은 1,000,000원이다.

	차 변		대 변	
①	보험료	500,000원	미지급비용	500,000원
②	보험료	1,000,000원	선급비용	1,000,000원
③	미지급비용	500,000원	보험료	500,000원
④	선급비용	1,000,000원	보험료	1,000,000원

| 정답 | ④
9월 1일, 150만 원을 전액 비용처리 했는데 이 중 회계기간 말 현재 100만 원이 아직 비용화가 되지 않았다면 100만 원의 비용처리(보험료)를 취소하고 이를 자산(선급비용) 처리해야 함. (차) 선급비용 1,000,000 / (대) 보험료 1,000,000

실무기출 확인문제 | 전산회계 1급, 117회 |

7월 1일에 제품 생산공장의 1년분(당해 연도 7월 1일 ~ 다음 연도 6월 30일) 임차료 1,200,000원을 지불하고 전액 비용으로 일반전표에 회계처리 하였다. 이에 대한 기간 미경과분 임차료를 월할 계산하여 12월 31일자로 결산정리분개를 하시오.

| 정답 |
- 선급비용(다음 연도 해당 금액) : 1,200,000원 × (6개월/12개월) = 600,000원
- 최초 지급 시 전액 비용처리 했으므로 선급비용 600,000원 만큼 임차료(비용) 줄이고 선급비용(자산) 인식

| 12. 31 | (차) 선급비용(자산) | 600,000 | (대) 임차료(제조원가) | 600,000 |

일	번호	구분	계정과목	거래처	적요	차변	대변
31	00001	차변	0133 선급비용			600,000	
31	00001	대변	0519 임차료				600,000

(*) 일반전표 입력 클릭 → 12. 31 입력 → 차변에 선급비용(자산) 600,000 입력 → 대변에 임차료(생산공장이므로 제조원가) 600,000 입력

핵심체크

미수수익
발생한 수익 중 받지 못한 금액

7 미수수익

미수수익이란 발생한 수익 중 아직 받지 못한 부분인데 전산회계 1급 시험에서는 미수수익의 개념을 익힌 뒤 간단한 계산문제를 풀 수 있어야 합니다.

미수수익의 대표적 예가 바로 정기예금 이자인데 정기예금은 은행에 가입하면 만기시점에 원금과 전체 이자를 한꺼번에 받습니다. 그런데 회계는 매년 말, 즉 12월 31일을 기준으로 결산을 해야 하기 때문에 연말 기준으로 발생은 했지만 아직 받지 못한 이자를 미수수익으로 처리해야 합니다.

이론 확인문제 | 전산회계 1급, 119회 |

20×1년 4월 1일, 10,000,000원을 연이자율 6%, 만기 1년의 정기예금에 가입하였다. 20×1년도에 인식할 이자수익과 미수수익을 계산하시오.

|정답|

- 1개월 이자: (10,000,000원 × 6%) ÷ 12 = 50,000원
- 20x1년 이자수익: 50,000원×9개월(4~12월) = 450,000원
- 20x2년 이자수익: 50,000원×3개월(1~3월) = 150,000원
- 20x1.12.31: 기말 시점

(차) 미수수익(자산)	450,000	(대) 이자수익(영업외수익)	450,000

- 20x2.3.31: 만기 시점 `어려우면 패스`

(차) 현 금	600,000	(대) 이자수익(영업외수익)	150,000
		미수수익(자산)	450,000

10 기타 당좌자산 이론기출 공략하기

01 난이도 ★★★ 필수
다음 중 기말 결산 시 비용의 이연과 가장 관련 있는 거래는? [2015년, 63회]
① 공장건물에 선급보험료 100,000원을 계상하다.
② 공장건물에 대한 선수임대료 1,000,000원을 계상하다.
③ 정기예금에 대한 미수이자 100,000원을 계상하다.
④ 단기차입금에 대한 미지급이자 100,000원을 계상하다.

02 난이도 ★★
다음 중 결산 시 미수이자를 계상하지 않는 경우 당기 재무제표에 미치는 영향으로 올바른 것은? [2017년, 71회]

| 가. 자산의 과소계상 | 나. 자산의 과대계상 |
| 다. 수익의 과소계상 | 라. 수익의 과대계상 |

① 가, 다 ② 가, 라
③ 나, 다 ④ 나, 라

03 난이도 ★★ 필수
다음 회계처리로 인하여 재무제표에 미치는 영향을 바르게 설명한 것은? [2017년, 73회]

업무용차량을 취득하기로 하고 지급한 금액 선급금 2,000,000원을 차량유지비로 회계처리하였다.

① 수익이 2,000,000원 과대계상된다. ② 비용이 2,000,000원 과대계상된다.
③ 자본이 2,000,000원 과대계상된다. ④ 자산이 2,000,000원 과대계상된다.

04 난이도 ★★★ 필수
20X3년에 자동차 보험료 24개월분(20X3.3월~20X5.2월) 480,000원을 현금으로 지급하고 미경과분을 선급비용 처리 한 경우, 20X4년 비용으로 인식할 보험료 금액은? [2014년, 60회]
① 200,000원 ② 220,000원
③ 240,000원 ④ 260,000원

05 (주)관우의 결산 결과 손익계산서에 당기순이익이 100,000원으로 계상되어 있으나, 다음과 같은 사항들을 발견하고 수정하였다. 수정 후의 당기순이익으로 옳은 것은? [2014년, 59회]

- 손익계산서에 계상된 보험료 중 5,000원은 차기 비용이다.
- 손익계산서에 계상된 이자수익 중 4,000원은 차기 수익이다.

① 99,000원 ② 100,000원 ③ 101,000원 ④ 109,000원

06 다음 (가), (나)의 거래를 분개할 때, 차변에 기입되는 계정과목으로 바르게 짝지은 것은? [2018년, 76회]

(가) 일반적 상거래 외 거래에서 외상으로 발생하는 채권에 대해서 (가) 계정을 사용한다.
(나) 상품 등을 인수하기 전에 상품 등의 대금을 지급한 경우 (나) 계정으로 처리한다.

① (가) 외상매출금 (나) 선급금
② (가) 미수금 (나) 선급금
③ (가) 외상매출금 (나) 선수금
④ (가) 미수금 (나) 선수금

정답 및 해설

01 ① 비용의 이연이란 선급한 비용 중 아직 비용화되지 않은 부분을 자산으로 계상해 다음 연도로 넘기는 것으로 선급보험료가 대표적 사례임. ② 선수임대료는 건물주가 임대료를 미리 받은 경우로 부채이며, ③ 미수이자는 이자가 발생은 했으나 받지 못한 경우로 자산이며, ④ 미지급이자는 발생한 이자를 지급하지 못한 부채로, 보기 ②③④는 모두 비용의 이연과는 상관이 없음.

02 ① 누락된 분개 (차) 미수수익(자산) ××× (대) 이자수익(영업외수익) ××× 임. 결국 이자수익을 누락해 수익을 과소계상하게 되고, 그만큼 자산을 과소계상하게 됨.

03 ② 선급금(자산)을 차량유지비(비용)으로 처리하면 ④ 자산 과소계상, ② 비용 과대계상, 순이익 과소계상 → ③ 이익잉여금(자본) 과소계상됨. ① 수익과는 상관이 없음.

04 ③ 480,000(총보험료) ÷ 24개월 = 20,000원(매월), 2014년은 총 12개월이므로 2014년분 보험료는 20,000 × 12개월 = 240,000원임.

05 ③ 차기 보험료는 당기 비용에서 제외해야 하며, 차기 이자수익은 당기 수익으로 인식하면 안 됨. 차기 보험료 5,000원을 비용에서 차감하면 순이익 증가하고, 차기 이자수익 4,000원을 수익에서 차감하면 순이익 감소함. 5,000 - 4,000원 = 1,000원 순이익 증가하여 수정 후 당기순이익은 101,000원임.

06 ② 상거래 이외 채권은 미수금, 상품 매입의 계약금 등 사전지급은 선급금임.

10 기타 당좌자산 실무기출 공략하기

본 교재의 실습자료는 cafe.naver.com/eduacc의 「공지&DATA다운로드」에서 공지 에 있는 [콕콕정교수 전산회계 1급] 이론＋실무＋기출 실습데이터의 Data_Install_JH1.zip 파일을 다운받아 컴퓨터에 설치 후, 회사등록 클릭, F4 회사코드재생성 클릭 후 「㈜화랑전자」 선택

01 난이도 ★★
9월 21일, 거래처인 (주)대흥에 1년 이내 회수 목적으로 100,000,000원을 대여하기로 하여 80,000,000원은 보통예금에서 지급하였고, 나머지 20,000,000원은 (주)대흥에 대한 외상매출금을 대여금으로 전환하기로 약정하였다.
[2023년, 107회]

02 난이도 ★★ 필수
9월 24일, (주)부산상회에 사무실을 임대하였는데, 임대보증금 30,000,000원 중 3,000,000원만 (주)부산상회 발행 당좌수표로 받고, 나머지는 월말에 지급받기로 하였다.
[2013년, 57회]

03 난이도 ★ 필수
7월 27일, 창고 임차보증금에 대한 계약금 2,000,000원을 (주)라이브상사에 당점발행 당좌수표로 지급하였다. 계약기간은 당해연도 8월 1일부터 다음연도 7월 31일까지이다.
[2023년, 107회]

04 난이도 ★ 필수
7월 20일, 유동전자로부터 전자제품 원재료를 구입하기로 하고, 계약금 1,000,000원을 현금으로 지급하였다.
[2024년, 116회]

05 난이도 ★★
8월 30일, 당해 사업연도 법인세 중간예납세액 1,100,000원을 현금으로 납부하였다. (법인세 납부액은 자산계정으로 처리할 것)
[2017년, 71회]

06 3월 12일, 국민은행에 예입한 정기예금이 금일로 만기가 되어 다음과 같이 해약하고 해약금액은 모두 당좌예금계좌에 입금하였다. (원천징수액은 자산으로 처리한다.) [2015년, 63회]

- 정기예금: 50,000,000원
- 법인세 원천징수액: 616,000원
- 이자수익: 4,000,000원
- 차감지급액: 53,384,000원

07 2월 1일, 공장의 기계장치에 대하여 삼일화재보험사에 화재보험(보험기간 당해연도 2.1~다음연도 1.31)을 가입하고 4,800,000원을 현금 지급하였다. 전액 자산으로 회계처리 하시오. [2014년, 59회]

08 결산일인 12.31 현재 영업부 건물에 대하여 우진화재에 지급한 화재보험료의 상세 내역이다. (단, 보험료 지급액은 전부 판매비와관리비로 처리하였으며, 보험료는 월할 계산한다.) [2021년, 100회]

- 보험기간: 당해 연도 7.1~다음 연도 6.30
- 보험료 납부일: 당해 연도 7.1
- 보험료: 6,000,000원

09 9월 28일, 국민은행으로부터 이자수익 200,000원 중 원천징수세액 15.4%를 제외한 나머지 금액인 169,200원이 보통예금 계좌로 입금되었다. (단, 원천징수세액은 자산으로 처리한다.) [2021년, 99회]

10 10월 1일에 로배전자에 30,000,000원(상환기일 다음연도 9월 30일)을 대여하고, 연 7%의 이자를 상환일에 원금과 함께 수취하기로 약정하였다. 12월 31일자로 결산 정리분개를 하시오. (이자는 월할 계산할 것) [2024년, 115회]

🎯 정답 및 해설

01 일반전표 입력

1년 이내 회수할 목적으로 빌려주는 돈은 단기대여금으로 거래처는 (주)대흥임. 100,000,000원 중 20,000,000원은 받지 못한 외상매출금을 단기대여금으로 바꾸기로 했으므로 외상매출금을 대변에 기재해야 함. 거래처는 (주)대흥 입력

9. 21	(차) 단기대여금((주)대흥) 100,000,000	(대) 보통예금 80,000,000
		외상매출금((주)대흥) 20,000,000

02 일반전표 입력

당좌수표는 현금처럼 사용이 가능하기 때문에 현금으로 회계처리 하며, 원재료, 상품과 같은 상거래가 아닌 거래로 받지 못한 돈은 미수금 계정과목 사용. 사무실을 빌려주면서 받은 돈을 나중에 돌려줘야 하므로 임대보증금 계정과목 사용하는데 건물주 입장의 계정과목임.

9. 24	(차) 현 금 3,000,000	(대) 임대보증금(294, (주)부산상회) 30,000,000
	미수금((주)부산상회) 27,000,000	

03 일반전표 입력

사무실을 빌리기 위해 지급한 보증금이 임차보증금이지만 계약금으로 지급한 돈이기 때문에 선급금 처리. 거래처는 (주)라이브상사 선택. 당좌수표를 발행하면 그 만큼 당좌예금에서 인출되기 때문에 당좌예금에서 차감함.

7. 27	(차) 선급금(131, (주)라이브상사) 2,000,000	(대) 당좌예금 2,000,000

04 일반전표 입력

원재료 구입을 위해 지급한 계약금은 선급금임. 거래처 유동전자 선택

7. 20	(차) 선급금(131, 유동전자) 1,000,000	(대) 현금 1,000,000

일	번호	구분	계정과목	거래처	적요	차변	대변
20	00001	차변	0131 선급금	01072 유동전자		1,000,000	
20	00001	대변	0101 현금				1,000,000

05 일반전표 입력

8. 30	(차) 선납세금(136) 1,100,000	(대) 현 금 1,100,000

06 일반전표 입력

은행에서 정기예금 이자를 수령할 때는 은행이 세금을 미리 원천징수하여 예금주 대신 세무서에 납부함. 고객 입장에서 이렇게 미리 납부한 세금은 선납세금 계정과목 사용

3. 12	(차) 당좌예금 53,384,000	(대) 정기예금 50,000,000
	선납세금(136) 616,000	이자수익(901, 영업외수익) 4,000,000

07 일반전표 입력

지급 시 전액 자산처리 조건이므로 4,800,000원을 전액 선급비용 처리. 이럴 경우 회계연도 말에는 미경과한 6개월 치 2,400,000원을 제외한 나머지 2,400,000원은 보험료(제조원가) 비용처리를 해야 함. 공장용 보험료이므로 제조원가 처리

2. 1	(차) 선급비용(133)	4,800,000	(대) 현금	4,800,000

08 일반전표 입력

- 보험료 지급 시 전액 비용 처리: 6,000,000원
- 당해 연도 비용: 6,000,000원 × (6개월 ÷ 12개월) = 3,000,000원

12. 31	(차) 선급비용(133)	3,000,000	(대) 보험료(판매비와관리비)	3,000,000

(*) 영업부 보험료이므로 판매관리비(800번대)를 선택해야 함.

09 일반전표 입력

원천징수세액 30,800원(200,000×15.4%)은 선납세금 처리

9. 28	(차) 보통예금 　　 선납세금(136)	169,200 30,800	(대) 이자수익(901, 영업외수익)	200,000

10 일반전표 입력

12. 31	(차) 미수수익(116, 당좌자산)	525,000	(대) 이자수익(901, 영업외수익)	525,000

(*) 당기분 이자 : 30,000,000 × 7% × (3개월/12개월) = 525,000원

11 재고자산

학습내용: • 재고자산 취득원가 • 재고자산 수량/단가 산정방법 • 기말재고평가

출제경향: 이론문제로 1~2회 시험마다 1문제씩 출제되고 있는데 주로 재고자산 수량 및 단가 계산방법이 출제되고 있음. 출제 가능성이 높고 가끔씩 선입선출법 등의 계산문제도 출제되니 이해를 바탕으로 꼼꼼히 학습해야 함.

본 교재의 실습자료는 cafe.naver.com/eduacc의 「공지&DATA다운로드」에서 공지 에 있는 [콕콕정교수 전산회계 1급] 이론+실무+기출 실습데이터의 Data_Install_JH1.zip 파일을 다운받아 컴퓨터에 설치 후, 회사등록 클릭, F4 회사코드재생성 클릭 후 「㈜현재전자」 선택

1 재고자산 개념

1. 재고자산 개념

재고자산(在庫資産)이란 회사가 판매를 위해 보유하는 자산이나 판매를 목적으로 제조과정 중에 있는 자산으로 상품, 원재료, 재공품, 제품이 있습니다.

2. 재고자산 종류

1) 원재료

물건의 제조를 위해 구입하는 원료, 재료, 부분품 등을 원재료(原材料), 제조하는 공정 중에 있는 것을 재공품(在工品), 제품이 여러 공정을 거쳐 완성되는 경우, 하나의 공정이 끝나서 다음 공정으로 넘겨지는 부분품을 반제품(半製品)이라고 합니다.

2) 상품·재공품·제품

구입해 판매하는 것을 상품(商品), 제조해 판매하는 것을 제품(製品), 공정에서 제조 중인 것을 재공품이라 합니다.

3. 재고자산 vs 유형자산

핵심체크
재고자산 vs 유형자산
• 재고자산: 판매목적
• 유형자산: 사용목적

재고자산이 되기 위해서는 반드시 판매를 목적으로 보유해야 하므로 삼성전자가 판매를

목적으로 창고에 보유 중인 컴퓨터는 재고자산이지만, 본사 관리부에서 사용 중인 컴퓨터는 유형자산 중 비품입니다.

 정교수 콕콕

> **이론기출 확인문제** | 전산회계 1급, 105회 |
>
> 다음 중 일반기업회계기준에 따른 재고자산으로 분류되는 항목은?
>
> ① 회계법인의 업무용으로 구입한 컴퓨터
> ② 임대업을 운영하는 기업의 임대용으로 보유 중인 주택
> ③ 경영컨설팅을 전문으로 하는 회사에서 시세차익을 목적으로 보유하는 유가증권
> ④ 조선업을 운영하는 기업의 판매용으로 제조 중인 선박
>
> |정 답| ④
> 재고자산은 판매목적이므로 판매용으로 제조중인 선박이 재고자산임. ① 업무용 컴퓨터(유형자산), ② 임대법인의 임대용 주택(유형자산), ③ 시세차익 목적 유가증권(당좌자산 또는 투자자산)임.

2 재고자산 취득원가

재고자산 취득원가는 재고자산의 판매가능 상태가 되기까지 소요된 일체의 비용, 즉 본래 물건값에 각종 운송비용, 수입 시 통관비용 등을 포함시키고, 매입할인(외상대금 조기 상환으로 인한 가격인하), 매입에누리(대량 구매, 하자 등으로 인한 가격인하), 매입환출(매입 반납)은 차감하여 계산합니다.

 핵심체크

재고자산 취득원가
매입가격 + 매입부대비용 − 매입할인 − 매입환출및에누리

| 재고자산 취득원가 | 매입가격 + 매입부대비용(운송료, 운송 관련 보험료, 통관수수료, 수입관세 등) − 매입할인 − 매입환출 − 매입에누리 |

※ KcLep 입력 시 매입할인, 매입환출과에누리가 원재료에 대한 것인지, 상품에 대한 것인지 구별하여 입력하여야 함.

 핵심체크

매입할인, 매입환출및에누리 KcLep 입력
상품(148), 원재료(155) 구별

> **이론기출 확인문제** | 전산회계 1급, 52회 |
>
> 다음 중 재고자산의 취득원가에 포함시켜야 하는 항목으로 가장 맞는 것은?
>
> ① 판매수수료 ② 판매 시의 운송비용
> ③ 재고자산 매입 시 수입관세 ④ 인수 후 판매까지의 보관료
>
> |정 답| ③
> 재고자산 취득 시 발생한 수입관세는 취득원가에 가산하지만, ① 판매수수료, ② 판매 시 운송비용, ④ 인수 후 보관료는 판매관리비임.

실무기출 확인문제 | 전산회계 1급, 52회

8월 30일, 미국에서 수입한 원재료 5톤을 인천공항에서 공장까지 운송하고 운송료 2,000,000원을 현금으로 지급하였다.

|정답|

8. 30	(차) 원재료(153)	2,000,000	(대) 현금	2,000,000

일	번호	구분	계정과목	거래처	적요	차변	대변
30	00002	차변	0153 원재료			2,000,000	
30	00002	대변	0101 현금				2,000,000

(*) 일반전표 입력 클릭 → 8. 30 입력 → 차변 153. 원재료 선택, 2,000,000 입력 → 대변 현금 2,000,000 입력

실무기출 확인문제 | 전산회계 1급, 24회

7월 27일, ㈜뜨끈전자로부터 구입한 원재료의 외상매입금 20,800,000원을 약정에 따라 600,000원을 할인받고 잔액은 당좌수표를 발행하여 지급했다.

|정답|

7. 27	(차) 외상매입금(㈜뜨끈전자)	20,800,000	(대) 당좌예금	20,200,000
			매입할인(원재료)	600,000

일	번호	구분	계정과목	거래처	적요	차변	대변
27	00001	차변	0251 외상매입금	00113 (주)뜨끈전자		20,800,000	
27	00001	대변	0102 당좌예금				20,200,000
27	00001	대변	0155 매입할인				600,000

(*) 일반전표 입력 클릭 → 7. 27 입력 → 차변 외상매입금 선택, F2 눌러 거래처 (주)뜨끈전자 선택, 20,800,000 입력 → 대변 당좌수표 발행하면 당좌예금에서 인출되므로 당좌예금 20,200,000 입력, 대변 원재료에 대한 매입할인(155) 입력

3 기말재고자산 금액 계산

재고자산금액은 수량과 단가를 곱해서 계산됩니다. 예를 들어 창고에 상품 100개가 있는데, 1개당 금액이 1,000원이라면 총 재고자산금액은 100,000원(100개×1,000원)입니다. 즉, 재고자산의 수량과 단가를 알아야 재고금액을 계산할 수 있습니다.

전산회계 1급 시험에는 재고의 수량, 단가계산 방법이 자주 출제되고 있는데 고득점을 목표로 한다면 계산문제까지 학습하는 것이 좋습니다.

1. 재고자산 수량 파악방법

1) 실지재고조사법

회계기간 말에 창고에 들어가 직접 재고자산 수량을 세어보는 방법으로 직접 수량을 세어보기 전까지는 그 수량을 파악할 수 없고 도난당하거나 파손 등으로 없어진 재고자산을 정확히 파악할 수 없는 단점이 있습니다.

2) 계속기록법

이를 보완하는 방법으로 다음과 같이 재고자산을 취득하고 판매할 때마다 장부에 기록해서 그 수량을 파악합니다.

일자	적요	입출고	기말재고자산
1월 1일	전기이월	100	100
1월 4일	매입	200	300
5월 10일	매출	(-)100	200
12월 5일	매출	(-)150	50
12월 31일	차기이월		50

3) 혼합법

이렇게 재고자산을 매입 또는 매출할 때마다 그 수량을 기록하는 계속기록법을 사용하면 원하면 언제든지 그 수량을 파악할 수 있게 됩니다. 다만, 실무에서는 평소 계속기록법을 사용하다가 회계기간 말에 재고를 실제 조사하는 혼합법을 사용하고 있습니다.

2. 재고자산 단가 계산방법

자, 계속기록법, 실지재고조사법 또는 혼합법을 통해 재고자산의 수량을 파악했으면 다음으로 재고자산의 단가(1개당 가격)를 파악할 차례인데, 재고자산은 필요할 때 수시로 구입하고 구입할 때마다 가격이 다르기 때문에 다음과 같은 4가지 방법을 사용합니다.

1) 개별법

단어 뜻 그대로 재고자산을 구입할 때마다 가격을 파악해 각 재고자산에 꼬리표를 붙이는 방법입니다. 이론적으로 가장 정확한 방법이지만 실무상 적용하기에는 번거롭기 때문에 항공기, 선박과 같은 고가의 재고자산에만 제한적으로 사용되며 전산회계 시험에는 거의 출제되지 않습니다.

재고자산 수량파악
실지재고조사법, 계속기록법, 혼합법

재고자산 단가계산
개별법, 선입선출법, 후입선출법, (이동)평균법

다음으로 선입선출법과 후입선출법, 그리고 평균법을 알아봐야 하는데 다음 기출문제를 통해 기말재고자산의 단가를 계산해 보겠습니다. 다만, 각 방법의 개념은 반드시 알아야 하지만 계산문제가 너무 어려우면 과감히 포기해도 전산회계 1급 시험 합격에는 지장이 없기는 합니다.

이론기출 확인문제 | 전산회계 1급, 102회 변형 |

다음 자료를 이용하여 선입선출법과 총평균법을 적용한 경우의 기말재고자산 가액의 차이는 얼마인가?

일 자	적 요	수 량	단 가
01월 04일	매 입	200개	1,000원
07월 10일	매 입	200개	1,300원
11월 05일	매 출	300개	-

① 10,000원 ② 15,000원 ③ 20,000원 ④ 25,000원

---

2) 선입선출법

선입선출법은(先入先出法)은 '먼저 들어온 것(先入)이 먼저 팔린다(先出).'라는 가정에 따라 재고자산 단가를 계산하는데 좀 전 기출문제로 선입선출법의 기말재고자산 단가와 매출원가를 계산해 보겠습니다.

11. 5에 판매된 300개는 기초재고(1월 4일) 200개가 먼저 팔리고, 그 다음에 7. 10에 매입한 재고가 100개 판매된 것입니다. 결국 기말재고 100개는 7. 10에 구입한 단가 1,300원 짜리 100개가 남게 되어 기말재고액은 130,000원(100개×1,300원)입니다.

기초재고 및 매입	판 매(선입선출)	기말재고
1. 4 200개(개당 1,000원) ⇒	11.5 200개(개당 1,000원) ⇒	–
7.10 200개(개당 1,300원) ⇒	11.5 100개(개당 1,300원) ⇒	100개(개당 1,300원)
460,000원	330,000원	130,000원

(*) 매출원가: 200개 × 1,000원(1.4) + 100개 × 1,300원(7.10) = 330,000원

실무에서는 재고가 오래될수록 유행이 지나 가치가 하락할 수 있어, 먼저 구입한 재고를 먼저 판매하는 것이 일반적이기 때문에 선입선출법이 실제 물류 흐름과 일치하는 현실적인 방법입니다.

3) 후입선출법

후입선출법은(後入先出法)은 '나중에 들어온 것(後入)이 먼저 팔린다(先出).'라는 가정에 따라 재고자산 단가를 계산하는데 좀 전 기출문제로 후입선출법의 기말재고자산 단가와 매출원가를 계산해 보겠습니다.

기초재고 및 매입	판 매(후입선출)	기말재고
1. 4 200개(개당 1,000원) ⇒	11.5 100개(개당 1,000원) ⇒	100개(개당 1,000원)
7.10 200개(개당 1,300원) ⇒	11.5 200개(개당 1,300원) ⇒	–
460,000원	360,000원	100,000원

(*) 매출원가: 100개 × 1,000원(1.4) + 200개 × 1,300원(7.10) = 360,000원

나중에 구입한 게 먼저 팔린다는 가정이기 때문에 11. 5에 판매된 300개는 7.10에 매입한 200개가 먼저 팔리고, 그다음에 1.4일 기초재고 100개가 판매된 것입니다. 결국 기말재고는 1. 4일 기초재고, 단가 1,000원짜리 100개가 남게 되어 기말재고액은 100,000원(100개×1,000원)입니다.

후입선출법은 실제 물류 흐름과 일치하지 않은 비현실적인 방법입니다.

4) (이동)평균법

평균법은 연간 구입한 재고의 평균으로 기말재고자산 가격을 계산하는 방법인데, 좀 전 기출문제를 통해 기말재고자산과 매출원가를 계산하면 다음과 같습니다.

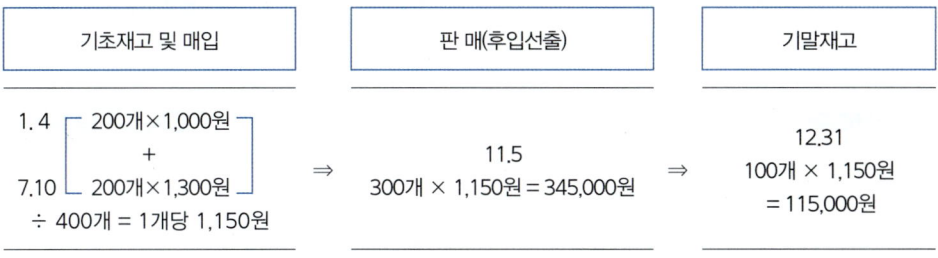

(*) 매출원가: 300개 × 1,500원(평균단가) = 345,000원

 평균법은 연간 전체 평균으로 재고자산 단가를 계산하기 때문에 평균단가는 1개당 1,150원[(200개 × 1,000원 + 200개 × 1,300원)/400개]이며 기말재고액은 115,000원(100개 × 평균단가 1,150원), 매출원가는 345,000원(300개 × 평균단가 1,150원)입니다.

사례는 아주 단순한 물량의 흐름이지만 실제로는 매입과 매출이 빈번하기 때문에 매입과 매출이 일어날 때마다 평균단가 계산하는 방식을 이동평균법이라고 하는데, 평균법은 기본적인 개념만 이해해도 전산회계 1급 합격에는 지장이 없습니다.

이상 학습한 내용을 정리하면 기출문제 정답은 ②번, 15,000원입니다.

> 선입선출법에 의한 기말재고는 130,000원, 총평균법에 의한 기말재고는 115,000원이므로 그 차이는 15,000원임.

3. 기말재고금액 계산 요약

이상 공부한 내용을 표로 정리하면 다음과 같습니다.

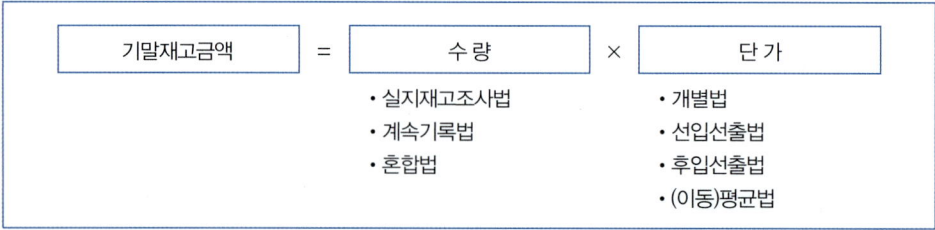

이론기출 확인문제 | 전산회계 1급, 63회 |

재고자산 평가와 관련한 다음의 방법 중 그 성격이 다른 것은?

① 선입선출법 ② 후입선출법 ③ 계속기록법 ④ 가중평균법

|정 답| ③
③은 재고자산의 수량 결정방법, ①, ②, ④는 재고자산의 단가 결정방법임. 가중평균법은 평균법의 또 다른 유형임.

이론기출 확인문제 | 전산회계 1급, 73회 |

다음은 재고자산가액 계산방법이다. 성격이 다른 하나는?

① 이동평균법 ② 실지재고조사법 ③ 계속기록법 ④ 혼합법

|정 답| ①
실지재고조사법, 계속기록법, 혼합법은 수량파악 방법이고, 이동평균법은 단가계산 방법임.

4. 재고자산 단가 계산방법과 매출원가의 관계

이상 기출문제를 보면 물가 상승으로 취득단가가 1,000원(1.4) ⇒ 1,300원(7.10)으로 지속적으로 오르는 걸 볼 수 있습니다. 물가 상승 시 선입선출법, 후입선출법, 평균법의 매출원가와 기말재고자산 금액을 정리하면 아래와 같습니다.

〈물가 상승 시 매출원가, 기말재고자산〉

구분	판매가능액 (기초재고 + 당기매입)	총배분액		
		매출원가	기말재고자산	계
선입선출법	460,000원	330,000원	130,000원	460,000원
후입선출법	460,000원	360,000원	100,000원	460,000원
평균법	460,000원	345,000원	115,000원	460,000원

(*) 매출원가: 후입선출법(360,000원) 〉 평균법(345,000원) 〉 선입선출법(330,000원)
　 기말재고: 선입선출법(130,000원) 〉 평균법(115,000원) 〉 후입선출법(100,000원)

1) 물가 상승 시

물가가 올라 취득단가가 상승할 때 선입선출법은 먼저 싸게 구입한 것이 먼저 팔린다는 가정이고, 후입선출법은 나중에 비싸게 구입한 것이 먼저 팔린다는 가정이기 때문에 매출원가는 후입선출법이 가장 높고, 기말재고자산은 선입선출법이 가장 높습니다.

물가 상승 시 비교
- 매출원가: 후입선출법 〉 평균법 〉 선입선출법
- 기말재고: 선입선출법 〉 평균법 〉 후입선출법

2) 물가 하락 시

물가가 하락해 취득단가가 하락한다면 선입선출법은 먼저 비싸게 구입한 것이 먼저 팔린다는 가정이고, 후입선출법은 나중에 싸게 구입한 것이 먼저 팔린다는 가정이기 때문에 매출원가는 선입선출법이 가장 높고, 기말재고자산은 후입선출법이 가장 높습니다.

물가 상승 또는 하락할 때 재고자산 단가 계산방법별 매출원가 또는 기말재고금액을 비교하는 문제가 이론문제로 자주 출제됩니다. 이 내용은 절대 암기하지 말고 원리를 바탕으로 학습하되 내용이 이해하기 너무 어려우면 과감히 포기해도 전산회계 1급 시험 합격에는 문제없습니다.

 **정교수 콕콕**

이론기출 확인문제 | 전산회계 1급, 64회 |

물가가 상승하는 시기에 있어 재고자산의 기초재고수량과 기말재고수량이 같을 경우에, 매출원가, 당기순이익과 법인세비용을 가장 높게 하는 재고자산 원가결정방법으로 묶여진 것은?

	매출원가	당기순이익	법인세비용
①	선입선출법	평균법	평균법
②	후입선출법	선입선출법	선입선출법
③	평균법	후입선출법	후입선출법
④	선입선출법	선입선출법	선입선출법

|정 답| ②
물가가 상승할 때 매출원가는 나중에 비싸게 구입한 것을 먼저 파는 후입선출법이 제일 높음. 당기순이익은 먼저 싸게 구입한 것을 먼저 파는 선입선출법이 제일 높음. 당기순이익이 제일 높으면 법인세비용도 제일 많아짐.

4 기말재고자산 평가

지금까지 공부한 내용대로 파악된 기말재고자산은 장부상 금액인데 실제 가치와 금액이 다를 수 있는데 그 이유에는 두 가지가 있습니다. 도난, 분실 등으로 인해 수량·물량이 없어지는 재고자산 감모손실과 유행이 지나는 등의 이유로 그 가치가 떨어지는 재고자산 평가손실이 있습니다.

🎯 핵심체크

재고평가 종류 구분
- 감모손실: 수량 감소
- 평가손실: 가치 하락

1. 재고자산 감모손실

1) 재고자산 감모손실 회계 처리

재고자산 수량이 없어진 감모손실만큼 장부상 재고를 없애주고 이를 비용처리 해야 하는데 그 없어진 이유에 따라 비용의 종류가 달라집니다.

 **핵심체크**

재고감모손실
- 정상분: 매출원가
- 비정상분: 영업외비용

감모의 원인	비용 종류 / 회계처리			
정상 감모손실	원가성 인정 → 매출원가			
	(차) 매출원가	×××	(대) 제 품	×××
비정상적 감모손실	원가성 불인정 → 영업외비용(재고자산 감모손실)			
	(차) 재고자산감모손실 (영업외비용)	×××	(대) 제 품 (적요 8. 타계정으로 대체)	×××

① 정상감모손실

주유소에서 휘발유를 판매할 때 기름의 특성상 일정 부분 증발할 수밖에 없는데 이를 정상감모라 하여 매출원가에 포함시킵니다. 주로 이론문제로 출제됩니다.

② 비정상감모손실

주유소에서 누군가가 휘발유를 훔쳐가서 없어지면 비정상적 감모손실이며 이는 영업외비용의 재고자산감모손실로 처리합니다. 주로 실무문제로 출제되는데 재고자산이 판매가 아닌 다른 이유로 없어지는 것을 '타계정대체'라고 합니다.

KcLep 프로그램은 타계정대체의 전표 입력 시 적요 8번의 '타계정으로 대체'를 선택하도록 하고 있습니다.

실무기출 확인문제 | 전산회계 1급, 70회 |

12월 31일, 장부상 제품재고액은 1,500,000원이고 실제 제품재고액은 1,450,000원이다. 비정상적으로 발생한 재고감모액의 회계처리 하시오.

정답

| 12. 31 | (차) 재고감모손실(영업외비용) 50,000 | (대) 제품(8.타계정으로 대체) 50,000 |

일	번호	구분	계정과목	거래처	적요	차변	대변
31	00001	차변	0959 재고자산감모손실			50,000	
31	00001	대변	0150 제품		8 타계정으로 대체액 손익계산서 반영분		50,000

(*) 일반전표 입력 클릭 → 12. 31 입력 → 차변은 비정상 감모이므로 재고자산감모손실(영업외비용)선택, 50,000 입력 → 대변에 제품 선택, 적요는 8. 타계정대체액 선택, 50,000 입력

2. 재고자산 평가손실 어려우면 패스

재고자산 가격이 장부상 취득가액보다 하락해 그 가치가 떨어지는 재고자산평가손실이 발생하면 일반기업회계기준은 다음과 같이 매출원가에 가산하고 이를 해당 재고자산에서 차감하여 표시하도록 규정하고 있습니다.

| 분개 | (차) 재고자산평가손실 ××× (매출원가 가산) | (대) 재고자산평가충당금 ××× (재고자산 차감) |

재고평가손실
매출원가 처리, 재고자산평가충당금(재고 차감계정) 설정

재무상태표		손익계산서
﹕ 재　고　자　산　××× 재고자산평가충당금　(×××) ﹕		﹕ 매출원가 　재고자산평가손실　××× ﹕

(*) 평가손실을 초래했던 상황이 해소되어 새로운 시가가 장부금액보다 상승한 경우 최초 장부금액을 초과하지 않는 범위 내에서 평가손실을 환입하여 매출원가에서 차감함.

이론기출 확인문제 | 전산회계 1급, 72회 |

다음 중 기말재고자산의 변동과 관련하여 계정설정에 영향을 주는 요소로 성격이 가장 다른 하나는?

① 도난　　　　　　　　　　② 진부화
③ 증발　　　　　　　　　　④ 파손

|정답| ②
진부화는 유행이 지나 가격이 하락한 재고자산 평가손실이며 도난, 증발, 파손은 수량이 없어진 재고자산 감모손실임.

이론기출 확인문제 | 전산회계 1급, 70회 |

다음 중 재고자산의 기말평가 시 저가법을 적용하는 경우 그 내용으로 맞는 것은?

① 재고자산평가손실은 판매비와관리비로 분류한다.
② 재고자산평가충당금은 비유동부채로 분류한다.
③ 재고자산평가충당금환입은 영업외수익으로 분류한다.
④ 재고자산평가충당금은 해당 재고자산에서 차감하는 형식으로 기재한다.

|정답| ④
재고자산 평가손실은 매출원가에 가산하며 평가충당금을 설정하여 해당 재고에서 차감해야 함. 추후 가격이 회복될 경우 환입하여 매출원가에서 차감해야 함.

5 특수 형태의 재고자산 구입

회사 판매목적 재고자산은 모두 회사 창고에 쌓여 있을 것으로 생각할 수 있지만 다음과 같은 특수한 경우가 있습니다. 단순 암기하지 말고 개념을 이해하되, 다소 생소한 개념이라 어려우면 패스해도 당락에는 영향이 없습니다.

구 분		내 용	재고포함 여부
구입의사 표시 안 된 시용품(시송품)		시용품이란 고객이 시험 삼아 사용 중인 재고로 고객의 구입 의사표시 전까지는 회사 소유임.	포함 O
수탁자 보관 중 위탁품(적송품)		위탁품이란 타인에게 물건의 판매를 부탁한 것으로 부탁받은 자가 판매하기 전까지는 회사 소유임.	포함 O
할부판매품		1년 이상 장기간 대금을 받더라도 재고 인도시점에 고객 소유가 됨.	포함 ×
구입한 운송 중인 미착품	선적지 인도조건	선적과 동시에 소유권이 구매자에게 넘겨지는 조건	포함 O
	도착지 인도조건	구매자 항구에 도착해야 소유권이 구매자에게 넘겨지는 조건	포함 ×

 정교수 콕콕

🎯 핵심체크

특수형태 재고자산
- 시용품: 재고 포함
- 위탁품: 포함
- 할부판매품: 불포함
- 선적지조건: 포함
- 도착지조건: 불포함

이론기출 확인문제
| 전산회계 1급, 67회 |

다음 중 기말재고자산에 포함될 항목을 모두 모은 것은?

a. 시용판매용으로 고객에게 제공한 재화에 대해 고객이 매입하겠다는 의사표시를 해옴
b. 위탁판매용으로 수탁자에게 제공한 재화 중 수탁자가 현재 보관 중인 재화
c. 장기할부조건으로 판매한 재화
d. 도착지 인도조건으로 운송 중인 판매 재화

① a, b   ② b, c
③ b, d   ④ c, d

|정 답| ③
b(판매되지 않은 수탁자 보관 중인 건 내 것이므로 재고자산에 포함), d(도착지 인도조건으로 판매 재화는 도착 전까지는 내 것이므로 재고자산에 포함)

11 재고자산 이론기출 공략하기

01 다음 중 재고자산에 대한 설명으로 옳지 않은 것은? [2024년, 116회]
① 기업이 생산과정에 사용하거나 판매를 목적으로 보유한 자산이다.
② 취득원가에 매입부대비용은 포함되지 않는다.
③ 기말 평가방법에 따라 기말 재고자산 금액이 다를 수 있다.
④ 수입 시 발생한 관세는 취득원가에 가산하여 재고자산에 포함된다.

02 다음 중 재고자산이 아닌 것은? [2024년, 114회]
① 약국의 일반의약품 및 전문의약품
② 제조업 공장의 생산 완제품
③ 부동산매매업을 주업으로 하는 기업의 판매 목적 토지
④ 병원 사업장소재지의 토지 및 건물

03 재고자산의 단가 결정 방법 중 매출 시점에서 해당 재고자산의 실제 취득원가를 기록하여 매출원가로 대응시킴으로써 가장 정확하게 원가 흐름을 파악할 수 있는 재고자산의 단가 결정 방법은 무엇인가? [2023년, 110회]
① 개별법   ② 선입선출법   ③ 후입선출법   ④ 총평균법

04 다음에서 설명하는 재고자산 단가 결정방법으로 옳은 것은? [2024년, 115회]

> 실제 물량 흐름과 원가 흐름의 가정이 유사하다는 장점이 있으나, 수익·비용 대응의 원칙에 부적합하고, 물가 상승 시 이익이 과대 계상되는 단점이 있다.

① 개별법   ② 선입선출법   ③ 후입선출법   ④ 총평균법

05 다음 중 재고자산의 수량결정방법에 해당하는 것은 어느 것인가? [2013년, 56회]

① 선입선출법
② 이동평균법
③ 후입선출법
④ 계속기록법

06 다음 중 재고자산의 가격결정과 관련하여 성격이 다른 항목은? [2016년, 69회]

① 선입선출법
② 계속기록법
③ 총평균법
④ 후입선출법

07 물가가 상승하는 시기에 있어 재고자산의 기초재고수량과 기말재고수량이 같을 경우 당기순이익과 법인세비용을 가장 높게 하는 재고자산 원가결정방법으로 묶여진 것은? [2014년, 59회]

	당기순이익	법인세비용		당기순이익	법인세비용
①	선입선출법	평균법	②	후입선출법	선입선출법
③	평균법	평균법	④	선입선출법	선입선출법

08 다음 자료를 바탕으로 선입선출법을 사용하는 ㈜세은의 당기 총 상품매출원가는 얼마인가? [2025년, 119회]

- 1/1 : 기초 재고 100개(개당 매입가 100원)
- 7/4 : 당기 매입 70개(개당 매입가 110원)
- 4/5 : 당기 매출 80개(개당 판매가 120원)
- 9/9 : 당기 매출 60개(개당 판매가 130원)

① 14,400원　　② 14,600원　　③ 17,400원　　④ 17,600원

09 난이도 ★★★

다음은 ㈜서울의 재고자산 관련 자료이다. 선입선출법과 총평균법에 따른 각 기말재고자산 금액으로 옳은 것은?

[2021년, 99회]

일 자	적 요	수 량	단 가
01월 01일	기초재고	10개	100,000원
03월 14일	매 입	30개	120,000원
09월 29일	매 출	20개	140,000원
10월 17일	매 입	10개	110,000원

	선입선출법	총평균법		선입선출법	총평균법
①	2,500,000원	2,420,000원	②	2,500,000원	2,820,000원
③	3,500,000원	3,420,000원	④	3,500,000원	3,820,000원

10 난이도 ★★ 필수

재고자산과 관련한 다음 설명 중 가장 옳지 않은 것은?

[2012년, 50회]

① 재고자산의 판매와 관련된 비용은 재고자산의 원가에 포함한다.
② 소매재고법은 실제원가가 아닌 추정에 의한 원가결정방법으로 주로 유통업에서 사용한다.
③ 재고자산의 감모손실은 주로 수량의 감소에 기인한다.
④ 재고자산의 평가손실은 시가의 하락에 기인한다.

11 난이도 ★★★

다음 중 재고자산의 기말평가 시 저가법을 적용하는 경우, 그 내용으로 틀린 것은?

[2015년, 65회]

① 가격하락 시: (차) 재고자산평가손실 ××× (대) 재고자산평가충당금 ×××
② 가격회복 시: (차) 재고자산평가충당금 ××× (대) 재고자산평가충당금환입 ×××
③ 재고자산평가충당금환입은 영업외수익으로 분류한다.
④ 재고자산평가충당금은 해당 재고자산에서 차감하는 형식으로 기재한다.

12 다음 중 일반기업회계기준에 따른 재고자산의 회계처리에 대한 설명으로 옳지 않은 것은? [2021년, 96회]

① 재고자산은 이를 판매하여 수익을 인식한 기간에 매출원가로 인식한다.
② 재고자산의 시가가 장부금액 이하로 하락하여 발생한 평가손실은 재고자산의 장부금액에서 직접 차감한다.
③ 재고자산의 장부상 수량과 실제 수량과의 차이에서 발생하는 감모손실의 경우 정상적으로 발생한 감모손실은 매출원가에 가산한다.
④ 재고자산의 장부상 수량과 실제 수량과의 차이에서 발생하는 감모손실의 경우 비정상적으로 발생한 감모손실은 영업외비용으로 분류한다.

13 기말에 창고의 재고금액을 실사한 결과 300,000원이었고 추가로 아래의 항목을 발견하였다. 아래의 항목을 고려하여 적절히 수정할 경우 정확한 기말재고자산 금액은 얼마인가? [2024년, 117회]

- 도착지(목적지)인도조건으로 판매하여 기말현재 운송 중인 재고 : 20,000원
- 위탁자로부터 받아 창고에 보관 중인 수탁품 : 30,000원

① 290,000원
② 300,000원
③ 320,000원
④ 350,000원

14 다음은 기말재고자산에 포함될 항목의 결정에 대한 설명이다. 가장 틀린 것은? [2010년, 42회]

① 적송품은 수탁자가 판매한 경우 위탁자의 재고자산에서 제외한다.
② 시송품은 매입자가 매입의사표시를 한 경우 판매자의 재고자산에서 제외한다.
③ 할부판매상품은 인도기준으로 매출을 인식하므로 대금회수와 관계없이 인도시점에서 판매자의 재고자산에서 제외한다.
④ 미착품이 도착지인도조건인 경우 도착시점에서 판매자의 재고자산에 포함한다.

15

난이도 ★★

다음 사항 중 재고자산에 포함되는 금액은 얼마인가? (단, 미착상품은 모두 매입하는 상품으로 운송 중에 있는 것으로 가정한다.) [2020년, 91회]

- 미착상품(도착지인도조건): 50,000원
- 위탁상품(수탁자창고보관): 50,000원
- 미착상품(선적지인도조건): 50,000원
- 시송품(구매의사표시없음): 50,000원

① 50,000원
② 100,000원
③ 150,000원
④ 200,000원

정답 및 해설

01 ② ② 재고자산 취득 시 부대비용은 매입원가에 가산함. ③ 개별법, 선입선출법, 후입선출법, 평균법에 따라 기말재고금액은 달라짐.

02 ④ ①②③은 모두 판매 목적이므로 재고자산이지만 ④병원 사업장 소재지 토지/건물은 업무에 사용하는 유형자산임.

03 ① 판매되는 재고의 실제 구입원가를 각각 개별적으로 대응시키는 방법은 개별법임.

04 ② 먼저 구입한 것이 먼저 판매되는 것이 실제 물량 흐름과 일치하는 것으로 이는 선입선출법임. 물가 상승 시 싸게 먼저 구입한 것이 먼저 팔리므로 매출원가 과소 계상 ⇒ 순이익 과대 계상됨.

05 ④ 계속기록법, 실지재고조사법은 재고자산의 수량결정방법이고, 선입선출법, (이동)평균법, 후입선출법, 총평균법, 개별법은 재고자산의 단가결정방법임.

06 ② 계속기록법과 실지재고조사법은 수량파악 방법이고, 선입선출법, 평균법, 후입선출법 등은 단가산정 방식임.

07 ④ 물가 상승 시 법인세비용이 가장 높으려면 당기순이익이 가장 높아야 하는데, 당기순이익이 가장 높으려면 매출원가가 가장 낮아야 함. 매출원가가 가장 낮은 재고자산 원가결정방법은 먼저 취득한 재고, 즉 가장 단가가 낮은 재고가 먼저 팔린다는 가정의 선입선출법임.

08 ① 선입선출법은 먼저 구입한 것을 먼저 파는 방법임.
- 4/5 매출 80개 매출원가: 80개(1/1)×100원 = 8,000원
- 9/9 매출 60개 매출원가: 20개(1/1)×100원 + 40개(7/4)×110원 = 6,400원   14,400원

09 ③
- 기말재고: 기초(10개) + 3.14(30개) + 10.17(10개) − 매출(20개) = 30개
- 선입선출법: 먼저 구입한 것이 먼저 판매되므로 기말재고 30개는 20개(3.14), 10개(10.17)임.
  ⇒ 20개×120,000 + 10개×110,000 = 3,500,000원
- 평균법: 평균단가는 114,000원임.
  (10개×100,000 + 30개×120,000 + 10개×110,000) ÷ 50개 = 114,000원) ⇒ 30개×114,000원 = 3,420,000원

10 ① ① 재고자산의 판매와 관련한 비용은 취득원가가 아닌 판매비와관리비임.
② 소매재고법은 POS 등 물류관리 기계가 보급되기 이전에 백화점, 소매점 등에서 재고를 평가하는 방법으로 판매가격에 일정 원가율을 곱해 취득원가를 추정하는 방식인데, 이는 통상적인 전산회계1급 수준을 넘으므로 다른 보기를 통해 정답을 추정하는 것이 효율적 전략임.
③④ 재고자산의 감모손실은 수량 또는 물량의 감소, 평가손실은 시가(가치)의 하락에 기인함.

11 ③ 재고자산의 순실현가치, 즉 시가가 장부가액보다 하락해서 그 가치가 떨어지면 이는 재고자산평가손실로 하여 매출원가에 포함시키며, 그 금액만큼 재고자산평가충당금으로 하여 재고자산에서 차감하는 방식으로 표시한다. 그리고 추후 시가가 회복될 경우 그 금액을 재고자산평가충당금 환입으로 하여 매출원가에서 차감한다. 따라서 ③ 재고자산평가충당금환입은 영업외수익이 아닌 매출원가에서 차감하여야 한다.

12 ② 재고자산 시가가 장부금액 이하로 하락하여 발생한 평가손실은 재고자산에서 직접 차감하는 것이 아니라 재고자산평가충당금으로 잡아 재고자산에서 차감하여 기재함.

13 ① 300,000(실사 재고자산) + 20,000(목적지에 도착하지 않았으므로 내 재고자산에 포함) − 30,000(다른 회사 재고자산 보관금액) = 290,000원

14 ④ ④ 도착지 조건 미착품은 도착시점에 판매자에서 구입자로 소유권이 넘어감. 즉, 도착시점에는 구입자가 아닌 판매자 재고에 포함되어야 함.

15 ③ 선적지인도조건(50,000) + 수탁자 보관 중인 위탁상품(50,000) + 구매의사표시 안 된 시송품(50,000) = 150,000

11 재고자산 실무기출 공략하기

> 본 교재의 실습자료는 cafe.naver.com/eduacc의 「공지&DATA다운로드」에서 공지 에 있는 [콕콕정교수 전산회계 1급] 이론+실무+기출 실습데이터의 Data_Install_JH1.zip 파일을 다운받아 컴퓨터에 설치 후, 회사등록 클릭, F4 회사코드재생성 클릭 후 「㈜현재전자」 선택

01 난이도 ★★ 필수
8월 20일, 아주중고로부터 매입한 원재료에 대한 매입운임 3,500,000원을 현금으로 지급하였다. [2022년, 103회]

02 난이도 ★★
9월 11일, 상품 매입에 따른 택배요금을 다음의 증빙과 같이 우체국에 현금으로 지급하였다. [2016년, 69회]

```
발행번호: A2016014162706476041
우편요금 수령증
발행일자: 09-11
배달일자: 09-11
수취인명:
주 소:
영수금액: 4,300,000원
등기번호: 7899608
수납내역
  - 수취부담: 4,300,000원
  - 반 송 료: 0원
  - 우표첩부: 0원
   *수납대행: 0원
```

03 난이도 ★★
10월 11일, 수입한 원재료에 대해 인천세관에서 통관수수료 300,000원을 현금으로 납부하다. [2017년, 72회]

04 난이도 ★★
8월 25일, (주)한일물산에서 매입한 원재료 일부에서 불량품이 발견되어 외상대금잔액 5,000,000원 중 1,200,000원을 감액받고 나머지는 보통예금으로 결제하였다. [2017년, 74회]

05 난이도 ★★ 필수

10월 20일 수입한 상품에 부과된 관세 7,560,000원을 보통예금 계좌에서 이체하여 납부하였다. [2024년, 113회]

정답 및 해설

01 일반전표 입력

원재료의 매입운임은 원재료 취득원가에 가산하여야 한다.

| 8. 20 | (차) 원재료(153) | 3,500,000 | (대) 현금 | 3,500,000 |

02 일반전표 입력

상품의 운송료에 해당하는 택배비용은 상품 취득원가에 가산하여야 한다.

| 9. 11 | (차) 상품(146) | 4,300,000 | (대) 현금 | 4,300,000 |

03 일반전표 입력

원재료 수입 통관수수료는 원재료의 취득원가에 가산함.

| 10. 11 | (차) 원재료(153) | 300,000 | (대) 현금 | 300,000 |

04 일반전표 입력

구입한 원재료 하자로 감액받으면 매입환출및에누리(원재료) 처리

| 8. 25 | (차) 외상매입금(한일물산) | 5,000,000 | (대) 보통예금
매입환출및에누리(원재료, 154) | 3,800,000
1,200,000 |

05 일반전표 입력

| 10. 20 | (차) 상품(146) | 7,560,000 | (대) 보통예금 | 7,560,000 |

(*) 재고자산 취득 시 부대비용인 관세는 취득원가에 가산해야 함.

Ⅳ 계정과목별 회계처리 - 비유동자산

12 투자자산

13 유형자산 취득

14 감가상각비

15 유형자산 처분·폐기

16 무형자산·기타 비유동자산

비유동자산은 1년 이후에 현금화가 가능한 자산으로 토지·건물과 같은 유형자산이 대표적인 사례입니다.

해당 내용 중 감가상각비는 그 개념만 간단히 이해하고 구체적인 계산방법은 과감히 패스해도 시험 당락에는 영향이 없습니다.

 **학습방법** 계정과목별 이론 학습 ⇒ KcLep 입력

각 계정과목별로 먼저 이해를 한 뒤 일부 중요 내용은 암기해야 합니다.

 **출제빈도** 매회 이론 1~2문제, 실무 1~2문제

투자자산	
유형자산 취득	**이론** 감가상각 개념, 무형자산 종류에서 주로 출제
감가상각비·유형자산처분	**실무** 유형자산 취득과 기말결산 시 감가상각 문제가 주로 출제
무형자산·기타 비유동자산	

12 투자자산

학습내용 ・장기금융상품 ・장기투자증권 ・장기대여금 ・투자부동산 ・퇴직연금운용자산

출제경향 투자자산 부분은 해당 내용만 별도로는 거의 출제되지 않으며 다른 계정과목과 복합하여 가끔 출제되는 중요도가 낮은 부분임. 각 투자자산 종류별 개념 정도만 알아도 충분히 풀 수 있는 수준임.

> **정교수 콕콕**
>
> 본 교재의 실습자료는 cafe.naver.com/eduacc의「공지&DATA다운로드」에서 공지 에 있는 [콕콕정교수 전산회계 1급] 이론+실무+기출 실습데이터의 Data_Install_JH1.zip 파일을 다운받아 컴퓨터에 설치 후, 회사등록 클릭, F4 회사코드재생성 클릭 후「㈜현재전자」선택

투자자산이란 회계 연도 말 기준으로 1년 이상 장기투자를 목적으로 취득한 자산으로 다음과 같은 종류가 있습니다.

 핵심체크

장기금융상품
장기성예금, 특정현금과예금 (담보제공예금, 당좌개설보증금)

1 장기금융상품

장기금융상품이란 금융기관에 예치한 금융상품 중 회계기간 말 기준으로 1년 이후 만기가 도래하는 것을 말하는데 대표적인 장기금융상품은 다음과 같습니다.

> 장기성예금, 특정현금과예금(담보제공 예금, 당좌개설보증금)

① 장기성예금
회계기간 말 기준으로 만기가 1년 이후 도래하는 정기예금, 정기적금, 펀드 등 기타 금융상품을 말합니다.

② 특정현금과예금
특정현금과예금이란 소유주인 회사가 마음대로 인출할 수 없는 금융상품을 말하는데 대표적인 사례는 은행 차입 시 담보로 제공한 예금과 어음수표 발행을 위한 당좌예금 계좌 개설 시 예치하는 당좌개설보증금이 있습니다.

| 실무기출 확인문제 | 전산회계 1급, 32회 |

7월 11일, 당좌거래개설보증금 8,300,000원을 현금 입금하여 국민은행 당좌거래를 개설하고 당좌수표용지와 약속어음용지를 교부받았다.

|정 답|
당좌개설보증금은 투자자산 중 특정현금과예금 계정과목을 사용해야 함.

| 7. 11 | (차) 특정현금과예금 | 8,300,000 | (대) 현 금 | 8,300,000 |

일	번호	구분	계 정 과 목	거 래 처	적 요	차 변	대 변
11	00001	차변	0177 특정현금과예금			8,300,000	
11	00001	대변	0101 현금				8,300,000

(*) 일반전표 입력 클릭 → 7. 11 입력 → 차변 특정현금과예금 선택, 8,300,000 입력 → 대변 현금 8,300,000 입력

2 장기투자증권

1) 개 념

단기매매증권은 1년 이내 단기투자목적의 유동자산, 매도가능증권과 만기보유증권은 1년 이상 장기투자목적의 비유동자산이라고 공부한 바 있습니다. 매도가능증권과 만기보유증권이 1년 이상 투자할 목적이기 때문에 장기투자증권이라고 합니다.

2) 지분법적용주식

지분법적용투자주식이란 매도가능증권 중 20% 이상 주식을 보유하여 해당 회사의 경영에 영향을 미칠 수 있는 투자주식을 말합니다. 회계원리 수준을 넘는 내용으로 '지분법적용투자주식'은 투자자산이라는 정도만 알아도 전산회계시험 목적으로는 충분하며 가끔씩 '관계기업주식'이라고 부르기도 합니다.

3 장기대여금

회계기간 말(통상 12월 31일) 기준으로 1년 이후 회수되는 대여금을 장기대여금이라고 합니다.

 정교수 콕콕

 핵심체크

부동산 분류
- 유형자산: 업무에 사용 목적
- 투자자산: 시세차익, 임대 목적
- 재고자산: 부동산 매매회사의 판매용

4 투자부동산

1) 개념

시세차익이나 임대료를 받기 위해 취득한 토지, 건물 등 부동산을 말합니다. 주의할 점은 회사 업무에 사용하기 위해 취득한 부동산은 투자부동산이 아니라 유형자산으로 분류해야 합니다.

2) 취득원가

부동산을 취득할 때는 취득세, 부동산 중개수수료 등의 비용이 발생하는데 이는 모두 부동산 취득을 위한 것이므로 부동산 취득원가에 포함하여야 합니다.

3) 감가상각

회사 업무에 사용되는 건물 같은 유형자산은 감가상각을 통해 비용처리를 하지만 투자부동산은 투자목적이기 때문에 감가상각을 하지 않습니다.

실무기출 확인문제 | 전산회계 1급, 51회 변형 |

7월 16일 김승철 씨로부터 장기투자목적으로 토지를 취득하면서 10,000,000원의 당좌수표를 발행하여 지급하였다.

|정답|
장기투자목적으로 취득한 부동산은 투자부동산으로 처리해야 하며, 당좌수표는 당좌예금에서 지급되므로 당좌예금에서 차감

| 7. 16 | (차) 투자부동산 | 10,000,000 | (대) 당좌예금 | 10,000,000 |

일	번호	구분	계정과목	거래처	적요	차변	대변
16	00001	차변	0183 투자부동산			10,000,000	
16	00001	대변	0102 당좌예금				10,000,000

(*) 일반전표 입력 클릭 → 7. 16 입력 → 차변 투자부동산 선택, 10,000,000 입력 → 대변 당좌예금 10,000,000 입력

5 퇴직연금운용자산

퇴직연금운용자산이란 회사가 임직원의 퇴직금 지급을 위해 은행, 보험회사 등 외부 금융기관에 예치한 금융자산으로 향후 해당 임직원 퇴직 시에만 사용할 수 있습니다.
퇴직연금운용자산을 제대로 이해하기 위해서는 퇴직연금 제도 및 퇴직급여충당부채를 알아야 해서 비유동부채 부분에서 다시 설명하겠습니다.

12 투자자산 이론기출 공략하기

01 난이도 ★★ 필수

다음 중 회계보고기간 종료일이 12월 31일인 경우, 유동자산에 속하지 않는 항목은? [2016년, 68회]

① 7월 1일부터 내년 10월 말까지 보유예정인 현금및현금성자산
② 7월 1일 수취하여 내년 10월 말에 현금으로 실현될 받을어음
③ 7월 1일 투자목적으로 취득하여 2년 후에 매각예정인 회사주변의 땅
④ 7월 1일 단기매매목적으로 구입한 상장회사 (주)무릉의 주식

02 난이도 ★★ 필수

다음의 거래를 회계처리 할 경우에 사용되는 계정과목으로 옳은 것은? [2024년, 112회]

> 7월 1일 투자 목적으로 영업활동에 사용할 예정이 없는 토지를 5,000,000원에 취득하고 대금은 3개월 후에 지급하기로 하다. 단, 중개수수료 200,000원은 타인이 발행한 당좌수표로 지급하다.

① 외상매입금　　② 당좌예금　　③ 수수료비용　　④ 투자부동산

03 난이도 ★★

다음 중 재무상태표에 당좌자산으로 계상되는 항목이 아닌 것은? [2016년, 68회]

① 현금및현금성자산　② 매출채권　③ 보통예금　④ 지분법적용투자주식

정답 및 해설

01 ③ 회계기간 말 기준으로 1년 이내에 현금화가 가능하면 유동자산, 1년 이후 현금화가 가능하면 비유동자산임. ① 현금및현금성자산, ② 받을어음, ④ 단기매매증권은 모두 1년 이내 현금화가 가능한 유동자산임.
③ 7월 1일에 2년 후 처분목적으로 취득한 회사 주변 토지는 비유동자산 중 투자부동산에 해당함.

02 ④ 투자부동산, 미지급금, 현금 계정과목이 사용됨.

7.1	(차) 투자부동산	5,200,000	(대) 미지급금	5,000,000
			현금	200,000

(*) 상거래 이외 지급할 채무이므로 미지급금 계정과목 사용

03 ④ 지분법적용투자주식은 20% 이상 지분을 갖고 있어 1년 이상 보유하는 것이 보통이므로 투자자산임.

12 투자자산 실무기출 공략하기

> 본 교재의 실습자료는 cafe.naver.com/eduacc의 「공지&DATA다운로드」에서 공지 에 있는 [콕콕정교수 전산회계 1급] 이론+실무+기출 실습데이터의 Data_Install_JH1.zip 파일을 다운받아 컴퓨터에 설치 후, 회사등록 클릭, F4 회사코드재생성 클릭 후 「㈜현재전자」선택

01 난이도 ★
8월 2일, 보통예금에서 5,000,000원을 2년 만기 정기예금으로 이체하였으며, 이때 보통예금에서 700원의 송금수수료가 인출되었다. [2009년, 40회]

02 난이도 ★★ 필수
7월 10일, 당좌거래개설보증금 8,300,000원을 현금 입금하여 국민은행 당좌거래를 개설하고 당좌수표용지와 약속어음용지를 교부받았다. [2007년, 32회]

03 난이도 ★★ 필수
8월 5일, 이서희 씨로부터 장기투자목적으로 토지를 취득하면서 6,000,000원은 당좌수표를 발행하여 지급하고, 나머지 1,000,000원은 30일 후에 지급하기로 하였다. 또한 이전등기 하면서 취득세 150,000원을 현금으로 지급하였다. [2012년, 51회]

04 난이도 ★★
9월 5일, 공장 건물을 신축하기 위해 외부로부터 취득한 토지 50,000,000원에 대해 건물 신축을 포기하게 되어, 토지의 보유목적을 지가상승을 목적으로 하는 투자자산으로 변경하였다. [2013년, 54회]

05 난이도 ★★
12월 18일 투자목적으로 창조렌탈의 토지를 450,000,000원에 취득하고, 대금은 3개월 뒤에 지급하기로 하고, 취득세 20,000,000원은 보통예금에서 이체하였다. [2020년, 93회]

정답 및 해설

01 일반전표 입력

보통예금은 유동자산 중 당좌자산, 정기예금은 투자자산 중 장기성예금 선택. 송금수수료는 판매관리비의 수수료비용 처리

8. 2	(차) 장기성예금(105)	5,000,000	(대) 보통예금	5,000,700
	수수료비용(판매관리비)	700		

02 일반전표 입력

당좌거래개설보증금은 특정현금과예금 계정과목 사용

7. 10	(차) 특정현금과예금(177)	8,300,000	(대) 현 금	8,300,000

03 일반전표 입력

장기투자목적 토지는 투자부동산, 영업활동이 아닌 이유로 지급하지 못한 돈은 미지급금인데 거래처를 이서희로 입력하여야 함. 또한 부동산을 취득하면서 지출한 취득세는 취득을 위한 지출이므로 원가에 가산하여야 함.

8. 5	(차) 투자부동산(183)	7,150,000	(대) 당좌예금	6,000,000
			미지급금(253, 이서희)	1,000,000
			현 금	150,000

04 일반전표 입력

공장신축을 위한 토지는 유형자산의 토지이며 투자목적 토지는 투자부동산이기 때문에 유형자산의 토지를 투자부동산으로 변경하여야 함.

9. 5	(차) 투자부동산(183)	50,000,000	(대) 토 지(201)	50,000,000

05 일반전표 입력

투자목적 취득 부동산은 취득금액+부대비용을 투자부동산 처리 / 상거래 이외 외상매입은 미지급금 처리

12. 18	(차) 투자부동산(183)	470,000,000	(대) 미지급금(253, 창조렌탈)	450,000,000
			보통예금	20,000,000

13 유형자산 취득

학습내용 · 유형자산종류 · 유형자산 취득원가 · 취득 후 후속원가
출제경향 이론 및 실무문제로 매회 1~2문제 출제될 정도로 출제빈도가 높은데 주로 유형자산 취득원가 부분이 집중적으로 출제되고 있음.

정교수 콕콕

> 본 교재의 실습자료는 cafe.naver.com/eduacc의 「공지&DATA다운로드」에서 공지 에 있는 [콕콕정교수 전산회계 1급] 이론+실무+기출 실습데이터의 Data_Install_JH1.zip 파일을 다운받아 컴퓨터에 설치 후, 회사등록 클릭, F4 회사코드재생성 클릭 후 「㈜현재전자」 선택

1 유형자산 종류

유형자산이란 물리적 형태가 있는 것으로 회사 본연의 제조 및 영업활동에 사용할 목적으로 그 사용기간이 1년을 넘는 자산을 말합니다.

1. 유형자산 종류

> 토지, 건물, 구축물, 기계장치, 차량운반구, 공구와기구, 비품, 건설중인자산

(*) 구축물(담장, 정원설비 등 건물 이외 구조물), 공구와기구(절단공구, 압력계 등), 비품(책상, 컴퓨터 등)

 핵심체크 콕

건설중인자산
공사중인 건물에 사용되는 계정과목. 완공 시 건물로 대체

2. 건설중인 자산

> 공사비 발생시점(건설중인 자산) ➡ 건물 완공시점(건물)

건물 완공에는 상당한 시간이 걸리기 때문에 건축을 위해 지출된 재료비, 인건비, 각종 경비를 처리할 계정과목이 필요한데, 이것이 바로 '건설중인자산'입니다. 건설중인자산은 최종적으로 공사가 완료되면 건물 계정으로 대체됩니다.

이론기출 확인문제 | 전산회계 1급, 100회 |

다음 중 유형자산에 대한 특징이 아닌 것은?

① 물리적 형태가 있는 자산이다.
② 판매를 목적으로 취득한 자산이다.
③ 비화폐성 자산이다.
④ 여러 회계기간에 걸쳐 경제적 효익을 제공해 주는 자산이다.

|정답| ②
유형자산은 판매용이 아니라 여러 회계기간에 걸쳐 업무에 사용할 목적으로 취득한 자산임.

실무기출 확인문제 | 전산회계 1급, 53회 변형 |

7월 17일, 공장신축을 위한 공사 착수금 50,000,000원을 보통예금에서 계좌이체 하였다. (공장의 착공일은 20X1년 7월 17일이며, 완공일은 20X2년 11월 30일이다.)

|정답|

① 공사 진행시점

| 20X1. 7. 17 | (차) 건설중인자산 | 50,000,000 | (대) 보통예금 | 50,000,000 |

일	번호	구분	계정과목	거래처	적요	차변	대변
17	00001	차변	0214 건설중인자산			50,000,000	
17	00001	대변	0103 보통예금				50,000,000

(*) 일반전표 입력 클릭 → 7. 17 입력 → 차변 건설중인자산 선택, 50,000,000 입력 → 대변 보통예금 선택 50,000,000 입력

② 공사 완료시점

| 20X2. 11. 30 | (차) 건 물 | 50,000,000 | (대) 건설중인자산 | 50,000,000 |

일	번호	구분	계정과목	거래처	적요	차변	대변
30	00001	차변	0202 건물			50,000,000	
30	00001	대변	0214 건설중인자산				50,000,000

(*) 일반전표 입력 클릭 → 11. 30 입력 → 차변 건물 선택, 50,000,000 입력 → 대변 건설중인자산 선택 50,000,000 입력

2 유형자산 취득원가

전산회계시험에서 유형자산의 취득원가를 묻는 문제는 이론문제와 실무문제로 자주 출제됩니다.

정교수 콕콕

1. 일반적인 취득

유형자산 취득원가는 유형자산을 정상 가동할 때까지 소요된 일체의 비용, 즉 본래 유형자산 가격에 취득세, 부동산 중개수수료, 운송비용, 설치비, 시운전비 등을 포함시켜야 하는데 이를 요약하면 다음과 같습니다.

유형자산 취득원가	취득가격·건설비용 + 취득 부대비용(취득세, 부동산 중개수수료, 운송비용, 설치비, 시운전비 등)

(*) 재산세·종합부동산세: 취득세는 취득 시 납부하는 세금으로 취득원가에 가산해야 하지만 재산세, 종합부동산세는 보유 시 납부하는 세금으로 판매관리비 중 '세금과공과'로 당기 비용임.

핵심체크

유형자산 취득원가에 가산되는 부대비용

취득세, 거래비용, 국공채 매입가액과 현재가치 차이, 최초 운송비용, 중개수수료, 자산해체비용, 자본화 차입금이자, 설치준비비, 조립비용, 시운전비

전산회계 1급에 자주 출제되는 취득 부대비용의 내용은 다음과 같습니다.

- 취득세, 등록세, 환급 불가 관세 등
- 의무적으로 구입하는 국공채의 매입금액과 현재가치의 차액
- 최초 운송 및 취급 비용
- 자산해체, 부지 원상복구 비용
- 설치장소 준비를 위한 비용
- 시운전비 등 검사비용 (단, 시운전 과정에서 발생된 시제품의 순매각금액은 취득원가에서 차감)
- 취득에 필요한 각종 거래비용
- 중개수수료 등 전문가 수수료
- 자본화 대상인 차입금 이자비용
- 설치 및 조립비용

1) 국·공채 취득비용

우리나라는 부동산, 차량 등을 취득할 때 의무적으로 국민주택채권 등의 국·공채를 매입해야 하는데, 이를 은행에 다시 팔면서 할인수수료가 발생하기도 하고 보유한다 하더라도 시세가 취득금액보다 낮은 경우가 있습니다.

이렇게 국·공채 취득 시 손해 보는 금액은 유형자산 취득에 필요한 비용이므로 취득원가에 가산하는 것이며, 취득한 국·공채를 보유할 경우 단기보유 목적이라면 단기매매증권, 장기 보유 목적이라면 매도가능증권 또는 만기보유증권으로 처리합니다.

실무기출 확인문제 | 전산회계 1급, 52회 |

8월 10일 (주)한국자동차로부터 업무용 승용차를 구입하는 과정에서 취득해야 하는 공채를 현금 200,000원(액면금액)에 구입하였다. 단, 공채의 현재가치는 160,000원이며 회사는 이를 단기매매증권으로 처리하고 있다.

|정답|
공채 취득가액과 현재가치 차액, 즉 손해 본 40,000원을 차량운반구 취득원가에 가산하고 공채 현재가치 160,000원은 단기매매증권 처리

8. 10	(차) 차량운반구	40,000	(대) 현금	200,000
	단기매매증권	160,000		

일	번호	구분	계정과목	거래처	적요	차변	대변
10	00001	차변	0208 차량운반구			40,000	
10	00001	차변	0107 단기매매증권			160,000	
10	00001	대변	0101 현금				200,000

(*) 일반반전표 입력 클릭 → 8. 10 입력 → 차변 차량운반구 선택, 40,000 입력 → 차변 단기매매증권 선택 160,000 입력 → 대변 현금 선택 200,000 입력

2) 자본화 대상 차입금 이자비용

종종 은행차입금으로 유형자산을 취득할 수 있는데 이때 지급한 이자비용은 당기 비용처리가 원칙이지만, 건물 완공 전에 발생하고 일정 요건을 만족하면 이를 건물 취득원가에 포함시킬 수 있습니다. 이를 "이자비용을 자본화 한다."라고 부르며 건물완공 전이기 때문에 건설중인자산으로 처리합니다.

실무기출 확인문제 | 전산회계 1급, 61회 |

20X1년 12월 21일 사옥신축을 위한 신한은행 차입금의 이자비용 3,000,000원을 우리은행 보통예금에서 이체하였으며, 이자비용은 자본화하기로 하였다. 착공일은 당해 연도 11월 1일, 완공일은 20X2년 9월 30일이다.

|정 답|
사옥신축을 위한 차입금 이자는 건물의 취득원가에 가산해야 함. 다만, 사옥이 아직 완성 전이기 때문에 '건설중인자산'이라는 계정과목을 사용함.

| 20X1.12.21 | (차) 건설중인자산 | 3,000,000 | (대) 보통예금 | 3,000,000 |

일	번호	구분	계정과목	거래처	적요	차변	대변
21	00001	차변	0214 건설중인자산			3,000,000	
21	00001	대변	0103 보통예금				3,000,000

이론기출 확인문제 | 전산회계 1급, 96회 |

다음 중 유형자산의 취득원가에 포함되는 부대비용을 모두 고른 것은?

a. 설치장소 준비를 위한 지출   b. 종합부동산세   c. 자본화 대상인 차입원가
d. 재산세   e. 유형자산의 취득과 직접 관련된 취득세

① a, e   ② c, d   ③ b, c, d   ④ a, c, e

|정 답| ④
유형자산 취득원가는 (취득가격 + 부대비용)임. a. 설치준비비, c. 자본화 대상 차입원가, e. 취득세는 취득 부대비용이지만 b. 종합부동산세, d. 재산세는 보유에 필요한 부수 비용임.

 정교수 콕콕

핵심체크
토지, 건물 일괄취득
공정가치로 구분계산

핵심체크 콕
취득 후 구건물 철거
취득가액, 철거비용(부산물 차감) 모두 토지 취득원가 처리

핵심체크 콕
토지구획비용
토지원가에 포함

2. 특수한 경우의 취득

1) 토지, 건물 일괄취득

통상 부동산을 취득할 때 토지, 건물의 가격 구분 없이 총액으로 취득하는데 회계처리할 때는 토지, 건물로 구분하여야 합니다. 일괄 취득가액 구분기준은 공정가치인데 예를 들어 공장을 10억 원에 일괄 취득했는데 토지 공정가치 3억 원(75%), 건물 공정가치 1억 원(25%)이라면, 토지는 7.5억 원(10억 원×75%), 건물은 2.5억 원(10억 원×25%)으로 회계처리 합니다.

2) 건물 취득 후 구건물 철거해 건물 신축

가끔 허름한 건물 취득 후 구건물을 철거해 건물을 신축하는 경우가 있는데 이럴 때 구건물은 원가성이 없으므로 최초 취득금액 전액을 토지로 처리해야 합니다. 또한 구건물 철거비용과 토지를 정리하는 비용 또한 토지원가에 포함해야 하며 건물 철거 과정에서 발생한 고철 등 부산물 매각금액은 토지 취득원가에서 차감합니다.

3) 보유 중 건물 철거해 건물 신축

기존에 사용하던 건물을 철거하고 건물을 신축하는 경우라면 남아 있는 건물의 잔존가액을 유형자산처분손실로 처리하고, 건물 철거비용은 전액 당기비용으로 처리합니다.

4) 토지 구획비용

산업단지에서 토지를 분양받아 공장을 신축하는 경우에는 토지 구획정리, 상하수도 설치, 하수종말처리장 분담금 납부, 도로포장공사, 조경공사, 배수로공사 등을 추가로 진행하여야 합니다. 이렇게 구입한 토지를 용도에 맞게 사용할 수 있게 하려고 지출한 추가 비용 또한 토지원가에 포함해야 합니다.

5) 무상 취득

특수관계인 등으로부터 토지나 건물 등을 무상으로 기증받는 경우 증여받은 유형자산의 공정가치를 취득원가로 한 후 이를 '자산수증이익'이라는 계정과목의 영업외수익으로 처리합니다.

6) 교환에 의한 취득

보유 중인 유형자산을 다른 회사 유형자산과 교환하기도 하는데 크게 동종자산 교환과 이종자산 교환이 있습니다. 내용은 상당히 헷갈리나 출제확률도 매우 낮고 둘 중 외우기 좋은 한 가지만 알아도 문제 푸는 데는 지장이 없습니다.

① 동종자산 교환: 제공한 자산 장부가액

회사가 사용하던 유형자산을 다른 회사의 동일한 유형자산과 교환하는 경우입니다. 자산만 교환되었을 뿐 사용하는 현황에는 전혀 변동이 없으므로 교환 과정에서 이익 또는 손실이 발생하면 안 됩니다. 즉, 교환을 위해 제공된 자산의 장부금액을 교환으로 취득한 자산의 취득원가로 처리합니다.

핵심체크

동종·이종자산 교환
- 동종자산: 처분손익 미인식
- 이종자산: 처분손익 인식

|예 제|

명지패션은 사용 중인 비품(장부가액 500,000원)을 (주)무적의 비품(공정가치 400,000원)과 교환하였다.

|정 답|

동종 자산 간 교환 시는 제공된 자산의 장부가액을 교환으로 취득하는 자산의 취득가액으로 한다.

| (차) 비 품(신) | 500,000 | (대) 비 품(구) | 500,000 |

② 이종자산 교환: 취득한 자산 공정가치

회사가 사용하던 유형자산을 다른 회사의 종류가 다른 유형자산과 교환하는 경우입니다. 이는 기존 유형자산을 팔아서 다른 종류의 유형자산을 취득하는 것과 비슷하므로 교환과정에서 처분손익을 인식해야 합니다. 즉, 교환으로 취득한 자산의 공정가치를 취득원가로 하되, 교환을 위해 제공된 자산의 장부금액을 지불금액으로 처리합니다.

|예 제|

(주)명지패션은 사용 중인 비품(장부가액 500,000원)을 (주)무적의 기계장치(공정가치 400,000원)과 교환하였다.

|정 답|

이종 자산 간 교환 시는 교환으로 취득하는 자산의 공정가치를 취득원가로 한다.

| (차) 기계장치 | 400,000 | (대) 비품 | 500,000 |
| 유형자산처분손실(영업외비용) | 100,000 | | |

③ 유형자산 취득원가 후 후속원가

건물, 기계장치, 차량운반구 등 유형자산은 사용하다 보면 주기적인 수선이 필요한데 이 수선은 크게 수익적 지출과 자본적 지출로 구분됩니다.

핵심체크

자본적 · 수익적 지출
- 수익적: 당기비용
- 자본적: 자산처리

1. 수익적 지출

수익적 지출은 당초 성능의 회복이나 유지를 위한 지출로 대표적인 사례가 건물이나 벽의 페인트 칠, 파손된 유리의 교체, 기계장치의 벨트 교체, 차량운반구의 타이어 교체 등입니다. 이러한 수익적 지출은 당기 비용으로 처리하여야 하는데, KcLep 입력할 시 공장에서 발생한 비용은 제조원가 중 수선비, 본사에서 발생한 비용은 판매비와관리비 중 수선비를 선택해야 합니다.

2. 자본적 지출

자본적 지출은 유형자산의 증설, 개량, 대체, 구조 변경과 같이 일시적인 수선이 아닌 향후 수년간 그 가치가 유지되는 수선입니다. 대표적인 자본적 지출에는 엘리베이터 설치, 고가의 냉난방 장치 설치, 빌딩의 피난시설 설치, 증설·확장, 사용용도 변경 등이 있으며 자본적 지출은 일단 유형자산에 가산한 뒤 사용기간에 걸쳐 감가상각을 통해 비용처리 합니다.

이론기출 확인문제 | 전산회계 1급, 104회

다음 중 유형자산 취득 후의 지출과 관련하여 성격이 다른 것은?

① 건물의 엘리베이터 설치 ② 건물의 외벽 도색작업
③ 파손된 타일의 원상회복을 위한 수선 ④ 보일러 부속품의 교체

|정 답| ①
① 엘리베이터 설치는 건물의 가치를 증가시키는 지출, 즉 자본적 지출이므로 건물 취득원가에 가산해야 함.
반면, ② 외벽 도색, ③ 타일 수선, ④ 부품 교체는 단순 수선이므로 당기 비용인 수익적 지출 처리를 해야 함.

실무기출 확인문제 | 전산회계 1급, 48회

8월 16일, 파손된 본사 영업팀 건물의 유리를 교체하고, 대금 1,500,000원을 당좌수표로 발행하여 지급하였다.

|정 답|
파손된 유리교체 비용은 수익적 지출로 당기비용 처리하되, 본사 영업팀 건물이므로 판매관리비로 처리

| 8. 16 | (차) 수선비(판매관리비) | 1,500,000 | (대) 당좌예금 | 1,500,000 |

일	번호	구분	계정과목	거래처	적요	차변	대변
16	00001	차변	0820 수선비			1,500,000	
16	00001	대변	0102 당좌예금				1,500,000

실무기출 확인문제 | 전산회계 1급, 48회 |

9월 14일, 기계장치 취득 후 2년이 지난 현재 주요 수선 및 설비증설을 위한 자본적 지출로 6,000,000원을 현금 지출하였다.

|정 답|
기계장치의 자본적 지출액은 기계장치에 가산하여야 함.

| 9. 14 | (차) 기계장치 | 6,000,000 | (대) 현 금 | 6,000,000 |

일	번호	구분	계정과목	거래처	적요	차변	대변
14	00001	차변	0206 기계장치			6,000,000	
14	00001	대변	0101 현금				6,000,000

(*) 일반전표 입력 클릭 → 9. 14 입력 → 차변 기계장치 선택, 6,000,000 입력 → 대변 현금 6,000,000 입력

4 유형자산 취득 종합문제 (어려우면 패스)

다음 실무 기출문제를 통해 지금까지 공부한 유형자산 취득 내용을 정리해 보겠습니다.

실무기출 확인문제 | 전산회계 1급, 48회 |

10월 7일, 창고건물과 토지를 총 220,000,000원에 보통예금으로 지급하고 매입하였다. 토지의 취득가격은 200,000,000원, 창고건물의 취득가격은 20,000,000원이며, 매입에 따른 추가부대비용은 다음과 같이 모두 현금으로 지급하였다.

- 토지 중개수수료 및 등기이전비용: 1,000,000원
- 토지 조경공사비(영구성 있음): 2,000,000원
- 배수로 및 하수처리장 설치(유지보수책임은 지방자치단체에 있음): 3,000,000원
- 대대적인 창고건물의 리모델링을 위한 지출: 6,000,000원

1. 토지 취득원가: 206,000,000원

토지 취득가액 200,000,000원 + 중개수수료 및 등기이전비용 1,000,000원 + 토지 조경공사비 2,000,000원 + 배수로/하수처리장 설치비용 3,000,000원

(*) 중개수수료, 조경공사비, 배수로 공사비는 모두 토지 정상사용에 필요한 비용이므로 토지 취득원가에 가산

2. 건물 취득원가: 26,000,000원

건물 취득가액 20,000,000원 + 대대적 리모델링 6,000,000원

(*) 대대적인 리모델링 비용은 자본적 지출로 건물 취득원가에 가산

 정교수 콕콕

3. 회계처리

10. 7	(차) 토 지	206,000,000	(대) 보통예금	220,000,000
	건 물	26,000,000	현 금	12,000,000

일	번호	구분	계 정 과 목	거 래 처	적 요	차 변	대 변
7	00001	차변	0201 토지			206,000,000	
7	00001	차변	0202 건물			26,000,000	
7	00001	대변	0103 보통예금				220,000,000
7	00001	대변	0101 현금				12,000,000

[참고] 고정자산 등록

기계장치, 차량운반구 등 유형자산 관리를 위해 KcLep에 고정자산 등록을 해야 합니다. 전산회계 1급 시험에 거의 출제되지 않기는 하지만 참고로 알아둘 필요가 있는데 다음 기출문제를 통해 알아보겠습니다.

실무기출 확인문제 | 전산회계 1급, 98회 |

기말 현재 보유하고 있는 감가상각대상자산은 다음과 같다. 해당 자산을 고정자산등록메뉴에 등록하고 계산된 상각 범위액을 감가상각비로 반영하시오.

- 계정과목: 기계장치
- 취득원가: 30,000,000원
- 내용연수: 5년
- 취득 년월일: 2019년 7월 27일
- 전기말 감가상각누계액: 9,000,000원
- 감가상각방법: 정률법
- 코드번호: 101
- 경비구분: 제조

• 고정자산 등록

(*) [고정자산및감가상각] ⇒ [고정자산] 클릭 후 상각방법, 11.내용연수/상각률, 14.경비구분을 주의해 입력.

• 감가상각비 계산

상기와 같이 고정자산을 등록할 때 상각방법과 11.내용연수/상각률 입력만 잘하면 당해 연도 감가상각비가 계산되는데, 상기 사례에서는 당기 감가상각비는 9,471,000원임.

13 유형자산 취득 이론기출 공략하기

01 난이도 ★★ 필수
㈜무릉은 공장신축을 위해 다음과 같이 토지를 구입하였다. 토지계정에 기록되어야 할 취득원가는 얼마인가?
[2018년, 77회]

- 구입가액: 50,000,000원
- 토지위 구건물 철거비용: 1,500,000원
- 구입관련 법률자문비용: 3,000,000원
- 구건물 철거후 잡수익: 500,000원

① 50,000,000원 ② 54,000,000원 ③ 54,500,000원 ④ 55,000,000원

02 난이도 ★★ 필수
다음 중 유형자산의 취득원가에 해당하지 않는 것은? [2017년, 74회]

① 유형자산의 매입 또는 건설과 직접적으로 관련되어 발생한 종업원 급여
② 유형자산의 취득과 직접 관련된 제세공과금
③ 유형자산의 설치장소 준비를 위한 지출
④ 유형자산 취득 후 발생한 이자비용

03 난이도 ★★ 필수
건물 취득 시에 발생한 금액들이 다음과 같을 때, 건물의 취득원가는 얼마인가? [2024년, 113회]

- 건물 매입금액   2,000,000,000원
- 건물 취득세   200,000,000원
- 자본화 대상 차입원가   150,000,000원
- 관리 및 기타 일반간접원가   16,000,000원

① 21억 5,000만 원   ② 22억 원
③ 23억 5,000만 원   ④ 23억 6,600만 원

04 다음 중 유형자산에 대한 설명 중 잘못된 것은? [2012년, 50회]
난이도 ★★★

① 동일한 업종 내에서 유사한 용도로 사용되고 공정가액이 비슷한 동종자산과의 교환으로 유형자산을 취득하는 경우 당해 자산의 취득원가는 교환으로 제공한 자산의 공정가액으로 한다.
② 현물출자, 증여, 기타 무상으로 취득한 유형자산의 가액은 공정가액을 취득원가로 한다.
③ 건물을 신축하기 위하여 사용 중인 기존 건물을 철거하는 경우 그 건물의 장부가액은 제거하여 처분손실로 반영하고, 철거비용은 전액 당기비용으로 처리한다.
④ 유형자산의 취득과 관련하여 국·공채 등을 불가피하게 매입하는 경우 당해 채권의 매입가액과 기업회계기준에 따라 평가한 현재가치와의 차액은 유형자산의 취득원가로 구성된다.

05 다음 중 유형자산의 자본적지출을 수익적지출로 잘못 처리했을 경우 당기의 자산과 자본에 미치는 영향으로 올바른 것은? [2023년, 109회]
난이도 ★★ 필수

	자산	자본		자산	자본
①	과대	과소	②	과소	과소
③	과소	과대	④	과대	과대

06 아래의 건물과 관련한 지출 중 자산가치를 증가시키는 자본적 지출에 해당하지 않는 것은? [2020년, 93회]
난이도 ★★ 필수

① 생산능력 증대를 위한 증축비용
② 엘리베이터의 설치비용
③ 철골보강공사비용
④ 건물벽의 부분도색비용

07 다음 중 유형자산에 대한 추가적인 지출이 발생했을 경우 발생한 기간의 비용으로 처리하는 거래로 옳은 것은? [2024년, 115회]
난이도 ★★ 필수

① 건물의 피난시설을 설치하기 위한 지출
② 내용연수를 연장시키는 지출
③ 건물 내부 조명기구를 교체하는 지출
④ 상당한 품질향상을 가져오는 지출

정답 및 해설

01 ② 유형자산 취득원가는 (취득가액 + 부대비용)임.
50,000,000(취득가액) + 부대비용(구입 법률자문비용 3,000,000 + 구건물 철거비용 1,500,000 - 철거 잡수익 500,000) = 54,000,000원임.

02 ④ ① 유형자산 매입에 직접 관련한 직원 급여, ② 취득 시 세금, ③ 설치 준비비용은 유형자산 취득원가에 가산하지만, ④ 취득 후 발생한 이자비용은 유형자산 취득과 무관한 당기 비용임.

03 ③ 건물매입금액(2,000,000,000) + 자본화 대상 차입원가(150,000,000) + 건물 취득세(200,000,000) = 23억 5,000만 원(관리 및 기타 일반간접원가는 당기 비용 처리)

04 ① ① 동종자산의 교환 시 취득원가는 제공되는 자산의 장부가액임
② 무상으로 취득하는 유형자산은 공정가치를 취득원가로 하고 이를 자산수증이익 처리
③ 사용 중인 건물을 철거하면 잔존 장부가액을 유형자산처분손실로 처리하고 철거비용은 당기비용 처리
④ 의무적으로 취득하는 국공채는 매입가격과 공정가치 차이를 취득원가에 가산

05 ② 자본적 지출(자산)을 수익적 지출(비용)으로 처리 ⇒ 자산 과소 계상 ⇒ 비용 과대 계상(이익 과소 계상, 자본 과소 계상)

06 ④ ① 증축비용 ② 엘리베이터 설치비용 ③ 철골공사비용은 자산의 가치를 대폭 증대시키므로 자본적 지출이지만 ④ 건물 부분도색비용은 단순비용이므로 수익적 지출임.

07 ③ 조명기구 교체는 소액 지출로 유형자산 가치를 증가시키지 않는 수익적 지출로 당기 비용 처리함.

13 유형자산 취득 — 실무기출 공략하기

> 본 교재의 실습자료는 cafe.naver.com/eduacc의 「공지&DATA다운로드」에서 공지 에 있는 [콕콕정교수 전산회계 1급] 이론+실무+기출 실습데이터의 Data_Install_JH1.zip 파일을 다운받아 컴퓨터에 설치 후, 회사등록 클릭, F4 회사코드재생성 클릭 후 「㈜현재전자」 선택

01 난이도 ★★ 필수
4월 3일 공장 건물신축을 위한 1차 중도금 50,000,000원을 보통예금에서 이체하다. 공장의 착공일은 당해연도 3월 30일이며, 준공 예정일은 내년 8월 31일이다. [2020년, 90회]

02 난이도 ★★
5월 15일, (주)성규개발에 공장 건물 증축을 의뢰하여 완공되었다. 공사대금 100,000,000원 중 60%는 5개월 만기 당사 발행 약속어음으로 결제하였으며, 나머지는 당좌수표를 발행하여 지급하였다. [2015년, 63회]

03 난이도 ★★★ 필수
7월 13일, 태안에 공장을 신축하기 위하여 (주)이컵빌딩으로부터 건물이 있는 부지를 구입하고 건물을 철거하였다. 건물이 있는 부지의 구입비로 50,000,000원에 일괄구입 후 대금은 신한은행으로부터 대출(대출기간 3년)을 받아 지불하였다. 또한 건물의 철거비용 3,000,000원과 토지 정지비용 3,200,000원을 당좌수표를 발행하여 지급하였다. (하나의 전표로 입력할 것) [2014년, 59회]

04 난이도 ★★
9월 19일, (주)국제자동차로부터 업무용 승용차를 구입하는 과정에서 관련 법령에 따라 공채(액면가 650,000원)를 650,000원에 구입하고 현금으로 지급하였다. 기업회계기준에 의해 평가한 공채의 현재가치는 550,000원이며, (단기매매증권으로 회계처리 한다). [2018년, 80회]

05 난이도 ★★

11월 24일, 대주주로부터 토지(대주주의 토지 취득가액: 48,000,000원, 토지의 증여일 현재 공정가치: 50,000,000원)를 무상으로 증여받고, 소유권 이전비용으로 2,873,430원을 보통예금으로 지출하였다. [2017년, 75회]

06 난이도 ★★ 필수

7월 21일, 다음의 공장건물에 대한 지출내역을 보고 회계처리를 하시오. (고정자산 등록은 생략하고, 하나의 전표로 입력한다.) (단, 대금은 전액 당좌수표를 발행하여 지급하였다.) [2014년, 58회]

- 파손으로 인한 유리교체비용: 1,800,000원
- 내용연수 증가를 위한 대수선비: 14,600,000원
- 건물외벽의 도색비: 3,300,000원

07 난이도 ★★ 필수

8월 1일, 당사는 본사건물 신축을 위한 차입금의 이자비용 7,000,000원을 현금으로 지급하고, 금융비용은 전액 자본화하기로 하였다. 이 건물의 착공일은 작년 1월 13일이며, 완공일은 당해 연도 11월 30일이다. [2021년, 98회]

08 난이도 ★★

11월 8일, 제조부문이 사용하고 있는 건물의 증축공사에서 발생한 인건비 15,000,000원을 보통예금 계좌에서 이체하여 지급하였다. (단, 해당 비용은 자본적지출에 해당하며, 해당 인건비에 대해 원천징수를 하지 않는다고 가정한다.) [2022년, 103회]

09 난이도 ★★ 필수

11월 20일, 사업용 중고트럭 취득과 관련된 취득세 400,000원을 현금으로 납부하였다. [2023년, 107회]

정답 및 해설

01 일반전표 입력

건물 완공까지 지출된 금액은 건설중인자산 처리

4. 3	(차) 건설중인자산(214)	50,000,000	(대) 보통예금	50,000,000

02 일반전표 입력

공장건물을 지으면서 미지급된 금액 및 어음발행액은 미지급금으로 처리. 또한 당좌수표를 발행하면 당좌예금에서 인출되기 때문에 당좌예금을 대변에 기재

5. 15	(차) 건 물(202)	100,000,000	(대) 미지급금(253, (주)성규개발) 당좌예금	60,000,000 40,000,000

03 일반전표 입력

- 토지 가액: 건물을 취득한 후 철거하는 경우 전체 취득금액이 모두 토지로 처리되며, 건물 철거비용, 토지 정지비용도 토지 원가에 가산하여야 함.
  50,000,000원 + 3,000,000원 + 3,200,000원 = 56,200,000원
- 토지, 건물 일괄 취득금액 5,000천만 원을 대출기간 3년으로 은행에서 차입했으므로 장기차입금 처리. 거래은행은 신한은행 선택
- 당좌수표 발행: 당좌예금에서 인출되므로 당좌예금으로 처리

7. 13	(차) 토 지(201)	56,200,000	(대) 장기차입금(신한은행) 당 좌 예 금	50,000,000 6,200,000

04 일반전표 입력

자동차 취득 시 의무 구입한 공채 가치 하락분은 자동차 취득원가에 가산함.

9. 19	(차) 차량운반구(208) 단기매매증권(107)	100,000 550,000	(대) 현 금	650,000

05 일반전표 입력

유형자산을 무상으로 증여받은 경우 그 공정가치를 취득가액으로 하고 이를 자산수증이익을 처리. 또한 소유권 이전비용은 유형자산 취득원가에 가산하여야 함.

11. 24	(차) 토 지(201)	52,873,430	(대) 자산수증이익(영업외수익) 보통예금	50,000,000 2,873,430

06 일반전표 입력

유리 교체비용(1,800,000), 건물외벽 도색비(3,300,000)는 수익적 지출로 처리하되 공장건물이므로 제조원가의 수선비 처리, 내용연수 증가를 위한 대수선비(14,600,000)는 자본적 지출이므로 공장건물에 가산하여야 함. 또한 당좌수표 발행하면 당좌예금에서 인출되므로 당좌예금 처리

7. 21	(차) 수선비(520, 제조원가) 5,100,000 건 물(202) 14,600,000	(대) 당좌예금 19,700,000

07 일반전표 입력

자본화할 이자는 건물의 취득원가에 가산해야 하며 아직 건물이 완성되지 않았으므로 "건설중인자산" 계정과목 사용

8. 1.	(차) 건설중인자산(214) 7,000,000	(대) 현 금 7,000,000

08 일반전표 입력

자본적 지출에 해당하는 인건비는 건물 취득원가에 가산해야 함.

11. 8	(차) 건 물(202) 15,000,000	(대) 보통예금 15,000,000

09 일반전표 입력

11. 20.	(차) 차량운반구(208) 400,000	(대) 현 금 400,000

(*) 차량 취득세는 취득 부대비용으로 취득가액에 가산해야 함.

14 감가상각비

학습내용 · 감가상각비 개념 · 감가상각 방법

출제경향 2~3회 시험마다 1문제 출제될 정도로 출제빈도가 높은데 주로 이론문제로 출제되며 당기 감가상각비를 입력하는 실무문제도 출제되고 있음. 감가상각비가 주로 출제되므로 이론내용뿐 아니라 정액법, 정률법, 연수합계법까지는 계산문제까지 풀 수 있어야 함.

정교수 콕콕

본 교재의 실습자료는 cafe.naver.com/eduacc의 「공지&DATA다운로드」에서 공지 에 있는 [콕콕정교수 전산회계 1급] 이론+실무+기출 실습데이터의 Data_Install_JH1.zip 파일을 다운받아 컴퓨터에 설치 후, 회사등록 클릭, F4 회사코드재생성 클릭 후 「㈜현재전자」 선택

 핵심체크 콕 콕 콕

감가상각
- 유형자산 취득원가를 일정 기간 비용으로 인식하는 과정
- 토지, 건설중인자산, 투자부동산은 감가상각하지 않음.

1 감가상각비 개념

건물, 기계장치, 차량운반구 등은 시간이 지남에 따라 소모되므로 유형자산은 취득 후 줄어드는 경제적 가치를 비용으로 인식해야 합니다.

예를 들어 2,000만 원짜리 트럭을 구입해 업무에 사용하면 시간이 지날수록 마모되어 결국 트럭을 폐차하게 되는데, 만약 트럭의 사용기간을 10년이라고 가정하면 취득금액이 2,000만 원이므로 매년 200만 원씩 소모되는 겁니다.

이렇게 소모되는 금액을 감가되어 없어지는 비용, 즉 감가상각(減價償却)이라고 하는데 감가상각이란 수익과 비용의 적절한 대응을 위해 유형자산 취득원가를 일정 기간 합리적인 방법으로 배분하여 비용으로 인식하는 과정입니다.

한 가지 주의할 점은 토지는 닳아 없어지지 않기 때문에, 그리고 건설중인자산은 아직 완공이 되지 않았고 투자부동산은 사용을 위한 것이 아니라 투자용이므로 감가상각하지 않습니다.

2 감가상각비 회계처리

1. 일반기업회계기준

감가상각비 인식 방법은 다음과 같이 유형자산에서 직접 차감하거나 차감적 평가계정을 설정하는 두 가지 방법이 있습니다. 예를 들어 100만 원에 취득한 비품의 감가상각비가 20만 원 발생했다 가정할 때 두 가지 방법에 따라 회계처리하고 재무제표에 표시하면 다음과 같습니다.

감가상각비 회계처리
(차) 감가상각비 ×××
　(대) 감가상각누계액 ×××

구 분	직접 차감	차감적 평가계정
회계 처리	차) 감가상각비　200,000 　대) 비품　　　　　200,000	차) 감가상각비　　　200,000 　대) 감가상각누계액　200,000
재무상태표 표시	비품　　800,000	비품　　　　　　1,000,000 감가상각누계액　(200,000)

1) 직접 차감

이 방법은 감가상각비 200,000원을 비품 취득가액 1,000,000원에서 직접 차감하면 그 잔액은 800,000원이 됩니다. 즉, 손익계산서에는 감가상각비 200,000원이 비용처리 되고 재무상태표에서는 비품 잔액 800,000원이 표시됩니다.

2) 차감적 평가계정

이 방법은 감가상각비 200,000원을 비품에서 직접 차감하지 않고 "감가상각누계액"이라는 이름으로 비품에서 차감하는 방법입니다. 즉, 손익계산서에는 감가상각비 200,000원이 비용처리 되고 재무상태표에서는 비품 총액 1,000,000원, 감가상각누계액(감가상각되어 쌓인 금액) 200,000원이 표시되어 결국 비품 잔액 800,000원임을 알 수 있습니다.

위 두 방법 모두 사용가능하지만 감가상각비를 유형자산에서 직접 차감하는 것보다 차감적 평가계정인 감가상각누계액을 설정하는 것이 더 많은 정보를 제공하므로 일반기업회계기준은 감가상각누계액을 설정하도록 규정하고 있습니다.

정교수 콕콕

2. 감가상각비/감가상각누계액 KcLep 입력 방법

감가상각비와 감가상각누계액을 KcLep에 입력할 때는 다음 두 가지를 반드시 지켜야 합니다.

1) 유형자산 종류별 감가상각누계액 입력

유형자산에는 건물, 비품 등 여러 가지 종류가 있으므로 감가상각누계액 입력 시 반드시 **해당 유형자산의 감가상각누계액을 선택**해야 합니다. 예를 들어 건물에 대한 감가상각누계액은 아래와 같이 건물용 감가상각누계액(203번)을 선택해야 합니다.

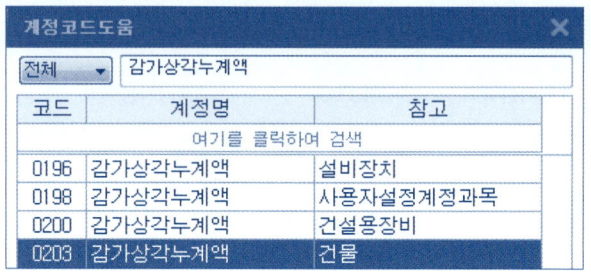

2) 제조원가 vs 판매비와관리비

공장에서 발생한 감가상각비는 제조원가, 본사의 영업/관리부서에서 발생한 감가상각비는 판매비와관리비로 처리해야 합니다. 예를 들어 동일한 비품 감가상각비라 하더라도 공장 비품 감가상각비라면 제조원가의 감가상각비, 영업/관리부서 비품 감가상각비라면 판매비관리비의 감가상각비로 입력해야 합니다.

🎯 핵심체크 콕콕콕

감가상각비 종류
- 공장 부분: 제조원가(518)
- 본사/영업부 부분: 판매비와 관리비(818)

실무기출 확인문제 | 전산회계 1급, 78회 |

12월 31일 당기의 감가상각비를 다음과 같이 회계처리 하시오.

- 영업부서 차량운반구: 1,000,000원
- 제조부서 차량운반구: 3,000,000원

|정 답|
영업부는 판매비와관리비의 감가상각비(코드 818번), 제조부 감가상각비는 제조원가의 감가상각비(코드 518번) 선택해야 하며, 감가상각누계액은 차량운반부(코드 209)를 선택해야 함.

12. 31	(차) 감가상각비(판매관리비) 1,000,000 감가상각비(제조원가) 3,000,000	(대) 감가상각누계액(차량운반구) 4,000,000

일	번호	구분	계 정 과 목	거래처	적요	차 변	대 변
31	00001	차변	0818 감가상각비			1,000,000	
31	00001	차변	0518 감가상각비			3,000,000	
31	00001	대변	0209 감가상각누계액				4,000,000

(*) 일반전표 입력 클릭 → 12. 31 입력 → 차변, 판매관리비의 감가상각비(818) 선택, 1,000,000 입력 → 차변, 제조원가 중 감가상각비(518) 선택 3,000,000 입력 → 대변, 감가상각누계액 중 차량운반구(209) 선택 4,000,000 입력

3 감가상각 방법

감가상각 방법에는 정액법, 정률법, 연수합계법, 생산량비례법, 이중체감법, 이렇게 5가지 방법이 있는데 그중 가장 많이 사용되는 방법은 정액법과 정률법입니다. 감가상각 방법이 선택되면 소멸형태가 바뀌지 않는 한 매년 계속 적용해야 합니다.
전산회계시험 차원에서 정액법, 정률법, 연수합계법은 기본적인 계산문제까지 풀 수 있어야 하고, 나머지 방법들은 개념만 알면 충분합니다.

1. 정액법

1) 개념

정액법이란 유형자산의 (취득원가 - 잔존가치)가 매년 동일한 금액이 감가상각 된다는 가정하에 계산하는 가장 단순한 방법으로 다음과 같이 계산됩니다. 매년 같은 정도로 경제적 가치가 소멸하는 경우에 적합한 방법입니다.

정액법 감가상각비	(취득원가 - 잔존가치) ÷ 내용연수

(*) 내용연수(유형자산의 예상 사용 기간), 잔존가치(내용연수 끝나는 시점의 유형자산 예상 처분가액)

2) 계산방법

기출문제를 통해 정액법의 구체적인 감가상각비를 계산해 보겠습니다.

이론기출 확인문제 | 전산회계 1급, 58회 변형 |

다음 자료를 이용하여 정액법의 연도별 감가상각비를 계산하면?

- 기계장치 취득원가: 1,000,000원(1월 1일 취득)
- 내용연수: 3년
- 잔존가치: 취득원가의 10%

|정 답| 매년 300,000원씩 감가상각

구 분	연도별 감가상각비		감가상각 누계액	기말 장부가액
1차 연도	(1,000,000 - 100,000) ÷ 3년 = 300,000	매년 동일	300,000	700,000
2차 연도	상동		600,000	400,000
3차 연도	상동		900,000	100,000

(*) 잔존가액: 1,000,000 × 10% = 100,000원

 정교수 콕콕

 **핵심체크**

감가상각 방법
- 정액법, 정률법, 연수합계법, 생산량비례법, 이중체감법
- 한 번 선택된 감가상각방법은 계속 적용

핵심체크

정액법
- (취득원가-잔존가치)÷내용연수
- 매년 동일금액 감가상각

[주의] 연중에 취득 시 정액법 감가상각비: 월할 상각

만약 상기 문제에서 기계장치를 5월 1일에 취득했다면 1차 연도에 300,000원 중 5월 1일 ~ 12월 31일, 즉 8개월 치만 감가상각을 해야 합니다. 이를 월할 상각이라고 하는데 계산하면 다음과 같습니다.

8개월 치 월할 계산	300,000원(1년 치) × [8개월 ÷ 12개월] = 200,000원

3) 재무상태표 표시

좀 전 계산했던 감가상각비 연간 금액 300,000원을 매년 처리하면 다음과 같이 재무상태표가 변합니다.

1년차 말	3년차 말
⋮ 기계장치　　　1,000,000 감가상각누계액　(−)300,000 ⋮	⋮ 기계장치　　　1,000,000 감가상각누계액　(−)900,000 ⋮

전산회계 1급 시험 차원에서 감가상각비를 과감히 포기해도 합격에는 지장이 없지만 정액법은 워낙 쉽기 때문에 그 개념과 계산문제까지 완벽히 학습하기를 권합니다.

2. 정률법

핵심체크 콕콕콕

정률법
- (미상각잔액)×상각률
- 감가상각비 매년 감소
- 일명 체감잔액법

1) 개 념

정률법이란 유형자산의 내용연수 동안 동일한 율(%)로 상각된다는 가정의 방법으로 미상각 잔액에 정률법 상각률을 곱해 감가상각비를 계산합니다.

정률법을 사용하기 위해서는 매년 상각할 율(%), 즉 감가상각률이 필요한데 전산회계 시험에서는 이 상각률을 문제에서 제시하여 주고 있으므로 취득가액에 그냥 상각률을 곱하기만 하면 됩니다. 주의할 점은 정률법 감가상각이 끝나면 잔존가치만 남게 됩니다.

정률법 감가상각비	(취득원가 − 감가상각누계액) × 감가상각률 ───────────────────── 미상각잔액(기초장부가액)

2) 계산방법

다음 사례를 통해 정률법에 의한 감가상각비를 계산할 텐데 그 내용이 꽤 복잡하니 어려우면 과감히 패스해도 전산회계 1급 시험 합격에 지장은 없습니다.

이론기출 확인문제 | 전산회계 1급, 58회 변형 |

다음 자료를 이용하여 정률법의 연도별 감가상각비를 계산하면?

- 기계장치 취득원가: 1,000,000원(1월 1일 취득)
- 내용연수: 3년
- 정률법 상각률: 53.58%

|정답|

구분	연도별 감가상각비	감가상각누계액	기 말 장부가액
1차 연도	1,000,000 × 53.58% = 535,800	535,800	464,200
2차 연도	464,200 × 53.58% = 248,718	784,518	215,482
3차 연도	215,482 × 53.58% = 115,482	900,000	100,000

(매년 감소)

① 1차 연도 감가상각비: 535,800원

1차 연도 감가상각비는 취득가액 1,000,000원에 53.58%를 곱하면 535,800원입니다. 1차 연도에 주의할 점은 (취득가액 - 잔존가치)에 상각률을 곱하면 안 되고 반드시 취득가액 1,000,000원에 상각률을 곱해야 합니다. 왜냐하면 상각률 53.58%는 취득가액에 곱해야 맨 마지막에 잔존가치가 남도록 계산되었기 때문입니다.

② 2차 연도 감가상각비: 248,718원

2차 연도 감가상각비는 이미 상각된 535,800원을 차감한 미상각 잔액 464,200원에 감가상각률 53.58%를 곱해 248,718원으로 계산합니다.

③ 3차 연도 감가상각비: 115,482원

3차 연도 감가상각비는 이미 상각된 2년 치 감가상각비 784,518원을 차감한 미상각 잔액 215,482원에 감가상각률 53.58%를 곱해 115,482원으로 계산합니다. 단, 마지막 연도에는 잔존가치가 100,000원이 되도록 단수조정을 합니다.
정률법으로 감가상각하면 1차 연도 감가상각비가 제일 크고 연도가 지날수록 감가상각비가 줄어들게 됩니다.

3) 재무상태표 표시

좀 전 계산했던 정률법 감가상각비를 매년 처리하면 다음과 같이 재무상태표가 변합니다.

1년차 말	3년차 말
기 계 장 치　　1,000,000 감가상각누계액　(−)535,800	기 계 장 치　　1,000,000 감가상각누계액　(−)900,000

3. 연수합계법

핵심체크 콕콕콕

연수합계법
- (취득원가−잔존가치)×
　(잔여내용연수/내용연수합계)
- 매년 감소

1) 개 념

연수합계법이란 내용연수의 합, 즉 (1+2+3+⋯+n)을 이용해 연도별 감가상각비를 계산하는데 이를 다음과 같이 표현할 수 있습니다.

연수합계법 감가상각비	(취득원가 − 잔존가치) × (각 연도별 잔여내용연수/내용연수의 합)

하지만 이렇게 설명하면 무슨 말인지 이해할 수 없으므로 아래 사례를 통해 연수합계법의 연도별 감가상각비를 계산해 보겠습니다.

2) 계산방법

다음 사례를 통해 연수합계법에 의한 감가상각비를 계산할 텐데 그 내용이 좀 낯설 수 있는데 어려우면 과감히 패스해도 전산회계 1급 시험 합격에 지장은 없습니다.

이론기출 확인문제　　　　　　　　　　　　　　　　　　　| 전산회계 1급, 58회 변형 |

다음 자료를 이용하여 연수합계법의 연도별 감가상각비를 계산하면?

- 기계장치 취득원가: 1,000,000원(1월 1일 취득)　　• 내용연수: 3년
- 잔존가치: 취득원가의 10%

|정 답|

구 분	연도별 감가상각비		감가상각 누계액	기 말 장부가액
1차 연도	(1,000,000 − 100,000) × 3/6 = 450,000	매년 감소	450,000	550,000
2차 연도	(1,000,000 − 100,000) × 2/6 = 300,000		750,000	250,000
3차 연도	(1,000,000 − 100,000) × 1/6 = 150,000		900,000	100,000

(*) 내용연수의 합(1+2+3=6), 잔존가치(1,000,000 × 10% = 100,000)

4. 이중체감법 어려우면 패스

1) 개념

이중체감법은 정률법과 유사하게 감가상각을 하되 상각률을 정액법 상각률의 2배로 하는 방법입니다. 정률법과 비슷하기 때문에 감가상각비 금액을 비교하면 1년차 금액이 제일 크고 점차 감가상각비가 줄어들게 됩니다.

이를 도표로 표시하면 다음과 같습니다. 이중체감법은 계산문제로는 지금까지 한 번도 출제된 적이 없으므로 그 개념만 이해하면 충분합니다.

이중체감법 감가상각비	(취득원가 − 감가상각누계액) × [(1/내용연수)×2] └─ 미상각잔액(기초장부가액)

핵심체크

이중체감법
- 미상각잔액×((1/내용연수)×2배)
- 매년 감소

2) 계산방법

이론기출 확인문제 | 전산회계 1급, 58회 변형 |

다음 자료를 이용하여 이중체감법에 의한 각 연도별 감가상각비를 계산하면?

- 기계장치 취득원가: 1,000,000원(1월 1일 취득)
- 잔존가치: 취득원가의 10%
- 내용연수: 3년

| 정답 |

구분	연도별 감가상각비		감가상각누계액	기말 장부가액
1차 연도	1,000,000 × (1/3) × 2배 = 666,666	매년 감소	666,666	333,334
2차 연도	333,334 × (1/3) × 2배 = 222,222		888,888	111,112
3차 연도	잔존가액이 100,000원이 되도록 조정. 11,112원		900,000	100,000

3) 이중체감법 특징

이중체감법은 상각률은 정액법의 2배를 곱하지만 상각 대상은 정률법처럼 미상각잔액(취득가액 − 감가상각누계액)에 곱하는 특징이 있습니다.

5. 생산량비례법

생산량비례법은 해당 유형자산을 통해 총 얼마나 생산할 수 있는지를 예상한 뒤 매년 생산량만큼 감가상각 하는 방법입니다. 광산 같은 곳에서 제한적으로 사용되는 방법인데, 특정 유형자산으로 얼마나 생산 가능한지 예측이 쉽지 않기 때문에 잘 사용되지 않는 방법입니다.

생산량비례법 감가상각비	(취득원가 − 잔존가치) × (당기 생산량/총추정생산량)

14 감가상각비 이론기출 공략하기

01 난이도 ★
유형자산에 대한 감가상각을 하는 가장 중요한 목적으로 맞는 것은? [2012년, 53회]
① 유형자산의 정확한 가치평가 목적
② 사용가능한 연수를 매년마다 확인하기 위해서
③ 현재 판매할 경우 예상되는 현금흐름을 측정할 목적으로
④ 자산의 취득원가를 체계적인 방법으로 기간배분하기 위해서

02 난이도 ★★★ 필수
유형자산의 감가상각비를 계산하는 방법으로 옳은 것은? [2013년, 57회]
① 정액법: (취득원가 - 감가상각누계액) ÷ 내용연수
② 정률법: (취득원가 - 잔존가치) × 상각률
③ 연수합계법: (취득원가 - 감가상각누계액) × $\dfrac{잔여내용연수}{내용연수의 합계}$
④ 생산량비례법: (취득원가 - 잔존가치) × $\dfrac{당기실제생산량}{총추정예정량}$

03 난이도 ★★ 필수
다음은 감가상각에 대한 설명이다. 옳지 않은 것은? [2016년, 66회]
① 유형자산의 감가상각은 자산이 사용 가능한 때부터 시작한다.
② 토지와 건물을 동시에 취득하는 경우에는 토지 구입액도 감가상각 대상이 된다.
③ 유형자산의 감가상각방법에는 정액법, 정률법, 체감잔액법, 연수합계법, 생산량비례법 등이 있다.
④ 감가상각방법은 자산의 성격에 따라 선택 가능하고, 소멸형태가 변하지 않는 한 매기 계속 적용한다.

04 난이도 ★★ 필수
다음 중 감가상각의 대상이 아닌 것은? [2025년, 119회]
① 구축물
② 기계장치
③ 차량운반구
④ 건설중인자산

05 난이도 ★★ 필수
다음 중 일반기업회계기준상 유형자산의 감가상각에 대한 설명으로 옳은 것은? [2020년, 94회]

① 다른 요건이 동일하다면 유형자산의 취득 초기에는 정액법에 의한 감가상각비가 정률법에 의한 감가상각비보다 크다.
② 정률법은 내용연수 동안 감가상각비를 매 기간 동일하게 계산하는 방법이다.
③ 감가상각은 미래에 발생하게 될 유형자산의 대체 시에 발생하게 될 비용을 충당하기 위하여 설정하는 부채를 인식하는 과정이다.
④ 감가상각방법은 해당 자산으로부터 예상되는 미래 경제적 효익의 소멸형태에 따라 선택하고, 소멸형태가 변하지 않는 한 매기 계속 적용한다.

06 난이도 ★★
결산 마감 시 당기 분 감가상각누계액으로 1,000,000원을 계상하였다. 재무제표에 미치는 영향을 바르게 설명한 것은? [2021년, 98회]

① 자본이 1,000,000원 증가한다.
② 부채가 1,000,000원 증가한다.
③ 당기순이익이 1,000,000원 감소한다.
④ 자산이 1,000,000원 증가한다.

07 난이도 ★ 필수
다음 중 정액법으로 감가상각을 계산할 때 관련이 없는 것은? [2024년, 112회]

① 잔존가치
② 취득원가
③ 내용연수
④ 생산량

08 난이도 ★★★ 필수
다음 자료를 보고 정률법으로 감가상각할 경우 2차 회계연도에 계상될 감가상각비로 맞는 것은? [2012년, 53회]

• 취득원가: 10,000,000원
• 내용연수: 5년
• 잔존가치: 1,000,000원
• 상각률: 0.45(가정)

① 1,800,000원
② 2,227,500원
③ 2,475,000원
④ 2,677,500원

09 1기 회계연도(1월 1일~12월 31일) 중 10월 1일에 내용연수 5년, 잔존가치 1,000,000원인 기계장치를 5,000,000원에 매입하였으며, 기계장치의 취득부대비용으로 500,000원을 지출하였다. 동 기계는 원가모형을 적용하고, 정액법으로 감가상각한다. 1기 회계연도에 계상될 감가상각비로 맞는 것은? (단, 월할상각할 것) [2020년, 92회]

① 150,000원　　　② 200,000원
③ 225,000원　　　④ 270,000원

10 다음은 ㈜한국이 신규 취득한 기계장치 관련 자료이다. 아래의 기계장치를 연수합계법으로 감가상각할 경우, ㈜한국의 당기(회계연도 : 매년 1월 1일~12월 31일) 말 현재 기계장치의 장부금액은 얼마인가? [2024년, 114회]

- 기계장치 취득원가 : 3,000,000원
- 잔존가치 : 300,000원
- 취득일 : 당해 연도 01. 01.
- 내용연수 : 5년

① 2,000,000원　　　② 2,100,000원
③ 2,400,000원　　　④ 2,460,000원

11 당기에 취득한 유형자산의 감가상각을 정률법이 아닌 정액법으로 회계 처리한 경우 당기 재무제표에 상대적으로 미치는 영향으로 올바른 것은? [2017년, 75회]

① 자산의 과소계상　　　② 당기순이익의 과대계상
③ 부채의 과소계상　　　④ 비용의 과대계상

12 다음은 12월 말 결산법인인 ㈜한국의 기계장치와 관련된 자료이다. ㈜한국이 2024년 12월 31일에 계상할 감가상각비는 얼마인가? (단, 월할 상각할 것) [2025년, 118회]

- 취득일 : 2023년 7월 1일
- 상각률 : 45%
- 상각방법 : 정률법
- 취득원가 : 20,000,000원
- 내용연수 : 5년
- 잔존가치 : 500,000원

① 3,487,500원　　　② 4,500,000원
③ 6,975,000원　　　④ 9,000,000원

정답 및 해설

01 ④ 감가상각은 자산의 취득원가를 체계적인 방법으로 기간 배분하는 것이며 공정가치를 재평가하는 것이 아님.

02 ④ ① 정액법: (취득원가 − 잔존가치) ÷ 내용연수
② 정률법: (취득원가 − 감가상각누계액) × 상각률
③ 연수합계법: (취득원가 − 잔존가치) × $\dfrac{잔여내용연수}{내용연수의 합계}$

03 ② 건물은 내용연수가 유한하므로 감가상각 대상자산이지만 토지는 감가상각 대상이 아니며, 한 번 선택한 감가상각방법은 통상 계속 적용해야 함.

04 ④ 건설중인자산, 토지, 투자부동산은 감가상각 하지 않음.

05 ④ ① 취득 초기에는 정률법이 정액법보다 감가상각액이 더 큼. ② 정액법이 매 기간 감가상각액이 동일함. 정률법은 매년 감가상각액이 감소함. ③ 감가상각은 취득원가의 기간배분 과정임.

06 ③ (차) 감가상각비 1,000,000 (대) 감가상각누계액 1,000,000의 분개 처리하면 100만 원이 비용 처리되어 당기순이익이 감소하고 감가상각누계액은 해당 유형자산에서 차감되므로 자산이 감소한다. 또한 당기순이익이 감소하면 자본이 감소한다.

07 ④ 정액법은 취득가액, 잔존가치, 내용연수로 계산하며 생산량은 생산량비례법에 사용됨.

08 ③ 1차 연도 감가상각비 10,000,000원 × 0.45 = 4,500,000원
2차 연도 감가상각비 (10,000,000원 − 4,500,000원) × 0.45 = 2,475,000원

09 ③ 1년치 정액법 감가상각비 계산 후 3개월치(10~12월) 인식. 단, 부대비용을 취득원가에 가산
• 1년치 감가상각비: (5,000,000 + 500,000 − 1,000,000) ÷ 5년 = 900,000원
• 3개월치 감가상각비: 900,000 × (3개월/12개월) = 225,000원

10 ② • 당해 연도 감가상각비: (3,000,000 − 300,000) × 5/(5+4+3+2+1) = 900,000원
• 장부가액: 3,000,000 − 900,000 = 2,100,000원

11 ② 정액법이 정률법보다 초기 감가상각비가 적기 때문에 정액법을 선택하면 비용은 적게 계상되고, 유형자산에서 차감되는 감가상각누계액이 적어 자산이 과대 계상된다. 또한 비용이 적게 계상되면 당기순이익이 과대 계상된다.

12 ③ • 2023년 감가상각비: [20,000,000 × 45% × (6개월/12개월)] = 4,500,000원
• 2024년 감가상각비: [20,000,000 − 4,500,000] × 45% = 6,975,000원

14 감가상각비 실무기출 공략하기

본 교재의 실습자료는 cafe.naver.com/eduacc의 「공지&DATA다운로드」에서 공지 에 있는 [콕콕정교수 전산회계 1급] 이론+실무+기출 실습데이터의 Data_Install_JH1.zip 파일을 다운받아 컴퓨터에 설치 후, 회사등록 클릭, F4 회사코드재생성 클릭 후 「㈜현재전자」선택

01 난이도 ★★
당해연도의 감가상각비를 12월 31일자로 계산하여 반영하시오. [2021년, 98회 변형]

- 계정과목: 기계장치
- 전기말감가상각누계액: 9,000,000원
- 감가상각방법: 정률법
- 취득원가: 30,000,000원
- 경비구분: 제조
- 내용연수: 5년
- 상각률: 45.1%

02 난이도 ★★
당해 연도에 계상될 감가상각비는 다음과 같다. 감가상각비 관련 12월 31일자로 분개를 하시오. [2020년, 99회 변형]

구 분	제조부서	관리부서
건 물		1,000,000원
기계장치	1,800,000원	

정답 및 해설

01 일반전표 입력

- 정률법 감가상각비: (30,000,000 − 9,000,000) × 45.1% = 9,471,000원
- 제조경비이므로 500번대 감가상각비 선택

| 12. 31 | (차) 감가상각비(518, 제조원가) | 9,471,000 | (대) 감가상각누계액(207, 기계장치) | 9,471,000 |

02 일반전표 입력

관리부서 건물 감가상각비 1,000,000원 800번대, 판매비와관리비 처리, 제조부서 기계장치 감가상각비 1,800,000원은 500번대 제조원가 처리

| 12. 31 | (차) 감가상각비(818, 판매관리비) | 1,000,000 | (대) 감가상각누계액(203, 건물) | 1,000,000 |
| | 감가상각비(518, 제조원가) | 1,800,000 | 감가상각누계액(207, 기계장치) | 1,800,000 |

15 유형자산 처분·폐기

학습내용 · 유형자산처분손익 · 유형자산 폐기

출제경향 유형자산 처분 시 발생하는 손실 또는 이익을 계산하는 문제가 가끔씩 이론 또는 실무문제로 출제되고 있음. 다소 복잡할 수 있으니 절대 암기하지 말고 이해를 바탕으로 학습해야 함.

> **정교수 콕콕**
>
> 본 교재의 실습자료는 cafe.naver.com/eduacc의 「공지&DATA다운로드」에서 공지 에 있는 [콕콕정교수 전산회계 1급] 이론+실무+기출 실습데이터의 Data_Install_JH1.zip 파일을 다운받아 컴퓨터에 설치 후, 회사등록 클릭, F4 회사코드재생성 클릭 후 「㈜금왕전자」선택

사용하던 유형자산을 매각하게 되면 매각금액과 처분시점의 유형자산 잔존가액과 차이가 발생하는데 이를 유형자산 처분손익이라고 부릅니다. 다소 어려운 내용이긴 하지만 차분히 학습하면 충분히 이해할 수 있으니 절대 암기하지 말고 이해를 바탕으로 공부하되 반드시 감가상각비, 감가상각누계액 개념을 익힌 다음 학습해야 합니다. 다만 출제빈도는 낮은 편입니다.

유형자산 처분손익
· 처분가액 > 장부가액: 유형자산처분이익(영업외수익)
· 처분가액 < 장부가액: 유형자산처분손실(영업외손실)

 유형자산 처분

이미 학습한 것처럼 유형자산은 매년 감가상각을 한 후 이를 감가상각누계액으로 처리해 누적 관리를 합니다. 즉, 유형자산 취득가액에서 그동안 감가상각누계액을 뺀 후 이를 "장부가액"이라고 부릅니다.

유형자산 장부가액보다 비싸게 팔면 "유형자산처분이익", 장부가액보다 싸게 팔면 "유형자산처분손실"이라고 부르는데, 유형자산 처분이 회사의 본연의 영업활동이 아니기 때문에 유형자산처분손익은 영업외수익/비용 처리합니다.

가끔씩 유형자산 처분 시 비용이 발생하기도 하는데 이 처분비용은 별도 비용처리 하지 않고 유형자산처분손실에 추가하거나 유형자산처분이익에서 차감해 처리해야 합니다.

기출문제를 통해 유형자산처분손익을 자세히 알아보겠습니다.

 정교수 콕콕

1. 유형자산처분이익(영업외수익): 처분가액 > 장부가액

실무기출 확인문제 | 전산회계 1급, 22회 |

8월 21일, 건물 1동을 70,000,000원(취득원가 63,000,000원, 감가상각누계액 10,000,000원)에 매각하고, 대금을 당좌예금 계좌로 입금받았다.

1) 유형자산 처분이익 계산: 17,000,000원

> 매각금액 70,000,000원 - 장부가액 53,000,000원 = 17,000,000원

(*) 장부가액: 63,000,000(취득가액) - 10,000,000(감가상각누계액) = 53,000,000원

2) 회계처리

8.21	(차) 당좌예금	70,000,000	(대) 건물	63,000,000
	감가상각누계액(건물)	10,000,000	유형자산처분이익(영업외수익)	17,000,000

일	번호	구분	계정과목		거래처	적요	차변	대변
21	00001	차변	0102	당좌예금			70,000,000	
21	00001	대변	0202	건물				63,000,000
21	00001	차변	0203	감가상각누계액			10,000,000	
21	00001	대변	0914	유형자산처분이익				17,000,000

(*) 일반전표 입력 클릭 → 8.21 입력 → 차변에 당좌예금 선택, 70,000,000원 입력 → 대변에 건물 취득가액 63,000,000원 입력 → 차변에 감가상각누계액(건물) 10,000,000원 입력 → 대변에 유형자산처분이익(영업외수익) 17,000,000원 입력

2. 유형자산처분손실(영업외비용): 처분가액 < 장부가액

실무기출 확인문제 | 전산회계 1급, 22회 변형 |

9월 22일, 건물 1동을 50,000,000원(취득원가 63,000,000원, 감가상각누계액 10,000,000원)에 매각하고, 대금을 당좌예금 계좌로 입금받았다.

1) 유형자산 처분손실 계산: 3,000,000원

> 매각금액 50,000,000원 - 장부가액 53,000,000원 = 3,000,000원

(*) 장부가액: 63,000,000(취득가액) - 10,000,000(감가상각누계액) = 53,000,000원

2) 회계처리

8. 26	(차) 당좌예금	50,000,000	(대) 건 물	63,000,000
	감가상각누계액(건물)	10,000,000		
	유형자산처분손실(영업외비용)	3,000,000		

일	번호	구분	계 정 과 목	거 래 처	적 요	차 변	대 변
26	00001	차변	0102 당좌예금			50,000,000	
26	00001	대변	0202 건물				63,000,000
26	00001	차변	0203 감가상각누계액			10,000,000	
26	00001	차변	0970 유형자산처분손실			3,000,000	

(*) 일반전표 입력 클릭 → 8. 26 입력 → 차변에 당좌예금 50,000,000원 입력 → 대변에 건물 취득가액 63,000,000원 입력 → 차변에 감가상각누계액(건물) 10,000,000원 입력 → 차변에 유형자산처분손실(영업외비용) 3,000,000원 입력

[주의] 미수금

회사가 영업에서 사용하던 기계, 트럭을 팔면서 받지 못한 돈은 외상매출금이 아니라 반드시 미수금 계정과목을 사용해야 함.

이론기출 확인문제 | 전산회계 1급, 60회 |

(주)세원은 2013년 7월 18일 구입하여 사용 중인 기계장치를 2014년 6월 1일 37,000,000원에 처분하였다. 당기분에 대한 감가상각 후 처분시점의 감가상각누계액은 8,000,000원이며, 처분이익 5,000,000원이 발생하였다. 내용연수 5년, 정액법으로 월할상각하였다고 가정할 경우 기계장치의 취득원가는?

① 32,000,000원 ② 40,000,000원
③ 45,000,000원 ④ 50,000,000원

|정답| ②
- 유형자산 처분이익: 처분가액(37,000,000) − 장부가액 = 5,000,000원 ⇒ 장부가액 32,000,000원
- 장부가액(32,000,000) = 취득원가 − 감가상각누계액(8,000,000원) ⇒ 취득원가 40,000,000원

2 유형자산 폐기

유형자산을 폐기하면 처분과 달리 돈을 받지 않고 그냥 버리기 때문에 폐기 시점의 잔존 장부가액(취득가액 - 감가상각누계액)이 그냥 없어져 이를 비용으로 처리해야 합니다. 단, KcLep은 유형자산폐기손실이라는 계정과목을 사용하지 않고 유형자산처분손실 계정과목을 같이 사용합니다. 단, 유형자산 폐기 시 폐기비용을 추가로 지급해야 하는데 이 또한 유형자산처분손실로 처리합니다.

정교수 콕콕

핵심체크

유형자산 폐기

잔존 장부가액(취득가액 - 감가상각누계액) + 폐기비용
➡ 유형자산처분손실

실무기출 확인문제
| 전산회계 1급, 72회 |

10월 15일 제품 운반용 트럭(취득가액 25,000,000원, 감가상각누계액 20,000,000원)이 노후하여 폐차하였으며, 폐차 관련 부대비용 350,000원은 보통예금에서 이체 지급하였다.(당기의 감가상각비는 고려하지 말 것)

정답

10. 15	(차) 감가상각누계액(차량운반구)	20,000,000	(대) 차량운반구	25,000,000
	유형자산처분손실	5,350,000	보통예금	350,000

일	번호	구분	계정과목	거래처	적요	차변	대변
15	00003	차변	0209 감가상각누계액			20,000,000	
15	00003	대변	0208 차량운반구				25,000,000
15	00003	차변	0970 유형자산처분손실			5,350,000	
15	00003	대변	0103 보통예금				350,000

(*) 일반전표 입력 클릭 → 10.15 입력 → 차변, 폐기하는 차량 감가상각누계액(209번) 선택, 20,000,000 입력 → 대변, 폐기하는 차량운반구 선택, 취득가액 25,000,000 입력 → 차변, 유형자산처분손실 선택, 폐기되는 장부가액 5,000,000과 폐기비용 350,000 합친 5,350,000 입력 → 대변, 보통예금 선택, 350,000 입력

15 유형자산 처분·폐기
이론기출 공략하기

01 난이도 ★★ 필수
다음의 손익계산서 항목 중 유형자산처분손실이 발생할 경우 변동되는 것은? [2022년, 101회]
① 매출원가
② 매출총이익
③ 영업이익
④ 법인세비용차감전순손익

02 난이도 ★★★ 필수
다음의 거래로 인한 설명 중 맞는 것은? [2012년, 53회]

보유 중인 기계장치를 장부금액보다 낮은 금액을 받고 처분하였다.

① 자산의 감소와 부채의 감소
② 자산의 감소와 자본의 증가
③ 자산의 감소와 부채의 증가
④ 자산의 감소와 자본의 감소

03 난이도 ★★★
㈜회계는 2023년 1월 1일 10,000,000원에 유형자산(기계장치)을 취득하여 사용하다가 2024년 6월 30일 4,000,000원에 처분하였다. 해당 기계장치의 처분 시 발생한 유형자산처분손실을 계산하면 얼마인가? (단, 내용연수 5년, 잔존가액 1,000,000원, 정액법(월할상각)의 조건으로 2024년 6월까지 감가상각이 완료되었다고 가정한다.) [2024년, 116회]
① 2,400,000원
② 3,300,000원
③ 5,100,000원
④ 6,000,000원

정답 및 해설

01 ④ 매출총이익(매출 - 매출원가) ⇒ 영업이익(매출총이익 - 판매관리비) ⇒ 법인세차감전순이익(영업이익 + 영업외수익 - 영업외비용) ⇒ 당기순이익(법인세차감전순이익 - 법인세비용) 순서로 손익계산서가 작성됨.
유형자산처분손실은 영업외비용이므로 유형자산처분손실이 발생하면 ① 매출원가, ② 매출총이익, ③ 영업이익은 변동이 없고 법인세차감전순이익이 변동됨.

02 ④ 장부금액보다 낮은 금액을 받고 유형자산을 처분하면 유형자산처분손실이 발생한다. 결국 처분된 유형자산으로 인해 자산은 감소하고, 유형자산처분손실 발생으로 당기순이익이 감소하여 자본도 감소한다.

03 ②
- 처분 시 감가상각누계액 : 1,800,000 + 900,000 = 2,700,000원
  - 2023년: (10,000,000 - 1,000,000) ÷ 5 = 1,800,000원
  - 2024년: (10,000,000 - 1,000,000) ÷ 5 × (6개월/12개월) = 900,000원
- 장부가액: 취득가액(10,000,000) - 감가상각누계액(2,700,000) = 7,300,000원
- 유형자산 처분손실: 4,000,000 - 7,300,000 = 3,300,000원

15 유형자산 처분·폐기
실무기출 공략하기

본 교재의 실습자료는 cafe.naver.com/eduacc의 「공지&DATA다운로드」에서 공지 에 있는 [콕콕정교수 전산회계 1급] 이론＋실무＋기출 실습데이터의 Data_Install_JH1.zip 파일을 다운받아 컴퓨터에 설치 후, 회사등록 클릭, F4 회사코드재생성 클릭 후 「㈜금왕전자」 선택

01 난이도 ★★★
7월 5일, 제품 포장용 기계(취득가액 30,000,000원, 감가상각누계액 27,000,000원)가 노후화되어 폐기하면서, 처분관련 부대비용 250,000원은 현금으로 지급하였다. (당기의 감가상각비는 고려하지 말 것) [2018년, 77회]

02 난이도 ★★★
다음 자료를 이용하여 유형자산처분손익을 계산하시오. (부가가치세와 처분시점까지 당기 감가상각비는 고려하지 말 것) [2019년, 85회 변형]

> 비품으로 사용하던 복사기(취득가액 3,500,000원, 처분 시 감가상각누계액 2,150,000원)를 (주)중고유통에 1,000,000원에 처분하였다. 대금 중 600,000원은 현금으로 받고 잔액은 월말에 받기로 하다.

03 난이도 ★★
8월 19일, 전자부품용 기계장치(취득가액 35,000,000원, 감가상각누계액 31,500,000원)를 성능저하로 폐기처분하였다. (당기의 감가상각비는 고려하지 않음) [2021년, 95회]

정답 및 해설

01 일반전표 입력

유형자산을 폐기하면 남아 있는 장부가액과 폐기 관련 비용을 모두 유형자산처분손실로 처리. 이때 유형자산을 장부에서 없애야 하기 때문에 기계장치 취득가액과 감가상각누계액을 모두 없애야 함.

7.5	(차) 감가상각누계액(기계장치) 27,000,000 유형자산처분손실(영업외비용) 3,250,000	(대) 기계장치 30,000,000 현금 250,000

일	번호	구분	계정과목	거래처	적요	차변	대변
5	00001	차변	0207 감가상각누계액			27,000,000	
5	00001	차변	0970 유형자산처분손실			3,250,000	
5	00001	대변	0206 기계장치				30,000,000
5	00001	대변	0101 현금				250,000

02
- 처분전 장부가액: 3,500,000(취득가액) − 2,150,000(감가상각누계액) = 1,350,000
- 처분가액: 1,000,000원
- 유형자산처분손실: 1,350,000 − 1,000,000 = 350,000원

03 일반전표 입력

폐기 시 남아 있는 장부가액을 전액 "유형자산처분손실" 계정과목으로 처리

8.19	(차) 감가상각누계액(기계장치) 31,500,000 유형자산처분손실(영업외비용) 3,500,000	(대) 기계장치 35,000,000

16. 무형자산·기타 비유동자산

학습내용: • 무형자산 요건   • 무형자산 종류   • 기타 비유동자산

출제경향: 이론 및 실무문제로 2회 시험마다 1문제씩 출제되고 있음. 무형자산은 주로 무형자산의 종류, 개발비가 출제되고 있으며 비유동자산은 임차보증금이 출제되고 있음.

정교수 콕콕

본 교재의 실습자료는 cafe.naver.com/eduacc의 「공지&DATA다운로드」에서 공지 에 있는 [콕콕정교수 전산회계 1급] 이론+실무+기출 실습데이터의 Data_Install_JH1.zip 파일을 다운받아 컴퓨터에 설치 후, 회사등록 클릭, F4 회사코드재생성 클릭 후 「㈜화성」 선택

무형자산 요건
식별 가능, 독점적, 미래 경제 효익

1 무형자산 요건

무형자산이란 형태가 없지만, 다음 요건을 갖추어 자산가치가 있는 것을 말합니다.

① 식별 가능해야 한다.
② 무형자산을 독점적으로 통제할 수 있어야 한다.
③ 미래 경제적 효익이 존재해야 한다.

삼성전자는 특허 등록을 위한 기술을 개발하기 위해 연구원 급여, 실험용 재료, 건물 임차료 등 엄청난 비용을 쓰는데 이를 당장 비용처리 하는 것이 아니라 일단 특허권이라는 무형자산으로 계상했다가 나중에 감가상각을 통해 비용처리 합니다.

이렇게 특허권이라는 무형자산을 계상하기 위해서는 금액을 ① 식별 가능해야 하고, ② 특허 등록을 통해 삼성전자가 독점적으로 사용할 수 있을 뿐 아니라, ③ 향후 이 특허권을 이용해 휴대폰, 반도체 등 매출을 발생시킬 수 있어야 합니다.

2 무형자산 종류

전산회계 1급 시험에 주로 출제되는 무형자산은 다음과 같습니다.

구 분	내 용
영업권	특정 기업을 인수, 합병할 때 그 가치를 인정해 장부상 금액보다 더 지급한 금액. 기업회계기준은 타인으로부터 구입한 영업권만 인정하며 회사의 자가 창설 영업권은 인정하지 않음.
산업재산권	일정 기간 독점적으로 사용할 수 있는 특허권, 실용신안권, 의장권, 상표권, 상호권 등
개발비	신제품이나 신기술을 개발하면서 발생한 비용으로 무형자산의 요건을 갖춘 경우에만 제한적으로 인정
기 타	컴퓨터소프트웨어, 임차권리금, 광업권, 어업권, 저작권, 라이선스, 프랜차이즈

(*) 실용신안권(구조 고안에 관한 권리), 의장권(디자인에 관한 권리), 임차권리금(상가 인수 시 권리금), 광업권(광물 채굴 권리), 어업권(해수면 독점 권리), 라이선스(타 기업 산업재산권을 사용료 지급 후 이용하는 권리), 프랜차이즈(가맹점이 체인본부의 상호 등을 이용하는 권리)

> **정교수 콕콕**
>
> **핵심체크 콕콕**
>
> **주요 무형자산**
>
> 영업권(타인구입), 산업재산권(특허권, 실용신안권, 의장권, 상표권), 개발비, 소프트웨어, 임차권리금, 광업권, 어업권, 라이선스 등

3 개발비

신제품이나 신기술을 연구개발 과정에서 발생한 비용은 일정 요건을 갖추면 자산, 갖추지 못하면 당기비용으로 처리합니다.

1. 연구개발 과정

보통 신제품, 신기술 개발은 [연구단계] ⇒ [개발단계]로 이루어집니다.
즉, 본격적인 개발이 이루어지기 전에 과연 신제품, 신기술 개발이 가능한지 기초조사를 하는 단계가 연구단계이며, 이 과정에서 개발 가능성이 높은 경우 시제품 제작 등의 본격적인 개발이 이루어지는 단계가 개발단계입니다.

2. 연구개발비 자산, 비용처리 요약

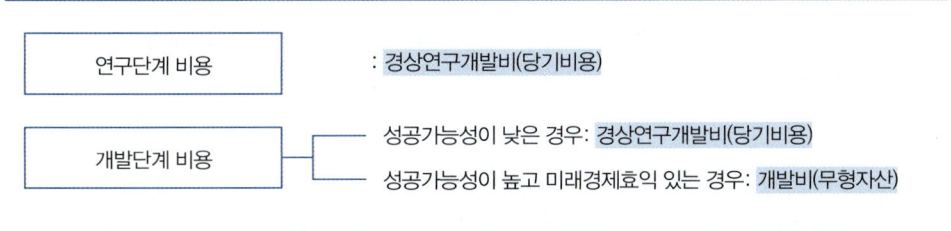

> **핵심체크 콕콕**
>
> **연구개발비 구분**
> - 연구단계: 경상연구개발비(당기비용)
> - 개발단계: 성공가능성 높음(개발비, 무형자산), 성공가능성 낮음(경상개발비, 당기비용)

1) 연구단계 비용

연구단계의 단순한 기초 조사비용은 자산성이 없으므로 전액 '경상연구개발비'라는 비용으로 처리하는데 새로운 지식을 얻고자 하는 연구활동이 이에 해당합니다.

2) 개발단계 비용

개발단계의 개발비용은 성공 가능성이 높고 미래 경제효익이 있다면 무형자산의 개발비, 그렇지 않으면 '경상개발비' 또는 '경상연구개발비'라는 당기비용으로 처리합니다. 무형자산으로 처리할 수 있는 대표적인 개발활동에는 생산 직전 시제품 또는 모형의 제작, 새로운 기술을 위한 공구, 금형 제작, 시험용 공장 설계 등이 있습니다.

다만, 무형자산 창출과정을 연구단계와 개발단계로 구분할 수 없는 경우에는 보수적 처리를 위해 모두 연구단계에서 발생한 것으로 보아 모두 당기비용 처리합니다.

이론기출 확인문제 | 전산회계 1급, 74회 |

다음 중 무형자산에 해당하는 것의 개수는?

| • 특허권 | • 내부적으로 창출된 영업권 | • 컴퓨터소프트웨어 |
| • 상표권 | • 임차권리금 | • 경상개발비 |

① 3개   ② 4개   ③ 5개   ④ 6개

|정답| ②
내부적으로 창출된 영업권은 자산으로 인정되지 않으며 경상개발비는 당기비용임. 특허권, 컴퓨터소프트웨어, 상표권, 임차권리금이 무형자산임.

이론기출 확인문제 | 전산회계 1급, 104회 |

다음 중 무형자산과 관련된 설명으로 잘못된 것은?

① 내부 창출된 무형자산이 인식기준에 부합하는지 평가하기 위해 연구단계와 개발단계로 구분한다.
② 산업재산권, 저작권, 개발비 등이 대표적이며 사업결합에서 발생한 영업권은 포함하지 않는다.
③ 물리적 형체는 없지만 식별가능하고, 기업이 통제하고 있으며, 미래 경제적 효익이 있는 비화폐성 자산이다.
④ 내부 프로젝트를 연구단계와 개발단계로 구분할 수 없는 경우 모두 연구단계에서 발생한 것으로 본다.

|정답| ②
사업결합(합병) 과정에서 대가를 지급하면서 발생된 영업권도 무형자산에 포함됨.

| 실무기출 확인문제 | 전산회계 1급, 49회 |

9월 5일, 당사의 신제품 개발을 위해 보통예금에서 인출된 개발비 2,000,000원에 대하여 자산계정을 사용하여 회계처리 하시오.

|정답|

| 9. 5 | (차) 개발비(자산) | 2,000,000 | (대) 보통예금 | 2,000,000 |

일	번호	구분	계정과목	거래처	적요	차변	대변
5	00001	차변	0226 개발비			2,000,000	
5	00001	대변	0103 보통예금				2,000,000

(*) 일반전표 입력 클릭 → 9. 5 입력 → 차변, 개발비(226) 선택, 2,000,000 입력 → 대변, 보통예금 선택 2,000,000 입력

4 무형자산 상각

1. 개 념

무형자산의 상각은 법령에서 따로 정한 경우를 제외하고는 무형자산이 사용 가능한 때부터 최장 20년 이내 기간 동안 정액법, 정률법 등 합리적인 방법을 이용하여 상각하되 특별한 경우를 제외하고는 잔존가치를 0으로 합니다. 다만, 합리적인 상각방법을 정할 수 없는 경우에는 정액법을 이용하도록 하고 있습니다.

 핵심체크

무형자산 상각
20년 이내 정액법 상각, 직접 차감

2. 상각방법

유형자산 감가상각은 감가상각누계액이라는 차감적 평가계정을 사용하지만, 무형자산 상각은 유형자산처럼 차감적 평가계정을 사용할 수도 있지만 통상 다음과 같이 해당 판매비와관리비의 무형자산상각비로 하여 무형자산을 직접 차감합니다.

| 무형자산 상각 | (차) 무형자산상각비(판매비와관리비) ××× (대) 무형자산 ××× |

5 기타 비유동자산

1년 이후 현금화가 가능한 비유동자산 중 투자자산, 유형자산, 무형자산이 아닌 것을 말하는데, 여기에는 임차보증금, 전세권, 전신전화가입권, 장기미수금 등이 있습니다. 전산회계 수험목적으로는 기타 비유동자산의 계정과목 이름만 알고 있으면 충분한데 임차보증금이 주로 출제되고 있습니다.

임차보증금 vs 임대보증금
임차보증금(기타비유동자산)
임대보증금(비유동부채)

1. 임차보증금

임차보증금이란 부동산 등을 빌리면서 보증금으로 맡긴 돈입니다. 통상 부동산 빌릴 때는 최소 1년 이상을 빌리므로 임차보증금은 비유동자산이며, 주의할 점은 임대보증금과 용어상 헷갈릴 수 있는데, 임대보증금은 건물주로서 세입자로부터 받은 보증금으로 부채에 해당합니다.

[주의] 임차보증금 vs 임대보증금 vs 임차권리금

임차보증금과 유사한 용어로 임대보증금과 임차권리금이 있는데 임차보증금, 임대보증금, 임차권리금의 차이를 명확히 구분할 수 있어야 합니다.
- 임차보증금: 세입자로서 부동산을 빌리면서 맡긴 전세보증금으로 향후 수령할 비유동자산
- 임대보증금: 건물주로서 세입자로부터 받은 전세보증금으로 향후 돌려줄 비유동부채
- 임차권리금: 가게, 상가 등을 인수하면서 지급한 권리금으로 무형자산

실무기출 확인문제 | 전산회계 1급, 60회 |

8월 14일, 전자제품수리부서의 사무용기기 임차에 따른 보증금으로 5,000,000원을 (주)가전상사에 보통예금에서 인출하여 지급하였다.

|정 답|

| 8. 14 | (차) 임차보증금((주)가전상사) | 5,000,000 | (대) 보통예금 | 5,000,000 |

일	번호	구분	계 정 과 목	거 래 처	적 요	차 변	대 변
14	00002	차변	0232 임차보증금	00151 (주)가전상사		5,000,000	
14	00002	대변	0103 보통예금				5,000,000

(*) 일반전표 입력 클릭 → 8. 14 입력 → 차변, 임차보증금(232), 거래처 (주)가전상사 선택, 5,000,000 입력 → 대변, 보통예금 선택 5,000,000 입력

임차권리금 vs 전세권
임차권리금(무형자산), 전세권
(기타비유동자산)

2. 전세권

전세권이란 임차인이 전세 기간 만료 후 우선하여 보증금을 받을 수 있는 권리인데 약간의 비용을 지불하고 등기소에 전세권 설정을 해야 회계상 기타의 비유동자산으로 계상할 수 있습니다.
주의할 점은 좀 전 무형자산의 임차권리금과 유사한 느낌이지만 임차권리금은 무형자산, 전세권은 기타 비유동자산입니다. 전산회계시험에 이론문제로 종종 출제되니 꼭 기억해야 합니다.

| 이론기출 확인문제 | 전산회계 1급, 62회 |

다음 계정과목 중 분류가 다른 것은?

① 임차권리금   ② 개발비   ③ 상표권   ④ 전세권

|정답| ④
임차권리금, 개발비, 상표권은 무형자산, 전세권은 기타 비유동자산임.

3. 전신전화가입권

요즘은 보증금 없는 인터넷 전화 가입이 가능하지만 과거에는 KT에 수십만 원의 보증금을 맡기고 전화를 개설하는 경우가 많았는데 이렇게 지급된 보증금을 전신전화가입권이라고 합니다.

4. 장기미수금

미수금이란 회사 본연의 상거래, 즉 상품, 제품의 매출이 아닌 다른 이유에서 발생한 받지 못한 채권입니다. 그 대표적인 사례가 회사가 영업에서 사용하던 트럭을 팔아 받지 못한 돈인데, 장기미수금이란 회계기간 말 기준으로 1년 이후 회수가 예상되는 미수금을 말합니다.

16 무형자산·기타 비유동자산 이론기출 공략하기

01 난이도 ★★
다음 중 무형자산에 해당하지 않는 것을 모두 고른 것은? [2021년, 97회]

a. 특허권 b. 내부적으로 창출된 영업권 c. 광업권 d. 전세권 e. 저작권

① a, e   ② b, e   ③ b, d   ④ c, e

02 난이도 ★★ 필수
다음 중 무형자산에 해당하는 것의 개수는? [2015년, 65회]

- 상표권
- 내부적으로 창출된 영업권
- 컴퓨터소프트웨어
- 장기미수금
- 임차권리금
- 경상개발비

① 1개   ② 2개   ③ 3개   ④ 4개

03 난이도 ★★ 필수
무형자산에 대한 설명으로 옳지 않은 것은? [2016년, 67회]

① 내부적으로 창출한 무형자산의 창출과정은 연구단계와 개발단계로 구분한다.
② 무형자산을 창출하기 위한 과정을 연구단계와 개발단계로 구분할 수 없는 경우에는 모두 개발단계에서 발생한 것으로 본다.
③ 상각대상금액은 추정내용연수 동안 체계적인 방법에 의하여 비용으로 배분한다.
④ 무형자산의 상각기간은 독점적, 배타적인 권리를 부여하고 있는 관계 법령이나 계약에 정해진 경우를 제외하고는 20년을 초과할 수 없다.

04 난이도 ★★ 필수
다음 중 무형자산과 관련된 설명으로 옳지 않은 것은? [2023년, 110회]

① 연구프로젝트에서 발생한 지출이 연구단계와 개발단계로 구분할 수 없는 경우에는 모두 연구단계에서 발생한 것으로 본다.
② 내부적으로 창출한 브랜드, 고객목록과 같은 항목은 무형자산으로 인식할 수 있다.
③ 무형자산은 회사가 사용할 목적으로 보유하는 물리적 실체가 없는 자산이다.
④ 무형자산의 소비되는 행태를 신뢰성 있게 결정할 수 없을 경우 정액법으로 상각한다.

05 난이도 ★★

일반기업회계기준에 따르면 무형자산의 창출과정은 연구단계와 개발단계로 구분할 수 있다. 다음 중 개발단계에 속하는 활동의 일반적인 예로 적절하지 않은 것은? [2021년, 96회]

① 새로운 지식을 얻고자 하는 활동
② 생산 전 또는 사용 전의 시작품과 모형을 설계, 제작 및 시험하는 활동
③ 새로운 기술과 관련된 공구, 금형, 주형 등을 설계하는 활동
④ 상업적 생산목적이 아닌 소규모의 시험공장을 설계, 건설 및 가동하는 활동

06 난이도 ★★

다음 항목들 중에서 무형자산으로 인식할 수 없는 것은? [2011년, 49회]

① 향후 5억 원의 가치창출이 확실한 개발단계에 2억 원을 지출하여 성공한 경우
② 내부창출한 상표권으로서 기말시점에 회사 자체적으로 평가한 금액이 1억 원인 경우
③ 통신기술과 관련한 특허권을 출원하는 데 1억 원을 지급한 경우
④ 12억 원인 저작권을 현금으로 취득한 경우

07 난이도 ★★ 필수

소프트웨어 개발회사인 (주)학림은 새로운 소프트웨어 개발을 위하여 연구 단계에서 관련 정보의 탐색비용으로 현금 1억 원을 지출하였다. 올바른 회계처리는? [2016년, 70회]

① (차) 연구비(무형자산)　　　　1억 원　　(대) 현 금　　1억 원
② (차) 연구비(판매비와관리비)　1억 원　　(대) 현 금　　1억 원
③ (차) 개발비(무형자산)　　　　1억 원　　(대) 현 금　　1억 원
④ (차) 개발비(기타비유동자산)　1억 원　　(대) 현 금　　1억 원

08 난이도 ★★ 필수

다음은 ㈜서울의 당기 지출 내역 중 일부이다. 아래의 자료에서 무형자산으로 기록할 수 있는 금액은 모두 얼마인가? [2024년, 114회]

- 신제품 특허권 취득 비용 30,000,000원
- 신제품의 연구단계에서 발생한 재료 구입 비용 1,500,000원
- A기업이 가지고 있는 상표권 구입 비용 22,000,000원

① 22,000,000원
② 30,000,000원
③ 52,000,000원
④ 53,500,000원

09 다음 중 유동자산과 비유동자산의 분류가 올바르게 짝지어진 것은? [2014년, 58회]

	유동자산	비유동자산		유동자산	비유동자산
①	건설중인자산	개발비	②	미수금	선급비용
③	선급비용	건설중인자산	④	영업권	단기투자자산

10 다음 중 무형자산의 상각에 대한 설명으로 바르지 않은 것은? [2022년, 105회]

① 자산이 사용 가능한 때부터 상각을 시작한다.
② 일반적으로 상각기간은 최대 40년까지 가능하다.
③ 합리적인 상각방법을 정할 수 없을 때에는 정액법으로 상각한다.
④ 재무상태표상 표시 방법으로 취득원가에서 무형자산상각누계액을 직접 차감하여 표시하는 직접법과 취득원가에서 무형자산상각누계액을 차감하는 형식으로 표시하는 간접법 모두 허용된다.

11 다음 중 일반기업회계기준상 무형자산의 상각에 대한 설명으로 옳지 않은 것은? [2025년, 119회]

① 잔존가치는 취득원가의 5%를 원칙으로 한다.
② 관계 법령이나 계약에 의해 정해진 경우를 제외하고는 20년을 초과할 수 없다.
③ 상각은 자산이 사용가능한 때부터 시작한다.
④ 상각방법은 자산의 경제적 효익이 소비되는 행태를 반영한 합리적인 방법이어야 한다.

정답 및 해설

01 ③   b. 영업권은 외부에서 구입한 경우만 인정되며 내부적으로 창출된 것은 인정되지 않음. d. 전세권은 기타비유동자산임.

02 ③   상표권, 컴퓨터소프트웨어, 임차권리금이 무형자산에 해당됨. 내부적으로 창출된, 자가창설 영업권은 무형자산이 아님. 장기미수금은 기타비유동자산, 경상개발비는 당기 비용임.

03 ②   ①② 개발비는 연구단계와 개발단계로 구분하여 개발단계에 발생한 것 중 요건을 갖춘 것만 무형자산으로 인정함. 단, 연구단계와 개발단계를 구별할 수 없는 경우에는 모두 연구단계에서 발생한 것으로 보아 전액 당기비용 처리함. ③④ 무형자산은 20년 이내 기간에서 합리적인 방법으로 상각하여 비용처리 함.

04 ②   내부적으로 창출한 브랜드, 고객목록과 같은 항목은 무형자산으로 인식할 수 없음.

05 ①   연구단계는 기초 수준, 개발단계는 구체적으로 개발하는 단계임. ① 새로운 지식을 얻는 활동은 연구단계의 활동임.

06 ②   상표권은 객관적으로 상표권 등록에 소요된 비용만 무형자산으로 인정됨. 내부 창출한 상표권의 자체 평가액은 인정되지 않음.

07 ②   개발비는 연구단계와 개발단계로 구분하여 개발단계에 발생한 것 중 요건을 갖춘 것만 무형자산으로 인정하는데, 문제에서 제시된 것은 연구단계의 정보 탐색비용이므로 연구비라는 계정과목으로 전액 당기비용 처리.

08 ③   특허권 취득비용(30,000,000) + 상표권 구입비용(22,000,000) = 52,000,000원은 개발비(자산) 처리, 연구단계 비용(1,500,000)은 당기비용 처리함.

09 ③   • 유동자산: 미수금, 선급비용, 단기투자자산
        • 비유동자산: 건설중인자산, 개발비, 영업권

10 ②   특별한 경우를 제외하고는 무형자산 상각기간은 최장 20년임.

11 ①   무형자산의 잔존가치는 없는 것을 원칙으로 함.

16 무형자산·기타 비유동자산 실무기출 공략하기

본 교재의 실습자료는 cafe.naver.com/eduacc의 「공지&DATA다운로드」에서 공지 에 있는 [콕콕정교수 전산회계 1급] 이론+실무+기출 실습데이터의 Data_Install_JH1.zip 파일을 다운받아 컴퓨터에 설치 후, 회사등록 클릭, F4 회사코드재생성 클릭 후 「㈜화성」 선택

01 난이도 ★ 필수
7월 13일, 한국대학에 의뢰한 신제품 개발에 따른 연구용역비 10,000,000원을 보통예금계좌에서 이체 지급하였다.(무형자산으로 처리할 것)   [2013년, 54회]

02 난이도 ★
9월 28일, 신제품을 개발하고 특허권을 취득하기 위한 수수료 500,000원을 현금으로 지급하였다.(무형자산으로 처리할 것)   [2017년, 75회]

03 난이도 ★
3월 10일, 성진기업과 공장건물의 임대차계약을 체결하고 임차보증금 10,000,000원 중 3,000,000원은 현금으로 지급하고 나머지는 당좌수표를 발행하여 지급하였다.   [2015년, 63회]

04 난이도 ★★ 필수
11월 16일, 생산부서에서 새로운 기술 지식을 얻기 위해 계획적 탐구활동을 하면서 사용한 물품대금 1,000,000원을 당좌수표를 발행하여 지급하였다.(단, 이는 자산 인식 조건을 충족하지 못하였음)   [2020년, 91회]

05 난이도 ★★ 필수
10월 22일, (주)광명개발의 창고를 임차하기로 하고, 임대차계약서를 작성하였다. 임차보증금은 임대차계약서 작성 시에 모두 현금으로 지급하였다.   [2016년, 66회, 변형]

부동산 임대차 계약서				□월세 □전세	
제1조 (목적)위 부동산의 임대차에 한하여 임대인과 임차인은 합의에 의하여 임차보증금 및 차임을 아래와 같이 지불하기로 한다.					
보증금	金 40,000,000원정				
계약금	金	계약 시에 현금지불하고 영수함. 영수자			(인)
잔 금	金 40,000,000원정은	2016 년 10 월 22일에 지불한다.			
차 임	金 1,000,000원정은	매월 10일 (선불, 후불)에 지불한다.			
계약일자 2016년 10월 22일					
임 대 인	110111-3776387	전 화	051-243-7788	성 명	(주)광명개발	(인)
임 차 인	607-91-37214	전 화	02-3270-1234	성 명	㈜화성	(인)

06 난이도 ★★

12월 10일, 창고 임차보증금 10,000,000원(거래처 : ㈜광명개발) 중에서 미지급금으로 계상되어 있는 작년분 창고 임차료 1,000,000원을 차감하고 나머지 임차보증금만 보통예금으로 돌려받았다.　　　　[2024년, 113회]

정답 및 해설

01 일반전표 입력
연구단계에서 발생한 개발비의 계정과목은 연구비(당기비용), 개발단계의 요건 미충족 개발비의 계정과목은 경상개발비(당기비용), 개발단계의 요건 충족 개발비의 계정과목은 개발비(무형자산임)

| 7. 13 | (차) 개발비(226, 무형자산) | 10,000,000 | (대) 보통예금 | 10,000,000 |

02 일반전표 입력
특허권 취득에 소요되는 각종 비용은 모두 무형자산 중 특허권으로 처리

| 9. 28 | (차) 특허권(216, 무형자산) | 500,000 | (대) 현 금 | 500,000 |

03 일반전표 입력
임차보증금은 기타 비유동자산이며 당좌수표 발행 부분은 당좌예금에서 인출되므로 당좌예금 계정과목 사용

| 3. 10 | (차) 임차보증금(성진기업) | 10,000,000 | (대) 현 금
당좌예금 | 3,000,000
7,000,000 |

04 일반전표 입력
개발단계 이전의 연구단계 비용은 경상연구개발비(당기비용) 처리. 생산부서이므로 제조원가

| 11. 16 | (차) 경상연구개발비(제조원가, 523) | 1,000,000 | (대) 당좌예금 | 1,000,000 |

05 일반전표 입력

| 10. 22 | (차) 임차보증금((주)광명개발) | 40,000,000 | (대) 현 금 | 40,000,000 |

06 일반전표 입력

| 12. 10 | (차) 미지급금(㈜광명개발)
보통예금 | 1,000,000
9,000,000 | (대) 임차보증금((주)광명개발) | 10,000,000 |

V 계정과목별 회계처리 - 부채와 자본

17 유동부채

18 비유동부채

19 자본

20 배당

1년 이내에 갚아야 할 빚을 유동부채, 1년 이후에 갚아야 하는 빚을 비유동부채, 그리고 주주의 몫을 자본이라고 합니다.
비유동부채 중 사채와 자본 중 일부 어려운 내용은 과감히 패스해도 시험 당락에는 영향이 없습니다.

 **학습방법** 계정과목별 이론 학습 ⇒ KcLep 입력

각 계정과목별로 먼저 이해를 한 뒤 일부 중요 내용은 암기해야 합니다.

 **출제빈도** 매회 이론 1~2문제, 실무 2문제

유동부채	
비유동부채	**이론** 자본의 종류에서 주로 출제
자본	**실무** 예수금, 퇴직연금, 주식발행에서 주로 출제

17 유동부채

학습내용: • 매입채무 • 미지급금 • 예수금 • 선수수익 • 미지급비용 • 가수금 등

출제경향: 유동부채 부분은 매 시험마다 1문제 이상 출제되었음.
유동부채 종류별 의미만 알면 충분히 풀 수 있으며 특히 이론보다 실무문제로 더 자주 출제됨.

정교수 콕콕

본 교재의 실습자료는 cafe.naver.com/eduacc의 「공지&DATA다운로드」에서 공지 에 있는 [콕콕정교수 전산회계 1급] 이론+실무+기출 실습데이터의 Data_Install_JH1.zip 파일을 다운받아 컴퓨터에 설치 후, 회사등록 클릭, F4 회사코드재생성 클릭 후 「㈜화성」 선택

부채란 과거 거래로 인해 기업의 경제적 가치 유출이 예상되는 의무로 현재 기업이 부담하고 있는 것을 말합니다.
그 중 유동부채란 회계기간 말, 즉 보고기간 종료일로부터 1년 이내에 상환되어야 할 부채를 말하며, 그 종류로는 외상매입금, 지급어음, 미지급금, 단기차입금, 선수금, 선수수익, 예수금, 미지급세금, 유동성장기부채, 가수금이 있습니다.

 핵심체크

매입채무
외상매입금, 지급어음

1 매입채무: 외상매입금, 지급어음

매입채무란 회사 본연의 영업활동(상거래)를 위해 원재료, 상품을 외상으로 구입하면서 발생한 것으로 외상매입금, 지급어음이 이에 해당합니다.

1. 외상매입금

외상매입금이란 회사가 원재료, 상품을 구두상 외상으로 구입하면서 갚아야 할 빚입니다. 통상 외상매입금은 3개월 안에 갚기 때문에 회계기간 말 기준으로 1년 이내에 상환할 유동부채입니다.

> **실무기출 확인문제** | 전산회계 1급, 109회 |
>
> 11월 13일, (주)까치의 외상매입금 25,000,000원을 결제하기 위해 당사에서 제품매출로 받아 보관하고 있던 거래처 (주)산본 발행의 약속어음 20,000,000원을 배서양도하고, 나머지는 당사의 보통예금으로 지급하였다.

| 정 답 |

(주)까치에 대한 외상매입금을 갚기 위해 배서 양도한 받을어음이 (주)산본이 발행한 것이므로 외상매입금 거래처는 (주)까치, 받을어음 거래처는 (주)산본 입력해야 함.

11. 13	(차) 외상매입금((주)까치)	25,000,000	(대) 받을어음((주)산본)	20,000,000
			보통예금	5,000,000

일	번호	구분	계 정 과 목	거 래 처	적 요	차 변	대 변
13	00001	차변	0251 외상매입금	02004 (주)까치		25,000,000	
13	00001	대변	0110 받을어음	00115 (주)산본			20,000,000
13	00001	대변	0103 보통예금				5,000,000

(*) 일반전표 입력 클릭 → 11. 13 입력 → 차변, 외상매입금, ㈜까치 선택, 25,000,000 입력 → 대변, 받을어음, ㈜산본 선택, 20,000,000 입력 → 대변, 보통예금 선택, 5,000,000 입력

2. 지급어음

지급어음이란 원재료, 상품을 어음을 발행해 주면서 외상으로 구입하면서 갚아야 할 빚인데, 지급어음의 만기가 통상 1~3개월이므로 유동부채로 분류됩니다. 지급어음은 어음용지에 수기로 기재해 발행하기도 하고 인터넷뱅킹 시스템에 전산입력으로 발행할 수도 있는데 이를 전자어음이라고 부릅니다.

실무기출 확인문제 | 전산회계 1급, 62회 |

10월 19일, (주)성실기업의 외상매입금 900,000원을 지급하기 위하여 약속어음(발행일로부터 90일 만기)을 발행하여 지급하였다.

| 정 답 |

10. 19	(차) 외상매입금((주)성실기업)	900,000	(대) 지급어음((주)성실기업)	900,000

일	번호	구분	계 정 과 목	거 래 처	적 요	차 변	대 변
19	00001	차변	0251 외상매입금	01411 (주)성실기업		900,000	
19	00001	대변	0252 지급어음	01411 (주)성실기업			900,000

(*) 일반전표 입력 클릭 → 10. 19 입력 → 차변, 외상매입금, ㈜성실기업 선택, 900,000 입력 → 대변, 지급어음, ㈜성실기업 선택, 900,000 입력

2 미지급금

미지급금은 영업활동(상거래) 이외 거래에서 발생한 부채로 회계기간 말 기준 1년 이내에 갚아야 합니다. 대표적인 사례가 공장에서 사용할 기계장치를 외상으로 구입하거나 공장 또는 본사 건물을 신축하면서 지급하지 못한 채무입니다.

주의할 점은 구두상 외상이든, 어음 발행 외상이든, 그리고 신용카드 결제를 통한 외상이든 영업활동(상거래) 이외 외상구입은 모두 미지급금인데, 실무문제로 자주 출제됩니다.

 핵심체크

매입채무 vs 미지급금
- 원재료, 상품 외상구입: 매입채무
- 기계장치, 건물 등 외상구입: 미지급금

 정교수 콕콕

이론기출 확인문제
| 전산회계 1급, 101회 |

다음의 거래를 회계처리 할 때 사용되지 않는 계정과목은 무엇인가?

> 업무용 승용차 20,000,000원을 취득하면서 먼저 지급한 계약금 2,000,000원을 제외한 나머지 잔액은 약속어음을 발행하여 지급하였다.

① 선급금 ② 지급어음 ③ 미지급금 ④ 차량운반구

|정답| ②
상거래 이외인 업무용 승용차를 취득하면서 어음을 발행하면 미지급금, 상거래의 원재료·상품을 외상으로 구입 시 어음발행은 지급어음 처리하기 때문에 이 거래에 지급어음은 사용되지 않음.

실무기출 확인문제
| 전산회계 1급, 2016년, 70회 |

8월 26일, (주)광명개발에 공장 건물 증축을 의뢰하여 완공되었다. 공사비용 100,000,000원을 6개월 만기 당사 발행 약속어음으로 60% 결제하였으며, 나머지는 보통예금 계좌에서 이체하였다.

|정답|

8. 26	(차) 건물	100,000,000	(대) 미지급금((주)광명개발)	60,000,000
			보통예금	40,000,000

일	번호	구분	계정과목	거래처	적요	차변	대변
26	00001	차변	0202 건물			100,000,000	
26	00001	대변	0253 미지급금	02008 (주)광명개발			60,000,000
26	00001	대변	0103 보통예금				40,000,000

(*) 일반전표 입력 클릭 → 8. 26 입력 → 차변, 건물 선택, 100,000,000 입력 → 대변, 미지급금, ㈜광명개발 선택, 60,000,000 입력 → 대변, 보통예금 선택, 40,000,000 입력

3 단기차입금

단기차입금은 회사 운영자금 등이 부족해 금융기관 또는 개인으로부터 빌려온 돈 중 회계기간 말을 기준으로 1년 이내에 갚아야 할 차입금을 말합니다. **단기차입금에는 당좌예금 잔고가 없어도 은행과 약정을 맺고 일정 한도까지 돈을 인출하여 발생한 당좌차월도 포함됩니다.**

| 실무기출 확인문제 | 전산회계 1급, 100회 |

11월 25일, 국민은행으로부터 6개월 후 상환조건으로 20,000,000원을 차입하고, 보통예금 계좌로 입금받다.

|정답|

| 11. 25 | (차) 보통예금 | 20,000,000 | (대) 단기차입금(국민은행) | 20,000,000 |

정교수 콕콕

4 선수금

선수금(先受金)이란 정상적인 영업활동(상거래)에서 상품, 제품을 판매하기 전에 계약금 명목으로 미리 수령한 돈을 말하는데, 선급금의 반대 개념이라고 생각하면 됩니다.

핵심체크
선수금
매출 시 계약금 수령액

| 실무기출 확인문제 | 전산회계 1급, 101회 |

7월 5일, (주)용문에 제품 6,000,000원(10개, @600,000원)을 판매하기로 계약하고, 대금 중 15%를 당좌예금계좌로 송금받다.

|정답|

| 7. 5 | (차) 당좌예금 | 900,000 | (대) 선수금((주)용문) | 900,000 |

일	번호	구분	계정과목	거래처	적요	차변	대변
5	00001	차변	0102 당좌예금			900,000	
5	00001	대변	0259 선수금	00169 (주)용문			900,000

(*) 일반전표 입력 클릭 → 7. 5 입력 → 차변, 당좌예금 선택, 900,000 입력 → 대변, 선수금, ㈜용문 선택, 900,000 입력, 선수금 수령액 6,000,000×15% = 900,000원

5 예수금

1) 개념

예수금(豫收金)이란 정상적인 영업활동(상거래) 이외 거래로 인해 일시적으로 받아 둔 돈을 말하는데, 종업원에게 급여를 지급할 때 종업원이 내야 할 소득세, 국민연금, 건강보험료를 회사가 정부 대신 원천징수 했다가 납부하는 것이 대표적 사례입니다.

핵심체크
예수금
- 원천징수 시: 예수금
- 국민연금 회사 부담액: 세금과공과
- 건강보험료 회사 부담액: 복리후생비

2) 4대보험 제도

근로자는 관련 법률에 따라 국민연금, 건강보험, 고용보험, 산재보험에 의무 가입하고 매월 급여의 일정액을 관련 공단에 납부해야 합니다. 단, 확실한 징수를 위해 회사가 월급 지급 시 미리 원천징수했다가 다음 달 10일에 근로자 대신 공단에 납부하고 있습니다. 다만, 관련 법률은 4대보험료 납부액의 50%는 회사가, 나머지 50%는 근로자가 부담하도록 규정하고 있는데, KcLep은 회사가 부담하는 국민연금은 세금과공과, 건강보험료는 복리후생비로 처리하고 있습니다.

예수금을 원천징수했다가 다음 달 10일 납부할 때까지 처리를 기출문제를 통해 알아보겠습니다.

① 예수금 원천징수

실무기출 확인문제 | 전산회계 1급, 62회 |

11월 19일 영업부 직원 11월분 급여를 당사의 보통예금계좌에서 이체하였다.

직종구분	급여총액	근로소득세 등 공제액				차인지급액
		국민연금	근로소득세	지방소득세	계	
영업부	10,000,000	200,000	300,000	30,000	530,000	9,470,000

|정 답|

급여는 10,000,000원이지만 종업원에게 지급된 보통예금은 원천징수된 530,000원을 제외한 9,470,000원임. 주의할 점은 영업부 직원 급여이므로 판매관리비 급여(801)를 선택해야 하며, 다음 달 10일엔 원천징수한 530,000원과 회사가 부담해야 할 국민연금의 50%인 200,000원을 합쳐 730,000원을 납부해야 함.

11. 19	(차) 급여(판매관리비)	10,000,000	(대) 보통예금	9,470,000
			예수금	530,000

일	번호	구분	계 정 과 목	거 래 처	적 요	차 변	대 변
19	00001	차변	0801 급여			10,000,000	
19	00001	대변	0103 보통예금				9,470,000
19	00001	대변	0254 예수금				530,000

(*) 일반전표 입력 클릭 → 11. 19 입력 → 차변, 판매관리비 중 급여 801번 선택, 10,000,000 입력 → 대변, 보통예금, 9,470,000 입력 → 대변, 예수금 선택, 530,000 입력

② 예수금 납부

실무기출 확인문제 | 전산회계 1급, 104회 |

12월 10일 원천징수한 종업원의 근로소득세 등 530,000원과 국민연금 회사부담금 200,000원을 합친 730,000원을 관할 세무서 등에 보통예금으로 납부하였다. 회사 부담분 국민연금은 '세금과공과' 계정으로 계상한다.

정답					
12. 10	(차) 예수금 세금과공과(판매관리비)	530,000 200,000	(대) 보통예금	730,000	

일	번호	구분	계 정 과 목	거 래 처	적 요	차 변	대 변
10	00001	차변	0254 예수금			530,000	
10	00001	차변	0817 세금과공과금			200,000	
10	00001	대변	0103 보통예금				730,000

(*) 일반전표 입력 클릭 → 12. 10 입력 → 차변, 예수금 선택, 530,000 입력 → 차변, 영업부직원 국민연금 납부이므로 판매비와관리비 중 세금과공과금(817) 선택, 200,000 입력 → 대변, 보통예금, 730,000 입력

한 가지 주의할 점은 회사가 상품, 제품 판매 시 계약금 등 명목으로 미리 받은 돈은 선수금이고, 급여 지급 시 원천징수한 소득세, 건강보험료 등은 예수금입니다.

6 선수수익

선수수익이란 발생하지 않은 수익을 미리 받은 금액인데 그 대표적인 예가 월세를 미리 받은 경우입니다. 평택 미군기지의 미군은 2년짜리 월세 계약을 하면서 2년 치 월세를 입주 시점에 모두 선납하는데 이러면 집주인은 미리 받은 월세를 선수수익으로 처리했다가 나중에 월세 기간이 지난 부분에 대해서만 임대수익으로 대체하는 것입니다. 즉, 선수수익은 수익을 인식할 때가 되지 않은 부분을 선수수익이라는 부채로 처리했다가 나중에 때가 되면 이를 수익으로 인식하는 이연의 개념입니다.

이론기출 확인문제 | 전산회계 1급, 56회 |

다음 설명의 괄호 안에 들어갈 것으로 옳은 것은?

> 이연이란 (   )과 같이 미래에 수익을 인식하기 위해 현재의 현금유입액을 부채로 인식하거나, (   )과 같이 미래에 비용을 인식하기 위해 현재의 현금유출액을 자산으로 인식하는 회계과정을 의미한다.

① 미수수익, 선급비용
② 선수수익, 선급비용
③ 미수수익, 미지급비용
④ 선수수익, 미지급비용

|정답| ②
미래에 수익을 인식하기 위해 현재의 현금유입액을 부채로 인식하는 것은 선수수익이고 또한 미리 지급한 비용을 자산으로 인식하는 것이 선급비용임.

정교수 콕콕

7 미지급비용

미지급비용이란 이미 발생한 관리비, 전기료, 수도료 등의 각종 비용 중 지급을 하지 못한 부분을 말합니다. 용어상 주의할 점은 미지급금은 건물, 기계장치 등을 상거래 이외의 활동에 미지급한 금액을 말하며, 미지급비용은 그중 특별히 비용 관련 미지급액을 말합니다.

실무기출 확인문제 | 전산회계 1급, 48회 |

8월 25일 지난달 도시가스공사에 대한 가스수도료 54,000원(미지급비용)을 보통예금에서 이체지급 하였다.

|정 답|

| 8. 25 | (차) 미지급비용 54,000 | (대) 보통예금 54,000 |

일	번호	구분	계 정 과 목	거 래 처	적 요	차 변	대 변
25	00001	차변	0262 미지급비용			54,000	
25	00001	대변	0103 보통예금				54,000

(*) 일반전표 입력 클릭 → 8. 25 입력 → 차변, 미지급비용 선택, 54,000 입력 → 대변, 보통예금, 54,000 입력

8 미지급세금

미지급세금이란 회사가 낼 법인세 중 아직 납부하지 않은 금액을 말합니다. 자세한 내용은 추후 결산정리 사항 부분에서 다시 알아보겠습니다. 다만, 세금은 통상 수개월 내에 납부하므로 미지급세금은 유동부채입니다.

9 유동성장기부채

핵심체크

유동성장기부채
결산일 기준 1년 이내 상환기일 도래한 장기차입금

유동성장기부채란 장기차입금 중 회계기간 말 기준으로 1년 이내 만기가 도래하는 장기차입금을 유동부채로 바꾸는 계정과목입니다. 전산회계시험에서는 결산정리 문제로 가끔씩 출제됩니다.

예를 들어 2019년 7월 1일, 3년 뒤인 2022년 6월 30일 상환하는 조건으로 1억 원을 은행에서 차입했다면, 2021년 12월 31일 기준으로 상환일이 6개월밖에 남지 않았기 때문에 이를 단기차입으로 바꿔야 합니다. 단, 처음부터 단기차입금인 것과 구별하기 위해 '유동성장기부채'라는 계정과목을 사용하는 것입니다.

실무기출 확인문제 | 전산회계 1급, 56회 |

결산시점(12.31) 기준으로 믿음은행으로부터 차입한 장기차입금 50,000,000원이 다음 연도 6월 30일에 만기가 도래하고, 회사는 이를 상환할 계획이다.

|정답|

| 12. 31 | (차) 장기차입금(믿음은행) | 50,000,000 | (대) 유동성장기부채(믿음은행) | 50,000,000 |

일	번호	구분	계 정 과 목	거 래 처	적 요	차 변	대 변
31	00001	차변	0293 장기차입금	98000 믿음은행		50,000,000	
31	00001	대변	0264 유동성장기부채	98000 믿음은행			50,000,000

(*) 일반전표 입력 클릭 → 12. 31 입력 → 차변, 장기차입금, 믿음은행 선택, 50,000,000 입력 → 대변, 유동성장기부채, 믿음은행 선택, 50,000,000 입력

10 가수금

가수금(假受金)이란 현금 등을 받았으나 수령의 이유를 모를 때 일단 임시(假)로 사용하는 계정과목으로 현금 등 수령의 이유가 밝혀지면 그때 해당 계정으로 대체되는데 가지급금의 반대 개념입니다.

> **핵심체크**
> **가수금**
> 이유를 모르는 현금수령 시 사용하는 임시계정

실무기출 확인문제 | 전산회계 1급, 62회 |

12월 31일, 12월 19일자 가수금 3,000,000원 중 2,000,000원은 ㈜산본에 대한 제품매출의 계약금이고, 나머지는 ㈜산본의 외상매출금을 회수한 것으로 확인되었다.

|정답|
12월 19일에 가수금 3,000,000원으로 회계처리 했다가 추후 그 이유가 선수금 2,000,000원 수령, 외상매출금 1,000,000원 회수한 것이 밝혀져 해당 계정과목으로 변경되는 것임.

| 12. 31 | (차) 가수금 | 3,000,000 | (대) 선수금(㈜산본) | 2,000,000 |
| | | | 외상매출금(㈜산본) | 1,000,000 |

일	번호	구분	계 정 과 목	거 래 처	적 요	차 변	대 변
31	00001	차변	0257 가수금			3,000,000	
31	00001	대변	0259 선수금	00115 (주)산본			2,000,000
31	00001	대변	0108 외상매출금	00115 (주)산본			1,000,000

(*) 일반전표 입력 클릭 → 12. 31 입력 → 차변, 가수금 선택, 3,000,000 입력 → 대변, 선수금, 거래처 ㈜산본 선택, 2,000,000 → 대변, 외상매출금, 거래처 ㈜산본 선택, 1,000,000 입력

17 유동부채 이론기출 공략하기

01 난이도 ★★ 필수
다음 중 유동부채의 계정과목별 설명으로 틀린 것은? [2015년, 64회]

① 매입채무는 일반적 상거래에서 발생한 외상매입금과 지급어음으로 한다.
② 선수금은 수주공사 및 기타 일반적 상거래에서 발생한 선수액으로 한다.
③ 단기차입금은 금융기관으로부터의 당좌차월과 1년 이내에 상환될 차입금으로 한다.
④ 미지급금은 일반적 상거래에서 발생한 지급기일이 도래한 확정채무를 말한다.

02 난이도 ★★
다음 자료는 기말자산과 기말부채의 일부분이다. 기말 재무상태표에 표시될 항목과 금액이 올바른 것은? [2017년, 73회]

- 받을어음: 100,000원
- 지급어음: 150,000원
- 보통예금: 170,000원
- 미지급금: 120,000원
- 미수금: 160,000원
- 정기예금: 190,000원
- 외상매출금: 130,000원
- 외상매입금: 180,000원
- 자기앞수표: 110,000원

① 현금및현금성자산 470,000원
② 매출채권 330,000원
③ 매입채무 230,000원
④ 유동부채 450,000원

03 난이도 ★★ 필수
다음 (가), (나)의 거래를 분개할 때 대변에 기입되는 계정과목으로 바르게 짝지은 것은? [2016년, 68회]

(가) 신제품을 생산하기 위하여 기계를 1,000,000원에 구입하고, 대금은 1개월 후에 지급하기로 하다. (나) 신제품을 공급해 주기로 하고 계약금 100,000원을 현금으로 받다.

① (가) 미지급금 (나) 선급금
② (가) 미지급금 (나) 선수금
③ (가) 외상매입금 (나) 선수금
④ (가) 외상매입금 (나) 선급금

04 난이도 ★★★

발생기준에 따른 재무제표 작성 시 발생과 이연의 개념을 사용하여 기말결산을 하게 되는데, 이와 관련된 계정과목이 아닌 것은? [2014년, 58회]

① 선수수익　　② 선급금　　③ 선급비용　　④ 미지급비용

05 난이도 ★★

결산 시 미지급 임차료에 대한 회계처리를 하지 않았을 경우, 당기 재무제표에 미치는 영향으로 틀린 것은? [2015년, 65회]

① 순이익이 과소계상　　② 자본이 과대계상　　③ 비용이 과소계상　　④ 부채가 과소계상

06 난이도 ★★ 필수

거래처로부터 받은 판매와 관련된 계약금을 매출액으로 잘못 처리하였다. 이 회계처리가 재무제표에 미치는 영향은? [2014년, 61회]

① 자산이 과소계상, 부채가 과대계상　　② 자산이 과대계상, 수익이 과소계상
③ 부채가 과소계상, 자본이 과대계상　　④ 부채가 과대계상, 수익이 과대계상

07 난이도 ★★ 필수

다음 중 유동부채에 해당하는 금액을 모두 합하면 얼마인가? [2020년, 90회]

- 외상매입금: 100,000원
- 단기차입금: 150,000원
- 선수금: 70,000원
- 장기차입금: 800,000원(유동성장기부채 300,000원 포함)
- 미지급비용: 50,000원

① 300,000원　　② 670,000원　　③ 750,000원　　④ 870,000원

08 다음 중 유동부채에 해당하는 것을 모두 고른 것은? [2025년, 119회]

| 가. 임대보증금 | 나. 장기차입금 | 다. 유동성장기부채 |
| 라. 외상매입금 | 마. 매도가능증권 | |

① 가, 나　　　② 나, 다　　　③ 다, 라　　　④ 라, 마

09 ㈜전주는 ㈜천안에 제품을 판매하기로 약정하고, 계약금으로 제3자인 ㈜철원이 발행한 당좌수표 100,000원을 받았다. 다음 중 회계처리로 옳은 것은? [2023년, 108회]

① (차) 현금　　　　100,000원　　(대) 선수금　　　100,000원
② (차) 당좌예금　　100,000원　　(대) 선수금　　　100,000원
③ (차) 현금　　　　100,000원　　(대) 제품매출　　100,000원
④ (차) 당좌예금　　100,000원　　(대) 제품매출　　100,000원

정답 및 해설

01 ④ 원재료, 상품의 구입과 같이 일반적 상거래에서 외상 구입하는 경우에는 외상매입금(그냥 외상), 지급어음(어음 발행 외상)으로 처리하고, 공장에서 사용할 기계장치를 외상으로 구입하는 경우와 같이 일반적 상거래 이외에서 발생한 외상(어음 발행 외상 포함) 구입은 미지급금 처리.

02 ④ ① 현금및현금성자산: 보통예금 170,000원 + 자기앞수표 110,000원 = 280,000원
(*) 정기예금은 회계기간말 기준 1년 이후 만기가 도래하므로 비유동자산 중 투자자산임.
② 매출채권: 외상매출금 130,000원 + 받을어음 100,000원 = 230,000원
③ 매입채무: 외상매입금 180,000원 + 지급어음 150,000원 = 330,000원
④ 유동부채: 외상매입금 180,000원 + 지급어음 150,000원 + 미지급금 120,000원 = 450,000원

03 ② (가) 신제품 생산을 위한 기계는 원재료, 상품과 같이 정상적인 상거래를 위한 것이 아니므로 기계를 외상으로 구입하면 미지급금임. (나) 신제품을 판매하기 위해 계약금을 미리 받으면 선수금임.

04 ② ① 선수수익은 월세 등을 미리 받은 경우로 일단 부채로 잡았다가 실제 매출이 발생하는 시점에 수익을 인식하고 선수수익을 없앰.
③ 선급비용은 보험료 등을 미리 지급하는 경우로 일단 자산으로만 처리했다가 기간이 경과함에 따라 비용을 인식하고 자산을 차감함.
④ 미지급비용은 월세 등을 지급하지 못하는 경우로 일단 비용과 부채를 동시에 인식했다가 향후 월세를 지급할 때 부채를 차감함.
그러나 ② 선급금은 원재료 등을 구매할 때 계약금 명목으로 지급한 단순한 자산금액으로 기간이 경과함에 따라 정산하는 발생과 이연의 개념이 아님.

05 ① 미지급임차료를 누락하면 다음 분개가 누락된 것임.
• 누락된 분개: (차) 임차료 ××× (대) 미지급비용 ×××
·임차료(비용) 과소 계상. 미지급비용(부채) 과소 계상
·비용 과소 계상 → 당기순이익 과대계상
·당기순이익 과대 계상 → 자본 과대 계상

06 ③ 계약금(선수금, 부채)을 매출(수익)로 처리하면
: 부채 과소계상, 수익 과대계상, 수익 과대계상으로 자본(이익잉여금)이 과대 계상됨.

07 ② 외상매입금(100,000) + 유동성장기부채(300,000) + 단기차입금(150,000) + 미지급비용(50,000) + 선수금(70,000) = 670,000원

08 ③ 임대보증금, 장기차입금은 비유동부채이며, 매도가능증권은 투자자산임. 유동부채는 "다.유동성장기부채"와 "라.외상매입금"임.

09 ① 판매 계약금 수령에는 선수금 계정과목 사용하며 당좌수표는 현금처럼 곧장 사용가능하므로 현금 계정과목 사용.

17 유동부채 실무기출 공략하기

본 교재의 실습자료는 cafe.naver.com/eduacc의 「공지&DATA다운로드」에서 공지 에 있는 [콕콕정교수 전산회계 1급] 이론+실무+기출 실습데이터의 Data_Install_JH1.zip 파일을 다운받아 컴퓨터에 설치 후, 회사등록 클릭, F4 회사코드재생성 클릭 후 「㈜화성」선택

01 난이도 ★★
9월 19일, (주)충주컴퓨터에서 원재료 4,000,000원을 구입하면서 계약금으로 지급한 400,000원을 차감한 잔액을 약속어음(3개월 만기)으로 발행하여 지급하다. [2016년, 69회]

02 난이도 ★★ 필수
10월 01일, ㈜어장상사의 외상매입금 5,000,000원에 대해 당좌수표를 발행하여 결제하였다. 결제일 현재 당좌예금 잔액은 4,000,000원이며, 초과액은 국민은행과 계약 맺은 당좌차월 계정을 사용하시오. [2025년, 119회]

03 난이도 ★★ 필수
8월 30일, ㈜상주상사에 지급할 외상매입금 20,000,000원 중 13,000,000원은 전자어음을 발행하고 나머지는 보통예금 계좌에서 지급하였다. [2025년, 118회]

04 난이도 ★★ 필수
11월 3일, 생산라인 증설을 위해 지난 10월 25일 계약금 5,000,000원을 주고 (주)가전상가에 제작 의뢰한 기계장치가 설치완료 되어 잔금 25,000,000원 중 22,000,000원은 소망은행 보통예금으로 지급하고 나머지는 15일 후에 지급하기로 하다. (단, 부가가치세는 고려하지 말 것) [2012년, 50회]

05 난이도 ★★
7월 19일, 영업부사원들의 사기진작을 위하여 인근 '놀부식당'에서 회식을 하고 식사대금 270,000원을 외상으로 하였다. (놀부식당을 거래처로 등록할 것: 코드번호 201, 사업자등록번호:211-10-33342) [2004년, 21회]

난이도 ★★ 필수

06 8월 19일, 영업부에서 매출거래처 직원과 식사를 하고, 식사비용 120,000원을 법인카드인 우리카드로 결제하였다.

[2013년, 56회]

난이도 ★★★ 필수

07 7월 28일, 직원 엄성철 및 백도성에 대해 지급한 7월분 급여는 다음의 급여명세서와 같으며, 공제 후 차감지급액에 대해서는 당사 보통예금 계좌에서 이체하였다.

[2025년, 119회 변형]

7월 급여명세서

엄성철(생산부) 귀하

지급내역	기본급	1,500,000
	자격수당	100,000
	직무수당	50,000
	식대	80,000
	월차수당	70,000
	근속수당	
	상여금	
	특별수당	
	퇴직수당	
	기타 1	
	지급액	1,800,000
공제내역	소득세	15,560
	지방소득세	1,550
	국민연금	81,000
	건강보험	52,630
	고용보험	8,100
	공제계	158,840
	지급총액	1,641,160
	[귀하의 노고에 감사드립니다.]	

7월 급여명세서

백도성(영업부) 귀하

지급내역	기본급	1,200,000
	자격수당	60,000
	직무수당	30,000
	식대	80,000
	월차수당	50,000
	근속수당	
	상여금	
	특별수당	
	퇴직수당	
	기타 1	
	지급액	1,420,000
공제내역	소득세	5,560
	지방소득세	550
	국민연금	63,900
	건강보험	41,000
	고용보험	6,390
	공제계	117,400
	지급총액	1,302,600
	[귀하의 노고에 감사드립니다.]	

난이도 ★★★ 필수

08 10월 10일, 9월 25일에 지급한 직원 급여와 관련된 차감 징수액(국민연금, 근로소득세, 지방소득세)과 국민연금 회사 부담 분을 합한 금액 620,000원을 다음과 같이 보통예금으로 납부하였다. 단, 회사부담분 국민연금은 '세금과공과' 계정으로 계상한다.

[2024년, 116회 변형]

- 국민연금 400,000원: 회사부담분 200,000원과 근로자부담분 200,000원을 합한 금액이고, 회사부담분 중 영업부 직원 비율은 30%이며 제조부 직원 비율은 70%임.
- 소득세 등 220,000원: 근로소득세 200,000원과 지방소득세 20,000원을 합한 금액임.

09 난이도 ★★

9월 30일, 개인 고혜림으로부터 차입한 운영자금에 대한 당월 이자비용 2,000,000원이 발생하여 원천징수세액 550,000원을 차감한 나머지 금액 1,450,000원을 보통예금으로 지급하였다. [2016년, 67회]

10 난이도 ★★ 필수

10월 5일, 9월 5일 수령한 가수금은 (주)영상전자에 제품을 매출하기로 하고 받은 계약금 500,000원과, 동사의 외상매출금 500,000원을 회수한 것으로 확인되다. [2015년, 65회]

11 난이도 ★★

7월 27일, 제조공장 운영을 위하여 믿음은행으로부터 95,000,000원을 차입(상환일: 내년 6월 30일)하면서 수수료비용(제조경비로 처리할 것) 150,000원을 차감한 잔액인 94,850,000원이 보통예금으로 입금되었다. (하나의 전표로 입력할 것) [2024년, 113회 변형]

12 난이도 ★★ 필수

9월 3일, 큰빛은행에서 차입한 단기차입금 82,000,000원과 이에 대한 이자 2,460,000원을 보통예금계좌에서 이체하여 지급하였다. [2024년, 115회]

13 난이도 ★★ 필수

12월 31일, 전기 말 큰빛은행으로부터 차입한 장기차입금 중 50,000,000원은 회계기간 말 기준으로 3개월 후에 만기가 도래하고 회사는 이를 상환할 계획이다. [2024년, 116회]

정답 및 해설

01 일반전표 입력

원재료 구입 계약 시 계약금 400,000원 지급 후 잔금 3,600,000원은 지급어음을 발행하였음. 기존에 지급한 계약금은 선급금으로 이미 회계처리 되어 있으므로 잔금 지급을 위한 어음 발행 시 선급금을 없애야 함.

9. 19	(차) 원재료	4,000,000	(대) 선급금((주)충주컴퓨터)	400,000
			지급어음((주)충주컴퓨터)	3,600,000

02 일반전표 입력

10. 1	(차) 외상매입금((주)어장상사)	5,000,000	(대) 당좌예금	4,000,000
			당좌차월(국민은행)	1,000,000

(*) 당좌예금 잔액을 초과해 인출하면 당좌차월 처리하며 기말에는 단기차입금으로 대체함.

03 일반전표 입력

8. 30	(차) 외상매입금((주)상주상사)	20,000,000	(대) 지급어음((주)상주상사)	13,000,000
			보통예금	7,000,000

04 일반전표 입력

기계장치 취득가액은 계약금 5,000,000원에 잔금 25,000,000원 합쳐 총 30,000,000원. 계약금은 이미 (주)가전상사에 대한 선급금으로 자산에 계상되어 있으므로 대변에 없애주고, 22,000,000원은 보통예금으로 지급했으므로 대변에 기재, 나머지 3,000,000원은 외상이므로 미지급금 처리. 단, 주의할 점은 일반 상거래가 아니므로 외상매입금이 아닌 미지급금을 선택해야 함.

11. 3	(차) 기계장치	30,000,000	(대) 선급금((주)가전상사)	5,000,000
			보통예금	22,000,000
			미지급금((주)가전상사)	3,000,000

05 일반전표 입력

- 계정과목: 영업부 회식비는 판매관리비 중 복리후생비 처리. 회식비을 위한 외상대금은 미지급금 처리
- 거래처: 놀부식당이 거래처로 등록이 되어 있지 않으므로 신규등록(F3)을 누른 뒤, 시험지에 제시된 거래처명 "놀부식당", "코드번호 201", "사업자등록번호 211-10-33342" 입력

7. 19	(차) 복리후생비(판매관리비)	270,000	(대) 미지급금(놀부식당)	270,000

06 일반전표 입력

- 계정과목: 영업부 거래처와 식사비용은 판매관리비 중 기업업무추진비 선택. 카드결제하면 통상 월말에 지급하는데 이는 미지급금 처리
- 거래처: 기업업무추진비를 지급할 곳이 우리카드이므로 미지급금의 거래처는 우리카드 입력

8. 19	(차) 기업업무추진비(판매관리비)	120,000	(대) 미지급금(우리카드)	120,000

07 일반전표 입력

- 계정과목: 생산부 직원 급여는 제조원가의 급여, 영업부 직원 급여는 판매관리비의 급여
- 예수금: 생산부 엄성철 씨 소득세 등 158,840원 원천징수액. 영업부 백도성씨 소득세 등 117,400원 원천징수액. 총 예수금 276,240원(158,840 + 117,400)
- 보통예금 지급액: 276,240원 원천징수 후 보통예금 실제 지급액은 2,943,760원(1,641,160 + 1,302,600)

7. 28	(차) 급여(제조원가) 급여(판매관리비)	1,800,000 1,420,000	(대) 보통예금 예수금(254)	2,943,760 276,240

(*) 생산부 엄성철 씨 월급 1,800,000원은 급여(503) 계정과목 대신 임금(504) 계정과목 사용도 가능함.

08 일반전표 입력

- 보통예금 지급액: 납부총액 620,000원 기재, 대변 기재
- 기존 징수한 예수금: 9월 25일 종업원으로부터 징수한 국민연금 200,000원, 소득세등 220,000원, 총 420,000원. 납부 시 차변에 기재
- 계정과목: 근로소득세와 지방소득세는 전액 근로자 부담하지만, 국민연금은 회사가 50%를 부담함. 회사가 대신 납부하는 국민연금 200,000원은 세금과공과 처리
- 세금과공과 200,000원: 30%인 60,000원은 영업부 직원용(판매관리비), 70%인 140,000원은 제조부 직원용(제조원가) 처리

10. 10	(차) 예수금(254) 세금과공과(판매관리비) 세금과공과(제조원가)	420,000 60,000 140,000	(대) 보통예금	620,000

09 일반전표 입력

이자비용으로 차변에 인식할 금액은 총 2,000,000원임. 단, 실제 고혜림 씨에게 지급하는 금액은 고혜림 씨가 납부할 세금 550,000원을 제외한 1,450,000원임. 이렇게 회사가 원천징수한 이자소득세는 예수금 처리

9. 30	(차) 이자비용(영업외비용)	2,000,000	(대) 보통예금 예수금(254)	1,450,000 550,000

10 일반전표 입력

가수금이란 이유를 알지 못하고 수령한 현금을 일단 유동부채로 계상하는 계정과목임. 가수금 1,000,000원의 원인이 선수금 500,000원과 외상매출금 500,000원 회수이므로 이를 대변에 기재하여야 함.

10. 5	(차) 가수금	1,000,000	(대) 선수금((주)영상전자)	500,000
			외상매출금((주)영상전자)	500,000

11 일반전표 입력

은행 차입금의 상환일이 내년 6월 30일로 회계기간 말인 12월 31일 기준으로 1년 이내이므로 단기차입금으로 처리. 또한 해당 차입이 제조공장을 위한 것이므로 제조원가의 수수료비용 선택

7. 27	(차) 보통예금	94,850,000	(대) 단기차입금(믿음은행)	95,000,000
	수수료비용(제조원가)	150,000		

12 일반전표 입력

9. 3	(차) 단기차입금(큰빛은행)	82,000,000	(대) 보통예금	84,460,000
	이자비용(영업외비용)	2,460,000		

13 일반전표 입력

장기차입금 중 회계기간 말 기준으로 1년 이내에 상환해야 하는 차입금은 "유동성장기부채"로 처리

12. 31	(차) 장기차입금(큰빛은행)	50,000,000	(대) 유동성장기부채(큰빛은행)	50,000,000

18 비유동부채

학습내용 · 장기차입금 · 임대보증금 · 퇴직급여충당부채 · 퇴직연금 · 사채 · 우발부채

출제경향 이론 및 실무문제로 매회 시험마다 1문제씩 출제되고 있음. 주로 퇴직급여충당부채, 퇴직연금이 출제되고 있으며 사채는 거의 출제되지 않음.

 정교수 콕콕

본 교재의 실습자료는 cafe.naver.com/eduacc의「공지&DATA다운로드」에서 공지 에 있는 [콕콕정교수 전산회계 1급] 이론+실무+기출 실습데이터의 Data_Install_JH1.zip 파일을 다운받아 컴퓨터에 설치 후, 회사등록 클릭, F4 회사코드재생성 클릭 후 「㈜가은」 선택

비유동부채란 회계기간 말 기준으로 1년 이후에 상환해야 하는 부채이며 그 종류로는 장기차입금, 임대보증금, 퇴직급여충당부채, 사채가 있습니다. 다만, 사채는 내용이 워낙 어렵고 전산회계1급에는 거의 출제되지 않으므로 시간이 없으면 과감히 패스해도 시험 합격에는 지장이 없습니다.

1 장기차입금

장기차입금은 은행 등 금융기관에서 빌린 돈 중 회계기간 말을 기준으로 1년 이후에 갚아야 할 차입금을 말합니다.

실무기출 확인문제 | 전산회계 1급, 65회 |

8월 25일 금빛은행으로부터 5년 후 상환조건으로 100,000,000원을 차입하고, 보통예금 계좌로 입금받았다.

|정답|

8. 25	(차) 보통예금	100,000,000	(대) 장기차입금(금빛은행)	100,000,000

일	번호	구분	계정과목		거래처	적요	차변	대변
25	00001	차변	0103	보통예금			100,000,000	
25	00001	대변	0293	장기차입금	98000 금빛은행			100,000,000

(*) 일반전표 입력 클릭 → 8. 25 입력 → 차변, 보통예금 선택, 100,000,000 입력 → 대변, 장기차입금, 금빛은행 선택, 100,000,000 입력

2 임대보증금

임대보증금이란 건물주가 세입자로부터 받은 전세보증금을 말합니다. 한 가지 주의할 점은 임대보증금은 건물 주인으로서 받은 전세보증금이고 임차보증금은 세입자로서 임차한 건물에 들어갈 때 지급하는 전세보증금입니다.

핵심체크

임대보증금 vs 임차보증금
건물주가 받은 보증금(임대보증금), 세입자가 맡긴 보증금(임차보증금)

실무기출 확인문제 | 전산회계 1급, 45회 |

8월 20일 (주)달마와 사무실 임대차계약을 맺고 임대보증금 15,000,000원 중 5,000,000원은 (주)달마 발행 당좌수표로 받고 나머지는 월말에 지급받기로 하였다.

|정답|

8. 20	(차) 현 금	5,000,000	(대) 임대보증금((주)달마)	15,000,000
	미수금((주)달마)	10,000,000		

일	번호	구분	계정과목	거래처	적요	차변	대변
20	00001	차변	0101 현금			5,000,000	
20	00001	차변	0120 미수금	00129 (주)달마		10,000,000	
20	00001	대변	0294 임대보증금	00129 (주)달마			15,000,000

(*) 일반전표 입력 클릭 → 8. 20 입력 → 차변, 타인발행 당좌수표는 곧장 현금처럼 사용가능해 현금 선택, 5,000,000 입력 → 차변, 미수금, ㈜달마 선택, 10,000,000 입력 → 대변, 임대보증금, ㈜달마 선택, 15,000,000 입력

3 퇴직급여충당부채

1. 퇴직금 개념

근로자가 1년 근무할 때마다 회사는 근로기준법에 따라 1개월 치 월급을 퇴직금으로 모아 두었다가 해당 직원이 퇴직할 때 퇴직금으로 지급해야 합니다. 예를 들어 영업부서에서 10년을 근무한 홍길동 씨가 퇴직한다면 회사는 10개월 치 월급을 퇴직금으로 지급해야 합니다.

사례	퇴직 시점 월급 500만 원, 근속기간 10년
	총 퇴직금 5,000만 원 (500만 원×10개월)

위 사례에서 비용은 매년 발생하는데 지급은 퇴직할 때 한꺼번에 지급하기 때문에 퇴직급여충당부채란 개념이 필요합니다. 자세한 내용을 알아보겠습니다.

핵심체크

퇴직급여충당금 적립

(차) 퇴직급여   ×××
　　(대) 퇴직급여충당부채 ×××

2. 근속기간 중: 퇴직급여충당부채 적립

1) 퇴직급여충당부채 개념

이렇게 지급되는 퇴직금은 퇴직할 때 한꺼번에 비용처리 하는 것보다는 근속기간 중 매년 500만 원씩 비용처리 하는 것이 논리적입니다. 즉, 1년 근속마다 500만 원의 퇴직금이 발생하면 다음과 같이 일단 '퇴직급여'라는 계정과목으로 비용처리하고, 이 금액은 홍길동 씨가 퇴직할 때 지급할 회사의 빚이기 때문에, 이를 '퇴직급여충당부채'라는 부채로 회계처리 합니다.

| 퇴직금 발생 시 | (차) 퇴직급여 5,000,000　　(대) 퇴직급여충당부채 5,000,000 |

2) 재무제표 표시

홍길동 씨는 영업부서에 근무하고 있으므로 퇴직급여라는 비용은 판매비와관리비에서 골라야 하며 퇴직급여충당금은 통상 1년 이후에 지급하므로 비유동부채로 처리하는데, 이를 재무제표에 표시하면 다음과 같습니다.

〈재무상태표〉

　　　：
퇴직급여충당부채　5,000,000
　　　：

〈손익계산서〉

판매비와관리비
　　　：
　퇴직급여　　5,000,000
　　　：

기업회계기준은 보수적인 차원에서 매년 말 모든 임직원이 일시에 퇴직한다는 전제하에 전체 임직원의 퇴직급여충당부채를 부채로 계상하도록 규정하고 있습니다. 따라서 회사는 회계연도 말에 모든 임직원의 퇴직급여충당부채를 계산한 뒤, 기존 잔액 대비 부족분을 매년 말 추가로 보충해야 합니다. 주로 기말결산 실무문제로 출제되고 있습니다.

실무기출 확인문제　　　　　| 전산회계 1급, 59회 |

당사는 일반기업회계기준에 의하여 퇴직급여충당부채를 설정하고 있으며, 기말 현재 퇴직급여추계액 및 당기 퇴직급여충당부채 설정 전의 퇴직급여충당부채 잔액은 다음과 같다. 결산 시 회계처리 하시오.

부서	설정 전 퇴직급여충당부채잔액	기말 현재 퇴직급여추계액
영업부	23,000,000원	27,000,000원
제조부	27,000,000원	29,000,000원

| 정답 |
- 영업부서 부족 분: 4,000,000원(27,000,000-23,000,000), 판매관리비 중 퇴직급여 선택
- 제조부서 부족 분: 2,000,000원(29,000,000-27,000,000), 제조원가 중 퇴직급여 선택

| 7. 16 | (차) 퇴직급여(판매관리비) 4,000,000
퇴직급여(제조원가) 2,000,000 | (대) 퇴직급여충당부채 6,000,000 |

일	번호	구분	계정과목	거래처	적요	차변	대변
31	00007	차변	0806 퇴직급여			4,000,000	
31	00007	차변	0508 퇴직급여			2,000,000	
31	00007	대변	0295 퇴직급여충당부채				6,000,000

(*) 일반전표 입력 클릭 → 12. 31 입력 → 차변, 판매관리비의 퇴직급여(806) 선택, 4,000,000 입력 → 차변, 제조원가의 퇴직급여(508) 선택, 2,000,000 입력 → 대변, 퇴직급여충당부채 선택, 6,000,000 입력

3. 퇴직 시점: 퇴직급여충당부채 차감

특정 임직원이 퇴사하여 퇴직금이 지급되면 이미 그 퇴직금은 퇴직급여충당부채라는 부채로 적립되면서 비용처리 되었기 때문에 지급되는 퇴직금만큼 퇴직급여충당부채를 줄이기만 하면 됩니다.

퇴직금 지급
(차) 퇴직급여충당부채 ×××
　　(대) 보통예금　　×××

실무기출 확인문제 | 전산회계 1급, 55회 |

9월 26일, 생산직원 장현정 씨의 퇴직으로 퇴직금 12,000,000원 중 소득세 및 지방소득세로 1,320,000원을 원천징수한 후 차인지급액을 전액 보통예금 계좌에서 이체하였다.(퇴직 직전 퇴직금을 지급하기 위한 퇴직급여충당부채는 20,000,000원이다.)

| 정답 |

| 9. 26 | (차) 퇴직급여충당부채 12,000,000 | (대) 보통예금 10,680,000
예수금 1,320,000 |

일	번호	구분	계정과목	거래처	적요	차변	대변
26	00005	차변	0295 퇴직급여충당부채			12,000,000	
26	00005	대변	0103 보통예금				10,680,000
26	00005	대변	0254 예수금				1,320,000

(*) 일반전표 입력 클릭 → 9. 26. 입력 → 차변, 퇴직급여충당부채 선택, 12,000,000 입력 → 대변, 보통예금 선택, 10,680,000 입력 → 대변, 원천징수액 예수금 선택, 1,320,000 입력

 정교수 콕콕

4 퇴직금의 외부예치: 퇴직연금

1. 퇴직연금의 개념

IMF 외환위기 때 회사의 부도로 퇴직금을 지급하지 못하는 사례가 발생하자 정부는 2005년 말 퇴직연금제도를 도입했습니다. 퇴직연금제도는 매년 발생한 퇴직금을 외부에 예치하되, 예치된 퇴직금은 일시금보다는 퇴직 후 매월 연금으로 지급하는 것을 권장하는 제도입니다. 개념이 다소 어렵지만 전산회계 시험에서 자주 출제되고 있으니 고득점이 목표라면 꼭 공부하시기 바랍니다.

2. 퇴직연금 종류

퇴직연금에는 확정기여형(DC)과 확정급여형(DB) 두 가지가 있으며 회사는 근로자와 협의하여 둘 중 한 가지를 선택하여 매년 발생한 퇴직금을 외부 금융기관에 예치해야 합니다.

1) 확정기여형(DC)

① 개념

확정기여형 퇴직연금은 회사가 근로자 소유의 퇴직연금계좌에 매년 발생한 퇴직금을 입금함으로써 퇴직금 지급을 매년 끝내는 방식입니다. 확정기여형 퇴직연금계좌는 처음부터 근로자 소유이기 때문에 계좌의 운용을 근로자가 직접 해야 합니다.

 핵심체크 콕콕

확정기여형(DC)형
(차) 퇴직급여　　×××
　　 수수료비용　×××
　　　(대) 보통예금　×××

② 회계처리

회사는 확정기여형 퇴직연금계좌에 매년 발생한 퇴직금을 입금해 퇴직금 지급을 끝냈으므로 다음과 같이 퇴직급여충당부채를 설정할 필요 없이 곧장 비용 처리합니다.

회계처리	(차) 퇴직급여　×××　(대) 보통예금　×××

(*) 퇴직연금계좌 운용수수료가 발생할 경우 수수료비용(판매관리비) 처리

실무기출 확인문제	전산회계 1급, 55회

9월 24일, 영업부 직원에 대한 확정기여형(DC) 퇴직연금에 가입하고 8,000,000원을 보통예금계좌에서 지급하였다. 이 금액에는 연금운용에 대한 수수료 500,000원이 포함되어 있다.

> **|정 답|**
> 영업부 직원 DC형 퇴직연금계좌로의 입금액은 퇴직급여(판매비와관리비), 운용수수료는 수수료비용(판매비와관리비)으로 처리

9.24	(차) 퇴 직 급 여(판매관리비)	7,500,000	(대) 보통예금	8,000,000
	수수료비용(판매관리비)	500,000		

일	번호	구분	계정과목	거래처	적요	차변	대변
24	00001	차변	0806 퇴직급여			7,500,000	
24	00001	차변	0831 수수료비용			500,000	
24	00001	대변	0103 보통예금				8,000,000

(*) 일반전표 입력 클릭 → 9.24. 입력 → 차변, 영업부이므로 판매관리비 중 퇴직급여(806) 선택, 7,500,000 입력 → 차변, 판매관리비 중 수수료비용(831) 선택, 500,000 입력 → 대변, 보통예금 선택, 8,000,000 입력

③ 재무제표 표시

직원 소유의 확정기여형(DC형) 퇴직연금 계좌에 회사가 매년 퇴직금을 예치하다 직원이 퇴직하면 은행이 퇴직 직원의 확정기여형(DC형) 계좌를 해약해서 퇴직금을 지급합니다. 즉, 회사는 매년 확정기여형(DC형) 퇴직연금계좌에 매년 퇴직금을 지급한 것이기 때문에 재무상태표에 퇴직급여충당부채를 인식할 필요 없이 손익계산서에 퇴직급여(판매관리비) 비용만 인식하면 됩니다.

재무상태표	손익계산서
변동 없음	판매관리비 ⋮ 퇴직급여 ××× ⋮

2) 확정급여형(DB)

① 개 념

확정급여형(DB형) 퇴직연금은 일단 회사 소유의 퇴직연금계좌에 매년 발생한 퇴직금을 예치해 향후 지급될 퇴직금을 준비합니다. 그러다 특정 직원이 그만두면 필요한 퇴직금을 확정급여형 퇴직연금계좌에서 인출해 퇴직 직원의 계좌(IRP)에 입금해 줍니다. 확정급여형(DB형) 퇴직연금계좌는 처음부터 회사 소유이기 때문에 계좌의 운용을 회사가 직접해야 합니다.

② 회계처리

확정급여형 퇴직연금은 근로자 근속기간 중 매년 회사 소유의 퇴직연금계좌에 적립하기 때문에 근속기간 중에는 퇴직금을 지급하지 않은 것입니다. 따라서 매년 퇴직급여충당부채를 적립해야 하고, 외부에 예치한 퇴직연금 또한 회사 소유이기 때문에 퇴직연금운용자산이라는 회사 자산으로 인식해야 합니다. 그러다가 특정 직원이 퇴직하면 확정급여형 퇴

확정급여(DB)형
(차) 퇴직연금운용자산 ×××
　　수수료비용 ×××
(대) 보통예금 ×××

정교수 콕콕

직연금계좌에서 퇴직금을 인출해 지급하므로 퇴직연금운용자산을 줄이고 그만큼 퇴직급여충당부채도 줄여줘야 합니다.

이를 회계처리하면 다음과 같습니다.

구 분	회계처리			
퇴직연금 예치 시점	(차) 퇴직연금운용자산	×× ×	(대) 보통예금 등	×× ×
퇴직급여충당부채 설정	(차) 퇴직급여	×× ×	(대) 퇴직급여충당부채	×× ×
퇴직 시점	(차) 퇴직급여충당부채	×× ×	(대) 퇴직연금운용자산	×× ×

(*) • 퇴직연금계좌 운용수수료가 발생할 경우 수수료비용(판매관리비) 처리.
  • 퇴직시점에 퇴직급여충당부채가 설정되어 있지 않은 경우에는 다음과 같이 회계 처리함.
    : (차) 퇴직급여   ×× ×   (대) 퇴직연금운용자산   ×× ×

단, 전산회계1급 시험에서는 퇴직연금 예치 시의 분개, 즉 (차) 퇴직연금운용자산 ××× (대) 보통예금 ××× KcLep 실무 입력이 주로 출제되는데 기출문제를 통해 자세히 알아보겠습니다.

실무기출 확인문제 | 전산회계 1급, 69회 |

7월 10일, 영업부 임직원의 안정적인 퇴직금 지급을 위해 제일금융에 확정급여형(DB) 퇴직연금에 가입하고, 9,500,000원을 당사 보통예금 계좌에서 이체하였다. 이 금액 중 100,000원은 운용에 따른 수수료비용이다.

|정 답|

7. 10	(차) 퇴직연금운용자산	9,400,000	(대) 보통예금	9,500,000
	수수료비용(판매관리비)	100,000		

일	번호	구분	계정과목	거래처	적요	차변	대변
10	00002	차변	0186 퇴직연금운용자산			9,400,000	
10	00002	차변	0831 수수료비용			100,000	
10	00002	대변	0103 보통예금				9,500,000

(*) 일반전표 입력 클릭 → 7. 10. 입력 → 차변, 퇴직연금운용자산 선택, 9,400,000 입력 → 차변, 영업부이므로 판매비와관리비 중 수수료비용(831) 선택, 100,000 입력 → 대변, 보통예금 선택, 9,500,000 입력

③ 재무제표 표시

여기서 한 가지 주의할 점은 '퇴직연금운용자산'이라는 계정과목의 표시입니다. 외부 금융기관에 예치된 돈은 회사 자산이지만 향후 퇴직금 지급 용도에 사용되기 때문에, 이를 대변으로 옮겨 퇴직급여충당부채의 차감 형식으로 표시하고 있습니다.

재무상태표		손익계산서	
⋮		판매관리비	
퇴직급여충당부채	×××	⋮	
퇴직연금운용자산	(−)×××	퇴직급여	×××
⋮		⋮	

정교수 콕콕

④ 퇴직금 지급 시점

확정급여(DB)형에 근로자의 퇴직금이 적립된 상태에서 해당 근로자가 퇴직하면 회사는 적립되어 있는 "퇴직연금운용자산"을 인출해 퇴직금을 지급하기 때문에 다음과 같이 회계 처리합니다. 기출문제도 풀어 보겠습니다.

| (차) 퇴직급여충당부채 ××× (대) 퇴직연금운용자산 ××× |

핵심체크

확정급여(DB)형: 퇴직금 지급
(차) 퇴직급여충당부채 ×××
 (대) 퇴직연금운용자산 ×××

실무기출 확인문제 | 전산회계 1급, 88회 |

11월 10일, 회사 판매직 직원이 퇴직하였으며, 동 직원의 퇴직금은 8,000,000원이다. 회사는 은행에 확정급여형(DB형) 퇴직연금에 가입하고 있으며 퇴직연금운용자산 잔액은 20,000,000원이다.

|정답|

| 11. 10 | (차) 퇴직급여충당부채 | 8,000,000 | (대) 퇴직연금운용자산 | 8,000,000 |

5 충당부채 vs 우발부채

1. 충당부채

충당부채란 과거의 거래로 인해 회사의 자산이 미래에 유출될 가능성이 높고 그 금액을 신뢰성 있게 측정할 수 있을 경우 이를 대비해 미리 부채로 인식하는 것을 말합니다. 그 대표적인 사례가 바로 퇴직급여충당부채로 충당부채는 재무제표에 부채로 표시됩니다.

2. 우발부채

반면 우발부채란 과거의 거래로 인해 회사의 자산이 미래에 유출될 가능성이 크지 않거나 그 금액을 측정할 수 없을 경우를 일컫는 말입니다. 그 대표적인 사례가 피소당한 손해

 핵심체크

충당부채 vs 우발부채
- 충당부채: 부채 O
- 우발부채: 부채 ×

 배상소송 사건인데, 통상 손해배상 소송은 수년이 지나야 판결이 되기 때문에 당장은 배상 가능성과 금액을 알 수 없습니다. 따라서 우발부채는 재무상태표에 부채로 인식하지 않고 주석에 그 자세한 내역을 다음과 같이 주석으로 기재해 정보이용자에게 알립니다.

〈우발부채 주석 표시 사례〉

주석 34. 우발상황

당기 말 현재 당사가 피고로 계류 중인 소송사건은 35건이며, 계류 중인 소송사건의 최종 결과는 예측할 수 없습니다.

이론기출 확인문제 | 전산회계 1급, 98회 |

다음은 충당부채와 우발부채에 대한 설명이다. 일반기업회계기준으로 판단했을 때 적합한 설명이 아닌 것은?

① 퇴직급여충당부채는 충당부채에 해당한다.
② 우발부채는 일반기업회계기준상 재무제표에 부채로 인식하여야 한다.
③ 충당부채는 당해 의무를 이행하기 위한 자원유출 가능성이 매우 높아야 한다.
④ 충당부채는 그 의무 이행에 소요되는 금액을 신뢰성 있게 추정할 수 있어야 한다.

|정 답| ②
충당부채는 재무제표에 부채로 인식하지만 우발부채는 부채로 인식하지 않고 주석으로만 그 내용을 표시함.

6 사채

1. 사채의 개념 어려우면 패스

사채(社債)란 회사가 일반 대중에게 자금을 조달하려고 집단적으로 발행하는 채권으로 회사채라고 부르기도 하는데 다음은 그 사례입니다. 이 채권은 매년 연 5% 이자를 지급하다가 20×3년 12월 31일이 되면 채권의 액면금액 1억 원을 되돌려 주는 조건입니다. 시간이 없으면 사채 부분은 과감히 패스해도 당락에는 영향이 없습니다.

주식회사 명지패션 제 1회 社債券
- 액면금액: 100,000,000원
- 만기일: 20×3년 12월 31일
- 발행일: 20×1년 1월 1일
- 이자율: 연 5%

(주)명지패션 대표이사 김명지

 핵심체크

사채발행 형태
- 액면발행(액면이자율=시장이자율)
- 할인발행(액면이자율<시장이자율)
- 할증발행(액면이자율>시장이자율)

2. 사채 발행형태

여기서 채권 투자자의 가장 큰 관심사는 바로 이자 수령으로 채권 보유자에게 매년 지급되는 액면이자율과 채권이 발행될 당시 시장에서 지급되는 평균적인 이자율인 시장이자율입니다. 사채의 액면이자율이 시장이자율보다 높은지 낮은지에 따라 다음과 같은 3가지 형태의 채권이 발행됩니다.

1) 액면발행: 액면이자율 = 시장이자율

① 액면발행 개념
액면발행은 채권 발행 시 시장이자율과 채권의 액면이자율이 같은 경우로 해당 채권을 구입하든, 시장에서 다른 채권을 구입하든 동일한 이자를 받게 됩니다.
사례의 경우 투자자는 20×1년 1월 1일 100,000,000원을 ㈜명지패션에 지급하고 매년 5%의 이자를 받은 뒤, 20×3년 12월 31일 100,000,000원의 원금을 되돌려 받는 구조입니다.

② 회계처리
1억 원을 액면발행 하여 회사 보통예금 통장으로 1억 원이 입금되었을 때 회계처리는 다음과 같습니다.

액면발행	(차) 보통예금	100,000,000	(대) 사 채	100,000,000

③ 재무제표 표시
그리고 액면발행 후 재무상태표를 표시하면 다음과 같습니다.

보 통 예 금	: 100,000,000 :	사 채	: 100,000,000 :

2) 할인발행: 액면이자율 〈 시장이자율

① 할인발행 개념
발행되는 채권의 액면이자율보다 시장이자율이 더 높다면 투자자들은 이 채권보다는 이자를 더 주는 다른 채권을 취득하게 됩니다. 예를 들어 ㈜명지패션 채권은 연 5%의 이자를 지급하는데 시장에서는 연 7%의 이자를 지급한다면 투자자들은 ㈜명지패션에 채권금액 100,000,000원을 다 지급할 이유가 없습니다. 다른 곳에 투자하면 2% 더 많은 이자를 받을 수 있기 때문입니다. 이런 이유로 ㈜명지패션은 액면금액 100,000,000원에서 3,000,000원 정도를 깎아서 채권을 발행해야 하는데 이를 할인발행이라고 합니다.

정교수 콕콕

핵심체크

사채 액면발행
(차) 보통예금　×××
　　(대) 사 채　×××

정교수 콕콕

핵심체크

사채 할인발행

(차) 보통예금 ×××
    사채할인발행차금 ×××
    (대) 사 채 ×××

② 사채할인발행차금

㈜명지패션은 투자자로부터 액면금액 100,000,000원보다 3,000,000원 적게 돈을 받았음에도 20×3년 12월 31일, 만기에는 액면금액 100,000,000원을 상환해야 하는데, 이렇게 사채를 할인발행 하면서 발생한 차액 3,000,000원을 '사채할인발행차금'이라고 부릅니다.

③ 회계처리

사채가 할인발행 되었을 때 회계처리는 다음과 같습니다.

할인발행	(차) 보통예금 97,000,000 사채할인발행차금 3,000,000	(대) 사 채 100,000,000

④ 재무제표 표시

사채 할인발행 후 재무상태표를 표시하면 다음과 같은데 사채할인발행차금은 사채의 차감항목으로 표시합니다.

보 통 예 금 : 97,000,000 :	사 채 100,000,000 사채할인발행차금 (3,000,000) :

3) 할증발행: 액면이자율 > 시장이자율

① 할증발행 개념

발행되는 채권의 액면이자율이 시장이자율보다 더 높다면 투자자들은 이 채권을 취득해 이익을 보게 됩니다. 예를 들어 ㈜명지패션 채권은 연 5%의 이자를 지급하는데 시장에서는 연 3%의 이자를 지급한다면 투자자들은 ㈜명지패션에 채권금액 100,000,000원 보다 더 많은 금액을 지급해야 합니다. 다른 곳에 투자하는 것보다 2% 더 많은 이자를 받을 수 있기 때문입니다. 이런 이유로 ㈜명지패션은 액면금액 100,000,000원에서 3,000,000원 정도 더 비싸게 채권을 발행해야 하는데 이를 할증발행이라고 합니다.

② 사채할증발행차금

㈜명지패션은 투자자로부터 액면금액 100,000,000원보다 3,000,000원 많은 돈을 받았음에도 20×3년 12월 31일, 만기에는 액면금액 100,000,000원을 상환하는데, 이렇게 사채를 할증발행하면서 발생한 차액 3,000,000원을 '사채할증발행차금'이라고 부릅니다.

③ 회계처리

사채가 할증발행 되었을 때 회계처리는 다음과 같습니다.

할증발행	(차) 보통예금	103,000,000	(대) 사 채	100,000,000
			사채할증발행차금	3,000,000

정교수 콕콕

 핵심체크

사채 할증발행
(차) 보통예금　×××
　(대) 사 채　×××
　　사채할증발행차금×××

④ 재무제표 표시

할증발행 후 재무상태표를 표시하면 다음과 같은데 사채할증발행차금은 사채의 가산항목으로 표시됩니다.

보 통 예 금	103,000,000	사 채	100,000,000
		사채할증발행차금	3,000,000

4) 사채발행 유형 요약

구 분	사채발행 유형	내 용
액면이자율 = 시장이자율	액면발행	–
액면이자율 < 시장이자율	할인발행	사채할인발행차금 발생
액면이자율 > 시장이자율	할증발행	사채할증발행차금 발생

전산회계1급에는 사채가 자주 출제되지는 않지만 사채의 발행유형 이해는 꼭 필요합니다. 기출문제로 확인해 보겠습니다.

실무기출 확인문제　　| 전산회계 1급, 96회 |

2월 1일, 사채 액면총액 20,000,000원, 상환기간 3년, 발행가액 22,000,000원으로 발행하고 납입금은 보통예금에 입금되었다.

|정 답|
장기투자목적으로 취득한 부동산은 투자부동산으로 처리해야 하며, 당좌수표는 당좌예금에서 지급되므로 당좌예금에서 차감

2. 1	(차) 보통예금	22,000,000	(대) 사 채	20,000,000
			사채할증발행차금	2,000,000

일	번호	구분	계정과목	거래처	적요	차변	대변
1	00001	차변	0103 보통예금			22,000,000	
1	00001	대변	0291 사채				20,000,000
1	00001	대변	0313 사채할증발행차금				2,000,000

(*) 일반전표 입력 클릭 → 2. 1 입력 → 차변에 보통예금 선택, 22,000,000 입력 → 대변에 사채 선택, 20,000,000 입력 → 대변에 사채할증발행차금 선택, 2,000,000 입력

이론기출 확인문제 | 전산회계 1급, 72회 |

다음 중 재무상태표에서 해당 자산이나 부채의 차감적인 평가항목을 모두 선택한 것은?

| 가. 감가상각누계액 나. 대손충당금 다. 사채할인발행차금 라. 퇴직연금운용자산 |

① 가, 나   ② 가, 나, 다   ③ 가, 나, 라   ④ 가, 나, 다, 라

|정 답| ④
감가상각누계액은 유형자산 차감항목, 대손충당금은 매출채권 차감항목, 사채할인발행차금은 사채 차감항목, 퇴직연금운용자산은 퇴직급여충당부채 차감항목임.

사채발행비
사채발행금액에서 차감(할인발행차금 성격)

5) 사채발행비

① 개념

사채 발행에는 증권사 수수료, 광고비, 사채권 인쇄비 등의 '사채발행비'가 발생하는데, 기업회계기준은 이러한 사채발행비를 사채의 발행금액에서 차감하도록 규정하고 있습니다. 즉, 액면발행과 할인발행의 경우 이를 사채할인발행차금으로 처리하고, 할증발행의 경우는 사채할증발행차금에서 차감하게 됩니다.

좀 전 사례에서 사채발행비 1,000,000원이 발생했다면 회계처리가 다음과 같이 변합니다.

구분	회계처리			
액면발행	(차) 보통예금 사채할인발행차금	99,000,000 1,000,000	(대) 사 채	100,000,000
할인발행	(차) 보통예금 사채할인발행차금	96,000,000 4,000,000	(대) 사 채	100,000,000
할증발행	(차) 보통예금	102,000,000	(대) 사 채 사채할증발행차금	100,000,000 2,000,000

사채발행비 1,000,000원이 없을 때와 비교해 액면발행과 할인발행은 사채할인발행차금이 1,000,000원이 증가했고, 할증발행은 사채할증발행차금이 1,000,000원 감소했음을 알 수 있습니다.

7 사채할인(할증)발행차금 상각 _{어려우면 패스}

사채할인(할증)발행차금 상각은 전산회계1급 시험에 출제될 가능성이 낮으므로 시험합격만이 목적이라면 굳이 자세히 공부할 필요가 없으니 흐름만 이해하세요.

1. 사채할인발행차금 상각

1) 개 념

좀 전 사례와 같이 사채를 3,000,000원 할인하여 97,000,000원에 발행했더라도 만기에는 액면 금액 100,000,000원을 상환해야 하므로, 최초 받은 돈보다 3,000,000원을 더 갚아야 합니다. 그럼 사채할인발행차금 3,000,000원 어떤 성격일까요? 더 지급되는 이 3,000,000원은 채권 투자자들이 시장에 투자했더라면 더 받을 수 있었던 2% 이자를 보상해주기 위한 일종의 추가적인 이자비용 성격입니다.

그런데 한 가지 주의할 점은 이 3,000,000원이 지급되는 만기에 한꺼번에 비용으로 처리하는 것보다는 채권 기간 내내 나누어 이자비용으로 인식하는 것이 논리적입니다.

2) 사채할인발행차금 상각

사채할인발행차금 3,000,000원을 기간별 이자비용으로 인식하는 방법에는 정액법과 유효이자율법이 있습니다. 전산회계1급 수준에서는 정액법만 학습해도 충분한데 정액법은 아래 표와 같이 사채할인발행차금 3,000,000원을 사채 기간 3년간 매년 1,000,000원씩 이자비용으로 인식하는 것입니다.

기 간	액면이자(5%) ①	할인차금상각액 ②	총이자비용 (①+②)	사채장부가액 (액면−할인차금잔액)
20×1. 1. 1				97,000,000원
20×1. 12. 31	5,000,000원	1,000,000원	6,000,000원	98,000,000원
20×2. 12. 31	5,000,000원	1,000,000원	6,000,000원	99,000,000원
20×3. 12. 31	5,000,000원	1,000,000원	6,000,000원	100,000,000원

정교수 콕콕

 핵심체크

사채할인발행차금 상각
(차) 이자비용   ×××
　(대) 보통예금   ×××
　　　사채할인발행차금 ×××

 정교수 콕콕

3) 회계처리

이상 사채할인발행 전체 기간의 회계처리를 표시하면 다음과 같은데, 매년 사채할인발행차금 상각액 1,000,000원이 실제 지급되는 이자비용 5,000,000원에 가산된 것을 볼 수 있습니다.

구분	분개			
사채발행	(차) 보통예금 사채할인발행차금	97,000,000 3,000,000	(대) 사 채	100,000,000
1년차 이자지급	(차) 이자비용	6,000,000	(대) 보통예금 사채할인발행차금	5,000,000 1,000,000
2년차 이자지급	(차) 이자비용	6,000,000	(대) 보통예금 사채할인발행차금	5,000,000 1,000,000
3년차 이자지급	(차) 이자비용	6,000,000	(대) 보통예금 사채할인발행차금	5,000,000 1,000,000
사채상환	(차) 사 채	100,000,000	(대) 보통예금	100,000,000

2. 사채할증발행차금 상각

1) 개 념

좀 전 사례와 같이 3,000,000원 할증발행 한 경우에는 발행 시 103,000,000원을 받았다가 만기에 100,000,000원을 상환하니, 결국 최초 받은 돈보다 3,000,000원을 덜 갚게 됩니다. 이 사채할증발행차금 3,000,000원은 ㈜명지패션의 채권이 5% 이자를 주는 데 반해 시장에서는 3%밖에 주지 않기 때문에, 채권 기간 중 매년 지급하는 액면이자에서 차감하여 이자비용을 줄여주는 개념입니다.

2) 사채할증발행차금 상각

만기에 덜 돌려주는 사채할증발행차금을 기간별로 지급하는 액면이자에서 미리 차감하는 것이 논리적인데 다음은 정액법을 사용한 사채할증발행차금 상각표입니다.

기간	액면이자(5%) ①	할증차금상각액 ②	총이자비용 (①-②)	사채장부가액 (액면+할증차금잔액)
20×1. 1. 1				103,000,000원
20×1. 12. 31	5,000,000원	1,000,000원	4,000,000원	102,000,000원
20×2. 12. 31	5,000,000원	1,000,000원	4,000,000원	101,000,000원
20×3. 12. 31	5,000,000원	1,000,000원	4,000,000원	100,000,000원

3) 회계처리

이상 사채할증발행 전체 기간의 회계처리를 표시하면 다음과 같은데, 매년 사채할증발행차금 상각액 1,000,000원이 실제 지급되는 이자비용 5,000,000원에서 차감된 것을 볼 수 있습니다.

구분	분개			
사채발행	(차) 보통예금	103,000,000	(대) 사채 사채할증발행차금	100,000,000 3,000,000
1년차 이자지급	(차) 이자비용 사채할증발행차금	4,000,000 1,000,000	(대) 보통예금	5,000,000
2년차 이자지급	(차) 이자비용 사채할증발행차금	4,000,000 1,000,000	(대) 보통예금	5,000,000
3년차 이자지급	(차) 이자비용 사채할증발행차금	4,000,000 1,000,000	(대) 보통예금	5,000,000
사채상환	(차) 사채	100,000,000	(대) 보통예금	100,000,000

3. 일반기업회계기준의 사채할인(할증)발행차금 처리기준

이상 사채할인(할증)발행차금 상각을 정액법으로 설명하였지만 일반기업회계기준은 정액법이 아닌 유효이자율을 사용하도록 규정하고 있습니다.

사채할인(할증)발행차금 상각
일반기업회계기준은 유효이자율법으로 상각

핵심체크

사채할인(할증)발행차금 상각
: 유효이자율법이 원칙

실무기출 확인문제 | 전산회계 1급, 28회 변형 |

12월 31일, 전기말 회사가 발행한 사채의 장부가액은 950,000원이었고 회사가 사용하는 유효이자율은 10%이며 액면이자는 매년 말 80,000원씩 지급하며, 당기 사채할인발행차금 상각액은 15,000원이다. 액면이자는 보통예금에서 지급되었다.

|정답|

실제 이자지급액 80,000원. 사채할인발행차금 상각액 15,000원. 총이자비용 95,000원(80,000 + 15,000)

12. 31	(차) 이자비용	95,000	(대) 보통예금	80,000
			사채할인발행차금	15,000

일	번호	구분	계정과목	거래처	적요	차변	대변
31	00001	차변	0951 이자비용			95,000	
31	00001	대변	0103 보통예금				80,000
31	00001	대변	0292 사채할인발행차금				15,000

(*) 일반전표 입력 클릭 → 12. 31 입력 → 차변, 이자비용 선택, 95,000원 입력 → 대변, 보통예금 선택, 80,000원 입력 → 대변, 사채할인발행차금 선택, 15,000 입력

8 사채할인발행차금 유효이자율법 상각 (어려우면 패스)

전산회계1급 합격 차원에서 유효이자율법에 의한 사채할인(할증)발행차금 상각의 구체적인 내용까지는 공부할 필요 없습니다. 하지만 전산세무2급을 추가로 준비할 학생이라면 이 내용도 꼭 필요하니 다음 사례로 유효이자율법에 의한 사채할인발행차금 상각을 알아보겠습니다.

〈사채할인발행 사례〉

- 사채액면금액: 100,000,000원
- 사채발행가액: 95,196,338원
- 사채발행일: 20×1. 1월 1일
- 액면이자율: 10%
- 사채할인발행차금: 4,803,662원
- 만기일: 20×3. 12월 31일
- 시장이자율: 12%
- 이자지급일: 12월 31일

사채가 할인 발행되면 사채 발행 시 사채할인발행차금을 제외한 95,196,338원을 수령한 뒤 나중에 만기가 되면 액면금액 100,000,000원을 상환해야 합니다. 즉, 만기일에 사채할인발행차금 4,803,662원을 추가로 더 지급해야 하는데, 이는 채권 투자자들이 다른 채권에 투자했더라면 더 받을 수 있었던 2% 이자를 보상해주기 위한 일종의 추가 이자비용 성격입니다.

1. 유효이자율법에 의한 사채할인발행차금상각

따라서 사채할인발행차금을 추가로 이자비용 처리해야 하는데 일반기업회계기준은 유효이자율법을 통해 아래와 같이 사채할인발행차금을 3년간 나누어서 이자비용으로 인식하도록 규정하고 있습니다. 이를 '사채할인발행차금 상각'이라고 합니다.

기 간	유효이자 (12%) (장부가액 × 시장이자율) ①	액면이자(10%) (액면금액 × 액면이자율) ②	사채할인발행차금 상각액 (①-②)	사채장부가액 (액면 - 할인차금잔액)
20×1.1.1	–	–		95,196,338
20×1.12. 31	11,423,560	10,000,000	1,423,560	96,619,898
20×2.12. 31	11,594,388	10,000,000	1,594,388	98,214,286
20×3.12. 31	11,785,714	10,000,000	1,785,714	100,000,000
합 계	34,803,662	30,000,000	4,803,662	

이자지급일인 매년 12월 31일에 액면이자 10,000,000원(1억 원×10%)를 지급해야 하는데 논리적인 연간 이자비용은 액면이자 10,000,000원이 아닙니다. 논리적으로 연간 이자비용은 사채 장부가액(잔액)에 시장이자율을 곱해 계산해야 합니다. 즉, 사채발행 1년차의 이자비용은 '95,196,338원×12% = 11,423,560원'으로 이를 유효이자라고 부릅니다. 여기서 액면이자(10,000,000원)와 유효이자(11,423,560원) 사이에 1,423,560원의 차이가 발생하는데, 이 금액이 '사채할인발행차금 상각액'입니다. 이 금액을 다음과 같이 추가로 이자비용 처리해야 합니다.

1년차	(차) 이자비용	11,423,560	(대) 보통예금 또는 현금 사채할인발행차금	10,000,000 1,423,560

동일한 논리로 2년차, 3년차 이자비용 처리를 요약하면 다음과 같습니다.

2년차	(차) 이자비용	11,594,388	(대) 보통예금 또는 현금 사채할인발행차금	10,000,000 1,594,388
3년차	(차) 이자비용	11,785,714	(대) 보통예금 또는 현금 사채할인발행차금	10,000,000 1,785,714

정교수 콕콕

핵심체크

- 사채할인발행차금
  (할증발행차금)상각액
  : 매년 증가
- 할인발행 시 이자비용
  : 매년 증가

2. 유효이자율의 사채할인(할증)발행차금상각의 특징

사채할인발행차금 상각과 관련해 다음과 같은 두 가지 주의할 점이 있습니다.

첫째, 사채할인발행차금 상각액은 매년 증가합니다. 왜냐하면 매년 증가하는 사채장부가액에 시장이자율을 곱해 유효이자를 계산한 뒤, 여기에서 매년 동일한 액면이자를 차감해 사채할인발행차금을 계산하기 때문입니다. 결국 사채 할인발행 시 액면이자는 매년 동일하지만 상각액이 매년 증가해 총 이자비용은 매년 증가합니다. 참고로 사채할증발행차금 상각액도 매년 증가합니다.

둘째, 매년 사채할인발행차금이 상각되면서 사채할인발행차금 총액은 줄어들고 그만큼 사채장부가액이 증가해 결국 만기일에는 사채가 액면금액 100,000,000원이 됩니다.

[참고] 사채의 조기 상환

사채 발행 후 추후 만기 시점이 되면 액면발행, 할인발행, 할증발행에 관계없이 장부상 사채금액이 모두 액면금액이 되므로, 그 액면금액을 상환하면 됩니다. 그러나 가끔씩은 다음과 같이 만기 이전에 조기상환이 이루어지면서 사채상환이익 또는 사채상환손실이 발생합니다.

실무기출 확인문제 | 전산회계 1급, 110회 |

12월 12일, 자금 조달을 위하여 발행하였던 사채(액면금액 10,000,000원, 장부가액 10,000,000원)를 9,800,000원에 조기 상환하면서 보통예금 계좌에서 지급하였다.

|정 답|

장부가액 10,000,000원 사채를 9,800,000원에 상환하면서 200,000원의 조기 상환 이익 발생

12. 12	(차) 사 채	10,000,000	(대) 보통예금	9,800,000
			사채상환이익(영업외수익)	200,000

18 이론기출 공략하기
비유동부채

01 난이도 ★★ 필수
다음 중 부채를 인식하는 요건에 대한 설명으로 옳지 않은 것은? [2022년, 102회]

① 과거 사건이나 거래의 결과로 현재 의무가 존재한다.
② 당해 의무를 이행하기 위하여 자원이 유출될 가능성이 매우 높다.
③ 당해 의무의 이행에 사용되는 금액을 신뢰성 있게 추정할 수 있다.
④ 우발부채는 부채로 인식하지 않아 의무를 이행하기 위하여 자원이 유출될 가능성이 높은 경우에도 주석으로 기재하지 않는다.

02 난이도 ★★ 필수
다음 중 비유동부채에 해당하는 것은 모두 몇 개인가? [2023년, 108회]

| 가. 사채 | 나. 퇴직급여충당부채 | 다. 유동성장기부채 | 라. 선수금 |

① 1개 ② 2개 ③ 3개 ④ 4개

03 난이도 ★★
다음 중 일반적인 재무제표의 계정과목 분류가 옳지 않은 것은? [2015년, 66회]

① 저장품: 재고자산
② 건설중인자산: 투자자산
③ 장기제품보증충당부채: 비유동부채
④ 매도가능증권평가손익: 기타포괄손익누계액

04 난이도 ★★
다음 중 재무제표상 자산의 차감항목으로 표시되지 않는 거래는? [2020년, 92회]

① 퇴직급여충당부채 ② 감가상각누계액 ③ 대손충당금 ④ 재고자산평가충당금

05 난이도 ★★ 필수
다음 중 유동성배열법에 의한 재무상태표 작성 시 가장 나중에 배열되는 항목은? [2020년, 94회]

① 미지급법인세   ② 퇴직급여충당부채   ③ 유동성장기부채   ④ 매입채무

06 난이도 ★★★ 필수
다음 중 사채에 대한 설명으로 틀린 것은? [2020년, 88회]

① 사채의 액면이자율이 시장이자율보다 더 크면 사채는 할증발행된다.
② 사채발행 시 발생한 비용은 발행가액에서 직접 차감한다.
③ 사채할증발행차금은 자본잉여금에 해당한다.
④ 사채할인발행 시에 유효이자율법 적용 시 기간이 경과함에 따라 사채의 장부가액은 증가한다.

07 난이도 ★★★ 필수
다음의 내용을 수정 분개하는 경우 적절한 회계 처리로 옳은 것은? [2020년, 90회]

> 임직원의 퇴직금과 관련하여 외부 금융기관에 보통예금 계좌에서 500,000원을 예치하면서 회계담당자가 확정급여형(DB) 퇴직연금으로 회계처리 하였다. 그러나 기업은 퇴직금을 확정기여형(DC) 퇴직연금으로만 운영하고 있다.

① 차) 퇴직급여　　　　　　500,000원　　대) 보통예금　　　　　　500,000원
② 차) 퇴직연금운용자산　　500,000원　　대) 보통예금　　　　　　500,000원
③ 차) 퇴직급여　　　　　　500,000원　　대) 퇴직연금운용자산　　500,000원
④ 차) 퇴직연금운용자산　　500,000원　　대) 퇴직급여　　　　　　500,000원

08 난이도 ★★★
다음 중 사채에 대한 설명으로 틀린 것은? [2020년, 92회]

① 유효이자율법 적용 시 할인발행인 경우 사채이자는 매년 감소한다.
② 사채할증발행차금은 당해 사채의 액면가액에서 부가(+)하는 형식으로 기재한다.
③ 유효이자율법 적용 시 사채할증발행차금 상각액은 매년 증가한다.
④ 유효이자율법 적용 시 사채할인발행차금 상각액은 매년 증가한다.

정답 및 해설

01 ④ 우발부채는 부채로 인식하지 않지만, 의무를 이행하기 위하여 자원이 유출될 가능성이 아주 낮지 않은 한, 우발부채를 주석에 기재해야 함.

02 ② 다.유동성장기부채, 라.선수금은 1년 이내에 상환해야 하는 유동부채임.

03 ② 건설중인자산은 건축 중에 있는 건물로 투자자산이 아닌 유형자산임.
③ 장기제품보증충당부채는 제품을 판매하고 향후 에프터 서비스를 위해 예상되는 수리비를 미리 부채로 설정한 것으로, 예를 들어 현대자동차는 자동차 판매 후 3년간 무상 수리를 보증하기 때문에 차를 팔 때마다 제품보증충당부채를 적립하고 있음. 이렇게 교재에도 없는 내용이 4개 지문 중 1개로 출제되기도 하는데 이럴 경우 알고 있는 다른 지문을 통해 거꾸로 답을 유추하는 방식으로 정답을 골라내야 함.

04 ① ② 감가상각누계액(유형자산에서 차감), ③ 대손충당금(매출채권에서 차감), ④ 재고자산평가충당금(재고자산에서 차감), ① 퇴직급여충당부채는 단순한 비유동부채임.

05 ② 자산, 부채는 유동성이 큰 순서로 배열하는 것이 원칙임. ① 미지급법인세, ③ 유동성장기부채, ④ 매입채무는 유동부채, ② 퇴직급여충당부채는 비유동부채이므로 퇴직급여충당부채가 가장 나중으로 배열됨.

06 ③ 사채할증발행차금은 사채액면가액에 가산되는 항목이지 자본잉여금이 아님.

07 ③ 확정기여형(DC) 퇴직연금으로 가입하면 지급 시 곧장 퇴직급여(비용) 처리 해야 함. 그런데 이를 확정급여형(DB) 퇴직연금으로 처리되어 퇴직연금운용자산(자산)이 계상되어 있음. 이를 수정하기 위해서는 퇴직연금운용자산(자산)을 없애고 퇴직급여(비용) 처리해야 함. ⇒
(차) 퇴직급여 500,000 (대) 퇴직연금운용자산 500,000

08 ① 사채이자 = 액면이자 + 사채할인발행차금 상각액이므로 유효이자율법 적용 시 매년 사채이자는 증가함. 왜냐하면 사채할인발행차금 상각액은 매년 증가하기 때문임.

18 비유동부채 실무기출 공략하기

> 본 교재의 실습자료는 cafe.naver.com/eduacc의 「공지&DATA다운로드」에서 [공지]에 있는 [콕콕정교수 전산회계 1급] 이론+실무+기출 실습데이터의 Data_Install_JH1.zip 파일을 다운받아 컴퓨터에 설치 후, [회사등록] 클릭, [F4 회사코드재생성] 클릭 후 「㈜가은」 선택

01 난이도 ★★ 필수

10월 25일, (주)청평에 창고를 임대하기로 하고, 임대차계약서를 작성하였다. 임대보증금은 임대차계약서 작성 시에 모두 현금으로 수령하였다. [2016년, 66회]

부동산 임대차 계약서   □월세 □전세

임대인과 임차인 쌍방은 표기 부동산에 관하여 다음 계약과 같이 임대차계약을 체결한다.

1. 부동산의 표시

소재지	부산시 사하구 다산로 120		
임대할부분	창고건물	면 적	60m²

2. 계약내용
제1조 (목적)위 부동산의 임대차에 한하여 임대인과 임차인은 합의에 의하여 임차보증금 및 차임을 아래와 같이 지불하기로 한다.

보증금	金 40,000,000원정	
계약금	金　　　　계약시에 현금지불하고 영수함. 영수자	(인)
중도금	金　　　원정은　　　　년　월　일에 지불하며	
잔 금	金 40,000,000원정은　　2018년 10월 25일에 지불한다.	
차 임	金 1,000,000원정은　　매월 10일 (선불, 후불)에 지불한다.	

계약일자 2018년 10월 25일

임대인	주 소	부산시 사하구 다산로 117					(인)
	법인등록번호	110111-3776387	전화	051-243-7788	성명	(주)가은	
	대 리 인		전화		성명		
임차인	주 소	서울시 영등포구 버드나루로 135					(인)
	사업자등록번호	607-91-37214	전화	02-3270-1234	성명	(주)청평	
	대 리 인		전화		성명		

02 난이도 ★

9월 5일, 김부자 씨로부터 토지를 구입하고, 토지대금 300,000,000원 중 100,000,000원은 보통예금에서 이체하고, 나머지는 국민은행으로부터 대출(대출기간 10년)을 받아 지불하였다. [2006년, 27회]

03 난이도 ★★★ 필수
8월 23일, 생산직원 나이직 씨가 개인적인 이유로 퇴직하여 다음과 같이 퇴직금을 지급하였다. 현재 당사는 퇴직금을 지급하기 위한 퇴직급여충당부채가 충분하다. [2010년, 43회]

내 역	금액 및 비고
퇴직급여	30,000,000원
퇴직관련세금(소득세 및 주민세)	1,000,000원
차감지급액	29,000,000원
지급방법	당사 보통예금에서 지급

04 난이도 ★★★
10월 10일, 당사는 제조공장 직원들의 퇴직금 지급을 대비하기 위해 금융기관에 확정기여형(DC) 퇴직연금제도를 운용하고 있다. 10월분 퇴직연금 8,500,000원을 당사 보통예금 계좌에서 이체납부하였다. [2016년, 66회]

05 난이도 ★★★ 필수
8월 8일, 영업관리직 사원에 대한 확정급여형(DB형) 퇴직연금에 가입하고, 8월분 퇴직연금 9,800,000원을 당사 보통예금에서 이체하여 납부하였다. [2025년, 119회]

06 난이도 ★★★ 필수
12월 21일, 당사는 전 임직원의 퇴직금에 대해 확정기여형(DC형) 퇴직연금에 가입하고 있으며, 10월분 퇴직연금 14,000,000원(영업부 직원 6,000,000원, 제조부 직원 8,000,000원)을 당사 보통예금에서 이체하여 납부하였다. [2024년, 115회]

07 난이도 ★★★ 필수
9월 26일, 영업부서의 사원이 퇴직하여 퇴직연금 5,000,000원을 확정급여형(DB) 퇴직연금에서 지급하였다. (단, 퇴직급여충당부채 감소로 회계처리하기로 한다.) [2024년, 112회]

08 난이도 ★★
8월 16일, 영업부 직원의 퇴직으로 인해 발생한 퇴직금은 8,800,000원이다. 당사는 모든 직원에 대해 전액 확정급여형(DB형) 퇴직연금에 가입하고 있으며, 현재 퇴직연금운용자산의 잔액은 52,000,000원이다. (단, 퇴직급여충당부채와 퇴직연금충당부채는 설정하지 않았다.) [2023년, 107회]

09 난이도 ★★
11월 29일, 액면금액 50,000,000원의 사채(만기 3년)를 49,000,000원에 발행하였다. 대금은 보통예금 계좌로 입금되었다. [2024년, 112회]

10 난이도 ★★

12월 21일, 자금 조달을 위하여 사채(액면금액 8,000,000원, 3년 만기)를 8,450,000원에 발행하고, 납입금은 당좌예금 계좌로 입금하였다.   [2024년, 114회]

11 난이도 ★★★ 필수

8월 2일, 사채 액면 총액 6,000,000원, 상환기한 5년, 발행가액은 5,800,000원으로 발행하고 납입금은 보통예금 하다. 그리고 사채발행비 100,000원은 현금으로 지급하다.   [2008년, 36회]

12 난이도 ★★★

12월 31일, 다음 제시된 자료를 토대로 당초 할인발행한 사채의 이자비용에 대한 회계처리를 하시오. (단, 하나의 전표로 입력할 것.)   [전산세무 2급, 2017년, 72회]

구 분	금 액	비 고
당해 연도 귀속 사채 액면이자	10,000,000	보통예금으로 이체됨. 이자지급일 12.31
당해 연도 귀속 사채할인발행차금 상각액	1,423,760	

정답 및 해설

01 일반전표 입력

보유 중인 건물을 빌려주고 받은 임대보증금은 1년 이후 돌려주는 비유동부채임. 임대보증금은 채무이므로 거래처 (주)청평 입력해야 하며 제시된 임대차계약서의 보증금은 40,000,000임.

10. 25	(차) 현금	40,000,000	(대) 임대보증금(112, (주)청평)	40,000,000

02 일반전표 입력

회계기간 말 기준 1년 이후 상환해야 하므로 장기차입금, 거래처 국민은행

9. 5	(차) 토 지	300,000,000	(대) 보통예금	100,000,000
			장기차입금(293, 국민은행)	200,000,000

03 일반전표 입력

퇴직급여 30,000,000원은 이미 퇴직급여충당부채로 적립되어 있으므로 실제 퇴직 시에는 퇴직급여충당부채를 차감하는 것이며, 나이직 씨가 납부할 세금을 원천징수한 1,000,000원은 예수금 처리함.

8. 23	(차) 퇴직급여충당부채(295)	30,000,000	(대) 보통예금	29,000,000
			예수금(254)	1,000,000

04 일반전표 입력

확정기여형 퇴직연금은 처음부터 근로자 소유로 여기에 납입한 8,500,000원은 법률적으로 조기에 퇴직금을 지급한 것이므로 지급액을 퇴직급여라는 비용-처리. 단, 제조공장 직원이므로 제조원가의 퇴직급여 선택

10. 10	(차) 퇴직급여(508, 제조원가)	8,500,000	(대) 보통예금	8,500,000

05 일반전표 입력

확정급여형 퇴직연금은 근로자 퇴직 전까지는 회사 소유이므로 여기에 불입한 돈은 회사 소유 금융상품. 이를 퇴직연금운용자산으로 처리함.

8. 8	(차) 퇴직연금운용자산(186)	9,800,000	(대) 보통예금	9,800,000

06 일반전표 입력

확정기여형 퇴직연금은 처음부터 근로자 소유로 여기에 납입한 14,000,000원은 법률적으로 조기에 퇴직금을 지급한 것이므로 지급액을 퇴직급여라는 비용처리. 단, 영업부 직원 6,000,000원은 판매관리비, 제조부 직원 8,000,000원은 제조원가 처리

12. 21	(차) 퇴직급여(806, 판매관리비) 　　 퇴직급여(508, 제조원가)	6,000,000 8,000,000	(대) 보통예금	14,000,000

07 일반전표 입력

9. 26	(차) 퇴직급여충당부채(295)	5,000,000	(대) 퇴직연금운용자산(186)	5,000,000

08 일반전표 입력

8. 16	(차) 퇴직급여(판매관리비)	8,800,000	(대) 퇴직연금운용자산(186)	8,800,000

(*) 퇴직급여충당부채가 적립되어 있지 않으므로 지급액을 당기비용인 퇴직급여 처리

09 일반전표 입력

11. 29	(차) 보통예금 　　 사채할인발행차금	49,000,000 1,000,000	(대) 사 채	50,000,000

10 일반전표 입력

12. 21	(차) 당좌예금	8,450,000	(대) 사 채 　　 사채할증발행차금	8,000,000 450,000

11 일반전표 입력

사채 액면가액 6,000,000원에서 200,000원 할인 발행하여 5,800,000원 수령하였고, 현금으로 사채발행비 100,000원을 지출하였음. 단, 사채발행비는 비용 처리하는 것이 아니라 사채할인발행차금에 포함시키는 것임. 사채할인발행 총액은 최초 200,000원 + 사채발행비 100,000원 = 300,000원임.

8. 2	(차) 보통예금 　　 사채할인발행차금(292)	5,800,000 300,000	(대) 사 채(291) 　　 현금	6,000,000 100,000

12 일반전표 입력

사채할인발행차금은 추가 이자지급 성격이므로 상각액만큼 이자비용이 늘어남.

12. 31	(차) 이자비용(951, 영업외비용)	11,423,760	(대) 보통예금 　　 사채할인발행차금(292)	10,000,000 1,423,760

19 자본

학습내용 ・자본금 ・자본잉여금 ・자본조정 ・기타포괄손익누계 ・이익잉여금

출제경향 이론 및 실무문제로 매회 시험마다 1문제씩 출제되고 있음. 이론문제로는 자본의 종류를 묻는 문제가 주로 출제되며, 실무문제는 주식 발행과 자기주식 취득/처분 문제가 주로 출제되고 있음.

정교수 콕콕

본 교재의 실습자료는 cafe.naver.com/eduacc의 「공지&DATA다운로드」에서 공지 에 있는 [콕 콕정교수 전산회계 1급] 이론+실무+기출 실습데이터의 Data_Install_JH1.zip 파일을 다운받아 컴퓨터에 설치 후, 회사등록 클릭, F4 회사코드재생성 클릭 후 「(주)가은」 선택

핵심체크

자본의 구성

자본금, 자본잉여금, 자본조정, 기타포괄손익누계, 이익잉여금

자본에는 자본금, 자본잉여금, 자본조정, 기타포괄손익누계, 이익잉여금 이렇게 5가지 항목이 있습니다. 자본금과 이익잉여금은 내용이 간단하지만, 자본잉여금, 자본조정, 기타포괄손익누계는 그 내용이 상당히 복잡하므로 먼저 **자본의 구성항목별로 이해 위주로 학습 후, 필요한 용어들을 암기해야 합니다**. 용어가 낯설어 처음 공부할 때 상당히 어렵게 느껴지니 단어 뜻을 이해하면서 차분히 학습해야 합니다.

1 자본금

1. 액면금액의 개념

주주가 회사에 돈을 출자(出資)하면 회사는 주주에게 보통주 또는 우선주라는 주식을 발행해서 나눠줘야 하는데, 다음은 1993년에 삼성전자가 발행한 보통주 주식의 모습입니다.

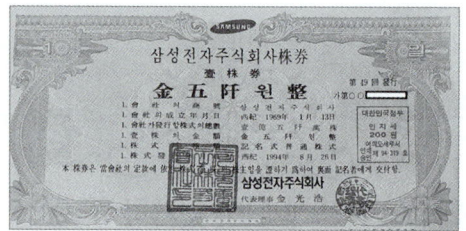

・제 46회 발행
・발행일: 1994. 8. 26
・액면금액: 5,000원
・종류: 기명식 보통주

"본 주권은 당 회사의 주주임을 증명하기 위하여 표면 기명자에게 교부함."

주식에 금오천원정(金五阡원整)이라고 쓰여 있는데 이를 주식의 액면가액이라고 부르는데, 액면금액은 상법에서 1주당 100원 이상으로 하도록 규정하고 있는데, 통상 5,000원인 경우가 많습니다.

주식에는 보통주와 우선주가 있는데 보통주는 기업 경영참여, 배당청구권, 잔여재산 분배권 등의 권리가 있는 주식을 말하며, 우선주는 보통주에 우선해 배당과 잔여재산 분배권이 있지만 기업 경영에는 참여할 수 없는 주식을 말합니다.

2. 자본금 개념

기업회계기준은 이 액면금액의 합계를 자본금이라는 계정과목으로 표시하도록 규정하고 있습니다. 즉, 어떤 회사의 자본금은 [발행 주식 수 × 액면금액]인데, 예를 들어 발행 주식 수가 10,000주이고 액면금액이 5,000원이면 자본금은 50,000,000원(10,000주×5,000원)입니다.

자본금
주식수 × 액면가액

3. 주식발행의 유형

한 가지 유의할 점은 투자자가 삼성전자 주식 1주를 받기 위해 삼성전자에 5,000원만 출자하면 주식 1주를 받을 수 있을까요? 정답은 '그렇지 않다.'입니다. 왜냐하면, 삼성전자 주식은 유가증권시장에서 훨씬 비싼 값에 거래되기 때문에 삼성전자가 액면 5,000원보다 훨씬 비싼 값을 요구하기 때문입니다.

주식을 발행할 때는 다음 3가지 유형으로 발행되는데 액면발행, 할증발행, 할인발행이 있습니다.

1) 액면발행

액면발행은 주식을 발행할 때 주권에 기재된 액면금액대로 주주로부터 출자금을 받는 경우입니다. 따라서 회사에 유입되는 돈과 자본금으로 기재되는 금액이 같게 되는데 다음과 같이 회계 처리합니다.

액면발행	(차) 보통예금 ×××	(대) 자본금 ×××

실무기출 확인문제 | 전산회계 1급, 18회 |

8월 10일, 자본금을 증자하기 위해 액면금액 5,000원인 보통주 신주 1,500주를 액면금액으로 발행하고 보통예금으로 납입받았다.

정교수 콕콕

|정답|

액면발행이며 7,500,000원(5,000원×1,500주)의 자본금과 보통예금이 증가함.

| 8. 10 | (차) 보통예금 | 7,500,000 | (대) 자본금 | 7,500,000 |

일	번호	구분	계정과목	거래처	적요	차변	대변
10	00001	차변	0103 보통예금			7,500,000	
10	00001	대변	0331 자본금				7,500,000

(*) 일반전표 입력 클릭 → 8. 10 입력 → 차변, 보통예금 선택, 7,500,000원 입력 → 대변, 자본금 선택, 7,500,000원 입력

주식 액면 발행 후 재무상태표를 표시하면 다음과 같습니다.

〈재무상태표〉

보통예금	7,500,000		
⋮		자본금	7,500,000

2) 할증발행

할증발행은 주식을 발행할 때 주권에 기재된 액면금액보다 비싸게 주주로부터 출자금을 받는 경우입니다. 이때 액면금액보다 더 받은 금액을 '주식발행초과금'이라고 부르는데 다음과 같이 회계처리 합니다. 보통 투자가치가 높은 회사가 할증발행을 합니다.

| 할증발행 | (차) 보통예금 ××× | (대) 자본금 ×××
주식발행초과금 ××× |

주식발행초과금은 회사의 정상적 영업활동이 아닌 자본활동에서 발생한 잉여금이기 때문에 자본잉여금으로 처리합니다. 잠시 뒤 자본잉여금에서 다시 설명하겠습니다.

실무기출 확인문제 | 전산회계 1급, 105회 |

3월 10일, 이사회의 결의에 의하여 미발행주식 중 신주 1,000주(주당 액면가 5,000원)를 1주당 5,100원에 발행하고, 납입금은 당좌예금에 입금받았다.

|정답|

액면금액 합계 5,000,000원(1,000주×5,000원), 납입된 출자금 5,100,000원 → 주식발행초과금 100,000원 (5,100,000 − 5,000,000) 발생

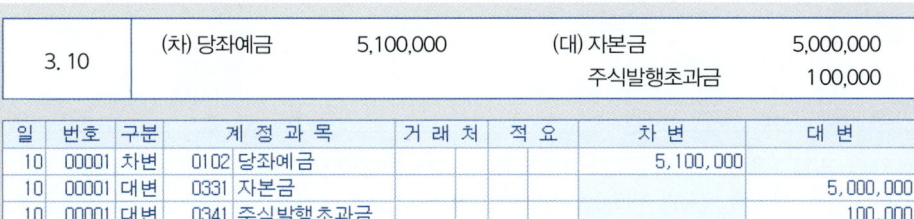

일	번호	구분	계정과목	거래처	적요	차변	대변
10	00001	차변	0102 당좌예금			5,100,000	
10	00001	대변	0331 자본금				5,000,000
10	00001	대변	0341 주식발행초과금				100,000

(*) 일반전표 입력 클릭 → 3. 10 입력 → 차변, 당좌예금 선택, 5,100,000원 입력 → 대변, 자본금 선택, 5,000,000원 입력 → 대변, 주식발행초과금 선택, 100,000원 입력

주식 할증 발행 후 재무상태표를 표시하면 다음과 같습니다.

〈재무상태표〉

당좌예금	5,100,000		
⋮		자 본 금	5,000,000
		주식발행초과금	100,000

3) 할인발행

할인발행은 주식을 발행할 때 주권에 기재된 액면금액보다 적게 주주로부터 출자금을 받는 경우입니다. 이 때 액면금액 보다 덜 받은 금액을 '주식할인발행차금'이라고 부르는데 다음과 같이 회계처리 합니다. 보통 투가가치가 낮은 회사가 할인발행을 합니다.

할인발행	(차) 보통예금 ××× 주식할인발행차금 ×××	(대) 자본금 ×××

주식할인발행차금은 회사의 정상적 영업활동이 아닌 자본활동에서 발생한 손실금이기 때문에 자본조정으로 처리합니다. 잠시 뒤 자본조정에서 다시 설명하겠습니다.

실무 연습문제

3월 29일, 이사회의 결의에 의하여 미발행주식 중 신주 1,000주(주당 액면가 5,000원)를 1주당 4,900원에 발행하고, 납입금은 당좌예금에 입금받았다.

|정 답|
액면금액 합계 5,000,000원(1,000주×5,000원), 납입된 출자금 4,900,000원 ➡ 주식할인발행차금 100,000원(5,000,000-4,900,000) 발생

3. 29	(차) 당좌예금 4,900,000 주식할인발행차금 100,000	(대) 자본금 5,000,000

 정교수 콕콕

일	번호	구분	계정과목	거래처	적요	차변	대변
29	00001	차변	0102 당좌예금			4,900,000	
29	00001	차변	0381 주식할인발행차금			100,000	
29	00001	대변	0331 자본금				5,000,000

(*) 일반전표 입력 클릭 → 3. 29 입력 → 차변, 당좌예금 선택, 4,900,000원 입력 → 차변, 주식할인발행차금 선택, 100,000원 입력 → 대변, 자본금 선택, 5,000,000원 입력

주식 할인 발행 후 재무상태표를 표시하면 다음과 같습니다.

〈재무상태표〉

당좌예금	4,900,000	자 본 금	5,000,000
⋮		주식할인발행차금	(-)100,000

🎯 핵심체크
현물출자의 출자액
출자 자산의 공정가치

4. 현물출자에 의한 주식발행

회사는 보통 주식을 출자금, 즉 돈을 받고 발행합니다. 하지만 가끔 토지, 건물 같은 부동산의 소유권을 건네받고 주식을 발행하기도 하는데, 이를 현물출자라고 부릅니다.

현물출자 시에는 취득하는 자산의 공정가치를 출자액으로 처리하는데, 예를 들어 액면 5,000원, 주식 수 1,000주를 발행하면서 시가 5,500,000원짜리 토지를 현물출자 받는다면 다음과 같이 회계 처리됩니다.

현물출자	(차) 토 지	5,500,000	(대) 자 본 금	5,000,000
			주식발행초과금	500,000

🎯 핵심체크 콕콕
주식발행비
발행가액에서 차감

5. 주식발행비(신주발행비)

주식을 발행하려면 증권사 수수료, 주권인쇄비, 광고비용 등 각종 비용이 발행하는데 주식발행비는 발행가액에서 차감합니다. 즉, 주식발행초과금에서 차감하거나 주식할인발행차금에 가산해서 회계 처리해야 합니다.

실무기출 확인문제 | 전산회계 1급, 49회 |

8월 12일, 액면가액이 1주당 5,000원인 보통주를 증권시장에서 주당 10,000원씩 5,000주를 현금으로 발행하였다. 주식발행에 소요된 인쇄비, 광고비, 수수료 등의 주식발행비로 5,000,000원이 현금 지출되었다.

정답
• 자본금: 액면금액 합계 25,000,000원(5,000주×5,000원) • 현금 입금액: 50,000,000원(5,000주×10,000원) − 5,000,000원(주식발행비) = 45,000,000원 • 주식발행초과금: 25,000,000원(5,000주×(10,000−5,000)) − 5,000,000원 = 20,000,000원

8. 12	(차) 현금	45,000,000	(대) 자본금	25,000,000
			주식발행초과금	20,000,000

일	번호	구분	계 정 과 목	거 래 처	적 요	차 변	대 변
12	00001	차변	0101 현금			45,000,000	
12	00001	대변	0331 자본금				25,000,000
12	00001	대변	0341 주식발행초과금				20,000,000

(*) 일반전표 입력 클릭 → 8. 12 입력 → 차변, 현금 선택, 45,000,000원 입력 → 대변, 자본금 선택, 25,000,000원 입력 → 대변, 주식발행초과금 선택, 20,000,000원 입력

2 자본잉여금

1. 자본잉여금 개념

자본잉여금이란 회사의 증자, 감자 등 자본거래에서 발생한 잉여금으로 전산회계시험에서는 주로 이론문제로 자본잉여금의 종류를 묻는 문제가 자주 출제되고 있으니, 일단 내용을 이해한 뒤, 자본잉여금 항목의 명칭을 반드시 기억해야 합니다.

2. 자본잉여금 종류

1) 주식발행초과금

이미 설명한 바와 같이 주식발행초과금이란 주식을 발행하면서 액면금액을 초과해서 받은 금액입니다. 주식발행초과금은 자본거래에서 발생한 잉여금, 즉 자본잉여금이라는 것, 그리고 주식할증 발행 시 기존에 남아 있는 주식할인발행차금을 먼저 없애야 한다는 것만 기억하세요. 기출문제를 통해 내용을 확인해 보겠습니다.

자본잉여금
주식발행초과금, 감자차익, 자기주식처분이익

실무기출 확인문제 | 전산회계 1급, 103회 |

10월 25일, 주당 발행가액 6,000원에 유상증자를 실시하여 신주 10,000주(주당 액면가액 5,000원)를 발행하였으며, 주금납입액은 보통예금 계좌에 입금되었다. 단, 증자 전 주식할인발행차금 계정의 잔액은 1,000,000원이다.

정답
• 주금납입액(10,000주 × 6,000원 = 60,000,000원), 자본금(10,000주 × 액면 5,000원 = 50,000,000원) • 주식발행초과금 최초 발생액: 10,000주 × (6,000 − 5,000) = 10,000,000원 • 주식 할증발행 시 기존 남아 있는 주식할인발행차금 1,000,000원을 먼저 없애야 함.

		(차) 보통예금	60,000,000		(대) 자본금		50,000,000
7.16					주식할인발행차금		1,000,000
					주식발행초과금		9,000,000

일	번호	구분	계정과목	거래처	적요	차변	대변
25	00007	차변	0103 보통예금			60,000,000	
25	00007	대변	0331 자본금				50,000,000
25	00007	대변	0381 주식할인발행차금				1,000,000
25	00007	대변	0341 주식발행초과금				9,000,000

(*) 일반전표 입력 클릭 → 10.25 입력 → 차변에 보통예금 선택, 60,000,000 입력 → 대변에 자본 선택, 50,000,000 입력 → 대변에 주식할인발행차금 선택, 1,000,000 입력 → 대변에 주식발행초과금 선택, 9,000,000 입력

2) 감자차익(減資差益)

감자차익이란 자본을 감자하면서 발생한 이익인데, 감자(減資)란 발행했던 주식을 소각하는 것으로 감자하면서 줄어드는 주식의 액면금액 보다 주주에게 지급하는 금액이 더 적어서 주주가 손해를 보면 회사에 감자차익이 발생합니다. 자본상 거래이므로 자본잉여금으로 처리하는데, 전산회계시험 차원에서는 그 개념만 알면 충분한데 다음은 전산세무 2급에 출제되었던 문제이니 참고만 하세요.

실무기출 확인문제 | 전산세무 2급. 57회 |

7월 3일, 주주총회의 결의에 의하여 자사 주식 2,000주(액면 5,000원)를 1주당 3,000원에 매입하여 소각하고, 대금은 현금으로 지급하였다.

|정답|
감소되는 자본금 10,000,000원(5,000원×2,000주), 주주에게 지급한 현금 6,000,000원(3,000원×2,000주), 발생한 감자차익 4,000,000원(10,000,000-6,000,000)

7.3	(차) 자본금	10,000,000	(대) 현금	6,000,000
			감자차익	4,000,000

일	번호	구분	계정과목	거래처	적요	차변	대변
3	00004	차변	0331 자본금			10,000,000	
3	00004	대변	0101 현금				6,000,000
3	00004	대변	0342 감자차익				4,000,000

(*) 일반전표 입력 클릭 → 7.3 입력 → 차변, 자본금 선택, 10,000,000원 입력 → 대변, 현금 선택, 6,000,000원 입력 → 대변, 감자차익 선택, 4,000,000원 입력

3) 자기주식처분이익

자기주식처분이익은 자기주식을 취득가액보다 높게 처분하여 발생한 이익을 말합니다. 예를 들어 삼성전자가 주식시장에서 스스로 자기의 주식 1주를 2,000,000원에 취득했다

가 6개월 뒤 2,500,000원에 처분하여 500,000원의 이익이 발생한 경우입니다. 이를 회계처리하면 다음과 같습니다.

정교수 콕콕

(차) 보통예금	2,500,000	(대) 자기주식	2,000,000
		자기주식처분이익	500,000

손익계산서의 당기순이익에는 정상적 영업활동의 이익만 포함시켜야 하므로 이렇게 자기주식 처분으로 생긴 이익은 정상적인 상거래에서 발생하지 않은 것이므로 자본잉여금으로 처리하는 것입니다.

3 자본조정

1. 자본조정 개념

자본조정이란 회사의 증자, 감자 등 자본거래에서 발생한 항목 중에서 자본금이나 자본잉여금이 아닌 항목으로, 주로 자본총액을 줄이는 항목들입니다. 전산회계시험에서는 주로 이론문제로 자본조정의 종류를 묻는 문제가 자주 출제되고 있으니 자본조정 항목의 명칭과 개념을 기억해야 합니다.

자본조정
주식할인발행차금, 자기주식, 감자차손, 자기주식처분손실

2. 자본조정 종류

1) 주식할인발행차금

주식할인발행차금이란 주식을 발행하면서 액면금액보다 적게 받은 금액입니다. 액면금액 10,000,000원, 발행금액 9,000,000원으로 1,000,000원의 주식할인발행차금이 발생했다면 재무상태표에 다음과 같이 자본금의 차감항목으로 표시되기 때문에 이를 자본조정이라고 부르는 것입니다.

주식할인발행차금
주식발행초과금과 먼저 상계 후 잔액을 표시

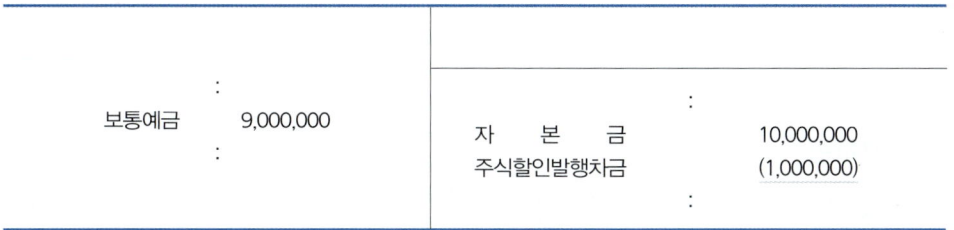

단, 주식할인발행차금이 발생한 시점에 장부상 주식발행초과금이 있다면 주식할인발행차금을 주식발행초과금에서 먼저 상계하고 남은 잔액을 자본조정으로 처리하여야 합니다.

정교수 콕콕

실무기출 확인문제 | 전산회계 1급, 48회 변형 |

7월 27일, 주당 발행가액 4,000원, 액면금액 5,000원, 발행주식 수 5,000주의 2차 유상증자를 실시하여 현금을 수령하였다. 단, 7월 20일 1차 유상증자에서 3,000,000원의 주식발행초과금이 발생한 적이 있다.

|정 답|

액면금액 합계 25,000,000원(5,000주×5,000원), 납입된 출자금 20,000,000원(5,000주×4,000원) 주식할인발행차금 5,000,000원(25,000,000 − 20,000,000) 발생. 기존 유상증자의 주식발행초과금 3,000,000원 제거하면 주식할인발행차금 2,000,000원 남음.

7. 27	(차) 현 금	20,000,000	(대) 자본금	25,000,000
	주식발행초과금	3,000,000		
	주식할인발행차금	2,000,000		

일	번호	구분	계 정 과 목	거 래 처	적 요	차 변	대 변
27	00001	차변	0101 현금			20,000,000	
27	00001	차변	0341 주식발행초과금			3,000,000	
27	00001	차변	0381 주식할인발행차금			2,000,000	
27	00001	대변	0331 자본금				25,000,000

(*) 일반전표 입력 클릭 → 7. 27 입력 → 차변, 현금, 20,000,000원 입력 → 차변, 주식발행초과금 선택, 3,000,000원 입력 → 차변, 주식할인발행차금 선택, 2,000,000 입력 → 대변, 자본금 선택, 25,000,000원 입력

2) 자기주식

자기주식이란 주가 안정이나 경영권 방어 차원에서 회사가 발행했던 자신의 주식을 주식시장에서 다시 사들인 주식을 말합니다. 통상 다른 회사의 주식을 취득하면 단기매매증권이나 매도가능증권으로 처리하지만, 자기주식은 나를 내가 취득한 개념이다 보니 이를 자산에 두지 않고 아래와 같이 자본의 차감항목, 즉, 자본조정으로 표시합니다.

	:	
	자본금	×××
	자기주식	(×××)
	:	

3) 감자차손

감자차손이란 자본을 감자하면서 발생한 손실인데, 주식을 소각할 때 줄어드는 주식의 액면 금액보다 주주에게 지급하는 금액이 더 커서 회사가 손해를 보는 경우를 말합니다. 감자차익의 반대 개념으로 전산회계1급 시험차원에서는 그 개념만 이해하고 감자차손이 자본조정이라는 것만 암기하면 충분합니다.

다음은 자본금 10,000,000원을 감자하면서 주주에게 11,000,000원을 지급하여 감자차손이 발생한 사례의 분개입니다.

(차) 자본금	10,000,000	(대) 현금	11,000,000
감자차손	1,000,000		

4) 자기주식처분손실

자기주식처분손실
자기주식처분이익과 먼저 상계후 잔액을 표시

자기주식처분손실은 자기주식을 취득가액보다 낮게 처분하여 발생한 손실을 말합니다. 예를 들어 삼성전자가 주식시장에서 스스로 자기의 주식 1주를 2,000,000원에 취득했다가 6개월 뒤 1,500,000원에 처분하여 500,000원의 손실이 발생한 경우입니다.

손익계산서의 당기순이익에는 정상적 영업활동만 포함시켜야 하므로 이렇게 자기주식처분으로 생긴 손실은 자본에 표시하되, 손실이므로 자본조정으로 처리하는 것으로, 자기주식처분이익의 반대 개념입니다.

단, 자기주식처분손실이 발생한 시점에 장부상 자기주식처분이익이 있다면 자기주식처분손실을 자기주식처분이익에서 먼저 상계하고 남은 잔액을 자본조정으로 처리하여야 합니다.

실무기출 확인문제 | 전산회계 1급, 97회 |

7월 21일, 보유 중인 자기주식 12,000주를 처분하였다. 자기주식 12,000주에 대한 장부가액은 12,000,000원이고 12,000주 전부를 11,500,000원에 처분하고 그 대가를 전부 보통예금으로 입금 받았다.(단, 자기주식처분이익 계정의 잔액이 300,000원 있고, 처분수수료는 없는 것으로 가정)

|정답|
- 자기주식 처분대금: 11,500,000원
- 최초 자기주식처분이익 발생액: 12,000,000 − 11,500,000 = 500,000원
- 자기주식 처분 시 기존 남아있는 자기주식처분이익 300,000원을 먼저 없애야 함.

	(차) 보통예금	11,500,000	(대) 자기주식	12,000,000
7.21	자기주식처분이익	300,000		
	자기주식처분손실	200,000		

일	번호	구분	계정과목	거래처	적요	차변	대변
21	00002	차변	0103 보통예금			11,500,000	
21	00002	대변	0383 자기주식				12,000,000
21	00002	차변	0343 자기주식처분이익			300,000	
21	00002	차변	0390 자기주식처분손실			200,000	

(*) 일반전표 입력 클릭 → 7.21 입력 → 차변에 보통예금 선택, 11,500,000 입력 → 대변에 자기주식 선택, 12,000,000 입력 → 차변에 자기주식처분이익 선택, 300,000 입력 → 차변에 자기주식처분손실 선택, 200,000 입력

이상 자기주식처분손실을 재무상태표에 표시하면 다음과 같습니다.

〈재무상태표〉

	자본금　　　××× 자기주식처분손실　(-)×××

[참고] 감자차손, 자기주식처분손실의 보전

> 자본거래에서 감자차손, 자기주식처분손실이 발생하여 재무상태표에 자본에서 차감하는 형식으로 표시되면 보기가 좋지 않아 이를 없애야 하는데 다음과 같이 회사가 영업활동에서 벌어들여 보유 중인 이익잉여금과 상계 처리하여 없애면 됩니다.

(차) 이익잉여금 ×××	(대) 감자차손 ×××

4 기타포괄손익누계

1. 개념

기타포괄손익누계액이란 회사에 발생한 이익 중 손익계산서에 포함시켜 당기손익으로 인식하기 어려운 항목으로 그 대표적인 사례가 바로 유가증권에서 공부했던 매도가능증권 평가이익입니다.

매도가능증권의 회계연도 말 주식가격이 취득가격보다 상승할 경우 일단 이를 미실현이익으로 분류했다가 나중에 주식을 처분할 때 당기순이익에 포함하는 것이 논리적입니다. 왜냐하면 매도가능증권의 취득 목적이 장기투자이므로 여기서 발생한 평가손익을 당기손익에 포함시키면 안 됩니다.

따라서 기업회계기준은 매도가능증권 평가이익이나 손실을 일단은 손익계산서의 당기손익에 포함시키지 않고 자본의 기타포괄손익에 포함시킵니다.

기타포괄손익누계
매도가능증권평가손익, 재무제표환산손익, 투자부동산 재평가잉여금

2. 기타포괄손익누계 종류

- 매도가능증권평가손익: 회계기간 말 매도가능증권의 평가이익, 평가손실
- 해외사업장의 재무제표 환산손익: 외화로 표시된 재무제표를 원화로 환산하면서 발생한 평가이익, 평가손실
- 투자부동산의 재평가잉여금: 투자목적 부동산을 재평가하여 가격이 상승한 금액

매도가능증권평가손익, 해외사업환산손익, 투자부동산 재평가잉여금은 기타포괄손익누계라는 것만 기억하면 전산회계 1급 수험목적으로 충분합니다.

이론기출 확인문제 | 전산회계 1급, 58회 |

다음의 자본항목 중 그 성격이 다른 하나는?

① 자기주식 ② 주식할인발행차금 ③ 자기주식처분손실 ④ 해외사업환산손실

|정답| ④
자본 차감 항목인 ① 자기주식, ② 주식할인발행차금, ③ 자기주식처분손실은 자본조정이며 ④ 해외사업환산손실은 기타포괄손익누계임.

---

5 이익잉여금

1. 개념

이익잉여금이란 이익이 발생하여 남는 돈이라는 뜻으로 회사 설립 이후 지금까지 회사가 벌어들인 이익의 누적액이라고 생각하면 됩니다. 이렇게 회사가 쌓아 놓은 이익잉여금은 결국 주주의 투자 결과이기 때문에 주주총회의 승인만 있으면 주주에게 배당될 수 있습니다.

2. 이익잉여금의 구성

회사의 재무구조 건실화를 위해 이익잉여금 중 일부는 배당할 수 없게 되어 있어서 이익잉여금은 크게 다음 3가지로 구성됩니다.

1) 이익준비금

상법은 매년 지급되는 배당금의 10% 이상을 상법에 따라 이익준비금이라는 이름으로 자본금의 1/2에 달할 때까지 별도로 적립하도록 규정하고 있는데 이를 법정적립금이라 부르기도 합니다.

2) 임의적립금

회사는 기술개발준비금, 시장개척준비금 등의 명목으로 임의로 적립할 수 있는데 이를 임의적립금이라고 부릅니다.

이익잉여금
이익준비금, 임의적립금, 미처분이익잉여금

정교수 콕콕

3) 미처분 이익잉여금

이익잉여금 중 이익준비금, 임의적립금을 제외한 나머지는 주주에게 언제든지 배당될 수 있는 금액인데 이를 미처분 이익잉여금이라고 합니다. 이제 이 이익잉여금을 주주에게 배당해야 하는데 내용이 어려우니 배당에 대해서는 별도 챕터로 구분하여 설명하겠습니다.

6 자본항목 요약

항목	내용
자본금	액면금액의 합계
자본잉여금	주식발행초과금, 감자차익, 자기주식처분이익
자본조정	주식할인발행차금, 자기주식, 감자차손, 자기주식처분손실, 미교부주식배당금
기타포괄손익누계	매도가능증권평가손익, 해외사업장의 재무제표 환산손익, 투자부동산 재평가잉여금
이익잉여금	이익준비금, 임의적립금, 미처분이익잉여금

전산회계 1급 시험에서는 다음과 같이 자본항목의 종류를 묻는 문제가 자주 출제되니 각 항목의 명칭을 이해한 뒤 어느 종류에 속하는지 구별 할 수 있어야 합니다. 기출문제를 통해 마지막 점검을 해 보겠습니다.

이론기출 확인문제 | 전산회계 1급, 41회 |

다음 자료를 바탕으로 자본잉여금의 금액을 계산한 것으로 옳은 것은? (단, 계정과목별 연관성은 전혀 없다.)

- 감자차익: 500,000원
- 이익준비금: 100,000원
- 사업확장적립금: 300,000원
- 주식발행초과금: 700,000원
- 감자차손: 250,000원
- 자기주식처분이익: 300,000원
- 자기주식처분손실: 100,000원
- 주식할인발행차금: 150,000원

① 600,000원 ② 900,000원 ③ 1,200,000원 ④ 1,500,000원

|정답| ④
- 자본잉여금: 감자차익(500,000), 주식발행초과금(700,000), 자기주식처분이익(300,000)
- 자본조정: 자기주식처분손실(100,000), 감자차손(250,000), 주식할인발행차금(150,000)
- 이익잉여금: 이익준비금(100,000), 사업확장적립금(300,000)
⇒ 자본잉여금 합계 1,500,000원 (500,000 + 700,000 + 300,000)

19 자본 이론기출 공략하기

01 자본에 대한 설명이다. 틀린 것은? [2014년, 59회]

① 자본금은 우선주자본금과 보통주자본금으로 구분하며, 발행주식수 × 주당 발행가액으로 표시된다.
② 잉여금은 자본잉여금과 이익잉여금으로 구분 표시한다.
③ 주식의 발행은 할증발행, 액면발행 및 할인발행이 있으며, 어떠한 발행을 하여도 자본금은 동일하게 표시된다.
④ 자본은 자본금·자본잉여금·이익잉여금·자본조정 및 기타포괄손익누계액으로 구분 표시한다.

02 다음 중 주식회사의 자본 구성 요소에 관한 설명으로 바르게 짝지은 것은? [2009년, 38회]

> ㉠은 1주의 액면금액에 발행한 주식수를 곱한 금액이다.
> ㉡은 영업활동과 직접적인 관계가 없는 자본거래에서 생긴 잉여금이다.
> ㉢은 회사의 영업활동 결과로 발생한 순이익을 원천으로 하는 잉여금이다.

	㉠	㉡	㉢
①	적립금	자본잉여금	이익잉여금
②	자본금	자본잉여금	이익잉여금
③	자본금	이익잉여금	자본잉여금
④	적립금	이익잉여금	자본잉여금

03 ㈜한국상사의 기초(1월 1일) 자본금은 50,000,000원(발행주식 수 10,000주, 1주당 액면금액 5,000원)이다. 당해 연도 10월 1일 1주당 6,000원에 2,000주를 유상증자하였을 경우, 기말 자본금은 얼마인가? [2023년, 109회]

① 12,000,000원　　② 50,000,000원
③ 60,000,000원　　④ 62,000,000원

04 다음 중 자본에 대한 설명으로 틀린 것은? [2025년, 118회]

① 신주발행비는 당기손익(비용)으로 처리한다.
② 주식의 할증발행 시 증가하는 자본금은 주식의 액면발행 시 증가하는 자본금과 동일하다.
③ 자본은 자본거래와 손익거래로 분류된다.
④ 주식발행초과금은 자본잉여금으로 분류한다.

05 다음 내용과 같은 기준으로 분류되는 계정과목은 무엇인가? [2018년, 81회]

> 자본거래에서 발생하며, 자본금이나 자본잉여금으로 분류할 수 없는 항목으로 감자차손, 자기주식, 자기주식처분손실 등이 여기에 해당한다.

① 주식할인발행차금
② 임의적립금
③ 주식발행초과금
④ 이익준비금

06 (주)세원은 당해연도 중에 보통주 10,000주(1주당 액면가액 1,000원)를 1주당 500원에 발행하였다. 전년도 말의 기말 재무상태표상 자본상황이 다음과 같을 경우, 당해연도 말 기말 재무상태표에 표시되는 자본상황으로 올바른 것은? [2014년, 60회]

• 자본금	90,000,000원	• 주식발행초과금	10,000,000원

① 자본금　　　　　　　95,000,000원
② 주식발행초과금　　　5,000,000원
③ 주식할인발행차금　　5,000,000원
④ 총자본　　　　　　　100,000,000원

07 난이도 ★★ 필수
다음 중 자본잉여금 항목에 포함되는 것을 모두 고른 것은? [2024년, 114회]

> 가. 주식발행초과금　　　　　　　　나. 자기주식처분손실
> 다. 주식할인발행차금　　　　　　　라. 감자차익

① 가, 라　　　　　　　　　　　　② 나, 다
③ 가, 나, 다　　　　　　　　　　　④ 가, 다, 라

08 난이도 ★★
다음 보기 중 이익잉여금으로 분류하는 항목을 모두 고른 것은? [2010년, 42회]

> ㄱ. 현금배당액의 1/10 이상의 금액을 자본금의 2분의 1에 달할 때까지 적립해야 하는 금액
> ㄴ. 액면을 초과하여 주식을 발행한 때 그 액면을 초과하는 금액
> ㄷ. 감자를 행한 후 주주에게 반환되지 않고 불입자본으로 남아 있는 금액

① ㄱ　　　　　　　　　　　　　　② ㄴ
③ ㄱ, ㄷ　　　　　　　　　　　　 ④ ㄴ, ㄷ

09 난이도 ★
다음 중 이익잉여금 항목에 해당하지 않는 것은? [2012년, 51회]

① 이익준비금　　　　　　　　　　② 임의적립금
③ 주식발행초과금　　　　　　　　④ 미처분이익잉여금

10 다음 중 자기주식거래와 관련하여 자본항목의 성격이 올바르게 짝지어진 것은? [2022년, 104회]

① 자기주식처분이익 : 자본조정
② 자기주식처분손실 : 기타포괄손익누계액
③ 감자차익 : 자본조정
④ 감자차손 : 자본조정

11 다음 자료를 바탕으로 자본조정의 금액을 계산하면 얼마인가? (단, 각 계정과목은 독립적이라고 가정함) [2021년, 95회]

- 감자차손: 200,000원
- 주식발행초과금: 600,000원
- 자기주식처분이익: 300,000원
- 자기주식: 400,000원

① 600,000원 ② 900,000원 ③ 950,000원 ④ 1,000,000원

12 다음의 자본항목 중 기타포괄손익누계액에 해당하는 것은? [2022년, 105회]

① 매도가능증권평가손익
② 감자차손
③ 자기주식
④ 주식할인발행차금

13 다음 중 손익계산서 작성에 영향을 주는 거래는? [2016년, 66회]

① 자기주식처분이익
② 감자차익
③ 매도가능증권평가이익
④ 단기매매증권처분이익

정답 및 해설

01 ① ① 자본금은 발행금액이 아닌 액면금액의 합계임.
③ 주식발행은 액면발행, 할증발행, 할인발행이 있으며 3가지 모두 동일한 자본금으로 표시하되, 할증발행은 주식발행초과금으로 가산, 할인발행은 주식할인발행차금으로 차감하여 표시한다.

02 ② ㉠ 자본금: 1주의 액면금액×발행주식수
㉡ 자본잉여금: 자본거래에서 생긴 잉여금
㉢ 이익잉여금: 순이익의 누적액

03 ③ 자본금은 주식 액면금액의 합계이므로 10.1 유상증자는 액면 금액 5,000원으로 계산함. 기초(50,000,000원) + 유상증자(10,000,000원, 2,000주×5,000원) = 60,000,000원

04 ① 신주발행비는 당기비용 처리하지 않고 주식할인발행차금으로 처리한다. 단, 신주발행비 발생 시 주식발행초과금이 있다면 해당 금액을 먼저 상계해야 한다.

05 ① 자본조정에 대한 설명이며 ① 주식할인발행차금이 이에 해당함.

06 ② • 당해 연도 주식 발행
· 자본금 증가: 10,000,000(10,000주×액면 1,000원)
· 주식할인발행차금: 5,000,000(500원×10,000주)
• 당해 연도 말 자본금: 90,000,000(전년 말) + 10,000,000(당기증가) = 100,000,000
• 당해 연도 말 주식발행초과금: 10,000,000(전년 말) − 5,000,000(당기 주식할인발행차금) = 5,000,000, 당해 연도 발생한 주식할인발행차금은 전년도 주식발행초과금에서 차감해야 함.
• 총자본: 100,000,000(자본금) + 5,000,000(주식발행 초과금) = 105,000,000

07 ① 자본잉여금(가.주식발행초과금, 라.감자차익), 자본조정(나.자기주식처분손실, 다.주식할인발행차금)

08 ① ㄱ-이익준비금, ㄴ-주식발행초과금, ㄷ-감자차익임. 이 중 이익잉여금은 ㄱ. 이익준비금임.

09 ③ 이익잉여금은 이익준비금(법정적립금), 임의적립금, 미처분이익잉여금으로 구성됨. 주식발행초과금은 자본잉여금의 한 종류임.

10 ④ ① 자기주식처분이익, ③ 감자차익은 자본잉여금, ② 자기주식처분손실, ④ 감가차손은 자본조정 항목임.

11 ① 자본조정 항목은 감자차손(200,000)과 자기주식(400,000)임. 주식발행초과금과 자기주식처분이익은 자본잉여금임.

12 ① ② 감자차손, ③ 자기주식, ④ 주식할인발행차금은 모두 자본조정이며 기타포괄손익누계에는 매도가능증권평가손익, 해외사업환산손익, 재평가잉여금이 있음.

13 ④ ①②는 자본잉여금, ③은 기타포괄손익누계로 손익계산서에 포함되지 않지만 ④ 단기매매증권처분이익은 영업외수익에 포함되어 당기순이익을 증가시킴.

19 자본 실무기출 공략하기

본 교재의 실습자료는 cafe.naver.com/eduacc의 「공지&DATA다운로드」에서 공지 에 있는 [콕콕정교수 전산회계 1급] 이론+실무+기출 실습데이터의 Data_Install_JH1.zip 파일을 다운받아 컴퓨터에 설치 후, 회사등록 클릭, F4 회사코드재생성 클릭 후 「㈜가은」 선택

01 난이도 ★★★
7월 16일, 주주총회에서 결의된 바에 따라 유상증자를 실시하여 신주 10,000주(액면가액 1주당 1,000원)를 주당 1,500원에 발행하고, 증자와 관련하여 수수료 120,000원을 제외한 나머지 증자대금이 보통예금계좌에 입금되었다. (단, 당사는 '주식할인발행차금' 잔액 2,000,000원이 있으며, 하나의 전표로 입력할 것) [2020년, 91회]

02 난이도 ★★ 필수
9월 21일, 보통주 10,000주를 신규 발행하여 증자대금 12,000,000원이 보통예금으로 입금되었다. 1주당 액면가는 500원, 1주당 발행가액은 1,200원이다. [2025년, 118회]

03 난이도 ★★★ 필수
10월 7일, 주당 액면가액이 5,000원인 보통주 1,000주를 주당 7,000원에 발행하였고, 발행가액 전액이 보통예금계좌로 입금되었다. (단, 하나의 전표로 처리하며 신주 발행 전 주식할인발행차금 잔액은 1,000,000원이고 신주발행비용은 없다고 가정한다.) [2024년, 115회]

04 난이도 ★★
10월 22일, 보유 중인 자기주식 1,000주(액면가 주당 @1,000원, 장부가 주당 @1,240원) 전량을 1,200,000원에 처분하고 처분대금 전액이 당일에 보통예금으로 입금되었다. (단, 자기주식처분이익 및 자기주식처분손실계정의 잔액은 없음.) [2017년, 73회]

05 7월 20일, 보유 중인 자기주식 12,000주를 처분하였다. 자기주식 12,000주에 대한 장부가액은 12,000,000원이고 12,000주 전부를 11,500,000원에 처분하고 그 대가를 전부 보통예금으로 입금 받았다. (단, 자기주식처분이익 계정의 잔액이 300,000원 있고, 처분수수료는 없는 것으로 가정한다.) [2021년, 97회]

06 12월 3일, 회사가 보유 중인 자기주식 모두를 15,000,000원에 처분하고 매각대금은 보통예금으로 입금되었다. 처분시점의 장부가액은 13,250,000원, 자기주식처분손실 계정의 잔액은 1,500,000원이다. [2018년, 79회]

07 11월 8일, 보유하고 있던 자기주식 중 300주(주당 액면가액 1,000원, 주당 취득가액 1,500원)를 주당 1,300원에 처분하고, 처분대금은 모두 현금으로 수취하다. (처분 전 자기주식처분이익 계정 잔액은 없는 것으로 하며, 하나의 전표로 처리할 것) [2022년, 104회]

정답 및 해설

01 일반전표 입력

- 자본금 증가: 10,000주 × 액면 1,000원 = 10,000,000
- 보통예금 입금액: 10,000주 × 1,500 - 120,000(수수료) = 14,880,000
- 주식을 할증발행 시 기존에 남아 있는 주식할인발행차금 2,000,000원을 먼저 없애야 함.
- 주식발행초과금: 10,000주 × (1,500-1,000) - 2,000,000(주식할인발행차금 잔액) - 120,000(주식발행비) = 2,880,000

7. 16	(차) 보통예금	14,880,000	(대) 자본금(331)	10,000,000
			주식할인발행차금(381)	2,000,000
			주식발행초과금(341)	2,880,000

02 일반전표 입력

9. 21	(차) 보통예금	12,000,000	(대) 자본금(331)	5,000,000
			주식발행초과금(341)	7,000,000

(*) 자본금 5,000,000원(10,000주×500원), 주식발행초과금 7,000,000원(10,000주×(1,200-500))

03 일반전표 입력

10. 7	(차) 보통예금	7,000,000	(대) 자본금(331)	5,000,000
			주식할인발행차금(381)	1,000,000
			주식발행초과금(341)	1,000,000

(*) 보통예금 입금액 7,000,000원(1,000주×7,000), 자본금 5,000,000원(1,000주×5,000), 주식발행초과금 발생 시 남아 있는 주식할인발행차금(1,000,000원)을 먼저 없애야 함.

04 일반전표 입력

장부가액 1,240,000원(1,000주×주당 장부가 1,240원), 처분가 1,200,000원, 처분손실 40,000원 발생

10. 22	(차) 보통예금	1,200,000	(대) 자기주식(383)	1,240,000
	자기주식처분손실(390)	40,000		

05 일반전표 입력

자기주식처분손실 500,000원 = 자기주식 처분가액 11,500,000원 - 취득가액 12,000,000원, 자기주식처분손실이 발생하면 기존에 남아 있는 자기주식처분이익 300,000원을 먼저 없애고 남은 금액 200,000원만 자기주식처분손실로 표시해야 함.

7. 20	(차) 보통예금	11,500,000	(대) 자기주식(383)	12,000,000
	자기주식처분이익(343)	300,000		
	자기주식처분손실(390)	200,000		

06 일반전표 입력

- 자기주식 처분이익: 처분가액(15,000,000) - 장부가액(13,250,000) = 1,750,000
- 자기주식처분이익은 기존의 자기주식처분손실 계정잔액 1,500,000원과 먼저 상계처리

12. 3	(차) 보통예금	15,000,000	(대) 자기주식(383)	13,250,000
			자기주식처분손실(390)	1,500,000
			자기주식처분이익(343)	250,000

07 일반전표 입력

- 자기주식 장부가액: 300주 × 1,500원 = 450,000원
- 자기주식 처분대금: 300주 × 1,300원 = 390,000원
- 자기주식처분손실: 300주 × (1,500 - 1,300) = 60,000원

11. 8	(차) 현금	390,000	(대) 자기주식(383)	450,000
	자기주식처분손실(390)	60,000		

20 배당

학습내용 · 현금배당 · 주식배당 · 무상주배당

출제경향 이론 및 실무문제로 1년에 1문제 정도 가끔씩 출제되고 있는데 현금배당을 먼저 확실히 이해한 다음 여력이 되면 주식배당과 무상주배당을 학습하는 것이 좋음.

> 본 교재의 실습자료는 cafe.naver.com/eduacc의 「공지&DATA다운로드」에서 공지 에 있는 [콕콕정교수 전산회계 1급] 이론+실무+기출 실습데이터의 Data_Install_JH1.zip 파일을 다운받아 컴퓨터에 설치 후, 회사등록 클릭, F4 회사코드재생성 클릭 후 「금정문구」 선택

지난 단원에서 학습했듯이 자본의 마지막 항목이 바로 이익잉여금이고 이익잉여금이란 회사가 그동안 벌어들인 이익의 누적입니다. 이익잉여금을 투자자인 주주에게 분배하는 것을 배당이라고 하는데, 배당에는 크게 현금배당과 주식배당이 있습니다.

다만, 회계를 처음 공부하는 분들이라면 현금배당의 개념 정도만 공부하고 나머지 과감히 패스해도 전산회계 1급 시험 합격에는 지장이 없습니다.

1 배당금 지급 절차

주주에게 배당금을 지급하기 위해서는 상법 규정에 따라 반드시 주주총회의 허락을 받아야 합니다. 주주총회에서 배당이 결의된 뒤 배당금이 지급되는 과정을 도표로 요약하면 다음과 같습니다.

〈배당결의와 배당금 지급〉

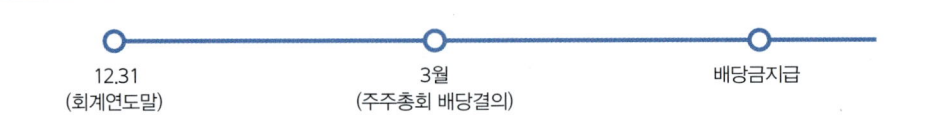

회계연도를 1.1 ~ 12.31이라 가정할 때 대략 3월 말이면 결산이 끝나고 재무제표가 만들어집니다. 그런 다음 주주총회에서 배당이 결의되면 한 달 안에 배당금이 지급되는데

통상의 배당은 현금으로 지급하지만 가끔씩 주식으로 배당하기도 합니다. 일단 현금배당을 확실히 공부한 후 주식배당을 학습하기 바랍니다.

2 현금배당

현금배당이란 배당금을 현금으로 지급하는 것인데 주주총회에서 배당이 결의되는 시점, 그리고 실제 현금이 지급되는 시점의 회계처리를 알아보겠습니다.

1. 주주총회의 주식배당 결의시점

주주총회에서 배당을 결의하면 통상 1주일쯤 뒤에 배당금이 지급되기 때문에 다음과 같이 '미지급배당금'이라는 부채를 인식해야 합니다.

| 주총 결의시점 | (차) 이월이익잉여금 ××× | (대) 미지급배당금(유동부채) ××× |

현금배당 결의시점
(차) 이월이익잉여금 ×××
　　(대) 미지급배당금 ×××

한 가지 주의할 점은 주주총회의 배당 결의 시점에 (차) 배당금 ××× (대) 미지급배당금 ×××으로 회계처리 할 것처럼 생각되지만, 배당이란 회사가 벌어 놓은 미처분이익잉여금을 주주에게 배분하는 것이기 때문에 차변에 미처분이익잉여금으로 분개하여야 합니다.
다만, KcLep은 미처분이익잉여금 계정과목 대신 이월이익잉여금(375)을 사용하도록 설계되어 있으므로 KcLep에는 반드시 이월이익잉여금을 입력해야 합니다.

2. 현금 배당금 지급시점

몇 주 뒤 주주에게 현금 또는 보통예금이 지급되면 아래와 같이 회계처리 합니다.

| 배당금 지급시점 | (차) 미지급배당금(유동부채) ××× | (대) 현금(보통예금) ××× |

이상 내용을 기출문제를 통해 확인해 보겠습니다.

실무기출 확인문제 | 전산회계 1급, 87회 |

3월 25일, 회사는 3월 25일 개최된 이사회에서 현금배당 80,000원을 결의하였다. (단, 이익준비금은 고려하지 않는 것으로 한다.)

정답						
3.25	(차) 이월이익잉여금	80,000	(대) 미지급배당금(유동부채)	80,000		

일	번호	구분	계정과목	거래처	적요	차변	대변
25	00001	차변	0375 이월이익잉여금			80,000	
25	00001	대변	0265 미지급배당금				80,000

(*) 일반전표 입력 클릭 → 3.25 입력 → 차변, 이월이익잉여금 80,000 입력 → 대변, 미지급배당금 80,000 입력

3 주식배당

주식배당은 좀 전 현금배당과 달리 주주에게 새로 발행된 주식을 지급하기 때문에 현금이 지급되지 않습니다.
그래서 주주총회에서 주식배당을 결의하면 추후 자본금이 늘어날 것이 정해지기 때문에 '미교부주식배당금'이라는 자본조정 항목으로 처리하였다가, 실제 주식이 지급되면 그때 자본금으로 대체하고 미교부주식배당금을 없애는 회계처리를 합니다.

미교부주식배당금은 자본조정 항목인데 어려우면 과감히 패스하세요.

1. 주주총회의 주식배당 결의시점

주총 결의시점	(차) 이월이익잉여금 ×××	(대) 미교부주식배당금(자본조정) ×××

핵심체크

주식배당 결의시점
(차) 이월이익잉여금 ×××
　(대) 미교부주식배당금 ×××

여기서 한 가지 주의할 점이 있는데 배당되는 주식을 얼마짜리로 해야 하는지입니다.

상법 규정에 따라 주식으로 배당하는 경우 발행주식의 액면금액을 배당액으로 하여 자본금의 증가와 이익잉여금의 감소로 회계 처리해야 합니다. 즉, 주식배당 시 (주식배당 주식수 × 액면금액)만큼 자본금이 늘고 이익잉여금이 감소하게 됩니다.

2. 주식 교부 시점

1주일쯤 뒤 주주에게 배당금으로 주식이 지급되면 아래와 같이 회계처리 합니다.

주식 지급시점	(차) 미교부주식배당금(자본조정) ×××	(대) 자본금 ×××

4 현금배당 vs 주식배당

현금배당은 실제 회사의 현금이 주주에게 지급되어 회사의 미처분이익잉여금(자본)과 현금(자산)이 동시에 감소하는 데 반해, 주식배당은 미처분이익잉여금(자본)이 자본금(자본)으로 바뀔 뿐 회사의 자산, 자본의 총액은 변동이 없습니다. 이를 도표로 표시하면 다음과 같습니다.

현금배당 vs 주식배당
- 현금배당: 자산 감소, 자본 감소
- 주식배당: 자산, 자본 변동 없음.

⟨현금배당⟩

현금 ××× ↓	자본금 ×××
:	:
	미처분 이익잉여금 ××× ↓

⟨주식배당⟩

현금 ×××	자본금 ××× ↑
:	:
	미처분 이익잉여금 ××× ↓

5 무상주 배당(무상증자) _{어려우면 패스}

무상주 배당이란 미처분 이익잉여금이 아닌 것을 재원으로 주식을 발행하여 주주에게 지급하는 배당을 말합니다. 즉, 자본항목 중 자본잉여금, 이익준비금을 자본에 전입하면서 주식을 발행하는 것을 무상주배당 또는 무상증자라고 부릅니다.

전산회계 1급 시험에는 무상주배당 실무문제 또는 계산문제는 출제되지 않으니 개념만 잡아도 충분합니다. 예를 들어 주식발행초과금(자본잉여금)을 자본에 전입하면 다음과 같이 회계 처리합니다.

⟨무상주배당 사례⟩

주주총회에서 주식발행초과금 10,000,000원을 자본금으로 전입하는 결의를 하였다.
(차) 주식발행초과금(자본잉여금) 10,000,000   (대) 자본금 10,000,000

주주에게 현금 대신 주식이 교부된다는 차원에서 무상주배당과 주식배당은 그 결과가 같지만, 주식배당은 미처분이익잉여금을 기반으로 하지만 무상주배당은 이익준비금, 자본잉여금을 기반으로 합니다.

워낙 어려운 개념이라 그냥 패스해도 시험 합격에는 지장이 없습니다.

6 현금배당, 주식배당, 무상주배당 요약

이상 공부한 현금배당, 주식배당, 무상주배당의 흐름을 도표로 요약하면 다음과 같습니다. 현금배당은 자본이 감소하지만, 주식배당, 무상주배당은 자본의 구성만 바뀔 뿐 자본 총계는 변동이 없습니다.

〈현금배당 vs 주식배당 vs 무상주 배당〉

③ 무상주배당	1. 자 본 금	
	2. 자 본 잉 여 금	
	3. 자 본 조 정	② 주식배당
	4. 기타포괄손익누계	
	5. 이 익 잉 여 금	
	• 이 익 준 비 금	
	• 임 의 적 립 금	① 현금배당
	• 미처분이익잉여금	

배당에 따른 자산, 부채, 자본의 변동을 묻는 문제가 종종 출제되는데 다음 기출문제로 확인해 보겠습니다.

이론기출 확인문제 | 전산회계 1급, 66회 |

다음 중 주주총회에서 현금배당이 결의된 당일의 거래요소 결합관계로 옳은 것은?

차변	대변		차변	대변
① 자본의 감소	자본의 증가		② 부채의 감소	부채의 증가
③ 자산의 증가	수익의 발생		④ 자본의 감소	부채의 증가

|정 답| ④
주주총회에서 현금배당이 결의되면 미처분이익잉여금이 줄어들고 그만큼 미지급배당금(유동부채)가 증가해 다음과 같이 회계처리함. (차) 이월이익잉여금 ××× (대) 미지급배당금(유동부채) ××× ⇒ 차변 자본감소, 대변 부채 증가

이론기출 확인문제 | 전산회계 1급, 50회 |

주식발행회사가 이익배당을 주식으로 하는 경우(주식배당) 배당 후 상태변화로 가장 옳지 않은 것은?

① 배당 후 이익잉여금은 증가한다.   ② 배당 후 자본금은 증가한다.
③ 배당 후 총자본은 불변이다.   ④ 배당 후 발행 주식수는 증가한다.

|정 답| ①
주식배당 : (차) 이월이익잉여금 ××× (대) 자본금 ××× ⇒ 이익잉여금 감소, 자본금 증가, 자본 불변

20 배당 이론기출 공략하기

01 다음 중 자본에 대한 설명으로 옳지 않은 것은? [2024년, 117회]

① 이익잉여금을 자본 전입하는 주식배당 시, 자본금은 증가하고 이익잉여금은 감소한다.
② 주식발행초과금은 주식의 발행가액이 액면가액을 초과하는 경우 그 초과금액을 말한다.
③ 기말 재무상태표상 미처분이익잉여금은 당기 이익잉여금의 처분사항이 반영되기 전의 금액이다.
④ 주식배당과 무상증자 시 순자산의 증가가 발생한다.

02 다음은 현금배당에 관한 회계처리이다. 아래의 괄호 안에 각각 들어갈 회계처리 일자로 옳은 것은? [2024년, 114회]

(가)	(차) 이월이익잉여금	×××원	(대) 이익준비금	×××원
			미지급배당금	×××원
(나)	(차) 미지급배당금	×××원	(대) 보통예금	×××원

	(가)	(나)		(가)	(나)
①	회계종료일	배당결의일	②	회계종료일	배당지급일
③	배당결의일	배당지급일	④	배당결의일	회계종료일

03 다음의 회계처리로 인한 부채의 증가액은 얼마인가? [2024년, 117회]

회사는 현금배당을 하기로 하였으며, 아래와 같이 회계처리하였다.
(차) 이익잉여금　　220,000원　　　(대) 미지급배당금　200,000원
　　　　　　　　　　　　　　　　　　　법정적립금　　　20,000원

① 부채 220,000원 증가
② 부채 200,000원 증가
③ 부채 90,000원 증가
④ 부채 100,000원 증가

04 난이도 ★★ 필수
다음 중 자본에 영향을 미치지 않는 항목은 무엇인가? [2024년, 116회]

① 당기순이익
② 현금배당
③ 주식배당
④ 유상증자

05 난이도 ★★ 필수
다음 중 자본의 구분이 다른 것은? [2025년, 119회]

① 주식할인발행차금
② 자기주식처분손실
③ 자기주식처분이익
④ 미교부주식배당금

정답 및 해설

01 ④ 주식배당과 무상증자 : 이익잉여금 ⇓, 자본금 ⇑ → 순자산(자본)은 변동 없음.

02 ③ 배당결의일에 미지급배당금 인식, 배당지급일에 배당지급 시 미지급배당금 없어짐.

03 ② 배당결의 시 미지급배당금(200,000)이 부채로 인식됨.

04 ③ ① 당기순이익: 자본(이익잉여금) 증가, ② 현금배당: 자본(이익잉여금) 감소, ③ 주식배당: 자본(이익잉여금 감소, 자본금 증가) 변동 없음. ④ 유상증자: 자본(자본금) 증가

05 ③ 자본조정(① 주식할인발행차금, ② 자기주식처분손실, ③ 미교부주식배당금), 자본잉여금(③ 자기주식처분이익)

20 배당 실무기출 공략하기

본 교재의 실습자료는 cafe.naver.com/eduacc의 「공지&DATA다운로드」에서 공지 에 있는 [콕콕정교수 전산회계 1급] 이론＋실무＋기출 실습데이터의 Data_Install_JH1.zip 파일을 다운받아 컴퓨터에 설치 후, 회사등록 클릭, F4 회사코드재생성 클릭 후 「㈜금왕전자」선택

01 난이도 ★★ 필수
4월 18일, 주주총회에서 3월 25일 현금 배당결의 후 미지급한 배당금 1,000,000원을 배당소득세 154,000원을 공제 후 보통예금 계좌에서 지급하였다. [2025년, 118회]

02 난이도 ★★
11월 11일, 9월 30일에 열린 주주총회에서 결의했던 금전 중간배당금 2,000,000원을 보통예금으로 지급하였다 (단, 9월 30일의 회계처리는 적정하게 이루어졌으며, 원천징수는 없는 것으로 가정한다). [2022년, 101회]

03 난이도 ★★★ 필수
3월 12일, 금년도 개최된 주주총회에서 결의된 전년도 이익처분'사항에서 다음의 내용을 결의하였다. 주주총회 결의일인 3월 12일자의 회계 처리를 하시오. [2011년, 49회]

- 보통주 1주당 0.2주의 주식배당을 실시한다.
- 보통주 1주당 액면금액이 5,000원이고 발행주식수가 20,000주이다.
- 주식배당은 결의 즉시 분배되었다.

04 난이도 ★★
8월 14일, 이익준비금 2,000,000원을 자본 전입하기로 이사회에서 결의하였다. 이사회 결의일에 자본전입에 대한 회계처리 하시오. [2008년, 35회]

정답 및 해설

01 일반전표 입력

4. 18	(차) 미지급배당금(265, 유동부채)	1,000,000	(대) 보통예금	846,000
			예수금(254)	154,000

02 일반전표 입력

9.30 결의된 배당금을 지급했으므로 지급 시 미지급배당금(유동부채)을 차변으로 없애야 함.

11. 11	(차) 미지급배당금(265, 유동부채)	2,000,000	(대) 보통예금	2,000,000

03 일반전표 입력

- 주식배당 할 주식 수: 20,000주(발행주식 수)×0.2주 = 4,000주
- 증가되는 자본금: 4,000주 × 5,000원(액면금액) = 20,000,000원
- KcLep은 배당 시 차변에 미처분이익잉여금 대신 이월이익잉여금 계정과목을 사용해야 함.

3. 12	(차) 이월이익잉여금(375)	20,000,000	(대) 자본금(331)	20,000,000

04 일반전표 입력

이익준비금을 없애고 이를 자본금으로 처리

8. 14	(차) 이익준비금(351)	2,000,000	(대) 자본금(331)	2,000,000

VI 계정과목별 회계처리 - 수익·비용

21 손익계산서 1: 매출 · 매출원가

22 손익계산서 2: 판매비와관리비·영업외손익

회사가 벌어들인 돈을 수익, 사용하는 돈을 비용이라고 합니다.
비용 중 매출원가 계산 문제는 과감히 패스해도 당락에 영향이 없지만,
판매관리비·영업외손익은 내용도 어렵지 않고 공부 분량 대비
출제빈도가 매우 높으므로 반드시 꼼꼼히 공부해야 합니다.

 학습방법   계정과목별 이론 학습 ⇒ KcLep 입력

각 계정과목별로 먼저 이해를 한 뒤 일부 중요 내용은 암기해야 합니다.

 **출제빈도**   매회 이론 1문제, 실무 1~2문제

매출·매출원가	이론	손익계산서 구조에서 주로 출제
판매비와관리비·영업외손익	실무	각종 비용의 종류, 판매관리비와 제조원가의 차이를 묻는 문제로 주로 출제

21 손익계산서 1: 매출·매출원가

학습내용 · 손익계산서 구조 · 매출 인식시점 · 매출액 계산 · 매출원가 계산

출제경향 이론 및 실무문제로 매회 시험마다 1문제씩 출제되고 있음. 손익계산서 구조 부분이 가장 출제 빈도가 높으니 매출총이익, 영업이익, 당기순이익의 차이를 명확히 구분할 수 있어야 함.

정교수 콕콕

본 교재의 실습자료는 cafe.naver.com/eduacc의 「공지&DATA다운로드」에서 공지 에 있는 [콕콕정교수 전산회계 1급] 이론+실무+기출 실습데이터의 Data_Install_JH1.zip 파일을 다운받아 컴퓨터에 설치 후, 회사등록 클릭, F4 회사코드재생성 클릭 후 「㈜나은」 선택

손익계산서 구조
· 매출총이익 = 매출 - 매출원가
· 영업이익 = 매출총이익 - 판매비와관리비

1 손익계산서 구조

다음은 앞부분 재무제표 종류 및 작성원칙에서 공부했던 손익계산서의 기본 구조입니다. 손익계산서는 매출총이익 → 영업이익 → 법인세차감전순이익 → 당기순이익 순서로 작성되는데, 이 순서를 꼭 기억하기 바랍니다.

〈손익계산서〉

㈜○○   20××.1.1~12.31   단위:원

매　　　　　　출	×××
매　출　원　가	(×××)
매　출　총　이　익	×××
판　매　비　와　관　리　비	(×××)
영　업　이　익	×××
영　업　외　수　익	×××
영　업　외　비　용	(×××)
법　인　세　차　감　전　순　이　익	×××
법　인　세　비　용	(×××)
당　기　순　이　익	×××

· **매출총이익**
  매출 - 매출원가

· **영업이익**
  매출총이익 - 판매비와관리비

· **당기순이익**
  영업이익 + 영업외수익
  - 영업외비용 - 법인세비용

[참고] 포괄손익계산서 : 당기순이익 + 기타포괄손익누계

상장회사는 포괄손익계산서를 작성해야 하는데 상기 손익계산서의 당기순이익에 기타포괄손익누계(매도가능증권평가손익 등)를 합하면 포괄손익계산서의 총포괄이익이 계산됩니다.

전산회계시험에서 '다음 자료를 이용하여 매출총이익을 계산하시오.' 또는 '다음 자료를 이용하여 영업이익을 계산하시오.' 같은 문제가 종종 출제되기 때문에 매출총이익, 영업이익 계산절차를 반드시 기억하기 바랍니다.

2 수익(매출) 인식 시기

매출에는 크게 재화(물건)의 공급과 용역(서비스)의 제공이 있는데 각각의 수익인식 시기는 다음과 같습니다.

1. 재화의 공급

1) 원칙: 재화의 인도시점

재화가 구매자에게 넘겨지면 매출 계약의 모든 임무를 마쳤고 관련 매출금액, 매출원가 등 비용이 확정되기 때문에 매출을 인식할 수 있는데, 다음은 기업회계기준이 정한 재화 공급의 수익인식 기준입니다. 즉, 회계는 대금이 회수되지 않더라도 아래 수익 인식 조건만 만족하면 매출을 인식하는 발생주의를 채택하고 있습니다.

핵심체크 콕콕
재화 공급시기 원칙
인도시점

재화의 수익 인식기준	• 재화의 소유에 따른 위험이 구매자에게 이전된다. • 판매자는 판매한 재화에 대하여 소유권이 있을 때 수준의 관리나 통제를 할 수 없다. • 수익금액을 신뢰성 있게 측정할 수 있어야 한다. • 경제적 효익의 유입 가능성이 매우 높다. • 거래의 원가와 비용을 신뢰성 있게 측정할 수 있다.

재화가 구매자에게 넘겨지면 위 기업회계기준의 수익인식 기준을 모두 만족시킬 수 있습니다. 즉, 재화의 인도시점이 수익인식 시기의 원칙입니다.

이론기출 확인문제 | 전산회계 1급, 50회 |

다음 중 재화의 판매로 인한 수익인식 조건이 아닌 것은?

① 재화의 소유에 따른 유의적인 위험과 보상이 구매자에게 이전된다.
② 수익금액을 신뢰성 있게 측정할 수 있다.
③ 경제적 효익의 유입 가능성이 매우 높다.
④ 판매자는 판매한 재화에 대하여 소유권이 있을 때 통상적으로 행사하는 정도의 관리나 효과적인 통제를 할 수 있다.

|정답| ④
재화가 판매되면 구매자에게 재화가 인도되기 때문에 판매자는 통상적인 관리나 효과적 통제를 할 수 없다.

정교수 콕콕

특수형태 수익인식시점
- 시용판매: 매입의사 표시시점
- 위탁판매: 수탁자 판매시점
- 상품권판매: 상품권 사용된 시점
- 할부판매: 인도시점
- 선적지 인도조건: 선적시점
- 도착지 인도조건: 도착 후 인수시점

용역 공급시기 원칙
진행기준

2) 특수한 경우의 수익인식

구 분		수익인식 시점
시용판매		소비자가 매입의사표시 한 시점 또는 반품 가능기간이 끝나는 시점
위탁판매		수탁자가 재화를 판매하는 시점
상품권 판매		상품권이 재화의 구입에 사용된 시점(상품권 판매 시는 부채처리)
할부판매		재화의 인도시점(할부금 회수시점이 아닌 점에 주의할 것)
선적매출	선적지 인도조건	재고의 선적 시점
	도착지 인도조건	도착지에서 구입자가 재고를 인수한 시점
광고수수료	매체수수료(방송사)	광고가 대중에게 전달되는 시점
	제작수수료(광고제작사)	광고 제작 진행율에 따라 인식
수강료		강의 기간에 걸쳐 인식

2. 용역의 공급

용역이란 서비스라는 뜻으로 용역은 재화와 달리 한 번 제공되기보다는 일정 시간을 두고 천천히 제공되는 것이 보통입니다. 대표적인 사례가 건설용역인데 토지 주인이 건설회사에 건물 신축을 의뢰하면 짧게는 수개월, 길게는 몇 년 뒤에 건물이 완공됩니다. 이런 이유로 건설용역의 공급은 공사 진행 수준에 따라 수익을 인식하는데, 이를 진행기준 수익인식이라고 부릅니다.

공사계약금액 1억 원, 1차 연도 공사진행률 60%, 2차 연도 공사진행률 40%		
구 분	1차 연도	2차 연도
수익인식	1억 원 × 60% = 6,000만 원	1억 원 × 40% = 4,000만 원

진행기준 수익 인식은 건설업, 주문형 소프트웨어 납품업 등에서 사용되고 있습니다.

이론기출 확인문제 | 전산회계 1급, 103회 |

다음 중 일반기업회계기준에 의한 수익인식기준으로 가장 옳지 않은 것은?

① 상품권 판매 : 물품 등을 제공 또는 판매하여 상품권을 회수한 때 수익을 인식한다.
② 위탁판매 : 위탁자는 수탁자가 해당 재화를 제3자에게 판매한 시점에 수익을 인식한다.
③ 광고매체수수료 : 광고 또는 상업방송이 대중에게 전달될 때 수익을 인식한다.
④ 주문형 소프트웨어의 개발 수수료 : 소프트웨어 전달 시에 수익을 인식한다.

|정 답| ④ 주문형 소프트웨어는 진행률에 따라 수익을 인식함.

3 매출액 계산

1. 매출의 종류

상품을 판매한 경우에는 '상품매출' 계정과목, 제품을 판매한 경우에는 '제품매출' 계정과목을 사용해야 합니다.

실무기출 확인문제 | 전산회계 1급, 61회 변형 |

3월 10일, (주)신성정밀에 상품 7,200,000원을 판매하면서 5,200,000원은 현금을 수령하였고 나머지는 외상으로 하였다. (단, 부가가치세는 고려하지 마시오.)

| 정답 |

3. 10	(차) 현금 외상매출금((주)신성정밀)	5,200,000 2,000,000	(대) 상품매출	7,200,000

일	번호	구분	계정과목	거래처	적요	차변	대변
10	00001	차변	0101 현금			5,200,000	
10	00001	차변	0108 외상매출금	00610 (주)신성정밀		2,000,000	
10	00001	대변	0401 상품매출				7,200,000

(*) 일반전표 입력 클릭 → 3. 10 입력 → 차변, 현금 선택, 5,200,000원 입력 → 차변, 외상매출금, 거래처 ㈜신성정밀 선택, 2,000,000원 입력 → 대변, 상품매출 선택, 7,200,000 입력

---

2. 매출 차감 항목

이렇게 매출이 이루어진 이후 세 가지 원인으로 매출액이 줄어들 수 있는데, 첫째 매출할인, 둘째 매출에누리이고, 셋째 매출환입이 있습니다. 전산회계 실무시험에서는 주로 매출할인이 출제되고 있습니다.

1) 매출할인

매출할인이란 외상 판매한 매출채권을 조기에 회수하면서 외상대금 일부를 깎아주는 것을 말합니다. KcLep에 매출할인을 입력하면 그 금액만큼 매출에서 차감되어 표시되기 때문에 KcLep 입력 시 반드시 상품매출에 대한 매출할인(403번)인지 제품매출에 대한 매출할인(406번)인지 구별해서 입력해야 합니다.

> **핵심체크**
> **매출할인**
> • 매출채권 조기 회수로 깎아주는 금액으로 매출에서 차감
> • KcLep에 상품매출할인, 제품매출할인 구별 입력

실무기출 확인문제 | 전산회계 1급, 105회 |

3월 20일, 3월 10일 발생한 (주)신성정밀의 상품 외상매출금 2,000,000원을 회수하면서 약정기일보다 10일 빠르게 회수되어 외상매출금의 3%를 할인해 주었다. 대금은 모두 보통예금으로 입금되었다.

 정교수 콕콕

|정 답|
매출할인은 60,000원(2,000,000원×3%)이며 상품 매출할인 403번 선택

| 3. 20 | (차) 보통예금 | 1,940,000 | (대) 외상매출금((주)신성정밀) | 2,000,000 |
| | 매출할인(상품매출) | 60,000 | | |

일	번호	구분	계 정 과 목	거 래 처	적 요	차 변	대 변
20	00001	차변	0103 보통예금			1,940,000	
20	00001	차변	0403 매출할인			60,000	
20	00001	대변	0108 외상매출금	00610 (주)신성정밀			2,000,000

(*) 일반전표 입력 클릭 → 3. 20 입력 → 차변, 보통예금 선택, 1,940,000원 입력 → 차변, 매출할인 (상품매출) 선택, 60,000원 입력 → 대변, 외상매출금, 거래처 (주)신성정밀 선택, 2,000,000 입력

핵심체크

매출환입및에누리
- 물품의 하자로 반품되거나 물건값을 깎아주는 금액으로 매출에서 차감
- KcLep에 상품매출환입및에누리, 제품매출환입및에누리 구별 입력

2) 매출환입및에누리

매출환입이란 매출한 상품, 제품에 결함이 있거나 규격이 맞지 않은 등의 물품하자로 반품되는 경우이고, 매출에누리란 상품, 제품의 결함, 하자로 물건값을 깎아주는 것을 말합니다. 다만, KcLep은 매출환입과 에누리를 합쳐서 '매출환입및에누리'라는 계정과목을 사용하며, 상품에 대한 것은 402번, 제품에 대한 것은 405번을 입력해야 합니다.

실무기출 확인문제 | 전산회계 1급, 92회 |

12월 12일, 이화상사에 외상으로 매출한 상품 중 불량품 200,000원이 반품되어 오다. 반품액은 외상매출금과 상계하기로 하였다.

|정 답|

| 12. 12 | (차) 매출환입및에누리(상품매출) | 200,000 | (대) 외상매출금(이화상사) | 200,000 |

일	번호	구분	계 정 과 목	거 래 처	적 요	차 변	대 변
12	00001	차변	0402 매출환입및에누리			200,000	
12	00001	대변	0108 외상매출금	00109 이화상사			200,000

(*) 일반전표 입력 클릭 → 12.12 입력 → 차변에 매출환입및에누리(상품매출) 선택, 200,000 입력 → 대변에 외상매출금(이화상사) 선택, 200,000 입력

이론기출 확인문제 | 전산회계 1급, 57회 변형 |

다음 자료를 이용하여 순매출액을 계산하시오.

- 매출액: 250,000원   • 매출할인: 30,000원   • 매출에누리: 50,000원

|정 답| 170,000원
매출환입, 매출에누리, 매출할인은 모두 매출에서 차감하므로 순매출은 (250,000원 − 30,000원 − 50,000원 = 170,000원)임.

3) 매출할인, 매출환입및에누리 손익계산서 표시

〈손익계산서〉

매 출	250,000	
매 출 할 인	(−)30,000	
매출환입및에누리	(−)50,000	170,000
⋮		

정교수 콕콕

4 매출원가 계산

매출원가란 판매된 구입원가(상품) 또는 제조원가(제품)로 매출에 대응되는 비용입니다. 매출원가를 이해하기 위해서는 다음과 같은 재고흐름에 대한 이해가 먼저 필요합니다.

1. 매출원가 계산 과정

1) 재고의 흐름

다음은 재고자산의 판매되는 과정입니다. 회계기간이 1월 1일부터 12월 31일이라면 1월 1일, 창고에 있는 기초재고로 판매를 시작해서 중간에 부족한 재고를 추가를 매입하여 판매합니다. 그리고 12월 31일 창고에 기말재고가 남게 됩니다.

〈재고자산의 원가배분과정〉

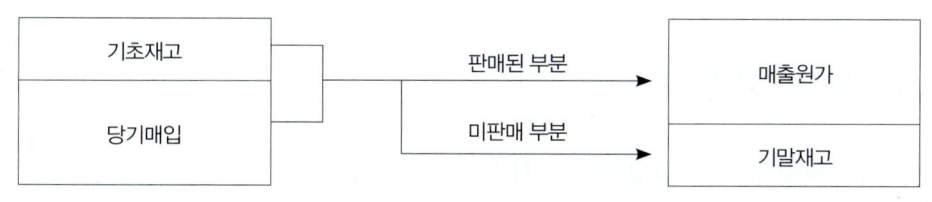

2) 매출원가 계산

[기초재고 + 당기 매입] 중 판매된 부분은 매출원가이고 미판매된 부분은 기말재고가 되는 것인데, 이를 도표로 표현하면 다음과 같습니다.

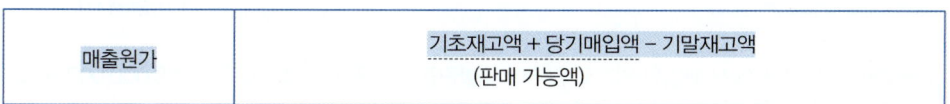

핵심체크

매출원가 계산
매출원가 = 기초재고 + 당기매입 − 기말재고

이론기출 확인문제 | 전산회계 1급, 104회 변형 |

12월 31일 결산자료이다. 상품 매출원가를 계산하시오.

- 기초상품재고액 10,000,000원 · 당기상품매입액 5,000,000원 · 기말상품재고액 4,000,000원

| 정 답 | 11,000,000원

기초상품 10,000,000원, 당기 상품매입 5,000,000원이고, 기말상품 4,000,000원이라면, 매출원가는 11,000,000원입니다. 왜냐하면 기초상품 10,000,000원과 당기 상품매입 5,000,000원으로 총 15,000,000원어치를 팔 수 있었는데, 기말상품이 4,000,000원 남았다면, 매출된 상품은 11,000,000원인 것입니다.

이를 도표로 표시하면 다음과 같습니다.

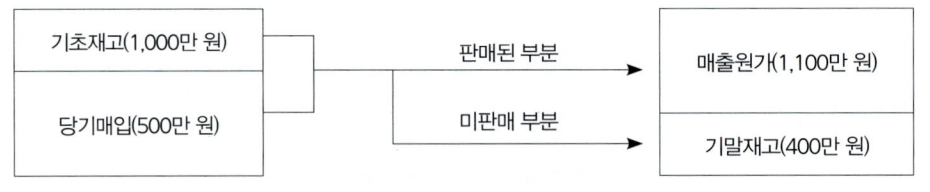

2. 매출원가 차감 항목

1) 매입환출및에누리, 매입할인의 차감

매입 과정에서도 매입환출및에누리, 매입할인이 발생하는데 이 역시 취득하는 원재료, 상품 등 재고자산에서 차감해야 합니다. 다만, KcLep 입력 시 원재료에서 발생한 것인지, 상품에서 발생한 것인지 구분하여 입력해야 하며 KcLep은 매입환출과 매입에누리를 합쳐서 "매입환출및에누리"라는 계정과목을 사용하고 있습니다.

> **핵심체크**
> 매입환출및에누리, 매입할인
> 매출원가에서 차감

실무기출 확인문제 | 전산회계 1급, 74회 |

8월 25일, 영포전자에서 매입한 원재료 일부에서 불량품이 발견되어 외상대금잔액 5,000,000원 중 1,200,000원을 감액받고 나머지는 보통예금으로 결제하였다.

|정답|
원재료로 불량으로 금액을 깎는 것을 매입에누리라고 하며 KcLep은 매입환출및에누리 계정과목 사용. 원재료에 대한 매입환출및에누리(154) 선택

8. 25	(차) 외상매입금(영포전자)	5,000,000	(대) 매입환출및에누리(원재료)	1,200,000
			보 통 예 금	3,800,000

일	번호	구분	계 정 과 목	거 래 처	적 요	차 변	대 변
25	00002	차변	0251 외상매입금	00155 영포전자		5,000,000	
25	00002	대변	0154 매입환출및에누리	영포전자			1,200,000
25	00002	대변	0103 보통예금	영포전자			3,800,000

(*) 일반전표 입력 클릭 → 8. 25 입력 → 차변, 외상매입금, 거래처 영포전자 선택, 5,000,000원 입력 → 대변, 원재료에 대한 매입환출및에누리(154) 선택, 1,200,000원 입력 → 대변, 보통예금 선택, 3,800,000 입력

이론기출 확인문제 | 전산회계 1급, 104회 |

12월 31일 결산자료이다. 상품 매출원가를 계산하고 이에 대한 회계처리로 옳은 것은?

- 기초상품재고액 10,000,000원   • 당기상품매입액 5,000,000원   • 기말상품재고액 4,000,000원
- 매입에누리 및 매입환출 700,000원

① (차) 상품	11,000,000원	(대) 상품매출원가	11,000,000원
② (차) 상품매출원가	10,300,000원	(대) 상품	10,300,000원
③ (차) 상품	11,300,000원	(대) 상품매출원가	11,300,000원
④ (차) 상품매출원가	10,000,000원	(대) 상품	10,000,000원

|정답| ②
- 당기 순매입액: 당기매입(5,000,000) − 매입에누리 및 매입환출(700,000) = 4,300,000원
- 매출원가: 기초재고(10,000,000) + 당기 순매입(4,300,000) − 기말재고(4,000,000) = 10,300,000원
- 매출원가 분개: 판매된 10,300,000원만큼 대변에 상품을 없애고 차변에 매출원가를 인식

2) 관세환급금 차감

① 관세의 개념
관세란 수입품에 부과되는 세금인데, 현행 관세법은 수출을 위해 원재료, 상품을 수입할 때 일단 관세를 부과했다가 나중에 수입품으로 만들어진 물품이 수출될 때 전에 부과했던 관세를 돌려주고 있습니다.

② 관세환급의 매출원가 차감
일단 원재료, 상품 수입 시 부담한 관세를 재고 취득원가에 포함하기 때문에 해당 물품이 판매되면 관세 또한 매출원가에 포함됩니다. 그러다 나중에 관세를 환급받으면 이 금액을 매출원가에서 차감하면 됩니다.

핵심체크

관세환급금
매출원가에서 차감

다만, 관세환급금을 매출원가에서 차감하되, 상품에 대한 관세환급금은 상품매출원가에서, 제품에 대한 관세환급금은 제품매출원가에서 차감해야 합니다. 전산회계1급 시험에서는 개념만 알고 있으면 충분합니다.

3) 타계정대체 차감

① 타계정대체 개념

LG전자가 에어컨 100대 만들었는데 그중 1대는 고아원에 기부하고 나머지 99대만 판매했다고 가정하겠습니다. 이럴 경우 99대만 매출원가 처리하고, 1대는 기부금으로 처리하는 것이 논리적입니다. 이렇게 기부된 에어컨 1대를 매출원가에서 기부금으로 보내야 하는데 특정 계정과목을 다른 계정과목으로 옮기는 것을 '타계정대체'라고 합니다.

타계정대체 적요입력
- 매출원가에서 차감
- 적요 8번. 타계정으로 대체액 손익계산서 반영분 선택

② 적요 입력

다만, 주의할 점은 재고자산으로 있던 에어컨을 기부금으로 대체할 때 '타계정으로 옮긴다.'는 메모가 필요합니다. 제품이 없어지는 이유가 판매가 아닌 다른 이유라는 것을 표시하기 위함인데 일반전표 입력 시 적요 중 '8번. 타계정으로 대체액 손익계산서 반영분'을 선택해야 합니다. 전산회계 시험에서 적요를 입력하는 유일한 내용이니 재고자산(제품·상품)이 판매되지 않고 직원 복지, 기부 등으로 사용되면 반드시 "타계정대체"를 입력해야 합니다.

실무기출 확인문제 | 전산회계 1급, 109회 |

9월 12일, 당사에서 생산한 전자제품 5,000,000원을 사회복지공동모금회에 현물 기부하였다.

|정 답|

| 9. 12 | (차) 기부금(영업외비용) 5,000,000 | (대) 제품(적요 8.타계정으로 대체액) 5,000,000 |

일	번호	구분	계정과목	거래처	적요	차변	대변
12	00004	차변	0953 기부금			5,000,000	
12	00004	대변	0150 제품		8 타계정으로 대체액 손익계산서 반영분		5,000,000

(*) 일반전표 입력 클릭 → 9. 12 입력 → 차변, 기부금 선택, 5,000,000원 입력 → 대변, 제품 선택, 적요 8번. 타계정으로 대체액 손익계산서 반영분 입력, 5,000,000 입력

5 매출총이익 계산 (어려우면 패스)

이상 공부한 매출, 매출원가 내용을 바탕으로 다음과 같은 복합 계산문제가 종종 출제됩니다. 아래와 같은 복합 계산문제가 출제될 경우 계산시간이 상당히 소요되기 때문에 다른 문제를 먼저 푼 뒤 가장 나중에 푸는 것이 좋습니다.

이론기출 확인문제 | 전산회계 1급, 105회

정교수 콕콕

다음 자료를 이용하여 매출총이익을 계산하면 얼마인가?

• 총매출액: 500,000원	• 기말 상품 재고액: 100,000원	• 매출에누리: 10,000원
• 매출할인: 20,000원	• 매 입 할 인: 5,000원	• 총 매 입 액: 200,000원
• 매입환출: 5,000원	• 기초 상품 재고액: 100,000원	

|정 답| 280,000원
① 매출액 = 총매출액 500,000 − 매출에누리 10,000 − 매출할인 20,000 = 470,000
② 매출원가 = 기초재고 + 당기 매입 − 기말재고
  가. 기초재고 = 100,000
  나. 당기매입 = 총매입액 200,000 − 매입할인 5,000 − 매입환출 5,000 = 190,000
  다. 기말재고 = 100,000
  라. 매출원가 = 100,000 + 190,000 − 100,000 = 190,000
③ 매출총이익 = 매출 470,000 − 매출원가 190,000 = 280,000

21 손익계산서 1: 매출·매출원가
이론기출 공략하기

01 난이도 ★★ 필수
다음 중 재화의 판매로 인한 수익 인식 요건이 아닌 것은? [2021년, 96회]
① 재화의 소유에 따른 유의적인 위험과 보상이 구매자에게 이전된다.
② 판매자는 판매한 재화에 대하여, 소유권이 있을 때 통상적으로 행사하는 정도의 관리나 효과적인 통제를 할 수 있다.
③ 수익금액을 신뢰성 있게 측정할 수 있다.
④ 경제적 효익의 유입 가능성이 매우 높다.

02 난이도 ★★ 필수
다음 중 일반기업회계기준에 의한 수익 인식기준으로 틀린 것은? [2025년, 119회]
① 선적지 인도조건 재화의 판매 : 판매회사가 재화를 선적하는 시점
② 상품권 판매 : 상품권을 판매한 시점
③ 위탁판매 : 수탁자가 제3자에게 판매한 시점
④ 할부판매 : 재화가 인도되는 시점

03 난이도 ★★
다음 중 수익인식기준에 대한 설명으로 잘못된 것은? [2024년, 112회]
① 위탁매출은 위탁자가 수탁자로부터 판매대금을 지급받는 때에 수익을 인식한다.
② 상품권매출은 물품 등을 제공하거나 판매하면서 상품권을 회수하는 때에 수익을 인식한다.
③ 용역 매출은 진행기준에 따라 수익을 인식한다.
④ 단기할부매출은 상품 등을 판매(인도)한 날에 수익을 인식한다. 용역매출은 진행기준에 따라 수익을 인식한다.

04 난이도 ★★
대형마트에서 상품권 500,000원을 소비자에게 현금으로 판매하면서 상품권 판매시점에서 상품매출로 회계처리 하였을 경우 나타난 효과로 가장 올바른 것은? [2013년, 56회]
① 자본 과소계상
② 자산 과소계상
③ 수익 과소계상
④ 부채 과소계상

05 난이도 ★

상품매출에 의한 매출에누리와 매출환입에 대한 올바른 회계처리방법은? [2016년, 70회]

① 매출에누리와 매출환입 모두 총매출액에서 차감한다.
② 매출에누리는 수익처리하고 매출환입은 외상매출금에서 차감한다.
③ 매출에누리는 총매출에서 차감하고 매출환입은 수익처리한다.
④ 매출에누리와 매출환입은 모두 수익처리한다.

06 난이도 ★★★ 필수

㈜서울은 ㈜제주와 제품 판매계약을 맺고 ㈜제주가 발행한 당좌수표 500,000원을 계약금으로 받아 아래와 같이 회계 처리하였다. 다음 중 ㈜서울의 재무제표에 나타난 영향으로 옳은 것은? [2023년, 109회]

| (차) 당좌예금 500,000원 | (대) 제품매출 500,000원 |

① 당좌자산 과소계상
② 당좌자산 과대계상
③ 유동부채 과소계상
④ 당기순이익 과소계상

07 난이도 ★★ 필수

(주)오정은 A사로부터 갑상품을 12월 10일에 주문받고, 주문받은 갑상품을 12월 24일에 인도하였다. 갑상품 대금 100원을 다음과 같이 받을 경우, 이 갑상품의 수익인식시점은 언제인가? [2015년, 62회]

날 짜	대 금(합계 100원)
12월 31일	50원
다음 해 1월 2일	50원

① 12월 10일
② 12월 24일
③ 12월 31일
④ 다음 해 1월 2일

08 난이도 ★★ 필수

다음 중 상품의 매출원가 계산 시 총매입액에서 차감해야 할 항목은 무엇인가? [2024년, 113회]

① 기초재고액
② 매입수수료
③ 매입환출 및 매입에누리
④ 매입 시 운반비

09 난이도 ★★ 필수
다음의 자료를 이용하여 매출원가를 구하시오. [2021년, 100회]

- 기초상품재고액　　5,000,000원
- 당기매입액　　　　2,000,000원
- 매입할인　　　　　　100,000원
- 매입운임　　　　　　200,000원
- 기말상품재고액　　2,000,000원

① 4,900,000원　　② 5,000,000원
③ 5,100,000원　　④ 5,200,000원

10 난이도 ★★
다음 자료를 이용하여 상품의 매출원가를 계산하면 얼마인가? [2019년, 87회]

- 총 매입액: 1,500,000원
- 기초상품재고액: 30,000원
- 매입 시 운반비: 50,000원
- 기말상품재고액: 10,000원

① 1,320,000원　　② 1,350,000원
③ 1,460,000원　　④ 1,570,000원

11 난이도 ★★★
다음 자료를 기초로 매출총이익을 계산하면 얼마인가? [2018년, 80회]

- 매출액:　　　　　　　2,600,000원
- 기초상품재고액:　　　　700,000원
- 상품 매입시 운반비:　　　20,000원
- 당기 총 매입액:　　　1,200,000원
- 기말상품재고액:　　　　400,000원
- 매입환출 및 에누리:　　150,000원

① 1,230,000원　　② 1,370,000원
③ 2,450,000원　　④ 2,600,000원

난이도 ★★★

12 다음 중 수익과 비용에 대한 설명으로 가장 잘못된 것은? [2020년, 92회]

① 관련 수익과 직접적 인과관계를 파악할 수 있는 비용은 해당기간에 합리적이고 체계적인 배분을 하여 비용으로 인식한다.
② 수익은 특정 회계기간 동안에 발생한 경제적 효익의 증가로서, 지분참여자에 의한 출연과 관련된 것은 제외한다.
③ 수익이란 기업실체의 경영활동과 관련된 재화의 판매 또는 용역의 제공 등에 대한 대가로 발생하는 자산의 유입 또는 부채의 감소이다.
④ 수익은 자산의 증가나 부채의 감소와 관련하여 미래의 경제적 효익이 증가하고 이를 신뢰성 있게 측정할 수 있을 때 인식한다.

정답 및 해설

01 ② 재화가 판매되면 재화가 이전되어 재화를 통제할 수 없음.

02 ② 상품권 판매시점에 매출을 인식하는 것이 아니라 해당 상품권을 회수하고 재화를 인도하는 시점에 수익을 인식함.

03 ① 위탁매출은 수탁자가 해당 재화를 제3자에게 판매한 시점에 수익을 인식함.

04 ④ 상품권은 판매된 상품권이 사용될 때 매출시점이므로 상품권을 판매했을 때는 선수금(부채)임. 그런데 이를 매출로 처리하면 수익 과대 계상, 부채 과소 계상 되며, 그에 따라 당기순이익 및 자본이 과대 계상됨.
: 매출 과대 계상 · 부채 과소 → 당기순이익 과대 계상 → 자본 과대 계상

05 ① 총매출액에서 매출환입, 매출에누리, 매출할인을 차감하여 순매출액이 계산됨.

06 ③ 선수금(유동부채)으로 처리할 것을 제품매출(수익)로 처리 ⇒ 유동부채 과소계상, 수익 과대계상, 당기순이익 과대계상

07 ② 대금을 나누어 받는 할부매출의 수익인식 기준은 대금을 받는 시점이 아니라 재고의 인도시점이므로 매출을 인식해야 할 시점은 12월 24일임.

08 ③ 매입환출및매입에누리는 총매입액에서 차감되어 매출원가가 줄어듦.

09 ③ • 매출원가: 기초재고(5,000,000) + 당기 순매입(2,100,000) − 기말재고(2,000,000) = 5,100,000원
• 당기 순매입: 당기 매입(2,000,000) + 매입운임(200,000) − 매입할인(100,000) = 2,100,000원

10 ④ 기초상품(30,000) + 당기 매입(1,500,000 + 50,000) − 기말상품(10,000) = 1,570,000, 매입 시 운반비는 재고 취득가액에 포함시켜야 함.

11 ① • 매출총이익: 매출액 2,600,000 − 매출원가 1,370,000원 = 1,230,000
• 매출원가: 기초 상품재고액 700,000 + (당기 총매입액 1,200,000 + 상품매입운반비 20,000 − 매입환출 및 에누리 150,000) − 기말 상품재고액 400,000 = 1,370,000

12 ① 수익과 직접 연관이 있는 것은 직접 대응시키고, 직접 인과관계 파악이 어려운 경우 체계적으로 배분함.

21 실무기출 공략하기
손익계산서 1: 매출·매출원가

> 본 교재의 실습자료는 cafe.naver.com/eduacc의 「공지&DATA다운로드」에서 공지 에 있는 [콕콕정교수 전산회계 1급] 이론+실무+기출 실습데이터의 Data_Install_JH1.zip 파일을 다운받아 컴퓨터에 설치 후, 회사등록 클릭, F4 회사코드재생성 클릭 후 「㈜나은」 선택

01 난이도 ★★ 필수
11월 24일, 제품매출처인 (주)미래통신의 외상매출금 15,000,000원이 조기 회수되어 매출대금의 2%를 할인해주고 나머지는 보통예금으로 송금받았다. [2018년, 81회]

02 난이도 ★★ 필수
7월 23일, 제품매출처인 (주)대서유통신의 외상매출금 10,000,000원 중 570,000원은 제품불량으로 에누리하여 주고 나머지는 보통예금으로 송금받았다. [2018년, 76회]

03 난이도 ★★ 필수
8월 26일, (주)용산전자에서 매입한 원재료 일부에서 불량품이 발견되어 외상대금잔액 5,000,000원 중 1,200,000원을 감액받고 나머지는 보통예금으로 결제하였다. [2017년, 74회]

04 난이도 ★★★ 필수
2월 12일, 당사에서 제조한 제품(원가 1,500,000원, 시가 2,000,000원)을 경기도에 기부하였다. [2015년, 62회]

05 난이도 ★★★
11월 17일, 제품 1개(원가: 300,000원)를 매출 거래처에 견본품으로 무상 제공하였다. (견본비 계정으로 처리할 것) [2016년, 69회]

정답 및 해설

01 일반전표 입력

매출할인액 300,000(15,000,000×2%)을 입력하되 제품매출에 대한 매출할인(406번) 선택

11.24	(차) 보통예금	14,700,000	(대) 외상매출금((주)미래통신)	15,000,000
	매출할인(406, 제품매출)	300,000		

02 일반전표 입력

제품불량으로 에누리한 금액은 매출환입및에누리(제품매출, 405번) 계정과목 선택

7.23	(차) 보통예금	9,430,000	(대) 외상매출금((주)대서유통)	10,000,000
	매출환입및에누리(405, 제품매출)	570,000		

03 일반전표 입력

매입한 원재료 불량으로 감액받은 금액은 매입환출및에누리(원재료, 154번) 계정과목 사용

8.26	(차) 외상매입금((주)용산전자)	5,000,000	(대) 보통예금	3,800,000
			매입환출및에누리(154, 원재료)	1,200,000

04 일반전표 입력

제품이 기부한 뒤 그대로 두면 기부금으로 처리될 금액이 매출원가에 포함되므로 기부된 제품은 영업외비용인 기부금으로 옮겨야 함. 대변에 제품을 줄여주면서 적요. 8번에 타계정으로 대체를 적어줘야 함. 또한 기부금액은 원가 150만 원임.

2.12	(차) 기부금(영업외비용)	1,500,000	(대) 제 품(150)	1,500,000
			(적요8. 타계정으로 대체액 손익계산서 반영분)	

05 일반전표 입력

11.17	(차) 견본비(판매관리비)	300,000	(대) 제 품(150)	300,000
			(적요8. 타계정으로 대체액 손익계산서 반영분)	

22 손익계산서 2: 판매비와관리비·영업외손익

학습내용
- 판매비와관리비
- 영업외수익
- 영업외비용

출제경향
최근 5년여간 이론문제로 4문제, 실무문제로 30문제가 출제되어 매 시험마다 1문제 이상, 주로 실무문제로 출제되고 있음. 공부 분량 대비 출제 문제 수가 많고 내용이 쉬우므로 출제될 경우 반드시 맞혀야 함.
- 판매관리비와 제조원가 구분: 실무문제로 2회 시험마다 1문제 출제
- 판매관리비와 영업외비용 구분: 이론문제, 실무문제로 자주 출제

 정교수 콕콕

본 교재의 실습자료는 cafe.naver.com/eduacc의 「공지&DATA다운로드」에서 공지 에 있는 [콕콕정교수 전산회계 1급] 이론+실무+기출 실습데이터의 Data_Install_JH1.zip 파일을 다운받아 컴퓨터에 설치 후, 회사등록 클릭, F4 회사코드재생성 클릭 후 「㈜나은」 선택

 **핵심체크**

제조원가 vs 판관비
- 제조원가: 제조부, 연구개발부서, 500번대 코드
- 판관비: 본사, 영업부 등, 800번대 코드

1 판매비와관리비

판매비와관리비란 회사의 매출과 기업의 관리에 필요한 각종 비용 중 매출원가에 포함되지 않는 각종 영업비용을 말하는데 이를 줄여서 '판관비'라고 부르기도 합니다. 한 가지 주의할 점은 제조부(공장), 연구개발부서에서 발생한 비용은 제조원가, 본사, 영업부, 경영지원부서 관련 비용은 판매비와관리비입니다. KcLep은 제조원가는 500번대, 판관비는 800번대를 코드를 사용해 입력해야 합니다. 판매관리비는 비교적 내용도 쉽고 공부량도 적은 반면 출제빈도가 매우 높으므로 전산회계 1급 합격을 위해서는 출제되는 문제를 모두 맞혀야 합니다.

1. 판매관리비 계정과목 선택 요령

1) 단어 검색

예를 들어, '영업부 출장용 승용차량의 자동차세 260,000원을 현금으로 납부하다.'라는 정보가 주어지면 제일 먼저 자동차세에 대한 계정과목이 무엇인지 결정해야 합니다. 그런데 그 계정과목이 구체적으로 떠오르지 않으면 전표의 계정과목 부분에 다음과 같이 F2 를 눌러 자동차세를 대표할 만한 용어, 즉 '자동차세', '세금'과 같은 단어를 여러 개 입력하여 그중 제일 적합한 계정과목을 고르면 됩니다.

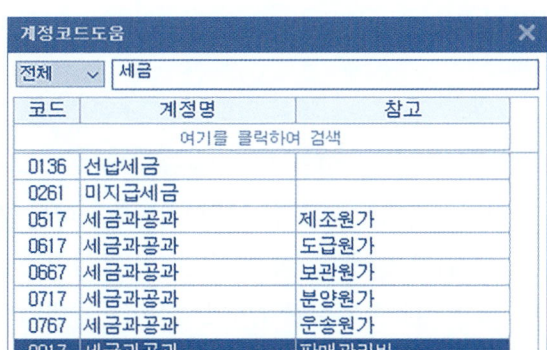

2) 계정과목 및 적요등록 검색

계정과목을 고르는 또 다른 방법은 KcLep의 [계정과목및적요등록] 메뉴에 등록되어 있는 아래 표를 보고 고르는 방법입니다. '영업부 출장용 승용차량의 자동차세 260,000원을 현금으로 납부하다'라는 정보가 주어지면 [계정체계]의 [판매관리비] 메뉴를 클릭하면 아래와 같이 '801번 급여'부터 판매관리비가 나타납니다. 자동차세는 세금의 일종이므로 그중 가장 적합한 계정과목인 '817번 세금과공과'를 선택하면 됩니다.

계 정 체 계		코드/계정과목		성격	관계
		판 매 비 및 일 반 관 리 비			
당 좌 자 산	0101-0145	0801	급 여	1.인건비(근로)	
재 고 자 산	0146-0175	0802	사 용 자 설 정 계 정 과 목	1.인건비(근로)	
투 자 자 산	0176-0194	0803	상 여 금	1.인건비(근로)	
유 형 자 산	0195-0217	0804	제 수 당	1.인건비(근로)	
무 형 자 산	0218-0230	0805	잡 급	1.인건비(근로)	
기타비유동자산	0231-0250	0806	퇴 직 급 여	2.인건비(퇴직)	
유 동 부 채	0251-0290	0807	퇴 직 보 험 충 당 금 전 입	2.인건비(퇴직)	
비 유 동 부 채	0291-0330	0808	사 용 자 설 정 계 정 과 목		
자 본 금	0331-0340	0809	사 용 자 설 정 계 정 과 목		
자 본 잉 여 금	0341-0350	0810	사 용 자 설 정 계 정 과 목		
자 본 조 정	0381-0391	0811	복 리 후 생 비	3.경 비	
기 타 포괄손익	0392-0399	0812	여 비 교 통 비	3.경 비	
이 익 잉 여 금	0351-0380	0813	기 업 업 무 추 진 비	3.경 비	
매 출	0401-0430	0814	통 신 비	3.경 비	
매 출 원 가	0451-0470	0815	수 도 광 열 비	3.경 비	
제 조 원 가	0501-0600	0816	전 력 비	3.경 비	
도 급 원 가	0601-0650	0817	세 금 과 공 과	3.경 비	
보 관 원 가	0651-0700	0818	감 가 상 각 비	3.경 비	
분 양 원 가	0701-0750	0819	지 급 임 차 료	3.경 비	
운 송 원 가	0751-0800	0820	수 선 비	3.경 비	
판 매 관 리 비	0801-0900	0821	보 험 료	3.경 비	
영 업 외 수 익	0901-0950				
영 업 외 비 용	0951-0997				

2. 주요 판매비와관리비

1) 급여

임직원에게 근로의 대가로 지급되는 인건비로 기본급, 상여금(보너스) 등을 말합니다. KcLep은 제조, 연구부서에 지급되는 급여 중 공장 임직원의 급여는 급여(503) 계정과목, 생산직 근로자의 급여는 임금(504) 계정과목, 본사 임직원의 급여는 급여(801) 계정과목을 사용하고 있습니다. 또한, 정규직 임직원이 아닌 임시직 아르바이트 등 일용직 급여는 '잡급' 계정과목을 사용합니다.

2) 퇴직급여

퇴직급여란 근로기준법에 따라 1년 이상 근무한 임직원이 퇴직할 때 지급할 퇴직금 중 당해 연도 발생 분을 말합니다. 제조원가 퇴직급여는 508번, 판매관리비 퇴직급여는 806번인데 퇴직급여에 대한 자세한 내용은 비유동부채의 퇴직급여충당부채, 퇴직연금 부분을 다시 복습하시기 바랍니다. 퇴직급여 관련 회계처리는 회사의 상황에 따라 다음 3가지로 요약됩니다.

구 분	회 계 처 리			
퇴직연금 미가입	(차) 퇴직급여	×××	(대) 퇴직급여충당부채	×××
확정기여형 가입	(차) 퇴직급여	×××	(대) 보통예금	×××
확정급여형 가입	(차) 퇴직급여 (차) 퇴직연금운용자산	××× ×××	(대) 퇴직급여충당부채 (대) 보통예금	××× ×××

자주 출제되는 판관비
- 복리후생비: 임직원 복지, 회사부담 건강보험료 등
- 기업업무추진비: 거래처 선물, 경조사비 등
- 세금과공과: 재산세, 자동차세, 교통위반과태료, 회사부담 국민연금 등
- 도서인쇄비: 명함, 책 구입

3) 기타 판매비와관리비

계정과목	구체적 지출
복리후생비	임직원 복지를 위한 회식비, 경조사비, 피복비, 회사부담 건강보험료, 직원용 식당운영비 등
여비교통비	시내교통비, 국내외 출장비, 주차료, 통행료 등
기업업무추진비	회사 업무와 관련하여 거래처 접대를 위한 비용. 거래처를 위한 경조사비는 또한 기업업무추진비임.
통신비	유무선 전화료, 우편료, 팩스비용, 인터넷비용 등
수도광열비	상하수도요금, 도시가스요금, 난방용 유류비 등
전력비	한국전력에 납부하는 전기요금
세금과공과	자동차세, 재산세, 교통위반 과태료, 협회·조합비, 회사부담 국민연금. 단, 회사부담 건강보험료는 복리후생비임.
감가상각비	유형자산의 당해 연도 원가 배분액

 정교수 콕콕

계정과목	구체적 지출
임차료	임차한 부동산, 집기비품에 지급되는 매월 사용료로 사무실 임차료, 복사기 임차료, 리스료 등
수선비	건물수선비, 공기구 수선비, 비품 수선비 등
보험료	산재보험료, 자동차보험료, 화재보험료 등
차량유지비	차량유류비, 차량수리비, 주차비, 검사비 등
경상연구개발비	개발단계의 비용 중 자산성이 없는 비용으로 연구원 급여, 시험재료비, 외주연구개발비 등
운반비	상하차비, 택배비, 배달비 등
교육훈련비	초청 강사료, 위탁교육훈련비, 해외연수비 등
도서인쇄비	명함제작비, 참고서적 구입비, 신문구독비 등
사무용품비	사무실에서 사용되는 각종 문구, 복사지 등
소모품비	소모성자재, 소모성공구나 비품 등
수수료비용	기장 및 세무자문료, 인터넷뱅킹수수료 등
광고선전비	광고선전물 제작비용, 신문·TV 등 광고료, 홍보용 달력 제작 등
대손상각비	회수가 불확실한 매출채권(외상매출금, 받을어음)의 대손추산액 중 당해 연도 보충액. 매출채권이 아닌 미수금, 선급금 등에 대한 대손추산액은 영업외비용의 '기타의대손상각비' 사용
무형자산상각비	영업권, 개발비 등 무형자산의 상각비
잡 비	이상 열거한 비용에 포함시키기 어려운 잡다한 항목. 만약 중요한 항목일 경우 별도 계정과목을 설정해 구분표시 하여야 함.

3. 이론기출 문제

1) 판매관리비 종류 구분

이론기출 확인문제 | 전산회계 1급, 50회 |

다음 중 판매비와 관리비에 해당하는 세금과공과 계정과목으로 처리되는 항목은?

① 공장 건물 보유 중 재산세를 납부하는 경우
② 영업부 차량 보유 중 자동차세를 납부하는 경우
③ 본사 직원에 대한 급여를 지급하면서 원천징수세액을 납부하는 경우
④ 법인의 소득에 대하여 부과되는 법인세를 납부하는 경우

|정답| ②
세금과공과에는 자동차세, 재산세, 회사부담 국민연금 등이 있으며 영업부서가 판매비와관리비에 해당함.

2) 판매관리비 계산

이론기출 확인문제 | 전산회계 1급, 49회 |

다음 자료를 이용하여 영업이익을 계산하면 얼마인가?

- 매출액: 100,000,000원
- 매출원가: 60,000,000원
- 본사 총무부 직원 인건비: 4,000,000원
- 광고비: 6,000,000원
- 기부금: 1,000,000원
- 유형자산처분이익: 2,000,000원

① 40,000,000원 ② 30,000,000원 ③ 29,000,000원 ④ 26,000,000원

| 정 답 | ②
- 판매관리비: 광고비(6,000,000) + 본사 총무부 직원 인건비(4,000,000) = 10,000,000원이므로
- 매출(100,000,000) - 매출원가(60,000,000) - 판매비와관리비(10,000,000) = 영업이익(30,000,000원)

4. 실무기출 문제

실무기출 확인문제 | 전산회계 1급, 56회 |

8월 20일, 영업부에서 매출거래처 직원과 식사를 하고, 식사비용 120,000원을 법인카드인 롯데카드로 결제하였다.

| 정 답 |
영업부이므로 판매관리비 기업업무추진비(813) 선택. 신용카드 사용액은 미지급금, 거래처 롯데카드 선택

| 8. 20 | (차) 기업업무추진비(판매관리비) | 120,000 | (대) 미지급금(롯데카드) | 120,000 |

일	번호	구분	계 정 과 목	거 래 처	적 요	차 변	대 변
20	00001	차변	0813 기업업무추진비			120,000	
20	00001	대변	0253 미지급금	99601 롯데카드			120,000

(*) 일반전표 입력 클릭 → 8. 20 입력 → 차변, 판매관리비 기업업무추진비(813) 선택, 120,000원 입력 → 대변, 미지급금, 거래처 롯데카드 선택, 120,000원 입력

2 영업외손익

영업외손익이란 회사의 주된 영업활동이 아닌 부분에서 발생한 수익과 비용을 말하는데 대표적인 사례가 이자수익입니다. 제조, 도소매 등이 주업종인 회사는 상품, 제품 등을 판매하여 돈을 벌고 있는데, 이러한 이자수익은 영업에서 벌어들인 것이 아니어서 이를 별도로 표시하는 것입니다. 대표적인 영업외수익과 영업외비용은 다음과 같습니다. 영업외손익은 판매비와관리비와 더불어 전산회계 1급 시험에 아주 자주 출제되는 항목이므로 꼼꼼하게 학습해 출제되면 반드시 맞혀야 합니다. 특히 특정 비용이 판매비와관리비인지 아니면 영업외비용인지 구별할 수 있는 능력이 꼭 필요합니다.

1. 영업외수익

주요 영업외수익
- 외화환산이익: 회계기간말 평가이익
- 외환차익: 외화 환전 이익
- 자산수증이익
- 채무면제이익
- 보험차익

계정과목	구체적 지출
이자수익	은행 예적금 이자 수령액 등
배당금수익	보유 중인 주식에서 수령한 배당금
임대료	빌려준 부동산 등에서 받은 월세
단기매매증권평가이익	단기매매증권의 회계기간 말 공정가격(시가)가 취득가액보다 상승하여 발생한 미실현 평가이익. 매도가능증권평가이익은 기타포괄손익임.
단기매매증권처분이익	단기매매증권을 처분하여 장부금액보다 더 많이 수령한 금액으로 실현된 이익
외화환산이익	달러 등 외화의 회계기간 말 환율이 외화를 처음 취득했을 때보다 오른 경우 그 상승금액(미실현이익)
외환차익	달러 등 외화를 실제 은행에서 환전하여 원화를 수령할 때 환율 상승으로 장부가액보다 더 수령한 원화금액(실현이익)
유형자산처분이익	토지, 건물 등 유형자산을 처분할 때 장부가액보다 높게 처분하여 더 수령한 금액
매도가능증권처분이익	매도가능증권을 처분하여 장부금액보다 더 많이 수령한 금액
만기보유증권처분이익	채권과 같은 만기보유증권을 처분하여 장부금액보다 더 많이 수령한 금액
자산수증이익	외부에서 무상으로 토지 등을 기증받아 생긴 이익
채무면제이익	외상매입금, 차입금 등 부채를 탕감받아 생긴 이익
보험차익	화재보험에 가입 후 화재로 인해 소실된 자산 금액보다 더 많은 보험금을 수령하여 발생한 차익
잡이익	위 항목에 해당하지 않으면서 중요하지 않은 수익

[참고] 주식배당 수령 시 회계처리: 회계처리 하지 않음.

> 주식배당을 실시하면 이익잉여금이 자본금으로 전입되므로 총자본의 변동이 없어 기업가치에 변동이 없습니다. 따라서 주식을 투자한 회사입장에서는 주식배당을 받아도 투자가치가 변동 없으므로 주식배당으로 주식을 수령해도 회계처리를 하지 않습니다.

실무기출 확인문제 | 전산회계 1급, 110회 |

9월 15일, 투자 목적으로 보유 중인 단기매매증권(보통주 1,000주, 1주당 액면가액 5,000원, 1주당 장부가액 9,000원)에 대하여 1주당 1,000원씩의 현금배당이 보통예금 계좌로 입금되었으며, 주식배당 20주를 수령하였다.

|정답|
현금배당 수령액 1,000,000원(1,000주 × 1,000원)만 회계처리하고 주식배당 20주는 회계처리 하지 않음.

09. 15	(차) 보통예금	1,000,000	(대) 배당금수익(903, 영업외수익)	1,000,000

주요 영업외비용
- 외화환산손실: 회계기간 말 평가손실
- 외환차손: 외화 환전 손실
- 기타의대손상각비: 미수금, 선급금 등 상거래 이외 채권 대손 손실
- 재해손실

2. 영업외비용

계정과목	구체적 지출
이자비용	차입금, 당좌차월, 사채 등으로부터 발생한 이자 지급액
외화환산손실	달러 등 외화의 회계기간 말 환율이 외화를 처음 취득했을 때보다 하락하여 발생한 손실(미실현손실)
외환차손	달러 등 외화를 실제 은행에서 환전하여 원화를 수령할 때 환율 하락으로 장부가액보다 덜 수령한 원화금액(실현손실)
기부금	국가, 복지기관 등에 업무와 관계없이 무상으로 기증한 금액
기타의대손상각비	회수가 불확실한 미수금, 선급금 등 상거래 이외 채권에 대한 대손추산액 중 당해 연도 보충액. 매출채권(외상매출금, 받을어음)에 대한 대손추산액은 판매관리비의 '대손상각비' 사용
매출채권처분손실	외상매출금, 받을어음을 금융기관 등에 할인하여 처분하면서 수수료 지급 등으로 장부가액보다 덜 수령한 금액
단기매매증권평가손실	단기매매증권의 회계기간 말 공정가격(시가)가 취득가액보다 하락하여 발생한 미실현 평가손실. 단, 매도가능증권평가손실은 기타포괄손익누계임.
단기매매증권처분손실	단기매매증권을 처분하여 장부금액보다 더 적게 수령하여 발생한 손실(실현손실)
재고자산감모손실	재고자산의 수량, 물량이 감소하여 손해 본 금액 중 원가성이 없는 금액. 단, 재고자산감모손실 중 원가성이 있는 부분은 매출원가에 포함시킴.
재해손실	화재, 홍수, 지진 등 불가항력적 사고로 손실 당한 금액
유형자산처분손실	토지, 건물 등 유형자산을 처분할 때 장부가액보다 낮게 처분하여 발생한 손실
매도가능증권처분손실	매도가능증권을 처분하여 장부금액보다 더 적게 수령해 발생한 손실(실현손실)
만기보유증권처분손실	채권과 같은 만기보유증권을 처분하여 장부금액보다 더 적게 수령해 발생한 손실(실현손실)
사채상환손실	만기 전에 사채를 상환하면서 장부가액보다 더 비싸게 상환해 발생한 손실
무형자산손상차손	보유 중인 무형자산의 경제적 가치가 없어져 일시에 비용으로 처리하는 금액
잡손실	위 항목에 해당하지 않으면서 중요하지 않은 비용

3. 이론기출 문제

1) 영업외손익 구분

이론기출 확인문제 | 전산회계 1급, 94회 |

다음 계정과목 중 영업외수익 항목이 아닌 것은?

① 투자자산처분이익
② 유형자산처분이익
③ 자기주식처분이익
④ 단기매매증권평가이익

|정답| ③
①, ②, ④는 영업외수익이고 ③ 자기주식처분이익은 자본거래로 발생한 자본잉여금임.

2) 판매관리비와 영업외비용 구분

이론기출 확인문제 | 전산회계 1급, 101회 |

다음의 손익계산서 항목 중 유형자산처분손실이 발생할 경우 변동되는 것은?

① 매출원가
② 매출총이익
③ 영업이익
④ 법인세비용차감전순손익

|정답| ④
- 손익계산서는 매출총이익(매출 − 매출원가) ⇒ 영업이익(매출총이익 − 판매관리비) ⇒ 법인세차감전순이익(영업이익 + 영업외수익 − 영업외비용) ⇒ 당기순이익(법인세차감전순이익 − 법인세비용) 순서로 작성됨.
- 유형자산처분손실은 영업외비용이므로 유형자산처분손실이 발생하면 법인세차감전순이익이 변동됨.

3) 영업외손익 계산

이론기출 확인문제 | 전산회계 1급, 74회 |

도매업을 영위하는 (주)전자의 비용관련 자료이다. 다음 중 영업외비용 합계액은 얼마인가?

- 광고선전비: 1,000,000원
- 감가상각비: 1,000,000원
- 재고자산감모손실(비정상적 발생): 1,000,000원
- 기부금: 1,000,000원

① 1,000,000원 ② 2,000,000원 ③ 3,000,000원 ④ 4,000,000원

|정답| ②
- 광고선전비, 감가상각비는 판매비와관리비이며 비정상적 재고자산감모손실과 기부금이 영업외비용임. ⇒ 영업외비용은 2,000,000원임.

 정교수 콕콕

4. 실무기출 문제

실무기출 확인문제 | 전산회계 1급, 93회 |

9월 18일, 강원전자에 지급하여야 하는 외상매입금 2,500,000원 중 1,300,000원은 3개월 만기 약속어음을 발행하여 지급하고, 나머지는 면제받았다.

|정 답|

| 9. 18 | (차) 외상매입금(강원전자) 2,500,000 | (대) 지급어음(강원전자) 1,300,000 |
| | | 채무면제이익(영업외수익) 1,200,000 |

일	번호	구분	계정과목	거래처	적요	차변	대변
18	00003	차변	0251 외상매입금	00138 강원전자		2,500,000	
18	00003	대변	0252 지급어음	00138 강원전자			1,300,000
18	00003	대변	0918 채무면제이익				1,200,000

(*) 일반전표 입력 클릭 → 9.18 입력 → 차변에 외상매입금(강원전자) 선택, 2,500,000 입력 → 대변에 지급어음(강원전자) 선택, 1,300,000 입력 → 대변에 채무면제이익(영업외수익) 선택, 1,200,000 입력

3 재고자산의 타계정 대체

보유중인 상품, 제품을 고객에게 매출하면 매출원가로 바뀌는데 가끔씩은 판매용 재고자산을 관공서에 기부하거나 고객에게 광고용으로 제공하기도 합니다.

이렇게 재고자산을 본래 목적이 아닌 다른 용도로 사용하는 것을 "재고자산의 타계정 대체"라고 부릅니다. 타계정 대체가 발생하면 반드시 적요 란에 "적요8. 타계정으로 대체액 손익계산서 반영분"을 입력해야 하는데 다음 기출문제로 자세히 알아보겠습니다.

실무기출 확인문제 | 전산회계 1급, 104회 |

9월 30일, 창고에 보관 중인 제품 7,200,000원이 화재로 인하여 소실되다. 당사는 화재보험에 가입되어 있지 않다.

|정 답|

| 9. 30 | (차) 재해손실(영업외비용) 7,200,000 | (대) 제 품 7,200,000 |
| | | (적요8. 타계정으로 대체액 손익계산서 반영분) |

일	번호	구분	계정과목	적요	차변	대변
30	00001	차변	0961 재해손실		7,200,000	
30	00001	대변	0150 제품	8 타계정으로 대체액 손익계산서 반영분		7,200,000

(*) 일반전표 입력 클릭 → 9.30 입력 → 차변에 재해손실(영업외비용) 선택, 7,200,000 입력 → 대변에 제품 선택, 적요8. 타계정으로 대체액 손익계산서 반영분 선택, 7,200,000 입력

4 판매관리비와 영업외비용 구분 요령

전산회계 시험에 종종 특정 비용이 판매관리비인지 영업외비용인지 묻는 문제가 이론 문제로 출제됩니다. 만약 문제를 보고 곧장 그 구분이 되지 않는다면 아래 KcLep의 [계정과목및적요등록] 메뉴에 등록되어 있는 [판매관리비]와 [영업외비용]을 눈으로 보면서 분류하면 간단합니다.

> 정교수 콕콕

판매관리비			영업외비용		
0801	급여	1.인건비(근로)	0951	이자비용	1.지급이자
0802	사용자설정계정과목	1.인건비(근로)	0952	외환차손	2.일반
0803	상여금	1.인건비(근로)	0953	기부금	2.일반
0804	제수당	1.인건비(근로)	0954	기타의대손상각비	2.일반
0805	잡급	1.인건비(근로)	0955	외화환산손실	2.일반
0806	퇴직급여	2.인건비(퇴직)	0956	매출채권처분손실	2.일반
0807	퇴직보험충당금전입	2.인건비(퇴직)	0957	단기매매증권평가손실	2.일반
0808	사용자설정계정과목		0958	단기매매증권처분손실	2.일반
0809	사용자설정계정과목		0959	재고자산감모손실	2.일반
0810	사용자설정계정과목		0960	재고자산평가손실	2.일반
0811	복리후생비	3.경비	0961	재해손실	2.일반
0812	여비교통비	3.경비	0962	전기오류수정손실	2.일반
0813	기업업무추진비	3.경비	0963	투자증권손상차손	2.일반
0814	통신비	3.경비	0964	지분법손실	2.일반
0815	수도광열비	3.경비	0965	사용자설정계정과목	2.일반
0816	전력비	3.경비	0966	사용자설정계정과목	2.일반
0817	세금과공과	3.경비	0967	회사채이자	1.지급이자
0818	감가상각비	3.경비	0968	사채상환손실	2.일반
0819	임차료	3.경비	0969	보상비	2.일반
0820	수선비	3.경비	0970	유형자산처분손실	2.일반
0821	보험료	3.경비	0971	매도가능증권처분손실	2.일반
0822	차량유지비	3.경비	0972	중소투자준비금전입	5.준비금전입
0823	경상연구개발비	3.경비	0973	연구개발준비금전입	5.준비금전입
0824	운반비	3.경비	0974	해외개척준비금전입	5.준비금전입
0825	교육훈련비	3.경비	0975	지방이전준비금전입	5.준비금전입
0826	도서인쇄비	3.경비	0976	수출손실준비금전입	5.준비금전입
0827	회의비	3.경비			

5 법인세비용

회사는 1년 치 벌어들인 이익에 대해 전반기 6개월 치에 대해 중간예납, 나머지 기간에 대해서는 다음 연도 3월에 확정·신고 납부를 합니다. KcLep은 이렇게 납부하는 세금을 '법인세등'이라는 계정과목을 사용합니다.

[참고] 계정과목의 일괄표시
판매비와관리비는 당해 비용을 표시하는 적절한 항목으로 구분하여 표시하되 필요한 경우 몇 가지 계정과목을 일괄하여 표시할 수도 있습니다.

22 손익계산서 2: 판매비와관리비 · 영업외손익
이론기출 공략하기

01 난이도 ★★ 필수
다음 중 제조원가항목에 해당하는 것은? [2011년, 48회]

① 관리부 경리사원 급여
② 공장 차량운반구의 감가상각비
③ 영업사원 복리후생비
④ 마케팅부서 기업업무추진비

02 난이도 ★★★
손익계산서에 대한 설명 중 잘못된 것은? [2017년, 73회]

① 제품, 상품 등의 매출액에 대응되는 원가로서 판매된 제품이나 상품 등에 대한 제조원가 또는 매입원가를 매출원가라 한다.
② 판매비와관리비는 제품, 상품, 용역 등 판매활동과 기업의 관리활동에서 발생하는 비용으로서 매출원가에 속하지 아니하는 모든 영업비용을 포함한다.
③ 판매비와관리비는 당해 비용을 표시하는 적절한 항목으로 구분하여 표시하여야 하며 일괄표시 할 수 없다.
④ 기업의 주된 영업활동이 아닌 활동으로부터 발생하는 수익과 차익은 영업외수익에 해당한다.

03 난이도 ★ 필수
다음 발생하는 비용 중 영업비용에 해당하지 않는 것은? [2012년, 51회]

① 거래처 사장인 김수현에게 줄 선물을 구입하고 50,000원을 현금 지급하다.
② 회사 상품 홍보에 50,000원을 현금 지급하다.
③ 외상매출금에 대해 50,000원의 대손이 발생하다.
④ 회사에서 국제구호단체에 현금 50,000원을 기부하다.

04 난이도 ★ 필수
다음 중 손익계산서상 판매비와관리비에 해당되지 않는 항목은? [2018년, 79회]

① 퇴직급여　　② 감가상각비　　③ 기타의 대손상각비　　④ 경상개발비

05 난이도 ★★

제조업을 운영하는 A회사가 장기대여금에 대한 대손충당금을 설정할 경우, 다음의 손익계산서 항목 중 변동되는 것은?　　　　　　　　　　　　　　　　　　　　　　　　　　　　　　　　　　　　[2016년, 70회]

① 매출원가　　　　　　　　　　　　② 매출총이익
③ 영업이익　　　　　　　　　　　　④ 법인세비용차감 전 순손익

06 난이도 ★★ 필수

'주주나 제3자 등으로부터 현금이나 기타 재산을 무상으로 증여받을 경우 생기는 이익'이 설명하고 있는 계정과목은?　　　　　　　　　　　　　　　　　　　　　　　　　　　　　　　　　　　　　[2018년, 81회]

① 자산수증이익　　　　　　　　　　② 이익잉여금
③ 채무면제이익　　　　　　　　　　④ 임차보증금

07 난이도 ★★ 필수

다음 중 영업이익에 영향을 주는 거래로 옳은 것은?　　　　　　　　　　　　　　　　[2023년, 110회]

① 거래처에 대한 대여금의 전기분 이자를 받았다.
② 창고에 보관하고 있던 상품이 화재로 인해 소실되었다.
③ 차입금에 대한 전기분 이자를 지급하였다.
④ 일용직 직원에 대한 수당을 지급하였다.

08 난이도 ★

다음 중 영업외수익에 해당하지 않는 것은?　　　　　　　　　　　　　　　　　　　[2024년, 117회]

① 외환차익　　　　　　　　　　　　② 자산수증이익
③ 채무면제이익　　　　　　　　　　④ 매출액

09 다음 자료를 이용하여 아래의 (가)를 계산하면 얼마인가? [2022년, 102회]

- 영업부 종업원의 급여 50,000원
- 상거래채권 외의 대손상각비 50,000원
- 상거래채권의 대손상각비 20,000원
- 이자비용 20,000원
- 기부금 40,000원

매출총이익 - (가) = 영업이익

① 70,000원 ② 90,000원 ③ 130,000원 ④ 140,000원

10 다음은 도매업을 영위하는 ㈜한국의 비용 관련 자료이다. 영업외비용의 합계액은 얼마인가? [2020년, 90회]

- 복리후생비: 1,000,000원
- 이자비용: 1,500,000원
- 재고자산감모손실(비정상적 발생): 1,500,000원
- 감가상각비: 1,500,000원
- 외환차손: 1,000,000원
- 급여: 3,000,000원

① 4,000,000원   ② 3,500,000원
③ 3,000,000원   ④ 2,500,000원

11 다음의 자료로 매출총이익, 영업이익과 당기순이익을 계산하면 얼마인가? [2014년, 61회]

- 매출액: 1,000,000원
- 이자비용: 50,000원
- 기부금: 20,000원
- 매출원가: 600,000원
- 급여: 100,000원
- 기업업무추진비: 30,000원

	매출총이익	영업이익	당기순이익		매출총이익	영업이익	당기순이익
①	1,000,000원	220,000원	200,000원	②	400,000원	220,000원	200,000원
③	400,000원	270,000원	200,000원	④	1,000,000원	270,000원	220,000원

정답 및 해설

01 ② 관리부, 영업부, 마케팅 부서에서 발생한 비용은 판매관리비, 공장에서 발생한 비용은 제조원가이므로 ② 공장 차량운반구의 감가상각비가 제조원가임.

02 ③ 판매관리비는 중요치 않은 항목을 일괄 표시 뒤, 그 세부내역을 주석에 표시할 수 있음. 본사 건물 관련 감가상각비, 보험료, 수선비를 합쳐서 '본사 건물비용'이라는 계정과목을 신설하는 것이 그 예임.

03 ④ ① 기업업무추진비, ② 광고선전비, ③ 대손상각비, 모두 판매관리비이며, ④ 기부금은 영업외비용임.

04 ③ 기타의 대손상각비는 영업외비용임.

05 ④ 장기대여금에 대한 대손충당금 설정은 영업외비용의 '기타의 대손상각비'이므로 매출총이익, 영업이익은 변동되지 않고 법인세차감전순이익이 감소함.

06 ① 자산수증이익에 대한 설명임.

07 ④ 일용직 직원에 대한 수당은 잡급(판매관리비)으로 처리하므로 영업이익에 영향을 미침. ① 이자수익, ② 재해손실, ③ 이자비용은 영업외손익이므로 영업이익에는 영향을 미치지 않음.

08 ④ 매출액은 영업외수익이 아니라 주 수익임.

09 ① • 매출총이익 − 판매관리비 = 영업이익
• 판매관리비: 영업부 종업원 급여(50,000) + 상거래채권 대손상각비(20,000) = 70,000원
• 상거래채권 이외 대손상각비, 이자비용, 기부금은 영업외비용임.

10 ① 이자비용(1,500,000) + 외환차손(1,000,000) + 재고자산감모손실(비정상적, 1,500,000) = 4,000,000(재고감모손실은 정상 부분은 매출원가, 비정상 부분은 영업외비용임.)

11 ③ • 매출총이익: 매출액(1,000,000) − 매출원가(600,000) = 400,000
• 영업이익: 매출총이익(400,000) − 판매비와관리비(급여 100,000 + 기업업무추진비 30,000) = 270,000
• 당기순이익: 영업이익(270,000) + 영업외수익(0) − 영업외비용(이자비용 50,000 + 기부금 20,000) = 200,000

22 손익계산서 2: 판매비와관리비·영업외손익
실무기출 공략하기

> 본 교재의 실습자료는 cafe.naver.com/eduacc의 「공지&DATA다운로드」에서 공지 에 있는 [콕콕정교수 전산회계 1급] 이론+실무+기출 실습데이터의 Data_Install_JH1.zip 파일을 다운받아 컴퓨터에 설치 후, 회사등록 클릭, F4 회사코드재생성 클릭 후 「㈜나은」 선택

01 난이도 ★★
7월 1일, 출장 갔던 생산직 사원 김철수가 복귀하여 6월 2일에 가지급금으로 처리하였던 출장비 150,000원을 정산하고, 초과지출분 16,000원을 추가로 현금지급 하였다. (가지급금계정에 거래처 입력할 것) [2011년, 49회]

02 난이도 ★★ 필수
12월 4일, 외부전문가를 초빙하여 생산부서 직원의 교육을 실시하였다. 강사료는 2,500,000원이고 원천징수금액을 차감한 2,280,000원을 보통예금 계좌에서 이체하여 지급하였다. [2025년, 118회]

03 난이도 ★★ 필수
7월 30일, 공장 건물에 대한 재산세 1,550,000원과 영업부 사무실에 대한 재산세 2,370,000원을 보통예금으로 납부하였다. [2024년, 118회 변형]

04 난이도 ★★ 필수
9월 30일, 영업부서의 업무용 차량에 대한 교통법규 위반 과태료를 아래의 고지서로 현금납부 하였다. [2017년, 72회]

부과 내역	■ 납입고지서 및 영수증(납부자용)			
단속일시: 9. 5. 단속지역: 종로2가 단속장소: 관철동 3-2	납부번호	560-00-06-62-288-139-2017-09-30		
	납부자	㈜나은	실명번호	
	주소	서울특별시 영등포구 국회대로 70길 18(여의도동 한양빌딩)		
산출 근거	세목		납기 내 9. 30.	납기 후 11. 20.
	과태료		50,000원	60,000원

05 난이도 ★★

11월 25일, 본사 영업팀에서 사용한 수도요금 120,000원과 공장의 전기요금 2,500,000원을 현금으로 은행에 납부하였다.

[2014년, 61회]

06 난이도 ★★★ 필수

10월 10일, 다음과 같이 9월분 건강보험료를 보통예금으로 납부하였다. [2025년, 119회 변형]

- 회사부담분: 300,000원(영업부직원), 500,000원(생산부직원)
- 종업원부담분: 800,000원(급여지급 시 이 금액을 차감하고 지급함)
- 회사부담분의 건강보험료는 복리후생비로 회계 처리한다.

07 난이도 ★★ 필수

9월 19일, 전 직원(영업직 40명, 생산직 60명)에 대한 독감예방접종을 태양병원에서 실시하고, 접종비용 5,000,000원을 사업용카드인 우리카드로 결제하였다. (미지급금으로 회계 처리한다.)

[2016년, 70회]

08 난이도 ★★ 필수

7월 17일, 영업관리팀 직원 김병철의 결혼식에 축의금으로 1,000,000원을 현금으로 지급하였다.

[2015년, 64회]

09 난이도 ★★ 필수

8월 20일, 영업부에서 매출거래처 직원과 식사를 하고, 식사비용 120,000원을 법인카드인 하나카드로 결제하였다.

[2013년, 56회]

10 난이도 ★★

9월 9일, 판매장의 화재와 도난에 대비하기 위하여 화재손해보험에 가입하고 1년분 보험료 480,000원을 보통예금 계좌로 이체지급 하였다. 모두 비용으로 처리하시오.

[2016년, 68회]

11 난이도 ★★

9월 22일, 본사 영업부 직원의 명함을 인쇄하고 다음과 같은 영수증을 받았다. 대금은 현금지급 하였다. [2016년, 70회]

영수증		발행일	9. 22.	
		받는이	(주)나은 귀하	
날짜	품목	수량	단가(원)	금액(원)
9/22	명함	2	20,000	40,000
합계				40,000

12 난이도 ★★

9월 30일, 개인 이시영 씨로부터 차입한 자금에 대한 이자비용 1,000,000원이 발생하여 원천징수세액 275,000원을 차감한 나머지 금액 725,000원을 현금으로 지급하였다. [2013년, 55회]

13 난이도 ★★

11월 19일, 영업부서에서 홍보물을 배포하기 위해 고용한 일용직 근로자에게 일당 120,000원을 현금으로 지급하였다. [2025년, 118회 변형]

14 난이도 ★★ 필수

9월 20일, 당사에서 제조한 제품(원가 1,300,000원, 시가 1,800,000원)을 경기도 지방자치단체에 기부하였다. [2024년, 117회 변형]

15 난이도 ★★

7월 3일, 회사에서 보관 중이던 원재료(원가 600,000원, 시가 800,000원)를 영업부 소모품으로 사용하였다. (비용으로 처리할 것) [2013년, 55회]

난이도 ★★

16 9월 5일, 최대주주인 김으뜸 씨로부터 토지를 기증받았다. 토지에 대한 소유권 이전비용 2,000,000원은 당좌수표로 발행하여 지급하였다. 토지의 공정가액은 50,000,000원, 장부가액은 40,000,000원이다. (하나의 전표로 입력할 것)

[2024년, 116회 변형]

난이도 ★★

17 9월 17일, 유기견 보호단체에 기부금 2,500,000원을 보통예금 계좌에서 기부하였다.

[2021년, 100회]

난이도 ★★ 필수

18 8월 18일, 본사 창고에서 화재가 발생하여 창고에 보관하고 있던 제품 15,000,000원(장부가액)이 소실되었다. 당사는 이와 관련한 보험에 가입되어 있지 않다.

[2014년, 60회]

난이도 ★★ 필수

19 7월 16일, 단기투자목적으로 보유 중인 (주)풍림철강 주식에 대하여 다음과 같이 배당금 지급통지표를 수령하고 배당금을 보통예금 계좌로 지급받았다. (세금은 고려하지 말고 지급통지서 수령일에 배당확정된 것으로 가정한다.)

[2024년, 114회 변형]

(정기) 배당금 지급통지서   123

풍림철강(주) 의 배당금 지급내역을 아래와 같이 통지합니다.

• 주주명: 님   • 주주번호: ○○○○○ ************

◆ 현금배당 및 세금내역

종류	소유주식수	배당일수	현금배당률	A. 배당금액	B. 원천징수세액	
보통주	100	365	27%	1,500,000원	소득세	0
우선주					주민세	0
					총세액	0
				실지급액 (A-B)	1,500,000 원	

20 난이도 ★★

7월 21일, 당월분 공장임차료 500,000원과 송금수수료 1,600원을 보통예금에서 인출하여 지급하였다.

[2012년, 53회]

21 난이도 ★★ 필수

10월 18일, 국민은행으로부터 차입한 잔액 11,000,000원에 대하여 채무를 면제받았다. (해당 차입금은 단기차입금으로 계상되어 있다.)

[2023년, 106회]

정답 및 해설

01 일반전표 입력

생산직 직원 출장비이므로 여비교통비(제조원가) 선택. 6월 2일에 거래처 김철수로 가지급금 150,000원이 회계 처리되어 있으므로 가지급금을 대변에 없애야 함.

7. 1	(차) 여비교통비(512, 판매관리비)	166,000	(대) 가지급금(김철수)	150,000
			현금	16,000

02 일반전표 입력

12. 4	(차) 교육훈련비(525, 제조원가)	2,500,000	(대) 보통예금	2,280,000
			예수금(254)	220,000

03 일반전표 입력

재산세는 세금과공과이며 공장에 대한 재산세 1,550,000원은 제조원가, 영업부 사무실에 대한 재산세 2,370,000원은 판매관리비에서 선택

7. 30	(차) 세금과공과(517, 제조원가)	1,550,000	(대) 보통예금	3,920,000
	세금과공과(817, 판매관리비)	2,370,000		

04 일반전표 입력

교통법규 과태료는 통상 세금과공과 처리하며, 영업부서이므로 판매관리비에서 선택. 과태료를 잡손실(판매관리비)로 처리해도 정답으로 인정

| 9. 30 | (차) 세금과공과(817, 판매관리비) | 50,000 | (대) 현금 | 50,000 |

05 일반전표 입력

영업팀 수도요금은 수도광열비(판매관리비), 공장 전기요금은 전력비(제조원가임)

| 11. 25 | (차) 수도광열비(815, 판매관리비)
전력비(516, 제조원가) | 120,000
2,500,000 | (대) 현금 | 2,620,000 |

06 일반전표 입력

- 회사가 부담하는 종업원의 건강보험료는 복리후생비임. 단, 영업부 직원의 300,000원은 판매관리비, 생산부직원의 500,000원은 제조원가 처리. 종업원 부담분 800,000원 급여 지급 시 원천징수하여 예수금 처리하였으므로 부채인 예수금을 차변에 기재
- 총 납부하는 건강보험료는 회사 부담 800,000 + 종업원 부담 800,000 = 1,600,000원임.

| 10. 10 | (차) 복리후생비(811, 판매관리비)
복리후생비(511, 제조원가)
예수금 | 300,000
500,000
800,000 | (대) 보통예금 | 1,600,000 |

07 일반전표 입력

1명당 접종비 50,000원, 영업직 2,000,000원(40명×50,000원), 생산직 3,000,000원(60명×50,000원). 영업부 접종비는 복리후생비(판매관리비), 생산부 접종비는 복리후생비(제조원가) 처리

| 9. 19 | (차) 복리후생비(511, 제조원가)
복리후생비(811, 판매관리비) | 3,000,000
2,000,000 | (대) 미지급금(우리카드) | 5,000,000 |

08 일반전표 입력

영업관리팀 직원 결혼식 축의금은 복리후생비(판매관리비)임.

| 7. 17 | (차) 복리후생비(811, 판매관리비) | 1,000,000 | (대) 현금 | 1,000,000 |

09 일반전표 입력

영업부의 거래처 직원과 식사비용은 기업업무추진비(판매관리비)이며 카드대금은 미지급이며 거래처는 하나카드 입력

| 8. 20 | (차) 기업업무추진비(813, 판매관리비) | 120,000 | (대) 미지급금(하나카드) | 120,000 |

10 일반전표 입력

판매장의 보험료는 판매관리비임.

| 9.9 | (차) 보험료(821, 판매관리비) | 480,000 | (대) 보통예금 | 480,000 |

11 일반전표 입력

명함인쇄비는 도서인쇄비이며 영업부이므로 판매관리비임.

| 9.22 | (차) 도서인쇄비(826, 판매관리비) | 40,000 | (대) 현 금 | 40,000 |

12 일반전표 입력

이자비용 1,000,000원 비용처리 하고 원천징수한 세금은 예수금 처리

| 9.30 | (차) 이자비용(951, 영업외비용) | 1,000,000 | (대) 현 금
예수금 | 725,000
275,000 |

13 일반전표 입력

일용직, 아르바이트 등의 급여는 잡급 계정과목 사용하며, 영업부서이므로 판매관리비

| 11.19 | (차) 잡급(805, 판매관리비) | 120,000 | (대) 현 금 | 120,000 |

14 일반전표 입력

제품을 기부하면 매출원가에서 제외하여야 하므로 적요8. 타계정으로 대체를 반드시 입력하여 함. 기부금액은 시가가 아닌 장부상 원가임.

| 9.20 | (차) 기부금(953, 영업외비용) | 1,300,000 | (대) 제 품
(적요8.타계정으로 대체액 손익계산서 반영분) | 1,300,000 |

15 일반전표 입력

원재료를 없애고 원재료의 취득원가 600,000원을 영업부 소모품비(판매관리비)로 대체. 이때 적요8. 타계정으로 대체를 반드시 입력하여 함.

| 7.3 | (차) 소모품비(830, 판매관리비) | 600,000 | (대) 원재료
(적요8.타계정으로 대체액 원가명세서 반영분) | 600,000 |

16 일반전표 입력

토지 소유권 이전비용은 토지의 취득원가에 가산하며 기증받은 자산은 공정가치로 장부에 계상해야 하므로 총 토지가액은 50,000,000 + 2,000,000 = 52,000,000

| 9.5 | (차) 토 지 | 52,000,000 | (대) 자산수증이익(917, 영업외수익)
당좌예금 | 50,000,000
2,000,000 |

17 일반전표 입력

| 9.17 | (차) 기부금(영업외비용) | 2,500,000 | (대) 보통예금 | 2,500,000 |

18 일반전표 입력

화재로 소실된 제품의 장부가액을 재해손실 처리하고, 판매된 것이 아니므로 매출원가에서 제외하기 위해 적요8. 타계정으로 대체를 반드시 입력

8.18	(차) 재해손실(961, 영업외비용)	15,000,000	(대) 제 품	15,000,000
			(적요8.타계정으로 대체액 손익계산서 반영분)	

19 일반전표 입력

지급통지서 수령일 7월 16일로 하여 배당금 수령액 1,500,000원을 배당금수익 처리

7.16	(차) 보통예금	1,500,000	(대) 배당금수익(903, 영업외수익)	1,500,000

20 일반전표 입력

공장 임차료(519)와 송금수수료(531)는 모두 제조원가에서 선택

7.21	(차) 임차료(519, 제조원가)	500,000	(대) 보통예금	501,600
	수수료비용(531, 제조원가)	1,600		

21 일반전표 입력

10. 18	(차) 단기차입금(260, 국민은행)	11,000,000	(대) 채무면제이익(918, 영업외수익)	11,000,000

VII 부가가치세 이론

23 부가가치세 기본개념·사업자등록

24 부가가치세 과세대상·공급시기

25 영세율·면세

26 세금계산서

27 부가가치세 납부세액 계산·신고납부

부가가치세는 재화·용역 소비에 부과되는 세금인데
이를 처음 접한다면 다소 어려울 수 있습니다.
반드시 먼저 이해 위주로 공부한 뒤 시험에 자주 출제되는 내용 중
일부를 암기하기 바랍니다.

 학습방법 일반과세 학습 ⇒ 영세율·면세 차이 이해

이론문제로 3문제밖에 출제되지 않으므로 어려운 내용은 과감히 패스해도 당락에는 영향이 없지만, 일반과세·영세율·면세의 개념은 확실히 이해해야 나중에 매입·매출전표 입력을 할 수 있습니다.

 출제빈도 매회 이론 3문제

부가가치세 기본개념·사업자등록	
부가가치세 과세대상·공급시기	모든 내용이 골고루 출제되지만 부가가치세 과세대상, 납부세액 계산 부분은 그 난이도가 꽤 높으므로 시간이 없을 경우 과감히 패스해도 좋음.
영세율·면세	
세금계산서	
부가가치세 납부세액 계산·신고납부	

23. 부가가치세 기본개념·사업자등록

학습내용: ・부가가치세 특징 ・납세의무자 ・사업자등록

출제경향: 이론문제로 2회 시험마다 1문제씩 출제되고 있으며 부가가치세 특징, 사업자등록 부분이 가장 출제 빈도가 높음.

1 부가가치세 개념

1. 부가가치세 정의

부가가치세(VAT, Value Added Tax)란 사업자가 재화나 용역을 생산, 유통하는 과정에서 창출한 부가가치에 일정률을 과세하는 세금입니다.

2. 부가가치세 개념

부가가치세의 구조를 이해하기 위해 커피전문점의 커피 판매과정으로 설명하면 다음과 같습니다. 아래 사례는 커피 원재료를 1,000원에 구매해 소비자에게 3,000원에 판매하는 사례입니다.

〈커피 판매과정의 부가가치세 흐름도〉

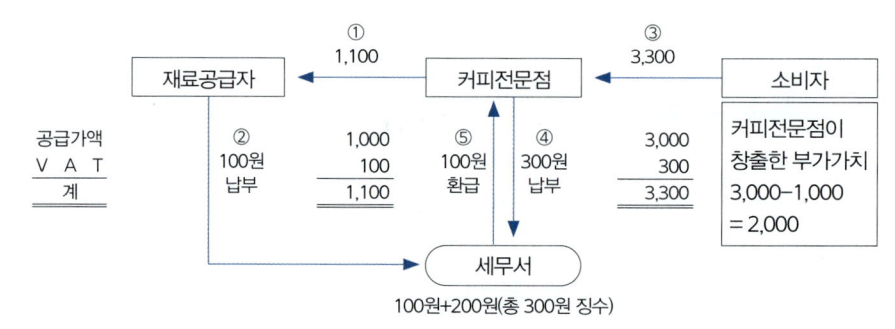

1) 1단계: 원재료 구매 – 매입단계

제일 먼저 커피전문점이 1,000원짜리 커피 재료를 구입하면서 재료 공급자에게 1,100원을 지급하는데 1,000원은 본래 물건값, 100원은 10%의 부가가치세입니다. 본래 물건값을 세법용어로 공급가액이라고 부르는데, 1단계에서 재료 공급자는 커피전문점에서 부가가치세 100원을 받아 세무서에 납부합니다.

2) 2단계: 커피 판매 - 매출단계

다음으로 커피전문점이 커피를 3,300원에 판매하는데 3,000원은 본래 물건값, 300원은 10%의 부가가치세입니다. 이 단계에서 커피전문점 주인은 300원을 세무서에 납부하고 좀 전 재료공급자에게 지급했던 100원의 부가가치세를 돌려받아 200원의 부가가치세를 납부해야 합니다.

결국 세무서는 1단계로 재료공급자로부터 100원, 2단계로 커피전문점으로부터 200원, 총 300원의 부가가치세를 징수하게 됩니다.

3) 부가가치세 계산구조

결국 커피전문점 주인은 [1단계] 재료구입 시점에 부가가치세 100원을 납부했다가 [2단계] 커피 판매 시점에 소비자가 부담한 300원을 납부하면서 100원을 돌려받는데 이를 요약하면 다음과 같습니다.

〈커피전문점의 부가가치세 계산구조〉

매 출 세 액	3,000원×10%	300원
매 입 세 액	1,000원×10%	(100원)
납 부 세 액		200원

즉, 매출세액은 커피전문점 주인이 커피를 매출하면서 고객으로부터 징수한 부가가치세를 말하며, 매입세액이란 커피전문점 주인이 재료를 매입하면서 지급했던 부가가치세를 말합니다.

❷ 부가가치세 특징

1. 전단계 세액공제법

좀 전 설명한 바와 같이 우리나라 부가가치세는 매출세액에서 매입세액을 차감하는 방식으로 계산하는데 매출보다 매입이 먼저이므로 이를 전단계 세액공제법이라고 부릅니다.

2. (일반)소비세

부가가치세는 최종 소비자의 소비에 과세하는 소비형 세금, 즉 소비세입니다. 다만, 부가가치세는 고가 가전제품, 자동차와 같이 일정 금액 이상에만 과세되는 개별소비세와 달리 일반 물품에 과세되기 때문에 일반소비세라고 부르기도 합니다.

부가가치세 특징
전단계세액공제법, (일반)소비세, 간접세, 국세, 다단계거래세, 단일세율(비례세율), 소비지국과세

 정교수 콕콕

3. 간접세

좀 전 커피 판매 사례에서 300원의 부가가치세는 결국 소비자가 부담했지만 해당 부가가치세의 신고·납부는 커피전문점이 하게 되는데, 이렇게 세금을 신고·납부하는 납세의무자와 세금을 부담하는 자가 다른 세금을 간접세라고 부릅니다. 참고로 소득세는 돈을 번 개인이 직접 신고·납부하므로 납세의무자와 세금을 부담하는 자가 같은데 이를 직접세라고 부릅니다.

4. 국세

세금의 종류 중 세무서를 통해 중앙정부에 납부하는 세금을 국세, 시·군·구청에 납부하는 세금을 지방세라고 하는데, 부가가치세는 중앙정부에 납부하는 국세입니다.

5. 다단계거래세

좀 전 커피판매에서 볼 수 있듯이 부가가치세는 여러 단계를 거쳐 부가가치세의 신고·납부가 이루어지는데 이를 다단계 거래세라고 합니다.

6. 단일세율(비례세율)

부가가치세는 물건값 크기와 관계없이 동일한 10%의 세율, 즉 단일세율을 적용합니다. 이렇다 보니 100만 원짜리 물건을 구입하면 부자나 가난한 사람이나 모두 동일한 10만 원의 부가가치세를 부담해 가난한 사람이 더 부담을 느끼는데 이를 조세부담의 역진성이라 부릅니다. 단일세율을 비례세율이라 부르기도 합니다.

7. 소비지국 과세원칙

마지막으로 부가가치세는 소비되는 장소에서 부과되는 소비지국 과세의 특징이 있습니다. 예를 들어 삼성전자가 100만 원짜리 휴대폰을 미국으로 수출할 때 우리나라에서 부가가치세를 과세해 보낸 뒤, 미국에서 또 부가가치세를 과세하면 휴대폰이 너무 비싸집니다.
이런 이유로 수출되는 물품에는 부가가치세를 붙이지 않아 수출을 촉진하게 되는데 이를 소비지국 과세원칙이라고 합니다.

8. 물세

부가가치세는 인적상황과 무관하게 소비되는 물건 자체에 부과하는 세금으로 물세에 해당합니다.

이론기출 확인문제 | 전산회계 1급, 98회 |

우리나라 부가가치세의 특징과 가장 관련이 없는 것은?

① 국세 ② 간접세 ③ 개별소비세 ④ 소비지국 과세원칙

|정 답| ③
부가가치세는 고가품 소비에 부과되는 개별소비세가 아니라 일반 소비에 부과되는 일반소비세임.

이론기출 확인문제 | 전산회계 1급, 85회 |

다음 중 부가가치세의 특징에 해당하지 않는 것은?

① 부가가치세의 담세자는 최종소비자이며, 납세의무자는 부가가치세가 과세되는 재화 또는 용역을 공급하는 사업자이다.
② 각 납세자의 담세력을 고려하지 않는 물세이다.
③ 우리나라의 부가가치세법은 전단계거래액공제법을 채택하고 있다.
④ 우리나라의 부가가치세법은 소비지국 과세원칙을 채택하고 있다.

|정 답| ③
우리나라 부가가치세는 전단계거래액공제법이 아니라 전단계세액공제법의 특징이 있음.

3 부가가치세 납세의무자 요건

1. 납세의무자 요건

납세의무자란 세금을 신고·납부해야 하는 의무를 지는 사람을 말합니다. 여러 번 설명한 것처럼 부가가치세는 커피를 소비하는 사람이 아닌 커피를 파는 커피전문점 주인, 즉 사업자가 신고·납부해야 하는데, 부가가치세 납세의무자는 다음과 같은 3가지 요건을 갖습니다.

사업자 요건
사업성, 독립성, 영리목적 유무와 무관

 정교수 콕콕

납세의무자 요건	내 용
사업성	사업장소 등 형태를 갖추고 계속·반복적으로 재화나 용역을 공급하는 것을 말합니다.
독립성	다른 사람에게 고용된 것이 아닌 독자적으로 사업을 해야 합니다. 이를 위해 사업자는 사업자등록을 합니다.
영리목적 유무와 무관	사업목적이 영리이든 비영리이든 사업자라면 누구나 부가가치세를 납부해야 합니다.

(*) 비영리여도 부가가치세 납세의무가 있는 이유는 부가가치세는 비영리단체가 부담하는 것이 아니라 물품을 구매하는 소비자가 부담하기 때문임.

핵심체크

간이과세자
직전 연도 공급대가 연 1억 400만 원 미만인 개인사업자

2. 간이과세자

1) 간이과세자 기준금액

간이과세자란 신규사업자 또는 직전연도 공급대가 합계액이 1억 400만 원 미만인 개인사업자를 말합니다. 공급대가란 총 물건값, 즉 [공급가액 + 부가가치세]인데 간이과세자가 되면 아주 낮은 수준의 부가가치세를 부담할 뿐 아니라, 과세기간을 1.1~12.31을 적용하여 다음연도 1월 25일까지 신고·납부하는 등 그 절차도 간단해집니다.
참고로 간이과세자의 해당 과세기간에 대한 공급대가의 합계액이 4,800만 원 미만이면 부가가치세 납부의무를 면제합니다.

2) 간이과세자 불가업종

다만 법인, 일부 업종(제조업, 도매업, 부동산매매업, 일정 규모 이상 부동산임대업, 변호사·회계사 등 전문서비스업, 일반과세 적용되는 다른 사업장 있는 경우, 직전연도 공급대가 합계액 4,800만 원 이상인 과세유흥장소 및 부동산임대업 등)은 규모가 있다고 보기 때문에 간이과세가 불가능합니다.

3) 간이과세자 부가가치세 계산법

직전 연도 공급대가 금액이 1억 400만 원 미만인 음식점을 가정할 때 간이과세자는 다음과 같이 부가가치세를 계산합니다. 즉, 일반과세자에 비해 음식점업 부가가치율 15%를 곱하기 때문에 부가가치세가 대폭 낮아지게 되는 것입니다.

납부세액	매출세액(매출액 × 업종별 부가가치율 15% × 10%) − 매입세액(매입한 공급대가 × 0.5%)

(*) 업종별 부가가치율은 업종에 따라 다르며 15%~40%임.

한 가지 주의할 점은 일반과세자는 매입세액이 매출세액보다 더 클 경우 환급받을 수 있는 데 반해, 간이과세자는 업종별 부가가치율을 곱해 부가가치세를 확 낮춰주기 때문에 매입세액이 매출세액보다 더 크더라도 환급받을 수 없습니다.

4) 일반과세자의 간이과세자로 전환

일반과세자의 공급대가가 연 1억 400만 원 미만이 되면 과세유형이 일반과세자에서 간이과세자로 자동 전환됩니다. 다만, 간이과세의 적용은 다음 연도 7월 1일자로 시작하므로 첫 간이과세 과세기간은 다음 연도 7.1~그 다음연도 6.30입니다.

5) 간이과세자의 일반과세자로의 전환 및 간이과세 포기

① 간이과세자의 일반과세자로 전환

간이과세자의 공급대가가 연 1억 400만 원 이상이 되면 과세유형이 간이과세에서 일반과세로 자동 전환됩니다. 다만, 일반과세 적용은 다음 연도 7월 1일자로 시작하므로 다음 연도 1.1~6.30 까지는 간이과세가 계속 적용됩니다.

② 간이과세 포기

또한 간이과세자 중 일반과세를 적용받고 싶은 사업자는 일반과세를 적용받으려는 달의 전달 말일까지 간이과세 포기 신청을 할 수 있습니다. 다만, 한 번 포기하면 3년이 되는 날이 속하는 과세기간까지 일반과세를 적용받아야 하지만, 예외적으로 직전 연도 공급대가 합계액이 4,800만 원 이상이 되어 세금계산서를 발급할 수 있게 되는 경우에는 3년 이전이라도 간이과세를 다시 적용 받을 수 있습니다.

[주의] 일반과세 vs 간이과세

구 분	일반과세	간이과세
기준금액	공급대가 1억 400만 원 이상	공급대가 1억 400만 원 미만
매출세액	공급가액×10%	공급대가×업종별 부가가치율 ×10%
부가가치세 신고	1년 2회	1년 1회
부가가치세 납부면제	납부면제 없음	공급대가 4,800만 원 미만 납부면제
부가가치세 환급	환급가능	환급불가
세금계산서	의무발행	공급대가 4,800만 원 미만은 발급 불가

 정교수 콕콕

이론기출 확인문제 | 전산회계 1급, 106회 변형 |

다음 중 부가가치세법상 간이과세에 대한 설명으로 가장 옳지 않은 것은?

① 직전 1역년의 재화·용역의 공급대가의 합계액이 1억 400만 원 미만인 개인사업자가 간이과세자에 해당한다.
② 해당 과세기간의 공급대가의 합계액이 4천 800만 원 미만인 경우에는 납부세액의 납부의무가 면제된다.
③ 영리목적 유무에 불구하고 사업상 독립적으로 재화를 공급하는 경우 납세의무가 있다.
④ 매출세액보다 매입세액이 클 경우 환급을 받을 수 있다.

|정 답| ④
일반과세자는 매출세액보다 매입세액이 더 클 경우 환급이 가능하지만 간이과세자는 환급받을 수 없음.

4 사업자등록

커피전문점 주인과 같은 사업자를 관리하기 위해 세무서는 사업자등록을 하도록 하고 있는데 다음은 실제 샘플입니다. 사업자등록증은 사업자등록번호, 회사명, 주소, 업종, 업태, 관할 세무서 등이 표시되어 있습니다.

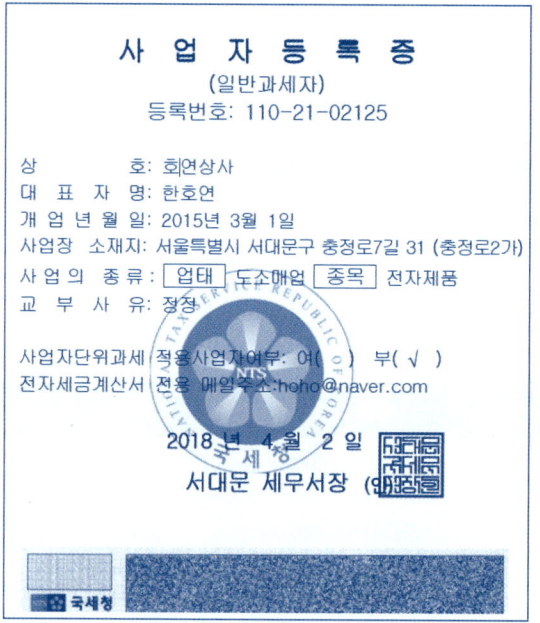

1. 사업자등록 신청

 핵심체크

사업자등록 신청
사업개시일로부터 20일 이내

사업자등록은 사업장마다 사업개시일로부터 20일 이내에 사업장이 위치한 관할 세무서에 신청하는 것이 원칙이며, 신규사업자는 사업개시 전이라도 신청 가능합니다. (단, 다른 세무서에 신청해도 신청 자체는 유효함.)

이론기출 확인문제 | 전산회계 1급, 99회 |

다음 중 부가가치세법상 사업자등록에 대한 설명으로 옳은 것은?

① 사업자는 사업장마다 사업개시일부터 20일 이내에 사업자등록을 신청하는 것이 원칙이다.
② 신규 사업자는 사업개시일 이전이라면 사업자등록 신청이 불가능하다.
③ 일반과세자가 3월 25일에 사업자등록을 신청하고 실제 사업개시일은 4월 1일인 경우 4월 1일부터 6월 30일까지가 최초 과세기간이 된다.
④ 사업자등록의 신청은 사업장 관할세무서장이 아닌 다른 세무서장에게는 불가능하다.

|정답| ①
② 신규사업자는 사업개시일 이전이라도 사업자등록 신청 가능함.
③ 실제 사업보다 사업자등록이 빠른 경우에는 사업자등록일부터 사업기간이 시작함.
④ 사업자등록을 다른 관할 세무서에 신청해도 효력은 있음.

2. 사업장의 종류

사업장이란 사업자가 사업을 위해 거래의 전부 또는 일부를 수행하는 장소를 말하는데 다음은 업종별 주요 사업장의 종류입니다.

구 분	사업장
광 업	광업사무소 소재지
제조업	최종 제품 완성 장소(단, 제품의 포장만 하는 곳과 보관만 하는 하치장은 사업장이 아님.)
건설업, 운수업, 부동산매매업	법인(법인등기부상 소재지), 개인(업무총괄 장소)
부동산 임대업	임대하는 부동산의 등기부상 소재지
무인자동판매기	업무 총괄 장소
사업장 두지 않은 경우	사업자의 주소 또는 거소

(*) 사업장 아닌 곳: 제품 포장만 하는 곳, 하치장(보관장소), 전시장(단, 직매장은 사업장임).

핵심체크

사업장 종류
- 광업: 광업사무소
- 제조업: 제품 완성 장소
- 부동산매매업: 법인(법인등기부상 소재지), 개인(업무총괄)
- 부동산임대업: 부동산 등기부상소재지
- 사업장 두지 않은 경우: 주소 또는 거소
- 직매장(사업장), 하지장(사업장 아님.)

 정교수 콕콕

이론기출 확인문제
| 전산회계 1급, 32회 |

다음은 부가가치세법상의 사업장의 범위에 대한 설명이다. 틀린 것은?

① 광업에 있어서는 광업사무소의 소재지
② 제조업에 있어서는 최종제품을 완성하는 장소
③ 건설업에 있어서는 사업자가 법인인 경우에는 그 법인의 등기부상의 소재지
④ 부동산임대업에 있어서는 사업자가 법인인 경우에는 그 법인의 등기부상의 소재지

|정 답| ④
임대업은 법인의 등기부상 소재지가 아니라 임대하는 부동산의 등기부상 소재지가 사업장임.

3. 주사업장총괄납부 vs 사업자단위 과세

사업장마다 부가가치세 신고·납부하는 번거로움을 덜고자 주사업장 총괄납부와 사업자단위 과세라는 편리한 제도를 두고 있습니다.

핵심체크 콕

총괄납부 vs 사업자단위
- 총괄납부: 사업장마다 사업자등록, 주사업장이 납부만 총괄
- 사업자단위: 주사업장만 사업자등록, 모든 의무 주사업장이 수행
- 사업자단위과세는 법인은 본점만 가능

구 분	주사업장 총괄납부	사업자단위과세
개 념	주사업장에서 부가가치세 납부만 총괄하고 신고 등 의무는 각 사업장마다 이행	주사업장에서 신고·납부 등 모든 의무 총괄
사업자등록	사업장마다 사업자등록	주사업장에만 사업자등록
주사업장	법인은 본점 또는 지점, 개인은 주사무소	법인은 본점, 개인은 주사무소

(*) 주사업장총괄납부는 법인의 지점도 등록 가능하나 사업자단위과세는 법인은 본점에서만 가능

이론기출 확인문제
| 전산회계 1급, 105회 |

다음은 부가가치세법상 무엇에 대한 설명인가?

> 둘 이상의 사업장이 있는 사업자는 부가가치세를 주된 사업장에서 총괄하여 납부할 수 있다. 이는 사업자의 납세편의를 도모하고 사업장별로 납부세액과 환급세액이 발생하는 경우 자금부담을 완화시켜주기 위한 제도이다.

① 납세지 ② 사업자단위과세제도 ③ 전단계세액공제법 ④ 주사업장총괄납부

|정 답| ④
주사업장총괄납부에 대한 설명임. 주사업장총괄납부는 사업자등록, 신고는 각 사업장별로 하되 납부만 총괄하고, 사업자단위과세는 사업자등록도 주사업장만 하고 신고, 납부를 모두 총괄하는 제도임.

4. 사업자등록 정정신고

사업자등록증 내용에 다음과 같은 변경사항이 발생하면 지체 없이 이를 신고하여 변경된 사업자등록을 다시 받아야 합니다.

- 상호
- 법인의 대표자
- 사업장 소재지 주소
- 사업의 종류
- 상속으로 사업자의 명의가 변경되는 경우
- 공동사업자의 구성원 또는 출자지분 변경 등

핵심체크

사업자등록증 정정신고
상호, 법인 대표자, 사업장 주소, 사업 종류

핵심체크

사업자등록증 신규발급
개인사업자 대표 변경, 사업 증여

① 법인 vs 개인 대표자 변경

법인사업자는 대표가 변경될 경우 실체가 유지되므로 사업자등록증 변경사항이고 법인의 주주 변경은 사업자등록증과 무관하기 때문에 사업자등록 변경 사유가 아닙니다. 그러나 개인사업자는 개인 책임으로 사업이 진행되므로 개인사업자 대표가 변경된다는 것은 사업 폐업을 의미합니다.

② 상속

상속으로 사업자 명의가 변경되면 사업자등록증을 변경하는 재발급 사유이지만, 증여로 인하여 사업자가 변경되면 기존 사업자등록증을 폐지하고 신규로 사업자등록을 발급하여야 합니다. 왜냐하면, 상속은 사망으로 인한 피치 못할 사유지만 증여는 임의적인 변경이기 때문입니다.

[주의] 사업자등록증 정정 사유가 아닌 경우

> 증여로 인한 사업자 명의 변경, 개인사업자의 명의 변경, 법인의 주주 변경

이론기출 확인문제  | 전산회계 1급, 67회 |

다음 중 부가가치세법상 사업자등록의 정정사유가 아닌 것은?

① 사업의 종류를 변경 또는 추가하는 때
② 사업장을 이전하는 때
③ 법인의 대표자를 변경하는 때
④ 개인이 대표자를 변경하는 때

|정답| ④
법인 대표의 변경은 사업자등록 변경사항이지만 개인사업자의 대표 변경은 사업의 폐업임.

정교수 콕콕

핵심체크
사업자 미등록증 불이익
공급가액 1% 가산세, 매입세액 불공제

5. 휴·폐업 신고

사업을 휴업하거나 폐업하는 경우 지체없이 그 사실을 알리는 신청서를 작성하여 사업자등록증 원본을 첨부하여 관할 세무서에 제출하여야 합니다. 더 이상 사업이 필요 없으니 사업자등록을 반납하는 것입니다.

6. 사업자 미등록 시 불이익

사업자등록 없이 사업을 하면 첫째, 공급가액의 1%를 미등록 가산세로 부과받으며, 둘째, 매입한 물품의 10%를 환급받지 못합니다.

23 부가가치세 기본개념·사업자등록
이론기출 공략하기

01 난이도 ★★
다음 중 부가가치세법에 대한 설명으로 옳지 않은 것은? [2015년, 62회]

① 현행 부가가치세는 일반소비세이면서 간접세에 해당된다.
② 면세제도의 궁극적인 목적은 부가가치세의 역진성을 완화하는 것이다.
③ 현행 부가가치세는 전단계거래액공제법을 채택하고 있다.
④ 소비지국과세원칙을 채택하고 있다.

02 난이도 ★★ 필수
다음 중 부가가치세법상 수출을 지원하는 효과가 있는 제도는 무엇인가? [2024년, 117회]

① 영세율제도   ② 사업자단위과세제도   ③ 면세제도   ④ 대손세액공제제도

03 난이도 ★★ 필수
다음 중 우리나라 부가가치세법의 특징으로 틀린 것은? [2024년, 114회]

① 국세   ② 인세(人稅)   ③ 전단계세액공제법   ④ 다단계거래세

04 난이도 ★★ 필수
다음 중 부가가치세법상 납세의무자에 대한 설명으로 옳지 않은 것은? [2022년, 105회]

① 영리목적을 추구하는 사업자만이 납세의무를 진다.
② 사업설비를 갖추고 계속·반복적으로 재화나 용역을 공급하는 자가 해당한다.
③ 인적·물적 독립성을 지닌 사업자가 해당한다.
④ 면세대상이 아닌 과세대상 재화·용역을 공급하는 자가 해당한다.

05 난이도 ★★
현행 부가가치세법에 대한 설명으로 가장 거리가 먼 것은? [2016년, 67회]

① 부가가치세 부담은 전적으로 최종소비자가 하는 것이 원칙이다.
② 영리목적의 유무에 불구하고 사업상 독립적으로 재화를 공급하는 자는 납세의무가 있다.
③ 해당 과세기간 중 이익이 발생하지 않았을 경우에는 납부하지 않아도 된다.
④ 일반과세자의 내수용 과세거래에 대해서는 원칙적으로 10%의 단일세율을 적용한다.

06 다음 중 부가가치세법상 납세지에 대한 설명으로 옳지 않은 것은? [2022년, 103회]

① 사업자의 납세지는 각 사업장의 소재지로 한다.
② 제조업의 납세지는 최종제품을 완성하는 장소를 원칙으로 한다.
③ 광업의 납세지는 광구 내에 있는 광업사무소의 소재지를 원칙으로 한다.
④ 무인자동판매기를 통하여 재화를 공급하는 사업의 납세지는 무인자동판매기를 설치한 장소로 한다.

07 다음 중 현행 부가가치세법에 대한 설명으로 가장 틀린 것은? [2014년, 58회]

① 부가가치세는 사업장마다 신고 및 납부하는 것이 원칙이다.
② 주사업장 총괄납부 시 주사업장은 법인의 경우 지점도 가능하다.
③ 사업자 등록사항의 변동이 발생한 때에는 지체 없이 등록정정신고를 하여야 한다.
④ 사업자단위과세사업자의 경우에도 사업자등록은 사업장별로 각각 하여야 한다.

08 다음 중 부가가치세법상 주사업장 총괄납부제도에 대한 설명으로 틀린 것은? [2025년, 119회]

① 부가가치세 신고와 납부를 모두 주된 사업장에서 한다.
② 원칙적으로 해당 과세기간 개시 20일 전까지 신청해야 한다.
③ 주된 사업장은 법인의 경우 본점 또는 지점도 가능하다.
④ 세금계산서 발급은 각 사업장별로 해야 한다.

09 다음 중 부가가치세법상 사업자등록 정정 사유가 아닌 것은? [2023년, 110회]

① 상호를 변경하는 경우
② 사업장을 이전하는 경우
③ 사업의 종류에 변동이 있는 경우
④ 증여로 인하여 사업자의 명의가 변경되는 경우

정답 및 해설

01 ③ 전단계거래공제법이 아닌 전단계세액공제법을 채택하고 있음. 단어를 살짝 바꿔 종종 출제됨.

02 ① 수출품에 VAT를 과세하지 않아 수출을 지원하는 제도는 영세율임.

03 ② 부가가치세법은 인적사항을 고려하지 않는 물적인 세금, 즉, 물세임.

04 ① 부가가치세는 영리 사업자뿐 아니라 국가, 지방자치단체, 비영리단체까지도 납세의무를 짐.

05 ③ 부가가치세법상 사업자는 사업성, 독립성, 영리목적 유무와 무관한 속성이 있으며, 이익 발생과 관계없이 납세의무가 있음.

06 ④ 무인자동판매기의 납세지는 자판기 설치장소가 아니라 업무총괄 장소가 납세지, 즉 사업장임.

07 ④ ② 주사업장총괄납부 시 법인은 주사업장으로 본점, 지점 모두 가능함. 단, 사업자단위과세는 주사업장으로 법인은 본점만 가능.
④ 주사업장총괄납부는 사업장별로 사업자등록을 하고, 사업자단위과세사업자는 본점에만 사업자등록을 함.

08 ① 주사업장 총괄납부는 납부만 본점에서 총괄함. 따라서 사업자등록, 세금계산서 발급, 부가가치세 신고는 각 사업장별로 해야 함.

09 ④ 증여로 사업자 명의변경은 사업자등록 정정사유가 아니라 폐업 하고 신규 사업자등록을 해야 함.

24 부가가치세 과세대상·공급시기

학습내용 · 부가가치세 과세대상 · 공급시기
출제경향 이론문제로 2회 시험마다 1문제씩 출제되고 있으며 부가가치세 과세대상, 공급시기 부분이 번갈아 가며 출제되고 있음.

핵심체크
부가가치세 과세대상
재화공급, 용역공급, 재화수입

1 부가가치세 과세대상

부가가치세 과세대상에는 크게 3가지가 있는데, 재화의 공급, 용역의 공급, 재화의 수입 입니다.

> 재화의 공급, 용역의 공급, 재화의 수입

1. 재화의 공급

재화란 상품, 제품과 같이 형태를 갖고 있는 유체물과 전기, 가스, 재산적 가치가 있는 권리와 같이 형체가 없는 무체물을 말하는데, 화폐대용증권(수표·어음·상품권), 유가증권(주식·채권)은 과세대상 재화가 아닙니다. 이러한 재화의 공급은 크게 다음 두 가지로 구분할 수 있는데 첫째, 실질공급, 둘째, 간주공급이 있습니다.

1) 실질공급

실질공급이란 우리가 흔히 알고 있는 공급으로 사업자가 보유 중인 재화를 고객에게 판매하는 것입니다. 다만, 그 판매의 종류는 공급 형태에 따라 다음 세 가지로 구분됩니다.

핵심체크
실질공급
- 과세 ○ : 매매계약, 가공계약, 교환계약, 경매, 수용, 현물출자
- 과세 × : 국세징수법 공매, 민사집행법 경매, 세금 물납, 단순 담보제공, 국가 무상제공, 사업 포괄양도

구 분	내 용
매매계약	우리가 흔히 알고 있는 공급으로 보유 중인 재화를 현금 또는 외상으로 판매하는 형태
가공계약	거래처의 물건에 추가 자재를 더해 가공하여 물건을 돌려주는 형태의 판매
교환계약	서로 보유하고 있는 재화를 바꾸는 형태의 판매. 돈을 주고받지는 않았지만, 내 물건을 팔아서 다른 물건을 사는 것이므로 부가가치세 과세
기 타	경매, 수용, 현물출자로 재화를 공급

(*) 경매는 사적 경매만 재화의 공급으로 보며, 국세징수법에 의한 공매, 민사집행법에 의한 경매, 세금의 물납은 피치 못한 경우이므로 재화의 공급으로 보지 않음.

또한 재화를 단순히 담보로 제공하는 것, 국가에 무상으로 제공, 사업을 포괄로 양도하는 경우는 재화의 공급으로 보지 않습니다.

 정교수 콕콕

이론기출 확인문제 | 전산회계 1급, 119회 |

다음 중 부가가치세법상 과세대상이 아닌 것은?
① 재화의 공급 ② 재화의 수입 ③ 용역의 공급 ④ 용역의 수입

|정 답| ④ 부가가치세 과세대상은 재화의 공급, 재화의 수입, 용역의 공급, 3가지로 용역의 수입은 부가가치세 과세대상이 아님.

이론기출 확인문제 | 전산회계 1급, 104회 |

다음 중 부가가치세법상 재화의 공급에 해당하는 것은?
① 부동산의 담보제공
② 사업장별로 사업에 관한 모든 권리와 의무 중 일부를 승계하는 사업양도
③ 사업용 자산을 지방세법에 따라 물납하는 것
④ 도시 및 주거환경정비법에 따른 수용 및 국세징수법에 따른 공매

|정 답| ② 사업을 포괄로 양도하는 경우는 재화의 공급으로 보지 않지만, 일부만 양도하면 재화의 공급임.

2) 간주공급 (어려우면 패스)

'간주공급'은 실제로는 공급이 아니지만 공급으로 봐서 부가가치세를 과세한다는 뜻입니다. 꽤 어려운 내용이지만 최소한 개념 정도는 파악해야 합니다. 간주공급에는 네 가지가 있는데, 자가공급, 개인적 공급, 사업상 증여, 폐업 시 잔존재화로 앞 단어만 따서 '자개사폐'라고 운율을 더해 외우면 잘 외워집니다.

 핵심체크

간주공급
매입세액공제 받은 후 자가공급, 개인적 공급, 사업상증여, 폐업 시 잔존재화 발생 시

① 개념

부가가치세는 매출세액에서 매입세액을 차감하여 계산하기 때문에 일정 기간 매출의 10%를 매출세액으로 납부하고 그 기간 매입금액의 10%를 매입세액으로 돌려받습니다. 그런데 매입세액을 전액 돌려받은 상태에서 소비자에게 이 물건을 팔지 않고 다른 용도로 사용하면 세무서는 부가가치세를 한 푼도 징수할 수 없습니다.

② 간주공급 종류

그래서 부가가치세법은 이런 폐단을 막기 위해 '자개사폐', 네 가지 종류의 간주공급 제도를 두어 실제 공급이 이루어지지 않더라도 부가가치세를 징수하고 있습니다.

종류	내용
자가공급	사업자가 사업 관련해 취득한 재화를 매입세액공제를 받은 후 부가가치세를 납부하지 않는 면세사업(*)에 사용하거나 타 사업장으로 반출하는 경우
개인적 공급	사업자가 매입세액 공제를 받은 뒤 취득한 재화를 집에서 사용하는 등 사적으로 사용하여 매출이 발생하지 않는 경우. 단, 직원 복리후생 등 목적의 사용은 제외
사업상 증여	사업자가 매입세액 공제를 받은 뒤 취득한 재화를 거래처에 접대 등을 목적으로 무상 증여하여 매출이 발생하지 않은 경우. 단, 광고선전비 등으로 사용은 제외
폐업 시 잔존재화	사업자가 매입세액 공제를 받은 뒤 취득한 재화를 팔지 않고 그대로 사업을 폐업하는 경우

(*)면세란 소비자의 부담을 줄이고자 쌀, 지하철·시내버스 요금 등에 부가가치세를 과세하지 않는 제도를 말하는데 추후 자세히 학습할 것임.

간주공급 중 자가공급과 개인적 공급의 기본개념을 살펴보면 다음과 같은데, 만약 구체적인 내용이 어렵다면 과감해 패스해도 전산회계1급 합격에는 지장이 없습니다.

가. 개인적 공급

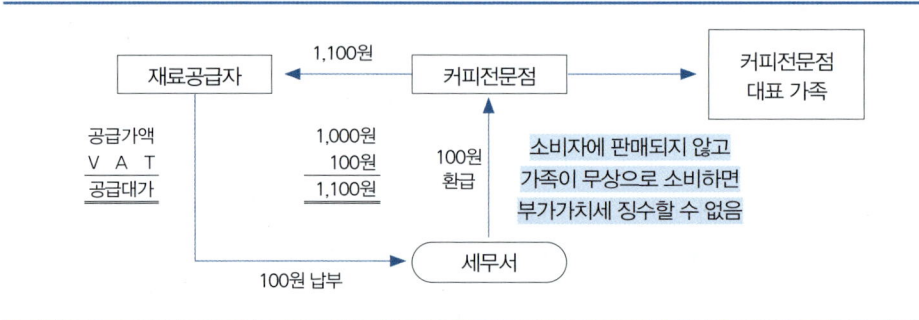

〈개인적 공급〉

커피전문점 사업자가 재료를 공급하면서 100원의 부가가치세를 부담했다가 부가가치세 신고시기에 이를 신고하면 100원을 전액 환급받습니다. 그런 다음 이를 소비자에게 판매하지 않고 그 가족이 이 커피를 마셔 버린다면 세무서는 이 커피의 유통과정에서 부가가치세를 한 푼도 징수할 수 없게 됩니다.

이를 방지하기 위해 커피전문점 사업자 가족이 이 커피를 마시는 순간 이를 사업자가 직접 소비한 것으로 봐서 여기에 부가가치세를 과세하는 것입니다. 이는 실제 공급이 아니지만 공급으로 과세하는 것입니다.

나. 자가공급(면세전용)

〈자가공급(면세전용)〉

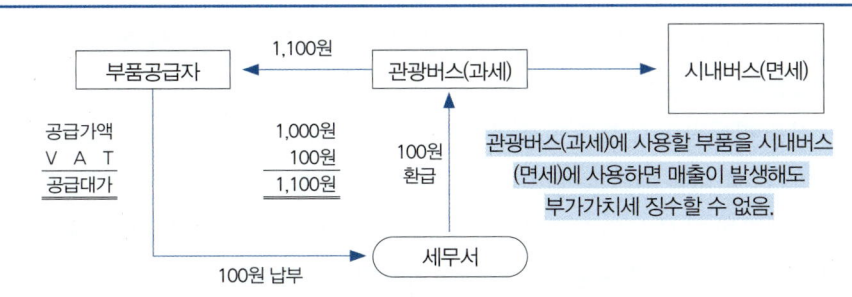

관광버스(과세)와 시내버스(면세)를 동시에 운영하는 회사가 관광버스 사용목적 부품을 구매한 뒤 매입세액공제를 받았다고 가정하겠습니다. 그럼 세무서 입장에서는 징수했던 부가가치세 100원을 다시 돌려줬기 때문에 추후 관광버스가 매출을 일으켜야 10% 부가가치세를 징수할 수 있습니다. 그런데 이 부품을 시내버스(면세)에 사용하면 시내버스가 매출을 일으켜도 면세이므로 부가가치세를 징수할 수 없게 됩니다.
이를 방지하기 위해 매입세액공제 받은 재화를 면세사업에 전용(바꾸어 씀)하면 실제 부품이 공급된 것이 아니지만 이를 공급으로 보는 간주공급제도를 두고 있는 것입니다.

③ 주의할 점

간주공급의 공통적 특징은 매입세액을 공제받은 뒤 소비자에게 해당 물건을 팔지 않고 다른 용도로 사용함에 따라 소비자로에게 실제 판매되지 않아 매출세액을 징수할 수 없다는 것입니다. 또한 간주공급 과세금은 취득가액이 아니라 판매가격인 시가인데 그래야 실제 제3자에게 판매되었을 때의 부가가치세를 징수할 수 있기 때문입니다.

이론기출 확인문제 | 전산회계 1급, 63회 |

다음 중 부가가치세법상 재화 공급의 특례에 해당하는 간주공급으로 볼 수 없는 것은?

① 개인적 공급
② 자기의 과세사업과 관련하여 취득한 재화를 면세사업에 전용하는 경우
③ 폐업 시 잔존재화
④ 사업용 기계장치의 양도

|정 답| ④
간주공급에는 자가공급, 개인적 공급, 사업장 증여, 폐업 시 잔존재화가 있으며, 사업용 기계장치를 양도하면 실질 재화공급임.

정교수 콕콕

④ 타사업장 반출

부가가치세법은 사업장이 둘 이상인 사업자가 자기의 사업과 관련하여 생산 또는 취득한 재화를 판매 목적으로 자기의 다른 사업장에 반출하는 것을 재화의 공급으로 보고 부가가치세를 과세하고 있습니다. 실제 매출이 발생한 것은 아니기 때문에 판매목적 타사업장 반출도 간주공급의 한 종류입니다.

예를 들어 서울 판매장의 물건을 인천 판매장으로 옮기면 서울 판매장 입장에서는 물건이 빠져나갔으므로 이를 매출로 보고 여기에 부가가치세를 부과하고, 인천 사업장은 이를 매입으로 처리해 다시 10% 부가가치세를 환급받는 것입니다. 번거롭지만 재고의 이동을 확실히 파악하고 통제하려고 판매 목적 타사업장 반출에도 부가가치세를 과세하고 있는 것입니다.

다만, 사업자단위 과세나 주사업장 총괄납부 적용을 받는 경우에는 회사 전체를 하나로 보고 부가가치세를 과세하므로 타사업장 반출에 부가가치세를 과세하지 않습니다.

⑤ 간주공급으로 보지 않는 경우

다음과 같이 직원 복지 증진이나 광고선전용으로 제공되는 경우에는 간주공급으로 보지 않습니다.

구분		내용
개인적 공급	직원복지 증진	• 종업원에게 무상으로 지급하는 작업복·작업모·작업화 • 직장체육, 직장연예와 관련해 사용되는 재화
사업상 증여	광고선전	• 사업을 위해 제공되는 견본품 • 광고선전 목적으로 배포되는 광고선전품 • 사용인 1인당 연간 10만 원 이내의 경조사와 관련된 재화 제공

2. 용역의 공급

1) 종 류

부가가치세 과세대상 두 번째는 바로 서비스, 즉 용역의 공급으로 공인회계사의 장부작성 대행 서비스, 건설용역, 숙박업, 부동산 임대업 등이 그 대표적 사례입니다. 단, 용역의 공급 중 어려운 내용은 전산회계1급 시험에 출제될 가능성이 낮으니 과감히 패스해도 됩니다.

다음은 주요 용역의 사례입니다.

<주요 용역 사례>

구분	내 용
단순 가공계약	거래처에서 인도받은 물건에 주요 자재를 전혀 더하지 않고 단순히 가공만 한 후 되돌려 주는 가공용역, 건설사업자가 건설자재의 전부 또는 일부를 부담하고 공급하는 용역의 경우, 곰 인형에 눈을 붙여 주는 경우가 대표적 사례임.
건설용역	건설회사가 건축주의 요청에 따라 건설대금을 받고 건축주 토지 위에 건물을 건축해 주는 건설용역.

2) 주의할 점

① 고용관계에 따라 일하는 경우는 용역의 제공이 아니라 단순한 근로의 제공입니다.
② 용역을 무상으로 제공하는 경우는 간주공급으로 보지 않습니다. 왜냐하면 용역의 경우에는 매입세액공제를 받은 뒤 그 재화를 판매하는 것이 아니기 때문입니다.
③ 부동산을 자녀 등 특수관계자에게 무상으로 사용케 하면 이는 용역의 공급으로 보아 부가가치세 과세됩니다. 왜냐하면 자녀 등에 대한 특혜를 막기 위한 제도라고 이해하세요.

🎯 **핵심체크** 콕
용역의 공급이 아닌 것
고용관계 근로제공, 용역 무상제공(단, 특수관계자에게 부동산 무상제공은 용역의 공급임)

이론기출 확인문제 | 전산회계 1급, 100회 |

다음 중 부가가치세법상 용역의 공급으로 과세하지 않는 것은?

① 고용관계에 의하여 근로를 제공하는 경우
② 사업자가 특수관계 있는 자에게 사업용 부동산의 임대용역을 무상 공급하는 경우
③ 자기가 주요 자재를 전혀 부담하지 아니하고 상대방으로부터 인도받은 재화를 단순히 가공만 하는 경우
④ 건설사업자가 건설자재의 전부 또는 일부를 부담하고 공급하는 용역의 경우

|정 답| ①
① 고용관계에 의한 근로의 제공은 용역의 제공이 아님. ② 특수관계자에게의 부동산 무상임대는 용역의 공급임.

3. 재화의 수입

재화를 수입하면 항구와 공항에서 수입 물품을 조사하는 세관장이 수입하는 물품에 10%의 수입 부가가치세를 과세하는데 해외 직구 물품에 10%의 부가가치세가 더해지는 것이 그 사례입니다. 결국 재화의 수입도 부가가치세 과세대상이 되는데 한 가지 참고할 점은 용역의 수입에 대해서는 부가가치세를 과세하지 않습니다. 구체적인 내용은 전산회계1급 시험에 출제될 가능성은 매우 낮으니 간단한 개념만 이해하세요.

이론기출 확인문제 | 전산회계 1급, 48회

다음 중 부가가치세 과세거래에 해당되는 것을 모두 고르면?

| 가. 재화의 수입 | 나. 용역의 수입 |
| 다. 용역의 무상공급 | 라. 고용관계에 의한 근로의 제공 |

① 가 ② 가, 나 ③ 가, 나, 다 ④ 가, 나, 다, 라

|정답| ① 용역의 수입, 용역의 무상공급, 고용관계에 의한 근로의 제공에는 부가가치세가 과세되지 않음.

2 공급시기

부가가치세는 신고·납부할 시기가 정해지기 때문에 재화와 용역의 공급시기를 언제로 볼 것인가의 문제입니다. 재화의 공급시기가 그 중 자주 출제됩니다.

핵심체크

재화 공급시기
현금·외상판매(인도시점), 자가공급·개인적공급·사업상증여(사용된시점), 폐업 시 잔존재화(폐업시점)

1. 재화의 공급시기

종류	공급시기
현금·외상·할부 판매	재화의 인도시점
장기할부판매, 완성도지급기준, 중간지급 조건부공급	대가의 각 부분을 받기로 한 때
상품권 판매	상품권이 회수되면서 재화가 실제 인도되는 시점
반환조건부, 기한부 판매	조건이 성취되거나 반환기간이 경과된 시점
재화의 공급으로 보는 가공	가공된 재화의 인도시점
자가공급, 개인적 공급, 사업상증여	재화가 사용된 시점
폐업 시 잔존재화	폐업시점
무인판매기 이용 판매	무인판매기에서 현금이 회수되는 시점
수출하는 재화	수출 재화의 선적일(기적일)
위탁판매	수탁자가 판매하는 시점

(*) 장기할부판매(재화 인도 후 1년 이상 기간 동안 2회 이상 대금을 나누어 받기로 한 거래), 완성도 지급기준(완성된 부분에 대해서만 대금을 지급하기로 약정한 거래), 중간지급 조건부(재화의 최종 인도 전 대금을 3회 이상 나누어 지급하는 거래), 반환조건부 판매(조건이 만족되어야 구입이 확정되는 거래), 기한부 판매(반환 기한 내 반환하지 않으면 구입이 확정되는 거래), 무인판매기(자판기 판매는 언제 물품이 판매되었는지 알 수 없어 돈을 회수하는 시점을 매출시점으로 보는 것임), 선적일(배에 싣는 날), 기적일(비행기에 싣는 날)

| 이론기출 확인문제 | 전산회계 1급, 103회 |

다음 중 부가가치세법에 따른 재화 또는 용역의 공급시기에 대한 설명으로 옳지 않은 것은?

① 현금판매, 외상판매의 경우 재화가 인도되거나 이용 가능하게 되는 때이다.
② 장기할부판매의 경우 대가의 각 부분을 받기로 한 때이다.
③ 반환조건부 판매의 경우 조건이 성취되거나 기한이 지나 판매가 확정되는 때이다.
④ 폐업 시 잔존재화의 경우 재화가 실제 사용하거나 판매되는 때이다.

|정답| ④
폐업 시 잔존재화는 폐업시점이 부가가치세의 공급시기임.

2. 용역의 공급시기

 핵심체크
용역 공급시기
역무 제공완료 시점

종류	공급시기
통상적인 용역의 공급	역무(서비스)의 제공이 완료되는 때
장기할부판매, 완성도지급기준, 중간지급 조건부공급	대가의 각 부분을 받기로 한 때
부동산 임대보증금에 대한 간주임대료	예정신고기간 종료일 또는 과세기간 종료일

(*) 간주임대료: 전세보증금을 은행에 예치하여 이자를 받을 수 있다는 가정하에 (보증금×정기예금 이자율)을 추가적인 임대 수입으로 보고 여기에 부가가치세를 과세하는 제도

[주의] 세금계산서 선교부와 공급시기
재화 또는 용역의 공급시기 이전에 대가의 전부 또는 일부를 받고 세금계산서를 발급한 경우 세금계산서 발급시점이 공급시기입니다.

| 이론기출 확인문제 | 전산회계 1급, 104회 |

부가가치세법상 부동산임대용역을 공급하는 경우, 전세금 또는 임대보증금에 대한 간주임대료의 공급시기로 옳은 것은?

① 대가의 각 부분을 받기로 한 때 ② 용역의 공급이 완료된 때
③ 대가를 받은 때 ④ 예정신고기간 또는 과세기간 종료일

|정답| ④
간주임대료는 전세보증금의 이자 성격으로 실제 임대료를 주고받은 것이 아니므로 해당 과세기간이 종료하는 시점이 부가가치세 공급시기임.

24 부가가치세 과세대상·공급시기
이론기출 공략하기

01 난이도 ★★ 필수
다음 중 부가가치세 과세대상 거래에 해당하지 않는 것은? [2020년, 92회]

① 사업자가 행하는 재화의 공급
② 사업자가 행하는 용역의 공급
③ 재화의 수입
④ 용역의 수입

02 난이도 ★★ 필수
다음 중 부가가치세법상 재화의 간주공급에 해당되지 않는 것은? [2019년, 86회]

① 사업상 증여 ② 현물출자 ③ 폐업 시 잔존재화 ④ 개인적 공급

03 난이도 ★★★ 필수
부가가치세법상 용역의 공급으로 과세하지 아니하는 것은? [2013년, 54회]

① 고용관계에 의하여 근로를 제공하는 경우
② 사업자가 특수관계자에게 사업용 부동산의 임대용역을 무상 공급하는 경우
③ 상대방으로부터 인도받은 재화에 주요 자재를 전혀 부담하지 아니하고 단순히 가공만 하는 경우
④ 건설업자가 건설자재의 전부 또는 일부를 부담하고 공급하는 용역의 경우

04 난이도 ★★ 필수
다음 중 부가가치세법상 재화의 공급으로 보는 경우는? [2025년, 118회]

① 조세의 물납
② 법률에 따른 공매, 경매, 수용
③ 사업상의 증여
④ 사업장별 그 사업에 관한 모든 권리·의무를 포괄 승계한 사업양도 (단, 사업양수자는 부가가치세 대리납부를 안 함.)

05 다음 중 부가가치세법상 '재화의 공급으로 보지 않는 특례'에 해당하지 않는 것은? [2023년, 111회]

① 담보의 제공
② 제품의 외상판매
③ 조세의 물납
④ 법률에 따른 수용

06 다음 중 부가가치세법상 재화의 공급시기가 잘못 연결된 것은? [2024년, 117회]

① 할부판매 : 재화가 인도되거나 이용가능한 때
② 반환조건부판매 : 조건이 성취되거나 기한이 지나 판매가 확정되는 때
③ 장기할부판매 : 대가의 각 부분을 수령한 때
④ 폐업 시 잔존재화 : 폐업하는 때

07 다음 중 부가가치세법상 재화 공급시기에 대한 설명으로 옳지 않은 것은? [2020년, 92회]

① 상품권을 외상으로 판매하는 경우에는 외상대금의 회수일을 공급시기로 본다.
② 폐업 전에 공급한 재화의 공급시기가 폐업일 이후에 도래하는 경우에는 그 폐업일을 공급시기로 본다.
③ 반환 조건부판매의 경우에는 그 조건이 성취되거나 기한이 경과되어 판매가 확정되는 때를 공급시기로 본다.
④ 무인판매기를 이용하여 재화를 공급하는 경우에는 당해 사업자가 무인판매기에서 현금을 인취하는 때를 공급시기로 본다.

08 다음 중 부가가치세법에 따른 재화 또는 용역의 공급시기에 대한 설명으로 적절하지 않은 것은? [2023년, 109회]

① 위탁판매의 경우 수탁자가 공급한 때이다.
② 상품권의 경우 상품권이 판매되는 때이다.
③ 장기할부판매의 경우 대가의 각 부분을 받기로 한 때이다.
④ 내국물품을 외국으로 반출하는 경우 수출재화를 선적하는 때이다.

09 다음 중 부가가치세법상 공급시기가 잘못된 것은? [2010년, 42회]

난이도 ★★ 필수

① 외상판매의 경우: 재화가 인도되거나 이용 가능하게 되는 때
② 장기할부판매의 경우: 대가의 각 부분을 받기로 한 때
③ 무인판매기로 재화를 공급하는 경우: 무인판매기에서 현금을 인취하는 때
④ 폐업 시 잔존재화의 경우: 재화가 사용 또는 소비되는 때

10 다음 중 부가가치세법상 재화의 공급으로 간주되어 과세대상이 되는 항목은?(아래 항목은 전부 매입세액 공제받음) [2014년, 61회]

난이도 ★★★

① 직장 연예 및 직장 문화와 관련된 재화를 제공하는 경우
② 사업을 위해 착용하는 작업복, 작업모 및 작업화를 제공하는 경우
③ 사용인 1인당 연간 10만 원 이내의 경조사와 관련된 재화 제공
④ 사업자가 자기생산·취득재화를 자기의 고객이나 불특정 다수에게 증여하는 경우

정답 및 해설

01 ④ 부가세 과세대상 3가지는 재화공급, 용역공급, 재화의 수입임. 용역의 수입은 과세하지 않음.

02 ② 간주공급은 자가공급, 개인적 공급, 사업상증여, 폐업 시 잔존재화임. 현물출자는 일반적인 재화의 공급임.

03 ① ① 고용관계에 의한 근로의 제공은 용역의 공급이 아님.
② 특수관계자에 대한 부동산 무상임대는 간주임대료로 과세함.
③ 수령한 재화의 단순한 가공인 용역의 공급임.
④ 건설업자의 자재 부담은 건축주로부터 받은 건설대금으로 구매한 것이므로 건설업자는 용역의 제공임.

04 ③ 매입세액을 공제받고 사업상 증여를 하면 매출이 발생하지 않아 부가가치세를 징수할 없으므로 실질 공급이 아니더라도 부가가치세를 과세함. 즉, 간주공급임.

05 ② ① 담보제공, ③ 조세물납, ④ 수용은 재화의 공급으로 보지 않지만 ④ 외상판매는 재화의 공급임. 즉, 외상판매에도 부가가치세가 과세됨.

06 ③ 할부판매는 재화 인도시점이 공급시기이지만 장기할부판매는 대가의 각 부분을 받기로 한 때가 공급시기임.

07 ① 상품권의 공급시기는 상품권이 회수되어 실제 재화/용역이 공급되는 시점임.

08 ② ② 상품권은 상품권이 실제 사용되어 현물로 교환되는 시점이 공급시기임. ① 위탁판매: 수탁자의 공급시점, ③ 장기할부판매: 대가의 각 부분을 받기로 한 때, ④ 수출: 선적일이 공급시기임.

09 ④ 폐업 시 잔존재화는 폐업하는 시점임.

10 ④ ① 직장 연예, 직장 복지를 위한 재화가 쓰이는 경우, ② 작업복 등으로 사용되는 경우, ③ 사용인 1인당 10만 원 이내 경조사로 사용되는 경우는 간주공급으로 보지 않음.

25 영세율·면세

학습내용 · 영세율   · 면 세

출제경향 이론문제로 2회 시험마다 1문제씩 출제되고 있는데 이론문제뿐 아니라 KcLep 매입매출전표 입력 시 기초지식이 되는 중요한 내용이므로 이해를 바탕으로 영세율 vs 면세 개념을 확실히 학습해야 함.

부가가치세 과세대상에는 재화의 공급, 용역의 공급, 재화의 수입이 있다는 것을 공부한 적이 있습니다. 그러나 일부 거래에는 부가가치세가 과세되지 않는데, 그 첫 번째가 영세율이고, 두 번째가 면세입니다.

1 영세율

1. 영세율 개념

부가가치세는 소비되는 장소에서 부과되는 소비지국 과세원칙의 특징이 있습니다. 휴대폰을 미국으로 수출할 때 우리나라에서 부가가치세를 과세해 보낸 뒤, 미국에서 또 부가가치세를 과세하면 휴대폰이 너무 비싸집니다. 이런 이유로 수출되는 물품에는 부가가치세를 붙이지 않아 수출을 촉진하게 되는데 이를 소비지국 과세원칙이라고 합니다. 이렇게 부가가치세가 수출품에는 과세되지 않게 하기 위해서는 어떤 구조로 부가가치세를 계산해야 할까요?

다음은 지난번에 공부했던 커피전문점의 커피 판매에 대한 부가가치세 흐름도인데, 이제 이 커피를 국내 소비자가 아닌 외국 바이어에게 수출한다고 가정하겠습니다.

〈수출품의 부가가치세 흐름도〉

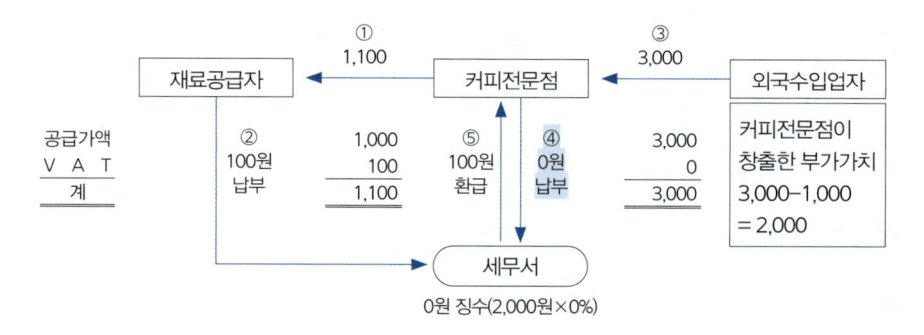

〈수출품의 부가가치세 흐름도〉를 통해 커피를 국내 소비자가 아닌 외국 바이어에게 수출한다는 가정 하에 부가가치세를 알아보겠습니다.

 정교수 콕콕

1) 1단계: 원재료 구매 – 매입단계

제일 먼저 커피전문점이 재료 공급자에게 1,100원을 지급하는데 1,000원은 공급가액, 100원은 10%의 부가가치세이며 이 단계에서 재료 공급자는 커피전문점이 부담한 부가가치세 100원을 걷어 세무서에 납부합니다.

2) 2단계: 커피 판매 – 수출단계

다음은 이제 커피전문점이 커피를 외국 바이어에게 수출하는 단계인데 좀 전 소비지국 과세원칙에서 설명한 바와 같이 수출품에는 부가가치세를 부과하지 않습니다. 따라서 수출품 부가가치세 흐름도의 ④번을 보면 납부하는 부가가치세가 0원입니다. 이를 다른 말로 0%의 세율, 즉 영세율이라고 부르는 것입니다.

결국 커피전문점은 부가가치세 신고할 때 매출세액은 납부하지 않고 매입세액은 전액 돌려받기 때문에 부가가치세를 한 푼도 부담하지 않게 됨에 따라 영세율이 적용되면 부가가치세 완전면세 혜택을 누리게 됩니다. 반대로 보면 커피 수출로 세무서에 들어오는 부가가치세는 한 푼도 없습니다.

2. 영세율 특징

첫째, 국제적 이중과세를 방지해 소비지국 과세원칙을 실현합니다.
둘째, 수출산업의 지원과 수출을 촉진해 외화획득에 기여합니다.
셋째, 부가가치세가 완전 면세됩니다.

 핵심체크
영세율 특징
이중과세 방지, 수출촉진, 완전면세

3. 영세율 적용대상

영세율은 외화를 획득하는 다음과 같은 수출에만 적용합니다.

재화의 수출	해외 직수출, 내국 수출(내국신용장·구매확인서 수출)
용역의 국외공급	중동 지역 해외 건설공사와 같이 국외에서 서비스 제공하고 외화를 받은 경우
외국항행용역	항공기, 선박 서비스를 제공하고 외화를 받은 경우
기타 외화획득	우리나라에 상주하는 외교공관, 주한미군 등에 공급하여 외화를 받는 경우

 핵심체크
영세율 적용대상
해외 직수출, 내국수출(내국신용장, 구매확인서), 용역 국외공급, 외국항행용역

내국 수출이란 수출품에 사용될 부품 등을 수출업체에 판매해서 수출에 간접적으로 기여하는 매출을 말합니다. 현대모비스가 현대자동차에 수출용 자동차 부품을 공급하는 것이 대표적인 사례로 수출에 간접 기여하므로 영세율을 적용해 줍니다.

현대모비스가 현대자동차에 수출용 원재료를 납품할 때 내국신용장 또는 구매확인서가 발급되기 때문에 내국수출을 내국신용장 수출 또는 구매확인서 수출이라고 부르기도 합니다. 직수출과 내국수출을 도표로 표시하면 다음과 같습니다.

핵심체크

영세율 사업자의무

부가가치세 신고(과세사업자), 내국수출은 세금계산서 발행

4. 영세율 사업자의 의무

1) 부가가치세 신고의무

사업자가 재화를 수출해서 영세율을 적용받으려면 수출을 증명할 수 있는 서류를 구비해 부가가치세를 세무서에 신고해야 하는데, 이런 이유로 영세율 사업자가 완전면세라 하더라도 과세 사업자라고 부릅니다.

2) 세금계산서 발행 의무

사업자는 재화나 용역의 공급 시점에 세금계산서를 발행해야 하는데, 해외 직수출의 경우 영세율 사업자는 세금계산서를 발행할 의무가 없습니다. 왜냐하면, 해외 바이어는 한글로 된 세금계산서가 필요 없기 때문입니다. 다만, 내국 수출(내국신용장, 구매확인서에 의한 국내 수출)의 경우에는 국내 기업 간 거래이므로 세금계산서를 발행하여야 합니다.

이론기출 확인문제 | 전산회계 1급, 32회 |

다음 중 부가가치세법상 영세율에 대한 설명으로 틀린 것은?

① 수출하는 재화에 적용된다.
② 내국신용장에 의할 경우 영세율세금계산서를 발행해야 한다.
③ 최종소비자에게 부가가치세의 부담을 경감시키기 위한 불완전면세제도다.
④ 영세율적용대상자는 부가가치세법상 과세사업자이어야 한다.

|정답| ③
영세율은 수출촉진을 위한 완전 면세제도이다.

2 면세

1. 면세 개념

부가가치세가 과세되지 않은 두 번째는 면세제도로 대표적인 것이 바로 의사의 치료행위입니다. 다음은 의사가 주사기를 구매해 환자에게 돈을 받고 사용한 사례의 부가가치세 흐름입니다.

〈면세의 부가가치세 흐름도〉

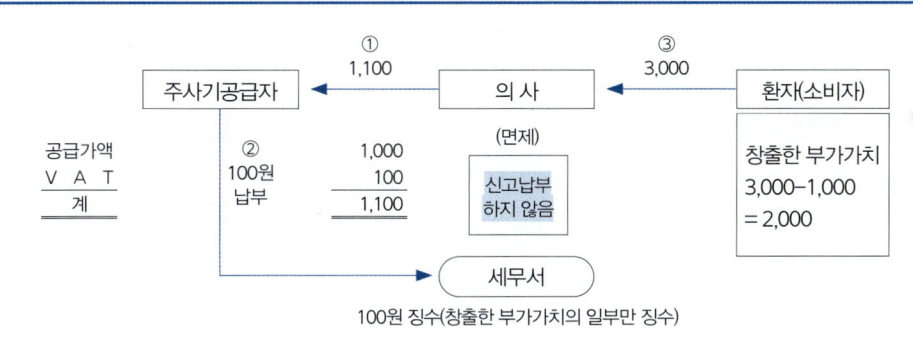

1) 1단계: 주사기 구입 – 매입단계

의사가 1,000원짜리 주사기를 구입할 때 부가가치세 100원(1,000원×10%)을 더해 1,100원을 주사기 공급자에게 지급해야 합니다. 즉, 공급가액에 10% 부가가치세를 포함해 지불해야 하며, 주사기를 공급하는 사업자는 부가가치세 100원을 세무서에 납부합니다.

2) 2단계: 주사기 사용 – 진료단계

이제 의사가 진료 시에 이 주사기를 사용하고 환자로부터 3,000원의 진료비를 받아야 한다고 가정하면, 환자로부터 매출세액 300원(3,000원×10%)을 징수하여 세무서에 납부해야 합니다. 하지만 이러면 진료비가 상승해 환자에게 부담이 되기 때문에 현행 부가가치세법은 이러한 병원 진료에는 10%의 부가가치세를 면제시켜 주고 있습니다. 즉 면세사업자는 부가가치세 신고의무가 아예 없습니다.

2. 면세 특징

의사와 같은 면세 사업자는 부가가치세를 신고·납부할 의무가 없어 구입할 때 부담했던 주사기의 매입세액 100원은 돌려받을 수가 없습니다. 즉, 주사기에 면세를 적용하면

면세 특징
부분면세, 역진성 완화

세무서는 결국 주사기 공급자가 납부한 100원의 부가가치세만 징수하고, 의사가 창출한 2,000원이 부가가치에 대해서는 부가가치세를 징수할 수 없게 되는데, 이런 이유로 면세를 부분면세 제도라고 부르기도 합니다. 면세를 적용하면 매출세액이 과세되지 않기 때문에 소비자는 좀 더 저렴한 가격을 지불하기 때문에 소비자의 부담을 덜어 줍니다. 면세는 조세부담의 역진성을 완화하는 역할을 합니다.

3. 면세 적용 대상

면세 적용 대상은 전산회계 시험 이론시험에도 자주 출제될 뿐 아니라 추후 매입매출전표 입력에서도 꼭 필요한 지식이므로 이해한 후 반드시 암기해야 합니다.

1) 면세 적용 대상

현행 부가가치세법은 국민의 부담을 줄여주기 위해 의식주 관련한 기초생활필수품, 학업과 치료를 위한 국민후생, 문화생활을 위한 도서, 공연에는 매출세액을 징수하고 있지 않습니다. 이를 부가가치세의 역진성 완화를 위한 조치라고 부릅니다.

핵심체크

면세 적용대상
- 기초생활: 미가공식료품, 수돗물, 생리대, 기저귀, 분유, 여객운송, 주택건설·임대
- 국민후생: 의료보건, 인허가 교육
- 문화: 도서, 신문, 방송, 예술
- 부가가치구성: 토지공급, 금융보험, 인적용역

핵심체크

면세 안 되는 대상
사무실건설·임대, 미용성형, 일반의약품, 무도학원, 자동차학원, 광고, 토지임대, 수집용 우표, 전문직용역

기초생활 필수품	• 미가공 농·축·수산물·임산물 등의 식료품 (비식용은 국산만 면세) • 수돗물(전기, 가스는 과세) • 연탄, 무연탄(유연탄, 갈탄, 착화탄은 과세) • 여성용 생리대, 영유아 기저귀·분유 • 여객운송용역(지하철, 버스, 일반 기차) 단, 항공기, 고속버스, 전세버스, 택시, 특수자동차, 고속철도, 유람선은 과세 • 주택 건설용역(사무실 등 사업용 건설용역은 과세) • 주택 임대용역(사무실 등 사업용 임대용역은 과세)
국민후생	• 의료보건용역(미용성형, 동물치료, 비타민·파스 등 일반의약품은 과세) • 교육용역(주무관청 인허가 받은 경우에 한하며, 무도학원, 자동차학원은 과세)
문화관련	• 도서, 신문, 잡지, 방송(단, 광고는 과세) • 예술창작품(그림, 음악, 연극), 예술행사 • 도서관, 박물관 관람 등
부가가치 구성요소	• 토지의 공급(토지의 임대는 과세) • 금융·보험용역: 대출이자, 보험료 등 • 저술가, 작곡가의 인적용역(변호사, 회계사의 인적용역은 과세)
기 타	우표(수집용은 과세)·인지·복권, 국가·지방자치단체가 공급하는 재화·용역, 국가·지방자치단체에 공급하는 재화·용역, 종교·자선 등 일정 단체가 공급하는 일부 재화·용역

(*) 식료품의 가공 여부는 본래의 성질이 변하였는지로 판단하는데, 주로 열을 가하면 본래의 성질이 변해 가공한 것으로 판단함.

흔히 생산의 3요소로 토지, 자본, 노동을 꼽는데 여기에 부가가치세를 과세하면 생산이 위축됩니다. 그래서 부가가치 창출을 위해 토지공급, 금융·보험용역, 인적용역에는 부가가치세 면세 혜택을 주고 있습니다.

이론기출 확인문제 | 전산회계 1급, 102회

다음 중 부가가치세법상 면세되는 용역이 아닌 것은?

① 은행법에 따른 은행 업무 및 금융용역
② 주무관청의 허가 또는 인가 등을 받은 교육용역
③ 철도건설법에 따른 고속철도에 의한 여객운송용역
④ 주택임대용역

|정 답| ③
버스, 전철, 일반 철도같이 대중적인 필수 일반 여객운송용역은 부가가치세 면세이지만 고속철도(KTX, SRT), 항공기, 고속버스와 같은 고가 여객운송용역은 부가가치세 과세대상임.

2) 면세포기

① 면세포기 대상: 면세품의 영세율 적용

면세사업자가 면세 물품을 수출하는 경우 면세사업자는 면세를 포기하고 영세율을 적용받을 수 있습니다. 즉, 면세 사업자에서 영세율 사업자로 바뀌는 것입니다.

② 면세포기 절차

면세를 포기하려면 세무서에 신고하고 지체 없이 사업자등록증을 정정해야 합니다. 다만, 면세포기는 신고사항이지 세무서장의 승인사항은 아닙니다.

③ 면세포기 기간: 3년

한 번 면세를 포기하면 신고한 날부터 3년간 다시 면세를 적용받을 수 없습니다.

핵심체크

면세포기
- 면세물품이 영세율 적용되는 경우
- 면세 포기하면 3년간 일반과세 적용

이론기출 확인문제 | 전산회계 1급, 98회

다음은 부가가치세법상 면세포기와 관련된 설명이다. 맞게 설명한 것은?

① 면세포기는 관할세무서장의 승인을 얻어야 한다.
② 면세사업자는 면세포기 신고일로부터 3년간은 부가가치세를 면제받지 못한다.
③ 면세사업자는 모든 재화, 용역에 대하여 면세포기가 가능하다.
④ 면세사업자가 면세를 포기해도 매입세액공제가 불가능하다.

|정 답| ②
① 면세포기는 신고사항이지 승인받을 사항은 아님. ③ 면세 포기는 면세품에 영세율이 적용되는 경우에 가능 ④ 면세포기 하면 영세율 사업자가 되기 때문에 매입세액공제를 받을 수 있음.

25 영세율·면세 이론기출 공략하기

01 난이도 ★★ 필수
다음 중 부가가치세법상 영세율에 대한 설명으로 가장 옳지 않은 것은? [2023년, 110회]
① 수출하는 재화에 대해서는 영세율이 적용된다.
② 영세율은 수출산업을 지원하는 효과가 있다.
③ 영세율을 적용하더라도 완전면세를 기대할 수 없다.
④ 영세율은 소비지국과세원칙이 구현되는 제도이다.

02 난이도 ★★★
다음 중 부가가치세법상 영세율에 대한 설명으로 가장 틀린 것은? [2014년, 59회]
① 수출하는 재화뿐만 아니라 국외에서 제공하는 용역도 영세율이 적용된다.
② 영세율이 적용되는 모든 사업자는 세금계산서를 발급하지 않아도 된다.
③ 영세율이 적용되는 경우에는 조기환급을 받을 수 있다.
④ 영세율이 적용되는 사업자는 부가가치세법상 과세사업자이어야 한다.

03 난이도 ★★
다음 중 부가가치세법상 영세율에 대한 설명으로 틀린 것은? [2017년, 71회]
① 완전면세
② 국제적 이중과세의 방지
③ 세부담의 역진성 완화
④ 수출산업의 지원

04 난이도 ★★ 필수
다음 중 면세대상에 해당하는 것은 모두 몇 개인가? [2012년, 50회]

| ⓐ 수돗물 | ⓑ 도서, 신문 | ⓒ 가공식료품 |
| ⓓ 시내버스운송용역 | ⓔ 토지의 공급 | ⓕ 교육용역(허가, 인가받은 경우에 한함) |

① 3개　　　　② 4개　　　　③ 5개　　　　④ 6개

05 난이도 ★★

다음 중 부가가치세 면세대상에 해당하지 않는 것은? [2013년, 55회]

① 시내버스, 우등고속버스 등의 여객운송용역
② 대통령령으로 정하고 있는 교육용역
③ 주택임대
④ 미가공 식료품

06 난이도 ★★ 필수

다음 중 부가가치세법상 면세 대상이 아닌 것은? [2024년, 117회]

① 수돗물
② 일반의약품
③ 미가공식료품
④ 도서

07 난이도 ★★

다음 중 부가가치세 면세대상이 아닌 것은? [2017년, 74회]

① 약사법에 따른 약사가 제공하는 의약품의 조제용역
② 수돗물
③ 연탄과 무연탄
④ 항공법에 따른 항공기에 의한 여객운송 용역

08 난이도 ★★ 필수

다음 중 부가가치세법상 영세율 적용대상이 아닌 것은? [2025년, 118회]

① 내국물품을 외국으로 반출하는 것
② 용역의 국외공급
③ 주택과 이에 부수되는 토지의 임대용역으로서 대통령령으로 정하는 것
④ 외국항행용역의 공급

09 난이도 ★★ 필수

다음 중 부가가치세법상 영세율과 면세에 대한 설명으로 옳지 않은 것은? [2020년, 90회]

① 면세사업자는 부가가치세법상 납세의무자가 아니다.
② 면세사업자가 영세율을 적용받고자 하는 경우에는 면세포기 신고를 하여야 한다.
③ 영세율은 부가가치세 부담이 전혀 없는 완전면세제도에 해당한다.
④ 면세제도는 소비지국과세원칙을 구현하고 부가가치세의 역진성을 완화하기 위해 도입된 제도이다.

10 다음 중 부가가치세 영세율과 관련한 설명으로 틀린 것은? [2020년, 93회]

① 영세율은 수출하는 재화뿐만 아니라 국외에서 공급하는 용역에도 영세율이 적용된다.
② 영세율이 적용되는 경우에는 항상 세금계산서 발급 의무가 면제된다.
③ 영세율이 적용되는 사업자는 부가가치세법상 과세사업자이어야 한다.
④ 영세율이 적용되는 사업자는 부가가치세법상 사업자로서의 제반의무를 이행하여야 한다.

11 다음 중 부가가치세법상 면세제도와 관련한 내용으로 옳은 것은? [2022년, 105회]

① 건물이 없는 토지의 임대, 약사가 공급하는 일반의약품은 면세에 해당한다.
② 면세제도는 사업자의 세부담을 완화하기 위한 완전면세제도이다.
③ 면세를 포기하고자 하는 경우 포기일부터 1개월 이내에 사업자등록을 정정하여야 한다.
④ 면세포기를 신고한 사업자는 신고한 날부터 3년간은 면세를 적용받지 못한다.

정답 및 해설

01 ③ 영세율은 완전면세제도이다.

02 ② 수출품에 원재료를 공급하는 내국신용장, 구매확인서에도 영세율이 적용되는데, 이 경우에는 국내 기업 간 거래이므로 세금계산서를 발행하여야 함.

03 ③ 영세율 목적은 수출촉진이며 세부담 역진성 완화는 면세의 목적임.

04 ③ ⓐ, ⓑ, ⓓ, ⓔ, ⓕ는 면세이며 ⓒ가공식료품은 과세대상임.

05 ① 우등고속버스는 과세대상임.

06 ② 약사의 건강보험에 따른 조제의약품은 면세 대상이나, 일반의약품은 과세 대상임.

07 ④ 항공기 여객운송 용역은 과세대상임.

08 ③ 주택과 이에 부수되는 토지 임대는 영세율이 아니라 면세임.

09 ④ 소비지국과세원칙은 면세가 아니라 영세율의 특징임.

10 ② 내국수출은 국내기업 간 거래이므로 영세율이어도 세금계산서를 발행해야 함.

11 ④ ① 토지 공급은 면세이나 임대는 과세이며 일반의약품은 과세. ② 면세제도는 매입세액을 돌려받지 못하는 부분면세제도임. ③ 면세를 포기하면 지체 없이 사업자등록을 정정해야 함.

26 세금계산서

학습내용 세금계산서

출제경향 이론문제로 2회 시험마다 1문제씩 출제되며 세금계산서 필요적 기재사항, 전자세금계산서, 세금계산서 발급시기 위주로 학습하면 충분함.

세금계산서 발행
공급하는 자 1장, 공급받는 자 1장, 총 2장

1 세금계산서 개념

과세당국은 사업자의 모든 거래를 파악해 여기에 부가가치세, 소득세 또는 법인세를 과세하기 위해 사업자 등록번호를 기재한 세금계산서를 발행하도록 하고 있습니다. 세금계산서는 매출하는 사업자가 두 장을 발행하여 한 장은 공급하는 자가, 나머지 한 장은 공급받는 자가 각각 나누어 갖습니다. 그런 다음 공급자와 공급을 받는 자가 각자 관할 세무서에 신고하면 세무서가 중간에서 이를 맞춰보는 구조입니다.

2 세금계산서 양식

다음은 세금계산서 양식인데 세금계산서의 기재 내용은 반드시 기재하여야 하는 필요적 기재사항과 기재하지 않아도 되는 임의적 기재사항으로 나뉩니다.

세금계산서(공급자보관용)																					
									책 번 호	상권	01호										
									일 련 번 호	18 - 0021											

	①						②			
공급자	등록번호	215-87-11111				공급받는자	등록번호	135-13-13579		
	상호(법인명)	(주)명지패션	성 명 (대표자)	홍길동			상호(법인명)	우리전자	성 명 (대표자)	김길동
	사업장 주소	서울시 강남구 삼성동 1-1번지					사업장 주소	경기 포천 상신리 1번지		
	업 태	컴퓨터	종 목	도소매			업 태	제조	종 목	컴퓨터

③ 작성	④ 공 급 가 액	④ 세 액	비 고
연 월 일 공란수	조 천 백 십 억 천 백 십 만 천 백 십 일	천 백 십 억 천 백 십 만 천 백 십 일	
2020 7 5	2 0 0 0 0 0	2 0 0 0 0	

월	일	품 목	규 격	수 량	단 가	공 급 가 액	세 액	비 고
7	5	컴퓨터부품		2	100,000	200,000	20,000	

합 계 금 액	현 금	수 표	어 음	외상 미수금	이 금액을 영수/청구 함
220,000	220,000				

(*) 테두리 친 4곳이 반드시 기재해야 하는 필요적 기재사항임.

1. 세금계산서 필요적 기재사항

필요적 기재사항 4가지는 부가가치세 부과에 꼭 필요한 것으로 필요적 기재사항이 하나라도 빠진 세금계산서는 효력이 없습니다.

- 공급하는 자의 등록번호와 성명 또는 명칭
- 공급가액과 부가가치세액
- 공급받는 자의 등록번호
- 작성 연월일

(*) 필요적 기재사항 이외의 임의적 기재사항은 기재하지 않아도 세금계산서의 효력이 있으며 공급연월일이 아니라 작성연월일이 필요적 기재사항임. 또한 공급받는 자의 성명 또는 명칭은 임의적 기재사항임.

2. 세금계산서 임의적 기재사항

공급하는 자의 주소, 공급받는 자의 상호·성명·주소, 공급하는 자와 공급받는 자의 업태·업종, 공급품목, 단가와 수량, 공급연월일 등

이론기출 확인문제 | 전산회계 1급, 58회 |

다음 자료에서 세금계산서의 필수적 기재사항을 모두 모은 것은?

| ㉮ 공급하는 사업자 등록번호와 성명 또는 명칭 | ㉯ 공급받는 자 등록번호 | |
| ㉰ 공급가액과 부가가치세액 | ㉱ 공급연월일 | ㉲ 작성연월일 |

① 가, 나, 다
② 가, 나, 다, 라
③ 가, 나, 다, 마
④ 가, 나, 다, 라, 마

|정답| ③
공급연월일은 필요적 기재사항이 아님.

3. 세금계산서 보관 및 합계표 제출

세금계산서를 발급한 공급자 및 수령한 공급받는 자는 세금계산서 원본을 5년간 보관하여야 하며 세금계산서 발급 및 수령한 내역을 세금계산서 합계표에 집계하여 관할 세무서에 보고하여야 합니다.

3 전자세금계산서

1. 개념

세금계산서는 종이에 인쇄해서 공급자와 공급받는 자가 서로 주고받았는데 2010년부

 정교수 콕콕

 핵심체크 콕 콕 콕

세금계산서 필요적 기재사항
공급하는 자 등록번호·성명(명칭), 공급받는 자 등록번호, 공급가액과 부가가치세액, 작성연월일

핵심체크

세금계산서 보관/합계표 제출
- 세금계산서: 5년간 보관
- 세금계산서합계표 제출

터는 이를 국세청 사이트에서 전산입력을 한 뒤 이를 공급받는 자에게 이메일로 전송하는 전자세금계산서 제도가 도입되었습니다. 이 제도 도입으로 공급자, 공급받는 자 모두 입력된 데이터를 이용해 쉽게 부가가치세를 신고할 수도 있고, 과세당국도 전자세금계산서 내용을 전산으로 제공받아 효율적으로 부가가치세 관리가 가능하게 되었습니다.

2. 전자세금계산서 의무발급 대상

> **핵심체크**
> 전자세금계산서 의무발행
> 법인, 직전연도 과세분과 면세분 공급가액 1억 원 이상 개인사업자

- 모든 법인사업자
- 직전연도 사업장별 재화 및 용역의 공급가액(면세공급가액 포함) 합계액이 8,000만 원 이상인 개인사업자
  - 전자세금계산서 의무발급 개인사업자가 전자세금계산서를 발급해야 하는 기간은 사업장별 재화 및 용역의 공급가액의 합계액이 8,000만 원 이상인 해의 다음 해 제2기 과세기간과 그 다음 해 제1기 과세기간으로 한다.

  - 관할 세무서장은 전자세금계산서 의무발급 개인사업자에 해당하면 개인사업자에게 전자세금계산서 발급 의무가 발생하기 1개월 전까지 그 사실을 통지하여야 한다.
  - 개인사업자가 일단 전자세금계산서 의무 발급 대상이 되면 그 이후 공급가액이 연 8,000만 원 미만이 되더라도 계속 전자세금계산서를 발급해야 한다.

- 단, 전자세금계산서 의무발급 대상이 아닌 개인사업자도 원하면 전자세금계산서 발급할 수 있음.

3. 전자세금계산서 발급명세 전송

> **핵심체크**
> 전자세금계산서 발급명세 전송
> 발급일 다음 날까지

전자세금계산서를 발급한 경우 발급일 다음 날까지 '전자세금계산서 발급명세'를 국세청장에게 전송해야 하며, 이를 제출한 경우 종이세금계산서를 5년간 보관해야 하는 의무와 세금계산서합계표 제출의무가 면제됩니다.

이론기출 확인문제 | 전산회계 1급, 61회 |

다음 중 전자세금계산서를 의무적으로 발급해야 하는 사업자로 가장 적절한 것은?

① 휴대폰을 판매하는 법인사업자
② 음식점을 운영하는 간이사업자
③ 배추를 재배해서 판매하는 영농조합법인
④ 입시학원을 운영하는 개인사업자

|정 답| ①
법인사업자는 규모 관계없이 전자세금계산서 발급의무 있음.

4 세금계산서 발급 시기

1. 원 칙: 재화·용역의 공급시기

세금계산서는 재화(물건) 또는 용역(서비스)을 제공하는 시점, 즉 공급시점에 재화 또는 용역을 공급받는 자에게 발급하는 것이 원칙입니다. 따라서 외상으로 재화, 용역을 판매하더라도 세금계산서는 발행해야 합니다.

2. 예 외

단, 다음 두 가지 경우에는 공급시점이 아니더라도 세금계산서 발행이 인정됩니다.

① 공급 시점 이전 세금계산서 선 발행

세금계산서 발행 후 7일 이내에 대금을 받는 등 향후 매출이 발생할 것이 확실한 경우에는 실질적인 재화나 용역의 공급이 없더라도 세금계산서 발행을 인정합니다.

② 공급 시점 이후 세금계산서 일괄발행

특정 거래처와 매달 많은 거래를 할 경우 거래 건마다 세금계산서를 발행하는 것이 번거로우므로, 매월 마감 후 말일자를 작성연월일로 하여 다음 달 10일(토요일, 공휴일인 경우 그다음 날)까지 월합계 세금계산서를 발행할 수 있습니다.

3. 수정세금계산서

세금계산서 발급 이후 다음과 같은 사유로 발급 내용을 수정할 필요가 있으면 수정 세금계산서를 발급해야 합니다.

> 공급한 재화의 환입, 계약의 해지 또는 변경, 필요적 기재사항의 착오 기재, 착오에 의한 이중 발급 등

(*) 수정세금계산서의 수정할 내용은 빨간색으로 표시하거나 (-)표시를 함.

5 영수증 발급 대상 사업 `어려우면 패스`

다음과 같이 주로 최종 소비자를 상대하는 다음 업종은 세금계산서를 발급하는 대신, 공급받는 자가 표시되지 않는 영수증(신용카드매출전표, 현금영수증, 간이영수증)을 발급할 수 있습니다. 다만, 아래와 같이 그 규모에 따라 고객이 요구할 경우 세금계산서를 발급해야 하는 업종과 무조건 영수증을 발급하는 업종으로 나눕니다.
시간 없으면 과감히 포기해도 전산회계1급 합격에는 지장이 없습니다.

 정교수 콕콕

 핵심체크 콕

세금계산서 발급시기 원칙
재화, 용역의 공급시기

핵심체크

세금계산서 발급시기 예외
- 공급 이전: 발행 후 7일 이내 대금 받는 경우
- 월합계세금계산서: 매월 거래 합계에 대해 매월 말일을 작성연월일로 다음 달 10일까지 발급

핵심체크
세금계산서 발급 불가

면세사업자, 간이과세자 중 직전연도 공급대가 4,800만원 미만 및 신규사업자, 목욕·이발·미용 등

〈영수증 발급 대상 사업〉

구분	영수증 발급 사업
상대방이 세금계산서 발급을 요구할 경우 영수증 대신 세금계산서를 발급해야 하는 사업	소매업, 음식점업, 숙박업, 변호사, 회계사 등 전문직종, 전세버스 여객운송용역 등
상대방이 세금계산서 발급을 요구해도 영수증 대신 세금계산서를 발급할 수 없는 사업	간이과세자 중 신규사업자 및 직전연도 공급대가 합계액이 4,800만 원 미만, 목욕·이발·미용업, 무도학원, 자동차운전학원, 일반 여객운송용역 등

(*) 간이과세자: 간이과세자는 일반과세자와 달리 세금계산서를 발급할 수 없었으나, 2021년 7월 1일부터 세금계산서 발급을 원칙으로 하되 신규사업자 또는 직전연도 공급대가 합계액이 4,800만 원 미만인 사업자는 예외적으로 영수증을 발급하도록 세법이 개정되었음. 즉, 공급대가 4,800만 원 초과 8,000만 원 미만 간이사업자는 2021년 7월 1일부터 세금계산서 발행이 가능함.

핵심체크
세금계산서 발급 면제대상

택시, 노점상, 무인자판기, 목욕·이미용, 소매업(상대방 요구 없을 시), 재화의 간주공급, 간주임대료, 직수출

6 세금계산서 또는 영수증 발급 면제 대상 〈어려우면 패스〉

다음의 경우에는 편의상 세금계산서 또는 영수증을 발급하지 않아도 되는 경우인데, 전산회계1급 시험에 가끔씩 출제됩니다.

〈세금계산서 또는 영수증 발급 면제 대상〉

- 택시, 노점상, 무인자동판매기
- 목욕·이발·미용업(단, 상대방이 요구 시 영수증 발급해야 함.)
- 소매업(단, 상대방이 요구 시 세금계산서 또는 영수증 발급해야 함.)
- 재화의 간주공급(자가공급, 개인적공급, 사업상증여, 폐업 시 잔존재화)
- 부동산 임대보증금에 대한 간주임대료
- 해외 직수출(단, 내국신용장에 의한 내국 수출은 세금계산서를 발급해야 함.)
- 신용카드 또는 체크카드로 결제하는 경우

(*) 재화의 간주공급, 임대보증금 간주임대료는 실제 공급이 아니므로 세금계산서 발급이 면제되는 것임. 또한 신용카드 또는 체크카드 등으로 결제하면 해당 내용이 국세청에 통보되므로 별도의 세금계산서를 발행이 필요 없는 것임.

핵심체크
세금계산서 발급 대상

소매업(상대방 요구 시), 도매업, 내국신용장 수출

이론기출 확인문제 | 전산회계 1급, 72회 변형 |

다음 중 세금계산서 발급의무의 면제에 해당하지 않는 것은? 단, 과세사업자를 전제로 한다.

① 미용, 욕탕 및 유사 서비스업을 경영하는 자가 공급하는 재화 또는 용역
② 직전연도 공급대가 합계액이 4,800만 원 미만 간이과세자
③ 도매업을 영위하는 자가 공급하는 재화, 용역
④ 무인판매기를 이용하여 재화와 용역을 공급하는 자

|정 답| ③ 도매업자는 세금계산서를 발급해야 함.

7. 특수한 경우 (어려우면 패스)

1. 매입자발행 세금계산서

원칙적으로 세금계산서는 재화·용역을 판매하는 자가 발행해야 하는데 가끔 매출을 빼먹으려고 매출자가 이를 거부할 수 있는데, 이럴 때 매입자는 스스로 세금계산서를 발행할 수 있는데 이를 매입자발행 세금계산서라고 부릅니다.

매입자가 세금계산서를 발행하기 위해서는 거래 건당 공급대가 5만 원 이상인 거래에 대해 대금 결제내역 등 증빙서류를 첨부하여 공급시기가 속하는 과세기간 종료일로부터 6개월 이내에 관할 세무서장에게 거래사실 확인을 받아야 합니다.

2. 수입세금계산서

수입되는 재화에는 세관장이 수입부가가치세를 부과하는데 이때 세관장은 수입세금계산서를 발행합니다.

3. 판매 목적 타사업장 반출시 세금계산서

사업자는 사업장마다 사업자등록을 해야 하는데, 예를 들어 서울 판매장의 물건을 인천 판매장으로 옮기면 서울 판매장 입장에서는 물건이 빠져나갔으므로 이를 판매로 보고 여기에 세금계산서를 발급해 10% 부가가치세를 납부하게 됩니다. 그리고 인천 사업장은 이를 매입으로 처리한 뒤 다시 10%를 환급받습니다.

번거롭지만 재고의 이동을 확실히 파악하고 통제하려고 판매 목적 타사업장 반출에도 세금계산서를 발급하도록 하고 있습니다.

4. 면세사업자의 계산서 발급

의사, 인허가받은 학원 등의 면세사업자는 매출 부가가치세를 부담하지 않기 때문에 좀 전 공부한 세금계산서를 발급할 수 없습니다. 따라서 면세사업자는 아래와 같이 부가가치세 없이 물건값, 즉 공급가액만 기입하는 '계산서'를 발급하고 있습니다.

이론기출 확인문제

| 전산회계 1급, 102회 |

다음 중 부가가치세법상 세금계산서 및 영수증 발급의무면제 대상이 아닌 것은? (단, 주사업장총괄납부 및 사업자단위과세 사업자가 아니다.)

① 용역의 국외공급
② 무인자동판매기를 이용한 재화의 공급
③ 다른 사업장에 판매목적으로 반출되어 공급으로 의제되는 재화
④ 부동산임대용역 중 간주임대료에 해당하는 부분

|정 답| ③
판매 목적물 재화를 타 사업으로 반출하는 경우에는 재화의 공급이므로 세금계산서를 발행해야 함.

26 세금계산서 이론기출 공략하기

01 난이도 ★ 필수
다음 중 부가가치세법상 세금계산서의 필요적 기재사항이 아닌 것은? [2023년, 109회]

① 공급연월일
② 공급자의 등록번호와 성명 또는 명칭
③ 공급가액과 부가가치세액
④ 공급받는자의 등록번호

02 난이도 ★★ 필수
다음은 세금계산서의 일부이다. 부가가치세법상 필요적 기재사항이 아닌 것은? [2015년, 64회]

전자세금계산서						승인번호		
공급자	사업자등록번호	①	종사업장번호		공급받는자	사업자등록번호		종사업장번호	
	상호(법인명)		성명(대표자)			상호(법인명)		성 명	④
	사업장주소					사업장 주소			
	업 태		종 목			업 태		종 목	
	이메일					이메일			
작성일자		공급가액		세 액		수정사유			
②		③							

03 난이도 ★★ 필수
다음은 부가가치세법상 전자세금계산서와 관련된 내용이다. 틀린 것은? [2013년, 54회 변형]

① 법인사업자는 전자세금계산서 의무발급 사업자이다.
② 직전 연도의 사업장별 과세분과 면세분 공급가액의 합계액이 8,000만 원 이상인 개인사업자는 전자세금계산서 의무발급 사업자이다.
③ 전자세금계산서 의무발급 개인사업자가 전자세금계산서 발급명세를 전송한 경우에는 매출·매입처별세금계산서합계표를 제출하지 않아도 되며, 5년간 세금계산서 보존의무가 면제된다.
④ 전자세금계산서 발급의무 사업자가 아닌 사업자는 전자세금계산서를 발급·전송할 수 없다.

04 부가가치세법상 법인사업자가 전자세금계산서를 발급하는 경우 전자세금계산서 발급 명세를 언제까지 국세청장에게 전송해야 하는가? [2024년, 116회]

① 전자세금계산서 발급일의 다음 날
② 전자세금계산서 발급일로부터 1주일 이내
③ 전자세금계산서 발급일이 속하는 달의 다음 달 10일 이내
④ 전자세금계산서 발급일이 속하는 달의 다음 달 25일 이내

05 다음 중 당해 연도 말 현재 부가가치세법상 전자세금계산서를 발급해야 하는 사업자는 몇 명인가? (단, 다른 사업장은 없고 세금계산서 발급의무가 면제되지 아니한다.) [2025년, 118회]

- 직전연도 공급가액이 5천만 원인 법인사업자
- 직전연도 공급가액이 1억 원인 개인사업자
- 직전연도 공급가액이 1억 원인 법인사업자

① 없음 ② 1명 ③ 2명 ④ 3명

06 다음 중 세금계산서에 대한 설명으로 가장 올바르지 않은 것은? [2018년, 79회]

① 세관장은 수입자에게 세금계산서를 발급하여야 한다.
② 경우에 따라 매입자발행세금계산서 발급이 가능하다.
③ 세금계산서는 원칙적으로 재화 또는 용역의 공급시기에 발급하여야 한다.
④ 면세사업자도 재화를 공급하는 경우 세금계산서를 발급하여야 한다.

07 다음 중 세금계산서의 원칙적인 발급시기로서 옳은 것은? [2011, 49회]

① 재화 또는 용역의 공급시기
② 재화 또는 용역의 공급시기가 속하는 달의 말일까지
③ 재화 또는 용역의 공급시기가 속하는 달의 다음 달 10일까지
④ 재화 또는 용역의 공급시기가 속하는 달의 다음 달 15일까지

08 다음 중 부가가치세법상 공급시기는? [2016년, 특별회차]

> ㉠ 3월 1일: A제품 판매주문을 받았음.
> ㉡ 3월 31일: A제품 판매대가 1,000,000원을 전액 수령하고 세금계산서를 발급함.
> ㉢ 4월 3일: A제품을 인도함.
> ㉣ 4월 15일: 거래처로부터 A제품 수령증을 수취함.

① 3월 1일 ② 3월 31일 ③ 4월 3일 ④ 4월 15일

09 다음 중 부가가치세법상 세금계산서에 대한 설명으로 가장 옳지 않은 것은? [2019년, 87회]

① 원칙적으로 재화 또는 용역의 공급시기에 발급하여야 한다.
② 일정한 경우에는 재화 또는 용역의 공급시기 전에도 세금계산서를 발급할 수 있다.
③ 월합계세금계산서는 예외적으로 재화 또는 용역의 공급일이 속하는 달의 다음 달 14일까지 세금계산서를 발급할 수 있다.
④ 법인사업자는 전자세금계산서를 의무적으로 발급하여야 한다.

10 다음 중 부가가치세법상 세금계산서 발급 의무가 면제되지 않는 경우는? [2024년, 115회]

① 택시운송사업자가 공급하는 재화 또는 용역
② 미용업자가 공급하는 재화 또는 용역
③ 제조업자가 구매확인서에 의하여 공급하는 재화
④ 부동산임대업자의 부동산임대용역 중 간주임대료

11 다음 중 부가가치세법상 세금계산서 발급의무 면제대상이 아닌 것은? [2016년, 70회]

① 직매장 반출을 제외한 간주공급에 해당하는 재화의 공급
② 부동산 임대용역 중 간주임대료
③ 일반과세자로서 전세버스 운송사업을 영위하는 자
④ 미용업 또는 욕탕업을 경영하는 자가 공급하는 용역

12 난이도 ★★★
다음 중 부가가치세법상 세금계산서를 발급할 수 있는 자는? [2024년, 113회]

① 면세사업자로 등록한 자
② 사업자등록을 하지 않은 자
③ 사업자등록을 한 일반과세자
④ 간이과세자 중 직전 사업연도 공급대가가 4,800만 원 미만인 자

13 난이도 ★★★
다음 중 영수증 발급 대상 사업자가 될 수 없는 업종에 해당하는 것은? [2023년, 110회]

① 소매업
② 도매업
③ 목욕, 이발, 미용업
④ 입장권을 발행하여 영위하는 사업

14 난이도 ★★ 필수
당사는 5월 1일부터 5월 31일까지 공급한 금액을 모두 합하여 작성연월일을 5월 말일자로 세금계산서를 발급하기로 하였다. 부가가치세법상 세금계산서는 언제까지 발급하여야 하는가? [2020년, 90회]

① 6월 7일
② 6월 10일
③ 6월 15일
④ 6월 30일

정답 및 해설

01 ① 공급연월이 아니라 작성연월일이 필요적 기재사항임.

02 ④ 공급받는 자의 성명은 임의적 기재사항임.

03 ④ 전자세금계산서는 의무 발급자가 아니더라도 원하면 발급할 수 있다.

04 ① 전자세금계산서는 발급일의 익일까지 국세청장에게 전송하여야 한다.

05 ④ 법인은 무조건 전자세금계산서 발행, 개인사업자는 직전 연도 공급가액 8,000만 원 이상이면 전자세금계산서를 발행해야 함.
⇒ 3명 모두 전자세금계산서 발행 대상임.

06 ④ 면세사업자는 세금계산서를 발급할 수 없고, VAT가 없는 계산서를 발급함.

07 ① 세금계산서의 원칙적인 발급시기는 재화, 용역의 공급시기임.

08 ② 제품 인도 전에 대금을 받거나 7일 이내에 대금을 수령할 것으로 예상되는 경우 세금계산서를 미리 발급하면 세금계산서 발급시점이 공급시기임. 즉, 세금계산서 발급일인 3월 31일이 공급시기임.

09 ③ 월합계세금계산서는 다음 달 10일까지 세금계산서를 발급할 수 있음.

10 ③ ③ 구매확인서에 의한 내국수출은 세금계산서를 발급해야 함. ① 택시운송사업자, ② 미용업자는 영세해서, ④ 간주임대료는 실제 공급이 아니므로 세금계산서 발급 의무가 없음.

11 ③ 일반과세 전세버스는 세금계산서를 발급해야 하지만, 간주공급, 간주임대료, 미용·욕탕업은 세금계산서 발급의무 없음.

12 ③ ① 면세사업자, ② 사업자 미등록자, ④ 공급대가 4,800만 원 미만 간이과세자는 세금계산서를 발급할 수 없음.

13 ② 도매업은 규모가 있으므로 영수증을 발급할 수 없음.

14 ② 월합계 세금계산서는 다음 달 10일 이내 발급할 수 있음. 즉, 6월 10일까지 발급 가능

27 부가가치세 납부세액 계산·신고납부

학습내용 · 과세표준과 매출세액 · 매입세액불공제 · 납부세액 · 신고납부

출제경향 이론문제로 매 시험마다 1문제씩 출제되고 있는데 과세표준 및 매출세액, 매입세액, 신고납부 부분이 집중적으로 출제되고 있음. 특히 매입세액 불공제 항목을 구별하는 것이 제일 중요함.

정교수 콕콕

공급가액 vs 공급대가
- 공급가액 + VAT = 공급대가
- 공급대가 ÷ 1.1 = 공급가액

1 부가가치세 계산구조

우리나라 부가가치세는 전단계세액공제법을 채택하고 있어 매출세액(공급가액×10%)에서 매입세액(매입가액×10%)을 차감하는 구조로 계산됩니다. 여기서 주의할 용어가 있는데 바로 공급가액과 공급대가입니다. 공급가액은 본래 물건값이며 공급대가란 (공급가액 + 부가가치세)입니다. 즉, (공급대가 ÷ 1.1 = 공급가액)으로 계산됩니다.

이를 좀 더 구체적으로 부가가치세 신고서 양식으로 보면 다음과 같습니다.

구 분			금 액	세율	세 액
과세표준 및 매출세액	과세	세금계산서 발급분 (1)		10/100	
		매입자발행 세금계산서 (2)		10/100	
		신용카드·현금영수증 발행분 (3)		10/100	
		기타(정규영수증 외 매출분) (4)		10/100	
	영세율	세금계산서 발급분 (5)		0/100	
		기 타 (6)		0/100	
	예 정 신 고 누 락 분 (7)				
	대 손 세 액 가 감 (8)				
	합 계 (9)				㉮
매입세액	세금계산서 수취분	일 반 매 입 (10)			
		수출기업 수입분 납부유예 (10-1)			
		고정자산 매입 (11)			
	예 정 신 고 누 락 분 (12)				
	매입자발행 세금계산서 (13)				
	그 밖의 공제매입세액 (14)				
	합 계 (10)-(10-1)+(11)+(12)+(13)+(14) (15)				
	공제받지 못할 매입세액 (16)				
	차 감 계 (15)-(16) (17)				㉯
납 부 (환 급) 세 액 (매 출 세 액 ㉮ - 매 입 세 액 ㉯)					㉰

부가가치세 신고서는 크게 『과세표준 및 매출세액 - 매입세액 = 납부세액』으로 구성되어 있습니다. 다시 매출세액 부분은 크게 과세에 10%, 영세율에 0%를 곱한 뒤, 예정신고 누락분과 대손세액을 가감하게 되어 있습니다. 그리고 매입세액 부분은 크게 세금계산서 수취분 등에서 공제받지 못할 매입세액을 차감해서 계산하도록 되어 있습니다.

자, 그럼 매출세액과 매입세액에 대한 내용을 구체적으로 알아보겠습니다.

2 과세표준 및 매출세액

과세표준이란 세금을 부과할 때 그 기준이 되는 금액으로 이 과세표준에 세율을 곱해 세금을 계산합니다. 부가가치세는 판매하는 재화와 용역의 공급가액에 10%를 곱하기 때문에 물건값, 즉 공급가액이 과세표준이 됩니다. 여기에 일반과세는 10%, 영세율은 0% 세율을 곱하면 매출세액이 계산됩니다. 한 가지 주의할 점은 영세율 매출은 과세표준에는 포함시키되 0% 세율이므로 매출세액은 0원이 됩니다.

이러한 과세표준과 매출세액을 구체적으로 계산하기 위해 조금 전에 살펴본 부가가치세 신고서는 크게 10% 과세부분과 0% 영세율 부분을 더한 뒤, 여기에 누락했던 부분을 더하고 대손세액을 차감하게 되어 있습니다. 대손세액이란 외상으로 판매해서 부가가치세를 납부했다가 나중에 외상대금을 받지 못하는 경우 이를 추후 납부할 매출세액에서 빼 주는 것입니다.

그리고 과세 부분은 세금계산서 매출, 신용카드·현금영수증 매출, 정규증빙 이외 매출로 구분하고 있으며, 영세율도 세금계산서 매출과 기타 매출로 구분하고 있습니다.

여기서는 이 정도로만 감을 잡고 구체적인 내용은 나중에 매입매출전표 입력 부분에서 다시 공부하겠습니다.

핵심체크

매출세액
- 일반과세: 과세표준(공급가액)×10%
- 영세율: 과세표준(공급가액)×0%

이론기출 확인문제 | 전산회계 1급, 71회 |

다음 자료에 의하여 부가가치세법상 일반과세자의 부가가치세 과세표준을 계산하면 얼마인가?

- 세금계산서 교부분 공급가액: 10,000,000원(영세율 4,000,000원 포함)
- 신용카드 매출전표상의 매출액: 1,100,000원(부가가치세액 포함 금액임)

① 6,000,000원 ② 6,100,000원 ③ 11,000,000원 ④ 11,100,000원

| 정답 | ③
세금계산서 매출분 10,000,000 + 신용카드 매출분 1,000,000(1,100,000÷1.1) = 11,000,000
영세율 공급가액은 납부세액이 0원이지만 과세표준에는 포함시켜야 하며, 신용카드 매출은 공급대가이므로 1.1로 나누어야 공급가액, 즉 과세표준이 계산됨.

1. 재화·용역 공급 시 과세표준 가액

1) 일반적인 경우

구 분		과세표준 가액
실질공급	금전을 받은 경우(*)	그 대가, 즉 금전가액
	금전 이외 대가를 받은 경우	공급한 재화·용역의 시가

핵심체크

과세표준의 가액
- 무상공급: 시가
- 저가공급: 특수관계자(시가), 이외(실거래가)
- 간주공급: 시가
- 용역 무상공급: 과세 ×
- 특수관계자간 부동산 무상임대: 시가

 정교수 콕콕

구분		과세표준 가액
간주공급	자가공급, 개인적공급, 사업상증여	자기가 공급한 재화·용역의 시가
	폐업 시 잔존재화	폐업 시 잔존 재화의 시가

(*) 외화 수령 시 환산: 기준환율(재정환율)로 환산한 가액(단, 공급시기 전에 외화를 수령하여 환가(환전)한 경우에는 환가일(환전일) 환율 적용) ⇒ 통상 수출로 외화 수령 시에는 선적일 환율 적용

시가란 제 3자 간 거래되는 일반적인 가격을 말하는데, 예를 들어 휴대폰 매장 주인이 휴대폰을 50만 원에 구입해 와서 일반 고객에게 80만 원에 판매할 수 있다면, 취득가액은 50만 원, 시가는 80만 원입니다. 간주공급으로 과세되는 금액은 재고의 취득가액이 아닌 재고의 판매가액, 즉 시가임을 주의해야 합니다.

2) 부당행위계산 부인 적용 시 어려우면 패스

특수관계인에 대한 아래 재화 또는 용역의 공급이 조세를 부담을 부당하게 감소시킬 것으로 인정되는 경우에는 "시가"를 과세표준으로 봅니다. 다만, 이 내용은 내용이 어려우므로 과감히 포기해도 전산회계 1급 합격에는 지장이 없습니다.

- 재화의 공급에 대하여 부당하게 낮은 대가를 받거나 대가를 받지 아니한 경우
- 용역의 공급에 대하여 부당하게 낮은 대가를 받는 경우
- 사업용 부동산 임대용역을 무상으로 제공하는 경우

이론기출 확인문제　　　　　　　　　　　　　　　　　　　　| 전산회계 1급, 58회 변형 |

부가가치세 과세사업을 영위하던 김관우 씨는 2월 10일에 해당 사업을 폐업하였다. 폐업할 당시에 잔존하는 재화가 다음과 같다면 그 부가가치세 과세표준은 얼마인가?(당초에 매입할 당시 매입세액공제를 받았음)

　　　상 품(전년도 12. 1. 취득): 취득가액 10,000,000원, 시가 12,000,000원

|정 답| 12,000,000원
폐업 시 잔존재화는 간주공급으로 폐업시점의 재고 시가를 과세표준으로 함.

 핵심체크 콕콕콕

과세표준 불포함
매출환입, 매출에누리, 매출할인, 도달 전 파손, 연체이자, 반환조건 용기대금, 관련 없는 국고보조금

2. 과세표준(공급가액)에 포함하지 않은 항목

매출 이후 매출할인, 매출에누리가 발생하거나 매출이 취소되는 경우와 같은 특수한 경우는 부가가치세 과세표준에 포함시키지 않습니다. 단, 내용이 다소 어려우므로 단순 암기하지 말고 이해를 바탕으로 공부하세요.

- **매출에누리**: 재화·용역을 공급할 때 수량, 인도조건, 결제방법 등 조건에 따라 일정액을 깎아 주는 금액
- **매출환입**: 매출 후 환입된 재화의 가액
- **매출할인**: 공급대가를 약정기일 전에 회수하여 공급가액에서 할인해 준 금액
- 공급받는 자에게 도달 전에 파손·훼손되거나 멸실한 재화의 가액
- 재화·용역의 공급과 직접 관련되지 않은 국고보조금과 공공보조금
- 공급에 대한 대가의 지급 지체로 받는 연체이자
- 반환 조건으로 용기대금·포장비용을 공제한 금액으로 공급하는 경우의 용기대금과 포장비용

(*)
- **연체이자**: 연체이자는 이자소득이지 매출이 아니므로 부가가치세를 과세하지 않음.
- **반환조건 용기대금**: 맥주를 상자째 구입할 경우 상자 반환조건이면 맥줏값에 상자 가격이 포함되지 않아 용기대금에는 부가가치세를 과세하지 않음.
- **국고보조금**: 특정 산업 양성을 위해 국가에서 보조금을 지급하기도 하는데, 해당 재화 등과 직접적인 연관이 없다면 이 보조금에는 부가가치세를 과세하지 않음.

위에 열거된 항목들은 실질적인 공급으로 보지 않기 때문에 과세표준에 포함하지 않지만 아래 항목들은 실질적인 공급으로 봐서 과세표준에 포함시켜야 합니다.

과세표준에 포함되는 항목	• 재화 공급 시 대가를 받은 운송비, 포장비, 보험료 등 • 할부판매 시 할부금에 포함되어 있는 이자상당액 • 제3자 적립마일리지로 판매된 금액

핵심체크

과세표준 포함
대가받은 용기대금,
할부금에 포함된 이자,
제3자 적립마일리지 판매

3. 마일리지 매출

최근 카페, 슈퍼 등에서 쿠폰 또는 마일리지 적립제도를 통해 일정 횟수 이상 이용 시 무료로 재화·용역을 공급해 주는 제도가 있는데, 만약 쿠폰이나 마일리지로 매출이 발생하면 부가가치세가 과세될까요?

다음 사례를 통해 구체적인 내용을 알아보겠습니다.

사례	의류매장 사업자가 10만 원짜리 가방을 매출하면서 다음과 같이 결제를 받았다. 의류매장은 추후 대한항공으로부터 3만 원을 보전받는다.		
	해당 매장 마일리지 1만 원	대한항공 마일리지 4만 원	신용카드 결제 5만 원

위 거래를 통해 의류매장은 10만 원짜리 의류를 팔았지만 대한항공에서 3만 원, 신용카드사에서 5만 원, 총 8만 원을 받게 됩니다. 따라서 부가가치세 공급가액, 즉 과세표준은 8만 원입니다.

이 거래에서 사용된 해당 의류매장의 마일리지 1만 원을 "자기적립 마일리지"라고 부르고 대한항공의 마일리지 4만 원을 "제3자 적립 마일리지"라고 부릅니다. 자기적립 마일리지는 공짜로 사용되고 제3자 적립 마일리지는 업체 간 협의에 따라 일정 금액을 보상받습니다. 따라서 부가가치세법은 마일리지로 매출이 발생할 경우 다음과 같이 과세합니다.

〈마일리지 매출 과세표준 포함 여부〉

구 분	과세표준 포함 여부
자기적립 마일리지 매출	×
제3자 적립 마일리지 매출	○

4. 과세표준에서 차감하지 않는 항목

다음 금액은 부가가치세 과세표준에서 차감하지 않습니다.

- 대손금: 공급 이후 대금 결제 문제로 외상 매출 시 일단 과세표준에 포함했다가 추후 대금결제를 받지 못하면 '대손세액'이라는 이름으로 매출세액에서 차감하고 있음.
- 판매장려금: 일종의 광고선전비이므로 과세표준에서 차감하지 않고 비용처리함.
- 하자보증금: 하자보증기간이 끝나면 반환되는 예치금이므로 과세표준에서 차감하지 않음.

5. 대손세액공제

1) 대손세액공제 개념

현행 부가가치세법은 외상으로 매출을 하더라도 일단 부가가치세를 납부하도록 규정하고 있는데, 문제는 가끔씩 거래처 부도로 외상대금을 회수하지 못하는 경우입니다. 이렇게 되면 매출 후 대금은 받지도 못했는데 부가가치세만 납부한 꼴이 됩니다.

따라서 사업자가 공급한 재화 또는 용역에 대한 외상매출금이 대손되어 관련 부가가치세를 받지 못한 경우에는 대손이 확정된 날이 속하는 과세기간의 매출세액에서 기존에 납부한 부가가치세를 차감하도록 하고 있는데 이를 대손세액공제라고 합니다.

2) 대손세액 공제되는 사유

- 부도발생일로부터 6개월이 경과된 어음, 수표 및 부도발생일 이전의 중소기업 외상매출금
- 채무자의 파산, 강제집행, 형의 집행, 사업의 폐지, 사망, 실종 또는 행방불명으로 회수할 수 없는 채권
- 민법 등에 따라 소멸시효가 완성된 채권
- 회수기일이 6월 이상 경과한 30만 원 이하의 소액채권
- 중소기업의 외상매출금(특수관계인과의 거래로 인하여 발생한 것은 제외)으로서 회수기일이 2년 이상 지난 외상매출금

3) 대손세액공제 신청금액과 절차

대손세액공제는 대손이 확정된 날이 속하는 과세기간의 확정신고 시에만 가능하며 아래 부가가치세를 공제 신청합니다.

구 분	내 용
대손세액공제 금액	부가가치세 포함 대손금액 × (10/110)
신청절차	대손 확정된 날이 속하는 과세기간의 확정신고 시 신청

4) 대손세액공제 신고서상 구조

구 분			금 액	세율	세 액
과세표준 및 매출세액	과세	세금계산서 발급분 (1)		10 / 100	
		매입자발행 세금계산서 (2)		10 / 100	
		신용카드·현금영수증 발행분 (3)		10 / 100	
		기타(정규영수증 외 매출분) (4)		10 / 100	
	영세율	세금계산서 발급분 (5)		0 / 100	
		기 타 (6)		0 / 100	
	예정 신고 누락분 (7)				
	대손세액 가감 (8)				(-) ×××
	합 계 (9)				㉮

이론기출 확인문제 | 전산회계 1급, 101회 |

다음 자료에 의하여 부가가치세 과세표준을 계산하면 얼마인가?

- 총매출액 : 1,000,000원
- 매출에누리액 : 16,000원
- 판매장려금(금전) 지급액 : 50,000원
- 외상매출금 연체이자 : 5,000원
- 매출할인액 : 30,000원
- 대손금 20,000원

① 929,000원　　② 934,000원
③ 954,000원　　④ 959,000원

|정답| ③
- 총매출액(1,000,000) − 매출에누리(16,000) − 매출할인(30,000) = 954,000원
- 매출에누리, 매출할인은 공급가액(매출)에서 차감함.
- 외상매출금 연체이자는 공급가액 아님. 판매장려금은 공급가액(매출)에서 차감할 항목이 아닌 별도 비용임. 대손금은 공급가액(매출)에서 차감하는 것이 아니라 매출세액에서 별도 조정하는 항목임.

핵심체크 콕 콕

수입 시 과세표준

과세가격 + 관세 + 개별소비세 + 주세 + 교육세 + 농어촌특별세 + 교통·에너지·환경세

6. 재화 수입 시 과세표준 가액

외국에서 재화를 수입할 경우 세관장이 수입하는 물품의 10%를 부가가치세로 징수하는데 수입부가가치세는 수입품의 원래 수입가격 이외에 관세, 개별소비세 등 수입품에 과세되는 각종 세금을 모두 합쳐 여기에 부가가치세를 과세합니다.

결국 국내에서 생산된 재화보다 과세표준이 더 커지게 되는데 수입품이 비싸지는 이유이기도 합니다.

수입 시 과세표준	관세 과세가격(수입가격) + 관세 + 개별소비세 + 주세 + 교육세 + 농어촌특별세 + 교통·에너지·환경세

3 매입세액

매입세액이란 사업자가 구매한 재화, 용역의 취득 시 부담한 10%의 부가가치세를 말합니다. 취득 시 일단 부담하지만, 나중에 이를 모두 돌려받을 수 있는데, 매입세액은 크게 다음 3가지 종류가 있습니다.

세금계산서 수취분 매입세액	×××
신용카드 매출전표·현금영수증 수취분 매입세액	×××
의제매입세액	×××

(*) 부가가치세 신고서는 먼저 총 매입세액을 집계한 뒤 공제받지 못하는 금액을 차감하는 구조로 되어 있음.

1. 세금계산서 수취분

구입 시 부담한 매입세액을 돌려받기 위해서는 매입 시 세금계산서를 받아 나중에 이를 관할 세무서에 보고해야 하는데 자세한 내용은 추후 매입·매출전표 부분에서 자세히 설명하겠습니다.

2. 신용카드 매출전표·현금영수증 수취분

1) 신용카드 매출전표

다음은 신용카드 매출전표 샘플로 매출전표에 있는 정보를 살펴보면, 공급자(사업자등록번호, 상호), 공급받는 자(상호), 거래금액(공급가액, 부가가치세), 작성연월일이 기재되어 있습니다. 이러한 정보는 세금계산서의 필요적 기재사항과 같아서 부가가치세법상 신용카드 매출전표도 세금계산서와 같은 법적 효력을 갖습니다.

다만, 신용카드에는 세금계산서의 필요적 기재사항인 공급받는 자의 사업자등록번호가 없는데, 이는 카드사를 통해 신용카드 소유주 확인이 되기 때문에 문제 되지 않습니다.

2) 현금영수증

그리고 신용카드 매출전표와 유사한 것으로 현금영수증이 있는데, 사업자는 사업자등록번호로 현금영수증을 발급하기 때문에 세금계산서, 신용카드와 동일하게 국세청이 사업자의 매출, 매입을 파악할 수 있으므로 현금영수증을 발급하고 매입을 하더라도 매입세액 공제를 받을 수 있습니다.

핵심체크

의제매입세액
면세품을 구입해 과세 재화를 공급할 때 면세 구입액의 일정액을 매입세액공제하는 제도

3. 의제매입세액 〔어려우면 패스〕

1) 개 념

의제매입세액이란 '원래는 매입세액이 아니지만, 매입세액으로 보는 것'을 말합니다. 의제매입세액을 적용받을 수 있는 사업자는 면세 물품을 구입해 과세인 재화를 공급하는 경우인데, 그 대표적인 사례가 바로 음식점입니다. 너무 어려우면 개념만 알아도 합격에는 지장이 없습니다.

2) 사 례: 음식점

음식점은 쌀, 야채, 고춧가루, 고기 등을 구입해 요리한 뒤 음식을 만들어 판매를 하는데, 이때 음식점 주인이 구입한 농산물은 면세이고, 판매하는 음식은 모두 과세입니다. 즉, 매출세액은 납부하되 매입세액은 공제받지 못하는데, 이는 미가공 농·축·수산물 등 식료품은 부가가치세가 과세되지 않는 면세이기 때문입니다.
이러면 음식점 사업자는 엄청난 부가가치세 부담이 있으므로 과세당국은 음식점 주인이 구입한 농산물의 일정률을 그냥 매입세액으로 공제합니다.

3) 의제매입세액 공제율

의제매입세액은 면세 매입액의 일정률을 공제하는데 다음은 면세 농산물의 공제율입니다. 다만, 전산회계시험 합격 차원에서 이 공제율을 모두 암기할 필요는 없으니 밑줄 그은 한두 개만 기억하시기 바랍니다.

업 종		공제율	업 종	공제율
음식점 (개인)	과세표준 2억 이하	9/109	제조업 (개인, 중소기업)	4/104
	2억 초과	8/108		
음식점(법인)		6/106	과세유흥장소, 기타	2/102

(*) 공급대가 4,800만 원~8,000만 원인 간이과세자는 납부세액 계산 시 적용되는 부가가치율에 면세농산물 매입액이 반영되어 있어 면세농산물의 의제매입세액 공제를 적용하지 않음.

4 매입세액 불공제

아무리 세금계산서 등 적격증빙을 갖췄다 하더라도 다음의 지출을 할 경우 매입세액공제를 받을 수 없습니다. 매입세액 불공제 항목은 출제빈도도 아주 높고 다음 장에서 공부할 매입·매출전표 입력에도 필요므로 꼭 기억하시기 바랍니다.

구 분	내 용
세금계산서, 신용카드 매출전표, 현금영수증 미수취	적격증빙 미수취 또는 필요적 기재사항이 갖추지 못한 경우(간이영수증으로는 공제받을 수 없음.)
매입처별 세금계산서 합계표 미제출 또는 부실 기재	합계표를 제출하지 않거나 필요적 기재사항을 기재하지 않은 경우
사업과 직접 관련이 없는 지출	사업주 집에서 필요한 물품 구매나 사업주 식구들의 외식 비용 등
사업자등록 신청 전 지출	사업자등록 전에 지출한 매입세액은 불공제하되 과세기간 종료 후 20일 이내 등록 신청한 경우는 인정
면세사업 관련 지출	면세품은 부가가치세가 징수되지 않으므로 면세 매출을 위해 VAT 과세 물품을 구입하더라도 매입세액 불공제
기업업무추진비 관련 지출	기업업무추진비(접대) 지출 통제목적으로 매입세액 불공제
토지 조성 및 취득을 위한 지출	토지는 면세품이므로 토지를 위한 과세 지출을 하더라도 매입세액 불공제
비영업용 소형승용차 구입, 유지 (유류비, 수리비) 관련 지출	승용차가 직접 매출을 일으키지 않는 한 매입세액 불공제

정교수 콕콕

매입세액 불공제

세금계산서 등 미수취, 매입처별세금계산서합계표 미제출·부실기재, 사업무관, 사업자등록 전 지출, 면세사업, 기업업무추진비, 토지조성·취득, 비영업용 소형승용차

1. 사업자등록 신청 전 지출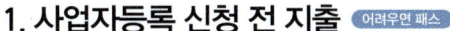

사업자등록을 하기 전에 지출한 매입세액은 원칙적으로 매출세액에서 공제하지 않습니다. 다만, 공급시기가 속하는 과세기간이 끝난 후 20일 이내에 등록을 신청한 경우 등록 신청일부터 공급시기가 속하는 과세기간 시작일까지 역산한 기간 내의 지출에 대해서는 매입세액을 공제받을 수 있게 예외를 두고 있습니다. 5월 1일 지출을 하고 7월 10일 사업자등록을 신청한 경우를 도표로 표시하면 다음과 같습니다.

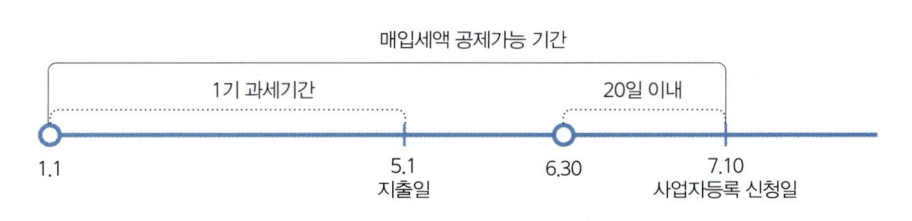

2. 면세사업 관련 지출

미가공 식료품, 버스요금, 병원치료비, 책, 학원비와 같은 면세품에는 10%의 부가가치세가 과세되지 않습니다. 따라서 부가가치세가 징수되지 않는 면세 판매를 위해 과세 되는 물품에 소요된 매입세액은 환급받을 수 없습니다.

 면세 사업자인 서점 또는 병원이 에어컨을 구입하면서 10%의 부가가치세를 냈다 하더라도 나중에 환급받지 못하는 것이 대표적인 사례입니다.

3. 기업업무추진비 관련 지출

기업업무추진비란 영업을 위해 거래처를 위해 지출하는 비용으로 정부는 기업업무추진비의 적절한 통제를 목적으로 기업업무추진비에 부과되는 10%의 부가가치세를 공제해주지 않습니다. 거래처에 50,000원짜리 선물을 할 때 55,000원(공급가액 50,000 + 부가가치세 5,000)을 지출하는데, 이 중 부가가치세 5,000원은 향후 매입세액 공제를 통해 환급받을 수 없습니다.

4. 토지 조성 및 취득을 위한 부수 비용

토지 취득에는 땅값 말고도 토지 정지작업(정리), 하수도 설치 등 추가 비용이 소요되는데 이 부수비용에는 부가가치세가 과세됩니다. 하지만 토지는 추후 판매되더라도 부가가치세가 과세되지 않는 면세이기 때문에 토지 조성 및 취득을 위한 부수 비용의 매입세액은 공제받을 수 없습니다.

매입세액 공제되는 승용차
택시·리스차량·운전면허학원 차량, 배기량 1,000cc 이하 경차, 9인승 이상

5. 비영업용 소형승용차 취득, 임차, 유지비용

현행 부가가치세법은 아주 엄격한 요건을 갖출 때만 승용차 취득 시 부담한 부가가치세를 환급해주고 있는데 다음 둘 중 하나를 만족해야 합니다.

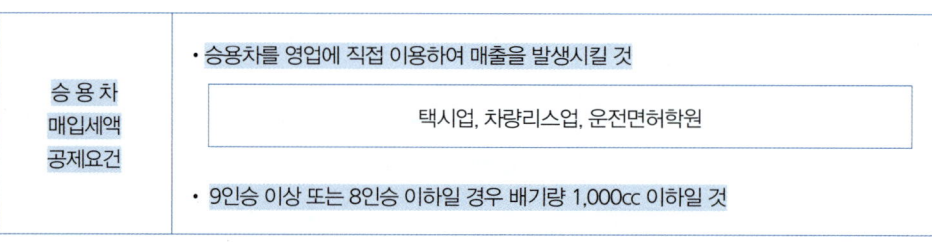

(*) 소형승용차란 8인승 이하를 말하며, 전기승용차는 cc가 아니라 크기(길이 3.6m 이하)로 규정하고 있음.

승용차를 취득하면서 부담한 매입세액을 공제받기 위해서는 승용차를 택시 등으로 이용해 직접 매출을 발생시키거나 배기량 1,000cc 이하 경차(마티즈, 모닝 등), 그리고 9인승 이상일 때만 가능합니다. 또한, 비영업용 소형승용차 매입세액 불공제는 취득금액뿐 아니라 임차비용(리스료) 및 유지비용(유류비, 수리비)에도 적용됩니다.

이론기출 확인문제 | 전산회계 1급, 49회 |

다음 중 부가가치세 불공제대상 매입세액이 아닌 것은? (모두 세금계산서를 교부받았고 업무와 관련된 것임)

① 프린터기 매입세액
② 업무용 승용차(5인승, 2500cc) 매입세액(비영업용임)
③ 토지의 취득 부대비용 관련 매입세액
④ 기업업무추진비 관련 매입세액

| 정답 | ①
사무실에서 사용하는 프린터는 공제받을 수 있음.

이론기출 확인문제 | 전산회계 1급, 53회 |

다음 중 부가가치세법상 매입세액공제가 가능한 금액은?

- 기업업무추진비 지출에 대한 매입세액: 100,000원
- 토지 관련 매입세액: 100,000원
- 면세사업과 관련된 매입세액: 100,000원

① 0원 ② 100,000원 ③ 200,000원 ④ 300,000원

| 정답 | ①
기업업무추진비 관련 매입세액, 토지(면세품) 관련 매입세액, 면세사업을 위한 매입세액은 공제받을 수 없음.

5 부가가치세 신고·납부 기한

이제 마지막으로 부가가치세 신고·납부절차에 대해 살펴보겠습니다. 일반적으로 세금은 1년에 한 번 내는 것이 보통인데, 부가가치세는 다음과 같이 여러 번 신고·납부가 이루어집니다.

부가가치세 신고납부기한
1기 예정(4.25), 1기 확정(7.25), 2기 예정(10.25), 2기 확정(다음 연도 1.25)

1. 일반적인 경우

과세기간	신고·납부 대상 기간		신고·납부 기한
1기(1.1~6.30)	예정신고	1. 1~3. 31	4월 25일
	확정신고	4. 1~6. 30	7월 25일
2기(7.1~12.31)	예정신고	7. 1~9. 30	10월 25일
	확정신고	10. 1~12. 31	다음 연도 1월 25일

 먼저 1년을 2개로 나누어 전반기를 1기, 후반기를 2기로 하여 과세기간을 정한 뒤, 부가가치세를 좀 더 빨리 징수하기 위해 이를 1기, 2기를 다시 예정 기간과 확정 기간으로 나눕니다. 신고·납부기한은 각 기간이 끝난 후 25일 이내로 이를 좀 더 쉽게 설명하면 부가가치세는 분기별로 신고·납부하되 기한은 분기 종료 후 25일입니다.

단, 폐업의 경우에는 폐업일이 속한 달의 다음 달 25일 이내에 신고·납부하여야 합니다.

특수 경우 과세기간
- 개업: 사업개시일~과세기간 종료일
- 폐업: 과세기간 개시일~폐업일
- 간이과세자: 1.1~12.31

예정기간 고지납부
- 개인: 예정기간(1~3월, 7~9월)에 대해 직전 과세기간 1/2을 고지서 받아 납부
- 간이과세자: 전반기(1~6)에 대해 직전 연도 1/2을 고지받아 납부

2. 예외적인 경우의 과세기간

구 분	과 세 기 간	사 례
신규사업자	사업개시일~당해 과세기간 종료일	5. 2 사업 개시: 5.2~6.30
폐업자	과세기간 개시일~폐업일	6. 1 사업 폐업: 1.1~6.1
개인사업자 또는 소규모 법인	• 개인사업자 또는 소규모 법인(직전 과세기간 공급가액 1억 5천만 원 미만)은 예정기간에 대해서는 직접 신고·납부하지 않고 세무서에서 직전 과세기간 납부세액의 1/2을 고지받아 고지서로 납부함. (단, 그 금액이 50만 원 미만이면 예정 납부 없이 확정 납부만 함.) • 단, 개인사업자의 예정신고기간 실적이 직전 과세기간 대비 1/3에 미달하는 경우에는 고지서로 납부하지 않고, 직접 신고·납부할 수 있음.	
간이과세자	1. 1 ~ 12. 31 (간이사업자에게 편의 제공을 위해 1년 단위로 신고·납부하되, 전반기(1~6월)를 예정부과 기간으로 하여 직전 연도 납부세액의 1/2을 고지하여 납부하며, 간이과세를 포기한 경우에는 포기신고일이 속한 달의 다음 달 25일 이내에 간이과세 기간에 대한 부가가치세 신고·납부를 해야 함.)	

3. 신고 시 첨부서류 `어려우면 패스`

부가가치세를 신고할 때는 부가가치세 신고서에 아래 서류를 첨부하여야 합니다.

매출관련	매출처별 세금계산서 합계표, 신용카드등 매출전표 발급명세서, 영세율 첨부서류 등
매입관련	매입처별 세금계산서 합계표, 신용카드등 수령명세서, 건물 등 감가상각자산 취득명세서 등

이론기출 확인문제 | 전산회계 1급, 67회

부가가치세법상 예정신고납부에 대한 설명이다. 가장 옳지 않은 것은?

① 법인사업자는 예정신고기간 종료 후 25일 이내에 부가가치세를 신고, 납부 하여야 한다.
② 개인사업자는 예정신고기간 종료 후 25일 이내에 예정 고지된 금액을 납부하여야 한다.
③ 개인사업자에게 징수하여야 할 예정고지금액이 60만 원 미만인 경우 징수하지 아니한다.
④ 개인사업자는 사업실적이 악화된 경우 등 사유가 있는 경우에는 예정신고납부를 할 수 있다.

|정 답| ③
개인사업자의 예정기간에 대한 고지금액이 50만 원 미만일 경우 고지하지 않음.

이론기출 확인문제 | 전산회계 1급, 69회

다음 자료에 의하여 부가가치세신고서상 일반과세사업자가 납부해야 할 부가가치세 금액은?

- 전자세금계산서 교부에 의한 제품매출액: 28,050,000원(공급대가)
- 지출증빙용 현금영수증에 의한 원재료 매입액: 3,000,000원(부가가치세 별도)
- 신용카드에 의한 제품운반용 소형화물차 구입: 15,000,000원(부가가치세 별도)
- 신용카드에 의한 매출거래처 선물구입: 500,000원(부가가치세 별도)

① 700,000원   ② 750,000원   ③ 955,000원   ④ 1,050,000원

|정 답| ②
- 매출세액: 28,050,000 ÷ 1.1 = 25,500,000, 25,500,000 × 10% = 2,550,000
- 매입세액: 1,800,000
  – 현금영수증: 3,000,000 × 10% = 300,000   – 소형화물차: 15,000,000 × 10% = 1,500,000
- 납부세액: 2,550,000 – 1,800,000 = 750,000
(*) 거래처 선물구입 등 기업업무추진비는 매입세액 불공제임.

6 부가가치세 환급

일반적으로는 (매출세액 – 매입세액)으로 하여 부가가치세를 내지만 가끔은 매출세액보다 매입세액이 더 커서 오히려 부가가치세를 환급받아야 하는 때도 있습니다. 이럴 때 관할 세무서는 다음 절차에 따라 사업자에게 부가가치세를 돌려줍니다.

1. 일반환급: 확정신고기한 경과 후 30일 이내

일반적인 부가가치세 환급은 예정신고 때는 환급해주지 않고 확정신고 시에 일괄해서 정산하여 환급해주고 있습니다. 예정신고 시의 미환급액은 확정신고 시 납부세액에서 차감됩니다.

핵심체크
부가가치세 환급
- 일반환급: 확정신고기한 경과 후 30일 이내
- 조기환급: 예정·확정·조기환급신고기한 후 15일 이내

 정교수 콕콕

2. 조기환급: 예정·확정·조기환급신고기한 경과 후 15일 이내

일반적인 부가가치세 환급은 확정신고기한 경과 후 30일 이내 가능하지만 아래의 경우에는 자금이 필요한 사업주에게 보다 빨리 부가가치세를 돌려주기 위해 예정신고기한, 확정신고기한 또는 조기환급 신고기한 경과 후 15일 이내 조기환급을 받을 수 있습니다.

조기환급 사유	• 영세율을 적용하는 경우 • 사업설비를 신설, 취득, 확장 또는 증축하는 경우 • 재무구조개선계획을 이행 중인 때

1) 예정신고기한, 확정신고기한에 대한 조기환급

예정신고, 확정신고서에 환급내용을 신고하면 예정신고기한, 확정신고기한 종료 후 15일 이내에 조기환급을 받습니다.

2) 조기환급신고기간에 대한 조기환급 〈어려우면 패스〉

조기환급기간은 예정신고기간(전반기 3개월) 또는 과세기간 최종 3개월(후반기 3개월) 중에서 매월 또는 매 2개월을 말하며, 조기환급신청은 조기환급기간 종료일로부터 25일 이내에 신청을 해야 합니다. 이렇게 조기환급을 신청하면 신고기간 경과 후 15일 이내에 조기환급이 이루어집니다.

다음은 2기(7~12월)에 대한 매 2개월 조기환급 사례입니다.

〈조기환급 사례〉

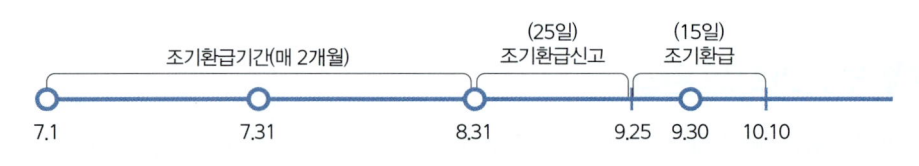

예를 들어 7~8월, 2개월 치에 대해 9월 25일까지 조기환급신고를 하면, 신고 기간 이후 15일 이내인 10월 10일까지 조기환급이 이루어집니다.

이론기출 확인문제 | 전산회계 1급, 64회 |

다음 중 부가가치세법상 '조기환급'과 관련된 내용으로 틀린 것은?

① 조기환급: 조기환급신고 기한 경과 후 25일 이내 환급
② 조기환급기간: 예정신고기간 또는 과세기간 최종 3월 중 매월 또는 매 2월
③ 조기환급신고: 조기환급기간 종료일부터 25일 이내에 조기환급기간에 대한 과세표준과 환급세액신고
④ 조기환급대상: 영세율적용이나 사업 설비를 신설, 취득, 확장 또는 증축하는 경우

|정답| ①
조기환급은 조기환급 신고기한 경과 후 15일 이내 환급됨.

27 부가가치세 납부세액 계산·신고납부
이론기출 공략하기

01 난이도 ★ 필수
다음 중 부가가치세법상 공급대가란? [2009년, 38회]

① 매입가액에 부가가치세를 포함시킨 것
② 공급가액에 부가가치세를 포함시킨 것
③ 매입가액에 부가가치세를 포함시키지 않은 것
④ 공급가액에 부가가치세를 포함시키지 않은 것

02 난이도 ★★ 필수
다음의 부가가치세 과세표준에 관한 설명 중 옳지 않은 것은? [2018년, 80회]

① 일반과세자의 과세표준은 공급대가의 금액으로 한다.
② 대손금은 과세표준에 포함하였다가 대손세액으로 공제한다.
③ 매출에누리와 환입은 과세표준에 포함되지 않는다.
④ 공급받는 자에게 도달하기 전에 파손, 멸실된 재화의 가액은 과세표준에 포함되지 않는다.

03 난이도 ★★★
다음 중 부가가치세법상 과세표준에 포함하지 않는 것은? [2024년, 111회]

① 할부판매 시의 이자상당액
② 개별소비세
③ 매출할인액
④ 대가의 일부로 받는 운송비

04 난이도 ★★★ 필수
다음 중 부가가치세법상 과세기간 등에 대한 설명으로 옳지 않은 것은? [2024년, 112회]

① 사업개시일 이전에 사업자등록을 신청한 경우에 최초의 과세기간은 그 신청한 날부터 그 신청일이 속하는 과세기간의 종료일까지로 한다.
② 사업자가 폐업하는 경우의 과세기간은 폐업일이 속하는 과세기간의 개시일부터 폐업일까지로 한다.
③ 폐업자의 경우 폐업일이 속하는 과세기간 종료일부터 25일 이내에 확정신고를 하여야 한다.
④ 간이과세자의 과세기간은 1월 1일부터 12월 31일까지로 한다.

05 난이도 ★★★

다음 중 자동차를 수입하는 경우 수입세금계산서상의 공급가액에 포함되지 않는 것은? [2013년, 55회]

① 교육세　　　　② 관세　　　　③ 개별소비세　　　　④ 취득세

06 난이도 ★★ 필수

다음 중 부가가치세법상 과세표준의 산정방법이 옳지 않은 것은? [2012년, 51회]

① 재화의 공급에 대하여 부당하게 낮은 대가를 받는 경우: 자기가 공급한 재화의 시가
② 재화의 공급에 대하여 대가를 받지 아니하는 경우: 자기가 공급한 재화의 시가
③ 특수관계인에게 용역을 공급하고 부당하게 낮은 대가를 받는 경우: 자기가 공급한 용역의 시가
④ 특수관계 없는 타인에게 용역을 공급하고 대가를 받지 아니하는 경우: 자기가 공급한 용역의 시가

07 난이도 ★★ 필수

다음 자료에 의하여 계산 시 부가가치세법상 일반과세자의 부가가치세 과세표준은 얼마인가? [2016년, 66회]

- 총매출액: 10,000,000원　　• 매출에누리액: 2,000,000원　　• 판매장려금: 500,000원

① 7,500,000원　　② 8,000,000원　　③ 9,500,000원　　④ 10,000,000원

08 난이도 ★★ 필수

다음 중 부가가치세 과세표준에 대한 설명으로 옳지 않은 것은? [2021년, 99회]

① 대손금은 과세표준에서 공제하지 않는다.
② 공급에 대한 대가의 지급이 지체되었음을 이유로 받는 연체이자는 공급가액에 포함한다.
③ 금전 이외의 대가를 받는 경우 자기가 공급한 재화 또는 용역의 시가를 과세표준으로 한다.
④ 외화로 대가를 받은 후 공급시기가 되기 전에 환가한 경우 환가한 금액을 과세표준으로 한다.

09 난이도 ★★ 필수

다음 중 부가가치세법상 매입세액공제가 가능한 경우는? [2024년, 115회]

① 면세사업에 관련된 매입세액
② 비영업용 소형승용자동차의 유지와 관련된 매입세액
③ 토지의 형질변경과 관련된 매입세액
④ 제조업을 영위하는 사업자가 농민으로부터 구입한 면세 농산물의 의제매입세액

10 다음 중 부가가치세법상 매입세액공제가 가능한 것은? [2024년, 112회]

① 사업과 관련하여 접대용 물품을 구매하고 발급받은 신용카드매출전표상의 매입세액
② 제조업을 영위하는 법인이 업무용 소형승용차(1,998cc)의 유지비용을 지출하고 발급받은 현금영수증상의 매입세액
③ 제조부서의 화물차 수리를 위해 지출하고 발급받은 세금계산서상의 매입세액
④ 회계부서에서 사용할 물품을 구매하고 발급받은 간이영수증에 포함되어 있는 매입세액

11 다음 중 부가가치세법상 부가가치세 매입세액공제 대상인 것은? [2025년, 119회]

① 면세사업자의 소모품 매입세액
② 과세·면세 겸영사업자의 과세 매출분 관련 수수료 비용 매입세액
③ 일반과세자의 개별소비세 과세 대상 비영업용 승용차 구입 관련 매입세액
④ 일반과세자의 거래처 접대용 상품 구입 관련 매입세액

12 다음 중 부가가치세법상 대손사유에 해당하지 않는 것은? [2024년, 113회]

① 소멸시효가 완성된 어음·수표
② 특수관계인과의 거래로 인해 발생한 중소기업의 외상매출금으로서 회수기일이 2년 이상 지난 외상매출금
③ 채무자의 파산, 강제집행, 형의 집행, 사업의 폐지, 사망, 실종, 행방불명으로 인하여 회수할 수 없는 채권
④ 부도발생일부터 6개월 이상 지난 외상매출금(중소기업의 외상매출금으로서 부도발생일 이전의 것)

13 다음 자료에 의하여 상품판매기업의 부가가치세 납부세액을 계산하면 얼마인가? [2013년, 57회]

- 상품매출액은 52,415,000원으로 전액 현금매출 분으로 부가가치세가 포함된 공급대가임
- 세금계산서를 받고 매입한 상품의 공급가액의 합계액은 28,960,000원이고, 이 중 거래처에 지급할 선물 구입비 1,500,000원(공급가액)이 포함되어 있음

① 1,719,000원　　② 2,019,000원
③ 2,345,500원　　④ 2,499,500원

14 난이도 ★★★ 다음 중 부가가치세 신고 시 제출하는 서류가 아닌 것은? [2018년, 81회]

① 부가가치세 신고서와 건물 등 감가상각자산취득명세서
② 매출처별 세금계산서 합계표와 매입처별 세금계산서 합계표
③ 공제받지 못할 매입세액명세서와 대손세액공제신고서
④ 총수입금액조정명세서와 조정 후 총수입금액명세서

15 난이도 ★★★ 필수 다음 중 부가가치세법상 원칙적인 조기환급과 관련된 내용으로 틀린 것은? [2020년, 93회]

① 관할세무서장은 조기환급신고기한이 지난 후 15일 이내에 환급하여야 한다.
② 조기환급기간은 예정신고기간 중 또는 과세기간 최종 3개월 중 매월 또는 매 2월을 말한다.
③ 조기환급기간이 끝난 날부터 15일 이내에 조기환급기간에 대한 과세표준과 환급세액을 신고하여야 한다.
④ 사업설비를 신설·취득·확장 또는 증축하는 경우에는 조기환급 대상이 된다.

16 난이도 ★★ 부가가치세법상 납세지 관할 세무서장은 조기 환급신고에 따른 환급세액을 신고 기한이 지난 후 며칠 이내에 환급해야 하는가? [2019년, 87회]

① 10일 ② 15일
③ 20일 ④ 25일

정답 및 해설

01 ② 공급가액 + VAT = 공급대가

02 ① 부가가치세 과세표준은 공급가액임.

03 ③ 매출할인은 매출이 줄어든 것이므로 과세표준에서 차감해서 매출세액을 줄여야 함.

04 ③ 폐업자의 경우 폐업일이 속하는 달의 다음 달 25일까지 확정 신고 해야 함.

05 ④ 수입품의 과세표준은 관세 과세가격(수입가격) + 관세 + 개별소비세 + 주세 + 교육세 + 농어촌특별세 + 교통 · 에너지 · 환경세로 취득세는 포함되지 않음.

06 ④ 대가를 받지 아니하고 타인에게 용역을 공급하는 경우 용역의 공급으로 보지 않음.

07 ② 매출에누리는 과세표준에서 차감해야 하고, 판매장려금은 과세표준 차감항목이 아닌 별도의 비용임. 과세표준: 10,000,000 - 2,000,000 = 8,000,000원

08 ② ② 외상대금의 연체이자는 공급가액(과세표준)에 포함하지 않음.

09 ④ 면세 농산물을 구입해 부가가치세 과세되는 과세 재화를 판매하는 경우 의제매입세액 공제를 받을 수 있음.

10 ③ 화물자동차 취득·유지 관련 매입세액은 공제 가능함. ① 접대용 비용 지출, ② 비영업용 소형승용차(1,000cc 초과), ④ 간이영수증 수령은 매입세액공제를 받을 수 없음.

11 ② ② 과세·면세 겸영의 경우 수수료비용의 부가가치세 매입세액은 과세 부분만큼 공제받을 수 있으나 ① 면세사업 전용, ② 비영업용 소형승용차로 개별소비세 과세대상(1,000cc 초과), ④ 기업업무추진비(접대) 관련 매입세액은 공제받을 수 없음.

12 ② 중소기업의 외상매출금은 회수기일이 2년 지나면 대손세액공제 받을 수 있지만 특수관계자에 대한 외상매출금은 제외임.

13 ②
- 매출세액: (52,415,000÷1.1)×10% = 4,765,000
- 매입세액: (28,960,000-1,500,000)×10% = 2,746,000
- 납부세액: 4,765,000-2,746,000 = 2,019,000
- 공급대가를 1.1로 나누면 공급가액이 계산되며, 기업업무추진비(거래처 선물) 1,500,000원은 매입세액공제를 받을 수 없음.

14 ④ 총수입금액조정명세서는 소득세신고 서류임.

15 ③ 조기환급기간이 끝난 날부터 25일 이내에 조기환급기간에 대한 과세표준과 환급세액을 신고해야 함.

16 ② 부가세 조기환급은 신고기한 후 15일 이내에 환급됨.

매입·매출전표

28 매입매출전표 입력 방법

29 매출전표 유형별 입력

30 매입전표 유형별 입력

부가가치세가 없는 거래는 일반전표에 입력하고
일반과세·영세율·면세와 같이 부가가치세가 있는 거래는
매입·매출전표에 입력해야 합니다.

 학습방법   계정과목 기초지식 + 부가가치세 지식 ⇒ 매입·매출전표

일반과세·영세율·면세를 구분할 줄 알고 여기에 앞으로 공부한 계정과목별 지식과 일반전표 입력법만 알고 있으면 쉽게 매입·매출전표를 입력할 수 있습니다.

 출제빈도   매회 실무 6문제

매입매출전표 입력 방법	매출전표에서 2~3문제, 매입전표에서 3~4문제가 출제되고 있으며, 어려운 문제 1문제 정도를 제외하고는 반드시 맞혀야 함.
매출전표 유형별 입력	
매입전표 유형별 입력	

28 매입매출전표 입력 방법

학습내용: ・부가가치세 회계처리 ・부가가치세신고서 구조 ・매입매출전표 구조와 입력방법

출제경향: 이 부분은 별도 시험문제로 출제되기보다는 바로 이어서 공부할 매입매출 전표 입력을 위한 기초지식이니 입력법을 꼼꼼히 익혀야 함.

정교수 콕콕

본 교재의 실습자료는 cafe.naver.com/eduacc의 「공지&DATA다운로드」에서 공지 에 있는 [콕콕정교수 전산회계 1급] 이론+실무+기출 실습데이터의 Data_Install_JH1.zip 파일을 다운받아 컴퓨터에 설치 후, 회사등록 클릭, F4 회사코드재생성 클릭 후 「㈜화랑전자」 선택

1 부가가치세 있는 회계처리

지금까지는 부가가치세가 없다는 전제하에 회계처리를 공부했는데 이제 부가가치세가 결합된 매출·매입 회계처리를 알아보겠습니다.

1. 매출 시 회계처리

상품을 200,000원에 현금으로 매출할 경우 부가가치세(VAT)가 없다면 다음과 같이 회계처리 됩니다.

VAT 없는 분개	(차) 현 금	200,000	(대) 상품매출	200,000

그런데 실제로는 200,000원짜리에 부가가치세 10%, 20,000이 추가되어 소비자에게는 220,000원에 이 상품이 팔리기 때문에 아래와 같이 회계처리 해야 합니다.

매출 시 회계처리
(차) 현금 등   ×××
　(대) 매 출   ×××
　　　부가세예수금   ×××

VAT 있는 분개	(차) 현 금	220,000	(대) 상품매출	200,000
			부가세예수금	20,000

사업자가 소비자로부터 징수한 매출세액 20,000원은 나중에 관할 세무서에 내야 하므로 사업자의 돈이 아닌 소비자로부터 받아서 임시로 보관 중인 돈입니다. 이때 사용하는 계정과목이 바로 '예수금'인데 매출 시 소비자로부터 부가가치세를 임시로 받을 때 KcLep은 '부가세예수금'이란 계정과목을 사용합니다.

2. 매입 시 회계처리

상품을 100,000원에 현금으로 매입할 경우 부가가치세(VAT)가 없다면 다음과 같이 회계처리 됩니다.

| VAT 없는 분개 | (차) 상 품 | 100,000 | (대) 현 금 | 100,000 |

그런데 실제로는 100,000원짜리에 부가가치세 10%, 10,000이 추가되어 매출자에게는 110,000원을 지급해야 하므로 아래와 같이 회계처리 해야 합니다.

| VAT 있는 분개 | (차) 상 품
　　부가세대급금 | 100,000
10,000 | (대) 현 금 | 110,000 |

상품 매출자에게 지급한 매입세액 10,000원은 매출자가 세무서에 대신 납부하되, 나중에 매입자가 부가가치세를 신고하면 환급받을 수 있는 선급금으로, 매입 시 부가가치세를 부담하면 KcLep은 '부가세대급금'이란 계정과목을 사용합니다.

핵심체크 콕콕콕

매입 시 회계처리
(차) 상품등　　×××
　　부가세대급금　×××
　(대) 현금등　　×××

3. 부가가치세 납부 시 회계처리

부가가치세는 분기별로 납부하되 [매출세액 - 매입세액]으로 납부합니다. 좀 전 사례에서 매출세액으로 징수한 20,000원은 '부가세예수금'으로, 매입세액으로 지급한 10,000원은 '부가세대급금'으로 회계처리 되어 있으므로, 부가가치세 납부 시에는 다음과 같이 회계처리 합니다. 기말 결산 문제로 종종 출제되고 있습니다.

| (차) 부가세예수금 | 20,000 | (대) 현 금
　　부가세대급금 | 10,000
10,000 |

핵심체크 콕콕콕

부가세 납부 시 회계처리
(차) 부가세예수금　×××
　(대) 현금등　　×××
　　부가세대급금　×××

실무기출 확인문제　　　　　　　　　　　　　　　　　| 전산회계 1급, 51회 |

10월 23일, 제2기 부가가치세 예정신고분에 대한 부가가치세 예수금 39,092,500원과 부가가치세 대급금 20,248,400원을 상계처리하고 잔액을 보통예금에서 납부하는 회계처리를 하시오.

|정 답|

| 10. 23 | (차) 부가세예수금 | 39,092,500 | (대) 부가세대급금
　　보통예금 | 20,248,400
18,844,100 |

일	번호	구분	계 정 과 목	거 래 처	적 요	차 변	대 변
23	00004	차변	0255 부가세예수금			39,092,500	
23	00004	대변	0135 부가세대급금				20,248,400
23	00004	대변	0103 보통예금				18,844,100

(*) 일반전표 입력 클릭 → 10. 23 입력 → 차변, 부가세예수금 선택, 39,092,500원 입력 → 대변, 부가세대급금 선택, 20,248,400원 입력 → 대변, 보통예금 선택, 18,844,100원 입력

 정교수 콕콕

2 부가가치세 신고서의 구조

부가가치세 신고서는 아래와 같은 구조로 구성되어 있습니다.

구 분				금 액	세율	세 액
과세표준 및 매출세액	과세	세금계산서 발급분	(1)		10 / 100	
		매입자발행 세금계산서	(2)		10 / 100	
		신용카드·현금영수증 발행분	(3)		10 / 100	
		기타(정규영수증 외 매출분)	(4)		10 / 100	
	영세율	세금계산서 발급분	(5)		0 / 100	
		기 타	(6)		0 / 100	
	예 정 신 고 누 락 분		(7)			
	대 손 세 액 가 감		(8)			
	합 계		(9)			㉮
매입세액	세금계산서 수 취 분	일 반 매 입	(10)			
		수출기업 수입분 납부유예	(10-1)			
		고정자산 매입	(11)			
	예 정 신 고 누 락 분		(12)			
	매입자발행 세금계산서		(13)			
	그 밖의 공제매입세액		(14)			
	합 계 (10)-(10-1)+(11)+(12)+(13)+(14)		(15)			
	공제받지 못할 매입세액		(16)			
	차 감 계 (15)-(16)		(17)			㉯
납 부 (환 급)세 액 (매 출 세 액 ㉮ - 매 입 세 액 ㉯)						㉰

1. 매출세액 부분

매출세액 부분은 크게 과세, 영세율, 예정신고누락분, 대손세액가감, 이렇게 4가지로 구분되어 있는데, 전산회계1급 시험 차원에서는 과세, 영세율만 신경 쓰면 됩니다.

2. 매입세액 부분

매입세액 부분은 크게 세금계산서 수취분, 예정신고 누락분, 매입자발행 세금계산서, 그 밖의 공제매입세액, 공제받지 못할 매입세액, 이렇게 5가지로 구분되어 있는데, 전산회계1급 시험 차원에서는 세금계산서 수취분, 그 밖의 공제매입세액, 그리고 공제받지 못할 매입세액만 신경 쓰면 됩니다.
KcLep 프로그램은 분개 입력만 하면 상기 부가가치세 신고서가 자동으로 작성되는데, 이 분개를 일반전표 입력과 구별해 매입매출전표라고 부릅니다.

3 매입·매출전표

1. KcLep 매입매출전표 입력의 필요성

KcLep 매입매출 전표는 분개 입력만으로 부가가치세 신고서가 자동으로 작성될 수 있도록 매출, 매입이 발생하면 그 종류별로 입력할 수 있는 구조로 설계되어 있습니다.

즉, 매출이 발생하면 이 매출이 일반과세인지, 영세율인지, 그리고 세금계산서를 발행했는지, 신용카드 매출인지, 아니면 현금영수증 발행인지 여부를 구분해서 전표를 입력합니다. 또한 매입이 발생하면 이 매입이 일반과세인지, 영세율인지, 면세인지, 그리고 혹시 매입세액을 공제받을 수 없는 것인지 등을 구분해서 전표를 입력합니다.

2. 매입매출전표 기본 구조

KcLep을 실행하면 다음과 같은 메인화면이 뜨는데 그중 [전표입력] 밑의 [매입매출전표입력]을 클릭하면 아래 화면이 열립니다.

1) KcLep 메인화면

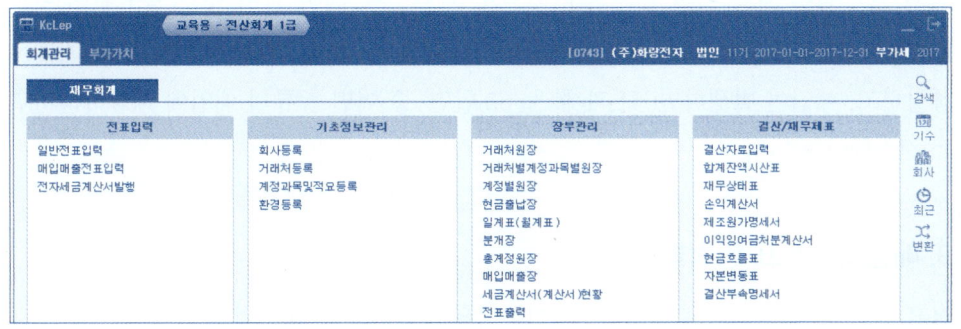

2) 매입매출전표 입력화면

핵심체크

매입매출전표 구조

VAT 신고서 항목을 채울 수 있도록 매입·매출 종류별로 구분해 입력

 매입매출전표 상단에는 거래품목, 수량, 단가, 공급가액, 거래처 등의 거래 내용을 입력하고, 하단에는 구체적인 분개를 입력합니다. 이 중에서 가장 중요한 것이 바로 해당 거래가 부가가치세 신고서 중 어느 부분에 들어갈지를 결정하는 부가세유형의 입력입니다. 매입매출전표에 아무 날짜나 입력해 보시기 바랍니다. 예를 들어 9월 8일을 입력해 볼까요? 그럼 매입매출전표 맨 밑에 아래 표가 나타날 겁니다.

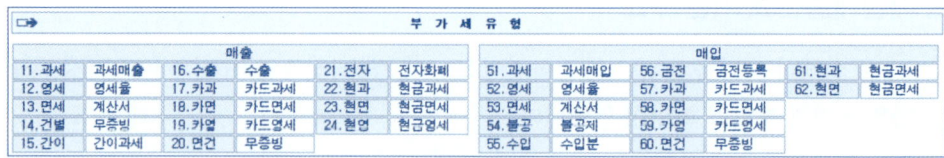

왼쪽 부분에는 매출 관련 항목들이 오른쪽 부분에는 매입 관련 항목들이 보이는데, KcLep은 일단 매출이 발생하면 그 매출이 '11.과세' ~ '24.현영' 중 어떤 종류의 매출에 해당하고, 매입이 발생하면 '51.과세' ~ '62.현면' 중 어떤 종류의 매입에 해당하는지부터 결정해야 합니다.

3. 매입매출전표 입력법

다음 매출 사례를 통해 매입매출전표 입력법을 알아보겠습니다.

> (주)화랑전자는 9월 8일, 제품A를 판매하면서 다음과 같은 전자세금계산서를 발행하였다.

전자세금계산서(공급자 보관용)							승인번호		20190910-51050-623
공급자	사업자 등록번호	221-81-28156	종사업장 번호		공급받는자	사업자 등록번호	131-26-48915	종사업장 번호	
	상호 (법인명)	(주)화랑전자	성 명 (대표자)	박형식		상호 (법인명)	한국상사	성 명	최재현
	사업장 주소	서울 서초구 방배로 142				사업장주소	서울시 마포구 상암동 261		
	업 태	제조	종 목	전자부품		업 태		종 목	
	이메일					이메일			
작성일자		공급가액		세액		수정사유			
9. 8.		500,000		50,000					
비고									

월	일	품 목	규 격	수 량	단 가	공 급 가 액	세 액	비 고
9	8	제품A		100개	5,000	500,000	50,000	

합 계 금 액	현 금	수 표	어 음	외상미수금	이 금액을 영수 함 청구
550,000	550,000				

1) 거래내역 입력

KcLep을 실행하여 메인화면의 [전표입력] 밑의 [매입매출전표입력] 클릭 후, 화면에 다음 내용을 차례로 입력해 보겠습니다.

① 날 짜 9월 8일을 입력하고 Enter↵

② 유 형

이 거래는 매출거래로 부가가치세가 과세되며 거래 시 세금계산서를 발행해야 하는 유형입니다. 이럴 경우 KcLep은 부가세 유형 중 '11.과세'로 입력해야 합니다. 유형 칸에 '11'을 입력합니다. KcLep에서 매입매출의 유형 입력이 가장 중요한데, 매입매출 유형에 대해서는 다음 장에서 자세히 설명하겠습니다.

③ 품목·수량·단가

차례로 입력하면서 Enter↵를 치면 공급가액, 부가가치세가 자동으로 계산되어 입력됩니다. 수량 100개, 단가 5,000원 입력. 실제 시험에서는 수량, 단가 없이 공급가액 총액만 입력해도 상관없습니다.

④ 공급처명

[코드] 부분에서 F2를 눌러 '한국상사'를 조회한 후 Enter↵를 치면 사업자번호까지 자동으로 입력됩니다.

⑤ 전자세금계산서 여부

커서를 [전자] 칸으로 옮긴 후 아랫부분을 보면 전자세금계산서인지를 묻는 아래와 같은 메시지가 나오는데, 위 거래는 전자세금계산서이므로 1('여'란 '그렇다.') 입력합니다. 전자세금계산서가 아닌 일반 종이세금계산서이면 0입력. ('부'란 '아니다.')

> 전자(세금)계산서 여부(1:여 0:부)를 입력하세요.

핵심체크 콕콕콕
전자세금계산서 여부
여 1, 부 0 입력

⑥ 분개유형 입력

[분개]칸으로 옮기면 아래와 같이 분개유형을 묻는 메시지가 나타나는데, 앞으로 모든 매입매출전표는 '3.혼합'으로 입력하면 됩니다.

> 분개유형 [0:분개없음 1:현금 2:외상 3:혼합 4:카드 5:추가(환경설정에서 설정합니다.)]

원래는 매출대금을 현금으로 받으면 1, 외상이면 2, 혼합이면 3 등으로 구분하여 입력해야 하지만, 전산회계시험은 어떤 형태로 입력해도 모두 정답 처리되고 그 중 "3번 혼합"으로 입력하는 것 제일 이해하기 쉽습니다. 따라서 앞으로 모든 매입매출전표 입력은 무조건 "3번 혼합"으로 입력하겠습니다.

이상 절차를 완료하면 다음과 같은 화면이 완성됩니다.

핵심체크 콕콕콕
매입매출전표 분개
'3.혼합'으로 입력

2) 분개 입력

① 자동입력 되는 내용

상단 거래내용으로 매출 500,000원, 고객으로부터 징수한 부가세 50,000원을 입력하면 **KcLep은 매출은 무조건 '제품매출'로, 부가세는 '부가세예수금' 입력하도록 설계**되어 있습니다. 단, **KcLep은 일단 대변항목만 입력이 되므로 여기에 아래와 같이 추가로 차변 분개를 입력해 차변과 대변합계가 같아지도록 해야 합니다.**

② 추가 분개 입력

가. 매출 종류 선택

KcLep은 제조업을 가정하므로 상단 거래 내용에 매출을 입력하면 무조건 제품매출로 분개가 입력되므로, 만약 제품이 아니라 **상품을 매출했다면 제품매출 칸으로 커서를 옮겨 '상품매출'로 수정**해야 합니다.

나. 현금, 외상 매출 여부 입력

전자세금계산서 맨 아래를 보면 (주)화랑전자는 전액 현금을 받았으므로 마우스로 대체전표의 대변 아래 빈칸을 클릭한 후 "3"을 입력하여 차변에 현금 550,000원을 입력하면 다음과 같이 매입매출전표 입력이 완성됩니다. 일반전표 입력과 동일하게 '차변'은 '3', '대변'은 '4'를 입력합니다.

〈제품 매출 입력 결과〉

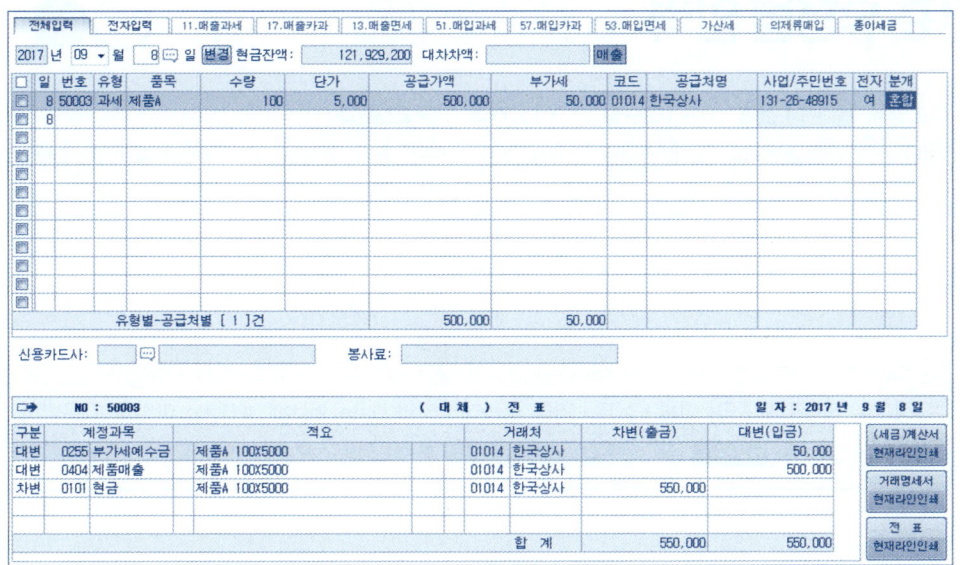

KcLep의 완성된 분개를 옮겨 적으면 다음과 같습니다.

9.8	(차) 현금	550,000	(대) 제품매출	500,000
			부가세예수금	50,000

4. 매입매출전표 입력 순서 요약

[1단계] 매출·매입 여부 파악

매출인지, 매입인지 구분한다.

[2단계] 매입매출 유형 파악

거래 유형을 파악하여 매출은 '11.과세' ~ '24.현영' 중 하나,
매입은 '51.과세' ~ '62.현면' 중 하나를 고른다.

[3단계] 거래내역 입력

매입매출전표 상단에 품목, 수량, 단가, 거래처, 전자세금계산서 여부 등 거래내역을 입력한다.

[4단계] 분개 완성

거래내역 입력으로 자동 입력되는 분개 이외의 계정과목을 차변 3번, 대변 4번을 이용해 입력하여 분개를 완성한다.

29 매출전표 유형별 입력

이론 **실무**

학습내용: • 11.과세 • 12.영세 • 14.건별 • 16.수출 • 17.카과 • 22.현과

출제경향: 실무문제로 매 시험마다 2~3문제씩 출제되고 있는데 11.과세, 12.영세, 16.수출이 주로 출제되고 있음. 일단 주어진 매출 거래가 어느 유형에 해당하는지 구별하는 게 중요함.

본 교재의 실습자료는 cafe.naver.com/eduacc의 「공지&DATA다운로드」에서 공지 에 있는 [콕콕정교수 전산회계 1급] 이론+실무+기출 실습데이터의 Data_Install_JH1.zip 파일을 다운받아 컴퓨터에 설치 후, 회사등록 클릭, F4 회사코드재생성 클릭 후 「㈜청송스포츠」 선택

1 KcLep 매출의 유형

1. KcLep 매출유형 입력과 부가가치세 신고서 자동 작성

구 분			금액	세율	세액
과세표준 및 매출세액	과 세	세금계산서 발급분 (1)		10/100	
		매입자발행 세금계산서 (2)		10/100	
		신용카드·현금영수증 발행분 (3)		10/100	
		기타(정규영수증 외 매출분) (4)		10/100	
	영세율	세금계산서 발급분 (5)		0/100	
		기 타 (6)		0/100	
	예정신고누락분 (7)				
	대손세액가감 (8)				
	합 계 (9)			㉮	

부가가치세 신고서상 매출은 크게 과세와 영세로 구분되어 있으며, 과세는 ① 세금계산서 발급분, ② 신용카드·현금영수증, 그리고 ③ 기타(정규영수증 외)로 구분되고 영세는 ① 세금계산서 발급분과 ② 기타로 구분됩니다.

KcLep은 매출이 발생하면 아래와 같이 14가지로 종류를 구분하여 매입매출전표의 매출유형 부분에 입력하여 부가가치세 신고서 서식이 자동으로 채워지도록 설계되어 있습니다.

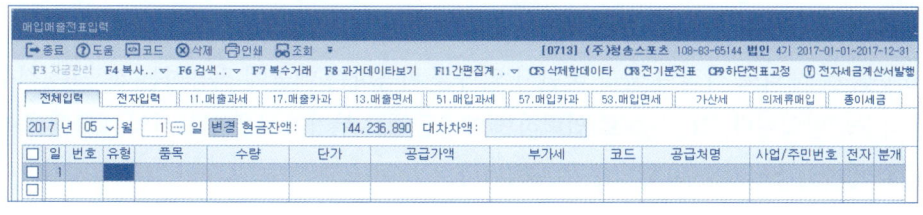

매출					
11. 과세	과세매출	16. 수출	수출	21. 전자	전자화폐
12. 영세	영세율	17. 카과	카드과세	22. 현과	현금과세
13. 면세	계산서	18. 카면	카드면세	23. 현면	현금면세
14. 건별	무증빙	19. 카영	카드영세	24. 현영	현금영세
15. 간이	간이과세	20. 면건	무증빙		

전산회계시험에는 실무상 많이 발생하는 아래 6가지 종류만 출제되고 있는데 최근 5년 여간 기출문제 비중을 요약하면 다음과 같습니다.

11. 과세	12. 영세	14. 건별	16. 수출	17. 카과	22. 현과	계
30문제	10문제	3문제	11문제	4문제	7문제	65문제
46%	15%	5%	17%	6%	11%	100%

11.과세, 12.영세, 16.수출의 출제비중이 가장 높습니다만 나머지 항목들도 골고루 출제되는 편이며 내용이 어렵지 않으므로 모든 형태에 유의해서 공부하기 바랍니다.

2. KcLep 매출유형

1) 11.과세: 세금계산서 발행 과세 매출

매입매출전표에 매출유형을 '11.과세'로 입력하면 매출금액은 부가가치세 신고서의 매출세액 부분 중 '과세' ➡ '세금계산서 발급분(1)'칸으로 자동 집계됩니다.

2) 12.영세: 내국 수출 영세율(내국신용장·구매확인서)

'12.영세'는 내국신용장(Local L/C), 구매확인서에 의한 내국수출에 사용되는 원재료, 상품, 제품을 판매할 때 입력하는 코드인데, 내국 수출은 국내 기업 간 거래이므로 세금계산서가 발행됩니다. '12.영세'로 입력하면 매출금액은 부가가치세 신고서의 매출세액 부분 중 '영세율' ➡ '세금계산서 발급분(5)'칸으로 집계됩니다.

3) 14.건별: 무증빙 과세 매출

'14.건별'은 세금계산서, 신용카드, 현금영수증 등 정규 증빙이 아닌 간이영수증, 거래명세서만 발급하는 등 비적격의 무증빙 매출을 입력하는 코드입니다. '14.건별'로 입력하면 매출금액은 부가가치세 신고서의 매출세액 부분 중 '과세' ➡ '기타(정규영수증 외 매출분)(4)'칸으로 집계됩니다.

 정교수 콕콕

 핵심체크

매출유형 선택
- 매출유형 우측 설명을 참고해 유형 선택
- 11.과세(세금계산서 발행 과세매출), 12.영세(내국수출), 14.건별(적격증빙 ×), 16.수출(직수출), 17.카과(카드결제 과세매출), 22.현과(현금영수증 과세매출)

 정교수 콕콕

4) 16.수출: 해외 직수출 영세율

'16.수출'은 해외로 직접 수출을 하면서 외화를 획득하는 매출에 적용하는 코드로 '직수출'의 줄임말입니다. '16.수출'로 입력하면 매출금액은 부가가치세 신고서의 매출세액 부분 중 '영세율' ➡ '기타(6)'칸으로 집계됩니다.

5) 17.카과: 신용카드 결제된 과세 매출

'17.카과'은 '신용카드 과세 매출'의 줄임말로 고객이 신용카드로 결제하는 매출이 발생하는 경우입니다. '17.카과'로 입력하면 매출금액은 부가가치세 신고서의 매출세액 부분 중 '과세' ➡ 신용카드·현금영수증 발행분(3)'칸으로 집계됩니다.

6) 22.현과: 현금영수증 발급된 과세 매출

'22.현과'는 '현금영수증 과세 매출'의 줄임말로 부가가치세 신고서의 매출세액 부분 중 '과세' ➡ '신용카드·현금영수증 발행분(3)'칸으로 집계됩니다. 신용카드 매출과 현금영수증 매출은 그 성격이 비슷해 신고서의 같은 칸에 집계됩니다.

자, 그럼 지금부터 주요 매출유형을 사례를 통해 매입매출전표에 입력해 보겠습니다.

2 11. 과세

핵심체크 콕콕콕
11. 과세
세금계산서, 전자세금계산서 발행되는 제품, 상품, 유형자산 등 매출

1. 제품 매출: 세금계산서 발행

실무기출 확인문제 | 전산회계 1급, 119회 변형 |

11월 7일, 부산상사에 제품(공급가액 20,000,000원, 부가가치세 별도)을 공급하면서 세금계산서를 발급하였다. 판매대금 중 부가가치세에 해당하는 금액은 은행권 자기앞수표로 받았고, 나머지 잔액은 동점발행 약속어음(3개월 후 만기)으로 받았다.

|정답| 유형: 11. 과세

11.7	(차) 받을어음(부산상사)	20,000,000	(대) 제품매출	20,000,000
	현금	2,000,000	부가세예수금	2,000,000

일	번호	유형	품목	수량	단가	공급가액	부가세	코드	공급처명	사업/주민번호	전자	분개
7	50002	과세	제품			20,000,000	2,000,000	01100	부산상사	137-85-47319		혼합

구분	계정과목		적요	거래처		차변(출금)	대변(입금)
대변	0255	부가세예수금	제품	01100	부산상사		2,000,000
대변	0404	제품매출	제품	01100	부산상사		20,000,000
차변	0101	현금	제품	01100	부산상사	2,000,000	
차변	0110	받을어음	제품	01100	부산상사	20,000,000	

(*) 매입매출전표 입력 클릭 → 11.7 입력 → 유형 11.과세 입력 → 공급가액 20,000,000원 입력 → 거래처 부산상사 선택 → 전자 0, 전자세금계산서 아니므로 부 입력 → 분개 3.혼합 입력 → 차변, 자기앞수표는 현금 2,000,000원 입력 → 차변, 약속어음은 받을어음(거래처 부산상사) 20,000,000 입력

핵심체크
전자세금계산서(전자1),
수기세금계산서(전자0)

2. 제품 매출: 전자세금계산서 발행

실무기출 확인문제 | 전산회계 1급, 117회 변형 |

11월 19일, (주)정밀소재에게 다음과 같은 제품을 판매하고 전자세금계산서를 발급하였다.

전자세금계산서(공급자 보관용)						승인번호	20181122-51050067-62367242		
공급자	사업자등록번호	108-83-65144	종사업장번호		공급받는자	사업자등록번호	122-85-07805	종사업장번호	
	상호(법인명)	(주)청송스포츠	성명(대표자)	최수지		상호(법인명)	㈜정밀소재	성명	임도일
	사업장주소	대전광역시 중구 선화로 81번길 85				사업장주소	경기도 오산시 경기동로 8번길		
	업태	제조, 판매	종목	스포츠용품		업태	제조	종목	스포츠용품
	이메일					이메일			
작성일자		공급가액		세액		수정사유			
11.19.		6,800,000		680,000					
비고									

월	일	품목	규격	수량	단가	공급가액	세액	비고
11	19	전자제품				6,800,000	680,000	

합계금액	현금	수표	어음	외상미수금	이 금액을 영수 함
7,480,000	7,480,000				

|정답|

11. 19	(차) 현금	7,480,000	(대) 제품매출	6,8000,000
			부가세예수금	680,000

일	번호	유형	품목	수량	단가	공급가액	부가세	코드	공급처명	사업/주민번호	전자	분개
19	50003	과세	전자제품			6,800,000	680,000	03001	(주)정밀소재	122-85-07805	여	혼합

구분	계정과목		적요	거래처		차변(출금)	대변(입금)
대변	0255	부가세예수금	전자제품	03001	(주)정밀소재		680,000
대변	0404	제품매출	전자제품	03001	(주)정밀소재		6,800,000
차변	0101	현금	전자제품	03001	(주)정밀소재	7,480,000	

(*) 매입매출전표 입력 클릭 → 11.19 입력 → 유형 11.과세 입력 → 공급가액 6,800,000원 입력 → 거래처 (주)정밀소재 선택 → 전자 1, 여 입력 → 분개 3.혼합 입력 → 차변, 현금 7,480,000원 입력

3. 유형자산 처분: 전자세금계산서 발행

KcLep은 기존 설정이 제조업으로 매입매출전표에 매출을 입력하면 무조건 '제품매출'로 입력이 되므로 유형자산 처분을 '11.과세'로 입력하면 대변에 '제품매출'이 자동 입력됩니다. 따라서 유형자산처분과 같이 제품매출이 아닌 거래는 자동입력 된 '제품매출'을 '처분되는 유형자산'으로 바꾸어주어야 합니다. 다음 사례로 구체적인 내용을 입력해 보겠습니다.

실무기출 확인문제 | 전산회계 1급, 109회 변형 |

5월 8일, 다음 거래 내역을 보고 적절한 회계처리를 하시오. (단, 차량운반구의 취득원가 5,000,000원, 감가상각누계액 3,200,000원이며, 매각년도의 감가상각비계산은 생략한다.)

전자세금계산서(공급자 보관용)

| 승인번호 | 20181011-15454645-58844486 |

공급자
- 사업자등록번호: 108-83-65144
- 상호(법인명): (주)청송스포츠
- 성명(대표자): 최수지
- 사업장 주소: 대전광역시 중구 선화로 81번길 85
- 업태: 제조, 판매
- 종목: 스포츠용품

공급받는자
- 사업자등록번호: 216-88-00087
- 상호(법인명): (주)계백전자
- 성명: 손나은
- 사업장 주소: 서울 영등포구 국회대로 50길 9
- 업태: 도소매
- 종목: 차량

작성일자	공급가액	세액	수정사유
5. 8	1,000,000	100,000	

월	일	품목	규격	수량	단가	공급가액	세액	비고
5	8	차량 매각대금				1,000,000	100,000	

합계금액	현금	수표	어음	외상미수금	이 금액을 (청구) 함
1,100,000				1,100,000	

> **핵심체크 콕콕콕**
> KcLep은 매출 입력 시 무조건 제품매출로 입력. 제품 매출이 아닌 경우 해당 계정과목으로 수정해야 함.

|정답| 유형: 11.과세

- '11.과세'를 입력하면 KcLep은 무조건 '제품매출'로 대변 분개가 입력되므로 이를 판매되는 '차량운반구'로 바꾸어 주어야 함. 또한 차변에 감가상각누계액도 없애야 함.
- 미수금: 처분가액 1,000,000 + VAT 100,000 = 1,100,000원
- 차량 장부가액: 취득가액 5,000,000 − 감가상각누계액 3,200,000 = 1,800,000
- 유형자산 처분손실: 처분가액 1,000,000 − 장부가액 1,800,000 = 800,000원

5. 8	(차) 감가상각누계액(차량운반구) 3,200,000 미 수 금((주)계백전자) 1,100,000 유 형 자 산 처 분 손 실 800,000	(대) 부가세예수금 100,000 차량운반구 5,000,000	

일	번호	유형	품목	수량	단가	공급가액	부가세	코드	공급처명	사업/주민번호	전자	분개
8	50002	과세	차량운반구			1,000,000	100,000	01035	(주)계백전자	216-88-00087	여	혼합

구분	계정과목		적요	거래처		차변(출금)	대변(입금)
대변	0255	부가세예수금	차량운반구	01035	(주)계백전자		100,000
대변	0208	차량운반구	차량운반구	01035	(주)계백전자		5,000,000
차변	0209	감가상각누계액	차량운반구	01035	(주)계백전자	3,200,000	
차변	0120	미수금	차량운반구	01035	(주)계백전자	1,100,000	
차변	0970	유형자산처분손실	차량운반구	01035	(주)계백전자	800,000	

(*) 매입매출전표 입력 클릭 → 5,8 입력 → 유형 11.과세 입력 → 공급가액 1,000,000원 입력 → 거래처 (주)계백전자 선택 → 전자 1 입력 → 분개 3.혼합 입력 → 대변, '제품매출'을 '차량운반구'로 변경 → 차변, 감가상각누계액(차량운반구) 3,200,000원 입력 → 차변, 미수금((주)계백전자) 1,100,000원 입력 → 차변, 유형자산처분손실 800,000원 입력

3 12. 영세

> **핵심체크 콕콕콕**
> 12. 영세
> 내국신용장(Local L/C), 구매확인서에 의한 내국 수출

실무기출 확인문제
| 전산회계 1급, 118회 변형 |

12월 26일, 람보전자에 Local L/C에 의하여 제품 8,000,000원을 납품하고 영세율 세금계산서를 발행하였으며, 대금 중 50%는 외상으로 하고 나머지는 어음으로 수령하였다.

|정답| 유형: 12.영세
- 내국신용장(Local L/C), 구매확인서에 의한 내국 수출은 영세율 적용으로 부가세 예수금 계정이 나타나지 않음.
- 공급가액 8,000,000원 입력한 뒤, 영세율 구분의 말풍선(💬)을 눌러 '3번. 내국신용장·구매확인서에 의하여 공급하는 재화'를 선택

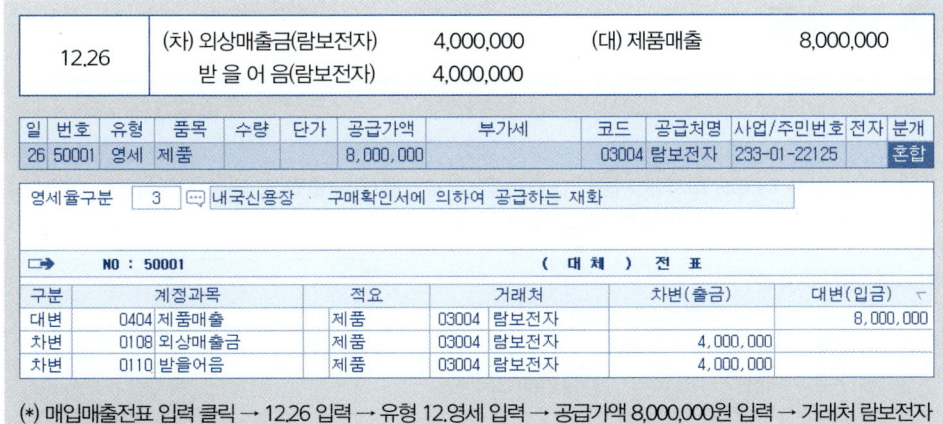

(*) 매입매출전표 입력 클릭 → 12.26 입력 → 유형 12.영세 입력 → 공급가액 8,000,000원 입력 → 거래처 람보전자 선택 → 전자 0 입력 → 분개 3.혼합 입력 → 차변, 외상매출금 4,000,000원 입력 → 차변, 약속어음은 받을어음(람보전자) 4,000,000 입력

'12.영세' 입력 창 중간에 나타나는 다음 영세율 종류 구분에 반드시 말풍선(💬)을 눌러 아래 '3번. 내국신용장·구매확인서에 의하여 공급하는 재화'를 선택해야 합니다.

| 영세율구분 | 3 | 💬 내국신용장 · 구매확인서에 의하여 공급하는 재화 |

④ 14. 건별

실무기출 확인문제 | 전산회계 1급, 115회 변형 |

10월 30일, 정하나 씨 개인에게 제품을 1,100,000원(부가가치세 포함)에 현금매출 하고, 간이영수증을 발급하였다. (가산세여부는 고려하지 말 것)

|정 답| 유형: 14.건별
- 간이영수증은 정규증빙이 아니므로 무증빙 거래에 해당. 14.건별 선택

| 10. 30 | (차) 현 금 | 1,100,000 | (대) 제품매출 | 1,000,000 |
| | | | 부가세예수금 | 100,000 |

일	번호	유형	품목	수량	단가	공급가액	부가세	코드	공급처명	사업/주민번호	전자	분개
30	50001	건별	제품			1,000,000	100,000	00102	정하나	700121-2122011		혼합

구분	계정과목	적요	거래처	차변(출금)	대변(입금)
대변	0255 부가세예수금	제품	00102 정하나		100,000
대변	0404 제품매출	제품	00102 정하나		1,000,000
차변	0101 현금	제품	00102 정하나	1,100,000	

(*) 매입매출전표 입력 클릭 → 10. 30 입력 → 유형 14.건별 입력 → 공급가액 1,100,000원 입력하면 자동으로 공급가액 1,000,000원, 부가세 100,000원 입력됨. → 거래처 정하나 선택 → 전자칸은 입력 자체가 안 됨 → 분개 3.혼합 입력 → 차변, 현금 1,100,000원 입력

주의할 점은 '14.건별' 공급가액 입력 시 공급대가를 입력하면 자동으로 공급가액과 부가세로 안분되어 입력됩니다.

핵심체크 콕콕

14. 건별
적격증빙 갖추지 못한 무증빙 매출

정교수 콕콕

🎯 **핵심체크** 콕콕콕
16. 수출
해외 직수출

5️⃣ 16. 수출

실무기출 확인문제 | 전산회계 1급, 119회 변형 |

7월 17일, 일본 Ta Co. 회사에 제품 1,000개(@2,000엔)를 직수출하고, 대금은 외상으로 하였다. (단, 선적일 시점의 환율은 100엔당 1,200원이었다.)

|정답| 유형: 16.수출
- 해외 직수출이므로 16. 수출 선택, 영세율이므로 부가세예수금이 나타나지 않음.
- 선적일 환율로 공급가액 계산: 1,000개 × 2,000엔 × 12원 = 24,000,000원
- 영세율 구분의 말풍선(💬)을 눌러 '1. 직접수출' 선택

| 7. 17 | (차) 외상매출금(Ta Co.) | 24,000,000 | (대) 제품매출 | 24,000,000 |

일	번호	유형	품목	수량	단가	공급가액	부가세	코드	공급처명	사업/주민번호	전자	분개
17	50001	수출	제품			24,000,000		02100	TA Co.	224-85-01427		혼합

영세율구분 [1] 💬 직접수출(대행수출 포함) 수출신고번호

NO : 50001   (대 체) 전 표

구분	계정과목	적요	거래처	차변(출금)	대변(입금)
대변	0404 제품매출	제품	02100 TA Co.		24,000,000
차변	0108 외상매출금	제품	02100 TA Co.	24,000,000	

(*) 매입매출전표 입력 클릭 → 7. 17 입력 → 유형 16.수출 입력 → 공급가액 24,000,000원 입력, 영세율이므로 부가세는 0원 → 거래처 TA Co. 선택 → 직수출은 세금계산서 자체를 발행하지 않으므로 전자 0, 부 입력 → 분개 3.혼합 입력 → 차변, 외상매출금 24,000,000원 입력

'16.수출' 입력 창 중간에 나타나는 다음 영세율 종류 구분에 반드시 말풍선(💬)을 눌러 아래 '1번. 직접 수출'을 선택해야 합니다.

영세율구분 [1] 💬 직접수출(대행수출 포함)

🎯 **핵심체크** 콕콕콕
12.영세 vs 16.수출
12.영세(내국수출),
16.수출(직수출)

[12.영세 vs 16.수출]

12.영세는 내국 수출로 세금계산서가 발행되고,
16.수출은 세금계산서가 발행되지 않은 해외 직수출임.

🎯 **핵심체크** 콕콕
17. 카과
신용카드 결제된 과세 매출

6️⃣ 17. 카과

실무기출 확인문제 | 전산회계 1급, 119회 변형 |

9월 3일, 미인(주)에게 제품을 2,200,000원(부가가치세 포함)에 판매하고, 대금은 신용카드(우리카드)로 결제를 받았다. (단, 신용카드 결제대금은 외상매출금으로 회계처리할 것.)

|정답| 유형: 17.카과
- 공급처명: 실제 제품을 구매한 미인(주)입력
- 카드로 매출하면 2주~3주 뒤 카드회사에서 대금을 받으므로 외상매출임. 단, 분개의 외상매출금 거래처는 우리카드 선택

9. 3	(차) 외상매출금(우리카드)	2,200,000	(대) 제품매출	2,000,000
			부가세예수금	200,000

일	번호	유형	품목	수량	단가	공급가액	부가세	코드	공급처명	사업/주민번호	전자	분개
3	50001	카과	제품			2,000,000	200,000	03005	미인(주)	124-86-87331		혼합

신용카드사: 99702 우리카드   봉사료:

➡ NO : 50001   (대 체) 전 표

구분	계정과목	적요	거래처	차변(출금)	대변(입금)
대변	0255 부가세예수금	제품	03005 미인(주)		200,000
대변	0404 제품매출	제품	03005 미인(주)		2,000,000
차변	0108 외상매출금	제품	99702 우리카드	2,200,000	

(*) 매입매출전표 입력 클릭 → 9. 3 입력 → 유형 17.카과 입력 → 공급가액 2,200,000원 입력하면 자동으로 공급가액 2,000,000원, 부가세 200,000원 입력됨. → 거래처 미인(주) 선택 → 전자칸은 입력 안 됨 → 분개 3.혼합 입력 → 차변, 외상매출금, 거래처는 우리카드 선택, 2,200,000원 입력

'17.카과' 입력 창 중간에 나타나는 신용카드사 선택 말풍선()을 눌러 아래 '우리카드'를 선택해야 합니다.

7 22. 현과

핵심체크 콕콕
22. 현과
현금영수증 발행된 과세 매출

실무기출 확인문제
| 전산회계 1급, 117회 변형 |

10월 22일, 비사업자인 개인 정하나 씨에게 제품을 현금판매 하고 다음과 같이 현금영수증을 발행하였다.

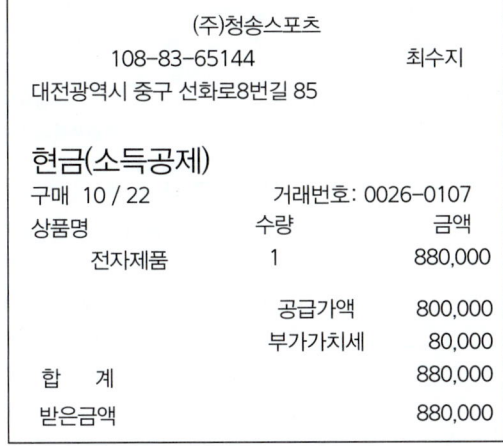

정교수 콕콕

|정 답| 유형: 22.현과
- 현금영수증은 현금 수령이므로 차변에 현금 입력

10.22	(차) 현 금	880,000	(대) 제품매출	800,000
			부가세예수금	80,000

일	번호	유형	품목	수량	단가	공급가액	부가세	코드	공급처명	사업/주민번호	전자	분개
22	50001	현과	제품			800,000	80,000	00102	정하나	700121-2122011		혼합

구분	계정과목		적요	거래처		차변(출금)	대변(입금)
대변	0255	부가세예수금	제품	00102	정하나		80,000
대변	0404	제품매출	제품	00102	정하나		800,000
차변	0101	현금	제품	00102	정하나	880,000	

(*) 매입매출전표 입력 클릭 → 10.22 입력 → 유형 22.현과 입력 → 공급가액 880,000원 입력하면 자동으로 공급가액 800,000원, 부가세 80,000원 입력됨. → 거래처 정하나 선택 → 전자칸은 입력 안 됨 → 분개 3.혼합 입력 → 차변, 현금 선택, 880,000원 입력

핵심체크
수정세금산서
(-)금액 입력

8 수정 매출전표 입력

가끔씩 매출 이후에 물건하자 등으로 반품이 발생하면 기존 매출전표 입력과 동일하게 입력하되 금액을 (-)로 입력하면 되는데, 자주 출제되지는 않습니다.

실무기출 확인문제 | 전산회계 1급, 68회 |

9월 25일, 현필상회에 공급했던 제품A 중 일부가 품질에 문제가 있어 반품되었으며, 대금은 외상매출금 계정과 상계하여 처리하기로 하였다.

(수정)전자세금계산서

		승인번호	132428782128

	사업자등록번호	108-83-65144	종사업장 번호			사업자등록번호	311-81-40600	종사업장 번호	
공급자	상호(법인명)	㈜청송스포츠	성명	최수지	공급받는자	상호(법인명)	현필상회	성명	최수영
	사업장주소	대전시 중구 선화로 81번길 85				사업장 주소	서울시 마포구 상암동 261		
	업태	제조/도소매	종목	전자제품		업태	도소매	종목	주변기기
	이메일					이메일			

작성일자	공급가액	세액	수정사유
9. 25.	-8,000,000	-800,000	매출제품중 일부 반품
비고			

월	일	품목	규격	수량	단가	공급가액	세액	비고
9	25	제품A				-8,000,000	-800,000	

합계금액	현금	수표	어음	외상미수금	이 금액을 영수 함 청구
-8,800,000				-8,800,000	

|정답|
- 전자세금계산서 발행한 과세매출이므로 '11.과세' 선택
- 매출의 반품이므로 자료 입력 시 (-) 숫자 입력

9. 25	(차) 외상매출금(현필상회)	-8,800,000	(대) 제품매출	-8,000,000
			부가세예수금	-800,000

일	번호	유형	품목	수량	단가	공급가액	부가세	코드	공급처명	사업/주민번호	전자	분개
25	50001	과세	제품A			-8,000,000	-800,000	01040	현필상회	311-81-40600	여	혼합

구분	계정과목	적요	거래처	차변(출금)	대변(입금)
대변	0255 부가세예수금	제품A	01040 현필상회		-800,000
대변	0404 제품매출	제품A	01040 현필상회		-8,000,000
차변	0108 외상매출금	제품A	01040 현필상회	-8,800,000	

(*) 매입매출전표 입력 클릭 → 9.25 입력 → 유형 11.과세 입력 → 공급가액 (-)8,000,000원 입력 → 거래처 현필상회 선택 → 전자 1 입력 → 분개 3.혼합 입력 → 차변, 외상매출금 (-)8,800,000원 입력

29 매출 유형 맞추기
매출전표 유형별 입력

아래 매출이 매입매출전표 입력 시 어떤 부가세 유형인지 골라 적으시오.

부 가 세 유 형

매출
11. 과세	과세매출	16. 수출	수출	21. 전자	전자화폐
12. 영세	영세율	17. 카과	카드과세	22. 현과	현금과세
13. 면세	계산서	18. 카면	카드면세	23. 현면	현금면세
14. 건별	무증빙	19. 카영	카드영세	24. 현영	현금영세
15. 간이	간이과세	20. 면건	무증빙		

매입
51. 과세	과세매입	56. 금전	금전등록	61. 현과	현금과세
52. 영세	영세율	57. 카과	카드과세	62. 현면	현금면세
53. 면세	계산서	58. 카면	카드면세		
54. 불공	불공제	59. 카영	카드영세		
55. 수입	수입분	60. 면건	무증빙		

No	매출 내용	매출 유형
1	제품 5,000,000(부가가치세 별도)을 외상으로 판매하면서 전자세금계산서를 발행하였음.	
2	내국신용장에 의해 제품 20,000달러를 공급하고 영세율 세금계산서를 발행함.	
3	비사업자 홍길동에게 제품 판매하고 11,000원을 현금 지급받고 현금영수증을 발행함.	
4	비사업자 김길동에게 제품 판매하고 11,000원을 현금 지급받고 거래명세서를 발급함.	
5	소비자 김철수에게 제품 판매하고 11,000원을 신용카드로 결제받음.	
6	(주)큰길에 제품 1,000,000원 판매하면서 세금계산서를 발행하고 모두 현금 수령하였음.	
7	구매확인서에 의해 (주)큰길에 제품 10,000,000원 납품하면서 전자세금계산서를 발행함.	
8	중국 칭타상사에 2,000위안에 직수출하고 외화를 수령함.	
9	사용하던 트럭을 (주)큰실에 판매하면서 전자세금계산서를 발행함.	
10	태국기업 람다에 20,000,000원 제품을 직수출하고 대금은 외상으로 하였음.	

|정 답|
1(11. 과세), 2(12. 영세), 3(22. 현과), 4(14. 건별), 5(17. 카과), 6(11. 과세), 7(12. 영세), 8(16. 수출), 9(11. 과세), 10(16. 수출)

29 매출전표 유형별 입력
실무기출 공략하기

본 교재의 실습자료는 cafe.naver.com/eduacc의 「공지&DATA다운로드」에서 공지 에 있는 [콕콕정교수 전산회계 1급] 이론+실무+기출 실습데이터의 Data_Install_JH1.zip 파일을 다운받아 컴퓨터에 설치 후, 회사등록 클릭, F4 회사코드재생성 클릭 후 「㈜청송스포츠」 선택

01 난이도 ★★

10월 17일, 중국 화영상사에 제품 1,000개(@2,000위안)를 직수출하고, 대금은 외상으로 하였다. 단, 선적일 10월 17일의 환율은 1위안(CNY)당 190원이었다. [2024년, 117회 변형]

02 난이도 ★★ 필수

아래의 세금계산서를 보고 매입매출전표에 입력하시오. [2024년, 116회 변형]

전자세금계산서(공급하는자 보관용)

승인번호: 123000456089000

공급자					공급받는자			
사업자등록번호	108-83-65144	종사업장번호			사업자등록번호	122-86-13401	종사업장 번호	
상호(법인명)	㈜청송스포츠	성명(대표자)	최수지		상호(법인명)	(주)부천	성 명	노현진
사업장주소	대전시 중구 선화로 81번길 85				사업장 주소	충남 공주시 검상동 135		
업 태	제조업,도매업	종목	휴대폰부품		업 태	제조업	종 목	전자제품
이메일					이메일			

작성일자	공급가액	세액	수정사유
12.29	8,400,000	840,000	

비고

월	일	품 목	규 격	수 량	단 가	공급가액	세 액	비 고
12	29	휴대폰부품		2,000	4,200	8,400,000	840,000	

합계금액	현 금	수 표	어 음	외상미수금	이 금액을 영수/청구 함
9,240,000	1,240,000		5,500,000	2,500,000	

난이도 ★★ 필수

03 7월 28일, 내국신용장에 의하여 충청실업에 제품(외화 $15,000, 환율 1,150원/$)을 공급하고 영세율 전자세금계산서를 발급하였다. 대금 중 6,000,000원은 (주)한국무역 발행 당좌수표로 받고, 나머지는 충청실업 발행의 3개월 만기 약속어음으로 받았다.　　　　　　　　　　　　　　　　　　　　　　　　　　　[2024년, 115회 변형]

난이도 ★★

04 7월 16일, (주)동산실업에 제품 35,000,000원(부가가치세 별도)을 공급하고 전자세금계산서를 발급하였다. 대금 중 5,000,000원은 지난 6월 15일에 받은 계약금으로 대체하고, 나머지는 (주)동산실업 발행 당좌수표로 받았다.
[2024년, 115회 변형]

난이도 ★★ 필수

05 9월 28일, 비사업자인 김으뜸에게 제품을 550,000원(공급대가)에 공급하고, 대금은 현금으로 받고 거래명세서를 발급해 주었다. (거래처는 입력하지 말 것)　　　　　　　　　　　　　　　　　　　　　　　　[2024년, 115회 변형]

난이도 ★★

06 10월 5일, (주)정밀소재에 제품을 판매하고 다음의 전자세금계산서를 발급하였다. 대금은 9월 5일에 수령한 계약금 3,000,000원을 제외하고 동사가 발행한 약속어음(만기 다음연도 3. 5일)으로 받았다.　[2024년, 112회 변형]

전자세금계산서

	승인번호	4556782413

공급자	사업자등록번호	108-83-65144	종사업장번호		공급받는자	사업자등록번호	122-85-07805	종사업장번호	
	상호(법인명)	㈜청송스포츠	성명(대표자)	최수지		상호(법인명)	㈜정밀소재	성명	
	사업장주소	대전시 중구 선화로 81번길 8				사업장주소	대구시 수성구 만촌동 1000번지		
	업태	제조/도소매	종목	전자제품		업태	도매	종목	전자제품
	이메일					이메일			

작성일자	공급가액	세액	수정사유
10.5	30,000,000	3,000,000	

비고	대금은 계약금을 제외한 나머지 금액에 대하여 약속어음을 수령하기로 함.

월	일	품목	규격	수량	단가	공급가액	세액	비고
10	5	제품				30,000,000	3,000,000	

합계금액	현금	수표	어음	외상미수금	이 금액을 영수/청구 함
33,000,000	3,000,000		30,000,000		

07 난이도 ★★★

11월 27일, 원재료 운송용 트럭(취득가액 35,000,000원, 전기말 감가상각누계액 16,500,000원)을 (주)명화상사에 20,000,000원(부가가치세 별도)에 처분하면서 세금계산서를 발행하였다. 대금은 한 달 후에 수령하기로 하고, 처분시점에 감가상각은 하지 않기로 한다. [2023년, 111회 변형]

08 난이도 ★★★ 필수

7월 25일, 다음은 판매한 제품이 불량으로 반품되어 발급한 수정전자세금계산서이다. 수정전자세금계산서 발급과 동시에 현금으로 지급하였다. [2017년, 73회]

수정전자세금계산서(공급자 보관용)						승인번호		20171025-21058052	
공급자	사업자등록번호	108-83-65144	종사업장번호		공급받는자	사업자등록번호	302-85-03399	종사업장번호	
	상호(법인명)	㈜청송스포츠	성명(대표자)	최수지		상호(법인명)	(주)한우리상사	성 명	한우리
	사업장주소	대전시 중구 선화로 81번길 85				사업장주소	서울시 마포구 상암동 261		
	업 태	제조	종 목	전자부품		업 태	도매업	종 목	컴퓨터
	이메일					이메일			
작성일자		공급가액		세액			수정사유		
7. 25		-90,000		-9,000			일부불량		
비고									
월	일	품 목	규 격	수 량	단 가	공 급 가 액	세 액	비 고	
7	25	주변기기		-3	30,000	-90,000	-9,000		
합 계 금 액		현 금		수 표		어 음	외 상 미 수 금	이 금액을 영수 함 청구	
-99,000		-99,000							

09 난이도 ★★

10월 21일, (주)이브에 구매확인서에 의하여 제품 40,000,000원을 납품하고 영세율 전자세금계산서를 발행하였다. 대금 중 40%는 현금으로 받고, 나머지는 동사발행 6개월 만기 약속어음을 수령하였다. [2023년, 109회 변형]

10 난이도 ★★

10월 19일, 개인 소비자 김으뜸에게 제품을 6,600,000원(부가가치세 포함)에 판매하고, 대금은 김으뜸 신용카드(국민카드)로 수취하였다. 외상매출금으로 회계처리 하시오.　　　　　　　　　　　　　　　　　　[2024년, 116회 변형]

11 난이도 ★★

9월 24일, 개인인 소비자 정하나에게 제품을 5,500,000원(부가가치세 포함)에 현금판매하고 현금영수증(소비자 소득공제용)을 발급하였다.　　　　　　　　　　　　　　　　　　[2024년, 112회 변형]

12 난이도 ★★★

10월 10일, 제품 제조과정에서 생긴 부산물 2,700,000원(부가가치세 별도)을 거래처 행운실업에 판매하고 전자세금계산서를 발급하였다. 대금은 전액 보통예금으로 수령하였다. (계정과목코드 420. 부산물매출, 성격:매출계정을 등록하여 회계처리 할 것)　　　　　　　　　　　　　　　　　　[2012년, 53회]

13 난이도 ★★★ 필수

12월 10일, 미국의 TA Co.사에 제품을 $50,000에 직수출하면서 제품의 선적은 12월 10일에 이루어 졌다. 대금은 다음과 같이 나누어 받기로 하였는데, 12월 10일 $30,000은 원화로 환전되어 당사 보통예금 계좌에 입금되었다. 기업회계 기준에 따라 12월 10일의 제품매출 인식에 대한 회계처리를 하시오.　　　　　　　　　[2024년, 116회 변형]

판매대금	대금수령일	결제방법	비 고
$ 30,000	12월 10일	외화통장으로 입금	선적일
$ 20,000	12월 15일	외화통장으로 입금	잔금청산일

단, 이와 관련하여 적용된 환율은 다음과 같다.(기준환율과 원화로 환전된 환율은 같다고 가정한다.)
· 12월 10일: 1$당 1,080원

난이도 ★★ 필수

14 11월 13일, (주)다스에 제품을 판매하고 신용카드(우리카드)로 결제를 받았다. 매출전표는 다음과 같다.

[2023년, 108회 변형]

카드종류		거래종류	결제방법
우리카드		신용구매	일시불
회원번호(Card No)		취소시 원거래일자	
6250-0304-4156-5955			
유효기간		거래일시	품명
/		11.13. 11:33	
전표제출		금 액	1,500,000
		부 가 세	150,000
전표매입사	비씨카드	봉 사 료	
		합 계	1,650,000
거래번호		승인번호/(Approval No.)	
		30017218	
가맹점	㈜청송스포츠		
대표자	최수지	TEL	043-276-1234
가맹점번호	123345678	사업자번호	108-83-65144
주소	대전시 중구 선화로 81번길 8		
		서명(Signature)	
		(주)다스	

난이도 ★★★ 필수

15 5월 9일, 기계장치(취득원가 25,000,000원, 처분시점 감가상각누계액 16,600,000원)를 (주)인천에 6,000,000원(부가가치세 별도)에 처분하면서 전자세금계산서를 교부하였다. 기계장치 처분에 대한 대금은 30일 후 받기로 하다.

[2015년, 63회]

난이도 ★★★

16 7월 20일, 당사가 소유하던 토지(취득원가 62,000,000원)를 풍림청강(주)에 65,000,000원에 매각하기로 계약하면서 동시에 전자계산서를 발급하였다. 대금 중 30,000,000원은 계약 당일 보통예금 계좌로 입금 받았으며, 나머지는 다음 달에 받기로 약정하였다.

[2024년, 114회]

정답 및 해설

01 유형: '16.수출', 중국으로 직수출

- 품목: 제품, 1,000개×380,000원(2,000위안×190원, 선적일 환율)=380,000,000원, 수량·단가 입력 없이 공급가액 총액을 입력해도 됨.
- 직수출은 영세율 대상으로 부가가치세 없음.
- 영세율 유형: '1. 직접 수출' 선택
- 거래처 화영상사, 외상매출금 380,000,000원 입력

10. 17	(차) 외상매출금(화영상사)	380,000,000	(대) 제품매출	380,000,000

일	번호	유형	품목	수량	단가	공급가액	부가세	코드	공급처명	사업/주민번호	전자	분개
17	50002	수출	제품			380,000,000		00655	화영상사	130-02-72134		혼합

영세율구분 1 직접수출(대행수출 포함)

NO : 50002 (대 체) 전 표

구분	계정과목	적요	거래처	차변(출금)	대변(입금)
대변	0404 제품매출	제품	00655 화영상사		380,000,000
차변	0108 외상매출금	제품	00655 화영상사	380,000,000	

02 유형: '11.과세', 전자세금계산서 발행 과세매출

- 전자세금계산서 맨 밑을 보면 대금을 어떻게 받았는지 표시되어 있는데, 현금 1,240,000, 어음수령 5,500,000, 그냥 외상 2,500,000임. 어음수령은 받을어음, 그냥 외상은 외상매출금 계정과목 사용. 수량, 단가 없이 공급가액에 총액을 입력해도 됨.

12. 29	(차) 현 금	1,240,000	(대) 제품매출	8,400,000
	받을어음((주)부천)	5,500,000	부가세예수금	840,000
	외상매출금((주)부천)	2,500,000		

일	번호	유형	품목	수량	단가	공급가액	부가세	코드	공급처명	사업/주민번호	전자	분개
29	50001	과세	휴대폰부품	2,000	4,200	8,400,000	840,000	00610	(주)부천	122-86-13401	여	혼합

구분	계정과목	적요	거래처	차변(출금)	대변(입금)
대변	0255 부가세예수금	휴대폰부품	00610 (주)부천		840,000
대변	0404 제품매출	휴대폰부품	00610 (주)부천		8,400,000
차변	0101 현금	휴대폰부품	00610 (주)부천	1,240,000	
차변	0110 받을어음	휴대폰부품	00610 (주)부천	5,500,000	
차변	0108 외상매출금	휴대폰부품	00610 (주)부천	2,500,000	

03 유형: '12.영세', 내국신용장에 의한 전자세금계산서 발행 내국 수출

- 공급가액: $15,000×1,150/$ = 17,250,000
- 영세율 구분: '3. 내국신용장에 의하여 공급하는 재화' 선택
- 당좌수표는 현금임

7. 28	(차) 현 금	6,000,000	(대) 제품매출	17,250,000
	받을어음(충청실업)	11,250,000		

일	번호	유형	품목	수량	단가	공급가액	부가세	코드	공급처명	사업/주민번호	전자	분개
28	50001	영세	제품			17,250,000		01400	충청실업	220-82-01439	여	혼합

| 영세율구분 | 3 | 내국신용장 · 구매확인서에 의하여 공급하는 재화 |

➡ NO : 50001　　　　　　　　　　　　　　　　　　　(대 체) 전 표

구분	계정과목	적요	거래처	차변(출금)	대변(입금)
대변	0404 제품매출	제품	01400 충청실업		17,250,000
차변	0101 현금	제품	01400 충청실업	6,000,000	
차변	0110 받을어음	제품	01400 충청실업	11,250,000	

04　유형: '11.과세', 전자세금계산서 발행 과세매출

- 공급가액 35,000,000, 부가가치세 3,500,000, 공급대가 38,500,000
- 6월 15일 받은 계약금 5,000,000원 선수금으로 계상되어 있었음.
- 당좌수표(현금) 수령액: 38,500,000 − 5,000,000 = 33,500,000

7. 16	(차) 현 금	33,500,000	(대) 제품매출	35,000,000
	선수금((주)동산실업)	5,000,000	부가세예수금	3,500,000

일	번호	유형	품목	수량	단가	공급가액	부가세	코드	공급처명	사업/주민번호	전자	분개
16	50002	과세	제품			35,000,000	3,500,000	01011	(주)동산실업	140-81-72704	여	혼합

구분	계정과목	적요	거래처	차변(출금)	대변(입금)
대변	0255 부가세예수금	제품	01011 (주)동산실업		3,500,000
대변	0404 제품매출	제품	01011 (주)동산실업		35,000,000
차변	0259 선수금	제품	01011 (주)동산실업	5,000,000	
차변	0101 현금	제품	01011 (주)동산실업	33,500,000	

05　유형: '14. 건별', 무증빙 과세 매출 (거래명세서는 정규증빙이 아님)

- 공급대가 550,000이므로 공급가액 500,000, 부가가치세 50,000

9. 28	(차) 현금	550,000	(대) 제품매출	500,000
			부가세예수금	50,000

일	번호	유형	품목	수량	단가	공급가액	부가세	코드	공급처명	사업/주민번호	전자	분개
28	50001	건별	제품			500,000	50,000	01030	김으뜸	810228-2096201		혼합

구분	계정과목	적요	거래처	차변(출금)	대변(입금)
대변	0255 부가세예수금	제품	01030 김으뜸		50,000
대변	0404 제품매출	제품	01030 김으뜸		500,000
차변	0101 현금	제품	01030 김으뜸	550,000	

06　유형: '11.과세', 전자세금계산서 발행 과세매출

- 9월 5일 받은 계약금 3,000,000은 선수금으로 계상되어 있었음.
- 받을어음 수령액: 33,000,000 − 3,000,000 = 30,000,000

10. 5	(차) 받을어음(주)정밀소재)	30,000,000	(대) 제품매출	30,000,000
	선수금(주)정밀소재)	3,000,000	부가세예수금	3,000,000

일	번호	유형	품목	수량	단가	공급가액	부가세	코드	공급처명	사업/주민번호	전자	분개
5	50002	과세	제품			30,000,000	3,000,000	03001	(주)정밀소재	122-85-07805	여	혼합

구분	계정과목		적요		거래처		차변(출금)	대변(입금)
대변	0255	부가세예수금	제품		03001	(주)정밀소재		3,000,000
대변	0404	제품매출	제품		03001	(주)정밀소재		30,000,000
차변	0259	선수금	제품		03001	(주)정밀소재	3,000,000	
차변	0110	받을어음	제품		03001	(주)정밀소재	30,000,000	

07 유형: '11.과세', 세금계산서 발행 과세 매출

- 유형자산처분 손익: 유형자산 판매대금에서 유형자산 잔존가액을 차감해 계산함.
- 따라서 유형자산 처분 시 남아 있는 감가상각누계액도 같이 없애야 함.
- 유형자산 처분이익: 판매가격 20,000,000 - 장부가액 18,500,000 (35,000,000 - 16,500,000) = 1,500,000원
- 운송용 트럭 처분은 일반적인 상거래가 아니므로 발생한 외상대금은 미수금처리하며, 일반세금계산서이므로 [전자] 칸에는 0 입력
- 매출정보를 입력하면 KcLep은 무조건 제품매출로 대변 분개가 입력되므로, 대변 제품매출을 차량운반구로 바꿀 것
- 미수금은 판매가액 20,000,000원에 부가가치세 2,000,000원을 합한 22,000,000원임.

11.27	(차) 미수금(명화상사)	22,000,000	(대) 차량운반구	35,000,000
	감가상각누계액(차량운반구)	16,500,000	유형자산처분이익	1,500,000
			부가세예수금	2,000,000

일	번호	유형	품목	수량	단가	공급가액	부가세	코드	공급처명	사업/주민번호	전자	분개
27	50001	과세	트럭			20,000,000	2,000,000	01045	(주)명화상사	129-86-38970		혼합

구분	계정과목		적요		거래처		차변(출금)	대변(입금)
대변	0255	부가세예수금	트럭		01045	(주)명화상사		2,000,000
대변	0208	차량운반구	트럭		01045	(주)명화상사		35,000,000
차변	0209	감가상각누계액	트럭		01045	(주)명화상사	16,500,000	
차변	0120	미수금	트럭		01045	(주)명화상사	22,000,000	
대변	0914	유형자산처분이익	트럭		01045	(주)명화상사		1,500,000

08 유형: '11.과세', 전자세금계산서 발행 과세매출

- 매출의 반품이므로 자료 입력 시 (-) 입력하되, 정보에 주어진 대로 수량을 -3으로 입력(공급가액에 -90,000원 입력해도 됨.)

7.25	(차) 현금	-99,000	(대) 제품매출	-90,000
			부가세예수금	-9,000

일	번호	유형	품목	수량	단가	공급가액	부가세	코드	공급처명	사업/주민번호	전자	분개
25	50001	과세	주변기기	-3	30,000	-90,000	-9,000	01800	(주)한우리상사	302-85-03399	여	혼합

구분	계정과목		적요		거래처		차변(출금)	대변(입금)
대변	0255	부가세예수금	주변기기 -3X30000		01800	(주)한우리상사		-9,000
대변	0404	제품매출	주변기기 -3X30000		01800	(주)한우리상사		-90,000
차변	0101	현금	주변기기 -3X30000		01800	(주)한우리상사	-99,000	

09 유형: '12.영세', 구매확인서에 의한 전자세금계산서 발행 내국 수출

- 영세율 구분: '3. 구매확인서에 의하여 공급하는 재화' 선택
- 현금 수령 16,000,000(40,000,000×40%), 받을어음 24,000,000

10.21	(차) 현금	16,000,000	(대) 제품매출	40,000,000
	받을어음((주)이브)	24,000,000		

일	번호	유형	품목	수량	단가	공급가액	부가세	코드	공급처명	사업/주민번호	전자	분개
21	50001	영세	제품			40,000,000		01004	(주)이브	214-88-26572	여	혼합

영세율구분 3 내국신용장 · 구매확인서에 의하여 공급하는 재화

NO : 50001   (대 체) 전 표

구분	계정과목	적요	거래처	차변(출금)	대변(입금)
대변	0404 제품매출	제품	01004 (주)이브		40,000,000
차변	0101 현금	제품	01004 (주)이브	16,000,000	
차변	0110 받을어음	제품	01004 (주)이브	24,000,000	

10 유형: '17.카과', 신용카드로 과세 매출

- 공급처명: 실제 구매자인 김으뜸
- 카드사: 국민카드 선택
- 신용카드 사용은 김으뜸이 했지만 돈은 국민카드에서 수령하므로 외상매출금 거래처는 국민카드임.

10. 19	(차) 외상매출금(국민카드)	6,600,000	(대) 제품매출	6,000,000	
			부가세예수금	600,000	

일	번호	유형	품목	수량	단가	공급가액	부가세	코드	공급처명	사업/주민번호	전자	분개
19	50001	카과	제품			6,000,000	600,000	01030	김으뜸	810228-2096201		혼합

신용카드사: 99603 국민카드   봉사료:

NO : 50001   (대 체) 전 표

구분	계정과목	적요	거래처	차변(출금)	대변(입금)
대변	0255 부가세예수금	제품	01030 김으뜸		600,000
대변	0404 제품매출	제품	01030 김으뜸		6,000,000
차변	0108 외상매출금	제품	99603 국민카드	6,600,000	

11 유형: '22.현과', 현금영수증 과세 매출

9. 24	(차) 현금	5,500,000	(대) 제품매출	5,000,000	
			부가세예수금	500,000	

일	번호	유형	품목	수량	단가	공급가액	부가세	코드	공급처명	사업/주민번호	전자	분개
24	50001	현과	제품			5,000,000	500,000	00102	정하나	700121-2122011		혼합

구분	계정과목	적요	거래처	차변(출금)	대변(입금)
대변	0255 부가세예수금	제품	00102 정하나		500,000
대변	0404 제품매출	제품	00102 정하나		5,000,000
차변	0101 현금	제품	00102 정하나	5,500,000	

12 유형: '11.과세', 전자세금계산서 발행 과세 매출

- 부산물이란 제품 생산과정에서 발생한 부수 생산물임. (예: 철제품 생산에서 생기는 철 조각들)
- 계정과목에 부산물매출이 없으므로 [기초정보등록] ⇒ [계정과목및적요등록]에서 420번에 부산물매출, 성격(매출) 등록한 후 매출전표를 입력해야함.
- 매출정보를 입력하면 KcLep은 무조건 제품매출로 대변 분개가 입력되므로, 대변 제품매출을 부산물매출로 바꿀 것

10. 10	(차) 보통예금	2,970,000	(대) 부산물매출	2,700,000
			부가세예수금	270,000

코드/계정과목	성격	관계		계정코드(명)	0420 부산물매출
0416 매 출 할 인	3.할인차감	0414		성격	1.매 출 외화 0.부
0417 운 송 료 수 입	1.매 출			관계코드(명)	
0418 매출환입및에누리	2.환입차감	0417		영문명	User setup accounts
0419 매 출 할 인	3.할인차감	0417		과목코드	0420 부산물매출
0420 부 산 물 매 출	1.매 출				

일	번호	유형	품목	수량	단가	공급가액	부가세	코드	공급처명	사업/주민번호	전자	분개
10	50005	과세	부산물			2,700,000	270,000	01016	행운실업	124-19-74187	여	혼합

구분	계정과목	적요	거래처	차변(출금)	대변(입금)
대변	0255 부가세예수금	부산물	01016 행운실업		270,000
대변	0420 부산물매출	부산물	01016 행운실업		2,700,000
차변	0103 보통예금	부산물	01016 행운실업	2,970,000	

13 유형: '16.수출', 해외 직수출 영세율 매출

- 영세율 구분: '1. 직접 수출' 선택, 총매출($50,000×1,080) 54,000,000원
- 대금회수: 보통예금 32,400,000원($30,000×1,080/1$), 외상매출금 21,600,000원($20,000×1,080/1$)

12. 10	(차) 보통예금	32,400,000	(대) 제품매출	54,000,000
	외상매출금(TA Co.)	21,600,000		

일	번호	유형	품목	수량	단가	공급가액	부가세	코드	공급처명	사업/주민번호	전자	분개
10	50001	수출	제품			54,000,000		02100	TA Co.	224-85-01427		혼합

영세율구분 1 직접수출(대행수출 포함) 수출신고번호

NO : 50001 (대 체) 전 표

구분	계정과목	적요	거래처	차변(출금)	대변(입금)
대변	0404 제품매출	제품	02100 TA Co.		54,000,000
차변	0103 보통예금	제품	02100 TA Co.	32,400,000	
차변	0108 외상매출금	제품	02100 TA Co.	21,600,000	

14 유형: '17.카과', 신용카드로 과세 매출

- 공급처명: 실제 구매자인 ㈜다스 • 카드사: 우리카드 선택
- 신용카드 사용은 ㈜다스가 했지만 돈은 우리카드에서 수령하므로 외상매출금 거래처는 우리카드임.

11. 13	(차) 외상매출금(우리카드)	1,650,000	(대) 제품매출	1,500,000
			부가세예수금	150,000

일	번호	유형	수량	단가	공급가액	부가세	코드	공급처명	사업/주민번호	전자	분개
13	50001	카과			1,500,000	150,000	01009	(주)다스	125-81-15970		혼합

신용카드사: 99702 우리카드   봉사료:

▷ NO : 50001   (대 체) 전 표

구분	계정과목	적요	거래처	차변(출금)	대변(입금)
대변	0255 부가세예수금		01009 (주)다스		150,000
대변	0404 제품매출		01009 (주)다스		1,500,000
차변	0108 외상매출금		99702 우리카드	1,650,000	

15 유형: '11.과세', 전자세금계산서 발행 과세 매출

- 유형자산 처분손실: 판매가격 6,000,000 − 장부가액 8,400,000(25,000,000 − 16,600,000) = 2,400,000원
- 기계장치 처분은 정상적인 상거래가 아니므로 발생한 외상대금은 미수금처리하며, 전자세금계산서이므로 [전자] 칸에는 1 입력
- 매출정보를 입력하면 KcLep은 무조건 제품매출로 대변 분개가 입력되므로, 대변 제품매출을 기계장치로 바꿀 것
- 미수금은 판매가액 6,000,000원에 부가가치세 600,000원을 합한 6,600,000원임.

5.9	(차) 미수금((주)인천)	6,600,000	(대) 기계장치	25,000,000
	감가상각누계액(기계장치)	16,600,000	부가세예수금	600,000
	유형자산처분손실	2,400,000		

일	번호	유형	수량	단가	공급가액	부가세	코드	공급처명	사업/주민번호	전자	분개
9	50001	과세			6,000,000	600,000	01029	(주)인천	224-85-20929	여	혼합

구분	계정과목	적요	거래처	차변(출금)	대변(입금)
대변	0255 부가세예수금		01029 (주)인천		600,000
대변	0206 기계장치		01029 (주)인천		25,000,000
차변	0120 미수금		01029 (주)인천	6,600,000	
차변	0207 감가상각누계액		01029 (주)인천	16,600,000	
차변	0970 유형자산처분손실		01029 (주)인천	2,400,000	

16 유형: '13.면세', 전자계산서 발행 면세 매출

- 토지 매출은 면세이므로 '13.면세' 매출 선택
- 유형자산처분이익: 처분가액(65,000,000) − 취득가액(62,000,000) = 3,000,000원

7.20	(차) 보통예금	30,000,000	(대) 토 지	62,000,000
	미수금(풍림철강(주))	35,000,000	유형자산처분이익	3,000,000

일	번호	유형	품목	수량	단가	공급가액	부가세	코드	공급처명	사업/주민번호	전자	분개
20	50001	면세	토지			65,000,000		01601	풍림철강(주)	227-81-14073	여	혼합

구분	계정과목	적요	거래처	차변(출금)	대변(입금)
대변	0201 토지	토지	01601 풍림철강(주)		62,000,000
차변	0103 보통예금	토지	01601 풍림철강(주)	30,000,000	
차변	0112 공사미수금	토지	01601 풍림철강(주)	35,000,000	
대변	0914 유형자산처분이익	토지	01601 풍림철강(주)		3,000,000
			합 계	65,000,000	65,000,000

30 매입전표 유형별 입력

학습내용 · 51.과세 · 52.영세 · 53.면세 · 54.불공 · 55.수입 · 57.카과 · 61.현과

출제경향 실무문제로 매 시험마다 3~4문제씩 출제되고 있는데 51.과세, 53.면세, 54.불공이 주로 출제되고 있음. 일단 주어진 매입 거래가 어느 유형에 해당하는지 구별하는 게 중요함.

본 교재의 실습자료는 cafe.naver.com/eduacc의 「공지&DATA다운로드」에서 공지 에 있는 [콕콕정교수 전산회계 1급] 이론+실무+기출 실습데이터의 Data_Install_JH1.zip 파일을 다운받아 컴퓨터에 설치 후, 회사등록 클릭, F4 회사코드재생성 클릭 후 「㈜청송스포츠」 선택

1 KcLep 매입의 유형

1. KcLep 매입유형 입력과 부가가치세 신고서 작성

구분			금액	세율	세액
매입세액	세금계산서 수취분	일반매입	(10)		
		수출기업 수입분 납부유예	(10-1)		
		고정자산 매입	(11)		
	예정신고누락분		(12)		
	매입자발행 세금계산서		(13)		
	그 밖의 공제매입세액		(14)		
	합계 ((10)-(10-1)+(11)+(12)+(13)+(14))		(15)		
	공제받지 못할 매입세액		(16)		
	차감계 (15)-(16)		(17)	㉯	

부가가치세 신고서상 매입세액은 세금계산서 수취분 매입과 그 밖의 매입을 더한 뒤, 여기서 불공제 매입세액을 차감하여 계산합니다. 이를 위해 KcLep은 매입이 발생하면 아래와 같이 12가지로 구분해 매입매출전표를 입력하여 부가가치세 신고서 서식이 자동으로 채워지도록 설계되어 있습니다.

매입					
51. 과세	과세매입	56. 금전	금전등록	61. 현과	현금과세
52. 영세	영세율	57. 카과	카드과세	62. 현면	현금면세
53. 면세	계산서	58. 카면	카드면세		
54. 불공	불공제	59. 카영	카드영세		
55. 수입	수입분	60. 면건	무증빙		

전산회계시험에는 실무상 많이 발생하는 아래 7가지 종류가 주로 출제되고 있는데 최근 5년여간 기출문제 비중을 요약하면 다음과 같습니다.

51.과세	52.영세	53. 면세	54.불공	55.수입	57.카과	61.현과	기타	계
28문제	5문제	14문제	19문제	6문제	11문제	11문제	3문제	97문제
28%	5%	14%	19%	6%	11%	11%	6%	100%

51.과세, 53.면세, 54.불공의 출제비중이 가장 높습니다만 나머지 항목들도 골고루 출제되는 편이며 내용이 어렵지 않으므로 모든 형태에 유의해서 공부하기 바랍니다.

2. KcLep 매입유형

1) 51.과세: 세금계산서 수취 과세 매입

매입매출전표에 '51.과세'로 입력하면 매입금액은 부가가치세 신고서의 매입세액 중 '세금계산서 수취분'의 '일반매입(10)' 또는 '고정자산매입(11)'칸으로 집계되는데, '51.과세'로 원재료 등을 구매하면 일반매입 칸으로, 건물, 차량 같은 유형자산을 취득하면 고정자산 칸으로 집계됩니다.

2) 52.영세: 세금계산서 수취 수출용 원재료 등 국내 취득

'52.영세'는 수출업자가 수출품을 제조, 판매하기 위해 국내 공급자로부터 내국신용장(Local L/C), 구매확인서를 이용해 원재료 또는 상품을 매입하는 경우에 사용하는 코드인데, 내국 수출은 국내 기업 간 거래이므로 세금계산서가 발행됩니다. '52.영세'로 입력하면 세금계산서가 발행되므로 매입금액이 부가가치세 신고서의 매입세액 중 '세금계산서 수취분'의 '일반매입(10)' 칸으로 집계됩니다.

3) 53.면세: 면세품 매입

'53.면세'는 미가공식료품(쌀, 과일, 생고기 등), 도서, 꽃, 교육비, 토지 등 부가가치세 면세품들을 구입할 때 사용하는 코드입니다. '53.면세'를 제대로 풀기 위해서는 반드시 면

매입 유형 선택

- 매입유형 우측 설명을 참고해 선택
- 51.과세(세금계산서 수취 과세매입), 52.영세(내국수입), 53.면세(면세용매입), 54.불공(불공제매입), 55.수입(수입세금계산서), 57.카과(카드결제 과세매입), 61.현과(현금영수증 과세매입)

정교수 콕콕

세대상 품목에 관한 공부를 먼저 해야 하는데, 면세품을 취득하면 세금계산서가 아닌 계산서를 받습니다.

'53.면세'로 입력하면 매입세액 공제 자체가 되지 않기 때문에 부가가치세 신고서에 아예 표시되지 않습니다.

핵심체크

매입세액 불공제
사업무관, 기업업무추진비, 토지 취득 관련, 비영업용 소형 승용차

4) 54.불공: 매입세액이 공제되지 않는 매입

'54.불공'은 부가가치세가 과세되는 구입을 하였지만 매입세액이 불공제되는 품목을 취득할 때 사용하는 코드로 전산회계시험에서는 아래 불공제 항목이 주로 출제되고 있습니다.

주요 매입세액 불공제 항목	• 사업 무관(대표이사 개인용도 사용 등) 지출 • 기업업무추진비(거래처 식사·선물 등) 관련 지출 • 토지 조성 및 취득을 위한 지출 • 비영업용 소형승용차(1,000cc 초과) 구입, 임차, 유지(유류비, 수리비) 관련 지출 • 사업자 등록 전 매입세액

한편, '54.불공'으로 입력하면 입력된 매입금액은 부가가치세 신고서의 매입세액 중 세금계산서 수취분에 입력되는 동시에 '공제받지 못할 매입세액(16)' 칸으로 집계됩니다.

5) 55.수입: 해외 직수입 시 수입부가가치세

'55. 수입'은 해외에서 직접 원재료 등을 수입할 때 사용하는 코드로 '직수입'의 줄임말입니다. 원재료 수입 시 세관장이 부과하는 수입부가가치세로 세관장이 수입세금계산서를 발행합니다. '55.수입'으로 입력하면 입력된 매입금액은 부가가치세 신고서의 매입세액 중 '세금계산서 수취분 중 일반매입(10)' 칸으로 집계됩니다.

6) 57.카과: 신용카드로 과세 매입

'57.카과'은 신용카드로 재화, 용역을 매입할 때 취득할 때 사용하는 코드로 '57.카과'로 입력하면 매입금액은 부가가치세 신고서의 매입세액 중 '그 밖의 공제매입세액(14)' 칸으로 집계됩니다.

7) 61.현과: 현금영수증으로 과세 매입

'61.현과'는 현금 지급하고 현금영수증을 발급받으면서 재화, 용역을 매입할 때 사용하는 코드로 매입금액은 부가가치세 신고서의 매입세액 중 '그 밖의 공제매입세액(14)' 칸으로 집계됩니다.

8) 기타 항목

이외 아주 가끔씩 "58.카면", "62.현면"이 출제되기도 출제되는데 유형은 무조건 외우는 것이 아니라 아래 박스와 같이 파악해야 특수 유형이 출제되어도 맞힐 수 있습니다.

- 58. 카면 : (카)드로(면)세품 매입
- 62. 현면 : (현)금영수증으로(면)세품 매입

② 51. 과세

1. 원재료 매입

실무기출 확인문제 | 전산회계 1급, 114회 변형 |

7월 15일, (주)명품바디로부터 스포츠용품 제조에 필요한 원재료를 매입하고 다음과 같이 전자세금계산서를 수취하였다. 대금은 다음 달에 결제할 예정이다.

전자세금계산서(공급받는자 보관용)							승인번호	20170716-41050052		
공급자	사업자등록번호	131-81-37650		종사업장번호		공급받는자	사업자등록번호	108-83-65144		종사업장번호
	상호(법인명)	(주)명품바디		성명(대표자)	양호란		상호(법인명)	(주)청송스포츠		성명(대표자)	최수지
	사업장주소	서울 동작구 장승배기로 161					사업장주소	대전 중구 선화로 81번길 85		
	업태	제조	종목	스포츠용품			업태	제조,판매	종목	스포츠용품
	이메일						이메일			
작성일자	공급가액		세액				수정사유			
07.15	20,000,000		2,000,000							
비고										
월	일	품목	규격	수량	단가	공급가액	세액	비고		
7	15	고무창		1,000	20,000	20,000,000	2,000,000			
합계금액		현금		수표		어음	외상미수금	이 금액을 청구 함		
22,000,000							22,000,000			

|정답| 유형: 51.과세

- 상거래(원재료, 상품) 외상 매입이므로 외상매입금 계정과목 사용

7.15	(차) 원재료	20,000,000	(대) 외상매입금((주)명품바디)	22,000,000
	부가세대급금	2,000,000		

일	번호	유형	품목	수량	단가	공급가액	부가세	코드	공급처명	사업/주민번호	전자	분개
15	50002	과세	원재료	1,000	20,000	20,000,000	2,000,000	01033	(주)명품바디	138-81-37650	여	혼합

구분	계정과목		적요	거래처		차변(출금)	대변(입금)
차변	0135	부가세대급금	원재료 1000X20000	01033	(주)명품바디	2,000,000	
차변	0153	원재료	원재료 1000X20000	01033	(주)명품바디	20,000,000	
대변	0251	외상매입금	원재료 1000X20000	01033	(주)명품바디		22,000,000

(*) 매입매출전표 입력 클릭 → 7. 15 입력 → 유형 51.과세 입력 → 품목 원재료 입력 → 공급가액 20,000,000원 입력 → 거래처 (주)명품바디 선택 → 전자 1. 여 입력 → 분개 3.혼합 입력 → 대변, 외상매입이므로 외상매입금 선택, VAT 포함하여 총 22,000,000원 입력

 정교수 콕콕

 핵심체크 콕 콕 콕

51. 과세
(전자)세금계산서 수취하는 원재료 매입, 각종 비용 지출

2. 비용 지급

실무기출 확인문제 | 전산회계 1급, 116회 변형 |

4월 27일, 좋은빌딩으로부터 당월의 영업부 사무실 임차료에 대한 공급가액 2,000,000원(부가가치세 별도)의 전자세금계산서를 발급받고, 대금은 다음 달에 지급하기로 하였다.

> **핵심체크** 콕콕콕
> KcLep은 매입 입력 시 무조건 원재료 입력. 원재료 매입이 아닌 경우 해당 계정과목으로 수정해야 함.

|정 답| 유형: 51.과세
매입을 입력하면 KcLep은 무조건 '원재료'로 차변 분개가 입력되므로 이를 판매관리비 중 '임차료'로 바꾸어 주어야 함. 월세 같은 비용을 지급하지 못한 경우 미지급비용 계정과목 사용

4.27	(차) 임차료(판매관리비) 2,000,000	(대) 미지급비용(좋은빌딩) 2,200,000
	부가세대급금 200,000	

일	번호	유형	품목	수량	단가	공급가액	부가세	코드	공급처명	사업/주민번호	전자	분개
27	50001	과세	임차료			2,000,000	200,000	00800	좋은빌딩	130-03-86111	여	혼합

구분	계정과목	적요	거래처	차변(출금)	대변(입금)
차변	0135 부가세대급금	임차료	00800 좋은빌딩	200,000	
차변	0819 임차료	임차료	00800 좋은빌딩	2,000,000	
대변	0262 미지급비용	임차료	00800 좋은빌딩		2,200,000

(*) 매입매출전표 입력 클릭 → 4.27 입력 → 유형 51.과세 입력 → 품목 임차료 입력 → 공급가액 2,000,000원 입력 → 거래처 좋은빌딩 선택 → 전자 1 입력 → 분개 3.혼합 입력 → 차변, 자동입력 된 '원재료'를 '임차료(판관비)'로 변경 → 대변, 미지급비용 선택, 2,200,000원 입력

3. 유형자산 취득

실무기출 확인문제 | 전산회계 1급, 119회 변형 |

11월 2일, 당사 제조부는 (주)정밀소재에서 제품 제조를 위한 기계장치를 130,000,000원(부가가치세 별도)에 10개월 할부로 구매하고 세금계산서를 발급받았다. 할부대금은 다음 달부터 지급한다.

|정 답| 유형: 51.과세
- 매입을 입력하면 KcLep은 무조건 '원재료'로 차변 분개가 입력되므로 이를 기계장치로 바꾸어 주어야 함.
- 상거래(원재료, 상품) 이외 외상 매입은 미지급금 계정과목 사용

11.2	(차) 기계장치 130,000,000	(대) 미지급금((주)정밀소재) 143,000,000
	부가세대급금 13,000,000	

일	번호	유형	품목	수량	단가	공급가액	부가세	코드	공급처명	사업/주민번호	전자	분개
2	50001	과세	기계장치			130,000,000	13,000,000	03001	(주)정밀소재	122-85-07805	여	혼합

구분	계정과목	적요	거래처	차변(출금)	대변(입금)
차변	0135 부가세대급금	기계장치	03001 (주)정밀소재	13,000,000	
차변	0206 기계장치	기계장치	03001 (주)정밀소재	130,000,000	
대변	0253 미지급금	기계장치	03001 (주)정밀소재		143,000,000

(*) 매입매출전표 입력 클릭 → 11.2 입력 → 유형 51.과세 입력 → 품목, 기계장치 입력 → 공급가액 130,000,000원 입력 → 거래처 (주)정밀소재 선택 → 전자세금계산서 아니므로 전자 0.부 입력 → 분개 3.혼합 입력 → 차변, 자동입력 된 '원재료'를 '기계장치'로 변경 → 대변, 미지급금 선택, 143,000,000원 입력

3 52. 영세

정교수 콕콕

핵심체크

52. 영세

내국신용장(Local L/C), 구매확인서에 의한 수출용 국내매입

실무기출 확인문제 | 전산회계 1급, 113회 변형 |

12월 2일, (주)나은전자에서 수출용 제품의 원재료를 내국신용장에 의하여 1,500,000원에 구입하고 영세율 세금계산서를 발급받았다. 대금은 아직 내국신용장 개설은행에서 지급되지 않았다.

| 정답 | 유형: 52.영세

- 내국신용장, 구매승인서 내국 수입에는 0%의 부가세가 과세되므로 부가세대급금 발생하지 않음.

| 12. 2 | (차) 원재료 | 1,500,000 | (대) 외상매입금((주)나은전자) | 1,500,000 |

일	번호	유형	품목	수량	단가	공급가액	부가세	코드	공급처명	사업/주민번호	전자	분개
2	50001	영세	원재료			1,500,000		01010	(주)나은전자	410-86-69200		혼합

구분	계정과목		적요	거래처		차변(출금)	대변(입금)
차변	0153	원재료	원재료	01010	(주)나은전자	1,500,000	
대변	0251	외상매입금	원재료	01010	(주)나은전자		1,500,000

(*) 매입매출전표 입력 클릭 → 12. 2 입력 → 유형 52.영세 입력 → 품목, 원재료 입력 → 공급가액 1,500,000원 입력 → 거래처 (주)나은전자 선택 → 전자세금계산서 아니므로 전자 0. 부 입력 → 분개 3.혼합 입력 → 대변, 외상매입금 선택, 1,500,000원 입력

4 53. 면세

핵심체크

53. 면세

도서, 꽃, 과일, 생고기 등 면세품(세금계산서 아닌 계산서 수취)

실무기출 확인문제 | 전산회계 1급, 113회 변형 |

3월 30일, 충청실업으로부터 공장건물 신축용 토지를 80,000,000원에 매입하고 전자계산서를 발급받았다. 대금 중 20,000,000원은 당사 보통예금 계좌에서 이체하여 지급하고, 나머지는 5개월 후에 지급하기로 하였다.

| 정답 | 유형: 53.면세

- 토지는 면세품이므로 53.면세 선택하며 세금계산서가 아닌 계산서를 수취함.
- 매입을 입력하면 KcLep은 무조건 '원재료'로 차변 분개가 입력되므로 이를 토지로 바꾸어 주어야 함.
- 상거래(원재료, 상품) 이외 외상 매입은 미지급금 계정과목 사용

| 3. 30 | (차) 토 지 | 80,000,000 | (대) 보통예금 | 20,000,000 |
| | | | 미지급금(충청실업) | 60,000,000 |

일	번호	유형	품목	수량	단가	공급가액	부가세	코드	공급처명	사업/주민번호	전자	분개
30	50001	면세	토지			80,000,000		01400	충청실업	220-82-01439	여	혼합

구분	계정과목		적요	거래처		차변(출금)	대변(입금)
차변	0201	토지	토지	01400	충청실업	80,000,000	
대변	0103	보통예금	토지	01400	충청실업		20,000,000
대변	0253	미지급금	토지	01400	충청실업		60,000,000

(*) 매입매출전표 입력 클릭 → 3. 30 입력 → 유형 53.면세 입력 → 품목, 토지 입력 → 공급가액 80,000,000원 입력 → 거래처 충청실업 선택 → 전자 1 입력 → 분개 3.혼합 입력 → 차변, 자동입력 된 '원재료'를 토지로 변경 → 대변, 보통예금 20,000,000원 입력 → 대변, 미지급금 선택, 60,000,000원 입력

54. 불공

매입세액 불공제되는 사업무관, 기업업무추진비, 토지 취득 관련, 비영업용 소형승용차 위한 지출

54. 불공

1. 비영업용 소형승용차

실무시험 확인문제 | 전산회계 1급, 107회 변형 |

5월 26일, 영업부에서 사용할 업무용승용차(2,000cc)를 ㈜대우렌트카로부터 30,000,000원(부가가치세 별도)에 구입하고 전자세금계산서를 발급받았다. 대금 중 25,000,000원은 보통예금으로 지급하였고, 나머지는 이달 말에 지급하기로 하였다.

|정답| 유형: 54.불공
- 1,000cc 초과 소형 승용차의 취득, 유지비용은 매입세액을 부담하더라도 환급되지 않으므로 54.불공 선택
- 매입세액 3,000,000원은 환급되지 않으므로 차량 취득가액에 가산해야 함.
- 매입을 입력하면 KcLep은 무조건 '원재료'로 차변 분개가 입력되므로 이를 차량운반구로 바꿔줘야 함.
- 상거래(원재료, 상품) 이외 외상 매입은 미지급금 계정과목 사용

5. 26	(차) 차량운반구	33,000,000	(대) 보통예금	25,000,000
			미지급금((주)대우렌트카)	8,000,000

일	번호	유형	품목	수량	단가	공급가액	부가세	코드	공급처명	사업/주민번호	전자	분개
26	50002	불공	승용차			30,000,000	3,000,000	01031	(주)대우렌트카	228-87-00424	여	혼합

불공제사유 3 ③개별소비세법 제1조제2항제3호에 따른 자동차 구입·유지 및 임차

NO : 50002   (대 체) 전 표

구분	계정과목		적요	거래처		차변(출금)	대변(입금)
차변	0208	차량운반구	승용차	01031	(주)대우렌트카	33,000,000	
대변	0103	보통예금	승용차	01031	(주)대우렌트카		25,000,000
대변	0253	미지급금	승용차	01031	(주)대우렌트카		8,000,000

(*) 매입매출전표 입력 클릭 → 5. 26 입력 → 유형 54.불공 입력 → 품목, 승용차 입력 → 공급가액 30,000,000원 입력 → 거래처 (주)대우렌트카 선택 → 전자 1 입력 → 불공제 사유에서 ③개별소비세법에 따른 자동차구입 선택 → 분개 3.혼합 입력 → 차변, 자동입력 된 '원재료'를 차량운반구로 변경 → 대변, 보통예금 25,000,000원 입력 → 대변, 미지급금 8,000,000원 입력

'54.불공' 입력 창 중간에 나타나는 다음 불공제 사유 구분에 반드시 말풍선(💬)을 눌러 해당 사유를 선택해야 합니다. 사례 문제는 비영업용 소형승용차 유지비용이므로 ③번 선택.(개별소비세법에 따른 자동차란 배기량 1,000cc 초과되는 것을 말함.)

번호	불공제사유
	여기를 클릭하여 검색
1	①필요적 기재사항 누락 등
2	②사업과 직접 관련 없는 지출
3	③개별소비세법 제1조제2항제3호에 따른 자동차
4	④기업업무추진비 및 이와 유사한 비용 관련
5	⑤면세사업 관련
6	⑥토지의 자본적 지출 관련
7	⑦사업자등록 전 매입세액
8	⑧금.구리 스크랩 거래계좌 미사용 관련 매입세액
9	⑨공통매입세액안분계산분

2. 기업업무추진비

실무기출 확인문제 | 전산회계 1급, 112회 변형 |

6월 23일, 영업부는 매출거래처 허과장의 아들 돌잔치 선물로 동일잡화에서 유아용품을 100,000원(부가가치세 별도)에 현금으로 구입하고 전자세금계산서를 발급받았다.

|정 답| 유형: 54.불공
- 매입을 입력하면 KcLep은 무조건 '원재료'로 차변 분개가 입력되므로 이를 기업업무추진비(영업부이므로 판관비)로 바꿔줘야 함.
- 매입세액 10,000원은 환급되지 않으므로 기업업무추진비에 가산해야 함.

6. 23	(차) 기업업무추진비(판매관리비)	110,000	(대) 현 금	110,000

일	번호	유형	품목	수량	단가	공급가액	부가세	코드	공급처명	사업/주민번호	전자	분개
23	50001	불공	거래처 선물			100,000	10,000	01012	동일잡화	314-14-37776	여	혼합

불공제사유 4 ④기업업무추진비 및 이와 유사한 비용 관련

NO : 50001   (대 체) 전 표

구분	계정과목		적요	거래처		차변(출금)	대변(입금)
차변	0813	기업업무추진비	거래처 선물	01012	동일잡화	110,000	
대변	0101	현금	거래처 선물	01012	동일잡화		110,000

(*) 매입매출전표 입력 클릭 → 6.23 입력 → 유형 54.불공 입력 → 품목, 선물 입력 → 공급가액 100,000원 입력 → 거래처 동일잡화 선택 → 전자 1 입력 → 불공제 사유에서 ④기업업무추진비 선택 → 분개 3.혼합 입력 → 차변, 자동 입력된 '원재료'를 기업업무추진비(판관비, 813)로 변경 → 대변, 현금 110,000원 입력

[53.면세 vs 54.불공]

> 53. 면세는 구입 당시 부가가치세가 없는 면세품을 구입한 경우이고
> 54. 불공은 부가가치세 과세대상 구입이지만 매입세액 공제가 안 되는 경우임.

핵심체크 콕콕콕

53.면세 vs 54.불공
53.면세(부가세 없는 면세품), 54.불공(부가세 있으나 불공제)

[참고] 매입세액 불공제 대상 신용카드·현금영수증 구입: 일반전표 입력

> 부가가치세 신고서는 [세금계산서 수취분]에서 [공제받지 못할 매입세액]을 차감하여 계산하도록 되어 있기 때문에 신용카드·현금영수증으로 매입세액 불공제 대상을 취득하면 「매입매출전표」에 입력할 필요 없이 「일반전표」에 입력하면 됩니다.

6 55. 수입

실무기출 확인문제 | 전산회계 1급, 117회 변형 |

9월 16일, 부품제작에 필요한 원재료를 수입하고, 인천세관으로부터 수입전자세금계산서를 발급받았다. 부가가치세는 현금으로 지급하였다.

핵심체크 콕콕콕

55. 수입
수입부가가치세 납부액

전자수입세금계산서(공급받는자 보관용)							승인번호		20160108-41000042	
공급자	사업자등록번호	603-42-33561	종사업장번호		공급받는자	사업자등록번호	108-83-65144		종사업장번호	
	상호(법인명)	인천세관	성명(대표자)	이세관		상호(법인명)	(주)청송스포츠		성명(대표자)	최수지
	사업장주소	인천광역시 강서구 공항진입로 108				사업장주소	대전 중구 선화로 81번길 85			
	업태	관공서	종목			업태	제조,판매		종목	스포츠용품
	이메일					이메일				
작성일자		공급가액		세액		수정사유				
9.16.		22,000,000		2,200,000						
비고										

월	일	품목	규격	수량	단가	공급가액	세액	비고
9	16	전자부품 원재료				22,000,000	2,200,000	

합계금액	현금	수표	어음	외상미수금	이 금액을 영수 함
24,200,000	24,200,000				

|정 답| 유형: 55.수입

- 수입세금계산서는 세관장이 발행하는 세금계산서로 '55.수입'은 수입 시 부담한 부가가치세를 입력하는 메뉴임. 즉, 상단에 공급가액을 입력하면 하단 분개에는 자동으로 공급가액은 입력되지 않고 수입부가가치세만 입력됨.
- 수입부가세는 원재료에 가산하는 것이 아니라 추후 제품 판매 시 환급받으므로 부가세대급금 처리됨.

9. 16	(차) 부가세대급금	2,200,000	(대) 현금	2,200,000

일	번호	유형	품목	수량	단가	공급가액	부가세	코드	공급처명	사업/주민번호	전자	분개
16	50001	수입	원재료			22,000,000	2,200,000	00101	인천세관	603-09-08070	여	혼합

구분	계정과목		적요	거래처		차변(출금)	대변(입금)
차변	0135	부가세대급금	원재료	00101	인천세관	2,200,000	
대변	0101	현금	원재료	00101	인천세관		2,200,000

(*) 매입매출전표 입력 클릭 → 9. 16 입력 → 유형 55.수입 입력 → 품목, 원재료 입력 → 공급가액 22,000,000원 입력 → 거래처 인천세관 선택 → 전자 1 입력 → 분개 3.혼합 입력 → 대변, 현금 2,200,000원 입력

57. 카과
신용카드 결제한 과세대상 매입

7 57. 카과

|전산회계 1급, 117회 변형|

11월 26일, 해수전자로부터 영업부서에서 사용할 컴퓨터를 구입하고 대금 1,650,000원(부가가치세 포함)을 비씨카드로 결제하였다.(단, 컴퓨터는 유형자산 계정으로 처리할 것)

|정 답| 유형: 57.카과

- 공급처명: 실제 제품을 구매한 해수전자 입력
- 공급처를 입력한 뒤 신용카드사를 선택하는 말풍선(⋯) 눌러 비씨카드 선택
- 매입정보를 입력하면 KcLep은 무조건 원재료로 차변 분개가 입력되므로, 차변을 비품으로 바꾸어야 함.
- 상거래 이외 유형자산 컴퓨터의 신용카드 외상구입이므로 미지급금 계정과목 사용하되, 거래처는 카드대금 지급처인 비씨카드 입력해야 함.

11. 26	(차) 비 품	1,500,000	(대) 미지급금(비씨카드)	1,650,000
	부가세대급금	150,000		

일	번호	유형	품목	수량	단가	공급가액	부가세	코드	공급처명	사업/주민번호	전자	분개
26	50001	카과	컴퓨터			1,500,000	150,000	03006	해수전자	796-03-00102		혼합

신용카드사: 99701  비씨카드   봉사료:

➡ NO : 50001   (대 체) 전 표

구분	계정과목	적요	거래처	차변(출금)	대변(입금)
차변	0135 부가세대급금	컴퓨터	03006 해수전자	150,000	
차변	0212 비품	컴퓨터	03006 해수전자	1,500,000	
대변	0253 미지급금	컴퓨터	99701 비씨카드		1,650,000

(*) 매입매출전표 입력 클릭 → 11.26 입력 → 유형 57.카과 입력 → 품목, 컴퓨터 입력 → 공급가액 1,650,000원 입력 → 거래처 해수전자 선택 → 신용카드사 비씨카드 선택 → 분개 3 혼합 입력 → 차변, 자동입력된 원재료를 비품으로 변경 → 대변, 미지급금, 거래처 비씨카드 선택, 1,650,000원 입력

⑧ 61. 현과

정교수 콕콕

핵심체크 콕콕콕

61. 현과
현금영수증 발급받은 과세
대상 매입

실무기출 확인문제 | 전산회계 1급, 118회 변형 |

9월 14일, (주)진성상사로부터 원재료를 전액 보통예금으로 매입하고, 다음의 지출증빙용 현금영수증을 수령하였다.

```
           현금영수증
 가맹점명
        (주)진성상사  131-86-4229    방누리
    서울 송파구 동남로 123  TEL : 02-500-5566
              현금(지출증빙용)
 구매      9/14/15:20   거래번호 : 4512-1020
     상품명          수량            금액
 원재료(123-ADC-456)
                   10         24,200,000

              과세공급가액     22,000,000
              부가가치세       2,200,000
              합계           24,200,000
```

|정 답| 유형: 61.현과

9. 14	(차) 원재료	22,000,000	(대) 보통예금	24,200,000
	부가세대급금	2,200,000		

일	번호	유형	품목	수량	단가	공급가액	부가세	코드	공급처명	사업/주민번호	전자	분개
14	50001	현과	원재료			22,000,000	2,200,000	03007	(주)진성상사	131-86-43229		혼합

구분	계정과목	적요	거래처	차변(출금)	대변(입금)
차변	0135 부가세대급금	원재료	03007 (주)진성상사	2,200,000	
차변	0153 원재료	원재료	03007 (주)진성상사	22,000,000	
대변	0103 보통예금	원재료	03007 (주)진성상사		24,200,000

(*) 매입매출전표 입력 클릭 → 9.14 입력 → 유형 61.현과 입력 → 품목, 원재료 입력 → 공급가액 24,200,000원 입력 → 거래처 (주)진성상사 선택 → 분개 3 혼합 입력 → 대변, 보통예금 선택, 24,200,000원 입력

핵심체크

58. 카면
신용카드로 결제한 면세 매입

9 기타

1. 58.카면

실무시험 확인문제 | 전산회계 1급, 77회 |

9월 8일, 원재료 매입처인 ㈜필테크의 창립기념일을 맞아 ㈜허브동산에서 화환(50,000원)을 구입하여 증정하고 대금은 비씨카드로 결제하였다. (신용카드매출전표 내역: 금액 50,000원, 세금 0원, 합계 50,000원)

|정 답| 유형: 58.카면

| 9.8 | (차) 기업업무추진비(제조원가) | 50,000 | (대) 미지급금(비씨카드) | 50,000 |

일	번호	유형	품목	수량	단가	공급가액	부가세	코드	공급처명	사업/주민번호	전자	분개
8	50001	카면	화환			50,000		01014	(주)허브동산	216-82-00028		혼합

신용카드사 99701 비씨카드   봉사료

NO : 50001   (대 체) 전 표

구분	계정과목		적요	거래처		차변(출금)	대변(입금)
차변	0513	기업업무추진비	화환	01014	(주)허브동산	50,000	
대변	0253	미지급금	화환	99701	비씨카드		50,000

(*) 매입매출전표 입력 → 9.8 입력 → 유형 58.카면 입력 → 품목 화환 입력 → 공급가액 50,000 입력 → 거래처 ㈜허브동산 선택 → 분개 3.혼합 입력 → 차변, 자동입력된 원재료를 원재료 매입처 접대이므로 기업업무추진비(제조원가, 513)로 변경 → 대변, 상거래 이외 외상이므로 미지급금 또는 미지급비용 선택하고 거래처는 대금지급처인 비씨카드 선택

핵심체크

62. 현면
현금영수증 발급받은 면세 매입

2. 62.현면

실무시험 확인문제 | 전산회계 1급, 116회 변형 |

10월 9일, 영업부 직원의 교육을 위해 도서를 구입하면서 교보서점에서 현금영수증을 발급받았다. 대금은 현금으로 300,000원을 지급하였다.

|정 답| 유형: 62.현면

| 10.9 | (차) 도서인쇄비(판매관리비) | 300,000 | (대) 현금 | 300,000 |

일	번호	유형	품목	수량	단가	공급가액	부가세	코드	공급처명	사업/주민번호	전자	분개
9	50001	현면	도서			300,000		01025	교보서점	124-42-21000		혼합

구분	계정과목		적요	거래처		차변(출금)	대변(입금)
차변	0826	도서인쇄비	도서	01025	교보서점	300,000	
대변	0101	현금	도서	01025	교보서점		300,000

(*) 매입매출전표 입력 → 10.9 입력 → 유형 62.현면 입력 → 품목 도서 입력 → 공급가액 300,000 입력 → 거래처 교보서점 선택 → 분개 3.혼합 입력 → 차변, 자동입력된 원재료를 도서인쇄비(판관비, 826) 또는 교육훈련비(판관비, 825)로 변경 → 대변, 현금 선택

30 매입 유형 맞추기

매입전표 유형별 입력

아래 매입이 매입매출전표 입력 시 어떤 부가세 유형인지 골라 적으시오.

부 가 세 유 형

매출

11. 과세	과세매출	16. 수출	수출	21. 전자	전자화폐
12. 영세	영세율	17. 카과	카드과세	22. 현과	현금과세
13. 면세	계산서	18. 카면	카드면세	23. 현면	현금면세
14. 건별	무증빙	19. 카영	카드영세	24. 현영	현금영세
15. 간이	간이과세	20. 면건	무증빙		

매입

51. 과세	과세매입	56. 금전	금전등록	61. 현과	현금과세
52. 영세	영세율	57. 카과	카드과세	62. 현면	현금면세
53. 면세	계산서	58. 카면	카드면세		
54. 불공	불공제	59. 카영	카드영세		
55. 수입	수입분	60. 면건	무증빙		

No	매입 내용	부가세유형
1	내국신용장에 의해 원재료를 공급받고 영세율 전자세금계산서를 발급받았음.	
2	업무용 노트북을 구입하고 법인카드로 결제하였음.	
3	원재료를 구입하고 현금영수증을 수령하였음.	
4	홍보 목적 기념품을 구매하고 전자세금계산서를 수령하였음.	
5	영업부서의 매출 거래처 개업식 축하 화환을 구입하고 전자계산서를 발급받았음.	
6	원재료를 매입하고 세금계산서를 교부받았음.	
7	거래처 창립기념일을 맞아 화환을 구입하면서 대금은 비씨카드로 결제하였다.	
8	본사 영업부 야유회에 사용할 생고기를 구입 후 전자계산서를 수령함.	
9	대표이사 사택에 사용할 냉장고를 구입하고 전자세금계산서를 수령함.	
10	수입 원재료에 대해 인천세관에 부가가치세를 현금으로 납부하고 전자수입세금계산서를 수령함.	

|정 답|
1(52. 영세), 2(57. 카과), 3(61. 현과), 4(51. 과세), 5(53. 면세), 6(51. 과세), 7(58. 카면), 8(53. 면세), 9(54. 불공), 10(55. 수입)

30 매입전표 유형별 입력
실무기출 공략하기

> 본 교재의 실습자료는 cafe.naver.com/eduacc의 「공지&DATA다운로드」에서 [공지] 에 있는 [콕콕정교수 전산회계 1급] 이론+실무+기출 실습데이터의 Data_Install_JH1.zip 파일을 다운받아 컴퓨터에 설치 후, [회사등록] 클릭, [F4 회사코드재생성] 클릭 후 「㈜청송스포츠」 선택

01 난이도 ★★ 필수
12월 4일, 제품 생산에 필요한 원재료를 구입하고, 아래의 전자세금계산서를 발급받았다. [2024년, 114회]

전자세금계산서				승인번호		20240817-15454645-58811889		
공급자	등록번호	805-86-00020	총사업장번호		공급받는자	등록번호	108-83-65144	총사업장번호	
	상호(법인명)	㈜윤아상회	성명	임윤아		상호(법인명)	㈜청송스포츠	성명	최수지
	사업장주소	서울특별시 서초구 동광로 144				사업장주소	대전시 중구 선화로 81번길 85		
	업태	도소매	종목	전자부품		업태	제조업	종목	컴퓨터
작성일자		공급가액		세액		수정사유		
12. 4		12,000,000원		1,200,000원		해당 없음		
월	일	품목	규격	수량	단가	공급가액	세액	비고
12	4	k-312 벨브		200	60,000	12,000,000원	1,200,000원	
합계금액		현금		수표		어음	외상미수금	이 금액을 **(청구)** 함
13,200,000원						5,000,000원	8,200,000원	

02 난이도 ★★ 필수
11월 12일, 공장용 화물차의 고장으로 웨이카센타에서 수리하고, 수리비 600,000원(부가가치세 별도)을 다음 달에 지급하기로 하고 전자세금계산서를 발급받았다. 차량유지비 계정을 사용하며, 확정된 채무로서 미지급금으로 회계처리 하기로 한다. [2013년, 54회]

03 난이도 ★★ 필수
8월 30일, ㈜헬싱으로부터 내국신용장(Local L/C)에 의하여 원재료 30,000,000원을 공급받고 영세율 전자세금계산서를 발급받았으며, 대금 중 50%는 어음으로 지급하고 나머지 금액은 보통예금에서 이체하였다. [2014년, 60회]

04 난이도 ★★ 필수

10월 15일, 본사 영업부에서 사용할 실무서적을 (주)글방문고 웹사이트에서 200,000원에 구입하면서 전자계산서를 수취하고 보통예금에서 이체하였다. (신규 거래처 등록할 것) [2014년, 58회]

- 상호: (주)글방문고
- 사업자등록번호: 213-86-78224
- 코드: 00500
- 대표자: 김하나
- 거래처유형: 동시

05 난이도 ★★ 필수

11월 24일, (주)날씬닷컴으로부터 영업부서에서 사용할 컴퓨터를 구입하고 대금 5,500,000원(부가가치세 포함)을 현대카드로 결제하였다. (단, 컴퓨터는 유형자산 계정으로 처리할 것.) [2025년, 118회 변형]

06 난이도 ★★

7월 27일, 회사 공장 건물을 신축하기 위하여 (주)빠른개발로부터 토지를 100,000,000원에 매입하고 전자계산서를 발급받았다. 대금 중 70,000,000원은 당좌수표를 발행하여 지급하고, 나머지는 약속어음(만기 3개월)을 발행하여 지급하였다. [2017년, 75회]

07 난이도 ★★ 필수

11월 5일, 웰빙산업에서 영업부서 직원의 복리후생 목적으로 물품을 현금으로 구입하고 다음의 현금영수증을 발급받았다. [2025년, 118회 변형]

```
                    웰빙산업
        137-18-10708              남원두
    서울 송파구 문정동 101-2   TEL:3289-8085
    홈페이지 http://www.kacpta.or.kr
              현금영수증(지출증빙용)
    구매 11 / 05 / 17:06거래
    번호: 0026 -0107 상품명
                     수량    단가      금액
        고급원두커피    3    220,000   660,000
        2043655000009
                          과세물품가액   600,000
                          부  가  세     60,000
        합    계                        660,000
```

08 난이도 ★★ 필수

7월 8일, (주)희망자동차로부터 영업사원의 업무활동을 위하여 승용차(1,998cc) 16,000,000원(부가가치세 별도)을 취득하고 전자세금계산서를 교부받았으며, 대금은 당좌수표를 발행하여 지급하였다. 차량을 인수하는 시점에서 취득세, 번호판부착, 수수료 등 400,000원을 현금으로 지급하였다. 매입매출 전표입력에 하나의 전표로 입력하시오.
[2013년, 55회]

09 난이도 ★★ 필수

11월 30일, 구매확인서에 의해 수출용 제품에 대한 원재료(공급가액 25,000,000원)를 (주)멀티샵으로부터 매입하고 영세율 전자세금계산서를 발급받았다. 매입대금 중 5,000,000원은 (주)인천으로부터 받아 보관 중인 약속어음을 배서하여 주고 나머지는 3개월 만기의 당사 발행 약속어음으로 주었다.
[2014년, 59회]

10 난이도 ★★ 필수

9월 21일, 호주에서 원재료를 공급가액 70,000,000원(부가가치세 별도)에 수입하고 수입전자세금계산서를 인천세관장으로부터 발급받았으며, 부가가치세를 보통예금계좌에서 이체 납부하였다. (부가가치세액에 대한 회계처리만 할 것)
[2018년, 80회]

수 입 전 자 세 금 계 산 서

승인번호	20180917-111254645-557786

세관명	등록번호	601-83-00048	종사업장번호		공급받는자	사업자등록번호	108-83-65144	종사업장번호	
	세관명	인천세관	성명	인천세관장		상호(법인명)	㈜청송스포츠	성명	최수지
	세관주소	인천 중구 충장대로 20				사업장주소	대전시 중구 선화로 81번길 85		
	수입신고번호	1325874487				업태	제조업	종목	컴퓨터

작성일자	과세표준	세액	수정사유
9. 21.	70,000,000	7,000,000	해당없음

월	일	품목	규격	수량	단가	과세표준	세액	비고
9	21	1325874487				70,000,000	7,000,000	

합 계 금 액	77,000,000원

11 난이도 ★★

9월 23일, 영업직 직원들이 에이컨설팅으로부터 교육훈련특강을 받고, 수강료 2,000,000원에 대한 수기분 계산서를 교부받았다. 수강료는 선급금으로 회계처리 되어 있던 계약금 200,000원을 제외한 나머지 1,800,000원을 현금으로 지급하였다.
[2014년, 60회]

난이도 ★★ 필수

12 11월 6일, 공장 신축용 토지를 취득하고 (주)빠른개발에게 중개수수료 15,000,000원(부가가치세 별도)을 보통예금에서 지급하고 전자세금계산서를 발급받았다.   [2024년, 116회 변형]

난이도 ★★

13 9월 18일, 생산부에서 사용하고 있는 화물트럭에 사용할 경유를 77,000원(부가세 포함)에 현금으로 구입하고 현금영수증(지출증빙용)을 사계절주유소로부터 발급받았다. (승인번호 입력은 생략하고 사계절주유소는 일반과세사업자이다.)   [2014년, 59회]

난이도 ★★

14 9월 22일, 해외거래처로부터 수입한 원재료와 관련하여 인천세관에 부가가치세 3,200,000원(공급가액 32,000,000원)을 현금으로 납부하고, 전자수입세금계산서를 교부받았다.   [2024년, 115회 변형]

난이도 ★★ 필수

15 4월 29일 공장에서 사용하는 기계장치의 원상회복을 위한 수선을 하고 수선비 110,000원을 전액 비씨카드로 결제하고 다음의 매출전표를 수취하였다.   [2024년, 115회 변형]

```
                    매 출 전 표
  단말기번호    11213692         전표번호      234568
  카드종류                      거래종류    결재방법
  비씨카드                      신용구매    일시불
  회원번호(Card No)             취소시 원거래일자
  4140-0202-3245-9958
  유효기간                 거래일시         품명
                          4. 29.          기계수선
  전표제출              금    액/AMOUNT   100,000
                        부 가 세/VAT       10,000
  전표매입사            봉 사 료/TIPS
                        합    계/TOTAL    110,000
  거래번호              승인번호/(Approval No.)
                        98421147
  가맹점       (주)태찬
  대표자       구이화      TEL
  가맹점번호              사업자번호   204-81-76101
  주소         경기 성남시 수정구 고등동 525-5
```

16 난이도 ★★

11월 20일, 내년 여름을 대비하기 위하여 (주)시원으로부터 사무실용 에어컨(5대, 대당 1,500,000원, 부가가치세 별도)을 매입하고 전자세금계산서를 발급받았다. 대금은 당점발행 당좌수표로 지급하였다. [2013년, 54회]

17 난이도 ★★ 필수

9월 20일, 대표이사 사택에서 사용할 목적으로 (주)나은전자에서 냉장고를 8,000,000원(부가가치세 별도, 전자세금계산서 발급받음)에 구입하고 대금은 당좌수표를 발행하여 지급하였다. (가지급금계정을 사용할 것, 가지급금 거래처는 입력하지 말 것) [2025년, 118회 변형]

18 난이도 ★★ 필수

8월 1일, 본사 영업부에서 야유회 때 직원들 식사로 제공할 생고기를 직접 구매하고 전자계산서를 수취하였다. [2017년, 74회]

전자계산서(공급받는자 보관용)					승인번호		20170801-21058052	
공급자	사업자등록번호	137-18-10708	종사업장번호		공급받는자	사업자등록번호	108-83-65144	종사업장번호	
	상호(법인명)	웰빙산업	성명(대표자)	구영희		상호(법인명)	㈜청송스포츠	성명(대표자)	최수지
	사업장주소	서울 서초구 강남대로 465				사업장주소	대전시 중구 선화로 81번길 85		
	업태	도소매	종목	정육		업태	제조	종목	전자부품
	이메일					이메일			
작성일자		공급가액			수정사유			
08.01		1,800,000						
비고								

월	일	품목	규격	수량	단가	공급가액	비고
8	1	생고기				1,800,000	

합계금액	현금	수표	어음	외상미수금	이 금액을 영수 함 청구
1,800,000	1,800,000				

난이도 ★★★

19 11월 9일, 원재료 매입처인 (주)테크노시스템의 창립기념일을 맞아 (주)허브농산에서 화환(50,000원)을 구입하여 증정하고 대금은 비씨카드로 결제하였다. [2018년, 77회]

```
              신용카드매출전표
              CREDIT CARD SALES SLIP        전표번호(        )
              인터뱅크(주)                    BILL NO

카드발급처
CREDIT            비씨카드
CARD CO

일련번호
CARD              ISP*****
NUMBER

유효기간                    판매일자
EXPRY     **/5/9           TRANSE. DATE    11/9

일반                       품명 / DESCRIPTION
PURCHASE

할부                        금액
INSTALL   00개월            AMOUNT          5 0 0 0 0
MENT

매장명                      세금
CORNER                     TAXES

판매원                      봉사료
CASHIER                    S/C

                           합계             5 0 0 0 0
대표자/MANAGER              TOTAL

가맹점명/MERCHANT NAME      승인번호/APPROVAL CODE
(주)허브농산                 1112233
가맹점번호/MERCHANT NO      사업자등록번호/BUSINESS NO
                           111-11-11119
가맹점주소/ADDRESS
서울 광진구 구의동 123
```

난이도 ★★★

20 12월 2일, 공장 직원들의 휴게공간에 간식을 비치하기 위해 헬스마트로부터 샤인머스캣 등을 구매하면서 구매대금 275,000원을 현금으로 지급하고, 지출증빙용 현금영수증을 발급받았다. [2024년, 115회]

Hometax. 국세청홈택스 현금영수증

● 거래정보

거래일시	12.02.

● 거래금액

공급가액	부가세	봉사료	총 거래금액
275,000	-	-	275,000

● 가맹점 정보

상호	헬스마트
사업자번호	409-22-13209
대표자명	박희태
주소	경북 고령군 대가야읍 왕릉로 35

정답 및 해설

01 유형: '51.과세', 전자세금계산서 수취 과세 매입

	12. 4	(차) 원재료	12,000,000	(대) 지급어음((주)윤아상회)	5,000,000
		부가세대급금	1,200,000	외상매입금((주)윤아상회)	8,200,000

일	번호	유형	품목	수량	단가	공급가액	부가세	코드	공급처명	사업/주민번호	전자	분개
4	50001	과세	원재료			12,000,000	1,200,000	01021	(주)윤아상회	805-86-00020	여	혼합

NO : 50001 (대 체) 전 표

구분	계정과목		적요	거래처		차변(출금)	대변(입금)
차변	0135	부가세대급금	원재료	01021	(주)윤아상회	1,200,000	
차변	0153	원재료	원재료	01021	(주)윤아상회	12,000,000	
대변	0252	지급어음	원재료	01021	(주)윤아상회		5,000,000
대변	0251	외상매입금	원재료	01021	(주)윤아상회		8,200,000

02 유형: '51.과세', 전자세금계산서를 발급받은 과세 매입

- 승용차 수리비는 매입세액 불공제이나 화물차 수리비는 공제받을 수 있음.
- 공장용 차량이므로 차량유지비(제조원가) 계정과목 사용
- 상거래(원재료, 상품) 이외 외상 매입이므로 미지급금(웨이카센타)
- 매입정보를 입력하면 KcLep은 무조건 원재료로 차변 분개가 입력되므로, 차변을 차량유지비(제조원가)로 바꾸어야 함.

	11. 12	(차) 차량유지비(제조원가)	600,000	(대) 미지급금(웨이카센타)	660,000
		부가세대급금	60,000		

일	번호	유형	품목	수량	단가	공급가액	부가세	코드	공급처명	사업/주민번호	전자	분개
12	50001	과세				600,000	60,000	01027	웨이카센타	621-22-00041	여	혼합

구분	계정과목		적요	거래처		차변(출금)	대변(입금)
차변	0135	부가세대급금		01027	웨이카센타	60,000	
차변	0522	차량유지비		01027	웨이카센타	600,000	
대변	0253	미지급금		01027	웨이카센타		660,000

03 유형: '52.영세', 내국신용장에 의한 전자세금계산서 발행 국내 수입. 영세율 적용으로 부가가치세가 없음.

- 어음발행 한 금액은 지급어음, 거래처 (주)헬싱, 나머지는 보통예금에서 지급

	8. 30	(차) 원재료	30,000,000	(대) 지급어음((주)헬싱)	15,000,000
				보통예금	15,000,000

일	번호	유형	수량	단가	공급가액	부가세	코드	공급처명	사업/주민번호	전자	분개
30	50001	영세			30,000,000		01008	(주)헬싱	303-81-49949	여	혼합

구분	계정과목		적요	거래처		차변(출금)	대변(입금)
차변	0153	원재료		01008	(주)헬싱	30,000,000	
대변	0252	지급어음		01008	(주)헬싱		15,000,000
대변	0103	보통예금		01008	(주)헬싱		15,000,000

04 유형: '53.면세', 서적은 면세대상으로 전자세금계산서 수취 면세 구입

- (주)글방문고 신규등록: 매입매출전표 입력 시 F2 눌러 거래처 조회하는 창의 밑의 신규등록(F3) 눌러 등록
- 영업부에서 사용할 서적이므로 도서인쇄비(판매관리비) 계정 사용
- 매입정보를 입력하면 KcLep은 무조건 원재료로 차변 분개가 입력되므로, 차변을 도서인쇄비(판매관리비) 바꾸어야 함.

10. 15	(차) 도서인쇄비(판매관리비)	200,000	(대) 보통예금	200,000

일	번호	유형	품목	수량	단가	공급가액	부가세	코드	공급처명	사업/주민번호	전자	분개
15	50004	면세	서적			200,000		00500	(주)글방문고		여	혼합

구분	계정과목	적요	거래처	차변(출금)	대변(입금)
차변	0826 도서인쇄비	서적	00500 (주)글방문고	200,000	
대변	0103 보통예금	서적	00500 (주)글방문고		200,000

05 유형: '57.카과', 신용카드를 사용하여 과세 물품 매입

- 노트북은 비품 계정과목, 상거래 이외 외상매입이므로 미지급금 계정 사용
- 카드대금은 현대카드에 지급하므로 미지급금 거래처는 현대카드 선택
- 매입정보를 입력하면 KcLep은 무조건 원재료로 차변 분개가 입력되므로, 차변을 비품으로 바꾸어야 함.

11. 24	(차) 비 품	5,000,000	(대) 미지급금(현대카드)	5,500,000
	부가세대급금	500,000		

일	번호	유형	품목	수량	단가	공급가액	부가세	코드	공급처명	사업/주민번호	전자	분개
24	50001	카과	비품			5,000,000	500,000	00664	(주)날씬닷컴	124-86-70427		혼합

신용카드사: 99601 현대카드(법인)   봉사료:

NO : 50001   (대 체) 전 표

구분	계정과목	적요	거래처	차변(출금)	대변(입금)
차변	0135 부가세대급금	비품	00664 (주)날씬닷컴	500,000	
차변	0212 비품	비품	00664 (주)날씬닷컴	5,000,000	
대변	0253 미지급금	비품	99601 현대카드(법인)		5,500,000

06 유형: '53.면세', 토지 구입은 부가가치세가 없는 면세 거래임.

- 당좌수표 발행하면 당좌예금에서 인출되므로 대변에 당좌예금 계정 사용
- 토지 외상대금은 상거래가 아니므로 어음 발행이더라도 미지급금 계정 사용
- 매입정보를 입력하면 KcLep은 무조건 원재료로 차변 분개가 입력되므로, 차변을 토지로 바꾸어야 함.

7. 27	(차) 토 지	100,000,000	(대) 당좌예금	70,000,000
			미지급금(빠른개발)	30,000,000

일	번호	유형	수량	단가	공급가액	부가세	코드	공급처명	사업/주민번호	전자	분개
27	50001	면세			100,000,000		00661	(주)빠른개발	130-86-43662	여	혼합

구분	계정과목	적요	거래처	차변(출금)	대변(입금)
차변	0201 토지		00661 (주)빠른개발	100,000,000	
대변	0102 당좌예금		00661 (주)빠른개발		70,000,000
대변	0253 미지급금		00661 (주)빠른개발		30,000,000

07 유형: '61.현과', 현금영수증을 수취하면서 과세 물품 매입
- 영업부 직원이 마실 커피이므로 복리후생비(판매관리비) 계정과목 사용
- 매입정보를 입력하면 KcLep은 무조건 원재료로 차변 분개가 입력되므로, 차변을 복리후생비(판매관리비)로 바꾸어야 함.

11.5	(차) 복리후생비(판매관리비) 600,000 부가세대급금 60,000	(대) 현금 660,000

일	번호	유형	품목	수량	단가	공급가액	부가세	코드	공급처명	사업/주민번호	전자	분개
5	50001	현과	원두커피			600,000	60,000	00663	웰빙산업	137-18-10708		혼합

구분	계정과목	적요	거래처	차변(출금)	대변(입금)
차변	0135 부가세대급금	원두커피	00663 웰빙산업	60,000	
차변	0811 복리후생비	원두커피	00663 웰빙산업	600,000	
대변	0101 현금	원두커피	00663 웰빙산업		660,000

08 유형: '54.불공', 1,000cc 넘는 승용차는 매입세액 불공제.
- 당좌수표 발행하면 당좌예금에서 차감되므로 대변에 당좌예금 계정 사용
- 차량 인수 시 소요된 취득 비용은 차량 취득원가에 가산함.
- 차량대금과 취득 소요비용을 하나의 분개로 입력해야 함. 총취득가액: 17,600,000 + 400,000 = 18,000,000
- 공급가액 입력한 뒤, 불공제 사유 말풍선(💬)을 눌러 '3번. 비영업용 소형승용차 구입·유지 및 임차' 선택
- 매입정보를 입력하면 KcLep은 무조건 원재료로 차변 분개가 입력되므로, 차변을 차량운반구로 변경

7.8	(차) 차량운반구 18,000,000	(대) 당좌예금 17,600,000 현금 400,000

일	번호	유형	품목	수량	단가	공급가액	부가세	코드	공급처명	사업/주민번호	전자	분개
8	50001	불공	승용차			16,000,000	1,600,000	02602	(주)희망자동차	109-81-20092	여	혼합

불공제사유 3 💬 ③비영업용 소형승용자동차 구입·유지 및 임차

NO : 50001   (대 체) 전 표

구분	계정과목	적요	거래처	차변(출금)	대변(입금)
차변	0208 차량운반구	승용차	02602 (주)희망자동차	18,000,000	
대변	0102 당좌예금	승용차	02602 (주)희망자동차		17,600,000
대변	0101 현금	승용차	02602 (주)희망자동차		400,000

09 유형: '52.영세', 구매확인서에 의한 전자세금계산서 발행 국내 수입. 영세율 적용으로 부가가치세가 없음.
- (주)인천에서 받은 어음은 받을어음(거래처 인천)이고, 새로 어음발행 한 금액은 지급어음(거래처 멀티샵)임.

11.30	(차) 원재료 25,000,000	(대) 받을어음((주)인천) 5,000,000 지급어음((주)멀티샵) 20,000,000

일	번호	유형	품목	수량	단가	공급가액	부가세	코드	공급처명	사업/주민번호	전자	분개
30	50001	영세	원재료			25,000,000		01020	(주)멀티샵	312-81-84770	여	혼합

구분	계정과목	적요	거래처	차변(출금)	대변(입금)
차변	0153 원재료	원재료	01020 (주)멀티샵	25,000,000	
대변	0110 받을어음	원재료	01029 (주)인천		5,000,000
대변	0252 지급어음	원재료	01020 (주)멀티샵		20,000,000

10 유형: '55.수입', 원재료 수입 시 세관장으로부터 부과받는 수입부가가치세

- 원재료 공급가액과 수입 부가가치세를 모두 입력하면 하단 전표에서는 수입부가세만 입력됨. 왜냐하면 수입세금계산서의 공급가액은 세관장이 부가가치세 징수를 위한 과세표준일 뿐 실제 원재료 수입가액은 해외 매출자에게 지급되기 때문임.
- 또한 수입부가세는 부가세 신고·납부 시 환급받으므로 원재료에 가산하는 것이 아니라 부가세대급금 처리하는 것임.

| 9.21 | (차) 부가세대급금 | 7,000,000 | (대) 보통예금 | 7,000,000 |

일	번호	유형	품목	수량	단가	공급가액	부가세	코드	공급처명	사업/주민번호	전자	분개
21	50002	수입	원재료			70,000,000	7,000,000	00101	인천세관	603-09-08070	여	혼합

구분	계정과목	적요	거래처		차변(출금)	대변(입금)
차변	0135 부가세대급금	원재료	00101	인천세관	7,000,000	
대변	0103 보통예금	원재료	00101	인천세관		7,000,000

11 유형: '53.면세', 수강료 지급하고 면세 계산서를 받았음.

- 인가받은 학원수강료는 면세이고 그 외는 과세인데, 이 문제는 세금계산서가 아닌 계산서를 받았으므로 '53.면세'로 풀어야 함.
- 매입정보를 입력하면 KcLep은 무조건 원재료로 차변 분개가 입력되므로, 차변을 교육훈련비(판매관리비)로 변경. 영업부이므로 판매관리비

| 9.23 | (차) 교육훈련비(판매관리비) | 2,000,000 | (대) 선급금(에이컨설팅) | 200,000 |
| | | | 현 금 | 1,800,000 |

일	번호	유형	품목	수량	단가	공급가액	부가세	코드	공급처명	사업/주민번호	전자	분개
23	50001	면세	교육훈련비			2,000,000		02601	에이컨설팅	498-10-00109		혼합

구분	계정과목	적요	거래처		차변(출금)	대변(입금)
차변	0825 교육훈련비	교육훈련비	02601	에이컨설팅	2,000,000	
대변	0131 선급금	교육훈련비	02601	에이컨설팅		200,000
대변	0101 현금	교육훈련비	02601	에이컨설팅		1,800,000

12 유형: '54.불공', 토지 취득 및 취득 부수비용은 매입세액 불공제

- 토지 취득을 위한 중개수수료는 토지 취득원가에 가산하여야 함. VAT 과세되나 불공제되므로 54.불공 선택
- 불공제 사유 말풍선(⋯)을 눌러 '6번. 토지의 자본적 지출관련' 선택
- 매입정보를 입력하면 KcLep은 무조건 원재료로 차변 분개가 입력되므로, 차변을 토지로 변경

| 11.6 | (차) 토 지 | 16,500,000 | (대) 보통예금 | 16,500,000 |

일	번호	유형	품목	수량	단가	공급가액	부가세	코드	공급처명	사업/주민번호	전자	분개
6	50001	불공	중개수수료			15,000,000	1,500,000	00661	(주)빠른개발	130-86-43662	여	혼합

불공제사유　　6　⋯　⑥토지의 자본적 지출 관련

➡ NO : 50001　　　　　　　　　　(대 체) 전 표

구분	계정과목	적요	거래처		차변(출금)	대변(입금)
차변	0201 토지	중개수수료	00661	(주)빠른개발	16,500,000	
대변	0103 보통예금	중개수수료	00661	(주)빠른개발		16,500,000

13 유형: '61.현과', 현금 지급 후 현금영수증을 수취하면서 과세 물품 매입

- 1,000cc 초과 승용차는 매입세액 불공제이지만 화물트럭은 취득, 유지 관련 매입세액을 공제 받을 수 있음.
- 매입정보를 입력하면 KcLep은 무조건 원재료로 차변 분개가 입력되므로, 차변을 차량유지비로 변경. 생산부 차량이므로 차량유지비(제조원가)

9. 18	(차) 차량유지비(제조원가)	70,000	(대) 현금	77,000
	부가세대급금	7,000		

일	번호	유형	품목	수량	단가	공급가액	부가세	코드	공급처명	사업/주민번호	전자	분개
18	50001	현과				70,000	7,000	01023	사계절주유소	113-05-29098		혼합

구분	계정과목	적요	거래처	차변(출금)	대변(입금)
차변	0135 부가세대급금		01023 사계절주유소	7,000	
차변	0522 차량유지비		01023 사계절주유소	70,000	
대변	0101 현금		01023 사계절주유소		77,000

14 유형: '55.수입', 원재료 수입 시 세관장으로부터 부과받는 수입부가가치세

- 원재료 공급가액과 수입 부가가치세를 모두 입력하면 하단 전표에는 수입부가가세만 입력됨. 왜냐하면 수입세금계산서의 공급가액은 세관장이 부가가치세 징수를 위한 과세표준일 뿐 실제 원재료 수입가액은 해외 매출자에게 지급되기 때문임.
- 또한 수입부가세는 부가세 신고·납부 시 환급받으므로 원재료에 가산하는 것이 아니라 부가세대급금 처리하는 것임.

9. 22	(차) 부가세대급금	3,200,000	(대) 현금	3,200,000

일	번호	유형	품목	수량	단가	공급가액	부가세	코드	공급처명	사업/주민번호	전자	분개
22	50001	수입				32,000,000	3,200,000	00101	인천세관	603-09-08070	여	혼합

구분	계정과목	적요	거래처	차변(출금)	대변(입금)
차변	0135 부가세대급금		00101 인천세관	3,200,000	
대변	0101 현금		00101 인천세관		3,200,000

15 유형: '57.카과', 신용카드를 사용하여 과세 물품 매입

- 공급처명: 매출전표 하단의 가맹점 (주)태찬 입력
- 공급처를 입력하면 신용카드사를 선택하는 말풍선(💬) 눌러 비씨카드 선택
- 매입정보를 입력하면 KcLep은 무조건 원재료로 차변 분개가 입력되므로, 차변을 수선비(제조원가)로 바꾸어야 함. 공장 기계장치의 원상회복 수리비는 제조원가
- 상거래 이외인 수선비 외상거래이므로 미지급금 처리하고, 실제 지급할 곳은 비씨카드이므로 거래처는 비씨카드 입력

4. 29	(차) 수선비(제조원가)	100,000	(대) 미지급금(비씨카드)	110,000
	부가세대급금	10,000		

일	번호	유형	품목	수량	단가	공급가액	부가세	코드	공급처명	사업/주민번호	전자	분개
29	50001	카과				100,000	10,000	00659	(주)태찬	229-81-26202		혼합

신용카드사: 99701 비씨카드   봉사료:

NO : 50001   (대 체) 전 표

구분	계정과목	적요	거래처	차변(출금)	대변(입금)
차변	0135 부가세대급금		00659 (주)태찬	10,000	
차변	0520 수선비		00659 (주)태찬	100,000	
대변	0253 미지급금		99701 비씨카드		110,000

16 유형: '51.과세', 세금계산서를 발급받은 과세 매입

- 당좌수표 발행하면 당좌예금에서 차감되므로 대변에 당좌예금 계정 사용
- 매입정보를 입력하면 KcLep은 무조건 원재료로 차변 분개가 입력되므로, 차변을 비품으로 바꾸어야 함. 에어컨은 비품임.

11. 20	(차) 비 품	7,500,000	(대) 당좌예금	8,250,000
	부가세대급금	750,000		

일	번호	유형	품목	수량	단가	공급가액	부가세	코드	공급처명	사업/주민번호	전자	분개
20	50001	과세	에어컨	5	1,500,000	7,500,000	750,000	01001	(주)시원	134-85-03398	여	혼합

구분	계정과목	적요	거래처	차변(출금)	대변(입금)
차변	0135 부가세대급금	에어컨 5X1500000	01001 (주)시원	750,000	
차변	0212 비품	에어컨 5X1500000	01001 (주)시원	7,500,000	
대변	0102 당좌예금	에어컨 5X1500000	01001 (주)시원		8,250,000

17 유형: '54.불공', 업무와 무관한 대표이사 사용목적 물품 구입은 불공제

- 회사 돈으로 대표이사 물품을 구매하면 향후 돌려받아야 하므로 가지급금 계정사용. 통상 전산회계시험에서는 위와 같이 '가지급금 사용할 것'처럼 제시해줌.
- 당좌수표 발행하면 당좌예금에서 차감되므로 대변에 당좌예금 계정 사용
- 공급가액 입력한 뒤, 불공제 사유 말풍선(💬)을 눌러 '2번. 사업과 직접 관련 없는 지출' 선택
- 매입정보를 입력하면 KcLep은 무조건 원재료로 차변 분개가 입력되므로, 차변을 가지급금으로 바꾸어야 함. 단, 문제에서 거래처를 입력하지 말라고 했으므로 거래처 칸에서 백스페이스 눌러 입력되어 있는 (주)나은전자 삭제

9. 20	(차) 가지급금	8,800,000	(대) 당좌예금	8,800,000

일	번호	유형	품목	수량	단가	공급가액	부가세	코드	공급처명	사업/주민번호	전자	분개
20	50001	불공				8,000,000	800,000	01010	(주)나은전자	410-86-69200	여	혼합

불공제사유 2 ②사업과 직접 관련 없는 지출

NO : 50001 (대 체) 전 표

구분	계정과목	적요	거래처	차변(출금)	대변(입금)
차변	0134 가지급금			8,800,000	
대변	0102 당좌예금				8,800,000

18 유형: '53.면세', 가공하지 않은 생고기는 면세대상으로 전자세금계산서가 아닌 전자계산서 발행

- 영업부 직원 식사용이므로 복리후생비(판매관리비)
- 전자계산서 하단을 보면 현금으로 전액 지급
- 매입정보를 입력하면 KcLep은 무조건 원재료로 차변 분개가 입력되므로, 차변을 복리후생비(판매관리비)로 바꾸어야 함.

8. 1	(차) 복리후생비(판매관리비)	1,800,000	(대) 현 금	1,800,000

일	번호	유형	품목	수량	단가	공급가액	부가세	코드	공급처명	사업/주민번호	전자	분개
1	50001	면세	생고기			1,800,000		00663	웰빙산업	137-18-10708	여	혼합

구분	계정과목	적요	거래처	차변(출금)	대변(입금)
차변	0811 복리후생비	생고기	00663 웰빙산업	1,800,000	
대변	0101 현금	생고기	00663 웰빙산업		1,800,000

19 유형: '58.카면', 면세대상인 화환의 카드 구입 → 카드 면세구입(카면)
- 원재료 매입처 창립기념일을 위한 화환구입이므로 기업업무추진비(제조원가)
- 매입정보를 입력하면 KcLep은 무조건 원재료로 차변 분개가 입력되므로, 차변을 기업업무추진비(제조원가)로 변경. 카드 구입이므로 미지급금, 거래처는 카드사 입력

| 11. 9 | (차) 기업업무추진비(제조원가) | 50,000 | (대) 미지급금(비씨카드) | 50,000 |

일	번호	유형	품목	수량	단가	공급가액	부가세	코드	공급처명	사업/주민번호	전자	분개
9	50001	카면	화환			50,000		01014	(주)허브동산	216-82-00028		혼합

신용카드사 99701 비씨카드   봉사료

NO : 50001   (대 체) 전 표

구분	계정과목		적요	거래처		차변(출금)	대변(입금)
차변	0513	기업업무추진비	화환	01014	(주)허브동산	50,000	
대변	0253	미지급금	화환	99701	비씨카드		50,000

20 유형: '62.현면', 현금영수증 수취 면세 매입

| 12. 2 | (차) 복리후생비(제조원가) | 275,000 | (대) 현 금 | 275,000 |

일	번호	유형	품목	수량	단가	공급가액	부가세	코드	공급처명	사업/주민번호	전자	분개
2	50001	현면	복리후생비			275,000		01006	헬스마트	409-22-13209		혼합

NO : 50001   (대 체) 전 표

구분	계정과목		적요	거래처		차변(출금)	대변(입금)
차변	0511	복리후생비	복리후생비	01006	헬스마트	275,000	
대변	0101	현금	복리후생비	01006	헬스마트		275,000

IX 부가가치세 신고서 및 장부조회

31 부가가치세 신고서·세금계산서 합계표 조회

32 장부조회

이번 단원에서는 지금까지 입력한

일반전표, 매입·매출전표를 토대로 작성된 부가가치세 신고서와

각종 장부를 조회하는 방법을 배웁니다.

 부가가치세 신고서, 장부 조회 ⇒ 해당 정보 파악

KcLep에서 그 조회법만 익히면 어렵지 않게 문제를 풀 수 있으므로 자주 출제되는 내용 위주로 그 조회 방법을 반복해서 익히기 바랍니다.

 매회 실무 3문제

부가가치세 신고서 · 세금계산서 합계표 조회	부가가치세 신고서·세금계산서 합계표 조회 1문제, 장부조회 2문제가 출제되고 있음.
장부조회	

31 부가가치세 신고서·세금계산서 합계표 조회

학습내용 · 부가가치세 신고서 조회 · 세금계산서 합계표 조회

출제경향 KcLep 프로그램의 부가가치세 신고서를 조회하는 문제로 매 시험마다 1문제씩 출제되고 있음. 부가가치세 신고서 조회 문제가 주로 출제되고 가끔씩 세금계산서합계표 조회 문제가 출제되기도 함.

본 교재의 실습자료는 cafe.naver.com/eduacc의 「공지&DATA다운로드」에서 공지 에 있는 [콕콕정교수 전산회계 1급] 이론+실무+기출 실습데이터의 Data_Install_JH1.zip 파일을 다운받아 컴퓨터에 설치 후, 회사등록 클릭, F4 회사코드재생성 클릭 후 「㈜베인펌프」 선택

1 KcLep 부가가치세 메뉴

KcLep를 실행하여 메인화면을 보면 맨 위 메뉴에 [회계관리] [부가가치] 두 가지 탭이 보일 겁니다. 이제 [부가가치] 탭을 클릭하면 아래와 같은 화면이 보일 겁니다.

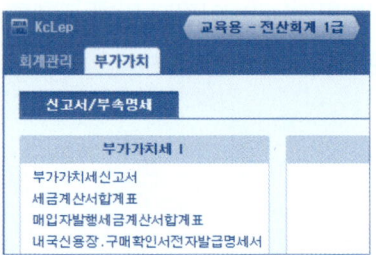

매입매출전표에 매출은 '11.과세, 12.영세, 14.건별 …, 매입은 '51.과세, 52.영세, 53.면세 … 과 같이 그 유형을 지정해 거래를 입력했으므로, 부가가치세 신고서와 세금계산서 합계표가 자동으로 만들어집니다.

2 부가가치세 신고서 조회

위 메뉴에서 [부가가치세 신고서]를 클릭한 후 1월 1일~3월 31일을 입력하면 다음 화면과 같은 (주)베인펌프의 제5기 부가가치세 신고서가 나옵니다. 전산회계시험에서는 이렇게 부가가치세 신고서를 조회한 후 신고서에서 특정 항목의 금액을 찾는 문제가 주로 출제되고 있습니다.

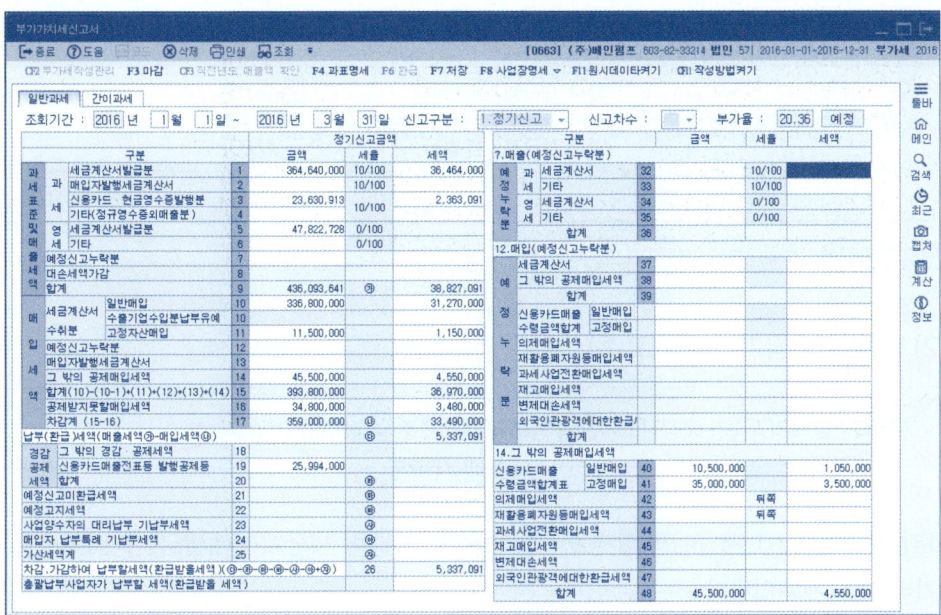

지금부터 전산회계시험에서 실무문제로 자주 출제되는 항목들을 알아볼 텐데, 부가가치세 신고는 매 분기 이루어지기 때문에 시험문제에서 묻는 기간의 신고서를 조회한 후 답을 적어야 합니다. 부가가치세는 1년을 다음과 같이 네 개 구간으로 구분하고 있습니다.

부가가치세 과세 기간	• 1기 예정(1.1~3.31) • 2기 예정(7.1~9.30)	• 1기 확정(4.1~6.30) • 2기 확정(10.1~12.31)

1. 과세표준 및 매출세액 부분

1) 세금계산서 발행 매출 분 과세표준(공급가액)과 부가가치세액

> (주)베인펌프의 부가가치세 제1기 예정신고기간(1월~3월)의 세금계산서에 의한 매출 관련 공급가액과 매출세액은 얼마인가? (116회 변형)

일단, 부가가치세 신고서 조회기간을 1기 예정기간(1.1~3.31)으로 조회합니다.
위 부가가치세 신고서에서 (주)베인펌프가 세금계산서를 발행한 매출은 어느 칸에 집계되어 있을까요? 바로 1번(과세-세금계산서 발급분), 5번(영세-세금계산서 발급분)으로 1.1 ~ 3.31 기간의 금액은 다음과 같습니다.

 정교수 콕콕

구 분		공급가액	매출세액
세금계산서 발급 매출	과세, 세금계산서 발급	364,640,000	36,464,000
	영세, 세금계산서 발급	47,822,728	–
합 계		412,462,728	36,464,000

(*) 영세, 세금계산서 발급분은 영세율이므로 부가가치세 납부세액은 0원임.

2) 영세율 공급가액(과세표준)

> (주)베인펌프의 제1기 예정신고기간의 영세율 과세표준 얼마인가? (110회 변형)

1기 예정기간(1.1~3. 31)의 영세율 과세표준은 [영세율, 세금계산서 발급분]과 [영세율, 기타]의 합계액입니다.

구 분		공급가액
영세율	세금계산서 발급분	47,822,728
	기 타	–
합 계		47,822,728

3) 영세율 세금계산서 매출 분 공급가액(과세표준)

> (주)베인펌프의 제1기 확정신고기간(4월~6월)의 영세율 세금계산서를 발행한 금액은?
> (119회 변형)

(주)베인펌프의 4.1~6.30 기간으로 부가가치세 신고서를 조회하면 영세율 세금계산서를 발행한 금액은 5번(영세, 세금계산서 발급분)에 집계되어 있으며, 4.1~6.30 기간의 금액은 38,450,000원입니다.

4) 과세표준 총액

> (주)베인펌프의 부가가치세 1기 확정신고기간의 과세표준은 얼마인가? (81회 변형)

(주)베인펌프의 총 과세표준은 신고서식 9번 금액으로 1기 확정신고기간(4.1~6.30)의 과세표준은 430,086,000원입니다.

5) 부가가치세 매출세액

(주)베인펌프의 제2기 확정신고기간(10월~12월)의 부가가치세 매출세액은 얼마인가? (53회)

(주)베인펌프의 2기 확정 신고기간(10.1~12.31)의 매출세액은 신고서식 9번, 우측 ㉮의 세액 칸의 10,706,000원입니다.

6) 계산서 발행 매출금액: 면세 매출금액

제1기 부가가치세 예정신고기간 중 면세사업 수입금액은 얼마인가? (91회)

면세 매출 시에는 세금계산서가 아닌 계산서를 발행하는데 면세는 부가가치세 신고서에 아예 기입하지 않습니다. 다만, 부가가치세 신고서 상단의 F4 과표명세를 클릭하면 그 중 82번에 「계산서 발급금액」이 표시되는데, (주)베인펌프의 1기 예정 신고기간(1.1~3.31) 면세 매출금액은 5,000,000원입니다.

핵심체크

면세 매출/매입 조회
부가세 신고서 상단의
F4 과표명세 클릭해 조회

2. 매입세액 부분

1) 세금계산서 수취 매입금액

> (주)베인펌프의 부가가치세 제1기 예정신고기간(1월~3월)의 세금계산서에 의한 매입 관련 공급가액은 얼마인가? (63회 변형)

세금계산서를 발급받고 매입한 항목은 [매입세액, 세금계산서 수취분]의 '10.일반매입'과 '11.고정자산매입'입니다. (주)베인펌프의 1기 예정기간(1.1~3.31)의 세금계산서 매입금액은 다음과 같이 348,300,000원입니다.

구 분		공급가액
세금계산서 수취분	일반매입	336,800,000
	고정자산매입	11,500,000
합 계		348,300,000

2) 계산서 수취 매입금액: 면세 매입액

> (주)베인펌프의 제1기 확정 신고기간(4월~6월)의 계산서를 수취하여 매입한 금액은? (88회 변형)

계산서는 기초생활필수품 등 면세품 취득 시 발급받는데, 부가가치세를 부담하지 않았기 때문에 부가가치세 신고서에 아예 기입하지 않습니다.
다만, 부가가치세 신고서 상단의 F4 과표명세를 클릭하여 그중 83번에 계산서 수취금액이 표시되는데, (주)베인펌프의 1기 확정기간(4.1~6.30)의 면세 매입액은 5,000,000원입니다.

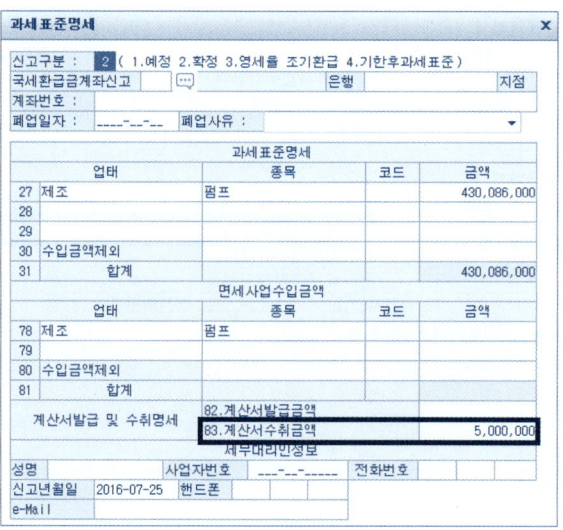

3) 고정자산 매입액

(주)베인펌프의 제1기 예정신고기간의 고정자산을 매입한 금액은? (111회 변형)

고정자산 매입은 신고서의 11번. [매입세액 → 세금계산서 수취 분 → 고정자산매입]과 41번. [신용카드매출 수령금액합계표 → 고정매입]에 표시됩니다. (주)베인펌프의 1기 예정기간(1~3월) 고정자산 매입금액은 다음과 같습니다.

구 분		공급가액
고정자산 매입	11. 세금계산서 수취	11,500,000
	41. 신용카드매입	35,000,000
합 계		46,500,000

4) 매입세액 불공제액

(주)베인펌프의 제2기 예정신고기간(7~9월)의 공제받지 못할 매입세액의 공급가액과 세액은 얼마인가? (118회 변형)

매입세액 불공제액은 16. [매입세액, 공제받지 못할 매입세액]에 집계되는데 (주)베인펌프의 2기 예정기간(7.1~9.30) 매입세액 불공제 공급가액은 300,000원, 불공제 매입세액은 30,000원입니다.

5) 신용카드 매입세액

(주)베인펌프의 1기 예정신고기간 중 신용카드 사용에 따른 매입세액공제액은? (100회 변형)

1기 예정기간(1.1~3.31)의 신용카드 매입액은 신고서 14. [그 밖의 공제매입세액, 신용카드매출 수령금액 합계표]에 표시되어 있습니다. (주)베인펌프의 1기 예정기간 신용카드 매입세액은 4,550,000원입니다.

구 분		공급가액	세 액
신용카드매출 수령금액합계표	일반매입	10,500,000	1,050,000
	고정매입	35,000,000	3,500,000
합 계		45,500,000	4,550,000

3. 납부세액(환급세액)

(주)베인펌프의 1기 부가가치세 확정신고기간(4월~6월)에 대한 부가가치세 신고서상 납부(환급)세액을 조회하면 얼마인가? (106회 변형)

부가가치세 납부(환급)세액은 [매출세액-매입세액]으로 계산되는데 신고서 ㉯에 표시되는데, (주)베인펌프의 1기 확정기간(4.1~6.30)의 납부세액은 23,803,600원입니다.

3 세금계산서 합계표

사업자가 세금계산서를 발행 또는 수령할 경우 이를 요약한 매출처별 세금계산서합계표, 매입처별 세금계산서합계표를 작성해 부가가치세 신고 시 제출해야 합니다. KcLep을 실행하여 (주)베인펌프를 선택, 메인화면 맨 위의 [회계관리] [부가가치] 중 [부가가치] 탭을 클릭한 후, [세금계산서합계표]를 클릭하고 기간을 1월~3월 입력하면 다음 화면이 나타납니다.

1. 매출처별 세금계산서 합계표

화면에 보이는 것은 '매출세금계산서 총합계'인데 화면 왼쪽 위의 매 출 매 입 부분에 [매출]이 눌려 있는 걸 볼 수 있습니다. 바로 오른쪽 [매입]을 클릭하면 아래 화면과 같이 '매입세금계산서 총합계'가 보입니다.

2. 매입처별 세금계산서 합계표

KcLep 입력 시 전자세금계산서인지, 그냥 (종이)세금계산서인지 구별하여 입력했기 때문에 세금계산서 합계표는 아래와 같이 [전자분]과 [그 외]로 나뉘어 집계됩니다.

| 과세기간 종료일 다음달 11일까지 (전자분) | 과세기간 종료일 다음달 12일이후 (전자분), 그외 | 전체데이터 |

왼쪽 [전자분] 칸을 클릭하면 전자세금계산서 발행내역이 조회되고, 중간의 [그 외]를 누르면 세금계산서, 즉 종이세금계산서 발행내역이 집계되며, 맨 오른쪽 [전체]를 클릭하면 [전자세금계산서+세금계산서 발행] 전체가 조회됩니다.

3. 세금계산서합계표 조회 문제

1) 특정 업체와 거래내역 조회 1: 매입세금계산서

> (주)베인펌프의 제1기 예정신고기간(1월~3월)에 (주)진용상사로부터 전자세금계산서를 교부받은 거래의 공급가액은 모두 얼마인가? (115회 변형)

(주)베인펌프의 [부가가치] 탭 클릭 → [세금계산서합계표] 클릭 → 기간을 1월~3월 입력 → [매입] 탭 클릭 → [전자분] 클릭하면 (주)진용상사로부터 전자세금계산서를 교부받은 공급가액은 모두 36,450,000원입니다.

 정교수 콕콕

2) 특정 업체와 거래내역 조회 2: 매출세금계산서

> (주)베인펌프의 1기 과세기간 최종 3월(4월~6월)에 (주)한국에게 발행한 매출세금계산서는 몇 매이며, 매출세액은 얼마인가? (117회 변형)

(주)베인펌프의 [부가가치] 탭 클릭 → [세금계산서합계표] 클릭 → 기간을 4월~6월 입력 → [매출] 탭 클릭 → [전체 데이터]를 조회하면 (주)한국에게 발행한 전자 매출세금계산서는 총 3매, 매출세액은 768,000원입니다.

[전체 데이터 조회 내역]

	사업자등록번호	코드	거래처명	매수	공급가액	세액	대표자성명	업태	종목
1	605-81-68745	02004	(주)다다전자	3	4,480,000	448,000	한다을	도.소매	전자회로외
2	605-86-05954	00141	한영상사	1	100,000,000	10,000,000	안한별	도매	전자제품외
3	606-05-71502	00165	(주)한국	3	7,680,000	768,000	조대숙	도소매	전자제품

3) 업체별 세금계산서 매수 비교

> (주)베인펌프의 4월부터 6월까지의 매출 세금계산서 매수가 가장 많은 거래처 이름, 거래처 코드를 입력하시오. (100회 변형)

(주)베인펌프의 [부가가치] 탭 클릭 → [세금계산서합계표] 클릭 → 기간을 4월~6월 입력 → [매출] 탭 클릭 → [전체 데이터] 조회하면 다음과 같은데, 매출세금계산서 매수가 가장 많은 매출처는 6매를 발행한 '(주)남이'이며 거래처 코드는 '00160'입니다.

4) 발급한 세금계산서 총 매수와 금액

> ㈜베인펌프의 2기 예정신고기간(7월~9월)의 매출세금계산서 총 발급매수와 공급가액은 각각 얼마인가? (61회 변형)

㈜베인펌프의 [부가가치] 탭 클릭 → [세금계산서합계표] 클릭 → 기간을 7월~9월 입력 → [매출] 탭 클릭 → [전체 데이터]를 조회하면 총 35매, 총공급가액 400,945,000원입니다. 조회할 내용이 전자세금계산서가 아니라 매출세금계산서이므로 종이 세금계산서를 포함해 조회해야 합니다.

5) 기간별 세금계산서 매수 비교

> ㈜베인펌프의 1기 예정신고기간(1~3월)과 확정신고기간(4월~6월) 매출세금계산서 발급매수의 차이는 얼마인가? (103회 변형)

㈜베인펌프의 [부가가치] 탭 클릭 → [세금계산서합계표] 클릭 → 기간을 1월~3월, 4월~6월, 각각 입력 → [매출] 탭 클릭하면 예정기간과 확정기간의 세금계산서 발급내역이 조회됩니다. 전자세금계산서가 아닌 세금계산서를 물었으므로 전자분 이외도 포함하며, 1기 예정기간은 43매, 1기 확정은 28매로 차이는 15매입니다.

① 1기 예정

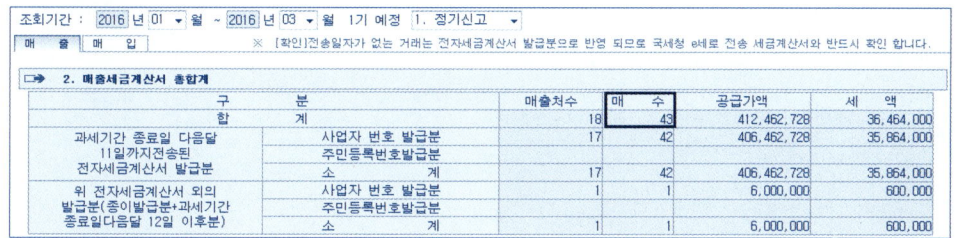

② 1기 확정

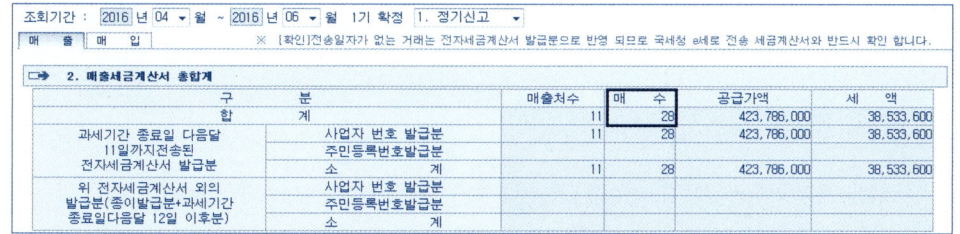

 정교수 콕콕

6) 세금계산서 총합계표 조회: 사업자번호 발급분 / 주민등록번호 발급분

> 제1기 부가가치세 확정신고기간(4월~6월)의 전자세금계산서 발급분 중 사업자번호 발급분의 공급가액과 세액은 얼마인가? (104회 변형)

(주)베인펌프의 [부가가치] 탭 클릭 → [세금계산서합계표] 클릭 → 기간을 4월~6월 입력 → [매출] 탭 클릭 → [과세기간 종료일 다음 달 11일까지(전자분)]을 조회하면 총공급가액 423,786,000원, 세액 38,533,600원입니다. 조회할 내용이 전체 세금계산서가 아닌 전자세금계산서이므로 「전자분」으로 조회해야 합니다.

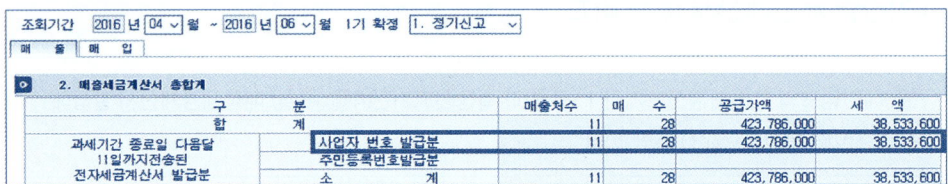

31 부가가치세 신고서·세금계산서 합계표 조회
실무기출 공략하기

> 본 교재의 실습자료는 cafe.naver.com/eduacc의 「공지&DATA다운로드」에서 [공지] 에 있는 [콕콕정교수 전산회계 1급] 이론+실무+기출 실습데이터의 Data_Install_JH1.zip 파일을 다운받아 컴퓨터에 설치 후, [회사등록] 클릭, [F4 회사코드재생성] 클릭 후 「㈜미래테크노」 선택

(주)미래테크노의 1기 확정기간(4~6월) 부가가치세 신고 자료를 이용하여 다음 질문에 답하시오.

01 [필수]
세금계산서를 발행한 매출의 공급가액과 매출세액은?

02 [필수]
영세율 과세표준은?

03 [필수]
영세율 세금계산서 공급가액은?

04 [필수]
과세표준 총액은?

05 [필수]
부가가치세 매출세액은?

06 [필수] 세금계산서에 의한 매입 관련 공급가액은?

07 [필수] 공제를 받지 못하는 공급가액과 매입세액은?

08 [필수] 신용카드 사용에 따른 매입세액 공제액은?

09 [필수] 부가가치세 납부세액은?

10 [필수] (주)수출세상으로부터 전자세금계산서를 교부받은 매수와 공급가액은?

11 [필수] (주)송청에 발행한 매출세금계산서의 매수와 매출세액은 얼마인가?

12 [필수] 매입전자세금계산서 금액이 가장 큰 업체의 이름과 거래처 코드는?

13 [필수] 매출세금계산서 총 매수와 공급가액은?

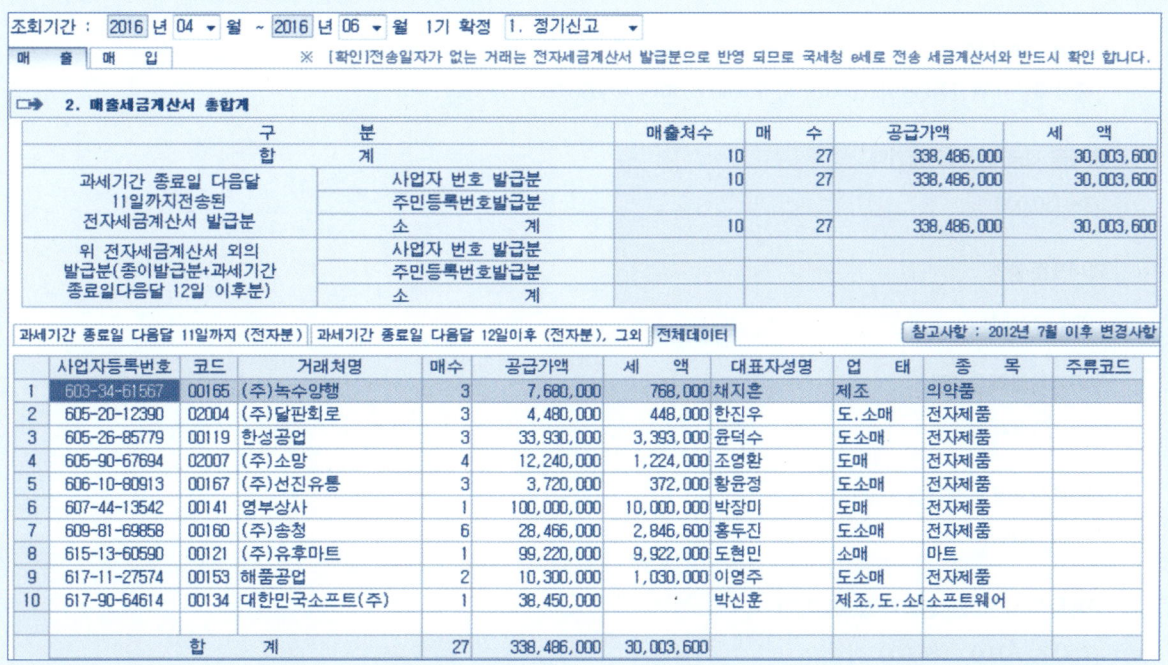

● (주)미래테크노 매입전자세금계산서 합계표(전자)

조회기간: 2016년 04월 ~ 2016년 06월 1기 확정 1. 정기신고

매출 / 매입   ※ [확인]전송일자가 없는 거래는 전자세금계산서 발급분으로 반영 되므로 국세청 e세로 전송 세금계산서와 반드시 확인 합니다.

▷ 2. 매입세금계산서 총합계

구 분		매입처수	매 수	공급가액	세 액
합 계		12	18	165,656,000	16,565,600
과세기간 종료일 다음달 11일까지 전송된 전자세금계산서 발급받은분	사업자 번호 발급받은분	11	15	158,956,000	15,895,600
	주민등록번호발급받은분				
	소 계	11	15	158,956,000	15,895,600
위 전자세금계산서 외의 발급 받은분(종이발급분+과세기간 종료일다음달 12일 이후분)	사업자 번호 발급받은분	1	3	6,700,000	670,000
	주민등록번호발급받은분				
	소 계	1	3	6,700,000	670,000

과세기간 종료일 다음달 11일까지 (전자분) / 과세기간 종료일 다음달 12일이후 (전자분), 그외 / 전체데이터   참고사항 : 2012년 7월 이후 변경사항

	사업자등록번호	코드	거래처명	매수	공급가액	세 액	대표자성명	업 태	종 목	주류코드
1	603-11-87175	00411	동아기업	1	3,800,000	380,000	박성일	제조	전자제품	
2	603-81-74673	00161	구미전자	1	20,000,000	2,000,000	황지연	제조,도,소	전자제품	
3	603-90-30740	00511	강진전자(주)	1	17,000,000	1,700,000	신강일	제조,도,소	전자제품외	
4	605-09-45765	00114	하나둘통신	2	5,250,000	525,000	구민지	통신	유선통신	
5	605-24-42193	00113	(주)용신전자	1	50,000,000	5,000,000	윤재영	제조,도,소	전자제품	
6	605-81-82581	00142	(주)백우태	1	1,200,000	120,000	한선우	도매	전자제품외	
7	606-25-73361	00125	(주)수출세상	2	23,796,000	2,379,600	진채림	수출	전자제품	
8	607-17-61107	00115	(주)한울기업	3	600,000	60,000	양지연	제조,도소마	전자제품외	
9	613-81-36040	00102	주식회사 푸른	1	8,860,000	886,000	김재영	제조,도소마	전자기기외	
10	615-13-60590	00121	(주)유후마트	1	3,450,000	345,000	도현민	소매	마트	
11	621-03-48665	00110	(주)가가상사	1	25,000,000	2,500,000	한수영	수출대행	전자제품	
			합 계	15	158,956,000	15,895,600				

01 세금계산서를 발행한 매출의 공급가액과 매출세액

- 공급가액: 과세 세금계산서 발급분(300,036,000) + 영세 세금계산서 발급분(38,450,000) = 338,486,000
- 매출세액: 30,003,600

02 영세율 과세표준은?

: 세금계산서 발급분(38,450,000) + 기타(3,600,000) = 42,050,000

03 영세율 세금계산서 공급가액

: 38,450,000

04 과세표준 총액

: 344,786,000

05 부가가치세 매출세액

: 30,273,600

06 세금계산서에 의한 매입 공급가액

: 165,656,000

07 공제를 받지 못하는 공급가액, 매입세액

: 각각 8,860,000, 886,000

08 신용카드 사용에 따른 매입세액 공제액

: 700,000

09 부가가치세 납부세액

: 13,894,000

10 수출세상으로부터 전자세금계산서 받은 매수, 공급가액

: 2매, 23,796,000

11 송청에 발행한 매출세금계산서 매수, 매출세액

: 6매, 2,846,600

12 매입전자세금계산서 금액 가장 큰 업체 이름, 거래처코드

: (주)용신전자, 00113

13 매출세금계산서 총 매수, 공급가액

: 27매, 338,486,000

32 장부조회

학습내용 · 재무상태표 · 월계표 · 현금출납장 · 총계정원장 · 거래처원장

출제경향 장부조회는 매 시험마다 2문제 정도 출제되는데 재무상태표, 월계표, 총계정원장, 거래처원장 조회 문제가 가장 자주 출제되고 있음. 각 장부에서 어떤 정보가 조회되는지를 구별하는 게 중요함.

 정교수 콕콕

본 교재의 실습자료는 cafe.naver.com/eduacc의 「공지&DATA다운로드」에서 공지 에 있는 [콕콕정교수 전산회계 1급] 이론+실무+기출 실습데이터의 Data_Install_JH1.zip 파일을 다운받아 컴퓨터에 설치 후, 회사등록 클릭, F4 회사코드재생성 클릭 후 「㈜승진상사」 선택

KcLep 프로그램에 일반전표, 매입매출전표만 입력하면 분개장, 합계잔액시산표, 재무제표뿐만 아니라 계정별원장, 거래처별원장 등 여러 가지 정보가 자동으로 작성됩니다. 전산회계시험에서는 주요 장부를 조회하는 문제가 매회 2문제씩 출제되고 있으므로 장부를 조회하는 법을 꼭 알아야 합니다. 주요 장부들을 차례로 살펴보겠습니다.

1 합계잔액시산표

합계잔액시산표란 본격적으로 재무상태표와 손익계산서를 작성하기 전에 모든 계정과목별로 차변과 대변의 합계와 잔액을 그대로 모아 작성된 표로 각 계정원장의 금액이 맞는지 검증하는 표로 T계정 모양입니다.

KcLep 메인화면 우측 위 [결산/재무제표] 밑의 [합계잔액시산표]를 클릭한 후 기간을 입력하면 조회할 수 있는데, 합계잔액시산표에는 [관리용]과 [제출용]이 있습니다. ㈜승진상사의 12월 말 기준 〈합계잔액시산표〉 조회 화면은 다음과 같습니다.

[관리용]

기간: 2017 년 12 월 31 일

차 변		계정과목	대 변	
잔액	합계		합계	잔액
1,064,468,380	3,614,291,290	1.유 동 자 산	2,550,641,410	818,500
446,374,380	2,996,197,290	〈당 좌 자 산〉	2,550,641,410	818,500
5,203,870	936,339,200	현 금	931,135,330	
133,050,000	202,920,000	당 좌 예 금	69,870,000	
29,758,010	1,169,975,090	보 통 예 금	1,140,217,080	
	90,500,500	정 기 예 금	90,500,500	
32,000,000	32,000,000	단 기 매 매 증 권		
115,590,000	299,460,000	외 상 매 출 금	183,870,000	
		대 손 충 당 금	695,000	695,000
24,100,000	158,330,000	받 을 어 음	134,230,000	
		대 손 충 당 금	123,500	123,500

[제출용]

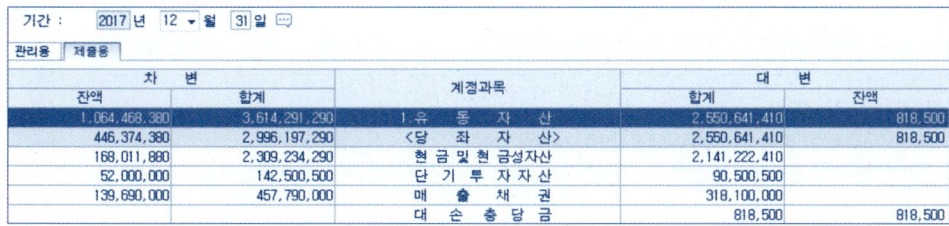

[관리용]은 회사가 평소 필요한 내용을 보기 위한 관리를 위한 화면이고 [제출용]은 세무서, 은행 등에 외부 공표를 위한 화면입니다. 예를 들어 [제출용]의 첫 계정과목 (주)승진상사의 '현금및현금성자산'의 차변 잔액이 168,011,880원인데, 이는 [관리용]의 '현금' 5,203,870원, '당좌예금' 133,050,000원, '보통예금' 29,758,010원, '정기예금' 0원의 합계입니다. [제출용]은 전산회계시험에 거의 출제되지 않으며 [관리용] 위주로 공부하기 바랍니다.

핵심체크
관리용 vs 제출용
- 관리용: 회사 내부용
- 제출용: 외부 공표용

2 재무상태표

재무상태표는 KcLep 프로그램 메인화면 우측 위 [결산/재무제표] 밑의 [재무상태표]를 클릭한 후 '월'을 입력하면 조회할 수 있으며 1년 치를 조회하기 위해서는 12월을 입력하면 됩니다. 재무상태표상 계정과목의 잔액 조회가 주로 출제되고 있습니다.

핵심체크
재무상태표 조회
특정 월말 계정의 잔액, 전기대비 증감액, 두 계정 간 차이, 제출용 잔액 조회

1. 계정과목 조회 1: 계정과목 잔액 조회

(주)승진상사의 10월 31일 현재 유동부채의 잔액은 얼마인가? (78회 변형)

|정 답|
- [결산/재무제표] 클릭 → [재무상태표] 클릭 → 10월 입력
- 10월 말 현재 유동부채 잔액은 523,411,885원임.

2. 계정과목 조회 2: 계정과목의 전기 대비 증감액

㈜승진상사의 5월 31일 현재 재고자산은 전기 말 대비 얼마가 증가되었는가? (107회 변형)

|정 답| 182,685,000원

과 목	제 4(당)기 2017년1월1일 ~ 2017년5월31일 금액	제 3(전)기 2016년1월1일 ~ 2016년12월31일 금액
② 재고자산	256,185,000	73,500,000
제품	50,000,000	50,000,000
원재료	203,685,000	21,000,000
재공품	2,500,000	2,500,000

- [결산/재무제표] 클릭 → [재무상태표] 클릭 → 5월 입력
- 5월 말 현재 전기 재고자산 73,500,000원, 당기 재고자산 256,185,000원. 182,685,000원 증가

3. 계정과목 조회 3: 두 계정과목의 차이

> (주)승진상사의 6월 30일 현재 비유동자산과 비유동부채의 금액 차이는 얼마인가? (110회 변형)

|정 답| 207,678,000원
- [결산/재무제표] 클릭 → [재무상태표] 클릭 → 6월 입력
- 6월 30일 현재 비유동자산 270,678,000원, 비유동부채 63,000,000원, 차이금액 207,678,000원

4. 계정과목 조회 4: 제출용 계정과목

> (주)승진상사의 현금및현금성자산의 3월 말 현재 금액은 얼마인가? (73회 변형)

|정 답| 350,185,610원
- [결산/재무제표] 클릭 → [재무상태표] 클릭 → 3월 입력
- 현금및현금성자산은 현금, 요구불예금, 현금성자산의 합계로 외부 제출용 재무상태표에 사용되는 계정과목임. 재무상태표 조회 후 [제출용] 클릭으로 조회할 수 있음.

핵심체크 콕콕콕

월계표 조회
특정 계정과목의 특정 기간 동안 총지출액 또는 현금지출액 조회

③ 일계표·월계표

'일계표'는 매일의 거래금액을, '월계표'는 월간 거래금액을 계정과목별로 차변, 대변을 구분하여 표시하는 장부인데, [장부관리] 밑의 [일계표(월계표)]를 클릭한 후, 일계표 / 월계표 탭을 눌러 조회합니다. 전산회계시험에는 주로 [월계표]가 출제되는데, 다음은 (주)승진상사의 5.1~5.31 [월계표] 중 일부 화면입니다.

〈월계표〉

차 변			계정과목	대 변		
계	대체	현금		현금	대체	계
285,610,090	138,625,500	146,984,590	1.유 동 자 산	126,300,000	91,047,500	217,347,500
260,060,090	136,975,500	123,084,590	<당 좌 자 산>	126,300,000	91,047,500	217,347,500
239,885,090	124,270,500	115,614,590	보 통 예 금	120,300,000	547,000	120,847,000
			정 기 예 금		90,500,500	90,500,500
12,540,000	12,540,000		외 상 매 출 금	6,000,000		6,000,000
5,000,000		5,000,000	선 급 금			
2,635,000	165,000	2,470,000	부 가 세 대 급 금			
25,550,000	1,650,000	23,900,000	<재 고 자 산>			
25,550,000	1,650,000	23,900,000	원 재 료			

월계표는 거래 중에서 현금 입출금으로 이루어진 부분 금액은 [현금]칸에 집계하고, 나머지 거래금액은 [대체]란에 구분하여 표시하고 있습니다. 전산회계 시험에서는 주로 '특정 월, 특정 계정과목의 현금으로 인한 발생액은 얼마인가? 또는 가장 발생액이 큰 월은 몇 월인가 형태로 출제되고 있습니다.

1. 월계표 조회 1: 판매관리비 중 현금지출 복리후생비

(주)승진상사의 2월 중 현금으로 지급한 판매비와관리비로 분류되는 복리후생비 금액은 얼마인가? (105회 변형)

|정 답| 119,900원

차 변			계정과목	대 변		
계	대체	현금		현금	대체	계
606,500		606,500	차 량 유 지 비			
10,000		10,000	도 서 인 쇄 비			
170,800		170,800	소 모 품 비			
125,000		125,000	잡 비			
7,774,400		7,774,400	6.판 매 비및일반관리비			
5,400,000		5,400,000	급 여			
111,900		111,900	복 리 후 생 비			

[일계표(월계표)] 클릭 후 기간을 2.1~2.28로 설정한 뒤 Enter↲ 눌러 조회 → 스크롤바를 쭉 내려 위 화면 조회 / 현금으로만 지급했으며 111,900원임.

2. 월계표 조회 2: 제조경비 총액

(주)승진상사의 1월부터 6월까지 제조에 소요된 제조경비 총액은 얼마인가? (112회 변형)

|정 답| 12,571,840원

차 변			계정과목	대 변		
계	대체	현금		현금	대체	계
43,071,840	821,000	42,250,840	5.제 조 원 가			
30,500,000	756,000	29,744,000	<노 무 비>			
30,500,000	756,000	29,744,000	임 금			
12,571,840	65,000	12,506,840	<제 조 경 비>			
3,067,300		3,067,300	복 리 후 생 비			
773,100		773,100	여 비 교 통 비			

[일계표(월계표)] 클릭 후 기간을 1.1~6.30으로 설정한 뒤 Enter↲ 눌러 조회 → 스크롤바를 쭉 내려 위 화면 조회 / 제조원가 중 제조경비 총액은 총 12,571,840원임.

3. 월계표 조회 3: 판매관리비 중 현금지출 기업업무추진비

(주)승진상사의 1월부터 6월까지 판매비와관리비 중 현금으로 지출한 기업업무추진비는 얼마인가? (101회 변형)

|정 답| 1,289,500원

차 변			계정과목	대 변		
계	대체	현금		현금	대체	계
59,292,050	6,117,000	53,175,050	6.판 매 비및일반관리비			
37,900,000		37,900,000	급 여			
4,097,000	2,895,000	1,202,000	복 리 후 생 비			
212,000		212,000	여 비 교 통 비			
1,409,500	120,000	1,289,500	기 업 업 무 추 진 비			

[일계표(월계표)] 클릭 후 기간을 1.1~6.30으로 설정한 뒤 Enter↲ 눌러 조회 → 스크롤바를 쭉 내려 위 화면 조회 / 판매비와관리비의 기업업무추진비 중 현금 지출액은 1,289,500원임.

핵심체크

현금출납장 조회
특정일자의 현금잔액, 특정 기간의 현금입출액 조회

4 현금출납장

현금출납장은 회사의 현금 입출금을 일자별로 기록하는 장부로 [장부관리] 밑의 [현금출납장] 클릭한 후 기간을 입력하면 조회할 수 있는데, 특정 월말 현금잔액 또는 특정 기간 동안 현금 입출금액 조회가 가끔 출제되고 있습니다.

1. 특정 일자의 현금잔액

(주)승진상사의 5월 20일 현재 현금잔액은 얼마인가? (74회 변형)

|정 답| 6,200,000원

기 간	2017년 5월 20일 ~ 2017년 5월 20일					
일자	코드	적 요	코드	거래처	입 금	출 금	잔 액
		[전 일 이 월]			6,260,000		6,260,000
05-20		컴퓨터	01062	(주)탐탐실업		60,000	6,200,000
		[월 계]				60,000	
		[누 계]			373,868,600	367,668,600	

[현금출납장]을 클릭하여 5.1~5.20 또는 5.20~5.20 조회하여 5.20 잔액 기재

2. 특정 기간의 현금 입출금액

(주)승진상사의 1월 중 현금유입액과 현금유출액의 차이는 얼마인가? (63회 변형)

|정 답| 83,655,650원

기 간	2017년 1월 1일 ~ 2017년 1월 31일					
일자	코드	적 요	코드	거 래 처	입 금	출 금	잔 액
		[월 계]			173,180,000	89,524,350	

[현금출납장]을 클릭하여 1.1~1.31 조회. 입금 월계 173,180,000원, 출금 월계 89,524,350원. 차이는 83,655,650원(173,180,000 – 89,524,350)

핵심체크 콕콕

총계정원장
- 특정 계정과목의 월별 발생액 조회
- '가장 큰 월'이라는 질문으로 주로 출제됨.

5 총계정원장

총계정원장은 계정별로 일별, 월별로 발생한 차변, 대변 금액의 합계를 기록한 장부입니다. [장부관리] 밑의 [총계정원장] 클릭한 후 기간을 입력하고, 계정과목 입력란에 조회하고 싶은 계정과목을 입력하면 됩니다. 월별 일별 탭을 통해 월별, 일별로 조회할 수도 있는데, 전산회계시험은 특정 계정과목을 [월별] 조회 후 금액이 가장 큰 월을 고르는 문제가 주로 출제하고 있습니다.

1. 총계정원장 조회 1: 외상매출금 회수액 조회

(주)승진상사의 7월부터 12월까지 외상매출금 회수가 가장 많은 달은 몇 월인가? (51회 변형)

|정답| 9월

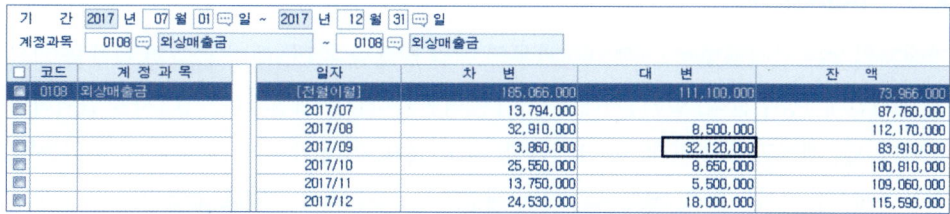

[총계정원장]을 클릭하여 기간을 7.1~12.31 입력한 후, 계정과목을 외상매출금 선택.
외상매출금 총계정원장 7~12월의 월별 조회. 회수는 대변으로 가장 금액이 큰 월은 9월, 32,120,000원

2. 총계정원장 조회 2: 제품매출액 조회

(주)승진상사의 상반기(1~6월) 중 제품매출액이 가장 많은 달과 그 금액은 얼마인가? (118회 변형)

|정답| 1월, 117,459,092원

[총계정원장]을 클릭하여 기간을 1.1~6.30 입력한 후, 계정과목을 제품매출 선택

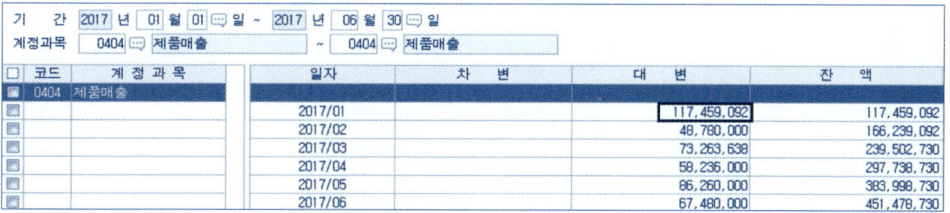

제품매출 총계정원장 1~6월의 월별 조회. 매출 발생은 대변으로 가장 금액이 큰 월은 1월, 117,459,092원

3. 총계정원장 조회 3: 세금과공과(판매비와관리비) 조회

(주)승진상사의 하반기(7-12월) 중 세금과공과금(판매관리비)가 가장 많이 발생한 월은? (115회 변형)

|정답| 10월

□	코드	계 정 과 목	일자	차 변	대 변	잔 액
■	0817	세금과공과	[전월이월]	138,000		138,000
□			2017/07	400,000		538,000
□			2017/08			538,000
□			2017/09	455,000		993,000
□			2017/10	1,890,000		2,883,000
□			2017/11			2,883,000
□			2017/12			2,883,000

세금과공과(판매비와관리비) 총계정원장 7~12월의 월별 조회. 가장 큰 월은 10월, 1,890,000원임.

핵심체크

거래처원장 조회

거래처별 특정 계정과목의 월별 발생액 조회. 문제에 거래처가 나오면 무조건 거래처원장 조회

6 거래처원장

거래처원장은 거래처별로 특정 계정과목의 매월 발생한 차변, 대변 금액의 합계를 기록한 장부인데, [장부관리] 밑의 [거래처원장] 클릭한 후 기간, 계정과목, 거래처를 입력하면 됩니다. 단, 계정과목과 거래처는 1개만 할 수도 있고, 여러 개를 동시에 할 수도 있는데, 전산회계시험에서는 특정 거래처의 특정 계정과목 조회 문제가 주로 출제되고 있습니다. 또한 「잔액」「내용」 탭을 통해 잔액만 조회할 수도 있고, 그 세부내역을 조회할 수도 있는데, 전산회계시험은 [잔액] 조회가 주로 출제되고 있습니다. 문제에 거래처가 나오면 무조건 거래처원장을 조회하세요.

1. 거래처원장 조회 1: 외상매출금 잔액 조회

> (주)승진상사의 6월 30일 현재 외상매출금 잔액이 가장 많은 거래처와 금액은 얼마인가 (116회 변형)

|정 답| (주)신라기업, 30,200,000원

코드	거래처	등록번호	대표자명	전월이월	차 변	대 변	잔 액
01002	(주)베타전자	621-81-31629	이남해	3,000,000			3,000,000
01007	(주)한성기업	208-81-62797	김현식	10,000,000			10,000,000
01008	(주)신라기업	120-81-34671	채소영	30,200,000			30,200,000
01009	조아상사	311-08-98190	박미자	30,000,000			30,000,000
01020	(주)브랜드샵	114-81-12541	주보성	1,320,000			1,320,000
01021	(주)인천상회	120-81-35097	박미정	500,000			500,000
01022	(주)지율테크	104-81-55219	이재석	2,640,000			2,640,000
01034	(주)케어	121-81-12855	송금강	1,452,000			1,452,000
01035	(주)서영실업	254-81-24457	이서영	700,000			700,000
01040	성한기업	132-11-56879	장현종	8,950,000			8,950,000
01067	(주)동서유통	135-81-34111	이세로	2,530,000			2,530,000
01069	용우실업	134-81-28732	김용운	1,650,000			1,650,000

[거래처원장]을 클릭하여 기간을 6.30~6.30으로 입력, 계정과목에 외상매출금 입력 후, 거래처 란에 그냥 Enter 쳐서 모든 거래처를 조회하면 위와 같음. 가장 잔액이 큰 기업은 (주)신라기업으로 30,200,000원임.

2. 거래처원장 조회 2: 외상매출금 회수액 조회

> (주)승진상사의 4월 중 ㈜나은상사의 외상매출금을 회수한 금액은 얼마인가? (117회 변형)

|정 답| 11,000,000원

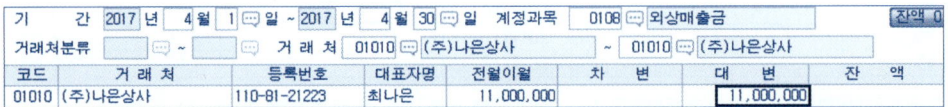

[거래처원장]을 클릭하여 기간을 4.1~4.30으로 조회하되, 거래처를 (주)나은상사 입력. 외상매출금 회수는 대변금액이므로 11,000,000원임.

3. 거래처원장 조회 3: 외상매입금 상환액 조회

(주)승진상사의 9월 중 (주)인천상회에게 외상매입금을 지급한 금액은 얼마인가? (107회 변형)

|정 답| 50,000,000원

기 간	2017년 9월 1일 ~ 2017년 9월 30일	계정과목	0251	외상매입금		
거래처분류	~	거 래 처	01021 (주)인천상회	~	01021 (주)인천상회	
코드	거 래 처	등록번호	대표자명	전월이월	차 변	대 변	잔 액
01021	(주)인천상회	120-81-35097	박미정		50,000,000	176,000,000	126,000,000

9.1~9.30으로 거래처원장 조회하되, 계정과목 외상매입금, 거래처 (주)인천상회 입력. 외상매입금은 차변금액이 지급액으로 50,000,000원 지급

7 계정별원장

계정별원장은 <u>특정 계정과목의 매일, 매월 발생 내역을 집계한 표</u>입니다. 전산회계시험에 출제는 거의 되지 않습니다.

핵심체크

계정별원장 조회
특정 계정과목의 월별 발생액 조회

[계정별원장 조회] 원재료 계정조회

(주)승진상사의 당기 1월부터 3월까지 원재료 매입 횟수가 가장 많은 월과 매입액이 가장 큰 월은? (103회 변형)

|정 답| 횟수 가장 많은 월은 2월, 금액이 가장 큰 월은 3월임.

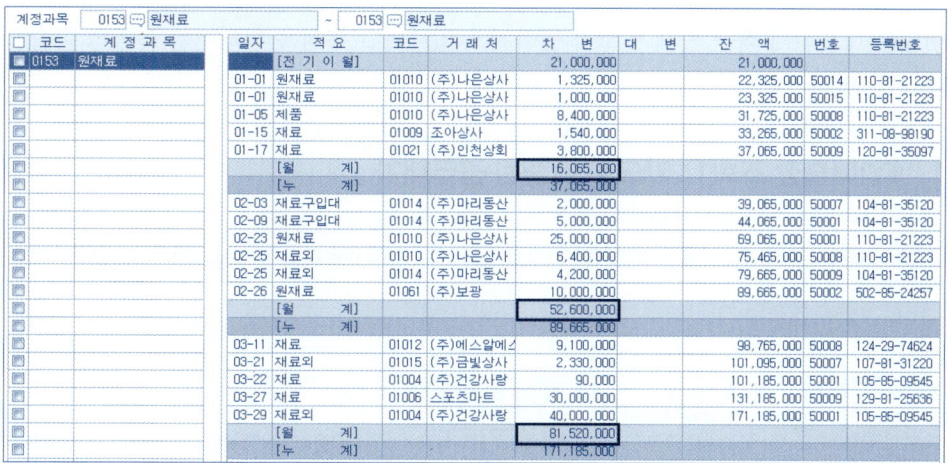

계정별원장에 1.1~3.31 입력, 계정과목을 원재료로 조회하면 위의 원재료 계정별원장이 조회됨. 1월(5건, 16,065,000원), 2월(6건, 52,600,000원), 3월(5건, 81,520,000원)임. 매입 횟수가 가장 많은 월은 2월의 6건이고 금액이 가장 큰 월은 3월의 81,520,000원임.

정교수 콕콕

8 손익계산서

손익계산서는 [결산/재무제표] 밑의 [손익계산서]를 클릭한 후 조회기간의 마지막 '월'을 입력하여 조회할 수 있는데, 한 가지 주의할 점은 손익계산서는 항상 1월부터 입력하는 마지막 월까지 금액이 조회됩니다. 만약 2월~6월과 같이 연중 기간을 조회하려면 월계표에서 조회해야 합니다.

> (주)승진상사의 1월부터 5월까지 영업외비용은 얼마인가? (119회 변형)

|정 답| 1,638,000원, 손익계산서 클릭 후 5월 입력하여 조회한 후 영업외비용 합계 조회

9 매입매출장

핵심체크
매입매출장
매입매출전표에 입력한 세부 내역 조회

매입매출장은 매입매출전표에서 입력한 모든 매출과 매입내역이 정리된 표입니다.
부가가치세 신고 내역 조회 중 부가가치세 신고서에서 조회되지 않는 세부 내역을 매입매출장에서 조회할 수 있는데 전산회계 1급 시험에서는 다음과 같이 출제됩니다. 다소 어려운 내용인데 최근 출제 빈도가 높아지고 있으니 고득점을 위해서는 꼼꼼히 학습할 필요가 있습니다.

1. 매입매출장 조회1 : 카드로 매출된 공급대가

> (주)승진상사의 제1기 예정(1월~3월) 부가가치세 신고기간 중 카드로 매출된 공급대가는 얼마인가? (98회 변형)

|정 답| 23,400,000원

 정교수 콕콕

매입매출전표 입력 시 신용카드 매출은 '17.카과'에 입력했으므로 매입매출장에서 1.1~3.31의 '17.카과' 입력내용을 조회해 공급대가를 정리하면 다음과 같습니다.

> 1월(6,500,000원) + 3월(16,900,000원) = 23,400,000원

2. 매입매출장 조회 2: 직수출 금액

> (주)승진상사의 제1기 부가가치세 확정신고기간(4월~6월)의 직수출에 의한 공급가액은 얼마인가?

매출 중 직수출은 부가가치세 신고서의 「영세율 기타」 칸에서 조회할 수 있지만 다음과 같이 매입매출장에서도 조회가 가능합니다. 직수출은 매입매출전표 입력 시 "16.수출"로 입력을 했기 때문에 이를 조회하기 위해서는 「매입매출장」 → 4.1~6.30 입력 → 「2.매출」 클릭 → 「16.수출」 클릭하면 됩니다.

4.1~6.30 기간의 직수출 금액은 30,000,000원입니다.

유형	일자	품목	공급가액	부가세	합계	코드	거래처
수출	2017-06-05	제품수출	30,000,000		30,000,000	01057	(주)모닝
월	계 [	1건-매수 1매]	30,000,000		30,000,000		
분 기	계 [	1건-매수 1매]	30,000,000		30,000,000		

조회기간: 2017년 04월 01일 ~ 2017년 06월 30일
구 분: 2 1.전체 2.매출 3.매입   유형: 16.수출

32 실무기출 공략하기
장부조회

> 본 교재의 실습자료는 cafe.naver.com/eduacc의 「공지&DATA다운로드」에서 공지 에 있는 [콕콕정교수 전산회계 1급] 이론+실무+기출 실습데이터의 Data_Install_JH1.zip 파일을 다운받아 컴퓨터에 설치 후, 회사등록 클릭, F4 회사코드재생성 클릭 후 「㈜하나전자(1193)」 선택

01 난이도 ★★ 필수
1분기(1월~3월) 중 제품매출이 가장 많은 달(月)과 가장 적은 달(月)의 차이는 얼마인가? (단, 음수로 입력하지 말 것) [2025년, 118회]

02 난이도 ★★ 필수
1분기(1월~3월) 중 판매비와관리비 항목의 소모품비 지출액이 가장 적게 발생한 월과 그 금액은 얼마인가? [2024년, 115회]

03 난이도 ★★
4월 중 거래처 가시상회로부터 회수한 외상매출금은 얼마인가? [2024년, 117회]

04 난이도 ★★ 필수
㈜신비에 대한 제품매출액은 3월 대비 4월에 얼마나 증가하였는가? [2023년, 109회]

05 난이도 ★★ 필수
6월 말 현재 외상매입금 잔액이 가장 많은 거래처명과 그 금액은 얼마인가? [2024년, 115회]

06 난이도 ★
6월 한 달 동안 발생한 판매비및일반관리비 중 발생액이 가장 많은 계정과목과 가장 적은 계정과목의 차액은 얼마인가? [2024년, 117회]

07 난이도 ★★ 필수
6월 한 달 동안 발생한 제조원가 중 현금으로 지급한 금액은 얼마인가? [2024년, 112회]

08 난이도 ★★
4월 중 현금으로 지급한 도서인쇄비(판매비및일반관리비)의 금액은 얼마인가? [2023년, 101회]

09 난이도 ★★
4월(4월 1일~4월 30일)의 외상매출금 회수액은 얼마인가? [2023년, 111회]

10 난이도 ★★
2월 말 현재 미수금과 미지급금의 차액은 얼마인가? (단, 반드시 양수로 기재할 것) [2024년, 114회]

11 난이도 ★★
당해 연도 6월 30일 현재 현금및현금성자산의 전기말 현금및현금성자산 대비 증감액은 얼마인가? (단, 감소한 경우에도 음의 부호(-)를 제외하고 양수로만 입력하시오.) [2023년, 107회]

12 난이도 ★★ 필수
당해 연도 1월부터 5월까지의 영업외수익은 얼마인가? [2025년, 119회]

13 난이도 ★★
1월부터 6월까지의 현금지급액은 총 얼마인가? [2022년, 100회]

14 난이도 ★★★
제1기 예정 부가가치세 신고에 반영된 내역 중 2월에 카드로 매출된 공급대가는 얼마인가? [2021년, 95회]

정답 및 해설

01 91,640,000원
- [총계정원장] : 조회기간 1월 1일~3월 31일 → 계정과목 : 제품매출(404) 조회
- 1월(111,160,000원) - 2월(19,520,000원) = 91,640,000원

02 2월, 61,800원
- [총계정원장] : 조회기간 1월 1일~3월 31일 → 계정과목 : 소모품비(830) 조회
- 1월(71,000원), 2월(61,800원), 3월(98,000원) → 가장 적은 월은 2월

03 13,800,000원

[거래처원장] : 기간 4월 1일~4월 30일 → 계정과목 : 108.외상매출금 조회 → 거래처 : 가시상회 → 대변 합계금액 확인

04 27,320,000원
- [거래처원장] : 조회기간 3월 1일~3월 31일 → 계정과목 : 404.제품매출 → 거래처 : (주)신비 조회 → 대변합계 조회
- 3월(4,400,000원) → 4월(31,720,000원) = 27,320,000원 증가

05 ㈜실버물류, 62,265,000원
- [거래처원장] : 조회기간 1월 1일~6월 30일 → 계정과목 : 251.외상매입금 조회
- 6월말 현재 잔액 조회이므로 6월 30일~6월 30일로 조회해도 됨.

06 5,390,000원
- [일계표(월계표)] : 월계표에서 조회기간 6월~6월 → 판매관리비 항목의 차변 합계 조회 (일계표에서 6월 1일~6월 30일로 조회해도 됨.)
- 가장 많이 발생한 계정과목(급여 5,400,000원), 가장 적게 발생한 계정과목(여비교통비 10,000원) → 차액 5,390,000원 (5,400,000 - 10,000)

07   3,112,300원

[일(월)계표] : 조회기간 6월 1일~ 6월 30일 → 제조원가 차변 현금 금액 확인

08   25,000원

[일계표(월계표)] : 조회기간 4월 1일~4월 30일 → 판매비및일반관리비 중 도서인쇄비 차변 현금 금액 조회

09   13,800,000원

[계정별원장] : 조회기간 4월 1일~4월 30일 → 계정과목 : 108.외상매출금 조회 → 대변 월계금액 확인

10   차액 17,370,000원

- [재무상태표] : 조회기간 2월 → 제7(당)기 2월 28일 대손충당금 차감 전 금액 조회
- 미수금(1,630,000원), 미지급금(19,000,000원) → 차액 17,370,000원

11   11,634,829원

- [재무상태표] : 조회기간 6월 → [제출용] 탭 클릭
- 252,633,171원(당해 연도 6월말 잔액) − 264,268,000원(전기말 잔액) = 11,634,829원
- [관리용] 탭에서 「현금+당좌예금+보통예금」으로 현금및현금성자산 금액을 계산할 수도 있음.

12   3,540,000원

- [손익계산서] : 조회기간 5월 입력 → 영업외수익 합계액 조회
- 손익계산서는 항상 1월부터 조회됨.

13   164,463,148원

- [현금출납장] : 조회기간 1월 1일~6월 30일 → 출금 누계액 확인
- 현금 입출금 내역은 [총계정원장], [월계표]에서 조회 되지 않고 [현금출납장]에서만 조회됨.

14   1,000,000원

[장부관리] – [매입매출장] 메뉴에서 1월 1일~3월 31일 입력한 후 구분 2.매출 유형 17.카과 선택 → 2월 ㈜다비에 대한 공급대가(공급가액 + 부가세) 1,000,000원 확인

원가회계

33	원가의 개념과 종류
34	원가계산
35	보조부문의 원가배분
36	개별원가계산
37	종합원가계산

원가회계는 제품 가격결정 등을 위해
제품 생산에 들어간 각종 원가를 집계, 계산하는 회계입니다.

  학습방법

원가회계를 처음 접하면 어렵게 느껴질 수 있으므로 시간이 없을 경우 계산문제는 과감히 패스하고 이해 위주로 공부한 뒤 출제빈도가 높은 문제들을 반복해서 풀어보기 바랍니다.

  출제빈도   매회 이론 3문제

원가의 개념과 종류	
원가계산	
보조부문의 원가배분	원가개념·종류, 원가계산, 종합원가계산의 출제 비율이 높으며 그중 원가계산 부분은 난이도가 상당히 높은 편임.
개별원가계산	
종합원가계산	

33 원가의 개념과 종류

학습내용 · 원가회계 vs 재무회계 · 원가의 구성 · 원가의 종류
출제경향 매 시험마다 1문제 정도 출제되는데 원가의 구성과 종류가 자주 출제되고 있음. 이해를 바탕으로 학습한 후 원가의 종류 등 일부 내용은 암기해야 함.

핵심체크

원가회계 vs 재무회계
- 원가회계: 경영자 의사결정, 특수목적보고서, 미래 지향적
- 재무회계: 외부정보이용자, 재무제표, 과거지향적

1 원가회계 vs 재무회계

재무회계는 회사에 발생한 거래를 회계 처리하여 주주, 채권자 등 외부 정보이용자에게 보고하는 것이 주목적이지만, 원가·관리회계는 제품 생산 관련 정보를 요약, 집계하여 제품원가, 가격 등 경영자 의사결정이 주목적입니다. 이를 요약하면 다음과 같습니다.

〈재무회계와 원가·관리회계 비교〉

구 분	재무회계	원가·관리회계
정보이용자	외부정보 이용자(주주·채권자 등)	내부정보이용자(경영자 등)
목 적	외부 정보이용자의 의사결정에 유용한 정보의 제공	내부의 관리적 의사결정에 유용한 정보 제공
보고수단	재무제표 (재무상태표, 손익계산서 등)	특수목적 보고서 (원가계산서, 원가분석표 등)
이용정보	이미 발생한 회계정보(과거 지향적)	과거·미래를 포함한 모든 정보(미래 지향적)
보고주기	정기(회계기간 종료 후)	수시(필요 시마다 작성)

전산회계 1급 시험에 재무회계와 원가·관리회계의 차이를 묻는 문제가 아주 가끔 출제되는데 위 내용을 바탕으로 반드시 맞추어야 합니다.

이론기출 확인문제 | 전산회계 1급, 64회 |

다음 중 원가회계의 특징으로 가장 틀린 것은?
① 손익계산서의 제품매출원가를 결정하기 위하여 제품생산에 소비된 원가를 집계
② 재무상태표에 표시되는 재공품과 제품 등의 재고자산의 가액을 결정
③ 기업의 경영계획 및 통제, 의사결정에 필요한 원가자료를 제공
④ 주로 외부 이해관계자에게 의사결정에 대한 유용한 정보제공

|정 답| ④
외부 이해관계자 의사결정에 유용한 정보 제공하는 것은 재무회계임.

2 원가의 구성

원가는 크게 다음과 같이 구성되어 있는데, 전산회계시험에 자주 출제되는 아주 중요한 공식이므로 이해 후 반드시 암기하기 바랍니다.

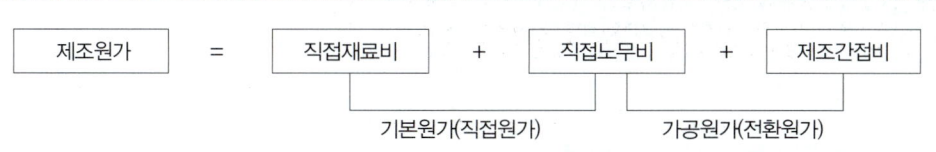

제품을 만들기 위해서는 기본적으로 재료와 이를 가공할 노동력, 그리고 가공에 필요한 임차료, 기계 감가상각비, 전기료, 수도료 등이 있습니다. 특정 제품에 직접 추적 가능한 재료를 직접재료비, 직접 추적 가능한 인건비를 직접노무비, 그리고 추적이 안 되는 나머지 간접재료비, 간접노무비, 가공경비 등 모든 비용을 제조간접비라고 부릅니다.

> **정교수 콕콕**
>
> 🎯 **핵심체크** 콕 콕 콕
>
> **원가의 구성**
> - 제조원가=직접재료비+직접노무비+제조간접비
> - 기본원가(직접원가)=직접재료비+직접노무비
> - 가공원가(전환원가)=직접노무비+제조간접비

1. 직접원가 vs 간접원가

제품 생산에 필요한 원가는 크게 직접원가와 간접원가로 구분할 수 있습니다. 다음은 자동차 생산라인에서 자동차를 조립하는 모습을 스케치한 그림인데요. 이 그림으로 원가를 직접원가와 간접원가로 구분해 볼까요?

1) 직접원가

직접원가란 제품 생산에 직접 필요한 비용으로 특정 제품에 추적이 가능한 비용인데, 자동차 제작에 필요한 직접비에는 철판, 엔진, 타이어 등의 직접재료비와 자동차를 직접 조립하는 사람들의 직접노무비가 있습니다. 이 직접비를 집계하기 위해 자동차별로 투입된 철판, 엔진, 타이어를 일일이 기록하고, 차량 제작에 투입된 작업자의 작업시간을 체크합니다.

2) 간접원가

간접원가란 간접적으로 필요한 비용으로 특정 제품에 얼마나 소요되는지 직접 추적이 되지 않는 비용입니다. 자동차 제작에 소요된 간접비에는 공장 월세(임차료), 전기료, 공장 화재보험료 등이 있습니다. 예를 들어 공장 월세 1,000만 원을 지급했다면 이 월세가 특정 차량에 구체적으로 얼마나 쓰였는지 알 수 없는데 이런 비용을 제조간접비라고 부릅니다.

3) 원가 추적가능성에 따른 분류

- 직접원가: 직접재료비, 직접노무비
- 간접원가: 제조간접비(간접재료비, 간접노무비, 각종 제조경비)

2. 기본원가 vs 가공원가

1) 기본원가

기본원가란 제품 생산에 기본적으로 꼭 필요한 원가인데, 좀 전 그림을 보면 자동차 생산에는 자동차에 투입된 철판, 타이어 등 직접재료비와 이를 조립하는 작업자, 즉 직접노무비가 꼭 필요한 기본원가입니다.

2) 가공원가

가공원가란 가공을 위해 필요한 비용을 말하는데, 자동차 생산의 가공원가는 해당 작업자의 직접노무비와 그 이외 제조간접비가 있습니다.

3) 원가 기본성에 따른 분류

- 기본(기초)원가: 직접재료비 + 직접노무비
- 가공원가: 직접노무비 + 제조간접비(각종 제조경비 등)

이론기출 확인문제 | 전산회계 1급, 80회 |

다음 원가에 관한 설명 중 틀린 것은?

① 제조원가는 직접재료원가, 직접노무원가, 제조간접원가를 말한다.
② 직접재료원가는 기초원재료재고액과 당기원재료매입액의 합계액에서 기말원재료재고액을 차감한 금액을 말한다.

③ 직접노무원가와 제조간접원가의 합계액을 기본원가라고 한다.
④ 제조활동 이외의 판매활동과 관리활동에서 발생하는 원가를 비제조원가라 한다.

|정 답| ③
직접재료비와 직접노무비의 합계가 기본원가임.

이론기출 확인문제 | 전산회계 1급, 104회 |

다음의 자료를 이용하여 기초원가와 가공원가를 계산한 것으로 옳은 것은?

구 분	직접비	간접비
재료비	100,000원	50,000원
노무비	200,000원	100,000원
제조경비	0원	50,000원

	기초원가	가공원가		기초원가	가공원가
①	300,000원	200,000원	②	200,000원	250,000원
③	300,000원	400,000원	④	450,000원	50,000원

|정 답| ③
- 기초원가: 직접재료비(100,000) + 직접노무비(200,000) = 300,000원
- 가공원가: 직접노무비(200,000) + 제조간접비(간접재료비 50,0000 + 간접노무비 100,000 + 직접 제조경비 0 + 간접 제조경비 50,000) = 400,000원

이론기출 확인문제 | 전산회계 1급, 105회 |

다음 자료로 가공원가를 계산하면 얼마인가?

- 직접재료원가 1,000,000원
- 직접노무원가 1,600,000원
- 변동제조간접원가 600,000원(변동제조간접가는 총제조간접원가의 30%이다.)

① 1,600,000원 ② 2,600,000원 ③ 3,600,000원 ④ 4,300,000원

|정 답| ③
- 총제조간접비 × 30% = 600,000원(변동제조간접비) ⇒ 총제조간접비: 600,000 ÷ 30% = 2,000,000원
- 가공비: 직접노무비(1,600,000) + 제조간접비(2,000,000) = 3,600,000원

3 원가의 종류

좀 전에 원가를 직접원가와 간접원가, 기본원가와 가공원가로 구분했는데, 이를 바탕으로 다양한 원가의 종류에 대해 추가로 알아보겠습니다.

1. 통제 가능성에 따른 분류: 통제가능원가, 통제불능원가

경영자가 원가를 발생시킬 것인가 말 것인가를 마음대로 결정할 수 있으면 통제가능원가, 결정할 수 없으면 통제불능원가라고 합니다. 예를 들어 경영자가 공장을 마음대로 바꿀 수 없다면 공장 임차료는 통제불능원가인데, 이 개념은 전산회계시험에서 거의 출제되지 않습니다.

2. 의사결정 관련성에 따른 분류

원가정보가 의사결정에 어떤 영향을 미치느냐에 따라 관련·비관련 원가, 매몰원가, 기회원가로 구분할 수 있습니다. 그 중 매몰원가와 기회비용이 자주 출제되고 있습니다.

1) 관련 원가 vs 비관련 원가

관련 원가란 특정 사안에 대한 경영자의 의사결정에 영향을 미치는 원가를, 비관련 원가란 영향을 미치지 않는 원가를 말합니다. 중요한 내용은 아니니 용어의 뜻만 이해해도 충분합니다.

매몰원가
이미 지출되어 회수할 수 없는 비용

2) 매몰원가

매몰원가란 영어로 'Sunk Cost, 가라앉은 원가'라 표현하는데 '이미 지출해서 회수할 수 없는 버린 비용'이라는 뜻입니다.

예를 들어 회사가 500만 원을 들여 제작한 홈페이지가 잘못된 제작 의뢰로 다시 만들어야 하는 상황이라면 이미 지출한 500만 원은 어떻게 될까요? 이미 지출한 500만 원은 엎질러진 물과 같아서 향후 의사결정에는 영향을 미치지 않는데, 이러한 원가를 매몰원가라고 부릅니다.

이론기출 확인문제 | 전산회계 1급, 72회 |

다음은 원가개념에 대한 설명이다. 물리치료사 수험서 구입비 25,000원은 어떤 원가를 의미하는가?

> 물리치료사 자격시험을 위해 관련 수험서를 25,000원에 구입하여 공부하다가 진로를 세무회계분야로 변경하면서 전산세무회계 자격증 수험서를 새로 구입하였다.

① 대체원가　　　　　　　　　　② 매몰원가
③ 통제불능원가　　　　　　　　④ 전환원가

|정 답| ②
물리치료사 시험용 교재비 25,000원은 이미 발생한 원가이므로 향후 의사결정에 영향을 미치지 않는 매몰원가임.

3) 기회비용(기회원가)

① 개 념

기회비용이란 두 종류의 생산 기회가 있을 때 어느 한쪽을 포기함으로써 잃게 되는 이익을 말합니다. 이렇게 잃게 되는 이익을 다른 쪽의 생산물에 소요된 비용으로 생각함에 따라 이를 기회비용(기회원가)라고 부릅니다.

② 사 례

> 홍길동 씨가 현재 직장에서 연봉 3,000만 원을 받고 있는데, 다른 직장에서 연봉 4,000만 원에 스카우트 제의를 받았다.

만약 홍길동 씨가 이직을 한다면 잃게 되는 돈은 현재 받고 있는 연봉 3,000만 원이므로 이직 시 기회비용은 3,000만 원입니다. 반면, 이직하지 않을 경우 기회비용은 이직으로 받을 수 있는 연봉 4,000만 원입니다.
그렇다면 홍길동 씨는 현재 직장에 잔존 또는 이직 중 어떤 의사결정을 해야 할까요? 정답은 이직을 선택해야 합니다. 이유는 그래야 손해 보는 돈, 즉 기회비용이 더 적어지기 때문입니다. 이를 기회원가라고 부르기도 합니다.

> **핵심체크**
>
> **기회비용(기회원가)**
> 어느 한쪽을 포기함에 따라 잃게 되는 이익

3. 조업도 변화에 따른 분류

원가는 작업량, 즉 조업도에 따라 구분하기도 하는데 자동차 제작 시 타이어와 같은 직접재료비는 생산 대수가 증가하면 동시에 같이 증가하는 반면, 공장 월세는 매달 1대를 만들든 100대를 만들든 변동이 없습니다.

1) 변동원가

변동원가란 조업도 변동에 따라 총원가가 증가 또는 감소하는 원가를 말하는데, 대표적인 변동원가에는 자동차 타이어와 같은 직접재료비, 작업자의 직접노무비가 있습니다. 1개당 원가는 동일한 반면, 생산량이 증가하면 총원가는 비례하여 증가하기 때문에 다음과 같이 표시할 수 있습니다.

> **핵심체크**
>
> **조업도에 따른 원가종류**
> - 변동원가: 직접재료비, 직접노무비
> - 고정원가: 임차료, 감가상각비
> - 준변동원가(혼합원가): 전기요금, 통신요금
> - 준고정원가(계단원가): 생산량 증가로 인한 추가 임차료

〈변동원가 그래프〉

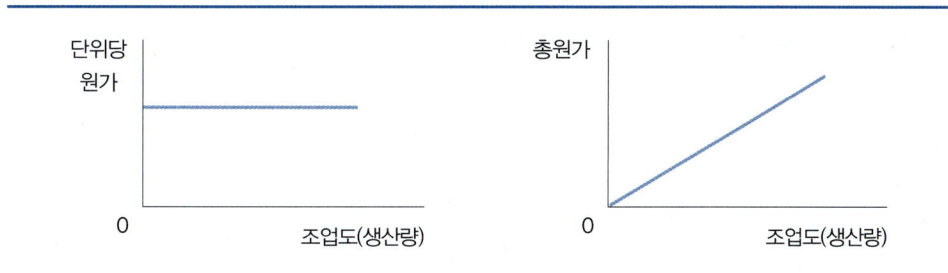

2) 고정원가

고정원가란 생산량 변동에 상관없이 총원가가 일정액으로 정해진 원가를 말합니다. 대표적인 고정원가에는 월세(임차료), 재산세, 공장 감가상각비 등이 있습니다.
총원가는 동일하게 고정되어 있는 반면, 조업도가 증가해 생산량이 증가하면 1개당 원가는 감소하는데 이를 그래프로 표시하면 다음과 같습니다.

예를 들어 공장월세 100만 원이라 가정하면 조업도(생산량)이 증가해도 월세 총액 100만 원은 변동이 없지만, 생산량이 10개 → 100개로 늘어나면 1개당 원가는 10만 원(100만 원/10개) → 1만 원(100만 원/100개)으로 감소하게 됩니다.

3) 준변동원가(혼합원가)

좀 전 공부한 변동원가는 회사가 전혀 생산하지 않으면 비용이 한 푼도 발생하지 않지만, 실제 회사 운영 시 100% 순수한 변동비는 거의 없습니다. 예를 들어 휴대폰 개통 시 매월 10,000원의 기본요금을 내야 하는데, 휴대폰을 한 통도 사용하지 않아도 무조건 기본요금 10,000원은 내야 하기 때문입니다. 이렇게 고정적인 기본비용을 지출하고 생산량이 늘어나면 그에 비례해 추가로 발생하는 원가를 준변동원가라고 하는데, 전기요금, 통신요금 등이 대표적인 사례입니다. 이를 고정원가와 변동원가가 합쳐진 혼합원가라고 부르기도 하는데, 이를 그래프로 표시하면 오른쪽과 같습니다.

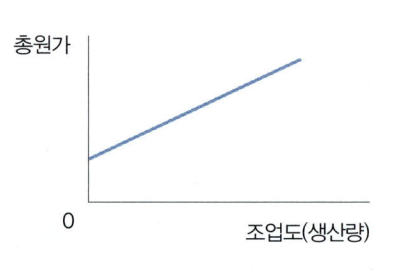

4) 준고정원가(계단원가)

마지막으로 공부할 원가종류는 준고정원가인데, 이는 일정 생산량을 넘어서면 추가적인 고정비 지출이 발생하는 경우입니다. 예를 들어 100평짜리 공장 임차에 월세 100만 원을 지급하고 있는데, 생산량이 왕창 증가해 100평짜리 공장을 또 임차한다면 총 임차료는 어떻게 바뀔까요?

최초 월세 100만 원에 추가 월세 100만 원을 합치면 200만 원으로 두 배로 증가를 하겠죠? 이를 그래프로 표시하면 다음과 같은데 그 모양이 계단 같이 생겼다 하여 계단원가라 부르기도 합니다.

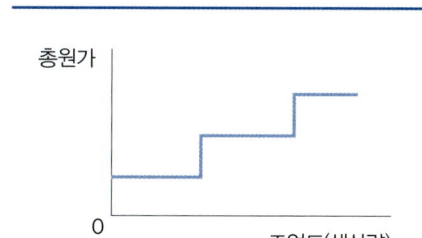
〈준고정원가 그래프〉

이상 변동원가, 고정원가, 준변동원가(혼합원가), 준고정원가(계단원가), 총 4가지 원가의 종류를 공부했는데, 이렇게 작업량(조업도)에 따라 원가총액이 변동하는 모양, 형태를 다른 말로 원가행태(Cost behavior)라고 부르기도 합니다. 전산회계시험에 자주 출제되니 원가명칭과 그래프 형태를 꼭 기억해야 합니다.

핵심체크

원가행태
조업도에 따라 원가총액이 변동하는 모양

이론기출 확인문제 | 전산회계 1급, 94회 |

다음은 어떠한 원가의 행태를 나타내는 그림인가?

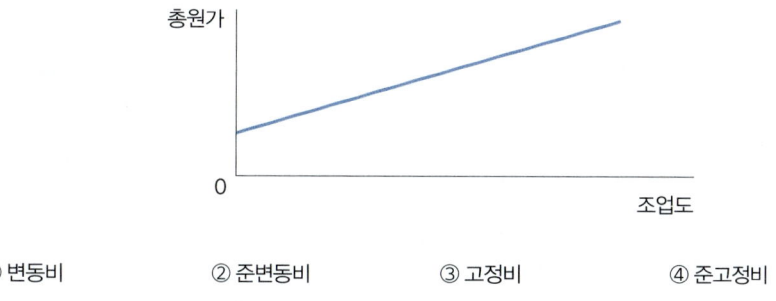

① 변동비　　② 준변동비　　③ 고정비　　④ 준고정비

|정답| ②
매월 기본료(고정비)를 납부하고 사용량에 따라 추가 비용(변동비)를 납부하는 형태임. ⇒ 고정비 + 변동비 형태 원가행태는 준변동비(혼합원가)임.

이론기출 확인문제 | 전산회계 1급, 60회 |

다음 중 원가행태를 나타낸 표로 올바른 것은?

① 〈변동원가〉
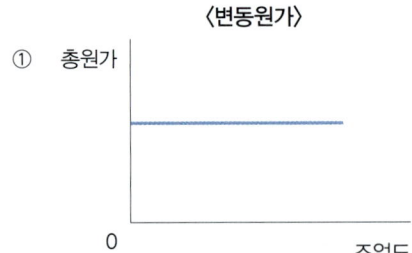

② 〈고정원가〉
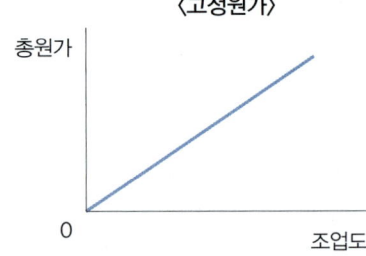

③ 〈준변동원가〉

④ 〈준고정원가〉
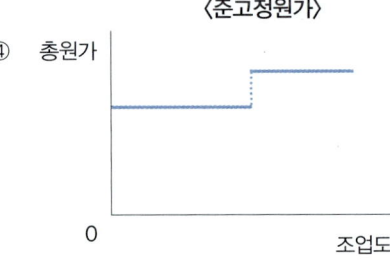

|정 답| ④
① 조업도 증가, 총원가 변동 없음: 고정원가, ② 조업도 증가, 총원가 균등하게 증가: 변동원가, ④ 조업도와 무관하게 기본 고정원가 + 일정 조업도 초과하면 추가 고정원가 발생: 준고정원가(계단원가), ③과 같은 형태의 원가는 없음.

이론기출 확인문제 | 전산회계 1급, 104회 |

다음 중 원가의 분류 방법과 종류가 잘못 짝지어진 것은?

① 원가의 행태에 따른 분류 : 변동원가와 고정원가
② 통제가능성에 따른 분류 : 역사적 원가와 예정원가
③ 추적가능성에 따른 분류 : 직접원가와 간접원가
④ 의사결정과의 관련성에 따른 분류 : 관련원가와 매몰원가

|정 답| ②
① 원가행태에 따른 구분: 변동원가, 고정원가, 준변동원가, 준고정원가
② 통제 가능성에 따른 구분: 통제가능원가, 통제불능원가
③ 추적 가능성에 따른 구분: 직접원가, 간접원가
④ 의사결정 관련성에 따른 구분: 관련원가, 매몰원가

33 원가의 개념과 종류
이론기출 공략하기

01 난이도 ★★ 필수
다음 중 원가관리회계에 대한 설명으로 가장 거리가 먼 것은? [2016년, 67회]
① 도·소매업 등에서 매출원가 정보 등을 획득하기 위한 회계과정이다.
② 경영활동의 계획과 통제를 위해 필요한 회계과정이다.
③ 미래 의사결정을 위한 성과평가 시 유용한 정보를 제공한다.
④ 외부 이해관계자보다 내부 경영자를 위한 회계이다.

02 난이도 ★★ 필수
다음 중 제조원가에 대한 설명으로 옳지 않은 것은? [2025년 118회]
① 제조원가는 제품을 제조하기 위해 투입한 경제적 자원을 말한다.
② 제조간접원가는 간접재료원가, 간접노무원가 등 제품을 생산하기 위해 투입된 직접재료원가와 직접노무원가 이외의 모든 제조원가를 말한다.
③ 직접노무원가는 제품을 생산하기 위하여 투입된 생산직 종업원의 급여로서 특정 제품에 직접 추적할 수 없는 노무원가를 말한다.
④ 직접노무원가와 제조간접원가를 합하여 가공원가 혹은 전환원가라고 하는데, 이는 원재료를 완제품으로 전환하는 데 소요되는 원가를 말한다.

03 난이도 ★ 필수
다음 중 기본원가(prime costs)를 구성하는 것으로 맞는 것은? [2012년, 51회]
① 직접재료비 + 직접노무비
② 직접노무비 + 제조간접비
③ 직접재료비 + 직접노무비 + 제조간접비
④ 직접재료비 + 직접노무비 + 변동제조간접비

04 난이도 ★★ 필수
다음의 자료를 이용하여 가공원가를 계산하면 얼마인가? [2024년, 117회]

구 분	금 액
직접재료원가	1,000,000원
직접노무원가	2,500,000원
제조간접원가	1,800,000원

① 2,500,000원　② 2,800,000원　③ 3,500,000원　④ 4,300,000원

05 난이도 ★★
다음 자료에 의하여 제조원가명세서상 당기총제조비용을 계산하면 얼마인가? [2017년, 75회]

- 직접재료비: 500,000원
- 노무비: 200,000원
- 간접재료비: 300,000원
- 기타제조경비: 100,000원

① 1,100,000원　② 1,000,000원　③ 800,000원　④ 600,000원

06 난이도 ★★ 필수
다음의 자료를 근거로 가공비 금액을 계산하면 얼마인가? [2015년, 64회]

- 직접재료비: 250,000원
- 변동제조간접비: 400,000원
- 직접노무비: 500,000원
- 고정제조간접비: 350,000원

① 750,000원　② 900,000원　③ 1,250,000원　④ 1,500,000원

07 난이도 ★★ 필수
다음 중 제조간접비에 대한 설명으로 옳은 것은? [2015년, 64회]

① 기초원가에 해당된다.
② 고정원가만 있고 변동원가는 없다.
③ 직접노무비와의 합계액을 가공원가라고 한다.
④ 간접재료비와 간접노무비에서는 포함되지 아니한다.

08 다음 자료에서 기초원가와 가공비(가공원가) 양쪽 모두에 해당하는 금액은 얼마인가? [2014년, 60회]

- 직접재료비: 300,000원
- 변동제조간접비: 200,000원
- 직접노무비: 400,000원
- 고정제조간접비: 150,000원

① 350,000원 ② 400,000원 ③ 450,000원 ④ 500,000원

09 재공품 계정을 구성하는 자료가 다음과 같을 경우 당기의 직접노무비는 얼마인가? [2016년 66회]

- 직접재료비: 10,000원
- 직접노무비: 가공비의 20%
- 제조간접비: 50,000원

① 10,000원 ② 12,500원 ③ 15,000원 ④ 30,000원

10 다음 자료에 의하면 당기총제조원가는 얼마인가? [2016년, 69회]

- 기초원가 1,500,000
- 공장세금과공과 150,000
- 공장전력비 100,000
- 직접노무비 600,000
- 공장임차료 150,000
- 간접노무비 200,000
- 기계감가상각비 100,000

① 2,000,000원 ② 2,200,000원 ③ 2,600,000원 ④ 3,100,000원

11 다음은 어떠한 원가의 행태를 나타내는 그림인가? [2014년, 62회]

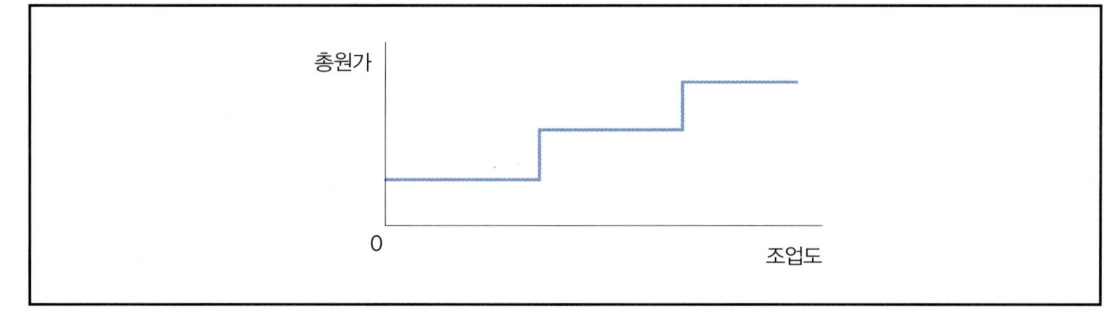

① 준고정원가 ② 준변동원가 ③ 변동원가 ④ 고정원가

12 난이도 ★ 필수
일반적으로 조업도가 증가할수록 발생원가 총액이 증가하고, 조업도가 감소할수록 발생원가 총액이 감소하는 원가 형태에 해당되는 것은? [2011년, 49회]

① 공장 기계장치에 대한 감가상각비
② 공장 건물에 대한 재산세
③ 원재료 운반용 트럭에 대한 보험료
④ 개별 제품에 대한 포장비용

13 난이도 ★ 필수
다음 중 원가의 추적가능성에 따른 분류로 가장 맞는 원가개념은? [2012년, 53회]

① 고정원가와 변동원가
② 직접원가와 간접원가
③ 제품원가와 기간원가
④ 제조원가와 비제조원가

14 난이도 ★★
다음 중 준변동원가에 해당되는 것은? [2013년, 54회]

① 공장 기계장치 감가상각비
② 공장 직원 피복비
③ 공장 직원회식비
④ 공장 가스수도료(기본요금 부과)

15 난이도 ★★ 필수
다음의 항목을 원가행태에 따라 분류할 경우 성격이 가장 다른 하나는 무엇인가? [2024년, 117회]

① 제품의 제조에 사용하는 원재료
② 매월 일정하게 발생하는 임차료
③ 시간당 지급하기로 한 노무비
④ 사용량(kw)에 따라 발생하는 전기료(단, 기본요금 없음)

16 난이도 ★★
공장에서 가동 중인 기계장치(취득가액 1,000,000원)가 고장이 났다. 대안 (1)은 기계를 수리하여 재사용하려면 350,000원의 수선비가 투입되어야 하고, 대안 (2)는 폐기의 경우 150,000원을 받을 수 있지만 대체할 다른 기계장치 구입에 600,000원이 소요된다고 한다. 이 경우, 매몰원가의 금액은 얼마인가? [2020년, 93회]

① 150,000원
② 350,000원
③ 600,000원
④ 1,000,000원

17 다음은 원가 개념에 대한 설명이다. 공인중개사 수험서 구입비 50,000원은 어떤 원가를 의미하는가?

[2020년, 90회]

> 공인중개사 자격시험을 위해 관련 수험서를 50,000원에 구입하여 공부하다가, 진로를 세무회계 분야로 전환하면서 전산세무회계 자격증 수험서를 40,000원에 새로 구입하였다.

① 전환원가　　② 매몰원가　　③ 미래원가　　④ 대체원가

18 다음 중 원가 개념에 관한 설명으로 옳지 않은 것은?

[2024년, 112회]

① 관련 범위 밖에서 총고정원가는 일정하다.
② 매몰원가는 의사결정에 영향을 주지 않는다.
③ 관련 범위 내에서 단위당 변동원가는 일정하다.
④ 관련원가는 대안 간에 차이가 나는 미래원가로서 의사결정에 영향을 준다.

19 원가의 분류 중 원가행태(行態)에 따른 분류에 해당하는 것은?

[2024년, 114회]

① 변동원가　　② 기회원가　　③ 관련원가　　④ 매몰원가

20 다음 자료의 원가행태를 모두 만족하는 것은 무엇인가?

[2016년 70회]

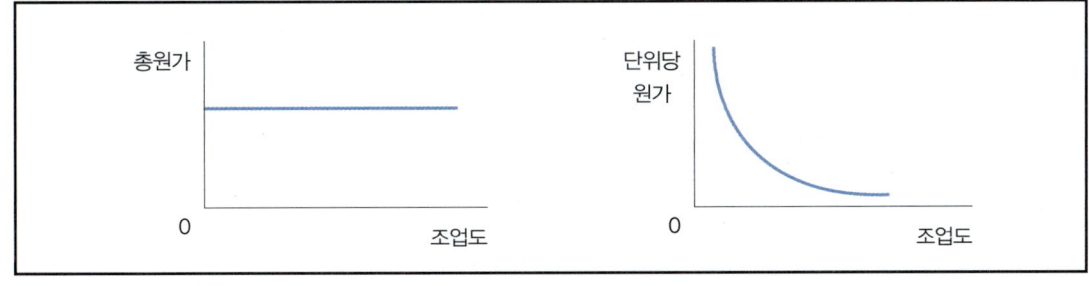

① 준변동원가　　　　　　② 관련 범위 내의 감가상각비
③ 계단원가　　　　　　　④ 직접재료비

정답 및 해설

01 ①　도소매는 직접 제품을 제조하는 것이 아니라 만들어진 물건을 구입해 판매만 하므로 제조원가가 발생하지 않고 매출원가만 발생하여 제조원가 정보가 필요없음.

02 ③　직접노무원가는 특정 제품생산에 투입된 것이 직접 추적 가능한 노무원가를 말함.

03 ①　기본원가 = 직접재료비 + 직접노무비, 가공원가 = 직접노무비 + 제조간접비

04 ④　가공원가 : 직접노무원가(2,500,000) + 제조간접원가(1,800,000) = 4,300,000원

05 ①
- 제조원가 = 직접재료비 + 직접노무비 + 제조간접비. 제조간접비에는 (간접재료비, 간접노무비, 기타 제조경비)로 구성됨.
- 문제에서는 직접노무비, 간접노무비를 합친 노무비 200,000원이 주어졌으므로
- 제조원가: 직접재료비 500,000 + 노무비 200,000 + 제조간접비(간접재료비 300,000 + 기타 제조경비 100,000) = 1,100,000원

06 ③　가공비 = 직접노무비 + 제조간접비(고정, 간접)이므로 가공비: 500,000 + 400,000 + 350,000 = 1,250,000원

07 ③　① 제조간접비는 기초원가 아닌 가공원가임.
② 제조간접비에는 공장임차료와 같이 고정적으로 발생하는 고정제조간접비와 조업도에 따라 변동하는 변동제조간접비가 있음.
③ 가공비 = 직접노무비 + 제조간접비
④ 간접노무비와 간접재료비도 제조간접비임.

08 ②
- 기초원가 = 직접재료비 + 직접노무비
- 가공원가 = 직접노무비 + 제조간접비
- 기초원가, 가공원가 모두 해당하는 항목은 직접노무비 400,000원임.

09 ②
- 가공원가 = 직접노무비 + 제조간접비
- 가공원가(x) = 0.2x + 50,000
- 0.8x = 50,000
- x(가공원가) = 62,500원
- 직접노무비: 가공원가 62,500원 × 20% = 12,500원

10 ②
- 제조원가 = 직접재료비 + 직접노무비 + 제조간접비이며
- 기초원가 = 직접재료비 + 직접노무비이므로
- 제조원가: 1,500,000 + 제조간접비(간접노무비 200,000 + 공장세금과공과 150,000 + 공장임차료 150,000 + 기계 감가상각비 100,000 + 공장전력비 100,000) = 2,200,000

11 ①　일정 조업도를 넘어설 때마다 고정비가 추가되는 원가는 준고정원가(계단원가)임.

12 ④　조업도가 증가하면 총원가 증가하고, 조업도 감소하면 총원가 감소하는 원가는 변동원가임. ④ 개별제품 포장비용은 1개당 발생하므로 변동원가임. 나머지는 모두 조업도와 무관하게 고정적으로 발생하는 고정비임.

13 ② 특정 제품으로 직접 추정 가능한 원가가 직접원가, 직접 추적 불가능한 원가를 간접원가라고 함. ③, ④번 지문은 억지로 만든 용어이므로 신경 쓰지 말 것.

14 ④ ① 기계감가상각비: 고정원가   ② 직원 피복비: 1인당 발생, 변동비   ③ 직원 회식비: 1인당 발생, 변동비
    ④ 준변동원가란 (기본 고정비 + 조업도에 비례하여 발생하는 변동비) 구조로 가스, 수도요금은 (기본요금 + 사용량에 따른 추가요금)으로 부과되므로 준변동원가임.

15 ② ① 원재료비, ③ 노무비, ④ 기본요금 없는 전기료는 변동비이고 ② 임차료는 고정원가임.

16 ④ 매몰원가는 이미 투입되어 어쩔 수 없는 비용으로 기계취득가액 1,000,000원이 매몰원가임.

17 ② 시험을 포기하면서 필요 없어진 공인중개사 수험서 취득금액 50,000원이 매몰원가임.

18 ① 고정원가는 관련 범위 안에서 일정하다. 예 공장 월세: 생산량(조업도) 1,000개 까지 월세는 100만 원이라면 생산량이 1,000개를 넘어서면 추가 공장 임차로 월세가 증가함. 따라서 관련 범위인 1,000개 내에서만 공장 월세는 일정함.

19 ① 원가행태에 따라 변동원가, 고정원가, 혼합원가, 준고정원가로 분류함. 보기 중 원가행태에 따른 분류는 ① 변동원가임.

20 ② 고정원가에 대한 그래프로 건물, 기계장치 감가상각비가 이에 해당함.

34 원가계산

학습내용: • 원가계산 개념문제 • 원가계산 계산문제

출제경향: 매 시험마다 1문제 이상 출제되는데 원가계산 개념문제와 원가계산 계산문제가 번갈아 가면서 출제되고 있음. 원재료 투입 ⇒ 최종 제품 완성까지 흐름을 바탕으로 이해 위주의 학습을 해야 함.

1 재고자산 흐름

원가계산 과정을 이해하기 위해서는 원재료가 투입되어 제품으로 완성될 때까지 재고자산 흐름부터 알아야 합니다. 자, 그럼 머릿속에 재고자산 흐름을 상상하면서 책을 보길 바랍니다.

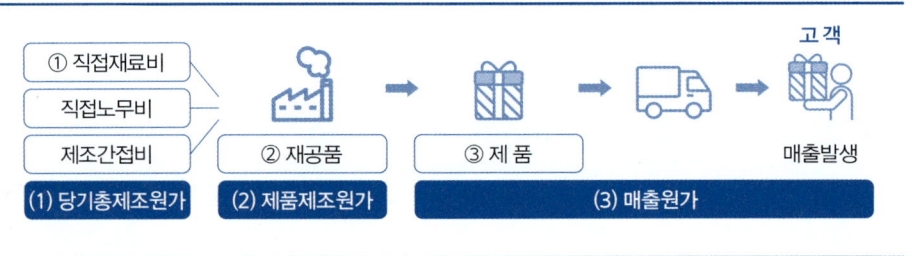

[1단계] 원재료 투입
제품을 만들기 위해서는 제일 먼저 ① 원재료를 투입합니다. 투입된 원재료 중 직접 원재료는 직접재료비, 간접 원재료는 제조간접비(간접재료비)로 처리됩니다.

[2단계] 재공품
원재료에 근로자가 각종 작업을 가하기 시작하면 원재료가 ② 재공품으로 바뀝니다. 재공품(在工品)이란 공정 중에 있는 물건이란 뜻입니다.

[3단계] 제품 완성
재공품이 최종적으로 완성되면 드디어 ③ 제품으로 완성되는데, 과자, 라면 같은 제품은 컨베이어벨트를 지나면서 몇 분 만에 제품이 되기도 하지만, 대형 선박은 1년이 넘게 걸려 제품이 되기도 합니다. 제품(製品)이란 만들어진 물건이라는 뜻입니다.

[4단계] 매출원가

이렇게 완성된 제품이 창고에 보관되다가 팔리면 매출원가로 바뀝니다. 결국 재고의 흐름은 ① 원재료 → ② 재공품 → ③ 제품 → ④ 매출원가 순서로 움직입니다.

이론기출 확인문제 | 전산회계 1급, 62회

다음 중 원가의 흐름으로 올바른 것은?

① 원재료 → 제품 → 재공품
② 원재료 → 재공품 → 제품
③ 재공품 → 제품 → 원재료
④ 제품 → 재공품 → 원재료

|정답| ②

재고 흐름

원재료→재공품→제품→매출원가

2 원가계산

1. 당기총제조원가 계산

당기총제조원가 = 직접재료비 + 직접노무비 + 제조간접비

원가의 개념과 종류에서 공부한 것처럼 제조원가는 (직접재료비 + 직접노무비 + 제조간접비)로 계산합니다. 자, 그럼 원가를 어떻게 계산하는지 구체적으로 알아보겠습니다.

1) 직접재료비

제품 제조에 투입된 원재료는 제품 제조에 직접 추적 가능한지에 따라 직접재료와 간접재료로 나뉘는데, 지금부터 모든 원재료가 직접재료라는 가정하에 설명을 하겠습니다. 회계기간이 1월 1일부터 12월 31일이라면 1월 1일, 창고에 있는 기초원재료로 제조를 시작해서 중간에 부족한 원재료를 추가 매입합니다. 그리고 12월 31일, 창고에 기말원재료가 남게 되는데 이를 도표로 표시하면 다음과 같습니다.

원가계산

- 직접재료비=기초원재료+당기매입액-기말원재료
- 직접노무비=당기노무비 지급액-전기노무비 미지급액+당기노무비 미지급액
- 총제조원가=직접재료비+직접노무비+제조간접비
- 제품제조원가=기초재공품+총제조원가-기말재공품

매출원가

매출원가=기초제품+제품제조원가-기말제품

[기초원재료 + 당기 매입액] 중 제조에 투입된 부분은 제조원가로 대체되고 미투입된 부분은 기말원재료가 되는데, 이를 도표로 표현하면 다음과 같습니다.

> 직접재료비 = 기초원재료재고액 + 당기 매입액 − 기말원재료 재고액

예를 들어 기초원재료 10,000원, 당기 매입 100,000원, 기말원재료 20,000원일 경우 당기 제조에 투입된 원재료는 90,000원입니다.(10,000원 + 100,000원 − 20,000원)

2) 직접노무비

노무비는 제품제조에 직접 추적 가능한지에 따라 직접노무비와 간접노무비로 나뉘는데 전산회계1급 시험에 노무비는 거의 출제되지 않습니다. 다만, 다음과 같은 유형의 시험문제가 아주 가끔 출제되는데 단순 암기하지 말고 그 개념을 이해해 풀기 바랍니다.

> 전월말 노무비 미지급액 − 전월 노무비 선급액(가불액) + 당월 노무비 발생액 − 당월 노무비 지급액
> = 당월말 노무비 미지급액

노무비가 발생하고 곧장 지급하면 "노무비 발생액 = 노무비 지급액"이지만 종종 당월 인건비를 다음 달에 지급하기도 하고 월급을 미리 가불해 주기도 합니다.

따라서 전월말 노무비 미지급액에서 전월 노무비 선급액(가불액)을 뺀 뒤 당기 노무비 발생액을 더하면 당월에 지급할 총 노무비입니다. 여기서 당월 노무비 지급액을 빼면 당월말 노무비 미지급액이 계산됩니다. 그럼 노무비 기출문제를 풀어 보겠습니다.

이론기출 확인문제 | 전산회계 1급, 49회 |

다음 자료를 보고 당월의 노무비 지급액은?

- 당월 노무비 발생액: 500,000원
- 전월말 노무비 미지급액: 20,000원
- 당월말 노무비 미지급액: 60,000원

|정 답| 460,000원
- 전월말 노무비 미지급액(20,000) + 당월 노무비 발생액(500,000) − 당월 노무비 지급액(x) = 당월말 노무비 미지급액(60,000) ⇒ 당월 노무비 지급액은 460,000원임.

3) 제조간접비

제조간접비는 직접재료비, 직접노무비 이외 제품제조에 발생한 간접재료비, 간접노무비, 각종 경비들인데 자세한 내용은 추후 다시 설명하겠습니다.

이론기출 확인문제 | 전산회계 1급, 81회 |

다음의 자료에서 당기총제조원가를 구하시오.

㉠ 당기에 직접재료를 5,000,000원에 구입하였다.
㉡ 당기에 발생한 직접노무원가는 3,500,000원이다.
㉢ 제조간접원가는 2,000,000원이 발생하였다.
㉣ 기초원재료재고는 500,000원이고 기말원재료재고는 2,000,000원이다.

|정 답| 9,000,000원
- 직접재료비: 기초원재료(500,000) + 당기매입(5,000,000) − 기말원재료(2,000,000) = 3,500,000
- 당기총제조원가: 직접재료비(3,500,000) + 직접노무비(3,500,000) + 제조간접비(2,000,000) = 9,000,000

2. 당기제품제조원가계산

회계기간이 1월 1일부터 12월 31일이라면 1월 1일에 있던 기초재공품 금액과 당기에 추가로 투입한 총제조원가에서 대부분은 제품으로 완성되고, 미완성 금액은 기말재공품으로 남게 되는데, 이를 그림으로 요약하면 다음과 같습니다. 재공품이란 제작 중에 있는 미완성 물품을 말합니다.

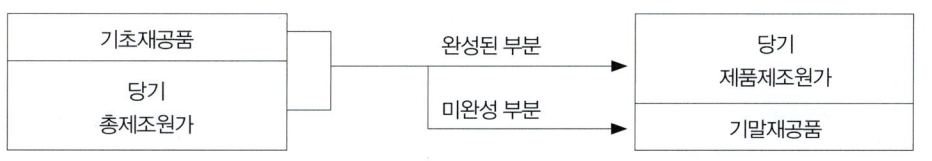

(*) 재공품: 작업이 완료되지 않아 공정 중에 있는 재고자산으로 12.31 연말에 멈춘 공장에 남은 미완성품임.

이를 수식으로 표시하면 다음과 같습니다.

> 당기제품제조원가 = 기초 재공품 + 당기총제조원가 − 기말 재공품

이론기출 확인문제 | 전산회계 1급, 71회 변형 |

다음은 제조원가와 관련된 자료이다. 당기제품제조원가는?

- 직접재료비: 3,500,000원
- 직접노무비: 3,500,000원
- 제조간접비: 2,000,000원
- 기초재공품: 1,500,000원
- 기말재공품: 3,500,000원

|정 답| 7,000,000원
- 당기총제조원가 = 직접재료비 3,500,000 + 직접노무비 3,500,000 + 제조간접비 2,000,000이므로 당기총제조원가는 9,000,000임.
- 당기제품제조원가 = 기초재공품 1,500,000 + 당기총제조원가 9,000,000 − 기말재공품(3,500,000)이므로 당기제품제조원가는 7,000,000원임.

정교수 콕콕

3. 매출원가

당기 중에 만들어진 제품에 전기에서 넘어온 기초제품을 더하면 판매 가능 금액이 계산됩니다. 그리고 여기에 팔리지 않은 기말제품 금액을 빼면 나머지는 당기에 판매된 제품의 원가, 즉 당기제품매출원가가 계산됩니다. 절대로 암기하지 말고 아래 그림의 물량 흐름을 보면서 이해를 바탕으로 공부해야 합니다.

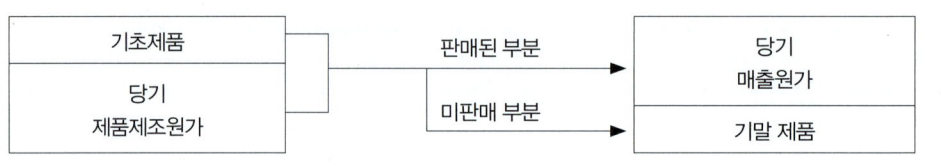

이를 수식으로 표시하면 다음과 같습니다.

> 당기매출원가 = 기초제품 + 당기제품제조원가 − 기말제품

이상 공부한 내용을 기출문제를 통해 확인해 보겠습니다.

이론기출 확인문제 | 전산회계 1급, 59회 |

다음의 자료를 근거로 매출원가를 계산하면 얼마인가?

- 당기총제조원가: 9,000,000
- 기초재공품재고액: 1,500,000
- 기말재공품재고액: 3,500,000
- 기초제품재고액: 1,000,000
- 기말제품재고액: 500,000

|정 답| 7,500,000원
- 당기제품제조원가: 기초재공품(1,500,000) + 당기총제조원가(9,000,000) − 기말재공품(3,500,000) = 7,000,000
- 당기매출원가: 기초제품(1,000,000) + 당기제품제조원가(7,000,000) − 기말제품(500,000) = 7,500,000

③ 원가계산의 흐름

이상 설명한 원가의 흐름을 요약하면 다음과 같은데, 무조건 암기하지 말고 좀 전 공부한 원가의 흐름을 머릿속에 떠올리면서 이해 위주로 정리하기 바랍니다.

<원가흐름도>

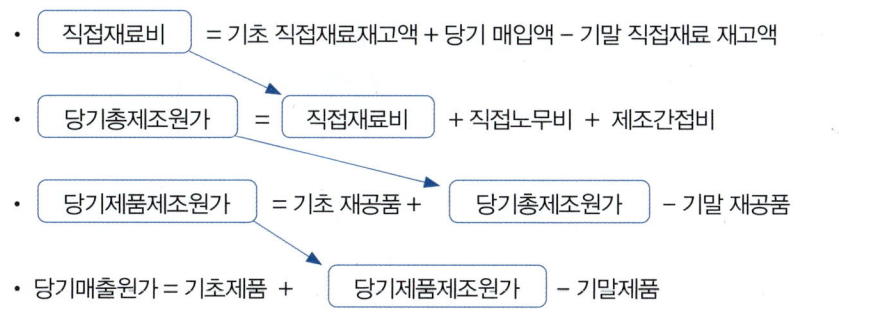

- 직접재료비 = 기초 직접재료재고액 + 당기 매입액 − 기말 직접재료 재고액
- 당기총제조원가 = 직접재료비 + 직접노무비 + 제조간접비
- 당기제품제조원가 = 기초 재공품 + 당기총제조원가 − 기말 재공품
- 당기매출원가 = 기초제품 + 당기제품제조원가 − 기말제품

 정교수 콕콕

4 제조원가명세서 vs 손익계산서

좀 전 공부한 원가 흐름을 일목요연하게 요약한 표가 바로 제조원가명세서이고 매출원가를 표시한 표가 바로 손익계산서입니다. 좀 전 풀어본 2문제의 이론시험 문제 금액을 제조원가명세서와 손익계산서에 표시하면 다음과 같습니다.

핵심체크

제조원가명세서 vs 손익계산서
- 제조원가명세서: 기초직접재료, 기말직접재료, 기초재공품, 기말재공품, 총제조원가
- 손익계산서: 기초제품, 매출원가, 기말제품

<제조원가명세서>

• 직접재료비	3,500,000
·기초직접재료	500,000
·당기매입	5,000,000
·기말직접재료	(2,000,000)
• 직접노무비	3,500,000
• 제조간접비	2,000,000
• 당기총제조원가	9,000,000
• 기초재공품	1,500,000
• 기말재공품	(3,500,000)
• 당기제품제조원가	7,000,000

<손익계산서>

• 매출액		×××
• 매출원가		(7,500,000)
·기초제품	1,000,000	
·당기제품제조원가	7,000,000	
·기말제품	(500,000)	
• 매출총이익		×××

전산회계시험에서 제조원가명세서와 손익계산서의 차이를 묻는 문제가 종종 이론문제로 출제되는데, 제조원가명세서와 손익계산서에 표시되는 정보는 다음과 같습니다.

구 분		표시되는 정보
제조원가명세서	당기총제조원가	직접재료비(기초, 당기매입, 기말), 직접노무비, 제조간접비
	당기제품제조원가	기초재공품, 당기총제조원가, 기말재공품
손익계산서	매출원가	기초제품, 당기제품제조원가, 기말제품

이론기출 확인문제 | 전산회계 1급, 104회 |

다음 중 제조원가명세서에서 확인할 수 없는 것은?
① 기말원재료재고액
② 기초재공품재고액
③ 당기제품제조원가
④ 기말제품재고액

|정 답| ④
기초제품, 기말제품, 매출원가는 손익계산서에 표시됨.

5 제조원가 흐름과 T계정 (어려우면 패스)

원가계산에서 마지막으로 다룰 내용은 원가의 흐름을 T계정에 표시해 보면서 원가가 계정과목별로 어떻게 흘러가는지 점검하는 것입니다. T계정이란 차변과 대변의 기초잔액, 증가감소, 기말잔액을 한꺼번에 표시하는 T자 모양의 도표입니다.

이 내용은 전산회계시험에서 7년간 단 3회 출제되었기 때문에 그냥 패스해도 시험 당락에는 영향이 없습니다.

좀 전 이론시험 문제 금액으로 만들었던 제조원가명세서, 손익계산서의 원가흐름 금액을 T계정에 그대로 옮기면 다음과 같이 표시할 수 있습니다.

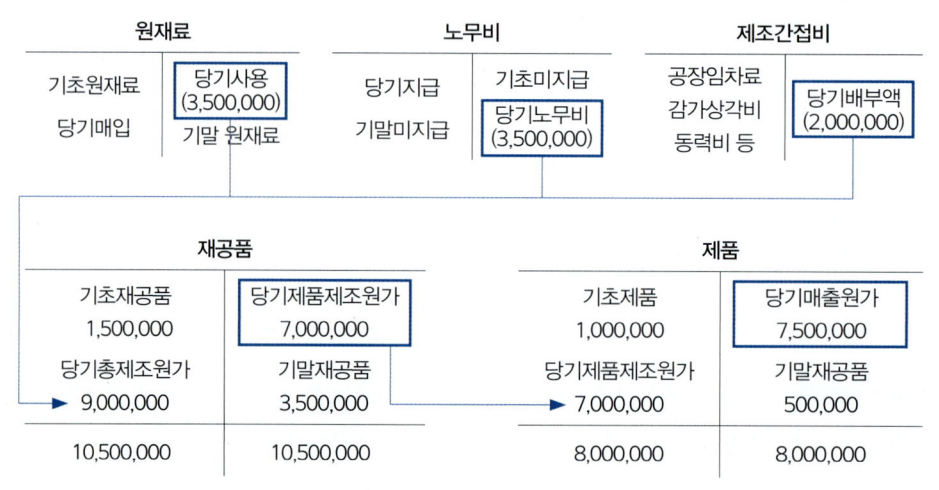

(*) 실제 일부 원재료는 제조간접비로 사용되기도 하는데, 상기 도표는 원재료를 모두 직접재료라는 가정하에 작성하였음.

[1단계] 원재료비, 노무비, 제조간접비 집계: 당기총제조원가 계산
- 원재료비: (기초원재료 + 당기 매입 − 기말원재료)는 당기 제조에 투입한 원재료로 이론시험문제에서 3,500,000원으로 계산되었음.

- 노무비: 당기 발생한 노무비는 3,500,000원임.
- 제조간접비: 공장임차료, 감가상각비 등을 집계한 금액이 2,000,000원으로 주어져 있음.
→ 결국 당기 발생한 총제조원가는 원재료비 3,500,000 + 노무비 3,500,000 + 제조간접비 2,000,000, 총 9,000,000원임.

[2단계] 재공품 집계: 당기제품제조원가 계산
- [당기제품제조원가 = 기초재공품(1,500,000) + 당기총제조원가(9,000,000) − 기말재공품(3,500,000)]이므로 당기제품제조원가는 7,000,000원임.
- 재공품 T계정: 차변에 기초재공품, 당기총제조원가를 기입한 뒤, 기말재공품을 대변에 기입, 나머지 금액을 대변에 당기제품제조원가로 대체되도록 작성

[3단계] 제품 집계: 당기매출원가 계산
- [당기매출원가 = 기초제품(1,000,000) + 당기제품조원가(7,000,000) − 기말제품(500,000)]이므로 당기제품제조원가는 7,500,000원임.
- 제품 T계정: 차변에 기초제품, 당기제품제조원가를 기입한 뒤, 기말제품을 대변에 기입, 나머지 금액을 대변에 당기매출원가로 대체되도록 작성

이론기출 확인문제 | 전산회계 1급, 52회 변형 |

다음 중 원가집계계정의 흐름으로 가장 맞는 것은?

① 당기총제조비용은 제품계정 차변으로 대체
② 당기제품제조원가는 재공품계정 차변으로 대체
③ 당기노무비 발생액은 제품계정차변으로 대체
④ 당기재료비소비액은 재공품계정 차변으로 대체

|정 답| ④
① 당기총제조비용은 재공품계정 차변으로 대체
② 당기제품제조원가는 재공품계정 대변에서 제품계정 차변으로 대체
③ 당기노무비 발생액은 재공품계정 차변으로 대체

[용어해설]
원가계산 부분에서 가끔씩 매출원가 계산 후 매출총이익률, 영업이익률을 묻는 문제가 출제되곤 합니다. 매출총이익률과 영업이익률은 다음과 같이 계산되니 용어에 주의하세요.
- 매출총이익률 = 매출총이익 ÷ 매출액
- 영업이익률 = 영업이익 ÷ 매출액

34 원가계산 이론기출 공략하기

01 난이도 ★★ 필수
다음 중 제조기업의 원가계산 산식으로 가장 옳은 것은? [2022년, 102회]

① 당기제품제조원가 = 직접재료비 + 직접노무비 + 제조간접비
② 직접재료비 = 기초원재료재고액 + 당기원재료순매입액 − 기말원재료재고액
③ 당기총제조원가 = 기초재공품재고액 + 당기총제조원가 − 기말재공품재고액
④ 매출원가 = 기초제품재고액 − 당기제품제조원가 + 기말제품재고액

02 난이도 ★★★ 어려우면 패스
당기의 원재료 매입액은 8,000,000원이고 기말 원재료 재고액이 기초 원재료 재고액보다 300,000원이 감소한 경우 당기의 원재료 원가는 얼마인가? [2025년, 118회]

① 7,000,000원 ② 7,700,000원
③ 8,000,000원 ④ 8,300,000원

03 난이도 ★★
다음 자료를 참고하여 (주)세무의 6월 중 직접노무비를 계산하면 맞는 것은? [2012년, 52회]

- 6월 중 45,000원의 직접재료를 구입하였다.
- 6월 중 제조간접비는 27,000원이었다.
- 6월 중 총제조원가는 109,000원이었다.
- 직접재료의 6월 초 재고가 8,000원이었고, 6월 말 재고가 6,000원이다.

① 35,000원 ② 36,000원
③ 45,000원 ④ 62,000원

04 다음은 제조원가와 관련된 자료이다. 당기제품제조원가는 얼마인가? [2021년, 99회]

- 직접재료비 1,000,000원
- 직접노무비 500,000원
- 제조간접비 700,000원
- 기초재공품 300,000원
- 기말재공품 600,000원
- 기초제품 800,000원

① 1,100,000원
② 1,900,000원
③ 2,500,000원
④ 2,700,000원

05 다음은 제조업을 영위하는 ㈜인천의 당기 원가 관련 자료이다. ㈜인천의 당기총제조원가는 얼마인가? (단, 기초재고자산은 없다고 가정한다.) [2024년, 114회]

- 기말재공품재고액 300,000원
- 기말제품재고액 500,000원
- 매출원가 2,000,000원
- 기말원재료재고액 700,000원
- 제조간접원가 600,000원
- 직접재료원가 1,200,000원

① 1,900,000원
② 2,200,000원
③ 2,500,000원
④ 2,800,000원

06 당기총제조원가가 당기제품제조원가보다 더 큰 경우 다음 중 맞는 설명은? [2014년, 61회]

① 당기제품제조원가가 제품매출원가보다 반드시 더 크다.
② 기초제품재고액이 기말제품재고액보다 더 작다.
③ 기초재공품액이 기말재공품액보다 더 크다.
④ 기초재공품액이 기말재공품액보다 더 작다.

07 다음 자료를 이용하여 5월 노무비 발생액을 계산하면 얼마인가? [2021년, 100회]

- 노무비 전월 선급액: 500,000원
- 노무비 당월 지급액: 200,000원
- 당월 선급액과 당월 미지급액은 없다.

① 100,000원
② 300,000원
③ 400,000원
④ 700,000원

08
난이도 ★★★

다음의 자료에 의하여 매출원가를 계산하면 얼마인가? [2012년, 51회]

- 제조지시서 #1: 제조원가 52,000원
- 제조지시서 #3: 제조원가 50,000원
- 월말제품재고액: 40,000원
- 제조지시서 #2: 제조원가 70,000원
- 월초제품재고액: 50,000원
  단, 제조지시서 #3은 미완성품이다.

① 182,000원 ② 122,000원
③ 132,000원 ④ 172,000원

09
난이도 ★★ 필수

다음 자료를 이용하여 당기제품제조원가를 구하시오. [2021년, 103회]

- 기초제품재고액 : 90,000원
- 당기총제조비용 : 1,220,000원
- 기말제품재고액 : 70,000원
- 매출원가 : 1,300,000원

① 1,280,000원 ② 1,400,000원
③ 2,680,000원 ④ 2,860,000원

10
난이도 ★★ 필수

다음 자료를 이용하여 매출원가를 계산하면 얼마인가? [2018년, 80회]

- 기초재공품재고액: 450,000원
- 기초제품재고액: 300,000원
- 기말제품재고액: 550,000원
- 기말재공품재고액: 600,000원
- 당기총제조원가: 800,000원

① 400,000원 ② 450,000원
③ 650,000원 ④ 800,000원

11
난이도 ★★★ 필수

㈜동영은 올해초 사업을 개시하였다. 다음의 자료에 의해 당기의 매출원가를 구하시오. [2020년, 92회]

기본원가	500,000원	기말재공품	400,000원
제조간접원가	300,000원	기말제품	100,000원

① 100,000원 ② 300,000원
③ 400,000원 ④ 500,000원

12 난이도 ★★★
제품의 제조와 매출에 관련된 자료가 다음과 같은 경우 영업이익률은 얼마인가? [2016년, 70회]

- 매출액: 1,000,000원
- 기초제품재고액: 240,000원
- 기말제품재고액: 300,000원
- 판매비와관리비: 160,000원
- 당기총제조원가: 500,000원
- 기초재공품: 30,000원
- 기말재공품: 30,000원

① 40%   ② 50%
③ 56%   ④ 66.6%

13 난이도 ★★ 필수
다음의 원가자료에서 '기초원가 – 가공원가 – (당기총)제조원가'의 금액의 순으로 옳게 연결된 항목은?
[2022년, 104회]

- 원재료매입액: 350,000원
- 직접재료비: 400,000원
- 간접재료비: 50,000원
- 직접노무비: 250,000원
- 공장전력비: 150,000원
- 공장건물 임차료: 50,000원

① 400,000원 - 250,000원 - 900,000원   ② 400,000원 - 500,000원 - 900,000원
③ 650,000원 - 500,000원 - 900,000원   ④ 650,000원 - 500,000원 - 1,250,000원

14 난이도 ★★ 필수
다음 중 제조원가명세서에 포함되는 항목으로만 짝지어진 것은? [2020년, 92회]

ⓐ 기말원재료재고액   ⓑ 기말제품재고액   ⓒ 기말재공품재고액
ⓓ 당기제품제조원가   ⓔ 당기총제조원가   ⓕ 당기제품매출원가

① ㉠, ㉢, ㉣, ㉤   ② ㉠, ㉡, ㉣, ㉤   ③ ㉡, ㉢, ㉣, ㉤   ④ ㉢, ㉣, ㉤, ㉥

15 난이도 ★★★ 어려우면 패스
개별원가계산에서 재공품계정의 대변에서 제품계정의 차변으로 대체되는 금액은 무엇을 의미하는가?
[2016년, 67회]

① 당기에 지급된 모든 작업의 원가   ② 당기에 발생된 모든 작업의 원가
③ 당기에 투입된 모든 작업의 원가   ④ 당기에 완성된 모든 작업의 원가

16. 다음 중 제조원가명세서에서 제공하는 정보는 무엇인가? [2024년, 116회]

난이도 ★★ 필수

① 기부금 ② 이자비용
③ 당기총제조원가 ④ 매출원가

정답 및 해설

01 ② ① 당기총제조원가 = 직접재료비 + 직접노무비 + 제조간접비, ② 직접재료비 = 기초재료비 + 당기재료순매입액 - 기말재료비, ③ 당기제품제조원가 = 기초재공품 + 당기총제조원가 - 기말재공품, ④ 매출원가 = 기초제품 + 당기제품제조원가 - 기말제품

02 ④
- 기초원재료 + 당기매입(8,000,000) - 기말원재료 = 당기원재료비
- 기초원재료 보다 기말원재료 300,000원 감소하면 (기초원재료 - 기말원재료) 부분이 (+)300,000원임. ⇒ 당기원재료비: 당기매입(8,000,000) + 300,000 = 8,300,000원

03 ①
- 직접재료비 = 월초 직접재료 8,000 + 당월 직접재료 매입 45,000 - 월말 직접재료 6,000원 → 47,000원임.
- 총제조원가 109,000 = 직접재료비 47,000 + 직접노무비(x) + 제조간접비 27,000에서 당월 직접노무비는 35,000원임.

04 ②
- 당기총제조원가: 직접재료비(1,000,000) + 직접노무비(500,000) + 제조간접비(700,000) = 2,200,000원
- 당기제품제조원가: 기초재공품(300,000) + 당기총제조원가(2,200,000) - 기말재공품(600,000) = 1,900,000원

05 ④
- 매출원가(2,000,000) = 기초제품(0) + 당기제품제조원가(x) - 기말제품(500,000) ⇒ 당기제품제조원가는 2,500,000원임.
- 당기제품제조원가(2,500,000) = 기초재공품(0) + 당기총제조원가(x) - 기말재공품(300,000) ⇒ 당기총제조원가는 2,800,000원임.

06 ④
- 이 문제는 원가흐름 중에서 [당기제품제조원가 = 기초재공품 + 당기총제조원가 - 기말재공품]의 의미를 정확히 파악하고 있는지를 묻는 문제로, 아래 도표에서와 같이 (당기총제조원가 〉 당기제품제조원가)라면 기말재공품이 기초재공품보다 더 커야 함.

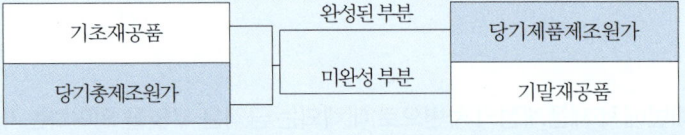

즉, 「기초재공품액 + 당기총제조원가 - 기말재공품액 = 당기제품제조원가」에서 "당기총제조원가 〉 당기제품제조원가"이려면 "기말재공품액 〉 기초재공품액"이어야 함.
- 제품매출원가, 기초제품, 기말제품 금액은 손익계산서에서 파악이 가능하므로 ① 당기제품제조원가가 제품매출원가보다 반드시 더 큰지, ② 기초제품재고액이 기말제품재고액보다 더 작은지는 문제에서 주어진 정보로는 알 수 없음.

07 ④
- 월초 미지급 - 전월 선급액 + 당기노무비 발생 - 당월 노무비 지급액 = 당월말 노무비 미지급액임.
- 당월 선급액, 당월 미지급액이 없으므로 "(-)500,000 + 당월 노무비발생액(x) - 당월 노무비 지급액(200,000) = 당월말 노무비 미지급액(0월) ⇒ 당월 노무비 발생액은 700,000원임.

08 ③
- 당기제품제조원가 = 제조지시서 #1 52,000 + 제조지시서 #2 70,000 → 122,000
- 매출원가 = 월초 제품 50,000 + 당기제품제조원가 122,000 - 월말 제품 40,000 → 132,000원임.
- 이러한 문제는 통상 유형이 약간 변형된 것으로, 제조지시서에 직접재료비, 직접노무비, 제조간접비가 집계되어 표시된 것이며, 총 3건의 제조지시가 있었음.
- 그중 제조지시서 #1, #2 완성되었으므로 제품제조원가에 포함시키고, 제조지시서 #3는 미완성으로 재공품이므로 제품제조원가에 포함시키면 안 됨.

09 ① 매출원가(1,300,000) = 기초제품(90,000) + 당기제품제조원가(x) - 기말제품(70,000)임. ⇒ 당기제품제조원가는 1,280,000원

10 ①
- 당기제품제조원가: 기초재공품(450,000) + 당기총제조원가(800,000) - 기말재공품(600,000) = 650,000
- 매출원가: 기초제품(300,000) + 당기제품제조원가(650,000) - 기말제품(550,000) = 400,000

11 ②
- 사업 개시연도이므로 기초재공품, 기초제품 0원이며 기본원가는 (직접재료비 + 직접노무비)임.
- 당기총제조원가: 500,000(직접재료비+직접노무비) + 300,000(제조간접비) = 800,000
- 당기제품제조원가: 0(기초재공품) + 800,000(당기총제조원가) - 400,000(기말재공품) = 400,000
- 매출원가: 0(기초제품) + 400,000(당기제품제조원가) - 100,000(기말제품) = 300,000

12 ①
- 영업이익률이란 매출 대비 영업이익의 비율을 말하는데, 영업이익÷매출로 계산함. 예를 들어 매출 100, 영업이익 10이라면 영업이익율은 10%임. (10÷100)
- 당기제품제조원가 = 기초재공품 30,000 + 당기총제조원가 500,000 - 기말재공품 30,000 → 500,000원
- 제품매출원가 = 기초제품 240,000 + 당기제품제조원가 500,000 - 기말제품 300,000 → 440,000원
- 영업이익 = 매출 1,000,000 - 매출원가 440,000 - 판매관리비 160,000 → 400,000원
- 영업이익률 = 영업이익(400,000) ÷ 매출(1,000,000) = 40%

13 ③
- 기초원가: 직접재료비(400,000) + 직접노무비(250,000) = 650,000원
- 가공원가: 직접노무비(250,000) + 제조간접비(간접재료비 50,000 + 공장전력비 150,000 + 공장건물 임차료 50,000) = 500,000원
- 총제조원가: 직접재료비(400,000) + 직접노무비(250,000) + 제조간접비(간접재료비 50,000 + 공장전력비 150,000 + 공장건물 임차료 50,000) = 900,000원

14 ① 기말제품, 당기제품매출원가 정보는 손익계산서에 표시됨.

15 ④ 재공품계정 대변에서 제품계정 차변으로 대체되는 금액은 '당기제품제조원가'임. 즉, 당기에 완성된 모든 작업의 원가를 의미함.

16 ③ ① 기부금, ② 이자비용, ④ 매출원가는 손익계산서에 표시되며 ③ 당기총제조원가는 제조원가명세서에 표시됨.

35 보조부문의 원가배분

학습내용 · 보조부문 원가배분 · 원가배분 기준 · 원가배분 계산

출제경향 제조간접비의 보조부문 원가배분은 2회 시험마다 1문제 정도 출제되는데 계산문제보다는 개념을 묻는 문제가 주로 출제되고 있음. 직접배부법, 단계배부법, 상호배부법의 차이를 아는 것이 가장 중요함.

정교수 콕콕

 핵심체크

원가배분
제조간접비(공통원가)를 여러 제품에 배부하는 과정

1 원가배분 개념

제조간접비와 같은 공통원가는 특정 제품에 얼마나 사용되는지 추적되지 않아 특정 제품에 대한 집계가 어렵습니다. 따라서 공장임차료, 공장감독자 급여 같은 제조간접비는 일단 발생 금액을 집계한 뒤, 추후 원가 계산 시 일정한 기준에 따라 제조간접비를 여러 제품에 배부하는데 이를 원가배분이라고 합니다.

 핵심체크

원가배분 목적
제품가격결정, 재고자산·매출원가 계산, 의사결정, 성과평가

2 원가배분의 목적

원가배분의 주요 목적은 다음과 같습니다.

- 제품의 가격 결정
- 제품의 원가계산을 통한 재고자산 및 매출원가 계산
- 계획과 예산편성 등 경제적 의사결정을 위한 정보 제공
- 각 제조부문별 성과평가에 관한 정보 제공

핵심체크

원가부문
- 제조부문: 조립부문, 절단부문
- 보조부문: 수선부문, 전력부문

3 원가부문

원가배분을 공부하려면 먼저 원가가 발생하는 장소, 즉 원가부문을 알아야 하는데, 원가부문은 크게 제조부문과 보조부문으로 구분됩니다. 예를 들어 현대자동차 울산공장을 상상해 보겠습니다.

먼저 철판으로 자동차 차체를 만들고, 여기에 엔진, 범퍼, 타이어 등 각종 부품을 조립해 자동차를 완성하는데 여기에 전력부서와 수선부서가 직접 생산을 하지는 않지만 절단, 조립부서와 같은 생산부서를 간접 지원합니다.

1. 제조부문: 조립부문, 절단부문

자동차 제조에 직접 참여하는 조립부문과 절단부문을 제조부문이라 합니다.

2. 보조부문: 수선부문, 전력부문

공장 수선, 전력 관리 부문과 같이 자동차 제조에 직접 참여하지는 않지만, 제조부문을 간접 지원하는 수선부문, 전력부문을 보조부문이라고 합니다.

4 원가배분 순서

| 부문별 공통원가 집계 | → | 보조부문 원가의 제조부문 배분 | → | 각 제조부문 원가를 각 제품별 배분 |

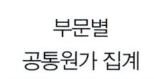

원가배분 순서
보조부문 → 제조부문 → 제품

[1단계] 부문별 공통원가 집계
제조부문(조립, 절단 등)과 보조부문(수선, 전력 등)에 발생하는 감독자 급여, 기계장치 감가상각비 등의 제조간접비를 각 부문별로 집계합니다.

[2단계] 보조부문 원가의 제조부문 배분
제품 1개당 원가를 계산하기 위해서는 총원가를 제품 수량으로 나누어야 하는데, 조립, 절단 등 제조부문은 작업 수량을 기록하지만, 수선, 전력 등 보조부문은 간접 지원이므로 이를 기록할 수 없습니다. 따라서 보조부문에서 발생한 공통원가를 적정 배부기준으로 조립, 절단 등 제조부문에 먼저 배분해야 합니다.
예를 들어 현대자동차 울산공장 면적의 70%는 조립공정, 30%는 절단공정이고 전력부문의 공통원가인 공장 전기요금이 100만 원이라 가정하겠습니다. 이 경우 전력부문 공통원가 100만 원은 조립부문에 70만 원(70%), 절단부문에 30만 원(30%) 배부됩니다.

[3단계] 제조부분 원가의 각 제품별 배분
최종적으로 조립, 절단과 같은 제조부문에 집계된 공통원가를 각 제품별로 배분합니다.

5 원가배분 기준

좀 전 사례에서 공장 전체 전기요금 100만 원을 조립부문 면적 70%, 절단부문 면적 30%라는 가정하에 조립부문에 70만 원, 절단부문에 30만 원을 배분했습니다. 즉, 공통 제조간접비인 전기요금을 면적에 비례해 배분한 것인데, 이렇게 공통원가를 나누는 기준을 '원가배분 기준'이라고 하는데 주요 원가배분 기준은 다음과 같습니다.

구분	내용
인과관계 기준	원가와 특정 활동과의 합리적인 인과관계를 근거로 원가를 배분. 가장 이상적인 방법. 예) 공장 전기요금 : 전기사용량
수혜기준	공통 부문으로부터 받은 경제적 효익에 따라 공통 원가 배분
부담능력기준	이익이 많은 부문에 더 많은 공통 원가 배분

전산회계시험에서는 **인과관계기준 원가배분 기준**이 종종 이론문제로 출제되는데 주요 배부기준을 요약하면 다음과 같습니다.

핵심체크

주요 원가배분 기준
건물감가상각비·공장임차료·재산세(면적), 기계감가상각비(사용시간), 전기요금(전기사용량), 수선비(수선횟수), 복리후생비·노무관리·식당·공장인사관리(종업원수), 구매(주문횟수)

비용 종류별	배부기준	보조부문별	배부기준
건물 감가상각비	면 적	구매부문	주문횟수
공장 임차료, 재산세	점유 면적	동력부문	사용량
기계 감가상각비	기계사용시간	노무관리부문	종업원 수
전기요금	전기사용량	검사부문	검사수량·시간
운반비	운반무게·횟수	식당부문	종업원 수
수선비	수선횟수	건물관리부문	면 적
복리후생비	종업원 수	공장인사관리부문	종업원 수

이론기출 확인문제 | 전산회계 1급, 73회 |

다음 중 공장건물의 재산세를 각 제품제조원가에 배부하는 가장 적합한 배부기준은 무엇인가?

① 각 제품생산라인의 연면적 비율
② 공장에서 발생하는 직접원가비율
③ 기계장치의 수선비용
④ 생산직 근로자의 임금비율

|정 답| ①
공장 재산세, 월세 등은 각 부문이 차지하는 면적에 비례하여 배분하는 것이 가장 합리적임.

6 보조부문 원가의 배분

좀 전 원가배분 순서에서 설명한 바와 같이 제조간접비 배부는 [보조부문 → 제조부문 → 제품] 순서로 이루어집니다. 가장 먼저 보조부문 제조간접비를 제조부분에 배부를 해야 하는데 그 방법에는 크게 3가지 방법, 직접배부법, 단계배부법, 상호배부법이 있는데 직접배부법과 단계배부법은 출제가능성이 매우 높으므로 확실하게 공부하기 바랍니다. 기출문제를 통해 3가지 배부법에 대해 알아보겠습니다.

사례문제	다음은 (주)한우물의 보조부문, 제조부분의 제조간접비 현황이다. 직접배부법, 단계배부법, 상호배부법에 의해 보조부분의 제조간접비를 제조부문에 배부하시오. (58회)

 정교수 콕콕

 **핵심체크**
보조부문 원가배분방법
- 직접배부법: 가장 단순, 보조부문 상호관계 무시
- 단계배부법: 정해진 순서로 보조부분을 보조부문과 제조부문에 배부
- 상호배부법: 보조부문간 상호관계 완벽 반영

 **핵심체크**
원가배분방법 정확도
상호배부법 > 단계배부법 > 직접배부법

구분	보조부문		제조부문	
	전력부문	수선부문	조립부문	절단부문
자기부문 제조간접비	200,000원	356,000원	200,000원	400,000원
전력부문 동력공급(kw)	–	100	300	100
수선부문 수선공급(시간)	50	–	10	40

(*) 단계배부법은 전력부문부터 배부할 것

1. 직접배부법

1) 개념

직접배부법은 보조부문 상호 간 용역 수수관계를 완전히 무시하고, 보조부문이 제조부문에 제공한 용역제공비율에 따라 보조부문 원가를 제조부문에 직접 배부합니다. 즉, 위 기출문제에서 전력부문이 수선부문에 공급한 100kw의 전기와 수선부문이 전력부문에 공급한 50시간의 수선시간이 무시되기 때문에 전력부문 제조간접비 200,000원과 수선부문 제조간접비 356,000원이 다음 그림과 같이 배부됩니다.

2) 배분흐름

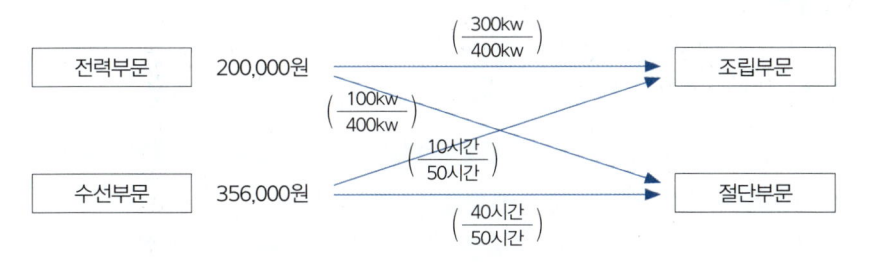

즉, 전력부문 제조간접비 200,000원은 조립부문 300kw, 절단부문 100kw 사용량만으로 배분되며, 수선부문 제조간접비 356,000원은 조립부문 10시간, 절단부문 40시간 사용량만으로 배분됩니다.

 정교수 콕콕

3) 배부액

제조간접비 배부를 직접배부법에 의해 표시하면 다음과 같습니다.

구 분			조립부문	절단부문	계
배부 전 원가			200,000	400,000	600,000
보조부문 원가배부	전력부문	200,000	(300kw) 150,000	(100kw) 50,000	(400kw) 200,000
	수선부문	356,000	(10시간) 71,200	(40시간) 284,800	(50시간) 356,000
배부 후 원가			421,200	734,800	1,156,000

① **전력부문: 200,000원 배분**
- 조 립: 200,000 × (300kw/400kw) =   150,000원
- 절 단: 200,000 × (100kw/400kw) =   50,000원

② **수선부문: 356,000원 배분**
- 조 립: 356,000 × (10시간/50시간) =   71,200원
- 절 단: 356,000 × (40시간/50시간) = 284,800원

4) 장단점

직접배부법은 가장 간단한 방법이지만 보조부분 상호 간 용역수수 관계가 무시되어 정확한 원가계산이 되지 않는다는 단점이 있습니다.

2. 단계배부법

1) 개 념

단계배부법은 보조부문원가의 배부순서를 정하여 그 순서에 따라 단계적으로 보조부문 원가를 다른 보조부문과 제조부문에 배부하는 방법입니다.
위 기출문제의 단서조항에 단계배부법은 전력부문부터 배부하라고 했으므로 [1단계]로 전력부분 제조간접비 200,000원을 수선부문 100kw, 조립부문 300kw, 절단부문 100kw 비율로 배부합니다. [2단계]로 수선부문 제조간접비를 조립부문 10시간, 절단부문 40시간 비율로 배부합니다.

2) 배분흐름

이를 도표로 표시하면 다음과 같습니다.

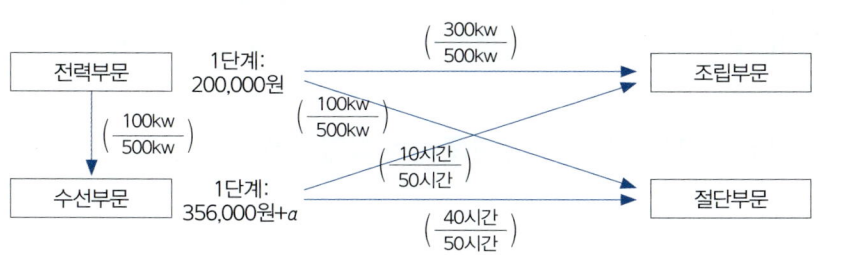

여기서 주의할 점은 수선부문에서 배부될 제조간접비는 수선비 자체 제조간접비 356,000원만이 아니라, 전력부문에서 배부받은 제조간접비를 더한 (356,000원 + a)를 배부해야 하는데, 구체적인 배부내역은 다음과 같습니다.

3) 배부액

구 분			수선부문	조립부문	절단부문	계
배부 전 원가			356,000	200,000	400,000	–
보조부문 원가배부	전력부문	200,000	(100kw) 40,000	(300kw) 120,000	(100kw) 40,000	(500kw) 200,000
	수선부문	396,000(*)	–	(10시간) 79,200	(40시간) 316,800	(50시간) 396,000
배부 후 원가			–	399,200	756,800	1,156,000

(*) 수선비 배부대상 총제조간접비: 기존 제조간접비 356,000 + 전력부문에서 배부받은 40,000 = 396,000

[1단계] 전력부문: 200,000원 배분
- 수선: 200,000 × (100kw/500kw) = 40,000원
- 조립: 200,000 × (300kw/500kw) = 120,000원
- 절단: 200,000 × (100kw/500kw) = 40,000원

[2단계] 수선부문: 396,000원 배분
- 조립: 396,000 × (10시간/50시간) = 79,200원
- 절단: 396,000 × (40시간/50시간) = 316,800원

4) 장단점

이 방법은 보조부문원가를 제조부문뿐 아니라 다른 보조부문에 배부하기 때문에 직접배부법보다는 좀 더 정교한 방법이기는 하지만 보조부문간 용역수수를 일부만 반영하며, 배부 순서를 잘못 정할 경우 왜곡된 배부가 될 수 있는 단점이 있습니다.

3. 상호배부법: 개념만 이해, 계산문제는 과감히 패스

1) 개 념

이 방법은 직접배부법, 단계배부법의 단점을 보완하여 보조부분 간 용역 수수관계를 상호 완벽히 반영하는 방법으로 다음과 같이 요약할 수 있습니다. 단, 계산문제는 절대 출제되지 않으므로 개념만 이해하면 충분합니다.

2) 배분흐름

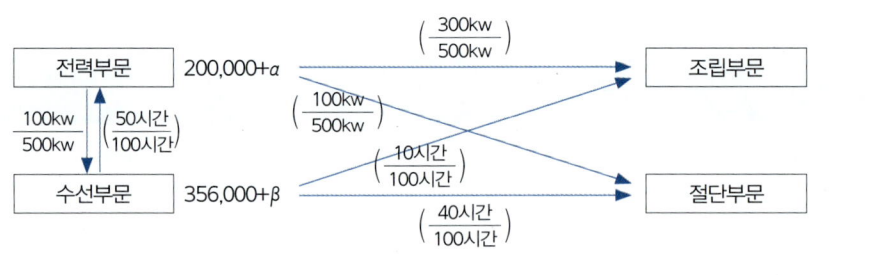

다만, 이를 위해 연립방정식을 풀어야 하므로 상당한 시간이 소요되어 상호배부법의 계산문제는 전산회계 1급 시험에는 출제된 적이 없으므로 그 개념과 장단점만 알면 충분합니다. 기출문제를 상호배분법으로 풀면 다음과 같이 계산되는데 참고만 하세요.

3) 배부액

[1단계] 보조부분의 상호관계 고려한 제조간접비 계산

① 전력부문의 제조간접비

: 전력부문 제조간접비(x) = 200,000 + 수선부분 제조간접비(y)×(50시간/100시간)

  $\Rightarrow x = 200,000 + 0.5y$

② 수선부문의 제조간접비

: 수선부문 제조간접비(y) = 356,000 + 전력부분 제조간접비(x)×(100kw/500kw)

  $\Rightarrow y = 356,000 + 0.2x$

③ ②번 함수 x에 ①번 함수를 넣고 아래 방정식을 풀면
- y = 356,000 + 0.2×(200,000 + 0.5y)
- y = 356,000 + 40,000 + 0.1y
- 0.9y = 396,000
- y(수선부문 제조간접비) = 440,000원
- x(전력부문 제조간접비) = 420,000원 (x = 200,000 + 0.5 × 440,000)

[2단계] 보조부문 원가의 제조부문 배부

구 분			전력부문	수선부문	조립부문	절단부문	계
배부 전 원가			–	–	200,000	400,000	–
보조부문 원가배부	전력부문	420,000(*)	–	(100kw) 84,000	(300kw) 252,000	(100kw) 84,000	(500kw) 420,000
	수선부문	440,000(*)	(50시간) 220,000	–	(10시간) 44,000	(40시간) 176,000	(100시간) 440,000
배부 후 원가			–	–	496,000	660,000	1,156,000

(*) 전력부문, 수선부문의 배부대상 제조간접비는 본래 제조간접비 200,000원과 356,000원이 아닌 상호 배부 후 금액 420,000원과 440,000원임.

이상 학습한 직접배부법, 단계배부법, 상호배부법의 배부 결과를 요약하면 다음과 같습니다.

구 분	보조부문		제조부문		
	전력부문	수선부문	조립부문	절단부문	합 계
직접배부법			221,200원	334,800원	556,000원
단계배부법	200,000원	356,000원	199,200원	356,800원	556,000원
상호배부법			296,000원	260,000원	556,000원

어느 방법을 이용하든 제조부문인 조립부문, 절단부문에 배부된 보조부문의 원가는 556,000원으로 모두 동일합니다. 따라서 직접배부법, 단계배부법, 상호배부법 중 어떤 방법을 사용하더라도 순이익은 동일하게 됩니다.

이론기출 확인문제 | 전산회계 1급, 102회 |

다음 중 보조부문의 원가를 배부하는 방법에 대한 설명으로 옳지 않은 것은?

① 상호배분법은 보조부문 상호 간의 용역제공 관계를 완전히 고려하여 배부하므로 사전에 배부금액을 결정하는 방법이다.
② 단계배분법은 보조부문 상호 간의 용역제공 관계에 대해 우선순위를 정하고 배부하는 방법이다.
③ 직접배분법은 보조부문 상호 간의 용역제공 관계를 무시하고 배부하는 방법이다.
④ 원가계산의 정확성은 상호배분법 〉 단계배분법 〉 직접배분법 순이다.

|정 답| ①
상호배분법은 보조부문 상호 간의 용역제공 관계를 완전히 고려하는 배분법이지만 사전이 아니라 사후에 배부금액이 결정되는 방법임.

이론기출 확인문제 | 전산회계 1급, 44회 |

(주)세원은 A, B 제조부문과 X, Y의 보조부문이 있다. 직접배부법에 의해 보조부문의 제조간접비를 배부한다면 B제조부문의 총제조간접비는 얼마인가?

	보조부문		제조부문		
	X	Y	A	B	합 계
자기부문발생액	150,000원	250,000원	300,000원	200,000원	900,000원
[제공한 횟수]					
X		200회	300회	700회	1,200회
Y	500회	–	500회	1,500회	2,500회

① 200,000원　　② 292,500원　　③ 492,500원　　④ 600,000원

|정 답| ③
직접배부법은 보조부문 간의 배부를 무시하고 곧장 제조부문에만 배부함.

[1단계] 보조부문의 제조부문으로의 배분: B로의 배분만 계산
- X 부문의 B로의 배부: 150,000원 × (700회÷1,000회) = 105,000원
- Y 부문의 B로의 배부: 250,000원 × (1,500회÷2,000회) = 187,500원

[2단계] 총제조간접비 계산
X부문 배분액(105,000) + Y부문 배분액(187,500) + B부문 발생액(200,000) = 492,500원

35 보조부문의 원가배분 — 이론기출 공략하기

01 난이도 ★★ 필수
다음 중 보조부문 원가의 배부기준으로 적합하지 않은 것은? [2024년, 112회]

	보조부문원가	배부기준		보조부문원가	배부기준
①	건물 관리 부문	점유면적	②	공장 인사관리 부문	급여 총액
③	전력 부문	전력 사용량	④	수선 부문	수선 횟수

02 난이도 ★ 필수
다음은 보조부문비의 배부기준이다. 가장 적절하지 않은 배부기준은? [2017년, 74회]

① 구매부문: 주문횟수, 주문비용
② 동력부문: 사용전력량, 전기용량
③ 노무관리부문: 수선횟수, 수선유지기간
④ 검사부문: 검사수량, 검사시간

03 난이도 ★★ 필수
다음 중 보조부문원가의 배분방법이 아닌 것은? [2022년, 103회]

① 직접배분법   ② 비례배분법   ③ 상호배분법   ④ 단계배분법

04 난이도 ★
다음 중 원가 배분의 기준으로 가장 적합하지 않은 것은? [2025년, 118회]

① 인과관계 기준   ② 보수주의 기준   ③ 수혜기준   ④ 부담능력기준

05 난이도 ★★
제조원가에 관한 설명 중 가장 틀린 것은? [2012년, 52회]

① 간접비는 제조 및 생산과정에서 발생하는 원가이지만 특정제품 또는 특정부문에 직접 추적할 수 없는 원가를 의미한다.
② 고정비는 조업도의 변동과 상관없이 관련범위 내에서는 일정하다.
③ 조업도의 증감에 따라 총원가가 증감하는 원가를 변동비라 하고 직접재료비와 직접노무비가 여기에 속한다.
④ 원가배분방법 중 용역의 수수관계를 완전히 고려하는 원가배분방법은 단계배분법이다.

06 난이도 ★

다음 보조부문의 제조간접비 배부방법 중 정확도가 가장 높은 방법과 계산방법이 가장 단순한 방법을 순서대로 나열한 것은? [2017년, 72회]

① 상호배부법, 직접배부법
② 상호배부법, 단계배부법
③ 단계배부법, 상호배부법
④ 단계배부법, 직접배부법

07 난이도 ★ 필수

부문별 원가계산에서 보조부문의 원가를 제조부문에 배분하는 방법 중 보조부문의 배분 순서에 따라 제조간접원가의 배분액이 달라지는 방법은? [2024년, 116회]

① 직접배분법
② 단계배분법
③ 상호배분법
④ 총배분법

08 난이도 ★★★ 필수

다음 자료를 이용하여 제조부문 Y에 배부되는 보조부문의 제조간접비 총액을 계산하면 얼마인가?(단, 단계배분법을 사용하고, A부문을 먼저 배분할 것) [2021년, 91회]

구 분	보조부문		제조부문	
	A부문	B부문	X부문	Y부문
A부문	–	40%	20%	40%
B부문	20%	–	30%	50%
발생원가	300,000원	400,000원	400,000원	600,000원

① 120,000원
② 315,000원
③ 325,000원
④ 445,000원

09 난이도 ★★

다음은 보조부문원가에 관한 자료이다. 보조부문의 제조간접비를 다른 보조부문에는 배부하지 않고 제조부문에만 직접 배부할 경우 수선부문에서 절삭부문으로 배부될 제조간접비는 얼마인가? [2019년, 85회]

구 분		보조부문		제조부문	
		수선부문	포장부문	조립부문	절삭부문
제조간접비		80,000원	60,000원		
부문별배부율	수선부문		50%	30%	20%
	포장부문	20%		40%	40%

① 16,000원
② 18,000원
③ 24,000원
④ 32,000원

10 다음 중 원가배분에 대한 설명으로 옳지 않은 것은? [2024년, 117회]

난이도 ★★ 필수

① 직접배분법은 보조부문 상호간의 용역수수관계를 전혀 고려하지 않는 방법이다.
② 직접배분법은 보조부문 상호간의 용역수수관계가 밀접한 경우 정확한 원가배분이 가능하다.
③ 단계배분법은 보조부문간의 일정한 배분 순서를 정한 다음 그 배분 순서에 따라 보조부문비를 배분하는 방법이다.
④ 단계배분법은 용역수수관계를 완전히 반영하지 못하기 때문에 원가계산의 부정확성이 존재한다.

11 다음 중 보조부문원가의 배분방법에 대한 설명으로 옳지 않은 것은? [2021년, 100회]

난이도 ★★ 필수

① 상호배분법은 가장 정확성이 높은 배분방법이다.
② 직접배분법은 배분순위를 고려하지 않는 가장 단순한 방법이다.
③ 직접배분법은 단계배분법에 비해 순이익을 높게 계상하는 배분방법이다.
④ 보조부문원가 배분방법 중 배분순위를 고려하여 배분하는 것은 단계배분법이다.

정답 및 해설

01 ② 공장 인사 관리 부문의 원가는 종업원의 수를 배부기준으로 하는 것이 논리적임.

02 ③ 노무관리부문은 종업원수에 따라 비용이 발생하므로 종업원수 기준이 합리적임.

03 ② 원가배분 기준은 ①인과관계기준, ③수혜기준, ④부담능력기준이 있음. ②보수주의는 재무회계 특징임.

04 ② 보수주의는 재무회계의 일반원칙임. 원가는 인과관계 기준, 수혜기준, 부담능력기준으로 배분함.

05 ④ 원가배분방법 중 용역의 수수관계를 완전히 고려하는 원가배분방법은 상호배분법임.

06 ① 상호배부가 가장 정확, 직접배부가 가장 단순.

07 ② 단계배분법은 보조부문원가의 배분순서를 정하여 그 순서에 따라 보조부문원가를 다른 보조부문과 제조부문에 단계적으로 배분하는 방법임. 따라서 보조부문 배부 순서를 바꾸면 제조간접비 배부액이 달라짐.

08 ④ [1단계] 보조부문 A원가 먼저 배부
• 보조부문 B부분 배부액: 300,000 × 40% = 120,000원   • 제조부문 Y부분 배부액: 300,000 × 40% = 120,000원
[2단계] 보조부문 B원가 배부
• 보조부문 배부받은 후 원가: 보조부문 B 기존원가 400,000 + 보조부문 A 배부액 120,000 = 520,000원
• 보조부문 B의 제조부문 Y로의 배부: 520,000 × (50%÷80%) = 325,000원
• 제조부문 Y로 배부된 보조부문 제조간접비: 120,000(A에서 배부) + 325,000(B에서 배부) = 445,000원

09 ④ 수선부분 제조간접비(80,000원) × [20%/(30%+20%)] = 32,000원

10 ② 직접배부법은 보조부문에 배부하지 않고 모두 제조부문에만 배부하므로 보조부문 상호간의 용역수수관계가 밀접한 경우 부정확한 원가배분을 초래하는 단점이 있음.

11 ③ 직접배부법, 단계배부법, 상호배부법 중 어떤 방법을 사용하더라도 총배부액은 동일하므로 순이익은 동일함.

36 개별원가계산

이론 실무

학습내용: 개별원가계산 개념 · 실제배부 vs 예정배부

출제경향: 개별원가계산은 2회 시험마다 1문제 정도 출제되고 있음.
개별원가계산 개념과 실제배부 vs 예정배부를 묻는 문제가 번갈아 출제되고 있음.

정교수 콕콕

핵심체크 콕 콕

개별원가계산
- 다품종 소량생산: 조선업, 건설업, 기계제조업, 항공기
- 작업지시서(작업원가표) 관리

핵심체크 콕

개별원가계산 원가구분
직접재료비, 직접노무비, 제조간접비

핵심체크 콕

실제배부 vs 예정배부
- 실제배부: 배부기준 실제발생액×실제배부율
- 예정배부: 배부기준 실제발생액×예정배부율

---

1 개념

개별원가계산은 주문생산과 같이 제품별, 주문별로 원가를 계산할 필요가 있을 때 사용하며, 통상 다품종 소량생산이나 주문생산에 적합해 조선업, 건설업, 기계제조업, 항공기 원가계산에 사용됩니다. 각 제품별로 정확한 원가계산과 손익분석이 가능한 장점이 있습니다.

2 작업지시서와 제조간접비 배부

1. 작업지시서: 직접재료비, 직접노무비

개별원가계산은 매일의 작업지시서(작업원가표)에 투입할 직접재료의 수량, 단가, 직접노무시간, 시간당 임금 등을 기록하므로, 작업지시서를 확인하면 개별제품의 직접재료비, 직접노무비를 계산할 수 있습니다.
다만, 작업지시서 관리에 시간과 노력이 많이 드는 단점이 있습니다.

2. 제조간접비 배부

작업지시서에 집계된 직접재료비, 직접노무비에 배부된 제조간접비를 더하면 총원가가 계산됩니다. 제조간접비 배부방법에는 실제 제조간접비를 모두 집계한 후 배부하는 실제배부법(실제개별원가계산)과 사전에 정해진 배부율에 따라 미리 배부하는 예정배부법(정상개별원가계산)이 있습니다.

실제개별원가계산	실제 발생한 직접재료비, 직접노무비에 실제 발생한 제조간접비를 배부하여 제품원가를 계산하는 방법
정상개별원가계산	실제 발생한 직접재료비, 직접노무비에 제조간접비는 예정배부액을 사용하여 제품원가를 계산하는 방법으로, 평준화원가계산이라고 부르기도 함.

3. 개별원가 계산 순서

개별원가 계산은 작업지시서에 따라 직접재료비, 직접노무비를 먼저 집계합니다. 그런 다음 제조간접비를 배부해야 하는데 먼저 제조간접비를 집계한 후 배부기준을 선정하여 배부하는데 이를 순서대로 요약하면 다음과 같습니다.

> 직접원가(직접재료비, 직접노무비) 집계 ⇒ 제조간접비 집계 ⇒ 제조간접비 배부기준 선정 ⇒ 제조간접비 배부

이론기출 확인문제 | 전산회계 1급, 80회 |

다음 중 개별원가계산을 주로 사용하는 업종이 아닌 것은?

① 항공기제조업 ② 건설업
③ 화학공업 ④ 조선업

|정답| ③
화학공업은 종합원가계산을 사용함.

이론기출 확인문제 | 전산회계 1급, 88회 |

다음 내용의 개별원가계산 절차를 순서대로 바르게 나열한 것은?

> 가. 개별 작업과 관련하여 발생한 제조간접원가를 파악한다.
> 나. 제조간접원가를 원가대상에 배부하기 위해 배부기준을 선정해야 한다.
> 다. 원가계산대상이 되는 개별 작업을 파악하고, 개별 작업에 대한 직접원가를 계산한다.
> 라. 원가배부 기준에 따라 제조간접원가배부율을 계산하여 제조간접원가를 배부한다.

① 가 → 나 → 다 → 라 ② 다 → 가 → 나 → 라
③ 다 → 라 → 나 → 가 ④ 가 → 다 → 나 → 라

|정답| ②
개별원가 계산은 「다. 개별작업 파악, 직접원가 집계」⇒「가. 제조간접비 집계」⇒「나. 제조간접비 배부기준 선정」⇒「라. 제조간접비 배부 순서」로 이루어짐.

 정교수 콕콕

3 실제 배부: 실제개별원가계산

1. 개념

이 방법은 실제 발생한 제조간접비를 기간별(월별, 분기별 등)로 집계한 후 그 기간 종료 시점에 미리 정해진 배부기준에 따라 배부하는 방법인데, [1단계] 실제 배부율 계산 → [2단계] 제조간접비 실제 배부 순서로 이루어집니다. 다음 전산회계시험 기출문제로 실제 배부법을 알아보겠습니다.

이론기출 확인문제 | 전산회계 1급, 54회 |

(주)세무는 직접원가를 기준으로 제조간접비를 배부한다. 다음 자료에 의해 작업지시서 No.1의 제조간접비 배부액은 얼마인가?

	공장전체발생원가	작업지시서 No.1
직접재료비	1,000,000원	300,000원
직접노무비	1,500,000원	400,000원
기계시간	150시간	15시간
제조간접비	7,500,000원	( )

---

2. 제조간접비 배부: 배부기준의 실제 발생액 × 실제배부율

[1단계] 제조간접비 실제 배부율 계산

위 기출문제의 배부기준은 직접원가입니다. 직접원가란 (직접재료비+직접노무비)이므로 제조간접비 실제 배부율은 다음과 같습니다.

- 제조간접비 배부율 = 공장 전체 제조간접비 ÷ (공장 전체 직접재료비+직접노무비)
- 제조간접비 배부율 = 직접원가 1원당 3원 (7,500,000 ÷ 2,500,000)

[2단계] 작업지시서 No. 1의 제조간접비 배부

- 작업지시서 No. 1의 직접원가: 700,000원(300,000 + 400,000)
- 작업지시서 No. 1의 제조간접비 배부액: 700,000원 × 3원 = 2,100,000원

3. 장단점

실제배부법은 제조간접비, 배부기준이 모두 실제 발생한 수치이며, 정해진 기준대로 배부하는 방법으로 적용하기는 간편한 장점이 있지만, 기간이 종료되어 실제 수치가 집계되기 전까지는 제조간접비를 배부할 수 없으며 계절별 생산량 차이가 클 경우 월별 제품 단가가 달라지는 단점이 있습니다.

4 예정 배부: 정상개별원가계산

1. 개념

실제배부법의 단점을 보완하기 위해 고안된 방법이 바로 예정배부법인데, 이 방법은 미리 배부기준별 배부금액을 정한 뒤 필요할 때마다 제조간접비를 배부하는데, [1단계] 예정배부율 계산 → [2단계] 제조간접비 예정배부 → [3단계] 배부차이 조정 순서로 이루어집니다. 이를 정상원가계산이라고 부르기도 하는데 전산회계시험 기출문제로 예정배부법을 알아보겠습니다.

이론기출 확인문제 | 전산회계 1급, 71회 변형 |

(주)거제산업은 제조간접비를 직접노동시간을 기준으로 하여 배부하고 있다. 다음 자료에 의하여 10월의 제조간접비 예정배부액을 계산하시오.

- 제조간접비 예산: 6,000,000원
- 예상 직접노동시간: 120,000시간
- 10월 직접노동시간: 15,000시간

2. 제조간접비 배부: 배부기준의 실제 발생액 × 예정배부율

[1단계] 제조간접비 예정배부율 결정

위 기출문제는 배부기준은 직접노동시간이며 10월의 예상 직접노동시간 120,000시간, 예상 제조간접비 6,000,000원으로 예정배부율을 미리 정합니다.

- 예정배부율: 직접노동 시간당 50원(제조간접비 예상액 6,000,000원 ÷ 직접노동 예상 시간 120,000시간)

[2단계] 제조간접비 예정배부: 배부기준 실제 발생액 × 예정배부율

10월 직접 노동시간이 15,000시간이므로 10월의 제조간접비는 750,000원(50원×15,000시간)입니다.

3. 장단점

예정배부법은 실제 제조간접비가 집계되지 않더라도 배부기준만 집계되면 언제든 간편하게 제조간접비 배부가 가능하며 월별 생산량 차이가 크더라도 매월 제품단가가 비슷해지는 장점이 있지만, 배부된 제조간접비가 실제 배부법처럼 실제 발생액이 아니어서 예정 배부된 제조간접비가 실제와는 차이가 발생한다는 단점이 있습니다.

핵심체크
배부차이 조정
비례배분법, 매출원가조정법,
영업외손익법

4. 배부차이 조정

이렇게 제조간접비를 사전에 예정배부를 한 뒤, 일정 시점이 지나면 실제 제조간접비가 집계되는데, 좀 전 (주)거제산업의 10월 제조간접비 실제 집계액이 1,000,000원인 경우와 500,000원인 경우를 가정해 보겠습니다.

구분	Case A	Case B
실제 제조간접비	1,000,000원	500,000원
예정배부 제조간접비	750,000원	750,000원
차이	250,000원(과소배부)	250,000원(과대배부)

전산회계1급 시험에서는 이렇게 발생한 배부차이를 이용해 간단한 계산문제가 가끔씩 출제되는데 단순 암기하지 말고 이해를 바탕으로 풀어야 합니다.

이론기출 확인문제 | 전산회계 1급, 104회 |

제조간접비 예정배부율은 기계작업시간당 80원이고, 실제기계작업시간이 50,000시간일 때 제조간접비 배부차이가 130,000원 과대배부인 경우 제조간접비 실제 발생액은 얼마인가?

① 2,500,000원　　② 3,870,000원　　③ 4,000,000원　　④ 4,130,000원

|정답| ②
- 제조간접비 배부액: 50,000시간(실제 기계작업시간) × 80원(예정배부율) = 4,000,000원
- 과대배부액: 130,000원
- 제조간접비 실제 발생액: 4,000,000 − 130,000 = 3,870,000원

이럴 경우 원가계산이 잘못되기 때문에 예정배부법, 즉 정상원가계산방법을 사용하는 회사들은 추후 그 차이를 조정하는데 그 방법은 다음과 같습니다.

구분	내용
비례배분법	배부차이를 기말재공품, 제품, 매출원가 금액에 비례하여 가감
매출원가조정법	배부차이를 전액 매출원가에 가감
영업외손익법	배부차이를 전액 영업외손익으로 처리

37 종합원가계산

학습내용 • 종합원가계산 개념 • 완성품환산량 • 공손품
출제경향 종합원가계산은 거의 매회 시험마다 1문제 정도 출제되는데 종합원가계산의 개념과 완성품 환산량 계산문제가 번갈아 출제되고 있음.

정교수 콕콕

종합원가계산
- 소품종 대량생산: 철강업, 화학품제조업, 플라스틱산업, 석유정제업, 제지업, 식품가공업, 시멘트산업
- 공정별 원가집계

1 개념

종합원가계산은 한 종류의 제품을 대량으로 생산하는 경우에 적합한 원가계산방법으로 개별원가계산과 달리 작업지시서에 의해 원가를 관리하는 것이 아니라 공정별로 원가를 집계합니다. 이러한 종합원가계산은 연속적인 생산공정을 통하여 동종의 유사 제품을 대량생산하는 철강업, 화학약품제조업, 플라스틱산업, 석유정제업, 제지업, 식품가공업, 시멘트산업 등 컨베이어벨트를 지나는 품목에 주로 사용됩니다.

2 종합원가계산 방법

종합원가계산은 공정에서 발생한 총원가를 생산량으로 나누어 1개당 원가를 계산하기 때문에 종합원가계산에서 가장 중요한 것은 공정별 투입원가의 집계와 생산량인데, 아래 라면의 생산공정을 이용해 설명하겠습니다.

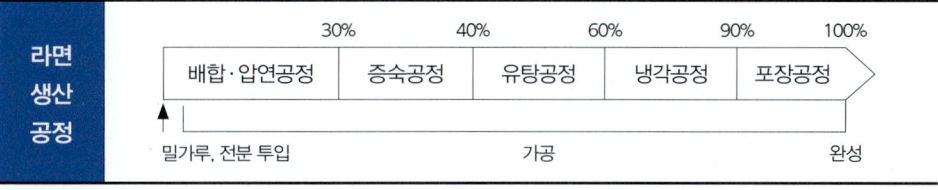

종합원가계산 원가구분
직접재료비, 가공비

1. 원가구분: 직접재료비, 가공비

라면 생산공정을 상상해 보면 밀가루와 전분이 투입된 뒤, 컨베이어벨트를 따라 라면이 이동하면 그 공정을 한두 명의 근로자가 관리하는 구조이기 때문에, 종합원가계산은 원가를 크게 직접재료비와 가공비로 구분합니다.

정답 및 해설

01 ② 제품원가를 공정별로 집계한 후 생산량으로 나누어 단위당 원가를 계산하는 것은 종합원가계산에 대한 설명임.

02 ③ 개별원가계산은 항공기, 조선, 건설업에 적합하며, 종합원가계산은 제분업, 정유업, 식품가공업 등에 적합함.

03 ①
- 제조간접비 예정배부액 : 시간당 10,000원 × 작업시간 200시간 = 2,000,000원
- 배부차이 : 200,000원 과다배부
- 제조간접비 실제발생액 : 2,000,000 - 200,000(과다배부액) = 1,800,000원

04 ③ 배부차이 조정법은 비례배분법, 매출원가조정법, 영업외손익법이 있음.

05 ③
- 제조간접비 배부기준(기계시간 기준): 3,000,000 ÷ 1,000시간 = 3,000원/시간당
- 제품A 제조간접비: 600시간 × 3,000원 = 1,800,000
- 제품A 제조원가: 직접재료비(7,000,000) + 직접노무비(4,000,000) + 제조간접비(1,800,000) = 12,800,000

06 ①
- 제조간접비 실제발생액: 25,000,000
- 제조간접비 과소배부액: 1,500,000
- 제조간접비 예정배부액: 25,000,000 - 1,500,000 = 23,500,000
- (*) 다른 정보는 모두 필요 없는 정보임.

07 ③
- 제조간접비 배부율 : 500,000(제조간접비) ÷ 직접원가(1,000,000) = 0.5원/직접원가당
- 직접원가 : 직접재료비 800,000 + 직접노무비 200,000 = 1,000,000원
- 제조지시서 No. 1 제조간접비 : (직접재료비 400,000 + 직접노무비 150,000) × 0.5원 = 275,000원

05 갑사의 제품 A와 제품 B에 대한 제조원가 자료는 다음과 같다. 실제개별원가계산 방법에 따라 기계시간을 기준으로 제조간접비를 배부하였을 때 제품 A의 제조원가는 얼마인가? [2020년, 92회]

구 분	제품 A	제품 B	합 계
직접재료비	7,000,000원	3,000,000원	10,000,000원
직접노무비	4,000,000원	1,000,000원	5,000,000원
제조간접비(실제)	?	?	3,000,000원
기계시간	600시간	400시간	1,000시간
노무시간	400시간	100시간	500시간

① 5,200,000원 ② 12,200,000원 ③ 12,800,000원 ④ 13,400,000원

06 제조간접비와 관련한 자료가 다음과 같을 경우 제조간접비 예정배부액은 얼마인가? [2015년, 65회]

- 제조간접비 실제발생액: 25,000,000원
- 제조간접비 실제배부율: 기계작업시간당 50,000원
- 제조지시서의 기계작업시간: 500시간
- 제조간접비 과소배부: 1,500,000원

① 23,500,000원 ② 25,000,000원 ③ 26,500,000원 ④ 27,500,000원

07 ㈜성진은 직접원가를 기준으로 제조간접원가를 배부한다. 다음 자료에 의하여 계산한 제조지시서 no.1의 제조간접원가 배부액은 얼마인가? [2023년, 109회]

공장전체 발생원가	제조지시서 no.1
• 총생산수량 : 10,000개 • 기계시간 : 24시간 • 직접재료원가 : 800,000원 • 직접노무원가 : 200,000원 • 제조간접원가 : 500,000원	• 총생산수량 : 5,200개 • 기계시간 : 15시간 • 직접재료원가 : 400,000원 • 직접노무원가 : 150,000원 • 제조간접원가 : (?)원

① 250,000원 ② 260,000원 ③ 275,000원 ④ 312,500원

36 개별원가계산 이론기출 공략하기

01 난이도 ★★ 필수
다음 중 개별원가계산에 대한 설명으로 옳지 않은 것은? [2024년, 114회]
① 항공기 제조업은 종합원가계산보다는 개별원가계산이 더 적합하다.
② 제품원가를 제조공정별로 집계한 후 이를 생산량으로 나누어 단위당 원가를 계산한다.
③ 직접원가와 제조간접원가의 구분이 중요하다.
④ 단일 종류의 제품을 대량으로 생산하는 업종에는 적합하지 않은 방법이다.

02 난이도 ★★ 필수
다음 중 개별원가계산의 적용이 가능한 업종은 무엇인가? [2023년, 111회]
① 제분업　　　　　　　　　　② 정유업
③ 건설업　　　　　　　　　　④ 식품가공업

03 난이도 ★★ 필수
㈜세은의 제조간접원가 예정배부율은 작업시간당 10,000원이다. 작업시간이 200시간이고 제조간접원가 배부차이가 200,000원 과대배부일 때 제조간접원가 실제발생액은 얼마인가? [2025년, 119회]
① 1,800,000원　　　　　　　② 2,000,000원
③ 2,200,000원　　　　　　　④ 2,400,000원

04 난이도 ★★ 필수
정상개별원가계산에서 제조간접비의 배부차이를 조정하는 일반적인 방법이 아닌 것은? [2015년, 62회]
① 매출원가조정법　　　　　　② 비례배분법
③ 순실현가치법　　　　　　　④ 영업외손익법

(1) 직접재료비: 투입된 밀가루, 전분
(2) 가공비: 공장 임차료, 작업자 급여, 공장 전기료, 기계감가상각비 등

2. 생산량: 완성품환산량

다음은 생산량을 집계할 차례인데 여기서 한 가지 생소한 개념을 공부해야 하는데, 바로 완성품환산량입니다.

1) 완성품환산량 개념

종합원가계산은 직접재료비와 가공비 총액을 완성된 수량으로 나누어 단위당 원가를 계산하는데, 회계기간 말에 미완성된 기말재공품이 있기 때문에 완성 정도를 고려한 수량 개념이 필요합니다. 이것이 바로 완성품 환산량입니다.

완성품환산량	완성 정도를 고려해 계산한 수량

2) 원가 발생시점

좀 전, 라면 생산공정을 보면 밀가루, 전분 같은 직접재료비는 공정 초기에 투입되며 가공비는 공정 전체를 거쳐 꾸준히 발생합니다.

구 분	원가 발생시점
직접재료비	공정 초기에 발생
가공비	공정 전체를 통해 균등히 발생

3) 완성품환산량 계산

아래 사례를 통해 직접재료비와 가공비의 완성품환산량을 계산해 보겠습니다.

라면 1,000개 분 밀가루를 투입하여 아래와 같이 작업을 진행하였다. 완성품 환산량을 계산하시오.
(밀가루는 공정 초기에 투입되며 가공비는 공정 전반에 걸쳐 균등하게 발생함.)

작업현황: 완성품 900개, 기말재공품 100개(90% 가공 완료)

① 직접재료비 완성품환산량: 1,000개

직접재료비는 공정 초기에 모두 투입되었으므로 완성된 900개와 냉각공정까지 90% 완성된 기말재공품 100개 모두 직접재료비는 전부 투입되었습니다. 즉, 직접재료비 차원에서는 1,000개 모두 투입 완료되었기 때문에 직접재료비의 완성품환산량은 1,000개입니다.

② 가공비 완성품환산량: 990개

완성된 900개는 가공이 모두 끝났고 기말재공품 100개는 90%의 작업을 완료했으므로 가공비 차원에서 기말재공품은 90개만큼 완성된 셈입니다. 즉, 가공비의 총완성품환산량은 990개(900개+100개×90%)입니다.

3 종합원가계산 순서

종합원가계산은 다음 순서로 이루어집니다.

> 물량흐름 파악 → 완성품환산량 계산 → 완성품환산량 단위당 원가 → 완성품·기말재공품 원가계산

핵심체크
종합원가계산 순서
물량흐름→완성품환산량→완성품환산량 단위당원가→완성품·기말재공품 원가계산

이론기출 확인문제 | 전산회계 1급, 102회

다음 중 개별원가계산과 종합원가계산의 비교 내용으로 잘못된 것은?

① 종합원가계산은 소품종 대량생산의 경우에 주로 사용된다.
② 종합원가계산은 원가를 제조공정별로 집계한다.
③ 개별원가계산은 원가보고서를 개별작업별로 작성한다.
④ 개별원가계산이 사용되는 산업은 정유업, 화학업, 제지업 등이 대표적이다.

|정 답| ④
개별원가계산(조선업, 항공기 등 소량 생산), 종합원가계산(정유업, 화학업, 제지업 등)

4 종합원가계산 완성품환산량 계산

좀 전 사례문제에서는 기초재공품이 없었기 때문에 종합원가계산이 간단했지만 실제로는 기초재공품과 기말재공품이 동시에 존재하기 때문에 좀 더 그 계산이 복잡한데, 재공품의 계산방법에 따라 종합원가계산은 크게 선입선출법과 평균법으로 구분됩니다.

전산회계시험에서는 완성품환산량 계산문제가 자주 출제되고 있습니다.

| 이론기출 확인문제 | | 전산회계 1급, 67회 변형 |

다음은 종합원가계산 자료이다. 기말재공품 평가를 평균법과 선입선출법으로 계산할 경우, 완성품 환산량과 완성품·기말재공품의 원가를 계산하시오. (단, 원재료는 공정 초기에 투입되며, 가공비는 공정 전반에 걸쳐 균등하게 발생함.)

수량정보	• 기초재공품 수량: 200개(완성도 60%) • 당기착수 수량: 800개 • 기말재공품 수량: 300개(완성도 40%) • 당기완성품 수량: 700개
원가정보	• 기초재공품 원가: 재료비 250,000원, 가공비 96,600원 • 당기투입원가: 재료비 800,000원, 가공비 420,000원

1. 물량 흐름 요약

종합원가계산문제를 풀기 위해서 가장 먼저 파악할 내용은 바로 작업 물량의 흐름입니다. 기출문제의 물량 흐름을 요약하면 다음과 같습니다. 총 1,000개(기초재공품 200개+ 당기착수 800개)를 작업해서 700개 완성, 300개 미완성 상태입니다. 물량의 흐름을 요약 하면 다음 그림과 같습니다.

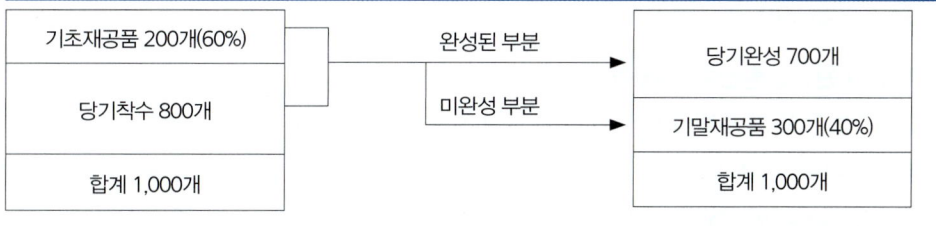

문제에서 주어진 정보를 보면 원재료는 공정 초기에 투입되고, 가공비는 공정 전반에 걸 쳐 균등하게 발생하므로, 완성품환산량은 재료비와 가공비로 구분하여 각각 계산해야 합니다. 그럼 선입선출법과 평균법을 사용해 완성품환산량 계산 기출문제를 풀어보겠 습니다.

2. 선입선출법 완성품환산량

선입선출법은 '먼저 입고된 것이 먼저 출고'되므로 이를 종합원가계산에 적용하면, 기초 재공품을 먼저 가공하여 완성하고, 그 다음으로 당기에 신규 투입한 물량을 가공합니다. 즉, 기말재공품은 모두 당기에 투입한 것이 남게 되는데, 선입선출법은 현실적인 물량 흐 름과 일치하는 방법입니다.

선입선출법 완성품환산량
- 재료비: 당기투입수량
- 가공비: 기초재공품×당기 작업율 + 당기투입·당기완 성 + 기말재공품×당기작 업률

1) 작업물량 요약

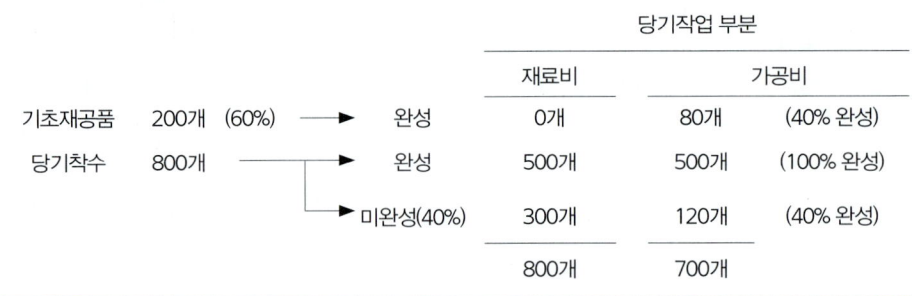

당기에 총 1,000개를 작업해서 700개 완성, 300개 미완성인데 선입선출법은 기초재공품을 먼저 작업해 완성하고, 그 다음 당기투입물량을 작업한다는 가정이기 때문에 총 1,000개 작업 수량은 오른쪽과 같이 요약됩니다. 즉, 당기완성 700개는 기초재공품 추가 작업으로 완성한 200개, 당기투입 당기완성 500개로 구성되고 기말재공품 300개는 모두 당기투입물량입니다.

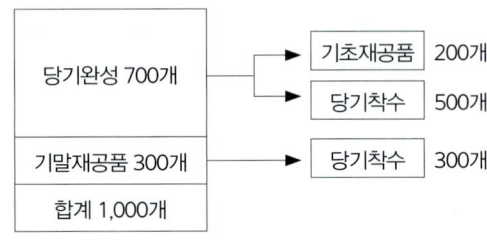

2) 완성품환산량

① **재료비 완성품환산량: 800개**

선입선출법은 당기에 발생한 원가를 당기에 작업한 부분에 배분한다는 가정이므로 전기에서 넘어온 기초재공품 200개의 재료비는 전기에 모두 투입되었으므로, 재료비 완성품환산량은 당기투입 800개만 집계됩니다.

② **가공비 완성품환산량: 700개**

당기에 발생한 가공은 기초재공품 80개(200개×40%, 기초 60% 완성이므로 당기작업은 40%임), 당기착수 당기완성은 500개, 당기착수 기말재공품 120개(300개×40% 완성), 총 700개입니다.

3. 평균법 완성품환산량

평균법 완성품환산량
- 재료비: 기초재공품 + 당기투입
- 가공비: 당기완성 + 기말재공품×당기작업률

평균법은 '기초재공품을 당기에 다시 작업한다.'는 가정하에 기초재공품의 물량, 원가를 당기물량, 원가에 가산해 원가 계산합니다. 실제 물량 흐름과 달라 비현실적인 방법이기는 한데, 다음은 평균법에 의한 완성품 환산량 계산내역입니다.
'기초재공품도 당기에 모두 다시 투입된다.'는 가정을 항상 염두에 두고 평균법 완성품환산량 계산내역을 학습하기 바랍니다.

1) 작업물량 요약

		당기작업 부분	
		재료비	가공비
당기착수 1,000개 → 완성		700개	700개 (100% 완성)
(기초 200+당기착수 800) → 미완성(40%)		300개	120개 (40% 완성)
		1,000개	820개

(*) 평균법은 기초재공품 200개도 당기에 다시 작업한다는 가정임.

먼저 물량흐름을 파악해야 하는데 평균법은 기초재공품도 당기에 다시 투입한 것으로 가정하므로 당기투입량은 전기 이월분 200개, 당기착수분 800개를 합쳐 1,000개입니다. 그리고 완성수량 700개, 기말재공품 300개로 구분하면 됩니다.

2) 완성품환산량

① 재료비 완성품환산량: 1,000개

평균법은 전기에서 이월된 기초재공품 200개와 당기투입 800개를 모두 새로 함께 작업을 시작한다는 가정입니다. 따라서 재료비 완성품환산량은 기초재공품 200개, 당기투입 800개를 합친 1,000개입니다.

② 가공비 완성품환산량: 820개

총 투입 1,000개 중 700개는 완성, 300개는 40% 완성이므로 가공비 완성품 환산량은 700개 + 300개×40% = 820개입니다.

이론기출 확인문제 | 전산회계 1급, 105회 |

다음 자료를 이용하여 평균법에 의한 가공원가 완성품 환산량을 계산하면 얼마인가? (단, 재료비는 공정 초기에 전량 투입되며, 가공비는 공정 전반에 걸쳐 균등하게 발생한다.)

- 기초재공품 수량 : 1,000개(완성도 20%)
- 당기착수량 : 10,000개
- 당기완성품 수량 : 8,000개
- 기말재공품 수량 : 3,000개(완성도 60%)

① 8,000개 ② 9,000개 ③ 9,800개 ④ 10,000개

| 정 답 | ③
- 평균법은 기초재공품 1,000개도 당기재투입 되어 다시 가공한다는 가정임.
- 가공비 완성품 환산량: 당기완성품 8,000개 + 기말재공품 3,000개×60% = 9,800개

이론기출 확인문제 | 전산회계 1급, 64회 |

다음 자료를 활용하여 선입선출법에 의한 재료비와 가공비의 완성품환산량을 계산하면 얼마인가?

- 기초재공품: 500개(완성도 20%) • 당기착수량: 2,000개 • 기말재공품: 300개(완성도 50%)
- 재료는 공정초에 전량 투입되고, 가공비는 공정전반에 걸쳐 균등하게 투입된다.

① 재료비 2,000개, 가공비 2,250개 ② 재료비 2,200개, 가공비 1,990개
③ 재료비 1,500개, 가공비 1,740개 ④ 재료비 1,500개, 가공비 1,990개

|정답| ①
- 선입선출법은 먼저 투입된 것이 먼저 완성된다는 가정임.
- 물량흐름: 기초재공품(500개), 당기투입 당기완성(1,700개), 기말재공품(300개)
- 재료비 완성품 환산량: 당기투입 당기완성 1,700개 + 기말재공품 300개 = 2,000개
- 가공비 완성품 환산량: 기초재공품 500개×80% + 당기투입 당기완성 1,700개 + 기말재공품 300개×50% = 2,250개

5 완성품 및 기말재공품 원가계산 어려우면 패스

환성품환산량 계산에 이어 종합원가계산에 따른 원가계산을 해 보겠습니다. 다만, 이 부분은 전산회계시험에서 계산문제로 거의 출제되지 않으니 개념만 이해하거나 과감히 패스해도 전산회계1급 합격에 전혀 지장이 없습니다.

1. 선입선출법

1) 단위당 원가계산

위 문제를 보면 당기투입 재료비 800,000원, 당기투입 가공비 420,000원이므로 좀 전 계산한 재료비 완성품 환산량 800개, 가공비 완성품 환산량 700개를 이용해 단위당 원가를 계산하면 다음과 같습니다.

① **재료비 단위당 원가**
: 당기투입재료비 800,000원 ÷ 재료비 완성품환산량 800개 = 1,000원

② **가공비 단위당 원가**
: 당기투입가공비 420,000원 ÷ 가공비 완성품환산량 700개 = 600원

2) 원가계산

마지막으로 총 완성품 원가와 기말재공품 원가를 계산해야 하는데 전기에서 넘어와 완성된 기초재공품은 전기에 배부받은 재료비 250,000원, 가공비 96,600원에 당기에 추가로 가공한 원가를 더해야 합니다.

① 완성품원가

구 분	금 액	
기초재공품 이월 원가	재료비 250,000원 + 가공비 96,600원	346,600원
기초재공품 추가 가공원가	80개(200개×40%) × @600원	48,000원
당기착수 당기완성 원가	재료비 500개×@1,000원 + 가공비 500개×@600원	800,000원
합 계		1,194,600원

② 기말재공품

구 분	금 액	
재료비	300개 × @1,000원	300,000원
가공비	300개 × 40% × @600원	72,000원
합 계		372,000원

2. 평균법

1) 단위당 원가계산

평균법은 기초재공품도 모두 당기에 다시 작업한다는 가정이므로 전기에 기초재공품에 배분했던 재료비 250,000원, 가공비 96,600원을 모두 당기원가에 가산해야 합니다.

① 재료비 단위당 원가

: (기초재공품 재료비 250,000원 + 당기투입재료비 800,000원) ÷ 재료비 완성품환산량 1,000개 = 1,050원

② 가공비 단위당 원가

: (기초재공품 가공비 96,600원 + 당기투입가공비 420,000원) ÷ 가공비 완성품환산량 820개 = 630원

2) 원가계산

구 분	금 액	
완성품 원가	재료비 700개×@1,050원 + 가공비 700개×@630원	1,176,000원
기말재공품	재료비 300개×@1,050원 + 가공비 120개(300개×40%)×@630원	390,600원

3. 원가계산 요약

이상 기출문제로 풀어 본 선입선출법과 평균법을 요약하면 다음과 같습니다.

구 분	선입선출법	평균법
완성품원가	1,194,600원	1,176,000원
기말재공품원가	372,000원	390,600원
합 계	1,566,600원	1,566,600원

결과적으로 완성품원가와 기말재공품원가의 합계는 1,566,600원으로 동일한데, 그 이유는 선입선출법과 평균법이 완성품환산량과 단위당 원가는 다르지만, 기초재공품의 이월된 원가와 당기발생 원가를 완성품에 배분하든, 기말재공품에 배분하든 총금액 1,566,600원은 변함이 없기 때문입니다. 즉, <mark>기초재공품이 없다면 선입선출법, 평균법에 의한 원가계산금액은 같아집니다.</mark>

6 개별원가계산 vs 종합원가계산

이상 공부한 개별원가계산과 종합원가계산의 특징을 비교·정리하면 다음과 같은데 전산회계 1급 시험에 이론문제로 종종 출제되니 그 차이를 명확히 알고 있어야 합니다.

구 분	개별원가계산	종합원가계산
생산형태	다품종 소량생산	소품종 대량생산
원가집계단위	작업지시서(작업원가표)	공정별 집계
주요업종	조선, 건설, 기계제조, 항공기 등	철강, 화학약품, 플라스틱, 석유정제, 제지, 식품가공, 시멘트 등
원가계산핵심	제조간접비 배부	완성품환산량 계산
원가흐름가정	불필요	선입선출, 평균법 가정
원가구분	직접재료비, 직접노무비, 제조간접비	직접재료비, 가공비

7 기타 참고할 사항

다음 내용은 가끔 객관식 문제로 출제되는데 개념 정도만 파악하면 시험문제 푸는 데 충분합니다.

1. 원가 측정에 따른 원가계산방법 분류

제조원가 배부에 있어 실제 발생한 제조간접비를 배부하면 실제원가계산, 제조간접비를 예정배부하면 정상원가계산이라고 공부한 적이 있습니다. 이 두 방법 모두 직접재료비, 직접노무비는 실제 발생한 원가로 계산합니다. 하지만 가끔 사전에 직접재료비, 직접노무비, 제조간접비, 모두를 미리 정한 원가, 즉 표준원가로 계산하는 경우도 있습니다. 이를 정리하면 다음과 같습니다.

구 분	실제원가계산	정상원가계산	표준원가계산
직접재료비	실제원가	실제원가	표준원가
직접노무비	실제원가	실제원가	표준원가
제조간접비	실제원가	예정원가	표준원가

2. 전부원가계산 vs 변동원가계산

흔하지는 않지만 가끔 고정제조간접비를 빼고 원가를 계산하는 경우도 있는데 이를 변동원가계산이라고 합니다.

핵심체크
전부원가 vs 변동원가
고정제조간접비 포함 여부

구 분	직접재료비	직접노무비	변동제조간접비	고정제조간접비
전부원가계산	포 함	포 함	포 함	포 함
변동원가계산	포 함	포 함	포 함	불포함

3. 공손품

핵심체크
공 손
정상공손(제조원가), 비정상공손(영업외비용)

공손품이란 추가적인 작업을 수행하더라도 정상품으로 판매할 수 없는 것을 말하며, 불량품이란 추가적인 작업을 수행하면 정상품으로 판매할 수 있는 것을 말합니다. 공손품이 발생하면 이를 폐기해야 하는데 공손품 생산에 소요된 원가는 제품 생산에 필연적으로 발생하는 정상공손은 원가성이 있다고 판단하여 제조원가에 포함시키지만, 비정상공

 **정교수 콕콕**

손은 **영업외비용**으로 처리합니다. 전산회계 시험에 종종 출제되고 있으니 주의해야 합니다.

정상공손 – 제조원가 포함	비정상공손 – 영업외비용

이론기출 확인문제 | 전산회계 1급, 103회 |

다음 중 공손에 대한 설명으로 옳지 않은 것은?

① 공손품은 정상품에 비하여 품질이나 규격이 미달하는 불합격품을 말한다.
② 공손품은 원재료의 불량, 작업자의 부주의 등의 원인에 의해 발생한다.
③ 정상공손이란 효율적인 생산과정에서도 발생하는 공손을 말한다.
④ 정상 및 비정상 공손품의 원가는 발생한 기간의 손실로서 영업외비용으로 처리한다.

|정 답| ④
정상공손(제조원가), 비정상공손(영업외비용) 처리함.

37 종합원가계산 이론기출 공략하기

01 난이도 ★★

원가계산 방법에 대한 설명 중 틀린 것은? [2011년, 49회]

① 실제원가계산은 직접재료비, 직접노무비, 제조간접비를 실제 원가로 측정하는 방법이다.
② 정상원가계산은 직접재료비는 실제 원가로 측정하고, 직접노무비와 제조간접비를 합한 가공원가는 예정배부율에 의해 결정된 금액으로 측정하는 방법이다.
③ 표준원가계산은 직접재료비, 직접노무비, 제조간접비를 표준원가로 측정하는 방법이다.
④ 원가의 집계방식에 따라 제품 원가를 개별작업별로 구분하여 집계하는 개별원가계산과 제조공정별로 집계하는 종합원가계산으로 구분할 수 있다.

02 난이도 ★★ 필수

다음 중 종합원가계산에 대한 설명으로 옳지 않은 것은? [2024년, 113회]

① 소품종 대량 생산하는 업종에 적용하기에 적합하다.
② 공정 과정에서 발생하는 공손 중 정상공손은 제품의 원가에 가산한다.
③ 평균법을 적용하는 경우 기초재공품원가를 당기에 투입한 것으로 가정한다.
④ 제조원가 중 제조간접원가는 실제 조업도에 예정배부율을 반영하여 계산한다.

03 난이도 ★★ 필수

종합원가계산방법과 개별원가계산방법에 대한 내용으로 올바르게 연결된 것은? [2020년, 90회]

	구 분	종합원가계산방법	개별원가계산방법
①	핵심과제	제조간접비 배분	완성품환산량 계산
②	업종	건설업	식품제조업
③	원가집계	공정 및 부문별 집계	개별작업별 집계
④	장점	정확한 원가계산	경제성 및 편리함

04 난이도 ★ 필수
다음 중 종합원가계산에 가장 적합하지 않은 품목은? [2015년, 65회]

① 축구공 ② 맥주
③ 휴대폰 ④ 비행기

05 난이도 ★★ 필수
다음 중 개별원가계산과 종합원가계산에 대한 설명으로 옳지 않은 것은? [2023년, 110회]

① 개별원가계산은 작업지시서에 의한 원가계산을 한다.
② 개별원가계산은 주문형 소량 생산 방식에 적합하다.
③ 종합원가계산은 공정별 대량 생산 방식에 적합하다.
④ 종합원가계산은 여러 공정에 걸쳐 생산하는 경우 적용할 수 없다.

06 난이도 ★ 필수
다음 중 종합원가계산의 특징과 가장 관련이 있는 것은? [2017년, 72회]

① 작업원가표 ② 주문생산업종에 적합
③ 완성품환산량 ④ 원가를 개별작업별로 집계

07 난이도 ★★★ 필수
다음 자료를 토대로 선입선출법에 의한 직접재료원가 및 가공원가의 완성품환산량을 각각 계산하면 얼마인가? [2024년, 112회]

- 기초재공품 5,000개(완성도 70%)
- 기말재공품 10,000개(완성도 30%)
- 당기착수량 35,000개
- 당기완성품 30,000개
- 재료는 공정초기에 전량투입되며, 가공원가는 공정 전반에 걸쳐 균등하게 발생한다.

	직접재료원가	가공원가		직접재료원가	가공원가
①	35,000개	29,500개	②	35,000개	34,500개
③	40,000개	34,500개	④	45,000개	29,500개

08 다음 자료를 활용하여 평균법에 의한 재료비와 가공비의 완성품환산량을 계산하면 얼마인가? [2014년, 61회]

- 기초재공품: 700개(완성도 30%)
- 당기완성품: 1,700개
- 당기착수량: 1,500개
- 기말재공품: 500개(완성도 50%)
- 재료는 공정 초에 전량 투입되고, 가공비는 공정 전반에 걸쳐 균등하게 투입된다.

① 재료비 2,200개, 가공비 1,950개
② 재료비 2,200개, 가공비 1,990개
③ 재료비 1,740개, 가공비 1,950개
④ 재료비 1,740개, 가공비 1,990개

09 다음은 당기에 영업을 시작한 ㈜합격의 자료이다. 다음의 자료를 이용하여 재료비와 가공비의 완성품환산량을 계산하면 각각 얼마인가? (단, 원재료는 초기에 전량 투입되고 가공비는 공정전체에 걸쳐 균등하게 발생함) [2021년, 98회]

- 당기착수량: 500개
- 당기완성품 수량: 300개
- 기말재공품 수량: 200개(완성도 50%)

	재료비	가공비		재료비	가공비
①	300	300	②	300	400
③	500	300	④	500	400

10 종합원가계산은 원가흐름에 대한 가정에 따라 완성품환산량에 차이가 있다. 이에 관한 설명 중 옳지 않은 것은? [2020년, 88회]

① 평균법은 기초재공품원가와 당기투입원가를 구분하지 않고 모두 당기 발생원가로 가정한다.
② 선입선출법은 기초재공품부터 먼저 완성되고 난 후, 당기 투입분을 완성시킨다고 가정한다.
③ 기초재공품이 없을 경우 선입선출법과 평균법의 완성품환산량은 동일하다.
④ 재료비의 경우 공정초에 투입된다고 가정할 경우와 공정 전반에 걸쳐 균등하게 발생한다고 가정할 경우에 기말재공품의 완성품환산량은 차이가 없다.

11
난이도 ★★★ 어려우면 패스

당사는 선입선출법으로 종합원가계산을 하고 있다. 다음 자료를 보고 기말재공품의 원가를 계산하면 얼마인가?

[2020년, 94회]

- 완성품환산량 단위당 재료비: 500원
- 완성품환산량 단위당 가공비: 400원
- 기말재공품 수량: 700개(재료비는 공정초기에 모두 투입되었으며 가공비는 60%를 투입한 상태임)

① 419,000원 ② 518,000원 ③ 610,000원 ④ 710,000원

12
난이도 ★★ 필수

다음 중 공손에 대한 회계처리 중 틀린 것은?

[2008년, 36회]

① 공손이 정상적인가 아니면 비정상적인가를 고려하여야 한다.
② 정상적 공손은 제품원가의 일부를 구성한다.
③ 공손은 어떠한 경우에나 원가로 산입하지 않고 영업외비용으로 처리한다.
④ 공손의 비중이 적은 경우에는 공손을 무시한 채 회계처리하는 경우도 있다.

정답 및 해설

01 ②
① 실제원가계산: 직접재료비, 직접노무비, 제조간접비 모두 실제원가로 계산
② 정상원가계산: 직접재료비, 직접노무비는 실제원가, 제조간접비는 예정배부
③ 표준원가계산: 직접재료비, 직접노무비, 제조간접비 모두 표준원가로 계산
④ 개별원가계산 – 개별제품별 원가 집계, 종합원가계산 – 공정별 원가 집계

02 ④ 제조간접비를 예정배부율로 배부하는 것은 개별원가계산에 대한 설명임.

03 ③
① 종합원가계산은 완성품환산량 계산, 개별원가계산은 제조간접비 배분이 핵심임.
② 건설업은 개별원가계산, 식품제조는 종합원가계산.
④ 종합원가계산은 편리함, 개별원가계산은 정확한 원가계산임.

04 ④ 조선업, 건설업, 기계제조업, 항공기 등이 개별원가계산 대상임.

05 ④ 여러 공정에 걸쳐 생산되는 철강업, 석유정제업 등 공정별 원가계산에 적합한 것이 종합원가계산임.

06 ③ 작업원가표, 주문생산업종, 원가를 작업별 집계는 모두 개별원가계산의 특징임.

07 ①
- 완성수량 : 기초재공품 당기 완성 5,000개 + 당기착수 당기 완성 25,000개 = 30,000개
- 직접재료비 완성품 환산량: 당기착수량 35,000개
- 가공비 완성품 환산량 : 기초재공품 추가 가공 1,500개(5,000개×30%) + 당기 투입 당기 완성 25,000개 + 기말재공품 3,000개 (10,000개×30%) = 29,500개

08 ①

	재료비	가공비
당기착수 2,200 ─ 완 성	1,700	1,700
(700+1,500) 미완성(50%)	500	250 (500×50%)
	2,200	1,950

09 ④ 당기에 영업을 시작했으므로 기초재공품은 없으며 이럴 경우 평균법이든 선입선출법이든 차이가 없음.
- 평균법
- 재료비: 당기투입 500개
- 가공비: 당기투입 당기완성 300개 + 기말재공품 200개×50% = 400개
- 선입선출법
- 재료비: 당기투입 당기 완성 300개 + 기말재공품 200개 = 500개
- 가공비: 당기투입 당기완성 300개 + 기말재공품 200개×50% = 400개

10 ④ 재료비가 공정초에 투입될 경우와 공정 전반에 걸쳐 투입되는 경우의 기말재공품 완성품 환산량이 달라짐. 가공비의 완성품 환산량을 떠올리면 됨.

11 ② 종합원가계산 기말재공품 원가 = 재료비 원가 + 가공비 원가로 계산함.
- 기말재공품 재료비: 700개(기말재공품) × 500원(완성품 환산량 재료비 단위당 원가) = 350,000원
- 기말재공품 가공비: 700개(기말재공품) × 60% × 400원(완성품 환산량 가공비 단위당 원가) = 168,000원
- 기말재공품 원가: 350,000(재료비원가) + 168,000(가공비 원가) = 518,000원

12 ③ 정상공손은 매출원가, 비정상적 공손은 영업외비용으로 처리함.

XI 결산정리 및 오류수정

38 오류수정

39 기말결산정리

40 전기분 재무제표 수정

이번 단원에서는 지금까지 입력한 일반전표, 매입매출전표 중 잘못된 부분과 보완할 부분을 입력하는 내용을 학습합니다. 공부할 분량 대비 배점이 매우 높으므로 꼼꼼히 공부해 아주 어려운 일부 문제를 제외하고는 모두 맞혀야 합니다.

 학습방법

- 오류수정: 잘못 입력된 일반전표, 매입매출전표를 수정
- 기말 결산정리: 매출원가, 감가상각비, 대손상각비 등 기말 수정사항 입력
- 전기분 재무제표 수정: 기초 재무제표와 거래처 수정

 **출제빈도** 매회 실무 6~7문제

오류수정	매회 2문제 출제되는데 난이도가 높지 않음.
기말 결산정리	매회 3문제가 출제되는데 난이도가 높지 않음.
전기분 재무제표 수정	매회 1~2문제 출제되는데 난이도가 높으므로 시간이 없을 경우 거래처별 수정만 공부할 것

38 오류수정

학습내용: • 일반전표 오류수정 • 매입매출전표 오류수정 • 일반전표→매입매출전표

출제경향: 입력된 전표의 오류를 수정하는 문제는 실무문제로 매회 시험마다 2문제씩 출제되는 출제빈도가 높은 부분으로 다음 3가지 유형이 출제되고 있음.
• 일반전표 오류수정: 일반전표에 잘못 입력된 계정과목, 거래처 등 수정
• 매입매출전표 오류수정: 매입매출전표에 잘못 입력된 계정과목, 금액 등 수정
• 일반전표 → 매입매출전표: 일반전표 삭제 후 매입매출전표 새로 입력

정교수 콕콕

본 교재의 실습자료는 cafe.naver.com/eduacc의 「공지&DATA다운로드」에서 공지 에 있는 [콕콕정교수 전산회계 1급] 이론+실무+기출 실습데이터의 Data_Install_JH1.zip 파일을 다운받아 컴퓨터에 설치 후, 회사등록 클릭, F4 회사코드재생성 클릭 후 「(주)단원」 선택

전산회계시험에서 틀린 분개를 맞게 고치는 오류수정 문제는 매년 두 문제가 꼭 출제되고 있는데 그 유형은 다음 3가지입니다.

[유형 1] 일반전표의 계정과목, 거래처 등을 잘못 입력한 경우
[유형 2] 매입매출전표의 거래유형, 계정과목, 거래처 등을 잘못 입력한 경우
[유형 3] 부가가치세를 동반한 거래를 매입매출전표에 입력하지 않고 일반전표에 잘못 입력한 경우

일반전표 수정
일반전표 조회하여 계정과목, 금액 등 수정

1 일반전표의 오류 수정

일반전표 오류수정 문제는 일반전표 중 잘못된 부분을 고치는 문제인데 주로 계정과목, 거래처 등이 잘못된 경우가 많습니다. 다음 사례를 통해 일반전표 오류를 수정하는 방법을 알아보겠습니다.

1. 일반전표 오류수정 1 : 계정과목 추가

실무기출 확인문제 | 전산회계 1급, 81회 |

10월 9일, 국민연금영업부서 사원에 대한 건강보험료 560,000원을 현금으로 납부하고 회사 부담분과 종업원 부담분(급여 지급 시 원천징수함) 전액을 복리후생비로 회계 처리하였다. 회사 부담분과 종업원 부담분은 50:50이다.

[1단계] 해당 날짜 전표 검색

KcLep을 실행하여 10월 9일자 일반전표를 조회하면 다음과 같이 잘못 처리된 분개가 보입니다.

일	번호	구분	계정과목	거래처	적요	차변	대변
9	00003	차변	0811 복리후생비			560,000	
9	00003	대변	0101 현금				560,000

[2단계] 오류 판단

납부한 건강보험료 560,000원 중 50%인 280,000원은 종업원으로부터 이미 원천징수해 둔 돈으로 납부했으므로 560,000원 중 280,000원은 복리후생비가 아닌 '예수금'을 차감했어야 합니다.

[3단계] 일반전표 수정

일	번호	구분	계정과목	거래처	적요	차변	대변
9	00003	차변	0811 복리후생비		280,000원은 예수금으로 처리	560,000	
9	00003	대변	0101 현금				560,000

↓

일	번호	구분	계정과목	거래처	적요	차변	대변
9	00003	차변	0811 복리후생비			280,000	
9	00003	대변	0101 현금				560,000
9	00003	차변	0254 예수금			280,000	

기존 전표를 그대로 둔 채 차변의 '복리후생비'를 280,000원으로 줄이고, 차변에 '예수금' 280,000원을 추가하였습니다.

2. 일반전표 오류수정 2 : 계정과목 변경

실무기출 확인문제 | 전산회계 1급, 81회 |

10월 21일, ㈜대한모터스에서 보통예금계좌로 입금된 5,000,000원을 외상매출금 회수로 회계처리 하였으나, 실제 내용은 제품매출에 따른 계약금으로 밝혀졌다.

[1단계] 해당 날짜 전표 검색

KcLep을 실행하여 10월 21일자 일반전표를 조회하면 다음과 같이 잘못 처리된 분개가 보입니다.

일	번호	구분	계정과목	거래처	적요	차변	대변
21	00001	차변	0103 보통예금			5,000,000	
21	00001	대변	0108 외상매출금	00113 (주)대한모터스			5,000,000

[2단계] 오류 판단

해당 5,000,000원은 외상매출금 회수가 아니라 선수금으로 처리했어야 합니다.

[3단계] 일반전표 수정

일	번호	구분	계정과목	거래처	적요	차변	대변
21	00001	차변	0103 보통예금	(선수금으로 교체)		5,000,000	
21	00001	대변	0108 외상매출금	00113 (주)대한모터스			5,000,000

↓

일	번호	구분	계정과목	거래처	적요	차변	대변
21	00001	차변	0103 보통예금			5,000,000	
21	00001	대변	0259 선수금	00113 (주)대한모터스			5,000,000

기존 전표를 그대로 둔 채 대변 계정과목 '외상매출금' 위치에 커서를 옮겨 F2를 눌러 '선수금'으로 변경하였습니다.

핵심체크 콕콕

매입매출전표 수정

매입매출전표 조회하여 계정과목, 금액 등 수정

2 매입매출전표의 오류 수정

매입매출전표는 일반전표와 구조와 조금 다르기는 하지만 매입매출전표의 잘못된 부분을 하나씩 수정해 나가는 건 일반전표 오류수정과 유사합니다. 단, 매입매출전표 오류수정은 일반전표가 아닌 매입매출전표에서 조회 후 수정해야 합니다.

실무기출 확인문제 | 전산회계 1급, 73회 |

11월 6일, (주)에이스빌라에 영업부에서 사용 중인 사무실 월세 550,000원(부가가치세 포함)의 지급일로 전자세금계산서를 발급받았는데 이를 지급하지 못했다. 이를 제조원가의 임차료로 회계 처리하였다.

[1단계] 해당 날짜 전표 검색

KcLep을 실행하여 11월 6일자 매입매출전표를 조회하면 다음과 같이 잘못 처리된 분개가 보입니다.

구분	계정과목	적요	거래처	차변(출금)	대변(입금)
차변	0135 부가세대급금	임차료	00156 (주)에이스빌라	50,000	
차변	0519 임차료	임차료	00156 (주)에이스빌라	500,000	
대변	0253 미지급금	임차료	00156 (주)에이스빌라		550,000

[2단계] 오류 판단

영업부서 사용 중 건물 월세는 임차료(판매관리비, 800번대)로 회계 처리하여야 하는데, 해당 전표는 임차료(제조원가, 500번대)로 처리되어 있습니다.

[3단계] 매입매출전표 수정

구분	계정과목	적요	거래처		차변(출금)	대변(입금)
차변	0135 부가세대급금	임차료	00156	(주)에이스빌라	50,000	
차변	0519 임차료 ←	임차료	819.임차료(판관비)		500,000	
대변	0253 미지급금	임차료	00156	(주)에이스빌라		550,000

↓

구분	계정과목	적요	거래처		차변(출금)	대변(입금)
차변	0135 부가세대급금	임차료	00156	(주)에이스빌라	50,000	
차변	0819 임차료	임차료	00156	(주)에이스빌라	500,000	
대변	0253 미지급금	임차료	00156	(주)에이스빌라		550,000

기존 전표는 그대로 둔 채 차변의 '임차료(519, 제조원가)' 위치에 커서를 옮겨 F2를 눌러 '임차료(819, 판매관리비)'로 계정과목을 변경해야 합니다.

3 매입매출전표를 일반전표에 잘못 입력

일반전표 내에서, 그리고 매입매출전표 내에서 오류가 있을 경우 해당 전표를 그대로 유지한 채 잘못된 계정과목을 수정했는데, 매출매입전표에 입력할 거래를 일반전표에 입력한 경우에는 일반전표를 유지한 채 오류를 수정할 수가 없습니다.

이럴 경우에는 일단 잘못 입력된 일반전표를 삭제한 뒤 동일한 날짜의 새로운 매입매출전표를 입력해야 합니다.

핵심체크 콕콕

일반전표 → 매입매출전표
일반전표 삭제 후 매입매출전표 새로 입력

실무기출 확인문제 | 전산회계 1급, 73회 |

9월 20일 대구전자(일반과세자)로부터 부품을 매입하고 82,500원(부가가치세 포함)을 현금으로 지급하고 현금영수증(사업자 지출 증빙용)을 수취하였으나, 이를 분실하여 지출결의서로 일반전표에 입력하였다. 회사는 추후에 국세청 홈택스를 통하여 현금영수증 발급분임을 확인하였다. 이를 수정하시오.

[1단계] 해당 날짜 전표 검색: 일반전표(9월 20일)

KcLep을 실행하여 9월 20일자 일반전표를 조회하면 다음과 같이 잘못 처리된 분개가 보입니다.

일	번호	구분	계정과목	거래처	적요	차변	대변
20	00002	차변	0153 원재료			82,500	
20	00002	대변	0101 현금				82,500

[2단계] 오류 판단

부가가치세가 포함된 부품을 현금영수증을 구매했다면 이는 매입매출전표, 유형 '61. 현과'입니다. 따라서 해당 일반전표 삭제하고, 9월 20일자로 매입매출전표를 새로 입력해야 합니다. 일반전표 삭제는 화면 상단의  또는 F5 누르면 됩니다.

 **정교수 콕콕**

[3단계] 올바른 매입매출전표 신규 입력

- 유형: '61.현과', 현금영수증을 수취하면서 과세 물품 매입
- 부품 구입은 '원재료' 계정과목 사용
- 공급가액 계산: 82,500 ÷ 1.1 = 75,000원

9. 20	(차) 원재료 부가세대급금	75,000 7,500	(대) 현 금	82,500

일	번호	유형	품목	수량	단가	공급가액	부가세	코드	공급처명	사업/주민번호	전자	분개
20	50002	현과	원재료			75,000	7,500	00511	대구전자	607-82-12545		혼합

구분	계정과목		적요	거래처		차변(출금)	대변(입금)
차변	0135	부가세대급금	원재료	00511	대구전자	7,500	
차변	0153	원재료	원재료	00511	대구전자	75,000	
대변	0101	현금	원재료	00511	대구전자		82,500

38 오류수정 실무기출 공략하기

본 교재의 실습자료는 cafe.naver.com/eduacc의 「공지&DATA다운로드」에서 공지 에 있는 [콕콕정교수 전산회계 1급] 이론+실무+기출 실습데이터의 Data_Install_JH1.zip 파일을 다운받아 컴퓨터에 설치 후, 회사등록 클릭, F4 회사코드재생성 클릭 후 아래에 제시된 회사를 선택

일반전표입력 및 매입매출전표입력 메뉴에 입력된 내용 중 다음과 같은 오류가 발견되었다. 입력된 내용을 확인하여 정정하시오.

[1] ㈜하나전자(회사코드 : 1193)를 선택하시오.

01 난이도 ★★ 필수
7월 5일, 영업부에서 사용하는 개별소비세 과세대상 승용차(2,000cc)를 대하정비공장에서 수리하고 국민카드로 결제한 770,000원(부가가치세 포함)을 매입세액 공제 가능한 거래로 판단하여 매입매출전표에 입력하였다.
[2025년, 119회]

02 난이도 ★★ 필수
9월 2일, 판매촉진을 위해 불특정다수인이 보는 잡지에 광고를 하고 현금 결제 후, 현금영수증을 수취하였으나 일반전표에 입력하였다. 부가가치세 공제요건을 모두 충족하였으며 매입세액공제를 받고자 한다. [2025년, 119회]

Hometax. 국세청홈택스 현금영수증

● 거래정보

거래일시	09.02
발급수단번호	105-81-23613

● 거래금액

공급가액	부가세	봉사료	총 거래금액
300,000	30,000	-	330,000

● 가맹점 정보

상호	㈜널리널리
사업자번호	215-81-69876
대표자명	김명성
주소	대구광역시 서구 당산로 45길 32(내당동)

[2] ㈜화랑전자(회사코드: 0743)를 선택하시오.

01 난이도 ★★

12월 24일, 영업부서에서 사용할 키보드 등을 신도컴퓨터에서 현금 132,000원(부가가치세 포함)에 구입하고 일반전표에 입력하였으나, 거래증빙으로 종이세금계산서를 발급받았음이 확인되었다. (계정과목은 소모품으로 할 것)
[2017년, 74회]

02 난이도 ★★

10월 10일, 보통예금계좌로 입금된 5,000,000원을 매출거래처 (주)대흥의 외상매출금 회수로 회계 처리하였으나, (주)대흥에 사무실을 임대하고 받은 임대보증금이 입금된 것으로 확인되었다.
[2017년, 74회]

[3] ㈜남한강(회사코드: 0803)을 선택하시오.

01 난이도 ★★★

7월 25일, 제1기 확정신고기간에 대한 부가가치세를 현금으로 납부하였다. (6월 30일자에 부가가치세 예수금과 부가가치세 대급금을 정리하는 회계처리는 이미 이루어졌다.)
[2018년, 80회]

02 난이도 ★★★

9월 20일, 영업부 직원들에 대해 확정기여형 퇴직연금에 가입하고 8,000,000원을 보통예금계좌에서 이체하여 납부하였으나 확정급여형 퇴직연금으로 잘못 회계처리하였다.
[2018년, 80회]

[4] ㈜일진자동차(회사코드:1033)를 선택하시오.

01 난이도 ★★ 필수

7월 3일, ㈜한성전자의 부도로 미수금 잔액 10,000,000원이 회수불능되어 전액 대손 처리하였으나, 확인 결과 ㈜한성전자의 미수금이 아니라 ㈜성한전기의 미수금이며, 부도 시점에 미수금에 대한 대손충당금 잔액 1,000,000원이 있었던 것으로 확인된다. [2022년, 103회]

02 난이도 ★★ 필수

11월 29일, 일시 보유목적으로 시장성 있는 태평상사의 주식 100주를 주당 10,000원에 취득하면서 취득과정에서 발생한 수수료 10,000원도 취득원가로 회계처리 하였다. [2022년, 103회]

[5] ㈜금왕전자(회사코드:1023)를 선택하시오.

01 난이도 ★★★ 필수

8월 25일, 제1기 확정신고기간의 부가가치세 납부세액과 가산세 162,750원을 보통예금으로 납부하고 일반전표에서 세금과공과(판)로 회계처리 하였다. (단, 6월 30일의 부가가치세 회계처리를 확인하고, 가산세는 세금과공과(판)로 처리하시오.) [2022년, 102회]

02 난이도 ★★ 필수

10월 17일, ㈜이플러스로부터 구매한 스피커의 대금 2,200,000원을 보통예금 계좌에서 이체하고 일반전표에서 상품으로 회계처리 하였으나, 사실은 영업부 사무실에서 업무용으로 사용할 목적으로 구입하고 지출증빙용 현금영수증을 발급받은 것으로 확인되었다. 회사는 이를 비품으로 처리하고 매입세액공제를 받으려고 한다. [2022년, 102회]

정답 및 해설

[1] ㈜하나전자

01 **[1단계] 7월 5일 매입매출전표 조회 후 삭제**

일	번호	유형	품목	수량	단가	공급가액	부가세	코드	공급처명	사업/주민번호	전자	분개
5	50001	카과	승용차 수리			700,000	70,000	00107	대하정비공장	351-53-27524		카드

구분	계정과목		적요	거래처		차변(출금)	대변(입금)
대변	0253	미지급금	승용차 수리	99600	국민카드		770,000
차변	0135	부가세대급금	승용차 수리	00107	대하정비공장	70,000	
차변	0822	차량유지비	승용차 수리	00107	대하정비공장	700,000	

[2단계] 오류 판단

1,000cc 초과 비영업용 소형승용차의 취득, 유지관련 비용은 매입세액을 공제받을 수 없으므로 "57.카과"로 입력하면 안됨. 세금계산서 수취한 거래라면 "54.불공"으로 입력해야 하고 현금영수증 또는 카드로 구입한 거래라면 일반전표로 입력해야 함. 7월 5일자 매입매출전표 삭제하고 일반전표로 입력해야 함.

[3단계] 일반전표 신규입력

공제받지 못하는 매입세액(70,000원)을 차량유지비에 포함하여 처리해야 하므로 차량유지비는 총지출액 770,000원임.

일	번호	구분	계정과목		거래처		적요	차변	대변
5	00001	차변	0822	차량유지비				770,000	
5	00001	대변	0253	미지급금	99600	국민카드			770,000

(*) 영업부서 차량이므로 차량유지비(판매관리비), 상거래 이외 외상대금이므로 미지급금 및 거래처는 국민카드 선택

02 **[1단계] 9월 2일 일반전표 조회 후 삭제**

일	번호	구분	계정과목		거래처	적요	차변	대변
2	00001	차변	0833	광고선전비		잡지 광고	330,000	
2	00001	대변	0101	현금		잡지 광고		330,000

[2단계] 오류 판단

광고선전 목적 현금영수증 지출은 매입세액 공제를 받을 수 있으므로 9월 2일자 일반전표 삭제 후 매입매출전표에 입력해야 함.

[3단계] 올바른 매입매출전표 신규입력

유형: '61.현과', 현금영수증 수령하는 과세 매입, 원재료 → 광고선전비(판매관리비)로 변경

일	번호	유형	품목	수량	단가	공급가액	부가세	코드	공급처명	사업/주민번호	전자	분개
2	50001	현과	광고선전비			300,000	30,000	00128	(주)널리널리	215-81-69876		혼합

구분	계정과목		적요	거래처		차변(출금)	대변(입금)
차변	0135	부가세대급금	광고선전비	00128	(주)널리널리	30,000	
차변	0833	광고선전비	광고선전비	00128	(주)널리널리	300,000	
대변	0101	현금	광고선전비	00128	(주)널리널리		330,000

[2] ㈜화랑전자

01 **[1단계] 해당 날짜 일반전표 검색: 12월 24일**

일	번호	구분	계정과목	거래처	적요	차변	대변
24	00004	출금	0122 소모품	신도컴퓨터	키보드구입	132,000	(현금)

이는 출금전표로 대변이 무조건 현금이라는 전제하에 작성되는데, 지금까지 우리는 모두 대체전표를 입력했기 때문에 다소 생소할 수 있음.

[2단계] 오류 판단

여하튼 부가가치세 포함한 키보드를 구입하고, 종이세금계산서를 수령했으면 매입매출전표이므로 일반전표 삭제 후 동일 날짜로 매입매출전표 새로 작성.

[3단계] 올바른 매입매출전표 신규입력

- 1번. 유형: '51.과세', 종이세금계산서 수취 과세 매입 • 키보드는 소모품(자산) 처리 • 공급가액 계산: 132,000 ÷ 1.1 = 120,000원
- 매입정보를 입력하면 KcLep은 무조건 원재료로 차변 분개가 입력되므로, 차변을 소모품(자산)으로 바꾸어야 함.

12. 24	(차) 소모품 부가세대급금	120,000 12,000	(대) 현금	132,000

일	번호	유형	품목	수량	단가	공급가액	부가세	코드	공급처명	사업/주민번호	전자	분개
24	50003	과세	소모품			120,000	12,000	01019	신도컴퓨터	209-29-66600		혼합

구분	계정과목	적요	거래처	차변(출금)	대변(입금)
차변	0135 부가세대급금	소모품	01019 신도컴퓨터	12,000	
차변	0122 소모품	소모품	01019 신도컴퓨터	120,000	
대변	0101 현금	소모품	01019 신도컴퓨터		132,000

02 **[1단계] 해당 날짜 일반전표 검색: 10월 10일**

일	번호	구분	계정과목	거래처	적요	차변	대변
10	00002	차변	0103 보통예금			5,000,000	
10	00002	대변	0108 외상매출금	01015 (주)대흥			5,000,000

[2단계] 오류 판단

외상매출금(대흥)을 대변에 없애는 것이 아니라 임대보증금(대흥)으로 처리했어야 함. 임대보증금은 보유 중인 건물을 빌려주면서 받은 전세금으로 향후 반환해야 하므로 부채임.

[3단계] 일반전표 수정

일	번호	구분	계정과목	거래처	적요	차변	대변
10	00002	차변	0103 보통예금			5,000,000	
10	00002	대변	0108 외상매출금 ← 0108 임대보증금으로 교체				5,000,000

↓

일	번호	구분	계정과목	거래처	적요	차변	대변
10	00002	차변	0103 보통예금			5,000,000	
10	00002	대변	0294 임대보증금	01015 (주)대흥			5,000,000

기존 전표는 그대로 유지하되 '외상매출금'을 '임대보증금'으로 변경하였음.

[3] ㈜남한강

01

(1) 6월 30일 전표 조회

일	번호	구분	계정과목	거래처	적요	차변	대변
30	00005	차변	0255 부가세예수금			30,273,600	
30	00005	대변	0135 부가세대급금				20,999,500
30	00005	대변	0261 미지급세금				9,274,100

(2) 7월 25일 전표 조회 후 수정

일	번호	구분	계정과목	거래처	적요	차변	대변
25	00011	차변	0817 세금과공과 ← 미지급세금으로 교체			9,274,100	
25	00011	대변	0101 현금				9,274,100

⬇

일	번호	구분	계정과목	거래처	적요	차변	대변
25	00011	차변	0261 미지급세금			9,274,100	
25	00011	대변	0101 현금				9,274,100

6.30에 미지급세금으로 회계처리 되어 있으므로 7.25에 실제 부가가치세를 납부할 때는 기존에 인식한 미지급세금을 없애야 함.

02 9월 20일 전표 조회 후 수정

일	번호	구분	계정과목	거래처	적요	차변	대변
20	00006	차변	0186 퇴직연금운용자산 ← 퇴직급여로 교체			8,000,000	
20	00006	대변	0103 보통예금				8,000,000

⬇

일	번호	구분	계정과목	거래처	적요	차변	대변
20	00006	차변	0806 퇴직급여			8,000,000	
20	00006	대변	0103 보통예금				8,000,000

확정기여형(DC) 퇴직연금은 직원 소유이므로 연금 납부 시 퇴직금 지급과 동일하기 때문에 곧장 "퇴직급여" 처리해야 함.

[4] ㈜일진자동차

01 7월 3일 일반전표 조회 후 수정

일	번호	구분	계정과목	거래처	적요	차변	대변
3	00001	차변	0954 기타의대손상각비		미수금 대손	10,000,000	
3	00001	대변	0120 미수금	00213 ㈜한성전자	미수금 대손		10,000,000

(*) 미수금(한성전자) ⇒ 미수금(성한전기)로 수정 + 미수금 전체를 곧장 차감처리 하는 것이 아니라 대손충당금(120. 미수금) 1,000,000원을 먼저 차감하고 나머지 금액 9,000,000은 "기타의대손상각비" 처리해야 함.

일	번호	구분	계정과목	거래처	적요	차변	대변
3	00001	차변	0954 기타의대손상각비		미수금 대손	9,000,000	
3	00001	대변	0120 미수금	00214 ㈜성한전기	미수금 대손		10,000,000
3	00001	차변	0121 대손충당금	㈜성한전기	미수금 대손	1,000,000	

02 11월 29일 일반전표 조회 후 수정

일	번호	구분	계정과목	거래처	적요	차변	대변
29	00001	차변	0107 단기매매증권		태평상사 주식취득	1,010,000	
29	00001	대변	0101 현금		태평상사 주식취득		1,010,000

(*) 단기매매증권의 취득 수수료는 당기 비용인 수수료비용(영업외비용) 처리해야 하는데 이를 취득원가 처리했음. ⇒ 단기매매증권 중 10,000을 수수료비용(984) 처리.

일	번호	구분	계정과목	거래처	적요	차변	대변
29	00001	차변	0107 단기매매증권		태평상사 주식취득	1,000,000	
29	00001	대변	0101 현금		태평상사 주식취득		1,010,000
29	00001	차변	0984 수수료비용		태평상사 주식취득	10,000	

[5] ㈜금왕전자

01 (1) 6월 30일 일반전표 조회

일	번호	구분	계정과목	거래처	적요	차변	대변
30	00003	차변	0255 부가세예수금		1 부가세대급금과 상계	40,997,090	
30	00003	대변	0135 부가세대급금		8 부가세 예수금과 상계		18,400,000
30	00003	대변	0261 미지급세금		8 부가세의 미지급 계상		22,597,090

6.30에 회계처리하면서 향후 납부할 부가가치세 22,597,090원을 미지급세금(유동부채)으로 회계처리 하였음.

(2) 8월 25일 일반전표 조회 후 수정

일	번호	구분	계정과목	거래처	적요	차변	대변
25	00001	차변	0817 세금과공과		1기확정부가세납부	22,759,840	
25	00001	대변	0103 보통예금		1기확정부가세납부		22,759,840

8.25에 부가가치세를 보통예금에서 납부할 때는 세금과공과(판매관리비) 처리하는 것이 아니라 미지급세금(유동부채)를 없애고 가산세 162,750원만 세금과공과 처리해야 함. ⇒ 세금과공과 중 22,597,090원을 미지급세금으로 교체해야 함.

일	번호	구분	계정과목	거래처	적요	차변	대변
25	00001	차변	0817 세금과공과		1기확정부가세납부	162,750	
25	00001	대변	0103 보통예금		1기확정부가세납부		22,759,840
25	00001	차변	0261 미지급세금		1기확정부가세납부	22,597,090	

02 (1) 10월 17일 일반전표 조회 & 삭제

일	번호	구분	계정과목	거래처	적요	차변	대변
17	00001	차변	0146 상품	00144 (주)이플러스	스피커	2,200,000	
17	00001	대변	0103 보통예금		스피커		2,200,000

해당 거래는 현금영수증 수취한 매입매출전표에 입력할 내용을 일반전표에 잘못 입력했음. 10.17 일반전표 삭제하고 매입매출전표로 입력하여야 함.

(2) 10월 17일 매입매출전표 신규입력

- 유형: "61.현과" 선택. 현금영수증으로 과세물품 매입 • 품목: 비품 또는 스피커 입력
- 공급가액: 2,200,000원 입력하면 부가세에 자동으로 200,000원 입력됨.
- 매입정보를 입력하면 KcLep은 무조건 원재료로 차변 분개 입력되므로 차변을 "비품"으로 바꾸어야 함.

일	번호	유형	품목	수량	단가	공급가액	부가세	코드	공급처명	사업/주민번호	전자	분개
17	50001	현과	비품			2,000,000	200,000	00144	(주)이플러스	126-88-45118		혼합

구분	계정과목	적요	거래처		차변(출금)	대변(입금)
차변	0135 부가세대급금	비품	00144	(주)이플러스	200,000	
차변	0212 비품	비품	00144	(주)이플러스	2,000,000	
대변	0103 보통예금	비품	00144	(주)이플러스		2,200,000

39 기말결산정리

학습내용 · 매출원가 · 감가상각비 · 외화환산 · 선급/미지급 · 타계정대체 등

출제경향 기말결산정리 조회 부분은 매 시험마다 3문제씩 출제되었음.
매출원가 인식, 외화환산 인식, 선급·미지급 인식, 타계정대체 등이 많이 출제되지만 여러 항목이 골고루 출제되므로 유형별로 정리해서 반드시 맞혀야 할 어렵지 않은 내용임.

본 교재의 실습자료는 cafe.naver.com/eduacc의 「공지&DATA다운로드」에서 공지 에 있는 [콕콕정교수 전산회계 1급] 이론+실무+기출 실습데이터의 Data_Install_JH1.zip 파일을 다운받아 컴퓨터에 설치 후, 회사등록 클릭, F4 회사코드재생성 클릭 후 「(주)동산텍」 선택

1 기말결산의 개념

제품 판매 후 매출원가는 제품 판매 시마다 인식하는 것보다 필요할 때, 예를 들면 회계기간 말에 한꺼번에 인식하는 게 효율적입니다. 이렇게 회계기간 종료 때 제대로 된 금액을 계산하는 절차를 기말결산이라고 부릅니다.

매출원가 인식, 감가상각 인식, 외화환산 인식, 선급·미지급 재계산 등이 대표적인 기말결산인데, 전산회계시험은 KcLep에 해당 결산내용을 입력하는 형태로 문제가 매 시험마다 3문제씩 출제되고 있습니다.

기말결산정리 문제는 따로 공부하는 게 아니라 지금까지 공부한 내용 중 결산분개에 해당하는 내용만 따로 정리해 놓은 것이니 출제되면 3문제 모두 반드시 맞춰야 합니다.

2 KcLep 기말결산 방법: 자동분개, 수동분개

KcLep은 기말결산을 입력하는 데 다음 2가지 방법이 있는데, 자동분개와 수동분개에 대해 자세히 알아보겠습니다.

구 분	기말결산 항목
자동분개	매출원가, 대손충당금, 감가상각비, 퇴직급여충당부채, 미지급세금
수동분개	외화환산, 선급비용, 미수수익, 계정재분류, 타계정대체, 현금과부족 등

3 기말결산 자동분개

1. 매출원가 입력

1) 매출원가 계산방법

매출원가는 다음과 같이 계산된다고 공부했는데, 실무상 기초재고액과 당기 매입액은 이미 알고 있어서 기말재고액만 알면 매출원가를 계산할 수 있습니다.

매출원가	기초재고액 + 당기매입액 − 기말재고액

2) 매출원가의 수동분개

제품 제조기업의 경우 기말재고에 원재료, 재공품, 제품이 있고, [당기총제조원가] ➡ [당기제품제조원가] ➡ [당기매출원가] 순서로 계산이 이루어집니다. 이 과정을 분개로 표시하면 다음과 같습니다.

〈매출원가 인식 결산분개〉

단 계	회계처리	비 고
① 원재료비 인식	(차) 원재료비 ××× / (대) 원재료 ×××	원재료 공정투입
② 재공품 인식	(차) 재공품 ××× / (대) 원재료비 ×××	원재료비 재공품투입
③ 제품 인식	(차) 제 품 ××× / (대) 재공품 ×××	재공품 제품 대체
④ 매출원가 인식	(차) 매출원가 ××× / (대) 제 품 ×××	제품 매출원가 인식

아마 처음 이 분개를 보고 이를 제대로 이해하는 학생은 거의 없을 겁니다. 하지만 걱정할 필요 없습니다. KcLep에는 이 복잡한 분개를 알아서 처리해주는 기능이 탑재되어 있는데, 지금부터 KcLep의 자동분개 기능을 알아보겠습니다.

3) KcLep 자동분개 입력창

KcLep를 열어 ㈜동산텍 데이터를 불러오면 메인화면 맨 우측 위 [결산/재무제표] 메뉴 바로 밑의 [결산자료입력] 메뉴를 클릭한 뒤 기간을 1월~12월로 입력하면 다음 화면이 나타납니다.

정교수 콕콕

핵심체크 콕 콕 콕

기말결산 자동분개
매출원가, 대손충당금, 감가상각비, 퇴직급여충당부채, 미지급세금

〈매출원가 자동분개 입력창〉

±	코드	과 목	결산분개금액	결산전금액	결산반영금액	결산후금액
		1. 매출액		1,113,379,640		1,113,379,640
	0404	제품매출		1,113,379,640		1,113,379,640
		2. 매출원가		845,375,410		845,375,410
	0455	제품매출원가				845,375,410
		1)원재료비		692,329,000		692,329,000
	0501	원재료비		692,329,000		692,329,000
	0153	① 기초 원재료 재고액		4,700,000		4,700,000
	0153	② 당기 원재료 매입액		687,629,000		687,629,000
	0153	⑩ 기말 원재료 재고액				
	0455	8)당기 총제조비용		815,375,410		815,375,410
	0169	① 기초 재공품 재고액		10,000,000		10,000,000
	0169	⑩ 기말 재공품 재고액				
	0150	9)당기완성품제조원가		825,375,410		825,375,410
	0150	① 기초 제품 재고액		20,000,000		20,000,000
	0150	⑩ 기말 제품 재고액				
		3. 매출총이익		268,004,230		268,004,230

4) 매출원가 자동분개 입력

KcLep 자동분개 입력창은 특정 칸에 결산할 금액만 입력하면 프로그램이 결산분개를 자동으로 처리됩니다. 화면의 스크롤바를 아래로 움직여 ⑩ 기말원재료재고액, ⑩ 기말 재공품 재고액, ⑩ 기말제품재고액 우측 [   ] 빈 칸에 원재료, 재공품, 제품의 기말 금액만 입력하면 [매출원가 인식 결산분개]가 자동으로 만들어집니다.

단, 각 재고별 기말금액을 입력한 뒤 화면 맨 위 `F3 전표추가` 메뉴를 반드시 클릭해야 합니다.

> **핵심체크** 콕콕콕
> **매출원가 기말결산**
> 원재료, 재공품, 제품 기말재고를 결산입력 창에 입력 후 `F3` 전표추가

실무기출 확인문제 | 전산회계 1급, 65회 |

(주)동산텍의 결산일 현재 재고자산의 기말재고액은 다음과 같을 때 기말결산 정리사항을 해당 메뉴에 입력하시오.

- 원재료: 4,300,000원
- 재공품: 5,100,000원
- 제품: 14,800,000원

|정답|
결산입력 창의 기말원재료, 기말재공품, 기말제품 자리에 아래와 같이 입력한 뒤 `F3 전표추가` 클릭하면 다음 조회 화면처럼 제품 매출원가가 845,375,410원 → 821,175,410원으로 변경됨.

`F3 전표추가` 클릭 후 일반전표 창에서 12월 31일 조회하면 다음 분개가 자동으로 입력된 걸 볼 수 있습니다.

일	번호	구분	계 정 과 목	거 래 처	적 요	차 변	대 변
31	00006	결차	0455 제품매출원가		1 제품매출원가 대체	821,175,410	
31	00006	결대	0150 제품				821,175,410

코드	과 목	결산분개금액	결산전금액	결산반영금액	결산후금액
	1. 매출액		1,113,379,640		1,113,379,640
0404	제품매출		1,113,379,640		1,113,379,640
	2. 매출원가	821,175,410	845,375,410		821,175,410
0455	제품매출원가	821,175,410			821,175,410
	1)원재료비	688,029,000	692,329,000		688,029,000
0501	원재료비	688,029,000	692,329,000		688,029,000
0153	① 기초 원재료 재고액		4,700,000		4,700,000
0153	② 당기 원재료 매입액		687,629,000		687,629,000
0153	⑩ 기말 원재료 재고액			4,300,000	4,300,000
0455	8) 당기 총제조비용		815,375,410		811,075,410
0169	① 기초 재공품 재고액		10,000,000		10,000,000
0169	⑩ 기말 재공품 재고액			5,100,000	5,100,000
0150	9) 당기완성품제조원가	815,975,410	825,375,410		815,975,410
0150	① 기초 제품 재고액		20,000,000		20,000,000
0150	⑩ 기말 제품 재고액			14,800,000	14,800,000

기말 원재료, 재공품, 제품을 잘못 입력 후 F3 전표추가 를 누른 경우에는 올바른 금액을 입력하고 다시 F3 전표추가 를 누르면 자동으로 수정이 됩니다.

[참 고] 재고자산 감모 시 매출원가 기말결산 `어려우면 패스`

> 재고자산 정상감모는 매출원가에 포함하고 재고자산 비정상감모는 영업외비용으로 처리해야 하므로 [결산자료입력] 창에 다음과 같이 기말재고를 입력해야 합니다.
> - 정상감모: 정상감모는 매출원가에 포함시켜야 하므로 [결산자료입력] 창에 감모된 실제 기말재고 수량을 입력해야 함(기말재고 금액이 줄어들어야 매출원가가 늘어나기 때문임.)
> - 비정상감모: 비정상감모는 영업외비용으로 처리해야 하므로 [결산자료입력] 창에 감모 전 장부상 기말재고 수량을 입력해야 함. 그런 후 감모된 수량은 영업외비용으로 추가 입력하면 됨.

실무기출 확인문제 | 전산회계 1급, 110회 변형 |

12월 31일 결산일 현재 원재료 기말재고액은 다음과 같다. 기말결산 하시오.

- 장부수량 10,000개(단가 1,000원)   • 실제수량 9,500개(단가 1,000원)
- 단, 수량차이는 모두 정상적으로 발생한 것이다.

|정 답| [결산자료입력] 창에 기말 원재료 9,500,000원 입력
- 정상적인 수량차이는 매출원가에 포함시켜야 하므로 기말재고 금액을 감모 후 실제 원재료 금액으로 입력해야 매출원가 금액이 늘어남.
- 감모 후 실제 원재료 금액: 9,500개 × 1,000원 = 9,500,000원

재고자산 감모가 포함된 매출원가 계산문제는 전산회계 1급 범위를 살짝 넘어서니 패스해도 합격에는 전혀 지장이 없습니다.

2. 대손상각비 인식

1) 대손상각비 개념

대손상각비는 회계연도 말에 예상되는 대손금액을 대손충당금으로 설정해야 하는데 기존 대손충당금 잔액이 부족하다면 추가로 설정해야 하고, 기존 잔액이 너무 많다면 오히려 환입해야 합니다.

2) 대손상각비 자동분개 입력

KcLep [결산자료입력] 창 중 '4.판매비와관리비' 중 '5)대손상각' 우측 [   ] 빈 칸에 추가로 설정해야 하는 대손충당금 금액을 외상매출금, 받을어음 부분을 구분하여 입력을 하면 [대손상각비 기말결산 분개]가 자동으로 만들어집니다. 입력 후 F3 전표추가 메뉴를 반드시 클릭해야 합니다.

> **정교수 콕콕**
>
> **핵심체크**
>
> **대손상각비 기말결산**
> 대손충당금 부족액을 판관비 결산입력창의 대손상각 부분에 입력 후 F3 전표추가

실무기출 확인문제 | 전산회계 1급, 70회

(주)동산텍은 대손충당금을 기말 외상매출금 잔액, 기말 받을어음 잔액에 대하여 1%를 보충법으로 설정하고 있다. 기말결산 정리사항을 해당 메뉴에 입력하시오.

---

① 기존 대손충당금 조회

이 문제를 풀기 위해서는 먼저 12월 31일 현재 외상매출금, 받을어음과 각 대손충당금의 잔액이 얼마인지 알아야 하는데, (주)동산텍 KcLep 메인화면 맨 우측 위의 [결산및재무제표] 밑의 [재무상태표]를 클릭한 뒤 12월을 입력하면 다음과 같이 (주)동산텍의 당기와 전기 화면이 나타납니다.

과 목	제 9(당)기 2015년1월1일 ~ 2015년12월31일 금액		제 8(전)기 2014년1월1일 ~ 2014년12월31일 금액	
자산				
Ⅰ.유동자산		1,444,582,518		793,127,005
① 당좌자산		1,420,382,518		758,427,005
현금		250,679,713		130,897,000
당좌예금		167,830,000		67,330,000
보통예금		168,390,400		478,150,000
정기예.적금		50,000,000		50,000,000
기타단기금융상품		1,590,005		1,590,005
단기매매증권		24,000,000		
외상매출금	564,369,500		14,500,000	
대손충당금	150,000	564,219,500	150,000	14,350,000
받을어음	100,550,000		17,000,000	
대손충당금	890,000	99,660,000	890,000	16,110,000

② 대손상각비 계산

당기 재무상태표 중 매출채권, 대손충당금 부분을 요약하면 아래와 같습니다.

항 목	외상매출금	받을어음
매출채권 금액	564,369,500	100,550,000
1% 대손충당금(①)	5,643,695	1,005,500
대손충당금 잔액(②)	150,000	890,000
추가 설정액(①-②)	5,493,695	115,500

정교수 콕콕

③ 대손상각비 자동분개 입력

이제 KcLep 결산자료 입력창에 아래와 같이 추가할 대손상각비 금액만 입력하면 분개가 자동으로 만들어집니다. 단, 주의할 점은 5,493,695원은 외상매출금 대손상각비 부분에, 115,500원은 받을어음 부분에 입력해야 하고, 마지막엔 반드시 화면 맨 위 F3 전표추가 메뉴를 클릭해야 합니다.

	4. 판매비와 일반관리비	138,225,500	5,609,195	143,834,695
	1). 급여 외		56,900,000	56,900,000
0801	급여	56,900,000		56,900,000
0806	2). 퇴직급여(전입액)			
0850	3). 퇴직연금충당금전입액			
0818	4). 감가상각비	2,500,000		2,500,000
0202	건물			
0206	기계장치			
0208	차량운반구			
0212	비품			
0835	5). 대손상각		5,609,195	5,609,195
0108	외상매출금		5,493,695	5,493,695
0110	받을어음		115,500	115,500

3) 대손충당금 환입 - 수동분개 입력

핵심체크
대손충당금 환입
12.31 자 일반전표로 입력

가끔씩은 기존 대손충당금이 너무 많아 오히려 환급해야 하는 경우도 있습니다. 이럴 경우 KcLep은 결산입력 창에 (-)를 입력하도록 설계되어 있지 않기 때문에 일반전표 입력창에 다음과 같은 결산분개를 입력해야 합니다. 결산분개이므로 날짜는 반드시 12월 31일로 입력해야 합니다.

> (차) 대손충당금   ×××   (대) 대손충당금환입(영업외수익)   ×××

(*) 이론적으로 대손충당금환입은 판매관리비의 대손상각비 차감항목이어야 하는데 KcLep은 이를 영업외수익으로 처리하도록 설계되어 있으니 혹시 전산회계시험에 출제되면 그냥 영업외수익으로 입력할 것.

[참 고] 대손상각비 속성 입력

대손상각비를 속성을 입력하려면 [결산자료입력] 창 상단에 있는 F8 대손상각 클릭 하면 대손상각비 계산창이 나타납니다. 맨 위 대손상각비 설정율이 "1%" 입력하면 KcLep이 자동으로 대손상각비를 계산해 줍니다. 단, 외상매출금, 받을어음에 대해서만 대손상각비를 입력해야 하므로 아래처럼 「선급금」에 대한 대손상각비 추가 설정액을 "0원"으로 입력 후 결산반영 을 클릭해야 합니다.

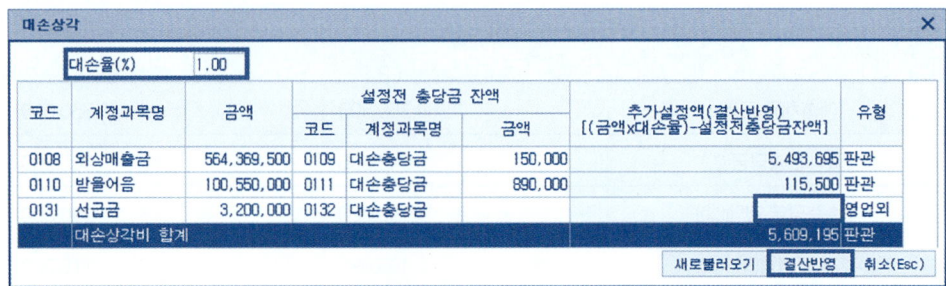

3. 감가상각비 인식

1) 감가상각비 개념

감가상각이란 수익과 비용의 적절한 대응을 위해서 유형자산의 취득원가를 일정 기간 합리적이고 체계적으로 방법으로 배분하여 비용을 인식하는 과정으로 감가상각비가 발생하면 감가상각누계액을 설정하여 해당 유형자산에서 차감하여 표시됩니다.

2) 감가상각비 자동분개 입력

감가상각은 정액법, 정률법, 생산량비례법, 연수합계법, 이중체감법, 이렇게 5가지 방법이 사용 가능한데, KcLep 기말 결산분개 입력에서는 감가상각비를 따로 계산하는 것이 아니라 문제에서 주어진 감가상각비를 해당 유형자산별로 입력만 잘하면 되는데, 기출문제로 풀어보겠습니다.

> **정교수 콕콕**
>
> **핵심체크**
>
> **감가상각비 기말결산**
> 제조원가(500번대), 판관비(800번대) 구분하여 결산입력 창에 입력 후 F3 전표추가

실무기출 확인문제 | 전산회계 1급, 66회 |

(주)동산텍의 결산일 당기의 감가상각비를 다음과 같이 계상하기로 하였다. 기말 결산 정리사항을 해당 메뉴에 입력하시오.

- 본사 영업용 차량: 3,300,000원
- 생산공장 기계장치: 4,500,000원

|정답|
결산 입력창에서 감가상각비 금액만 입력하면 되는데, 주의할 점은 본사 영업용 차량 감가상각비는 판매관리비의 차량운반구 칸에 3,300,000원을 입력하고, 생산공장 기계장치는 제조원가의 기계장치 칸에 입력해야 하며, 마지막엔 반드시 화면 맨 위 F3 전표추가 메뉴를 클릭해야 합니다.

코드	과 목	결산분개금액	결산전금액	결산반영금액	결산후금액
	1. 매출액		1,113,379,640		1,113,379,640
0404	제품매출		1,113,379,640		1,113,379,640
	2. 매출원가	825,675,410	845,375,410		825,675,410
0518	2). 일반감가상각비	4,500,000		4,500,000	4,500,000
0202	건물				
0206	기계장치			4,500,000	4,500,000
0208	차량운반구				
0212	비품				
	4. 판매비와 일반관리비	5,609,195	138,225,500	8,909,195	147,134,695
	1). 급여 외		56,900,000		56,900,000
0801	급여		56,900,000		56,900,000
0806	2). 퇴직급여(전입액)				
0850	3). 퇴직연금충당금전입액				
0818	4). 감가상각비		2,500,000	3,300,000	5,800,000
0202	건물				
0206	기계장치				
0208	차량운반구			3,300,000	3,300,000
0212	비품				

4. 퇴직급여충당부채 인식

1) 퇴직급여충당부채 개념

매년 말 모든 임직원이 일시에 퇴직한다는 전제하에 전체 임직원의 퇴직급여충당부채를 부채로 계상하도록 규정하고 있습니다. 따라서 회사는 회계연도 말에 모든 임직원의 퇴직급여충당부채를 계산한 뒤, 기존 잔액 대비 부족분을 매년 말 추가로 보충해야 합니다.

핵심체크

퇴직급여충당금
퇴직급여충당금 부족액을 제조원가(500번대), 판관비(800번대) 구분하여 결산입력 창에 입력 후 F3 전표추가

2) 퇴직급여충당부채 자동분개 입력

실무기출 확인문제 | 전산회계 1급, 61회 |

(주)동산텍은 생산부 사원에 대해 12,000,000원, 영업부 사원에 대해 9,800,000원의 퇴직급여충당부채를 설정한다. 단, 결산자료 입력을 통해 처리한다.

정답
1월~12월로 KcLep 결산자료 입력창을 부른 뒤, 아래와 같이 입력하되, 생산부 12,000,000원은 제조원가 부분의 508.퇴직급여(전입액)에 입력하고, 영업부 9,800,000원은 판매관리비 806.퇴직급여(전입액)에 입력해야 합니다. 그리고 마지막엔 화면 맨 위 F3 전표추가 메뉴 반드시 클릭해야 합니다.

	3) 노 무 비	57,520,000	45,520,000	12,000,000	57,520,000
	1). 임금 외	45,520,000	45,520,000		45,520,000
0504	임금	45,520,000	45,520,000		45,520,000
0508	2). 퇴직급여(전입액)	12,000,000		12,000,000	12,000,000
0550	3). 퇴직연금충당금전입액				
	4. 판매비와 일반관리비		138,225,500	13,100,000	151,325,500
	1). 급여 외		56,900,000		56,900,000
0801	급여		56,900,000		56,900,000
0806	2). 퇴직급여(전입액)			9,800,000	9,800,000

(*) 퇴직급여 추가 전입은 반드시 2)퇴직급여(전입액)란에 입력할 것. 3)퇴직연금충당금전입액란은 퇴직연금 관련해 KcLep에 만든 계정과목으로 시험에는 출제되지 않음.

5. 미지급세금 인식

1) 미지급세금 개념

핵심체크

미지급세금
결산입력 창에 선납세금, 미지급세금 입력 F3 전표추가

이자 수령 시 은행에서 원천징수를 당하거나 전반기 6개월 치에 대한 중간예납을 하기도 하는데 이를 선납세금이라고 합니다. 그리고 1년 치 법인세가 계산된 뒤, 곧장 납부가 이루어지지 않으면 미지급세금이 발생하기도 합니다.

2) 미지급세금 자동분개 입력

실무기출 확인문제 | 전산회계 1급, 75회 |

(주)동산텍은 당기 법인세비용이 20,000,000원으로 계산되었다. 선납세금을 반영하여 추가로 납부하게 될 금액을 미지급세금으로 대체하시오. (단, 선납세금은 조회하여 사용할 것.)

① 선납세금 조회: 12,850,000원

일단 (주)동산텍 KcLep 메인화면 맨 우측 위의 [결산및재무제표] 밑의 [재무상태표] 클릭하여 12월 31일, 기말 현재 선납세금 잔액을 조회하면 12,850,000원입니다.

② 미지급세금 계산

연간 납부할 법인세가 20,000,000원인데 이미 12,850,000원을 납부했으므로 미납 법인세는 7,150,000원(20,000,000 - 12,850,000)입니다.

③ 자동분개 입력

KcLep 결산 입력창을 통해 세금 관련 자료를 입력하는 방법인데, 스크롤 바를 쭈욱 내려 결산 입력창 맨 아래 부분에 다음과 같이 입력한 뒤 F3 전표추가 메뉴를 클릭합니다.

코드	과 목	결산분개금액	결산전금액	결산반영금액	결산후금액
0998	9. 법인세등			20,000,000	20,000,000
0136	1). 선납세금		12,850,000	12,850,000	12,850,000
0998	2). 추가계상액	20,000,000		7,150,000	7,150,000

- 선납세금: 결산반영금액에 12,850,000 입력
- 추가 계상액: 7,150,000원 입력

단, 미지급세금의 경우 위와 같이 자동분개 말고 아래와 같이 12.31자 일반전표로 수동 입력해도 상관 없으나, 자동분개가 좀 더 편리합니다.

12. 31	(차) 법인세등	20,000,000	(대) 선납세금	12,850,000
			미지급세금	7,150,000

4 기말결산 수동분개

지금까지는 KcLep 결산입력 창에 숫자를 입력하고 F3 전표추가 를 클릭하면 자동으로 결산분개가 이루어졌습니다. 그러나 아래 결산 항목들은 결산일인 12.31자로 일반전표를 입력해야 합니다.

1. 외화환산손익 인식

1) 개 념

외화환산손익이란 외화로 자산, 부채를 보유할 경우 환율변동에 따른 손익을 말합니다. 예를 들어 수출로 벌어들인 달러를 은행에 예치해 두었는데 예치 시 환율 1,000원/1$이 회계기간 말 1,100원/1$로 상승하면 보유 중인 달러에서 외화환산이익이 발생하고, 반대로 회계기간 말 900원/1$로 하락하면 외화환산손실이 발생해 영업외손익으로 인식해야 합니다.

 정교수 콕콕

🎯 핵심체크

기말결산 수동분개
12. 31자 일반전표로 입력

핵심체크
외화환산손익
12.31자 일반전표 입력, 영업외손익

2) 외화환산손익 수동분개 입력

실무기출 확인문제 | 전산회계 1급, 75회 |

(주)동산텍의 단기차입금 중 ABC.CO.LTD에 대한 외화차입금 10,000,000원(미화 $10,000)이 계상되어 있다. 보고기간 종료일 현재 적용 환율은 미화 1$당 1,200원이다.

|정 답|

회계기간 말 외화차입금은 $10,000 × 1,200원/1$ = 12,000,000원으로 장부에 있던 기존 금액 10,000,000원보다 2,000,000원 증가. 환율이 올라 그만큼 갚아야 할 차입금이 늘어난 것인데, 이를 외화환산손실이라는 영업외비용으로 처리하며, 결산분개이므로 12. 31자 일반전표로 입력.

| 12. 31 | (차) 외화환산손실(영업외비용) 2,000,000 | (대) 단기차입금(ABC.CO.LTD) 2,000,000 |

일	번호	구분	계정과목	거래처	적요	차변	대변
31	00001	차변	0955 외화환산손실			2,000,000	
31	00001	대변	0260 단기차입금	00200 ABC.CO.LTD			2,000,000

2. 선급비용, 미수수익 등 이연 항목 인식

1) 개 념

선급비용이란 미리 낸 비용 중 아직 비용화가 되지 않은 부분을 자산으로 처리한 것으로 1년 치 보험료 중 아직 비용화되지 않은 부분이 대표적 사례입니다. 그리고 미수수익은 발생한 수익 중 아직 받지 못한 부분을 자산으로 처리한 것으로 회계연도 말 기준 정기예금 이자가 그 대표적인 사례입니다.

핵심체크
선급비용, 미수수익
비용화 안 된 부분은 선급비용, 발생했으나 못 받은 수익은 미수수익

2) 선급비용 수동분개 입력

실무기출 확인문제 | 전산회계 1급, 64회 |

(주)동산텍이 9월 1일에 사랑은행에 지급한 영업부서 자동차 보험료로 전액 비용 처리한 1,200,000원 중 당해 연도 분 보험료는 800,000원이다.

|정 답|

- 9월 1일, 보험료 1,200,000원을 선납했는데, 당해 연도 4개월(9~12월) 치 보험료가 800,000원이기 때문에 나머지 400,000원은 아직 비용화되지 않은 선급비용임.
- 영업부 자동차보험으로 보험료(판관비) 400,000을 12. 31자 결산분개로 줄여야 함.

| 12. 31 | (차) 선급비용(사랑은행) 400,000 | (대) 보험료(판매관리비) 400,000 |

일	번호	구분	계정과목	거래처	적요	차변	대변
31	00003	차변	0133 선급비용	98001 사랑은행		400,000	
31	00003	대변	0821 보험료				400,000

3) 미수수익 수동분개 입력

실무기출 확인문제 | 전산회계 1급, 74회 |

(주)동산텍이 당해연도 4.1일에 다음과 같이 우정은행에 예치한 정기예금에 대한 기간 경과 분 이자를 인식하시오.

- 예금금액: 100,000,000원
- 예금기간: 당해연도 4. 1 ~ 다음연도 3. 31
- 연이자율: 2%, 월할로 계산할 것
- 이자지급일: 연 1회(매년 3월 31일)

|정답|
- 당해연도에 대한 이자는 총 9개월(4월~9월)인데 이자지급일이 3월 31일이므로 회계기간 말에는 이자를 받지 못했으므로 미수이자를 인식해야 함.
- 9개월 치 이자: 100,000,000 × 2% × (9/12) = 1,500,000원

| 12. 31 | (차) 미수수익(우정은행) 1,500,000 | (대) 이자수익(영업외수익) 1,500,000 |

| 31 | 00002 | 차변 | 0116 | 미수수익 | 98002 | 우정은행 | | 1,500,000 | |
| 31 | 00002 | 대변 | 0901 | 이자수익 | | | | | 1,500,000 |

(*) KcLep은 미수이자라는 계정과목 대신 미수수익을 사용하며, 결산분개이므로 12. 31자 일반전표로 입력.

3. 계정재분류 결산 인식

마지막 공부할 결정조정 항목은 다음과 같이 계정을 재분류하는 내용들인데 다양한 종류들이 출제되기 때문에 외워서 풀지 말고 거래를 이해하여 그동안 쌓은 분개 실력으로 풀어보기 바랍니다.

1) 유동성장기부채 인식

(주)동산텍이 전기 말 우정은행으로부터 차입한 장기차입금 중 50,000,000원은 내년 3월 20일 만기가 도래하고 회사는 이를 상환할 계획이다. (68회)

회계연도 말 기준으로 1년 이내에 상환하여야 할 부채는 유동부채입니다. 따라서 장기차입금 중 1년 이내 상환해야 하는 금액을 유동부채로 바꾸어야 하는데, 이를 특별히 '유동성장기부채' 계정과목을 사용합니다. 결산분개이므로 12. 31자 일반전표로 입력해야 합니다.

| 12. 31 | (차) 장기차입금(우정은행) 50,000,000 | (대) 유동성장기부채(우정은행) 50,000,000 |

| 31 | 00004 | 차변 | 0293 | 장기차입금 | 98002 | 우정은행 | | 50,000,000 | |
| 31 | 00004 | 대변 | 0264 | 유동성장기부채 | 98002 | 우정은행 | | | 50,000,000 |

핵심체크

유동성장기부채
장기차입금 중 1년 이내 상환기일 도래한 금액

2) 현금 부족액 발생

> (주)동산텍은 기중에 200,000원의 현금과부족을 인식하였다. 그런데 동 금액은 매출 거래처 직원의 결혼식 청첩장을 첨부하여 지출한 축의금을 회계처리 하지 않은 것이 확인되었다. 관련 회계처리 날짜는 결산일로 하며 기중에 인식된 현금과부족은 적절히 회계처리하였다고 가정한다. (73회)

현금과부족은 장부상 현금보다 금고의 실제 현금이 부족할 경우 사용하는 임시계정입니다. 200,000원이 매출거래처 축의금임이 확인되었으므로 기업업무추진비(판매관리비)로 변경해야 합니다.

| 12. 31 | (차) 기업업무추진비(판매관리비) | 200,000 | (대) 현금과부족 | 200,000 |

| 31 | 00007 | 차변 | 0813 | 기업업무추진비 | | | 200,000 | |
| 31 | 00007 | 대변 | 0141 | 현금과부족 | | | | 200,000 |

핵심체크 콕콕

재고자산 타계정
적요 8.타계정으로 대체액 손익계산서 반영분 반드시 입력

3) 재고자산 타계정 대체

> (주)동산텍의 기말재고 조사 결과 제품재고 1,200,000원이 부족하여 확인한 결과 영업부의 가을체육대회에서 경품으로 제공된 것이 발견되었다. (적요 중 타계정으로 대체액을 사용할 것.) (73회)

[매출원가 = 기초재고액 + 당기매입액 - 기말재고액]으로 계산되기 때문에 그냥 두면 체육대회에 사용된 재고 1,200,000원이 매출원가로 처리됩니다. 이렇게 판매되지 않고 다른 용도로 사용된 재고를 사용된 비용으로 재분류하는 것을 '재고자산 타계정대체'라고 부릅니다.

영업부 체육대회이므로 복리후생비(판매관리비) 계정과목 사용하고, 타계정대체는 입력 시 '적요 8번. 타계정으로 대채액 손익계산서 반영분'을 반드시 입력해야 합니다.

| 12. 31 | (차) 복리후생비(판매관리비) 1,200,000 | (대) 제 품 1,200,000 |
| | | (적요8.타계정으로 대체액 손익계산서 반영분) |

| 31 | 00006 | 차변 | 0811 | 복리후생비 | | | 1,200,000 | |
| 31 | 00006 | 대변 | 0150 | 제품 | 8 타계정으로 대체액 손익계산서 반영분 | | | 1,200,000 |

4) 당좌차월의 인식

> (주)동산텍의 사랑은행 보통예금은 마이너스 통장이다. 기말 현재 사랑은행 보통예금 잔액 (-)3,000,000원을 단기차입금 계정으로 대체한다. (69회)

마이너스 통장은 잔고가 없어도 인출이 가능한 통장으로 마이너스 발생 시 은행에서 대출해주어 사용이 가능한 계좌입니다. 마이너스 통장이 잔고를 넘어 3,000,000원을 사용한 것으로 이를 단기차입금으로 변경하면 됩니다.

| 12. 31 | (차) 보통예금 | 3,000,000 | (대) 단기차입금(사랑은행) | 3,000,000 |

| 31 | 00007 | 차변 | 0103 | 보통예금 | | | 3,000,000 | |
| 31 | 00007 | 대변 | 0260 | 단기차입금 | 98001 | 사랑은행 | | 3,000,000 |

39 기말결산정리 실무기출 공략하기

본 교재의 실습자료는 cafe.naver.com/eduacc의 「공지&DATA다운로드」에서 공지 에 있는 [콕콕정교수 전산회계 1급] 이론+실무+기출 실습데이터의 Data_Install_JH1.zip 파일을 다운받아 컴퓨터에 설치 후, 회사등록 클릭, F4 회사코드재생성 클릭 후 「㈜가은」 선택

㈜가은의 결산정리사항은 다음과 같다. 해당 메뉴에 입력하시오.

01 난이도 ★★ 필수
결산일 현재 재고자산의 기말재고액은 다음과 같다. [2022년, 101회]

- 원재료: 690,229,000원
- 재공품: 7,000,000원
- 제품: 10,500,000원

02 난이도 ★★★ 필수
회사는 대손충당금을 기말 외상매출금 잔액, 기말 받을어음 잔액에 대해서만 1%를 보충법으로 설정하고 있다. [2024년, 112회 변형]

03 난이도 ★★ 필수
다음은 당해 연도 4월 1일 제조부에서 사용하기 위하여 취득한 화물차에 대한 자료이다. 아래 주어진 자료에 대해서만 감가상각을 하시오. [2023년, 111회]

취득일	취득원가	자산코드/명	잔존가치	내용연수	상각방법
당해 연도 4. 1.	30,000,000원	[101]/포터	0원	5	정액법

04 난이도 ★★ 필수
당사는 일반기업회계기준에 의하여 퇴직급여충당부채를 설정하고 있으며, 기말 현재 퇴직급여추계액 및 당기 퇴직급여충당부채 설정 전의 퇴직급여충당부채 잔액은 다음과 같다. 결산 시 회계처리 하시오. [2024년, 117회 변형]

부서	설정전 퇴직급여충당부채잔액	기말 현재 퇴직급여추계액
영업부	8,000,000원	12,000,000원
제조부	12,000,000원	15,000,000원

05 난이도 ★★ 필수
당기 '법인세비용'을 5,600,000원으로 계상한다. (법인세 중간예납세액은 조회하여 입력할 것) [2025년, 118회 변형]

06 난이도 ★★
단기차입금 중에는 Champ사의 단기차입금 12,000,000원(미화 $10,000)이 포함되어 있다. (결산일 현재 적용환율: 미화 1$당 900원) [2025년, 119회 변형]

07 난이도 ★★★ 필수
당사는 영업부에서는 소모품 구입 시 전액 소모품비로 비용화하고 결산 시 미사용분을 자산으로 계상해 오고 있다. 결산 시 영업부로부터 미사용분인 소모품은 1,000,000원으로 통보받았다. (단, 금액은 음수로 입력하지 말 것)
[2023년, 110회 변형]

08 난이도 ★★★
7월 1일, 사무실을 임대(임대기간 당해연도 7.1~내년 6.30)하면서 1년분 임대료 1,200,000원을 자기앞수표로 받고 전액 선수수익으로 회계처리 하였다. 월할 계산하여 기말수정분개를 하시오. [2012년, 52회]

09 난이도 ★★★ 필수
6월 1일, 전액 비용으로 회계 처리된 보험료(제조부문 1,320,000원, 본사 관리부문 1,440,000원)는 1년분에 해당하므로 차년도분에 대한 회계처리를 하시오. 당기분과 차기분에 대한 계산은 월단위로 계산하고 거래처 입력은 생략하시오. [2024년, 117회 변형]

10 난이도 ★★
당사는 원활한 입출금거래를 위해 마이너스통장을 개설하여 사용하고 있으며, 결산일 현재 대박은행에 당사의 보통예금계좌의 잔고를 확인한 결과 마이너스(-) 4,500,000원인 것으로 나타나 이를 단기차입금으로 대체하고자 한다. [2013년, 58회]

11 난이도 ★★
기말재고조사 결과 제품재고 2,000,000원이 부족하여 확인한 결과 매출거래처에 접대로 제공된 것이다. (적요 중 타계정으로 대체액을 사용할 것) [2014년, 59회]

12 난이도 ★★
영업권은 작년 1월 1일에 10,000,000원에 취득하여 사용해 왔다. 회사는 무형자산 내용연수를 5년으로 하고 있다. [2023년, 107회 변형]

13 난이도 ★★
국민은행의 정기예금에 대한 기간경과분 이자수익을 인식하다 (단, 월할로 계산할 것). [2025년, 119회 변형]

- 예금금액 : 60,000,000원
- 연이자율 : 2%
- 예금기간 : 2년(당해연도 10.01.~2년 뒤 09.30.)
- 이자지급일 : 연 1회(매년 9월 30일)

14 난이도 ★★ 필수
12월 11일 실제 현금보유액이 장부상 현금보다 570,000원이 많아서 현금과부족으로 처리하였던바, 결산일에 340,000원은 선수금(장일상사)으로 밝혀졌으나, 230,000원은 그 원인을 알 수 없다. [2025년, 119회 변형]

15 난이도 ★★ 필수
국민행으로부터 차입한 장기차입금 105,000,000원 중 30,000,000원은 내년 2월 16일 만기가 도래하고, 회사는 만기의 연장 없이 상환할 계획이다. [2024년, 116회 변형]

16 난이도 ★★ 필수
제2기 부가가치세 확정신고 기간에 대한 부가세예수금은 52,346,500원, 부가세대급금은 52,749,000원일 때 부가가치세를 정리하는 회계처리를 기말 결산분개로 하시오. (단, 환급세액은 미수금으로 회계처리하고, 불러온 자료는 무시한다.) [2024년, 116회]

정답 및 해설

01 결산입력 창의 기말 원재료 칸에 690,229,000, 기말 재공품 칸에 7,000,000, 기말 제품 칸에 10,500,000 입력 뒤 [F3 전표추가] 클릭

	2. 매출원가	145,824,670	853,553,670		145,824,670
0455	제품매출원가	145,824,670			145,824,670
	1)원재료비		690,229,000		
0501	원재료비		690,229,000		
0153	① 기초 원재료 재고액		3,500,000		3,500,000
0153	② 당기 원재료 매입액		687,029,000		687,029,000
0153	⑥ 타계정으로 대체액		300,000		300,000
0153	⑩ 기말 원재료 재고액			690,229,000	690,229,000
0455	8)당기 총제조비용		836,053,670		145,824,670
0169	① 기초 재공품 재고액		7,000,000		7,000,000
0169	⑩ 기말 재공품 재고액			7,000,000	7,000,000
0150	9)당기완성품제조원가	145,824,670	843,053,670		145,824,670
0150	① 기초 제품 재고액		10,500,000		10,500,000
0150	⑩ 기말 제품 재고액			10,500,000	10,500,000
	3. 매출총이익		327,885,515	707,729,000	1,035,614,515

02
- 대손충당금 설정액 산정: 매출채권 잔액은 KcLep 메인화면 맨 우측 위의 [결산및재무제표]에서 [재무상태표] 메뉴를 클릭한 뒤 12월을 입력한 뒤 조회

항목	외상매출금	받을어음
매출채권 금액	607,500,000	130,050,000
1% 대손충당금①	6,075,000	1,300,500
대손충당금 잔액②	4,250,000	890,000
추가 설정액(①-②)	1,825,000	410,500

- 결산입력 창의 외상매출금 대손상각비 부분에 1,825,000원, 받을어음 부분에 410,500원 입력 후 [F3 전표추가] 메뉴 클릭 또는 일반전표(12월 31일자) 입력

코드	과 목	결산분개금액	결산전금액	결산반영금액	결산후금액
0835	5). 대손상각	2,235,500	2,235,500	2,235,500	4,471,000
0108	외상매출금			1,825,000	1,825,000
0110	받을어음			410,500	410,500

31	00012	차변	0835	대손상각비		2,235,500	
31	00012	대변	0109	대손충당금			1,825,000
31	00012	대변	0111	대손충당금			410,500

[대손상각비 속성 입력]

결산입력 창의 F8 대손상각 클릭 후 대손율 1%를 입력하면 다음과 같이 대손상각비가 자동 계산됨. 단, 외상매출금, 받을어음에 대해서만 설정해야 하므로 단기대여금, 미수금, 선급금에 대한 추가설정액을 0원으로 입력한 후 결산반영 클릭해도 됨.

03 당기 감가상각비 : (30,000,000 - 잔존가치 0원) ÷ 5년 × (9개월/12개월) = 4,500,000원, [결산자료입력] 창에서 판매관리비의 차량운반구 칸에 4,500,000원 입력 후 [F3 전표추가] 클릭

코드	과 목	결산분개금액	결산전금액	결산반영금액	결산후금액
0518	2). 일반감가상각비	4,500,000		4,500,000	4,500,000
0202	건물				
0206	기계장치				
0208	차량운반구			4,500,000	4,500,000

일반전표 입력창에 아래 분개를 입력해도 됨.

12. 31	(차) 감가상각비(제조원가)	4,500,000	(대) 감가상각누계액(차량운반구)	4,500,000

04 결산 입력창에 추가로 입력할 금액, 제조부 3,000,000원은 제조원가 부분의 508.퇴직급여(전입액), 영업부 4,000,000원은 판매관리비 806.퇴직급여(전입액)에 입력 후 [F3 전표추가] 클릭

	3) 노 무 비	60,820,000	57,820,000	3,000,000	60,820,000
	1). 급여 외	57,820,000	57,820,000		57,820,000
0503	급여	3,000,000	3,000,000		3,000,000
0504	임금	54,820,000	54,820,000		54,820,000
0508	2). 퇴직급여(전입액)	3,000,000		3,000,000	3,000,000
	4. 판매비와 일반관리비	2,235,500	157,600,940	20,835,500	178,436,440
	1). 급여 외		67,700,000		67,700,000
0801	급여		67,700,000		67,700,000
0806	2). 퇴직급여(전입액)			4,000,000	4,000,000

05 수동분개, 자동분개 모두 가능 : 선납세금

- 선납세금 조회: [재무상태표] 클릭 후 12월 입력하여 조회, 3,000,000원임.
- 수동분개: 결산분개이므로 반드시 12. 31자로 입력할 것. 미지급세금은 2,600,000원임(5,600,000 - 3,000,000)

12. 31	(차) 법인세등(998)	5,600,000	(대) 선납세금	3,000,000
			미지급세금	2,600,000

일	번호	구분	계정과목	거래처	적요	차변	대변
31	00045	차변	0998 법인세등			5,600,000	
31	00045	대변	0136 선납세금				3,000,000
31	00045	대변	0261 미지급세금				2,600,000

- 자동분개

결산 입력창 맨 밑의 부분의 선납세금 칸에 3,000,000원 입력, 추가계상액 칸에 2,600,000원 입력 후 [F3 전표추가] 클릭

코드	과 목	결산분개금액	결산전금액	결산반영금액	결산후금액
0998	9. 법인세등	5,600,000		5,600,000	5,600,000
0136	1). 선납세금		3,000,000	3,000,000	3,000,000
0998	2). 추가계상액	5,600,000		2,600,000	2,600,000

06 결산분개이므로 일반전표에 12. 31 자로 입력 : 외화환산이익

- 회계기간 말 외화차입금: $10,000 × 900원/1$ = 9,000,000원으로 장부에 있던 기존 금액 12,000,000원보다 3,000,000원 감소하였음.
- 환율 하락으로 갚아야 할 차입금이 줄어들어 외화환산이익 발생

12. 31	(차) 단기차입금(Champ사)	3,000,000	(대) 외화환산이익(영업외수익)	3,000,000

| 31 | 00046 | 차변 | 0260 단기차입금 | 35051 Champ사 | | 3,000,000 | |
| 31 | 00046 | 대변 | 0910 외화환산이익 | | | | 3,000,000 |

07 결산분개이므로 일반전표에 12. 31 자로 입력 : 소모품비

- 전액 소모품비(판매관리비)로 처리했던 것 중 미사용분 1,000,000원은 소모품(자산)으로 계상하여야 함.

12. 31	(차) 소모품(122)	1,000,000	(대) 소모품비(판매관리비)	1,000,000

| 31 | 00047 | 차변 | 0122 소모품 | | 1,000,000 | |
| 31 | 00047 | 대변 | 0830 소모품비 | | | 1,000,000 |

08 결산분개이므로 일반전표에 12. 31 자로 입력 : 선수수익

- 월 임대료: 1,200,000(1년치) ÷ 12 = 100,000원
- 당해연도 임대료수익: 100,000원 × 6개월(7~12월) = 600,000원
- 600,000원을 선수수익에서 차감하고, 그만큼 당해연도 임대수익으로 인식

12. 31	(차) 선수수익(263)	600,000	(대) 임대료(영업외수익)	600,000

| 31 | 00008 | 차변 | 0263 선수수익 | | 600,000 | |
| 31 | 00008 | 대변 | 0904 임대료 | | | 600,000 |

09 결산분개이므로 일반전표에 12. 31 자로 입력 : 선급비용

- 월 보험료: 제조부분 110,000원 (1,320,000÷12), 본사 관리부부문 120,000원 (1,440,000÷12)
- 미경과 개월 수: 5개월(다음 연도 1월~5월)
- 선급비용: 제조부분 550,000원 (110,000×5개월), 본사 관리부부문 600,000원 (120,000×5개월), 총 1,150,000원

12. 31	(차) 선급비용(133)	1,150,000	(대) 보험료(제조원가)	550,000
			보험료(판매관리비)	600,000

31	00020	차변	0133 선급비용		1,150,000	
31	00020	대변	0521 보험료			550,000
31	00020	대변	0821 보험료			600,000

10 결산분개이므로 일반전표에 12. 31 자로 입력 : 단기차입금

- 마이너스 통장은 잔고가 없어도 인출이 가능한 통장으로 마이너스 발생 시 은행 대출금이 통장으로 입금되어 사용한 것임.

12. 31	(차) 보통예금	4,500,000	(대) 단기차입금(대박은행)	4,500,000

| 31 | 00050 | 차변 | 0103 보통예금 | | 4,500,000 | |
| 31 | 00050 | 대변 | 0260 단기차입금 | 98002 대박은행 | | 4,500,000 |

11 결산분개이므로 일반전표에 12.31 자로 입력 : 타계정대체

- 매출 거래처를 위해 사용한 제품 2,000,000원은 기업업무추진비(판매관리비)이며 그만큼 제품을 없애야 함. 단, 적요8. 타계정으로 손익계산서 반영분 선택

12.31	(차) 기업업무추진비(판매관리비) 2,000,000	(대) 제 품(적요8.타계정으로 대체액 손익계산서 반영분) 2,000,000

| 31 | 00027 | 차변 | 0813 | 기업업무추진비 | | | 2,000,000 | |
| 31 | 00027 | 대변 | 0150 | 제품 | | 8 타계정으로 대체액 손익계산서 반영분 | | 2,000,000 |

12 결산분개이므로 일반전표에 12.31 자로 입력 : 무형자산상각비

- 영업권 금액 조회: [결산및재무제표]에서 [재무상태표] 메뉴를 클릭한 뒤 12월을 입력한 뒤 무형자산에서 조회, 8,000,000원 조회됨. 작년 1년치 상각 후 잔액임.
- 영업권 상각: 무형자산은 정액법 상각이며, 내용연수가 5년이므로 연간 상각액은 2,000,000원임. (10,000,000÷5년)

12.31	(차) 무형자산상각비(판매관리비) 2,000,000	(대) 영업권(218) 2,000,000

| 31 | 00052 | 차변 | 0840 | 무형자산상각비 | | | 2,000,000 | |
| 31 | 00052 | 대변 | 0218 | 영업권 | | | | 2,000,000 |

13 결산분개이므로 12.31 자로 일반전표 입력 : 미수수익

당해 분 이자수익: 60,000,000 × 2% × 3개월(10.1~12.31)÷12개월 = 300,000원

12.31	(차) 미수수익(116) 300,000	(대) 이자수익(영업외수익) 300,000

| 31 | 00028 | 차변 | 0116 | 미수수익 | | | 300,000 | |
| 31 | 00028 | 대변 | 0901 | 이자수익 | | | | 300,000 |

14 결산분개이므로 12.31 자로 일반전표 입력 : 현금과부족

대변의 현금과부족 570,000원을 없애고 340,000원 선수금 인식, 나머지는 잡이익 처리

12.31	(차) 현금과부족(141) 570,000	(대) 선수금(장일상사) 340,000 잡이익(영업외수익) 230,000

31	00029	차변	0141	현금과부족			570,000	
31	00029	대변	0259	선수금	00111	장일상사		340,000
31	00029	대변	0930	잡이익				230,000

15 결산분개이므로 12.31 자로 일반전표 입력 : 유동성장기부채

상환일이 1년 이내인 장기차입금(비유동부채)을 유동성장기부채(유동부채)로 변경

12.31	(차) 장기차입금(국민은행) 30,000,000	(대) 유동성장기부채(국민은행) 30,000,000

| 31 | 00030 | 차변 | 0293 | 장기차입금 | 98001 | 국민은행 | 30,000,000 | |
| 31 | 00030 | 대변 | 0264 | 유동성장기부채 | 98001 | 국민은행 | | 30,000,000 |

16 당기매출 시 받아둔 유동부채 "부가세예수금 52,346,500원"을 차변으로 없애고, 매입 시 지급했던 당좌자산 "부가세대급금 52,749,000원"을 대변으로 없애면 차액 402,500원이 생기는데 이 금액은 세무서에 환급받을 미수금임.

12. 31	(차) 부가세예수금(255) 52,346,500 미수금(120) 402,500	(대) 부가세대급금(135) 52,749,000

31	00031	차변	0255	부가세예수금	국민은행	52,346,500	
31	00031	차변	0120	미수금		402,500	
31	00031	대변	0135	부가세대급금			52,749,000

40 전기분 재무제표 수정

학습내용 / 출제경향
- 거래처별 초기이월 수정
- 전기 손익계산서 수정
- 전기 제조원가 수정 후 재무제표 재작성

전기분 재무제표 수정은 다음 3가지 내용이 번갈아 가면서 매 시험마다 1문제 정도 출제되고 있음.
- 거래처별 초기이월 수정: 아주 쉬우므로 출제되면 반드시 맞혀야 함.
- 전기분 손익계산서 수정: 비교적 쉬움. 손익계산서의 기본만 알아도 충분히 맞힐 수 있음.
- 전기분 제조원가명세서/재무제표 수정: 원가계산의 기초지식이 필요한데 너무 어려우면 과감히 패스.

 정교수 콕콕

본 교재의 실습자료는 cafe.naver.com/eduacc의 「공지&DATA다운로드」에서 공지 에 있는 [콕콕정교수 전산회계 1급] 이론+실무+기출 실습데이터의 Data_Install_JH1.zip 파일을 다운받아 컴퓨터에 설치 후, 회사등록 클릭, F4 회사코드재생성 클릭 후 「㈜단원」 선택

1 전기분 재무제표 수정의 개념

전기분 재무제표 수정이란 작년도에서 넘어온 기초재무제표 중 잘못된 부분을 수정하는 것을 말하는데, KcLep 프로그램은 메인화면 왼쪽 [전기분재무제표등] 메뉴를 이용해 전년도의 잘못된 부분을 수정할 수 있습니다. 다음은 KcLep의 [전기분재무제표] 메뉴입니다.

전기분재무제표
전기분재무상태표
전기분손익계산서
전기분원가명세서
전기분잉여금처분계산서
거래처별초기이월
마감후이월

전산회계시험에서는 유형 1(거래처별 초기이월 수정), 유형 2(전기분 손익계산서 수정), 유형 3(전기분 제조원가 수정), 이렇게 3가지 유형이 출제되는데 유형3은 다소 내용이 어려우므로, 회계를 처음 공부하거나 시간이 없는 분들은 유형 1, 유형 2만 공부해도 시험 당락에는 영향이 없습니다.

2 유형 1: 거래처별 초기이월 수정

정교수 콕콕

1. 거래처별 초기이월 조회

(주)단원의 [전기분재무제표등] 밑의 [거래처별초기이월] 메뉴를 클릭하면 (주)단원의 초기 이월된 거래처별 잔액을 조회할 수 있는데, 예를 들어 받을어음을 클릭하면 다음 화면이 조회됩니다.

〈거래처별 초기이월 조회〉

코드	계정과목	재무상태표금액	코드	거래처	금액
0101	현금	145,000,000	00112	(주)용인	5,000,000
0102	당좌예금	120,000,000	00120	기웅상사	20,000,000
0103	보통예금	305,655,952	00148	(주)에코광고	12,000,000
0105	정기예금	35,000,000			
0106	정기적금	1,590,005			
0108	외상매출금	30,000,000			
0110	받을어음	37,000,000			

받을어음 총액은 37,000,000원이고 이 금액은 3개 거래처, ㈜용인, 기웅상사, ㈜에코광고로부터 받을 금액임을 알 수 있습니다. 전기분 재무제표 수정의 첫 번째 출제 유형은 이렇게 제시된 거래처별 초기이월 화면에서 잘못 입력된 거래처 명칭이나 금액을 수정하는 것입니다. 다음 기출문제로 구체적인 내용을 알아보겠습니다.

2. 거래처별 초기이월 수정

핵심체크 콕콕콕

거래처별 초기이월 수정
전기분 재무상태표 조회하여 계정과목의 거래처, 금액 수정

실무기출 확인문제 | 전산회계 1급, 73회 |

(주)단원의 거래처별 초기이월 자료는 아래와 같다. 수정, 추가 입력하시오.

계정과목	거래처명	금 액
보통예금	미래은행	155,655,952
	기쁨은행	150,000,000
외상매출금	(주)다원상사	30,000,000
지급어음	(주)글로벌	10,000,000
선수금	(주)에필로그	5,000,000

시험문제에 제시된 거래처와 금액을 KcLep에 입력된 내용과 비교해 보면 KcLep에 보통예금, 외상매출금, 지급어음, 선수금이 잘못 입력되어 있습니다. 이를 수정하기 위해 거래처별 초기이월 화면에서 해당 계정과목을 클릭 후 올바른 거래처와 금액을 입력하기만 하면 됩니다.

1) 보통예금: 미래은행(205,655,952→155,655,952),
   기쁨은행(100,000,000→150,000,000)

코드	계정과목	재무상태표금액	코드	거래처	금액
0101	현금	145,000,000	98001	미래은행	155,655,952
0102	당좌예금	120,000,000	98002	기쁨은행	150,000,000
0103	보통예금	305,655,952			

2) 외상매출금: 거래처, 금액 미입력되어 있음. → ㈜다원상사 30,000,000 입력

코드	계정과목	재무상태표금액	코드	거래처	금액
0101	현금	145,000,000	00135	㈜다원상사	30,000,000
0102	당좌예금	120,000,000			
0103	보통예금	305,655,952			
0105	정기예금	35,000,000			
0106	정기적금	1,590,005			
0108	외상매출금	30,000,000			

3) 지급어음: 거래처, 금액 미입력되어 있음. → ㈜글로벌 10,000,000 입력

코드	계정과목	재무상태표금액	코드	거래처	금액
0101	현금	145,000,000	00151	㈜글로벌	10,000,000
0102	당좌예금	120,000,000			
0103	보통예금	305,655,952			
0105	정기예금	35,000,000			
0106	정기적금	1,590,005			
0108	외상매출금	30,000,000			
0110	받을어음	37,000,000			
0120	미수금	2,000,000			
0131	선급금	11,700,000			
0251	외상매입금	90,000,000			
0252	지급어음	10,000,000			

4) 선수금: 거래처, 금액 미입력되어 있음. → ㈜에필로그 5,000,000 입력

코드	계정과목	재무상태표금액	코드	거래처	금액
0101	현금	145,000,000	00153	㈜에필로그	5,000,000
0102	당좌예금	120,000,000			
0103	보통예금	305,655,952			
0105	정기예금	35,000,000			
0106	정기적금	1,590,005			
0108	외상매출금	30,000,000			
0110	받을어음	37,000,000			
0120	미수금	2,000,000			
0131	선급금	11,700,000			
0251	외상매입금	90,000,000			
0252	지급어음	10,000,000			
0253	미지급금	52,820,000			
0259	선수금	5,000,000			

3 유형 2: 전기분 손익계산서 수정

1. 전기분 손익계산서 수정 개념

전기분 재무제표 수정의 두 번째 출제 유형은 전기손익계산서에서 잘못된 금액, 예를 들어 비용을 수정하는 것입니다. 그런데 이렇게 비용을 수정하면 당기순이익이 바뀌고, 당

기순이익이 바뀌면 재무상태표의 이익잉여금이 바뀌게 되어 다음 순서로 전기 재무제표를 수정해야 합니다.

> 전기분 손익계산서 수정 ➜ 전기분 이익잉여금처분계산서 수정 ➜ 전기분 재무상태표 수정

실무기출 확인문제 | 전산회계 1급, 73회 |

(주)단원의 전기분 손익계산서를 검토한 결과 다음과 같은 오류가 발견되었다. 전기분 손익계산서, 전기분 잉여금처분계산서, 전기분 재무상태표의 관련 부분을 수정하시오.

계정과목	틀린 금액	올바른 금액	내용
상여금(0803)	4,300,000원	3,400,000원	입력 오류

(주)단원의 전기분 손익계산서의 상여금(803번, 판매관리비)에 3,400,000원을 입력해야 하는데 900,000원 더 큰 4,300,000원을 입력하면, [손익계산서 → 이익잉여금처분계산서 → 재무상태표] 순서로 재무제표가 모두 잘못됩니다.

2. 재무제표 간 흐름도

왜냐하면, 손익계산서에서 계산된 당기순이익이 이익잉여금처분계산서로 옮겨가 미처분이익잉여금으로 쌓이게 되고, 그 누적된 금액이 재무상태표의 이월이익잉여금이 되기 때문입니다. 이를 도표로 표시하면 다음과 같습니다.

〈재무제표 간 흐름도〉

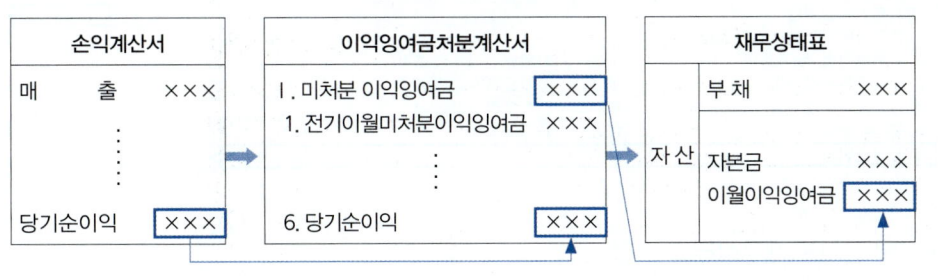

3. 단계적 재무제표 수정

자, 지금부터 상여금(803번, 판매관리비)에 900,000원 더 입력한 실수를 [손익계산서 → 이익잉여금처분계산서 → 재무상태표] 순서로 하나씩 수정해 보겠습니다.

핵심체크 콕콕

전기분손익계산서 수정

전기분 손익계산서 수정 → 전기분 이익잉여금처분계산서 수정 → 전기분 재무상태표 수정

[1단계] 전기분 손익계산서 수정

㈜단원의 [전기분손익계산서]를 조회하면 판매관리비 상여금(0803)에 4,300,000원이 입력되어 있는 것을 볼 수 있습니다. 이 금액을 3,400,000원으로 수정 입력하면 [전기분손익계산서] 우측의 당기순이익이 아래와 같이 기존 9,700,000원 → 10,600,000원으로 증가합니다.

〈수정된 전기분 손익계산서〉

코드	계정과목	금액		계정별합계	
0404	제품매출	240,000,000	1.매출	240,000,000
0455	제품매출원가	118,000,000	2.매출원가	118,000,000
0801	급여	77,000,000	3.매출총이익(1-2)	122,000,000
0803	상여금	3,400,000	4.판매비와관리비	105,900,000
0811	복리후생비	8,900,000	5.영업이익(3-4)	16,100,000
0814	통신비	3,000,000	6.영업외수익	500,000
0815	수도광열비	2,000,000	7.영업외비용	6,000,000
0817	세금과공과	1,500,000	8.법인세비용차감전순이익(5+6-7)	10,600,000
0818	감가상각비	1,500,000	9.법인세비용	
0819	임차료	4,000,000	10.당기순이익(8-9)	10,600,000
0820	수선비	700,000	11.주당이익(10/주식수)	
0822	차량유지비	500,000		
0824	운반비	1,000,000		
0826	도서인쇄비	900,000		
0831	수수료비용	1,000,000		
0848	잡비	500,000		

[2단계] 전기분 이익잉여금처분계산서 수정

㈜단원의 [전기분잉여금처분계산서]를 조회하면 Ⅰ.미처분이익잉여금 부분의 6.당기순이익에 9,700,000원이 입력되어 있습니다. KcLep 프로그램의 전기분재무제표는 자동으로 손익계산서 → 이익잉여금처분계산서 → 재무상태표로 수정되지 않아 일일이 하나씩 고쳐야 합니다. 전기분 당기순이익을 10,600,000원으로 수정·입력하면 다음과 같이 Ⅰ.미처분이익잉여금이 25,600,000원으로 변경됨을 볼 수 있습니다.

〈수정된 전기분 이익잉여금처분계산서〉

과목	계정과목명		제 4(전)기 2016년01월01일~2016년12월31일 금액	
	코드	계정과목	입력금액	합계
Ⅰ.미처분이익잉여금				25,600,000
1.전기이월미처분이익잉여금			15,000,000	
2.회계변경의 누적효과	0369	회계변경의누적효과		
3.전기오류수정이익	0370	전기오류수정이익		
4.전기오류수정손실	0371	전기오류수정손실		
5.중간배당금	0372	중간배당금		
6.당기순이익			10,600,000	

[3단계] 전기분 재무상태표 수정

마지막으로 ㈜단원의 [전기분재무상태표]를 조회하면 이월이익잉여금 금액이 24,700,000원이고 우측 아래에 빨간색으로 표시된 대차차액 900,000원을 볼 수 있습니다. 이월이익잉여금을 24,700,000원 → 25,600,000원으로 수정·입력하면 대변이 965,497,957원으로 변경되면서 우측 대차차액 900,000원이 사라지는 것을 볼 수 있습니다.

〈수정된 전기분 재무상태표〉

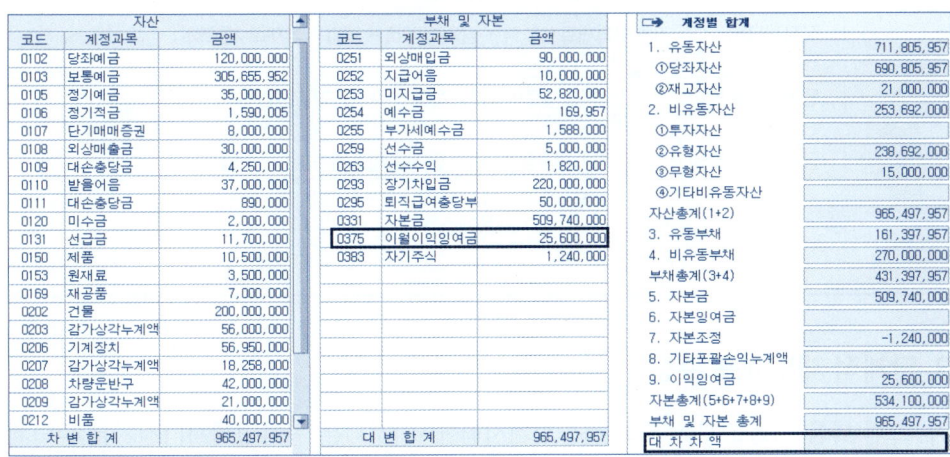

4 유형 3: 전기분 제조원가명세서 수정

1. 전기분 제조원가명세서 수정 개념

전기분 재무제표 수정의 마지막 출제 유형은 전기분 제조원가명세서에서 잘못된 금액, 예를 들어 원재료비를 수정하는 것입니다. 그런데 이렇게 원재료비를 수정하면 제조원가가 바뀌고, 제조원가가 바뀌면 매출원가가 바뀌어 다음 순서로 전기 재무제표를 수정해야 합니다.

> 전기분 제조원가명세서 수정 ➜ 전기분 손익계산서 수정 ➜ 전기분 이익잉여금처분계산서 수정
> ➜ 전기분 재무상태표 수정

2. 원가흐름도

전기분 제조원가명세서 수정을 제대로 풀기 위해서는 아래의 원가흐름을 확실히 알고 있어야 합니다. 다만, 이 내용은 내용이 꽤 어려우므로 회계를 처음 공부하는 분들은 과감히 패스해도 시험 당락에는 영향이 없습니다. 다만, 전기분 제조원가명세서를 수정하는 문제가 최근 자주 출제되고 있으므로 고득점을 원하는 분들은 반드시 공부하시기 바랍니다.

전기분 제조원가명세서 수정 문제를 확실히 이해하기 위해서는 [원가회계] 부분의 [원가계산] 내용을 먼저 학습하고 이 내용을 공부하는 것이 좋습니다.

- 직접재료비 = 기초직접재료재고액 + 당기매입액 − 기말직접재료 재고액
- 당기총제조원가 = 직접재료비 + 직접노무비 + 제조간접비
- 당기제품제조원가 = 기초재공품 + 당기총제조원가 − 기말재공품
- 당기매출원가 = 기초제품 + 당기제품제조원가 − 기말제품

3. 단계적 재무제표 수정

자, 그럼 다음 기출문제를 통해 전산회계시험에서 [전기분 원가명세서] [전기분 손익계산서] [전기분 잉여금처분계산서] [전기분 재무상태표]가 어떻게 수정되는지 알아보겠습니다.

실무기출 확인문제 | 전산회계 1급, 57회 |

다음은 (주)단원의 전기분 자료 중 원재료, 재공품, 제품의 기말재고액이다. 주어진 자료로 추가 수정 입력하여, 관련 전기분 재무제표를 수정하시오.

- 원재료: 4,000,000원
- 재공품: 8,000,000원
- 제품: 12,000,000원

> **핵심체크**
> 전기재무제표에서 원재료, 재공품, 제품 수정 시 가장 먼저 재무상태표 수정

[1단계] 전기분 재무상태표 수정

가장 먼저 ㈜단원의 [전기재무상태표]의 기말재고자산 금액을 수정해야 합니다. 이론적으로는 [전기분 원가명세서]를 먼저 수정해야 하는데 KcLep 프로그램은 재무상태표에 입력된 기말원재료, 기말재공품, 기말제품 금액을 [제조원가명세서], [손익계산서]에서 끌어가도록 설계되어 있기 때문입니다.

[전기분재무상태표]에 기말원재료 4,000,000원, 기말재공품 8,000,000원, 기말제품 12,000,000원을 입력하면 [전기분 재무상태표]가 바뀝니다.
원재료 4,000,000원, 재공품 8,000,000원, 제품 12,000,000원을 입력하면 차변이 대변보다 3,000,000원 커져 대차차액이 3,000,000원 발생합니다.
기말재고가 바뀌면 매출원가가 바뀌어 대변의 이익잉여금도 바뀌어야 하는데 KcLep은 재고자산 수정만으로는 모든 것이 한꺼번에 바뀌지 않은 구조이므로 지금부터 하나씩 수정해 나가야 합니다. 수정 후 화면은 다음과 같습니다.

〈기말재고 수정된 전기분 재무상태표〉

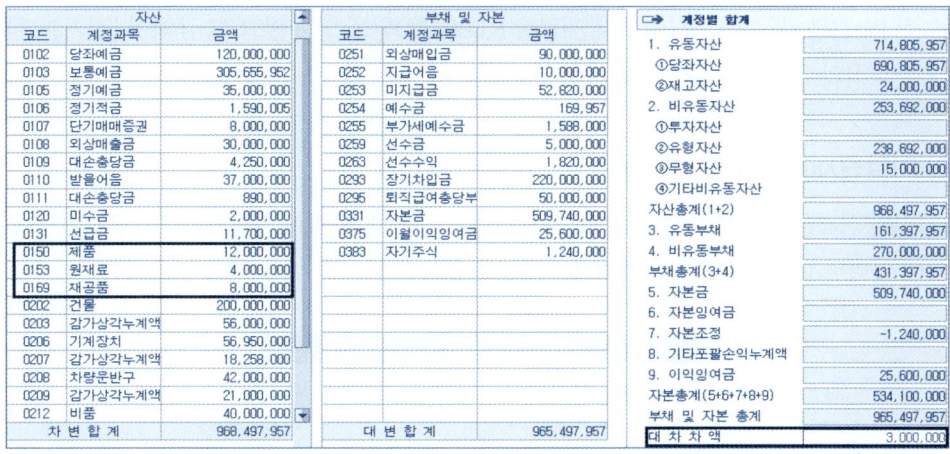

[2단계] 전기분 원가명세서 수정

(주)단원의 [전기분원가명세서] 메뉴를 클릭하면 다음 메시지가 나타납니다.

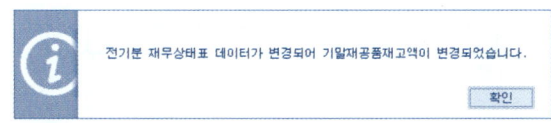

KcLep은 재무상태표에서 기말원재료, 기말재공품, 기말제품 금액을 끌어오게 설계되어 있고, 좀 전 [전기재무상태표]에서 기말원재료, 기말재공품 금액이 변경되었기 때문에 [원재료비], [총제조원가], [제품제조원가]도 바뀝니다. 따라서 이러한 메시지가 뜨는 것이며, 확인을 누르면 다음과 같이 수정된 [전기분 원가명세서]가 조회됩니다.

〈수정된 전기분 원가명세서〉

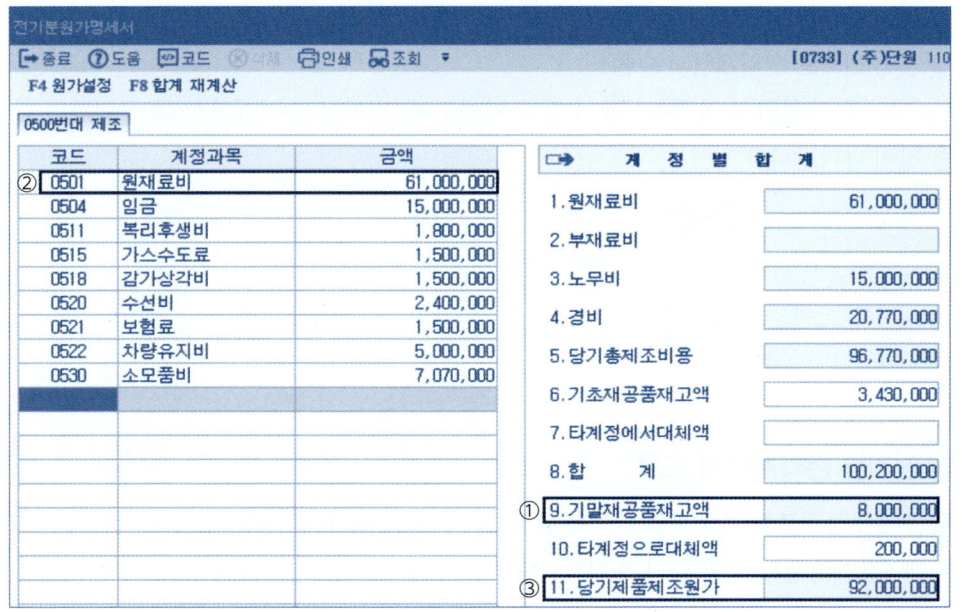

1) 기말재공품: 8,000,000원

좀 전 [전기분 재무상태표]에 기말재공품 8,000,000원을 입력했고 그 금액이 [전기분 원가명세서]의 ①부분에 표시됩니다.

2) 기말원재료: 4,000,000원

조회된 [전기분 원가명세서]의 ②부분을 클릭하면 아래 원재료 계산 창이 나타나는데, 좀 전에 입력한 기말원재료 4,000,000원이 조회됩니다.

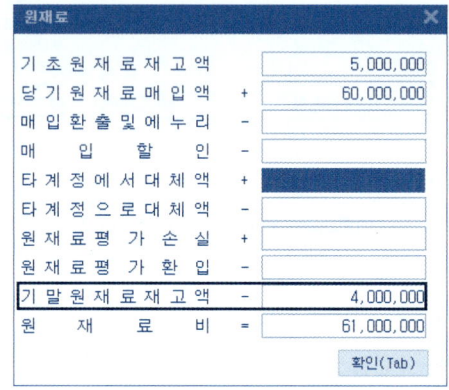

3) 당기제품제조원가: 92,000,000원

KcLep은 기말재고를 수정하면 자동으로 모든 재무제표가 수정되지 않고 일일이 하나씩 고쳐야 하므로, [전기분 원가명세서]의 ③부분에 제품제조원가 92,000,000원을 손익계산서에 입력해야 합니다.

[3단계] 전기분 손익계산서 수정

다음은 (주)단원의 손익계산서를 수정할 차례인데 [전기분 손익계산서]를 클릭하면 다음 창이 나타납니다.

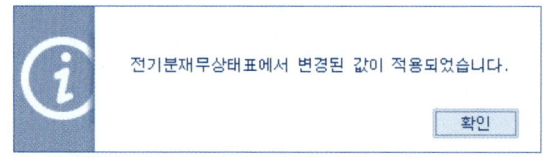

1) 전기분 손익계산서 조회

방금 재무상태표의 기말제품 금액을 변경했기 때문에 나타났기 때문인데 확인을 누르면 아래 〈전기분 손익계산서〉가 조회됩니다.

⟨전기분 손익계산서⟩

2) 전기분 매출원가 수정

⟨전기분 손익계산서⟩의 '①제품매출원가'를 클릭하면 아래 창이 나타나는데 그중 당기제품제조원가를 92,000,000원으로 수정하고 [확인]을 누릅니다.

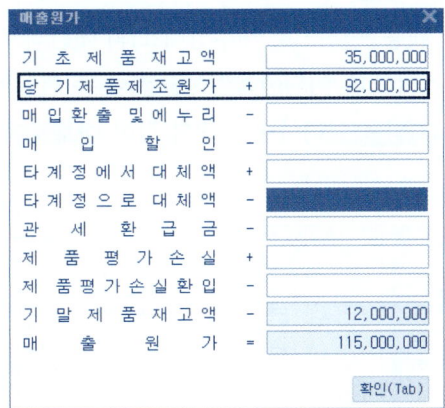

3) 수정된 전기분 손익계산서 조회

당기제품제조원가를 92,000,000원으로 수정하면 손익계산서가 다음과 같이 변경되며 당기순이익이 13,600,000원으로 바뀝니다.

⟨수정된 전기분 손익계산서⟩

[4단계] 전기분 잉여금처분계산서 수정

당기순이익이 바뀌었으므로 다음으로 수정할 것은 [전기분 잉여금처분계산서]인데, [전기분잉여금처분계산서] 메뉴를 클릭한 뒤, 당기순이익을 13,600,000원으로 변경하면 미처분이익잉여금이 28,600,000원으로 바뀝니다.

〈수정된 전기분 잉여금처분계산서〉

과목	계정과목명		제 4(전)기 2016년01월01일~2016년12월31일 금액	
	코드	계정과목	입력금액	합계
1.미처분이익잉여금				28,600,000
1.전기이월미처분이익잉여금			15,000,000	
2.회계변경의 누적효과	0369	회계변경의누적효과		
3.전기오류수정이익	0370	전기오류수정이익		
4.전기오류수정손실	0371	전기오류수정손실		
5.중간배당금	0372	중간배당금		
6.당기순이익			13,600,000	

[5단계] 전기분 재무상태표 수정

이제 마지막으로 수정할 내용은 [전기분 재무상태표]의 대변의 이익잉여금입니다.

[전기분 재무상태표]를 조회한 후 이월이익잉여금 칸에 좀 전에 전기분 잉여금처분계산서에서 수정된 28,600,000원을 입력하면 아래와 같이 대차차액이 사라져 차변과 대변이 일치하게 됩니다.

자산			부채 및 자본			계정별 합계	
코드	계정과목	금액	코드	계정과목	금액		
0102	당좌예금	120,000,000	0251	외상매입금	90,000,000	1. 유동자산	714,805,957
0103	보통예금	305,655,952	0252	지급어음	10,000,000	①당좌자산	690,805,957
0105	정기예금	35,000,000	0253	미지급금	52,820,000	②재고자산	24,000,000
0106	정기적금	1,590,005	0254	예수금	169,957	2. 비유동자산	253,692,000
0107	단기매매증권	8,000,000	0255	부가세예수금	1,588,000	①투자자산	
0108	외상매출금	30,000,000	0259	선수금	5,000,000	②유형자산	238,692,000
0109	대손충당금	4,250,000	0263	선수수익	1,820,000	③무형자산	15,000,000
0110	받을어음	37,000,000	0293	장기차입금	220,000,000	④기타비유동자산	
0111	대손충당금	890,000	0295	퇴직급여충당부	50,000,000	자산총계(1+2)	968,497,957
0120	미수금	2,000,000	0331	자본금	509,740,000	3. 유동부채	161,397,957
0131	선급금	11,700,000	0375	이월이익잉여금	28,600,000	4. 비유동부채	270,000,000
0150	제품	12,000,000	0383	자기주식	1,240,000	부채총계(3+4)	431,397,957
0153	원재료	4,000,000				5. 자본금	509,740,000
0169	재공품	8,000,000				6. 자본잉여금	
0202	건물	200,000,000				7. 자본조정	-1,240,000
0203	감가상각누계액	56,000,000				8. 기타포괄손익누계액	
0206	기계장치	56,950,000				9. 이익잉여금	28,600,000
0207	감가상각누계액	18,258,000				자본총계(5+6+7+8+9)	537,100,000
0208	차량운반구	42,000,000				부채 및 자본 총계	968,497,957
0209	감가상각누계액	21,000,000				대 차 차 액	
0212	비품	40,000,000					
차 변 합 계		968,497,957	대 변 합 계		968,497,957		

4. 재무제표 간 원가흐름도

이상 공부한 [전기 재무제표 수정] 과정을 재무제표간 원가흐름도와 연계해 단계별로 정리하면 다음과 같습니다.

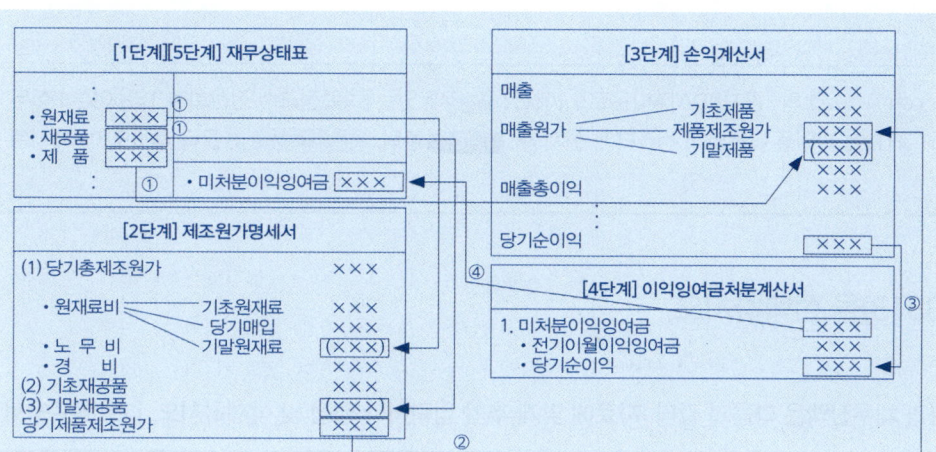

[1단계] 전기분 재무상태표에서 잘못 입력된 ①의 원재료, 재공품, 제품금액 수정
[2단계] 전기분 제조원가명세서의 제품제조원가 수정
[3단계] 전기분 손익계산서 ②의 제품제조원가 수정
[4단계] 전기분 이익잉여금처분계산서의 ③당기순이익 수정
[5단계] 전기분 재무상태표의 ④이월이익잉여금 수정

40 전기분 재무제표 수정
실무기출 공략하기

본 교재의 실습자료는 cafe.naver.com/eduacc의 「공지&DATA다운로드」에서 공지 에 있는 [콕콕정교수 전산회계 1급] 이론+실무+기출 실습데이터의 Data_Install_JH1.zip 파일을 다운받아 컴퓨터에 설치 후, 회사등록 클릭, F4 회사코드재생성 클릭 후 아래에 제시된 회사를 선택

[1] (주)동강(코드번호: 0813)을 선택하시오.

01 난이도 ★ 필수
거래처별 초기이월 채권과 채무잔액은 다음과 같다. 자료에 맞게 추가 입력이나 정정 및 삭제하시오. [2018년, 81회]

계정과목	거래처	잔 액	합 계
외상매출금	그림전자	7,500,000원	9,800,000원
	㈜하늘상사	2,300,000원	
선급금	연못상회	5,200,000원	5,200,000원
미지급금	누림전자	3,500,000원	5,750,000원
	㈜나눌상사	2,250,000원	

02 난이도 ★★★ 필수
전기분 손익계산서의 복리후생비 3,000,000원은 제조공장 종업원의 회식비로 판명되었다. 전기분원가명세서 및 전기분손익계산서를 수정하시오. [2018년, 81회]

[2] (주)남한강(회사코드:0803)을 선택하시오.

01 난이도 ★★★ 필수
전기분 손익계산서 금액을 검토한 결과 다음과 같은 오류가 발견되었다. 전기분손익계산서, 전기분이익잉여금처분계산서, 전기분재무상태표와 관련된 부분을 수정하시오. [2018년, 80회]

- 제품매출원가의 기말제품 재고액 17,000,000원이 반영되지 않았다.
- 복리후생비계정(판관비) 금액이 5,500,000원인데 500,000원으로 입력된 것을 확인하였다.

02 난이도 ★ 필수

미수금과 미지급금의 초기이월은 다음과 같다. 거래처별 초기이월 메뉴에서 수정 또는 추가 입력하시오.

[2018년, 80회]

구 분	거래처	금 액(원)
미수금	㈜경기	1,500,000
	㈜강원	3,000,000
	㈜충청	1,200,000
미지급금	㈜전라	1,600,000
	㈜제주	2,100,000
	㈜경상	1,200,000

[3] ㈜튼튼전자(회사코드: 0523)를 선택하시오.

난이도 ★★★

전기분 원가명세서상의 원재료와 관련된 내용이 잘못 입력되어 있다. 다음 자료의 내용을 전기분 원가명세서와 전기분 재무상태표에 추가로 입력하시오.

[2012년, 52회]

제조원가명세서

(단위: 원)

계정과목	금 액	
Ⅰ. 재료비		209,200,000
기초원재료재고액	15,000,000	
당기원재료매입액	200,000,000	
매입환출 및 에누리	(1,500,000)	
매입할인	(1,300,000)	
기말원재료재고액	3,000,000	
Ⅱ. 노무비	:	

[4] ㈜하나전자(회사코드 : 1193)를 선택하시오.

난이도 ★★ 필수

전기분 손익계산서를 검토한 결과 다음과 같은 오류를 발견하였다. 해당 오류사항과 관련된 [전기분원가명세서] 및 [전기분손익계산서]를 수정 및 삭제하시오.

[2025년, 119회]

> 공장 건물에 대한 보험료 5,000,000원이 판매비와관리비의 보험료로 반영되어 있다.

[5] ㈜용인전자(회사코드: 0833)를 선택하시오.

난이도 ★★ 필수

전기분 결산사항을 검토한 결과 다음과 같은 입력누락이 발견되었다. 전기분손익계산서, 전기분잉여금처분계산서, 전기분재무상태표 중 관련된 부분을 수정하시오.

[2019년, 83회]

차 변		대 변	
계정과목	금 액	계정과목	금 액
선급비용	1,100,000원	보험료(판)	1,100,000원

정답 및 해설

[1] ㈜동강

01 거래처별 초기이월 수정

① 외상매출금

수정 전		
코드	거래처	금액
01005	연못상회	5,200,000
01017	그림전자	7,500,000
01070	㈜하늘상사	3,200,000

➡

수정 후		
코드	거래처	금액
01017	그림전자	7,500,000
01070	㈜하늘상사	2,300,000

연못상회 삭제, ㈜하늘상사 금액을 2,300,000원으로 수정

② 선급금

수정 전		
코드	거래처	금액

➡

수정 후		
코드	거래처	금액
01005	연못상회	5,200,000

거래처 금액이 없으므로 연못상회 5,200,000 입력

③ 미지급금

수정 전		
코드	거래처	금액
01071	㈜나눌상사	2,250,000

➡

수정 후		
코드	거래처	금액
01071	㈜나눌상사	2,250,000
01018	누림전자	3,500,000

누림전자 3,500,000원 추가

02 전기분 손익계산서 수정

[1단계] 전기분 제조원가명세서 조회하여 복리후생비 3,000,000원 추가

[2단계] 전기분 손익계산서 조회하여 복리후생비 3,000,000원 삭제

① 전기분 제조원가명세서: 복리후생비 3,000,000원 추가

수정 전				수정 후		
코드	계정과목	금액		코드	계정과목	금액
0501	원재료비	107,455,000		0501	원재료비	107,455,000
0504	임금	45,000,000		0504	임금	45,000,000
0515	가스수도료	400,000		0515	가스수도료	400,000
0516	전력비	500,000		0516	전력비	500,000
0517	세금과공과	250,000		0517	세금과공과	250,000
0518	감가상각비	24,545,000		0518	감가상각비	24,545,000
0520	수선비	4,500,000		0520	수선비	4,500,000
0521	보험료	350,000		0521	보험료	350,000
0522	차량유지비	200,000		0522	차량유지비	200,000
0530	소모품비	3,000,000		0530	소모품비	3,000,000
				0511	복리후생비	3,000,000
제품제조원가 185,000,000원				제품제조원가 188,000,000원		

② 전기분 손익계산서의 당기제품제조원가 수정: 185,000,000원 ⇒ 188,000,000원

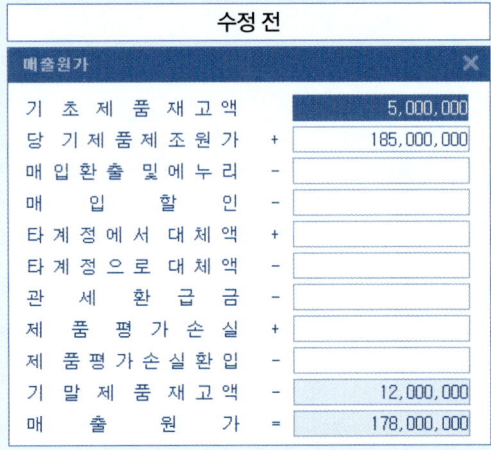
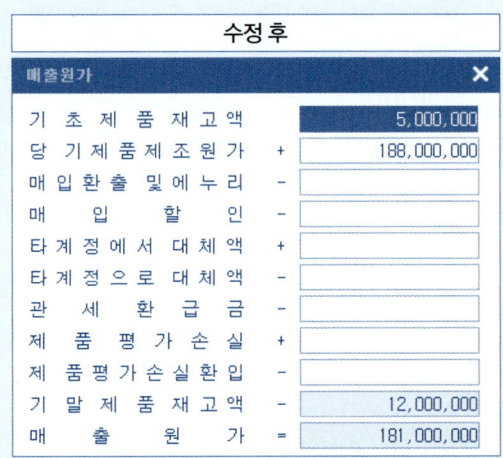

③ 전기분 손익계산서에서 복리후생비 3,000,000원 삭제(당기순이익은 변동없음)

[2] ㈜남한강

01 (1) 전기분 손익계산서 수정

① 전기분 재무상태표 기말재고 수정

 기말제품 금액이 0이므로 재무상태표에서 기말제품을 17,000,000원 입력. KcLep은 재무상태표에서 기말제품을 입력해야 손익계산서 매출원가에 반영됨.

② 전기분 손익계산서의 복리후생비를 5,500,000원으로 수정 입력

③ 손익계산서의 당기순이익이 65,565,000원으로 변경됨.

(2) 전기분 이익잉여금처분계산서 수정

이익잉여금처분계산서에서 당기순이익을 65,565,000원으로 수정. 수정 후 미처분이익잉여금이 89,300,000원으로 변경됨.

(3) 전기분 재무상태표 수정

전기분 재무상태표의 이월이익잉여금 89,300,000원 신규 입력

02 거래처별 초기이월 수정

① 미수금: (주)경기 2,700,000원 ⇒ 1,500,000원으로 수정 입력, (주)충청 1,200,000원 추가 입력

② 미지급금: (주)제주 1,200,000원 ⇒ 2,100,000원 수정 입력, (주)경상 1,200,000원 추가 입력

[3] ㈜튼튼전자

(1) 전기분 재무상태표에서 "원재료 3,000,000원" 신규 입력   (2) 전기분 원가명세서 조회하여 매입할인 1,300,000원 입력

[4] ㈜하나전자

(1) 전기분원가명세서 : 보험료(521) 5,000,000원 신규로 입력, 당기제품제조원가 104,250,000원 → 109,250,000원으로 변경됨.

(2) 손익계산서 : 보험료(821) 5,000,000원 삭제 및 제품매출원가 클릭해 당기제품제조원가를 109,250,000원으로 수정 → 제조원가가 5,000,000원 늘고 판매관리비가 5,000,000원 줄어들어 당기순이익은 변동 없음.

[5] ㈜용인전자

(1) 전기분손익계산서: 보험료(판매관리비) 5,600,000원을 4,500,000원으로 수정입력, 당기순이익이 56,300,000원 ⇒ 57,400,000원으로 수정됨.

(2) 전기분잉여금처분계산서: 당기순이익을 56,300,000원 ⇒ 57,400,000원으로 수정하면 미처분이익잉여금이 132,500,000원 ⇒ 133,600,000원으로 수정됨.

(3) 전기분재무상태표: 선급비용 540,000원을 1,640,000원으로 수정입력하고 이월이익잉여금을 132,500,000원 ⇒ 133,600,000원으로 수정 입력

콕콕 정교수 전산회계 1급

지은이 정성진
펴낸이 정규도
펴낸곳 (주)다락원

초판 1쇄 발행 2025년 8월 29일

기획 권혁주, 김태광
편집 이후춘, 배상혁
디자인 하태호, 김희정

다락원 경기도 파주시 문발로 211
내용문의: (02)736-2031 내선 288
구입문의: (02)736-2031 내선 250~252
Fax: (02)732-2037
출판등록 1977년 9월 16일 제406-2008-000007호

Copyright © 2025, 정성진

저자 및 출판사의 허락 없이 이 책의 일부 또는 전부를 무단 복제·전재·발췌할 수 없습니다. 구입 후 철회는 회사 내규에 부합하는 경우에 가능하므로 구입 문의처에 문의하시기 바랍니다. 분실·파손 등에 따른 소비자 피해에 대해서는 공정거래위원회에서 고시한 소비자 분쟁 해결 기준에 따라 보상 가능합니다. 잘못된 책은 바꿔 드립니다.

ISBN 978-89-277-7487-7 13320

http://www.darakwon.co.kr

- 다락원 홈페이지를 방문하시면 상세한 출판 정보와 함께 동영상 강좌, MP3 자료 등 다양한 어학 정보를 얻으실 수 있습니다.

부록

Q PASS

콕콕 정교수
전산회계 1급

공인회계사·세무사
정성진 지음

기출문제

최신기출 12회분 무료강의 제공

다락원

부록 기출문제

- 실전, 시험 당일 문제 푸는 요령
- 전산회계 1급 120회 기출문제 (2025년 06월, 합격률 39.43%)
- 전산회계 1급 119회 기출문제 (2025년 04월, 합격률 58.32%)
- 전산회계 1급 118회 기출문제 (2025년 02월, 합격률 37.37%)
- 전산회계 1급 117회 기출문제 (2024년 12월, 합격률 46.84%)
- 전산회계 1급 116회 기출문제 (2024년 10월, 합격률 43.59%)
- 전산회계 1급 115회 기출문제 (2024년 08월, 합격률 48.81%)
- 전산회계 1급 114회 기출문제 (2024년 06월, 합격률 37.78%)
- 전산회계 1급 113회 기출문제 (2024년 04월, 합격률 42.78%)
- 전산회계 1급 112회 기출문제 (2024년 02월, 합격률 40.16%)
- 전산회계 1급 111회 기출문제 (2023년 12월, 합격률 39.55%)
- 전산회계 1급 110회 기출문제 (2023년 10월, 합격률 30.02%)
- 전산회계 1급 109회 기출문제 (2023년 08월, 합격률 33.26%)

 학습방법

지금까지 학습한 회계기초·각론 ⇒ 일반전표 ⇒ 부가가치세 ⇒ 매입매출전표 ⇒ 부가가치세 신고서·장부조회 ⇒ 원가회계 ⇒ 결산정리·오류수정 내용을 아래 시험 구조에 맞추어 최소 10회 이상 실제 시험과 똑같이 반복 연습해야 합니다.

 시험문제 요약   시험시간 60분

	구 분	문항수	점 수
이론문제	회계기초, 유동자산, 비유동자산, 부채, 자본, 수익·비용, 부가가치세, 원가회계	15	30
실무문제	기초정보관리(거래처등록, 계정과목·적요 등록·수정, 전기분 재무제표 수정)	3	10
	일반전표	6	18
	매입매출전표	6	18
	오류수정	2	6
	결산정리	3	9
	부가가치세 신고서·장부조회	3	9
합 계		38	100

실전, 시험 당일 문제 푸는 요령

1. 시험장 상황: 시험시간 60분

1) Tax.exe 시험 데이터 설치

시험 당일 감독관으로부터 시험지와 함께 USB를 지급받습니다. 지급받은 USB에 본인의 수험번호를 정확히 기재한 후 컴퓨터에 꽂아 그 안에 있는 'Tax.exe' 파일을 클릭합니다. 그런 후 여기에 본인의 수험번호, 성명, 문제유형(A형 또는 B형)을 입력한 후, 감독관이 불러주는 '감독관 확인번호'를 입력합니다.

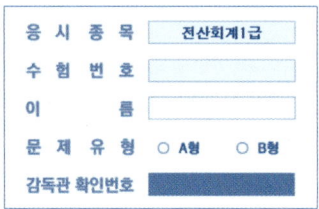

2) KcLep 메인 화면에 정답 입력 후 답안저장

이렇게 입력하면 다음과 같이 [이론문제 답안작성], [답안작성] 버튼이 추가된 KcLep 메인 프로그램 화면이 나타나는데, 이론 15문제는 [이론문제 답안작성] 버튼을 클릭한 후 입력하면 되며, 실무문제는 KcLep 프로그램에 입력한 후 [답안저장] 버튼을 클릭하면 됩니다.

2. 문제 푸는 순서: 실무 ⇒ 이론

실력이 충분한 학생이라면 시험 당일에 이론, 실무 중 어느 것을 먼저 풀든지 상관없습니다. 하지만 실무가 배점이 높고 단순입력이기 때문에 이론보다 실무 문제를 먼저 푸는 것이 좋습니다.

1) 전산회계1급 시험 문제구조

이론문제 [30점]		실무문제 [70점]	
구 분	출제비중	구 분	출제비중
회계기본원리	2문제	기초정보관리	3문제
자 산	3문제	일반전표	6문제
부채·자본	2문제	매입매출전표	6문제
수익·비용	1문제	오류수정	2문제
부가가치세	3문제	결산정리	3문제
원가회계	4문제	장부조회	3문제
계	15문제	계	23문제
최소 11문제, 22점 획득 필요		최소 17문제, 52점 획득 필요	

2) 실무 문제 푸는 요령(23문제, 70점)

실무문제는 매년 6가지 유형이 반복적으로 출제되기 때문에 어느 정도 공부를 마쳤으면 최소 10회 안팎의 기출문제를 풀면서 이 6가지 유형을 몸에 익혀야 합니다.

[유형 1] 기초정보관리(3문제, 10점)

거래처별 초기이월 수정, 전기 재무제표 수정, 계정과목 또는 적요 등록·수정, 거래처등록
⇒ 전기 재무제표 수정문제를 제외한 최소 2문제 맞혀야 함.

[유형 2] 일반전표 입력(6문제, 18점)

자산·부채·자본·수익·비용 전반에 걸쳐 매년 6문제가 출제되기 때문에 암기보다는 충실한 기초 공부를 통해 이해를 위주로 한 공부가 필요
⇒ 최소 4~5문제는 맞혀야 함.

[유형 3] 매입매출전표 입력(6문제, 18점)

매년 6문제가 출제되는데 매출전표 2~3문제, 매입전표 3~4문제로 매입 부분이 좀 더 비중이 높음.
해당 매입매출이 어느 유형의 매입매출인지 분류하는 것이 핵심임. ⇒ **최소 4~5문제는 맞혀야 함.**

[유형 4] 오류수정(2문제, 6점)

매년 2문제가 출제되는데 잘못 입력된 일반전표, 매입매출전표를 수정하거나 일반전표를 삭제하고 매입매출전표를 새로 입력하는 문제가 출제되고 있음. ⇒ **모두 맞혀야 함.**

[유형 5] 결산정리(3문제, 9점)

매년 3문제가 출제되는데 자동분개(기말재고자산, 대손상각비, 감가상각비, 퇴직급여충당부채, 미지급세금)와 수동분개(선급비용, 미수수익, 외화환산손익, 계정재분류)가 출제됨. 수동분개는 무조건 결산일인 12월 31일로 입력해야 함.
⇒ **모두 최소 2~3문제는 맞혀야 함.**

[유형 6] 부가가치세 신고서 및 장부조회(3문제, 9점)

부가가치세 신고서 또는 세금계산서합계표 조회 1문제, 장부(재무상태표, 거래처원장, 계정별원장, 일계표·월계표, 총계정원장) 조회 2문제가 출제되고 있음. ⇒ **최소 2문제는 맞혀야 함.**

이상 주요 실무문제 유형을 분석해 보면 회계원리 기초지식을 어느 정도 익혀 일반전표를 입력할 수만 있으면, 이를 응용해 매입매출전표 입력, 오류수정, 결산정리, 부가가치세 신고서 및 장부조회, 기초정보관리를 모두 해낼 수 있습니다. 합격을 위해서는 실무 70점 중 최소 52점은 받아야 합니다.

3) 이론 문제 푸는 요령(15문제, 30점)

이론문제는 통상 회계원리 8문제(16점), 원가회계 4문제(8점), 부가가치세 3문제(6점) 정도가 출제되고 있습니다. 총 15문제 중 10문제는 어느 정도 공부하면 풀 수 있는 중급 수준의 문제가 출제되지만, 5문제 정도는 어느 정도 난이도가 있는 문제가 출제되고 있습니다. 합격을 위해서는 이론 30점 중 최소 22점은 받아야 합니다.
평소 암기가 필요한 항목은 별도로 표시 또는 정리를 해두었다가 시험 직전에 체크하고 시험장에 가시기 바랍니다.

[회계원리] 기본개념, 자산·부채·자본, 수익·비용 (8문제, 16점)

> 워낙 범위가 넓은데 모든 부분이 골고루 출제되고 있기 때문에 차변, 대변의 기본원리를 이해한 뒤, 각 계정과목별로 자주 출제되는 분개유형을 익혀야 함. ⇒ 최소 6문제는 맞혀야 함.

[부가가치세] 3문제, 6점

> 기본개념, 사업자등록, 세금계산서, 면세적용대상, 영세율 특징, 매입세액불공제, 부가가치세 계산 및 신고납부가 주로 출제되고 있는데, 상당 부분 암기 필요함. ⇒ 최소 2문제는 맞혀야 함.

[원가회계] 4문제, 8점

> 원가종류, 원가계산, 원가배분, 종합원가계산에서 반복적으로 출제되고 있는데, 암기보다는 이해가 중요함.
> ⇒ 최소 2문제는 맞혀야 함.

한 가지 더 주의할 점은 전산회계시험의 이론문제와 실무문제는 별개의 내용이 아니라 [회계원리 이론]은 [일반전표입력], [오류수정], [결산정리]로 이어지고, [부가가치세]는 [매입매출전표], [부가가치세 신고서 조회]로 이어지기 때문에 이론과 실무를 연계한 학습이 필요합니다.

[제120회 기출문제]

이 론 시 험

다음 문제를 보고 알맞은 것을 골라 이론문제 답안작성 메뉴에 입력하시오. (객관식 문항당 2점)

⟨ 기 본 전 제 ⟩
문제에서 한국채택국제회계기준을 적용하도록 하는 전제조건이 없는 경우, 일반기업회계기준을 적용한다.

1. 다음 중 회계상 거래가 아닌 것은?
① 상점에서 상품 10만원을 외상으로 구매하였다.
② 지난달의 직원 급여를 회사 사정으로 급여일에 지급하지 못하였다.
③ 거래처에 전화를 걸어 다음달 5일에 구입할 물건을 예약하였다.
④ 창고 화재로 상품 일부가 소실되었다.

2. 다음 중 재무제표에 대한 설명으로 틀린 것은?
① 재무상태표, 손익계산서, 제조원가명세서, 현금흐름표, 자본변동표, 주석으로 구성된다.
② 재무상태표의 자산, 부채는 유동성이 큰 항목부터 배열한다.
③ 손익계산서는 발생주의에 따라 수익과 비용을 인식한다.
④ 재무제표는 기업실체의 가정, 계속기업의 가정, 기간별 보고의 가정하에 작성된다.

3. ㈜승주의 회계연도 말 기말 창고에 실제 보관 중인 상품은 20,000,000원이다. 다음의 사항을 창고재고에 반영하여 정확한 재고자산 금액을 계산하면 얼마인가? 모든 금액은 당초 취득원가이다.

- 당기 미국에서 선적지 인도조건으로 매입 후, 기말 현재 선적 후 이동 중인 미착상품 5,000,000원
- 당기에 판매를 위탁하고 공장에서 반출하여 수탁자에게 인도했으나 기말까지 수탁자가 판매하지 못하고 수탁자의 창고에 보관 중인 상품 3,000,000원
- 당기에 상품권을 판매했으나, 사용되지 않은 상품권 2,000,000원

① 35,000,000원　　② 28,000,000원　　③ 25,000,000원　　④ 23,000,000원

4. 다음 중 단기매매증권에 대한 설명으로 틀린 것은?

① 단기매매차익을 목적으로 보유하고 있는 유가증권이다.
② 구입 시 부대비용은 취득원가에 포함하지 않고 수수료비용으로 회계처리 한다.
③ 시장성이 있는 유가증권을 말한다.
④ 시장성을 상실할 경우 만기보유증권으로 재분류한다.

5. 다음 중 유형자산의 취득원가에 대한 설명으로 틀린 것은?

① 유형자산 취득과 관련하여 불가피하게 강제 매입한 채권의 매입금액과 공정가치와의 차액을 유형 자산의 취득원가에 포함한다.
② 서로 다른 용도의 자산과 교환하여 취득한 유형자산의 취득원가는 제공한 자산의 장부가액으로 측정한다.
③ 자본적 지출에 해당하는 금액은 유형자산 취득원가에 가산 후, 감가상각비로 비용화한다.
④ 두 종류 이상의 유형자산을 하나의 금액으로 일괄취득하는 경우, 각 유형자산의 공정가치를 기준으로 안분하여 취득원가를 계산한다.

6. 다음 중 자본잉여금 항목에 포함되는 것을 모두 고른 것은?

| 가. 미처분이익잉여금 | 나. 이익준비금 |
| 다. 매도가능증권평가이익 | 라. 감자차익 |

① 라   ② 나, 다   ③ 가, 나, 다   ④ 가, 나, 다, 라

7. 다음의 자료를 바탕으로 상품매출원가를 계산하여 결산분개한 것으로 옳은 것은?

| 가. 기초상품재고액 1,100,000원 | 나. 당기총상품매입액 4,550,000원 |
| 다. 기말상품재고액 2,300,000원 | 라. 당기총매출액 7,200,000원 |

	차변	대변
①	상품매출원가 3,350,000원	상품 3,350,000원
②	상품 3,850,000원	상품매출원가 3,850,000원
③	상품 3,350,000원	상품매출원가 3,350,000원
④	상품매출원가 3,850,000원	상품 3,850,000원

8. 다음 중 대손충당금에 대한 설명으로 가장 옳지 않은 것은?

① 대손충당금은 채권에 대하여 설정한다.
② 매출채권에 대한 대손상각비는 판매비와관리비에 해당한다.
③ 회수가 불가능한 채권은 대손충당금과 상계한다.
④ 미수금에 대한 대손상각비는 판매비와관리비에 해당한다.

9. 다음은 제조업을 영위하는 ㈜전설의 당기원가자료이다. ㈜전설의 당기제품제조원가를 산출하면 얼마인가?

기 초	기 말	기중 소비액
기초재료재고액 100,000원 기초재공품재고액 200,000원 기초제품재고액 300,000원	기말재료재고액 150,000원 기말재공품재고액 300,000원 기말제품재고액 200,000원	직접재료 소비액 300,000원 직접노무비 소비액 200,000원 제조간접비 소비액 250,000원

① 500,000원　② 550,000원　③ 600,000원　④ 650,000원

10. 다음의 자료를 이용하여 보조부문 X에서 제조부문 A에 배분되는 보조부문의 제조간접비를 계산하면 얼마인가? (단, 단계배분법을 사용하고, Y부문부터 먼저 배분한다고 가정한다.)

구 분	보조부문		제조부문	
	X부문	Y부문	A부문	B부문
X부문	–	20%	30%	50%
Y부문	10%	–	25%	65%
발생원가	350,000원	500,000원	2,000,000원	4,000,000원

① 50,000원　② 75,000원　③ 100,000원　④ 150,000원

11. 다음 중 원가에 대한 설명으로 옳은 것은?

① 관련 범위 내에서 단위당 변동원가는 일정하다.
② 직접재료비는 기본원가에도 속하고 가공원가에도 속한다.
③ 간접원가는 특정 원가대상에서만 소비되어, 직접 추적할 수 있는 원가를 말한다.
④ 매몰원가는 의사결정에 영향을 주어 관련원가에 해당한다.

12. 다음 중 개별원가계산과 종합원가계산에 대한 설명으로 틀린 것은?

① 개별원가는 다품종, 소량, 주문생산에 적합하며, 종합원가는 소품종, 대량, 연속생산에 적합하다.
② 개별원가는 제조원가를 작업별로 집계하며, 종합원가는 공정별로 집계한다.
③ 개별원가는 작업원가표, 종합원가는 제조공정의 제조원가보고서가 원가계산의 기초가 된다.
④ 종합원가계산은 일반적으로 직접재료비는 공정 전반에 걸쳐서 투입되고, 가공비는 공정 초기에 전량투입된다고 가정한다.

13. 다음 중 부가가치세법상 과세표준에 대한 설명으로 틀린 것은?

① 금전 외의 대가를 받는 경우에는 자기가 공급한 재화, 용역의 시가를 과세표준으로 한다.
② 일반과세자는 매출 공급대가를 과세표준으로 한다.
③ 대가의 일부로 받는 운송비, 포장비, 하역비, 보험료는 공급가액에 포함한다.
④ 매출에누리와 환입은 과세표준에 포함하지 않는다.

14. 다음 중 부가가치세법상 면세 대상이 아닌 것은?

① 가공되지 아니한 식료품
② 주택과 이에 부수되는 토지의 임대용역
③ 토지의 공급
④ 재화의 수출

15. 다음 중 부가가치세법상 세금계산서 작성 시 필요적 기재사항이 아닌 것은?

① 공급받는자의 사업자등록번호
② 작성년월일
③ 공급받는자의 상호와 성명, 주소
④ 공급가액과 부가가치세액

[제120회 기출문제]

실 무 시 험

㈜창현전자(회사코드 : 1203)는 전자부품 및 공구의 제조 및 도소매업을 영위하는 중소기업으로 당기(제12기) 회계기간은 2025.1.1.~2025.12.31.이다. 전산세무회계 수험용 프로그램을 이용하여 다음 물음에 답하시오.

〈 기 본 전 제 〉

- 문제에서 한국채택국제회계기준을 적용하도록 하는 전제조건이 없는 경우, 일반기업회계기준을 적용하여 회계처리 한다.
- 문제의 풀이와 답안작성은 제시된 문제의 순서대로 진행한다.

문제1

다음은 [기초정보관리] 및 [전기분재무제표]에 대한 자료이다. 각각의 요구사항에 대하여 답하시오. (10점)

[1] [거래처등록] 메뉴를 이용하여 다음의 신규 거래처를 추가로 등록하시오(거래처코드 : 03000, 유형 : 매출, 주소 입력 시 우편번호 입력은 생략해도 무방함). (3점)

[2] 다음 자료를 이용하여 [계정과목및적요등록]에 반영하시오. (3점)

- 코드 : 814
- 계정과목 : 통신비
- 현금적요 5번 : 핸드폰 요금 현금 납부
- 대체적요 3번 : 인터넷 요금 미지급
- 성격 : 경비

[3] 다음의 전기분 거래처별 채권, 채무 잔액을 참고하여 해당 메뉴에 수정 입력하시오. (4점)

계정과목	거래처	금 액	합 계
외상매출금	㈜세율상사	2,500,000원	6,400,000원
	㈜하나상사	3,900,000원	
미지급비용	㈜금호철물	1,300,000원	3,500,000원
	㈜청도철물	2,200,000원	

문제2 [일반전표입력] 메뉴를 이용하여 다음의 거래 자료를 입력하시오(일반전표입력의 모든 거래는 부가가치세를 고려하지 말 것). (18점)

〈 입력 시 유의사항 〉

- 일반적인 적요의 입력은 생략하지만, 타계정 대체거래는 적요번호를 선택하여 입력한다.
- 채권·채무와 관련된 거래는 별도의 요구가 없는 한 반드시 기등록된 거래처코드를 선택하는 방법으로 거래처명을 입력한다.
- 제조경비는 500번대 계정코드를, 판매비와관리비는 800번대 계정코드를 사용한다.
- 회계처리 시 계정과목은 별도의 제시가 없는 한 등록된 계정과목 중 가장 적절한 과목으로 한다.

[1] 07월 08일 영업부서에서 삼일유통에 대한 외상매입금을 결제하기 위해 이체한 보통예금 5,967,000원에는 송금수수료(판매비와관리비로 처리) 1,000원이 포함되어 있다. (3점)

[2] 08월 01일　㈜나무에게 제품을 매출하고 수취한 받을어음 10,000,000원을 파산으로 인하여 대손처리하였다. 적절한 회계처리를 하시오. (3점)

[3] 09월 30일　영업팀의 판매전시회 참가를 위한 출장 후 정산내역이다. 당초 출장비 명목으로 지출한 금액은 500,000원이며, 부족액 150,000원은 현금으로 추가 지급하였다(당초 9월 1일에 출장비 인출 시 가지급금으로 회계처리 하였다). (3점)

지출결의서
• KTX 등 교통비 350,000원　• 식대 120,000원　• 숙박비 180,000원

[4] 10월 02일　공장 신축용 토지를 취득하였으며, 취득대가로 당사의 주식 100,000주(주당 액면금액 5,000원)를 신규 발행하여 발급하였다. 취득 당시 토지의 공정가치는 500,000,000원이다. (3점)

[5] 11월 13일　㈜창설에 대한 외상매입금 5,000,000원 중 4,000,000원은 어음을 발행하여 지급하고, 잔액은 보통예금 계좌에서 이체하여 지급하였다. (3점)

[6] 12월 19일　신우은행에 예입한 정기예금이 만기가 되어 해약하고, 해약 금액은 보통예금 계좌에 입금되었다(원천징수세액은 선납세금으로 처리한다). (3점)

• 정기예금 : 30,000,000원	• 원천징수세액 : 184,800원
• 이자수익 : 1,200,000원	• 차감수령액 : 31,015,200원

문제3 [매입매출전표입력] 메뉴를 이용하여 다음의 거래 자료를 입력하시오. (18점)

〈 입력 시 유의사항 〉

- 일반적인 적요의 입력은 생략하지만, 타계정 대체거래는 적요번호를 선택하여 입력한다.
- 채권·채무와 관련된 거래는 별도의 요구가 없는 한 반드시 기등록된 거래처코드를 선택하는 방법으로 거래처명을 입력한다.
- 제조경비는 500번대 계정코드를, 판매비와관리비는 800번대 계정코드를 사용한다.
- 회계처리 시 계정과목은 별도의 제시가 없는 한 등록된 계정과목 중 가장 적절한 과목으로 한다.
- 입력화면 하단의 분개까지 처리하고, 전자세금계산서 및 전자계산서는 전자입력으로 반영한다.

[1] 07월 31일 지역축제장에서 관람객에게 제품을 22,000원(공급대가)에 현금판매 하였으며, 현금영수증 발급요청이 없어 발행하지 않았다. (3점)

[2] 08월 25일 ㈜웅비제철에서 원재료를 매입하고 전자세금계산서를 발급받았다. 대금 중 1,000,000원은 당사 발행 약속어음으로 지급하고 잔액은 1개월 뒤에 지급하기로 하였다. (3점)

전자세금계산서					승인번호		20250825-15421545-21541593		
공급자	등록번호	515-81-12332	총사업장번호		공급받는자	등록번호	186-86-70764	총사업장번호	
	상호(법인명)	㈜웅비제철	성명	최비상		상호(법인명)	㈜창현전자	성명	김창현
	사업장주소	부산광역시 사상구 학감대로 105(학장동)				사업장주소	부산광역시 사상구 괘감로 37(괘법동)		
	업태	제조	종목	철강		업태	제조	종목	전자부품
작성일자		공급가액		세액		수정사유		비고	
2025.08.25.		2,000,000원		200,000원		해당 없음			
월	일	품목	규격	수량	단가		공급가액	세액	비고
08	25	원재료 철판 4X8시트	kg	20	100,000원		2,000,000원	200,000원	
합계금액		현금		수표		어음	외상미수금	이 금액을 (청구) 함	
2,200,000원						1,000,000원	1,200,000원		

[3] 10월 07일   기계장치(취득원가 70,000,000원, 감가상각누계액 60,000,000원)를 ㈜천안중고에 11,000,000원(부가가치세 포함)에 매각하고 전자세금계산서를 발급하였다. 대금은 전액 ㈜천안중고가 발행한 약속어음으로 받았다. (3점)

[4] 11월 05일   ㈜기아자동차로부터 승용차(배기량이 990cc인 개별소비세 비과세 차량)를 21,000,000원(부가가치세 별도)에 취득하고 전자세금계산서를 발급받았다. 차량 대금은 전액 보통예금에서 이체하였다. (3점)

[5] 12월 05일   ㈜성호로부터 공장 신축을 위해 기존 건물이 있는 토지를 일괄취득하였다. 기존 건물은 즉시 철거하였으며 다음과 같이 전자세금계산서를 수취하고 보통예금에서 지급하였다. (3점)

전자세금계산서				승인번호	20251205-16235200-17594458		
공급자	등록번호	112-85-96621	총사업장번호		등록번호	186-86-70764	총사업장번호	
	상호(법인명)	㈜성호	성명	김성호	상호(법인명)	㈜창현전자	성명	김창현
	사업장주소	대구광역시 서구 도안동로 10(가수원동)			사업장주소	부산광역시 사상구 괘감로 37(괘법동)		
	업태	도매	종목	건설자재	업태	제조	종목	전자부품
작성일자	공급가액		세액		수정사유		비고	
2025.12.05.	5,000,000원		500,000원					

월	일	품목	규격	수량	단가	공급가액	세액	비고
12	05	공장건물				5,000,000원	500,000원	

합계금액	현금	수표	어음	외상미수금	이 금액을 (영수) 함
5,500,000원	5,500,000원				

[6] 12월 20일   회사는 ㈜명조테크에 제품을 공급하고, 전자세금계산서를 다음과 같이 발급하였으며 대금은 한 달 뒤에 받기로 하였다. (3점)

전자세금계산서					승인번호	20251220-14652823-16034885			
공급자	등록번호	186-86-70764		총사업장번호		공급받는자	등록번호	603-81-22587		총사업장번호	
	상호(법인명)	㈜창현전자		성명	김창현		상호(법인명)	㈜명조테크		성명	이명진
	사업장주소	부산광역시 사상구 괘감로 37(괘법동)					사업장주소	부산 연제구 거제대로 160(거제동)			
	업태	제조		종목	전자부품		업태	제조		종목	공구

작성일자	공급가액	세액	수정사유	비고
2025.12.20.	50,000,000원	5,000,000원		

월	일	품목	규격	수량	단가	공급가액	세액	비고
12	20	전자부품		10	5,000,000원	50,000,000원	5,000,000원	

합계금액	현금	수표	어음	외상미수금	이 금액을 (청구) 함
55,000,000원				55,000,000원	

문제4

[일반전표입력] 및 [매입매출전표입력] 메뉴에 입력된 내용 중 다음과 같은 오류가 발견되었다. 입력된 내용을 확인하여 정정하시오. (6점)

[1] 08월 08일   제조부 직원들의 확정급여형(DB) 퇴직연금에 가입하고 당기분 퇴직연금 20,000,000원을 보통예금 계좌에서 이체한 것을 확정기여형(DC) 퇴직연금에 가입한 것으로 회계처리를 하였다. (3점)

[2] 11월 06일   영업부 직원의 결혼축의금으로 현금 100,000원 지급한 것을 매출 거래처 직원의 결혼축의금을 지급한 것으로 회계처리 하였다. (3점)

문제5 결산정리사항은 다음과 같다. 관련 메뉴를 이용하여 결산을 완료하시오. (9점)

[1] 결산 시 재고조사를 실시하였으며, 장부상 영업부 소모품 2,000,000원 중 미사용액은 350,000원임을 확인하였다. 결산분개를 하시오. (3점)

[2] 제2기 확정 부가가치세 신고서는 다음과 같다고 가정한다. 부가가치세 결산 분개를 하시오(공제세액은 잡이익, 납부세액은 미지급세금 계정과목을 사용할 것). (3점)

	공급가액	부가가치세
과세표준 및 매출세액	① 17,000,000원	1,700,000원
매입세액 ②	12,000,000원	1,200,000원
납부세액 ③ (①-②)	-	500,000원
공제세액 ④	-	20,000원
차가감납부세액 ⑤ (③-④)	-	480,000원

[3] 무형자산 중 영업권에 대한 당기 상각비(판매비와관리비)는 500,000원이다. 감가상각비 관련 회계처리를 하시오. (3점)

문제6 다음 사항을 조회하여 알맞은 답안을 [이론문제 답안작성] 메뉴에 입력하시오. (9점)

[1] 1월부터 3월까지 원재료 매입액은 얼마인가? (3점)

[2] 상반기(1월~6월) 중 제조원가 항목의 차량유지비 지출액이 가장 많이 발생한 월(月)과 그 금액을 각각 기재하시오. (3점)

[3] 4월~6월 부가가치세 매입세액 불공제된 세액은 얼마인가? (3점)

이론과 실무문제의 답을 모두 입력한 후 [답안저장(USB로 저장)] 을 클릭하여 저장하고, USB메모리를 제출하시기 바랍니다.

[제119회 기출문제]

이 론 시 험

다음 문제를 보고 알맞은 것을 골라 이론문제 답안작성 메뉴에 입력하시오. (객관식 문항당 2점)

─── 〈 기 본 전 제 〉 ───
문제에서 한국채택국제회계기준을 적용하도록 하는 전제조건이 없는 경우, 일반기업회계기준을 적용한다.

1. 다음 중 현금및현금성자산에 해당하는 항목의 총합계액은 얼마인가?

- 당좌예금 : 450,000원
- 취득 당시 만기가 4개월 남은 단기금융상품 : 300,000원
- 타인발행수표 : 250,000원
- 자기앞수표 : 500,000원

① 700,000원   ② 1,050,000원   ③ 1,200,000원   ④ 1,500,000원

2. 다음은 회계상 거래의 결합관계를 표시한 것이다. 옳지 않은 것은?

거래	분개 결합관계
① 현금으로 100만 원의 상품을 구입하였다.	자산의 증가 – 자산의 감소
② 직원의 커피음료 대금 10만 원을 현금으로 지급하였다.	비용의 발생 – 자산의 감소
③ 업무용 화물차량을 5천만 원에 대출로 구입하였다.	자산의 증가 – 부채의 증가
④ 매입 예정인 상품의 계약금 100만 원을 현금으로 지급하였다.	비용의 증가 – 자산의 감소

3. 다음 중 일반기업회계기준에 의한 수익 인식기준으로 틀린 것은?

① 선적지 인도조건 재화의 판매 : 판매회사가 재화를 선적하는 시점
② 상품권 판매 : 상품권을 판매한 시점
③ 위탁판매 : 수탁자가 제3자에게 판매한 시점
④ 할부판매 : 재화가 인도되는 시점

4. 다음 중 감가상각의 대상이 아닌 것은?

① 구축물　　② 기계장치　　③ 차량운반구　　④ 건설중인자산

5. 다음 중 일반기업회계기준상 무형자산의 상각에 대한 설명으로 옳지 않은 것은?

① 잔존가치는 취득원가의 5%를 원칙으로 한다.
② 관계 법령이나 계약에 의해 정해진 경우를 제외하고는 20년을 초과할 수 없다.
③ 상각은 자산이 사용가능한 때부터 시작한다.
④ 상각방법은 자산의 경제적 효익이 소비되는 행태를 반영한 합리적인 방법이어야 한다.

6. 다음 자료를 바탕으로 선입선출법을 사용하는 ㈜세은의 당기 총 상품매출원가는 얼마인가?

| • 1/1 : 기초 재고 100개(개당 매입가 100원) | • 4/5 : 당기 매출 80개(개당 판매가 120원) |
| • 7/4 : 당기 매입 70개(개당 매입가 110원) | • 9/9 : 당기 매출 60개(개당 판매가 130원) |

① 14,400원　　② 14,600원　　③ 17,400원　　④ 17,600원

7. 다음 중 유동부채에 해당하는 것을 모두 고른 것은?

가. 임대보증금	나. 장기차입금
다. 유동성장기부채	라. 외상매입금
마. 매도가능증권	

① 가, 나　　② 나, 다　　③ 다, 라　　④ 라, 마

8. 다음 중 자본의 구분이 다른 것은?

① 주식할인발행차금　　② 자기주식처분손실　　③ 자기주식처분이익　　④ 미교부주식배당금

9. ㈜세은의 제조간접원가 예정배부율은 작업시간당 10,000원이다. 작업시간이 200시간이고 제조간접원가 배부차이가 200,000원 과다배부일 때 제조간접원가 실제발생액은 얼마인가?

① 1,800,000원   ② 2,000,000원   ③ 2,200,000원   ④ 2,400,000원

10. ㈜창현은 단일 제품을 대량 생산한다. 원재료는 공정 초기에 전량 투입되고, 가공비는 공정 전반에 걸쳐 균등하게 발생한다. 당기 완성분 700개, 기말재공품은 300개(완성도 50%)이다. 다음 자료를 참조하여 선입선출법에 의한 가공비 완성품환산량을 계산하시오.

구 분	직접재료비	가공비
기초재공품 200개(완성도 40%)	200,000원	80,000원
당기착수분 800개	800,000원	920,000원

① 500개   ② 620개   ③ 770개   ④ 800개

11 다음 그래프는 어떠한 원가행태에 해당하는가?

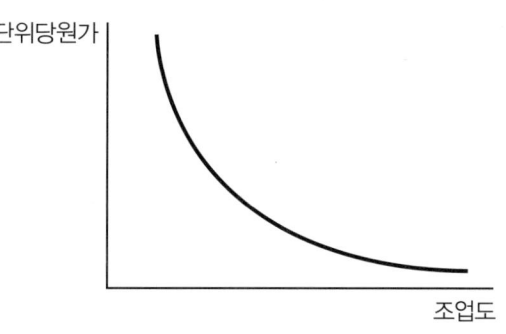

① 공장 상하수도요금   ② 직접재료비
③ 공장 발전시설의 동력용 연료   ④ 공장 건물의 임차료

12. 다음 중 개별원가계산의 특징에 해당하지 않는 것은?

① 주문생산에 적합한 원가계산이다.
② 월말재공품 평가가 필요하다.
③ 다품종 소량생산에 적합한 원가계산이다.
④ 제조직접비와 제조간접비의 구분이 필요하다.

13. 다음 중 부가가치세법상 주사업장 총괄납부제도에 대한 설명으로 틀린 것은?

① 부가가치세 신고와 납부를 모두 주된 사업장에서 한다.
② 원칙적으로 해당 과세기간 개시 20일 전까지 신청해야 한다.
③ 주된 사업장은 법인의 경우 본점 또는 지점도 가능하다.
④ 세금계산서 발급은 각 사업장별로 해야 한다.

14. 다음 중 부가가치세법상 과세대상이 아닌 것은?

① 재화의 공급
② 재화의 수입
③ 용역의 공급
④ 용역의 수입

15. 다음 중 부가가치세법상 부가가치세 매입세액공제 대상인 것은?

① 면세사업자의 소모품 매입세액
② 과세·면세 겸영사업자의 과세 매출분 관련 수수료 비용 매입세액
③ 일반과세자의 개별소비세 과세 대상 비영업용 승용차 구입 관련 매입세액
④ 일반과세자의 거래처 접대용 상품 구입 관련 매입세액

[제119회 기출문제]

실 무 시 험

㈜하나전자(회사코드 : 1193)는 전자제품의 제조업을 영위하는 중소기업으로 당기(제7기) 회계기간은 2025.1.1.~2025.12.31.이다. 전산세무회계 수험용 프로그램을 이용하여 다음 물음에 답하시오.

〈 기 본 전 제 〉

- 문제에서 한국채택국제회계기준을 적용하도록 하는 전제조건이 없는 경우, 일반기업회계기준을 적용하여 회계처리 한다.
- 문제의 풀이와 답안작성은 제시된 문제의 순서대로 진행한다.

문제1

다음은 [기초정보관리] 및 [전기분재무제표]에 대한 자료이다. 각각의 요구사항에 대하여 답하시오. (10점)

[1] [거래처등록] 메뉴에서 다음의 거래처를 등록하시오. 단, 아래 제시되는 사항만 입력할 것. (3점)

- 거래처코드 : 03333
- 거래처명 : 승우공구
- 사업자등록번호 : 253-11-36845
- 업태 : 제조
- 사업장주소 : 대구광역시 서구 국채보상로 50길 10(평리동) (우편번호 입력은 생략한다.)
- 거래처구분 : 일반거래처
- 유형 : 동시
- 대표자성명 : 김승우
- 종목 : 공구

[2] 다음 자료를 이용하여 [계정과목및적요등록] 메뉴에서 현금적요와 대체적요를 등록하시오. (3점)

- 코드 : 195
- 계정과목 : 설비장치
- 현금적요 : 1. 인테리어 비용 현금결제
- 대체적요 : 1. 인테리어 비용 미지급

[3] 전기분 손익계산서를 검토한 결과 다음과 같은 오류를 발견하였다. 해당 오류사항과 관련된 [전기분원가명세서] 및 [전기분손익계산서]를 수정 및 삭제하시오. (4점)

- 공장 건물에 대한 보험료 5,000,000원이 판매비와관리비의 보험료로 반영되어 있다.

문제2 [일반전표입력] 메뉴를 이용하여 다음의 거래 자료를 입력하시오(일반전표입력의 모든 거래는 부가가치세를 고려하지 말 것). (18점)

―――――――― 〈 입력 시 유의사항 〉 ――――――――
- 일반적인 적요의 입력은 생략하지만, 타계정 대체거래는 적요번호를 선택하여 입력한다.
- 채권·채무와 관련된 거래는 별도의 요구가 없는 한 반드시 기등록된 거래처코드를 선택하는 방법으로 거래처명을 입력한다.
- 제조경비는 500번대 계정코드를, 판매비와관리비는 800번대 계정코드를 사용한다.
- 회계처리 시 계정과목은 별도의 제시가 없는 한 등록된 계정과목 중 가장 적절한 과목으로 한다.

[1] 07월 29일 지난 6월 27일에 왕창중고차에 화물차량을 11,000,000원에 처분하고 받은 약속어음이 만기가 되어 보통예금으로 입금되었다. (3점)

[2] 08월 31일 영업부 직원 차량의 할부금 청구액(685,000원)이 아래와 같이 청구되어 보통예금에서 지출되었다. 단, 당초 할부금은 ㈜반스캐피탈의 장기차입금으로 회계처리하였다. (3점)

청구액	할부원금	할부이자
685,000원	630,000원	55,000원

[3] 09월 11일 제조부 직원들에 대한 확정급여형(DB형) 퇴직연금 납입액 3,000,000원을 보통예금 계좌에서 이체하여 납입하였다. (3점)

[4] 10월 01일 ㈜기현의 외상매입금 5,000,000원에 대해 당좌수표를 발행하여 결제하였다. 결제일 현재 당좌예금 잔액은 4,000,000원이며, 초과액은 당좌차월 계정을 사용하시오. (3점)

[5] 11월 30일 제조부 김새로 과장의 11월분 임금을 보통예금 계좌에서 이체하여 지급하였다. 단, 공제합계액은 하나의 계정과목으로 회계처리 한다. (3점)

2025년 11월 임금명세서			
이 름	김새로	지급일	2025년 11월 30일
기 본 급	3,000,000원	소 득 세	74,350원
식 대	200,000원	지 방 소 득 세	7,430원
		국 민 연 금	135,000원
		건 강 보 험	120,120원
		고 용 보 험	27,000원
급 여 합 계	3,200,000원	공 제 합 계	363,900원
		지 급 총 액	2,836,100원

[6] 12월 15일 2025년도에 대손이 확정되어 대손충당금과 상계 처리한 ㈜카시오기계의 미수금 1,100,000원이 보통예금 계좌에 입금된 것을 확인하였다. 단, 부가가치세법상 대손세액은 고려하지 말 것. (3점)

문제3 [매입매출전표입력] 메뉴를 이용하여 다음의 거래 자료를 입력하시오. (18점)

〈 입력 시 유의사항 〉

- 일반적인 적요의 입력은 생략하지만, 타계정 대체거래는 적요번호를 선택하여 입력한다.
- 채권·채무와 관련된 거래는 별도의 요구가 없는 한 반드시 기등록된 거래처코드를 선택하는 방법으로 거래처명을 입력한다.
- 제조경비는 500번대 계정코드를, 판매비와관리비는 800번대 계정코드를 사용한다.
- 회계처리 시 계정과목은 별도의 제시가 없는 한 등록된 계정과목 중 가장 적절한 과목으로 한다.
- 입력화면 하단의 분개까지 처리하고, 전자세금계산서 및 전자계산서는 전자입력으로 반영한다.

[1] 07월 20일 회사 업무에 사용할 컴퓨터를 ㈜천지쇼핑으로부터 8,000,000원(부가세 별도)에 구입하고 전자세금계산서를 발급받았으며 보통예금 계좌에서 이체하여 결제하였다. (3점)

[2] 08월 12일 영업부 거래처에 선물용 마른멸치세트를 구매하여 보내고 대금은 보통예금 계좌에서 이체하여 지급하였다. (3점)

전자계산서					승인번호	20250812-15312245-15350339		
공급자	등록번호	504-12-12355	총사업장번호		공급받는자	등록번호	105-81-23613	총사업장번호	
	상호(법인명)	남경수산	성명	박해물		상호(법인명)	㈜하나전자	성명	김하나
	사업장주소	대구시 북구 매천로21(팔달동)				사업장주소	대구시 서구 통학로 32길 12(평리동)		
	업태	도소매	종목	건어물		업태	제조	종목	전자제품
	이메일	nass@naver.com				이메일	sbcpro@naver.com		
						이메일			
작성일자	공급가액		수정사유		비고			
2025.08.12.	800,000원							
월	일	품목	규격	수량	단가	공급가액	비고
08	12	건어물(멸치세트)		8	100,000원	800,000원	
합계금액		현금	수표	어음	외상미수금	이 금액을 (영수) 함
800,000원		800,000원				

[3] 09월 01일 전자제품을 $10,000에 미국의 AMG.COM에 외상으로 직수출하였다. (3점)

구 분	일 자	환율(미국달러)
선적일	2025.09.01	1$: 1,450원

[4] 09월 20일 운용리스로 사용 중인 영업부 차량의 리스료 계산서를 아래와 같이 발급받았고 리스료는 당사 국민카드로 결제하였다. 단, 운용리스료는 임차료 계정을 사용할 것. (3점)

전자계산서				승인번호	20250920-98456210-58638415		
공급자	등록번호	112-10-98451	총사업장번호		공급받는자	등록번호	105-81-23613	총사업장번호	
	상호(법인명)	대우캐피탈	성명	김대우		상호(법인명)	㈜하나전자	성명	김하나
	사업장주소	부산광역시 사상구 삼덕로 51(덕포동)				사업장주소	대구광역시 서구 통학로 32길 12(평리동)		
	업태	금융업	종목	리스		업태	제조	종목	자동차
	이메일					이메일	sbcpro@naver.com		
						이메일			

작성일자	공급가액	수정사유	비고
2025.09.20.	850,000원	해당 없음	

월	일	품목	규격	수량	단가	공급가액	비고
09	20	운용리스료				850,000원	

합계금액	현금	수표	어음	외상미수금	이 금액을 (청구) 함
850,000원				850,000원	

[5] 10월 27일 ㈜블랙라임에 제품을 15,000,000원(부가가치세 별도)에 판매하고, 전자세금계산서를 발급하였다. 대금은 ㈜블랙라임이 보유 중인 ㈜레드가 발행한 약속어음을 배서양도받았다. (3점)

[6] 11월 17일 개인소비자 김성공에게 제품을 550,000원(부가가치세 포함)에 판매하고, 대금은 김성공의 현대카드로 수취하였다. 단, 신용카드 결제대금은 외상매출금으로 회계처리 할 것. (3점)

문제4 [일반전표입력] 및 [매입매출전표입력] 메뉴에 입력된 내용 중 다음과 같은 오류가 발견되었다. 입력된 내용을 확인하여 정정하시오. (6점)

[1] 07월 05일 영업부에서 사용하는 개별소비세 과세대상 승용차(2,000cc)를 대하정비공장에서 수리하고 국민카드로 결제한 770,000원(부가가치세 포함)을 매입세액 공제가능한 거래로 판단하여 매입매출전표에 입력하였다. (3점)

[2] 09월 02일 판매촉진을 위해 불특정다수인이 보는 잡지에 광고를 하고 현금 결제 후, 현금영수증을 수취하였으나 일반전표에 입력하였다. 부가가치세 공제요건을 모두 충족하였으며 매입세액공제를 받고자 한다. (3점)

현금영수증 (Hometax, 국세청홈택스)

● 거래정보

거래일시	2025.09.02

● 거래금액

공급가액	부가세	봉사료	총 거래금액
300,000	30,000	-	330,000

● 가맹점 정보

상호	㈜널리널리
사업자번호	215-81-69876
대표자명	김명성
주소	대구광역시 서구 당산로 45길 32(내당동)

문제5 결산정리사항은 다음과 같다. 관련 메뉴를 이용하여 결산을 완료하시오. (9점)

[1] 9월 1일에 가입한 국민은행의 정기예금 150,000,000원(만기 1년, 연 이자율 4%)에 대하여 기간 경과분 이자를 계상하시오. 단, 이자 계산은 월할계산하며, 원천징수는 없다고 가정한다. (3점)

[2] 결산일 현재 보유 중인 유가증권에 대한 자료는 다음과 같다. (3점)

종 목	취득원가	결산일 공정가치	비 고
㈜석황	123,000,000원	134,000,000원	단기 매매 목적

[3] 다음 대화를 읽고 일반전표에 적절한 회계처리를 하시오. (3점)

대화자	내 용
경리부장	"대표님! 지난 달 현금과부족 처리한 현금 부족분 5만원을 결산일까지 결국 찾지 못했습니다."
대표자	"기업회계기준에 따라 처리하세요."

문제6

다음 사항을 조회하여 알맞은 답안을 이론문제 답안작성 메뉴에 입력하시오. (9점)

[1] 2025년 1월부터 5월까지의 영업외수익은 얼마인가? (3점)

[2] 4월 1일부터 6월 30일까지 매출세금계산서 발급 건수가 가장 많은 거래처명과 건수는 얼마인가? (3점)

[3] 2025년 제1기 부가가치세 확정신고기간(4월~6월)의 영세율 매출세금계산서 공급가액은 얼마인가? (3점)

이론과 실무문제의 답을 모두 입력한 후 답안저장(USB로 저장) 을 클릭하여 저장하고, USB메모리를 제출하시기 바랍니다.

[제118회 기출문제]

이 론 시 험

다음 문제를 보고 알맞은 것을 골라 이론문제 답안작성 메뉴에 입력하시오. (객관식 문항당 2점)

〈 기 본 전 제 〉
문제에서 한국채택국제회계기준을 적용하도록 하는 전제조건이 없는 경우, 일반기업회계기준을 적용한다.

1. 다음 중 손익계산서가 제공할 수 있는 재무정보로 가장 적절한 것은?
① 타인자본에 대한 정보
② 자기자본에 대한 정보
③ 자산총액에 대한 정보
④ 경영성과에 대한 정보

2. 2024년 1월 1일 현재 외상매출금 잔액은 2,000,000원이다. 당기에 외상매출금 잔액 중 1,200,000원이 대손처리된 경우에 인식할 대손상각비는 얼마인가? (단, 기초 대손충당금 잔액은 1,000,000원이다.)
① 200,000원
② 800,000원
③ 1,000,000원
④ 2,000,000원

3. 다음 중 재고자산의 평가에 대한 설명으로 가장 옳지 않은 것은?
① 재고자산은 취득원가를 장부금액으로 한다. 다만, 시가가 취득원가보다 높은 경우에는 시가를 장부금액으로 한다.
② 재고자산의 매입원가는 매입금액에 매입운임, 하역료 및 보험료 등 취득과정에서 정상적으로 발생한 부대원가를 가산한 금액이다.
③ 재고자산의 제조원가는 보고기간 말까지 제조과정에서 발생한 직접재료원가, 직접노무원가, 제조와 관련된 변동 및 고정 제조간접원가의 체계적인 배분액을 포함한다.
④ 성격이 상이한 재고자산을 일괄하여 구입한 경우에는 총매입원가를 각 재고자산의 공정가치 비율에 따라 배분하여 개별 재고자산의 매입원가를 결정한다.

4. 다음은 12월 말 결산법인인 ㈜한국의 기계장치와 관련된 자료이다. ㈜한국이 2024년 12월 31일에 계상할 감가상각비는 얼마인가? (단, 월할 상각할 것)

| • 취득일 : 2023년 7월 1일 | • 상각방법 : 정률법 | • 내용연수 : 5년 |
| • 상각률 : 45% | • 취득원가 : 20,000,000원 | • 잔존가치 : 500,000원 |

① 3,487,500원　　② 4,500,000원　　③ 6,975,000원　　④ 9,000,000원

5. 다음 중 단기매매증권에 대한 설명으로 틀린 것은?

① 단기 시세차익을 목적으로 취득한 시장성 있는 유가증권을 말한다.
② 단기매매증권 중 채권은 원가법, 주식은 공정가액으로 기말 평가한다.
③ 단기매매증권 처분에 따른 처분손익은 손익계산서에 반영한다.
④ 단기매매증권은 유동자산 중 당좌자산으로 분류된다.

6. 다음의 설명 중 옳지 않은 것은?

① 자산은 과거의 거래나 사건의 결과로서 현재 기업 실체에 의해 지배되고 미래에 경제적 효익을 창출할 것으로 기대되는 자원을 말한다.
② 기업의 자금조달방법에 따라 타인자본과 자기자본으로 구분된다. 부채는 자기자본에 해당되며, 타인으로부터 빌린 빚을 말한다.
③ 자본은 기업실체의 자산 총액에서 부채 총액을 차감한 잔여액 또는 순자산을 말한다.
④ 비용은 기업실체의 경영활동과 관련된 재화의 판매 또는 용역의 제공 등에 따라 발생하는 자산의 유출이나 사용 또는 부채의 증가이다.

7. 다음 중 자본에 대한 설명으로 틀린 것은?

① 신주발행비는 당기손익(비용)으로 처리한다.
② 주식의 할증발행 시 증가하는 자본금은 주식의 액면발행 시 증가하는 자본금과 동일하다.
③ 자본은 자본거래와 손익거래로 분류된다.
④ 주식발행초과금은 자본잉여금으로 분류한다.

8. 다음의 자료를 이용하여 매출총이익을 계산하면 얼마인가?

• 기초상품재고액 : 1,000,000원 • 당기상품매입액 : 2,000,000원
• 당기상품판매액 : 5,000,000원 • 기말상품재고액 : 500,000원

① 2,000,000원 ② 2,500,000원 ③ 3,000,000원 ④ 3,500,000원

9. 다음 중 제조원가에 대한 설명으로 옳지 않은 것은?
① 제조원가는 제품을 제조하기 위해 투입한 경제적 자원을 말한다.
② 제조간접원가는 간접재료원가, 간접노무원가 등 제품을 생산하기 위해 투입된 직접재료원가와 직접노무원가 이외의 모든 제조원가를 말한다.
③ 직접노무원가는 제품을 생산하기 위하여 투입된 생산직 종업원의 급여로서 특정 제품에 직접 추적할 수 없는 노무원가를 말한다.
④ 직접노무원가와 제조간접원가를 합하여 가공원가 혹은 전환원가라고 하는데, 이는 원재료를 완제품으로 전환하는 데 소요되는 원가를 말한다.

10. 다음 중 종합원가계산에 대한 설명으로 틀린 것은?
① 다품종, 대량생산업종에 적합하다.
② 물량의 흐름 파악과 완성품 환산량의 계산이 요구된다.
③ 원가요소별(재료원가와 가공원가)로 기초재공품원가와 당기 발생원가를 집계한다.
④ 제조원가는 각 공정별로 집계되며 그 공정을 통과한 제품 단위에 원가를 배분한다.

11. 당기의 원재료 매입액은 8,000,000원이고 기말원재료재고액이 기초 원재료 재고액보다 300,000원이 감소한 경우 당기의 원재료 원가는 얼마인가?
① 7,000,000원 ② 7,700,000원 ③ 8,000,000원 ④ 8,300,000원

12. 다음 중 원가 배분의 기준으로 가장 적합하지 않은 것은?

① 인과관계 기준   ② 보수주의 기준   ③ 수혜기준   ④ 부담능력기준

13. 다음 중 당해 연도 말 현재 부가가치세법상 전자세금계산서를 발급해야 하는 사업자는 몇 명인가? (단, 다른 사업장은 없고 세금계산서 발급의무가 면제되지 아니한다.)

- 직전연도 공급가액이 5천만 원인 법인사업자
- 직전연도 공급가액이 1억 원인 법인사업자
- 직전연도 공급가액이 1억 원인 개인사업자

① 없음   ② 1명   ③ 2명   ④ 3명

14. 다음 중 부가가치세법상 재화의 공급으로 보는 경우는?

① 조세의 물납
② 법률에 따른 공매, 경매, 수용
③ 사업상의 증여
④ 사업장별 그 사업에 관한 모든 권리·의무를 포괄 승계한 사업양도 (단, 사업양수자는 부가가치세 대리납부를 안 함.)

15. 다음 중 부가가치세법상 영세율 적용대상이 아닌 것은?

① 내국물품을 외국으로 반출하는 것
② 용역의 국외공급
③ 주택과 이에 부수되는 토지의 임대용역으로서 대통령령으로 정하는 것
④ 외국항행용역의 공급

[제118회 기출문제]

실 무 시 험

제일상사㈜(회사코드 : 1183)는 가방의 제조 및 도소매업을 영위하는 중소기업으로 당기(제11기) 회계기간은 2024.1.1.~2024.12.31.이다. 전산세무회계 수험용 프로그램을 이용하여 다음 물음에 답하시오.

─── 〈 기 본 전 제 〉 ───
- 문제에서 한국채택국제회계기준을 적용하도록 하는 전제조건이 없는 경우, 일반기업회계기준을 적용하여 회계처리 한다.
- 문제의 풀이와 답안작성은 제시된 문제의 순서대로 진행한다.

문제1

다음은 [기초정보관리] 및 [전기분재무제표]에 대한 자료이다. 각각의 요구사항에 대하여 답하시오. (10점)

[1] [거래처등록] 메뉴에서 다음의 거래처를 등록하시오. 단, 아래 제시되는 사항만 입력할 것. (3점)

- 코드 : 99851
- 거래처명 : 나라카드
- 카드종류 : 사업용카드
- 유형 : 매입
- 카드번호 : 5527-0622-2804-8446

[2] 제일상사㈜의 전기말 거래처별 채권 및 채무의 올바른 잔액은 다음과 같다. 주어진 자료를 검토하여 잘못된 부분은 오류를 정정하고, 누락된 부분은 추가하여 입력하시오 (3점)

채권 및 채무	거래처	금 액
외상매출금	㈜서울	10,000,000원
	㈜대전	2,000,000원
미지급금	㈜강원	10,000,000원
	㈜부산	8,000,000원
	㈜경기	12,000,000원

[3] 전기 손익계산서를 검토한 결과 기부금 3,000,000원이 누락된 것을 확인하였다. 이와 관련된 전기분 재무제표를 모두 수정 또는 추가 입력하시오. (4점)

문제2 [일반전표입력] 메뉴를 이용하여 다음의 거래 자료를 입력하시오(일반전표입력의 모든 거래는 부가가치세를 고려하지 말 것). (18점)

〈 입력 시 유의사항 〉

- 일반적인 적요의 입력은 생략하지만, 타계정 대체거래는 적요번호를 선택하여 입력한다.
- 채권·채무와 관련된 거래는 별도의 요구가 없는 한 반드시 기등록된 거래처코드를 선택하는 방법으로 거래처명을 입력한다.
- 제조경비는 500번대 계정코드를, 판매비와관리비는 800번대 계정코드를 사용한다.
- 회계처리 시 계정과목은 별도의 제시가 없는 한 등록된 계정과목 중 가장 적절한 과목으로 한다.

[1] 04월 18일 주주총회에서 3월 26일 현금 배당결의 후 미지급한 배당금 1,000,000원을 배당소득세 154,000원을 공제 후 보통예금 계좌에서 지급하였다. (3점)

[2] 07월 16일 영업부서에서 고용한 일용직 직원들의 잡급 일당 250,000원을 보통예금 계좌에서 지급하였다. 단, 일용직에 대한 고용보험료 등의 원천징수액은 발생하지 않는 것으로 가정한다. (3점)

[3] 08월 30일 ㈜제주상사에 지급할 외상매입금 20,000,000원 중 일부는 아래의 전자어음을 발행하고 나머지는 보통예금 계좌에서 지급하였다. (3점)

전 자 어 음

㈜제주상사 귀하   00512151020123456775

금   일천삼백만원정   13,000,000원

위의 금액을 귀하 또는 귀하의 지시인에게 지급하겠습니다.

지급기일	2024년 9월 30일	발행일	2024년 8월 30일
지급지	제일은행	발행지	
지급장소	광안역지점	주소	서울 강남구 압구정로 347
		발행인	제일상사㈜

[4] 9월 21일   보통주 10,000주를 신규 발행하여 증자대금 12,000,000원이 보통예금으로 입금되었다. 1주당 액면가는 500원, 1주당 발행가액은 1,200원이다. (3점)

[5] 09월 24일   공장설립을 목적으로 취득한 토지에 대한 재산세 5,000,000원을 전액 보통예금으로 이체하여 납부하였다. (3점)

[6] 12월 25일   하나카드(법인) 카드사용액 2,010,000원 중 보통예금 잔액 부족으로 1,800,000원만 보통예금에서 결제되었다(단, 미지급금 계정 자료를 조회하여 입력할 것). (3점)

문제3 [매입매출전표입력] 메뉴를 이용하여 다음의 거래 자료를 입력하시오. (18점)

〈 입력 시 유의사항 〉

- 일반적인 적요의 입력은 생략하지만, 타계정 대체거래는 적요번호를 선택하여 입력한다.
- 채권·채무와 관련된 거래는 별도의 요구가 없는 한 반드시 기등록된 거래처코드를 선택하는 방법으로 거래처명을 입력한다.
- 제조경비는 500번대 계정코드를, 판매비와관리비는 800번대 계정코드를 사용한다.
- 회계처리 시 계정과목은 별도의 제시가 없는 한 등록된 계정과목 중 가장 적절한 과목으로 한다.
- 입력화면 하단의 분개까지 처리하고, 전자세금계산서 및 전자계산서는 전자입력으로 반영한다.

[1] 07월 30일 울산자동차㈜로부터 공장에서 사용할 업무 목적의 승용차(5인승, 배기량 998cc, 개별소비세 과세 대상 아님)를 구입하고 2,000,000원은 현금 지급하고 나머지는 신한카드로 결제하였다. (3점)

전자세금계산서					승인번호		20240730-14598230-12035139		
공급자	등록번호	610-81-51299	총사업장번호		공급받는자	등록번호	134-86-15678	총사업장번호	
	상호(법인명)	울산자동차㈜	성명	정재우		상호(법인명)	제일상사㈜	성명	김제일
	사업장주소	울산 중구 태화동 212				사업장주소	서울특별시 강남구 압구정로 347		
	업태	제조,도소매	종목	자동차		업태	제조,도소매	종목	가방
작성일자	공급가액		세액		수정사유		비고		
2024.07.30.	18,000,000원		1,800,000원						
월	일	품목		규격	수량	단가		공급가액	비고
07	30	승용차(배기량 998cc)			1	18,000,000원		1,800,000원	
합계금액		현금		수표		어음		외상미수금	이 금액을 (청구) 함
19,800,000원		2,000,000원						17,800,000원	

[2] 08월 16일 원재료 매입 거래처에 접대목적으로 당사의 제품(원가 : 600,000원, 시가 : 1,100,000원)을 무상으로 제공하였다(단, 거래처 입력은 생략한다). (3점)

[3] 09월 19일 영업부 직원들의 사내 체육대회를 위하여 단짠도시락(일반과세자)에서 도시락을 주문하고, 비씨카드로 결제하였다. (3점)

```
           신용카드매출전표
가 맹 점 명 : 단짠도시락
사 업 자 번 호 : 501-38-61328
대 표 자 명 : 김민서
거 래 일 시 : 2024-09-19 20:08:54
매  입  사 : 비씨카드(전자서명전표)
     상품명              금액
   도시락세트           550,000
공 급 가 액 : 500,000
부 가 세 액 :  50,000
합       계 : 550,000
```

[4] 10월 30일 공장제품 운반용 1t 트럭의 차량수선을 위하여 아래와 같이 현금으로 결제하고 현금영수증을 수취하였다(단, 계정과목은 차량유지비로 할 것). (3점)

```
거래일시 : 2024/10/30 23:41:52
현금영수증식별번호 : 1348615678
거래유형 : 현금(지출증빙)
------------------------------------
공급가액 :              250,000원
부가세 :                 25,000원
합계액 :                275,000원
------------------------------------
가맹점명 : 차차차 카센터
```

[5] 11월 10일 해외수출을 위한 구매확인서에 따라 ㈜대림전자에 제품 500개(100,000원/개)를 납품하고 영세율전자세금계산서를 발행하였다. 대금은 2개월 후에 받기로 하였다. (3점)

영세율전자세금계산서				승인번호	20241110-22589128-12589528		
공급자	등록번호	134-86-15678	총사업장번호	공급받는자	등록번호	159-85-85399	총사업장번호
	상호(법인명)	제일상사㈜	성명 김제일		상호(법인명)	㈜대림전자	성명 정민지
	사업장주소	서울특별시 강남구 압구정로 347			사업장주소	서울시 영등포구 선유로 22길	
	업태	제조, 도소매	종목 가방		업태	제조	종목 반도체

작성일자	공급가액	세액	수정사유
2024.11.10.	50,000,000원		해당 없음
비고			

월	일	품목	규격	수량	단가	공급가액	세액	비고
11	10	제품		500	100,000원	50,000,000원		

합계금액	현금	수표	어음	외상미수금	이 금액을 **(청구)** 함
50,000,000원				50,000,000원	

[6] 12월 01일   대표이사 김제일이 개인적 휴가를 위해 요트를 ㈜해양으로부터 1대 100,000,000원(부가가치세 별도)에 구매하고 그 즉시 보통예금에서 결제하고 전자세금계산서를 발급받았다(가지급금 계정을 사용하고, 거래처는 김제일로 선택할 것). (3점)

전자세금계산서					승인번호		20241201-15454645-58811886	
공급자	등록번호	501-81-12347	종사업장번호		공급받는자	등록번호	134-86-15678	종사업장번호	
	상호(법인명)	㈜해양	성명	김바다		상호(법인명)	제일상사(주)	성명	김제일
	사업장주소	부산광역시 해운대구 해운대해변로 84				사업장주소	서울특별시 강남구 압구정로 347		
	업태	제조	종목	선박		업태	제조,도소매	종목	가방
작성일자		공급가액		세액		수정사유			
2024.12.01.		100,000,000원		10,000,000원					
비고									

월	일	품목	규격	수량	단가	공급가액	세액	비고
12	01	요트		1	100,000,000원	100,000,000원	10,000,000원	

합계금액	현금	수표	어음	외상미수금	이 금액을 (영수) 함
110,000,000원	110,000,000원				

문제4

[일반전표입력] 및 [매입매출전표입력] 메뉴에 입력된 내용 중 다음과 같은 오류가 발견되었다. 입력된 내용을 확인하여 정정하시오. (6점)

[1] 09월 28일   케이시티넷으로부터 구매한 컴퓨터의 대금 1,100,000원을 외상으로 구입하고 매입매출전표에서 원재료로 회계처리하였으나, 사실은 영업부 사무실에서 업무용으로 사용할 목적으로 현금으로 구입하고 지출증빙용 현금영수증을 발급받은 것으로 확인되었다. 회사는 이를 비품으로 처리하고 매입세액공제를 받으려고 한다. (3점)

[2] 11월 02일   공장의 새로운 제품의 개발을 위해 연구비 5,000,000원을 현금으로 지출하였다. 해당 지출은 자산요건을 충족하지 못하여 비용(경상연구개발비)으로 처리해야 하지만, 자산(개발비)으로 처리하였다. (3점)

문제5 결산정리사항은 다음과 같다. 관련 메뉴를 이용하여 결산을 완료하시오. (9점)

[1] 외상매입금 계정에는 중국에 소재한 거래처 문차이나에 대한 외상매입금 2,200,000원($2,000)이 포함되어 있다(결산일 현재 적용환율은 1,120원/$이다). (3점)

[2] 공장건물에 대한 화재보험료 720,000원을 10월 1일에 보통예금에서 이체하였다. 해당 보험기간은 2024년 10월 1일부터 2025년 9월 30일까지이다. 회사는 해당 보험료를 이체 시 전액 선급비용으로 처리하였다(단, 보험료는 월할계산한다). (3점)

[3] 당기의 법인세등으로 계상할 금액은 13,700,000원이다(법인세 중간예납세액은 선납세금으로 계상되어 있으며, 이를 조회하여 회계처리 할 것). (3점)

문제6 다음 사항을 조회하여 알맞은 답안을 이론문제 답안작성 메뉴에 입력하시오. (9점)

[1] 1분기(1월~3월) 중 제품매출이 가장 많은 달(月)과 가장 적은 달(月)의 차이는 얼마인가? (단, 음수로 입력하지 말 것) (3점)

[2] 2024년 6월에 지급한 외상매입금은 얼마인가? (단, 양수로만 기재할 것) (3점)

[3] 2024년 제1기 부가가치세 확정신고기간(4월~6월) 중 공제받지 못할 매입세액은 얼마인가? (3점)

이론과 실무문제의 답을 모두 입력한 후 답안저장(USB로 저장) 을 클릭하여 저장하고, USB메모리를 제출하시기 바랍니다.

[제117회 기출문제]

이 론 시 험

다음 문제를 보고 알맞은 것을 골라 이론문제 답안작성 메뉴에 입력하시오. (객관식 문항당 2점)

〈 기 본 전 제 〉
문제에서 한국채택국제회계기준을 적용하도록 하는 전제조건이 없는 경우, 일반기업회계기준을 적용한다.

1. 다음 중 재무상태표에 기재되지 않는 것은?
① 개발비(무형자산의 인식요건을 충족함)
② 영업권(기업인수에 따른 평가금액)
② 연구비(연구단계에서 발생한 지출)
④ 선급비용

2. 다음 중 당좌자산에 해당하지 않는 것은?
① 외상매출금   ② 받을어음   ③ 현금 및 현금성자산   ④ 단기차입금

3. 다음 중 무형자산에 대한 설명으로 옳지 않은 것은?
① 무형자산의 소비되는 행태를 신뢰성 있게 결정할 수 없을 경우 정률법으로 상각한다.
② 무형자산을 취득하는 경우 수익·비용 대응의 원칙에 따라 합리적인 방법을 이용하여 상각한다.
③ 영업권, 산업재산권, 개발비 등이 무형자산에 해당한다.
④ 영업권 중에서도 내부적으로 창출된 영업권은 무형자산으로 인식할 수 없으나 외부에서 구입한 영업권은 재무상태표에 계상할 수 있다.

4. 기말에 창고의 재고금액을 실사한 결과 300,000원이었고 추가로 아래의 항목을 발견하였다. 아래의 항목을 고려하여 적절히 수정할 경우 정확한 기말재고자산 금액은 얼마인가?

• 도착지(목적지)인도조건으로 판매하여 기말현재 운송 중인 재고 : 20,000원
• 위탁자로부터 받아 창고에 보관 중인 수탁품 : 30,000원

① 290,000원   ② 300,000원   ③ 320,000원   ④ 350,000원

5. 다음 중 단기매매증권에 대한 설명으로 가장 옳지 않은 것은?
① 단기매매증권은 당좌자산으로 분류된다.
② 단기매매증권은 주로 단기간 내의 매매차익을 목적으로 취득한 유가증권으로서 매수와 매도가 적극적이고 빈번하게 이루어지는 것을 말한다.
③ 단기매매증권의 취득과 직접 관련된 거래원가는 최초 인식하는 공정가치에 가산한다.
④ 단기매매증권에 대한 미실현보유손익은 당기손익항목으로 처리한다.

6. 다음의 회계처리로 인한 부채의 증가액은 얼마인가?

회사는 현금배당을 하기로 하였으며, 아래와 같이 회계처리하였다.			
(차) 이익잉여금	220,000원	(대) 미지급배당금	200,000원
		법정적립금	20,000원

① 부채 220,000원 증가
② 부채 200,000원 증가
③ 부채 90,000원 증가
④ 부채 100,000원 증가

7. 다음 중 자본에 대한 설명으로 옳지 않은 것은?
① 이익잉여금을 자본 전입하는 주식배당 시, 자본금은 증가하고 이익잉여금은 감소한다.
② 주식발행초과금은 주식의 발행가액이 액면가액을 초과하는 경우 그 초과금액을 말한다.
③ 기말 재무상태표상 미처분이익잉여금은 당기 이익잉여금의 처분사항이 반영되기 전의 금액이다.
④ 주식배당과 무상증자 시 순자산의 증가가 발생한다.

8. 다음 중 영업외수익에 해당하지 않는 것은?
① 외환차익   ② 자산수증이익   ③ 채무면제이익   ④ 매출액

9. ㈜삼척은 직접노무시간을 기준으로 제조간접원가를 배부하고 있다. 당해연도 초의 예상 직접노무시간은 50,000시간이고, 제조간접원가 예상액은 3,000,000원이었다. 6월의 제조간접원가 실제 발생액은 500,000원이고, 실제 직접노무시간이 3,000시간인 경우 6월의 제조간접원가 배부차이는 얼마인가?
① 과소배부 320,000원
② 과대배부 320,000원
③ 과소배부 180,000원
④ 과대배부 180,000원

10. 다음의 항목을 원가행태에 따라 분류할 경우 성격이 가장 다른 하나는 무엇인가?
① 제품의 제조에 사용하는 원재료
② 매월 일정하게 발생하는 임차료
③ 시간당 지급하기로 한 노무비
④ 사용량(kw)에 따라 발생하는 전기료(단, 기본요금은 없음)

11. 다음의 자료를 이용하여 가공원가를 계산하면 얼마인가?

구 분	금 액
직접재료원가	1,000,000원
직접노무원가	2,500,000원
제조간접원가	1,800,000원

① 2,500,000원 ② 2,800,000원 ③ 3,500,000원 ④ 4,300,000원

12. 다음 중 원가배분에 대한 설명으로 옳지 않은 것은?
① 직접배분법은 보조부문 상호간의 용역수수관계를 전혀 고려하지 않는 방법이다.
② 직접배분법은 보조부문 상호간의 용역수수관계가 밀접한 경우 정확한 원가배분이 가능하다.
③ 단계배분법은 보조부문간의 일정한 배분 순서를 정한 다음 그 배분 순서에 따라 보조부문비를 배분하는 방법이다.
④ 단계배분법은 용역수수관계를 완전히 반영하지 못하기 때문에 원가계산의 부정확성이 존재한다.

13. 다음 중 부가가치세법상 면세 대상이 아닌 것은?
① 수돗물   ② 일반의약품   ③ 미가공식료품   ④ 도서

14. 다음 중 부가가치세법상 재화의 공급시기가 잘못 연결된 것은?
① 할부판매 : 재화가 인도되거나 이용가능한 때
② 반환조건부판매 : 조건이 성취되거나 기한이 지나 판매가 확정되는 때
③ 장기할부판매 : 대가의 각 부분을 수령한 때
④ 폐업 시 잔존재화 : 폐업하는 때

15. 다음 중 부가가치세법상 수출을 지원하는 효과가 있는 제도는 무엇인가?
① 영세율제도   ② 사업자단위과세제도   ③ 면세제도   ④ 대손세액공제제도

[제117회 기출문제]

실 무 시 험

㈜원효상사(회사코드 : 1173)는 자동차부품의 제조 및 도소매업을 영위하는 중소기업으로 당기(제9기) 회계기간은 2024.1.1.~2024.12.31.이다. 전산세무회계 수험용 프로그램을 이용하여 다음 물음에 답하시오.

─── 〈 기 본 전 제 〉 ───
- 문제에서 한국채택국제회계기준을 적용하도록 하는 전제조건이 없는 경우, 일반기업회계기준을 적용하여 회계처리 한다.
- 문제의 풀이와 답안작성은 제시된 문제의 순서대로 진행한다.

문제1
다음은 [기초정보관리] 및 [전기분재무제표]에 대한 자료이다. 각각의 요구사항에 대하여 답하시오. (10점)

[1] 다음 자료를 이용하여 [계정과목및적요등록] 메뉴에서 대체적요를 등록하시오. (3점)

- 코드 : 812
- 계정과목 : 여비교통비
- 대체적요 : 3. 교통비 가지급금 정산

[2] ㈜원효상사의 기초 채권 및 채무의 올바른 잔액은 다음과 같다. 주어진 자료를 검토하여 잘못된 부분은 오류를 정정하고, 누락된 부분은 추가하여 입력하시오. (3점)

계정과목	거래처	금 액
외상매출금	㈜장전전자	20,000,000원
	㈜부곡무역	10,000,000원
외상매입금	구서기업	30,000,000원
	㈜온천전기	26,000,000원
받을어음	데모산업	20,000,000원

[3] 전기분 재무제표를 검토한 결과 다음과 같은 오류를 확인하였다. 이와 관련된 전기분 재무제표를 적절히 수정하시오. (4점)

운반비(제조원가에 속함) 5,500,000원이 누락 된 것으로 확인되었다.

문제2 [일반전표입력] 메뉴를 이용하여 다음의 거래 자료를 입력하시오(일반전표입력의 모든 거래는 부가가치세를 고려하지 말 것). (18점)

―――――― 〈 입력 시 유의사항 〉 ――――――
- 일반적인 적요의 입력은 생략하지만, 타계정 대체거래는 적요번호를 선택하여 입력한다.
- 채권·채무와 관련된 거래는 별도의 요구가 없는 한 반드시 기등록된 거래처코드를 선택하는 방법으로 거래처명을 입력한다.
- 제조경비는 500번대 계정코드를, 판매비와관리비는 800번대 계정코드를 사용한다.
- 회계처리 시 계정과목은 별도의 제시가 없는 한 등록된 계정과목 중 가장 적절한 과목으로 한다.

[1] 07월 20일 파주시청에 판매용 제품(원가 20,000,000원, 시가 35,000,000원)을 기부하였다. (3점)

[2] 08월 28일 ㈜나른물산에 제품을 5,000,000원에 판매하기로 계약하고, 판매대금 중 30%를 당좌예금 계좌로 송금받았다. (3점)

[3] 10월 01일 ㈜부곡무역의 외상매출금 중 2,000,000원은 대손요건을 충족하였다(단, 대손발생일 현재 회사의 대손충당금 잔액은 없다). (3점)

[4] 11월 11일 장기투자 목적으로 ㈜부산상사의 보통주 4,000주를 1주당 10,000원(1주당 액면가 5,000원)에 취득하고, 대금은 매입수수료 115,000원과 함께 보통예금 계좌에서 이체하여 지급하였다. (3점)

[5] 12월 04일 외부전문가를 초빙하여 생산부서 직원의 교육을 실시하였다. 강사료는 2,500,000원이고 원천징수금액을 차감한 2,280,000원을 보통예금 계좌에서 이체하여 지급하였다. (3점)

[6] 12월 28일 ㈜온천전기에 대한 외상매출금 6,900,000원을 ㈜온천전기에 대한 외상매입금과 상계하기로 하였다. (3점)

문제3 [매입매출전표입력] 메뉴를 이용하여 다음의 거래 자료를 입력하시오. (18점)

〈 입력 시 유의사항 〉

- 일반적인 적요의 입력은 생략하지만, 타계정 대체거래는 적요번호를 선택하여 입력한다.
- 채권·채무와 관련된 거래는 별도의 요구가 없는 한 반드시 기등록된 거래처코드를 선택하는 방법으로 거래처명을 입력한다.
- 제조경비는 500번대 계정코드를, 판매비와관리비는 800번대 계정코드를 사용한다.
- 회계처리 시 계정과목은 별도의 제시가 없는 한 등록된 계정과목 중 가장 적절한 과목으로 한다.
- 입력화면 하단의 분개까지 처리하고, 전자세금계산서 및 전자계산서는 전자입력으로 반영한다.

[1] 07월 11일 내국신용장에 의하여 ㈜전남에 제품을 16,500,000원에 판매하고, 영세율전자세금계산서를 발급하였다. 판매대금 중 계약금을 제외한 잔금은 ㈜전남이 발행한 약속어음(만기 3개월)으로 수령하였으며, 계약금 5,000,000원은 작년 말에 현금으로 받았다(단, 서류번호 입력은 생략할 것). (3점)

[2] 08월 25일 회사 건물에 부착할 간판 제작대금 5,500,000원(부가가치세 포함) 중 500,000원은 현금으로 빛나는간판에 지급하였다. 나머지는 다음 달에 지급하기로 하고 전자세금계산서를 수취하였다(단, 자산으로 처리할 것). (3점)

전자세금계산서				승인번호	20240825-1000000-00009329			
공급자	등록번호	731-25-82303	총사업장번호		공급받는자	등록번호	519-85-00312	총사업장번호	
	상호(법인명)	빛나는간판	성명	최찬희		상호(법인명)	㈜원효상사	성명	김효원
	사업장주소	부산광역시 해운대구 센텀중앙로 145				사업장주소	부산광역시 해운대구 해운대로 777		
	업태	제조업	종목	간판		업태	제조,도소매	종목	자동차부품
작성일자	공급가액		세액		수정사유			
2024.08.25.	5,000,000원		500,000원		해당 없음			
비고								

월	일	품목	규격	수량	단가	공급가액	세액	비고
08	25	간판				5,000,000원	500,000원	

합계금액	현금	수표	어음	외상미수금	이 금액을 (**청구**) 함
5,500,000원	500,000원			5,000,000원	

[3] 09월 17일   한수상사에 제품을 5,500,000원에 판매하고 전자세금계산서를 발급하였다. 보통예금으로 2,000,000원을 입금받고 나머지는 이달 말 입금 받을 예정이다. (3점)

전자세금계산서				승인번호		20240917-1000000-00008463		
공급자	등록번호	519-85-00312	총사업장번호		공급받는자	등록번호	154-36-61695	총사업장번호	
	상호(법인명)	㈜원효상사	성명	김효원		상호(법인명)	한수상사	성명	김한수
	사업장주소	부산광역시 해운대구 해운대로 777				사업장주소	부산 남구 대연동 125		
	업태	제조,도소매	종목	자동차부품		업태	제조	종목	자동차특장
작성일자		공급가액		세액		수정사유	비고		
2024.09.17.		5,000,000원		500,000원		해당 없음			
월	일	품목	규격	수량		단가	공급가액		비고
09	17	제품				5,000,000원	500,000원		
합계금액		현금	수표	어음		외상미수금	이 금액을 (영수) 함 (청구)		
5,500,000원		2,000,000원				3,500,000원			

[4] 10월 02일   비사업자인 나누리에게 제품을 1,100,000원(부가가치세 포함)에 판매하였다. 대금은 현금으로 받고 현금영수증을 발행하였다(단, 공급처명을 입력할 것). (3점)

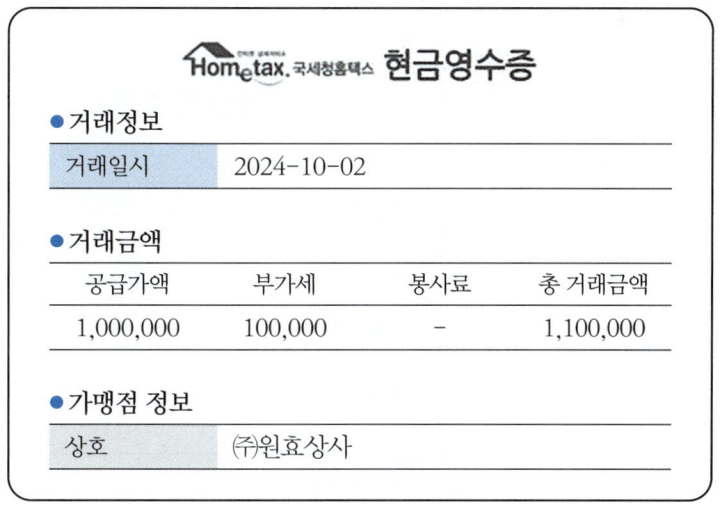

[5] 11월 19일   해외거래처인 Winstom으로부터 제품 생산에 필요한 원재료를 수입하면서 부산세관으로부터 아래의 수입전자세금계산서를 발급받고, 부가가치세는 현금으로 납부하였다(단, 재고자산에 대한 회계처리는 생략할 것). (3점)

수입전자세금계산서				승인번호	20241119-11324560-11134348		
세관명	등록번호	601-83-00048	총사업장번호		등록번호	519-85-00312	총사업장번호	
	세관명	부산세관	성명	김부산	수입자 상호(법인명)	㈜원효상사	성명	김효원
	세관주소	부산광역시 남구 용당동 121			사업장주소	부산광역시 해운대구 해운대로 777		
					업태	제조, 도소매	종목	자동차부품

작성일자	공급가액	세액	수정사유	비고
2024.11.19.	2,600,000원	260,000원	해당 없음	

월	일	품목	규격	수량	단가	공급가액	비고
11	19	수입신고필증 참조				2,600,000원	260,000원

합계금액	2,860,000원

[6] 12월 01일   본사 관리팀에서 회사 이미지 개선을 위해 광고대행사에 광고를 의뢰하고, 우리카드(법인카드)로 결제하고 아래와 같이 카드영수증을 수취하였다. (3점)

카드매출전표

2024.12.01 14:03:54

결제 정보
카드   우리카드(법인)
회원번호   2245-1223-****-1537

결제 금액   3,300,000원
공급가액   3,000,000원
부가세   300,000원
봉사료   0원

가맹점 정보
가맹점명   ㈜광고나라

문제4 [일반전표입력] 및 [매입매출전표입력] 메뉴에 입력된 내용 중 다음과 같은 오류가 발견되었다. 입력된 내용을 확인하여 정정하시오. (6점)

[1] 07월 13일 ㈜정모상사로부터 12,000,000원을 차입하고 이를 모두 장기차입금으로 회계처리하였으나, 그 중 2,000,000원의 상환기일은 2024년 12월 15일로 확인되었다(단, 하나의 전표로 처리할 것). (3점)

[2] 11월 10일 공장건물에 운반 목적의 엘리베이터를 설치하고 대금 11,000,000원(부가가치세 포함)을 다온테크㈜의 보통예금 계좌로 이체하여 지급하였다. 해당 엘리베이터 설치는 건물의 자본적 지출에 해당하지만 착오로 인해 수익적 지출(수선비)로 처리하였다. (3점)

문제5 결산정리사항은 다음과 같다. 관련 메뉴를 이용하여 결산을 완료하시오. (9점)

[1] 12월 11일에 실제 현금보유액이 장부상 현금보다 670,000원이 많아서 현금과부족으로 처리하였던 금액 중 340,000원은 결산일에 선수금(㈜은비상사)으로 밝혀졌으나, 330,000원은 그 원인을 알 수 없다. (3점)

[2] 2024년 7월 1일에 제품 생산공장의 1년분(2024년 7월 1일~2025년 6월 30일) 임차료 1,200,000원을 지불하고 전액 비용으로 일반전표에 회계처리 하였다. 이에 대한 기간 미경과분 임차료를 월할계산하여 결산정리분개를 하시오. (3점)

[3] 회계연도 말 현재 퇴직금 추계액은 다음과 같다. 회사는 확정기여형(DC형) 퇴직연금에 올해 처음 가입하였고, 회계연도 말(12월 31일) 당기분 퇴직연금을 보통예금 계좌에서 전액 이체하여 납입하였다(단, 납입일 현재 퇴직급여충당부채 잔액은 없다). (3점)

근무부서	회계연도 말 현재 퇴직금 추계액
생산부서	22,000,000원
판매관리부서	18,000,000원
합 계	40,000,000원

문제6

다음 사항을 조회하여 알맞은 답안을 이론문제 답안작성 메뉴에 입력하시오. (9점)

[1] 2024년 제1기 예정신고기간(1월~3월) 중 ㈜행복에 발급한 전자세금계산서의 총발행매수와 공급대가는 얼마인가? (3점)

[2] 2024년 6월 한 달 동안 발생한 영업외비용 중 발생액이 가장 많은 계정과목과 가장 적은 계정과목의 차액은 얼마인가? (3점)

[3] 4월 중 거래처 리제상사로부터 회수한 외상매출금은 얼마인가? (3점)

이론과 실무문제의 답을 모두 입력한 후 답안저장(USB로 저장) 을 클릭하여 저장하고, USB메모리를 제출하시기 바랍니다.

[제116회 기출문제]

이 론 시 험

다음 문제를 보고 알맞은 것을 골라 [이론문제 답안작성] 메뉴에 입력하시오. (객관식 문항당 2점)

── 〈 기 본 전 제 〉 ──
문제에서 한국채택국제회계기준을 적용하도록 하는 전제조건이 없는 경우, 일반기업회계기준을 적용한다.

1. 다음 중 일반기업회계기준에 따른 재무제표에 대한 설명으로 가장 옳지 않은 것은?
① 재무상태표는 일정 시점 현재 기업실체가 보유하고 있는 경제적 자원인 자산과 경제적 의무인 부채, 그리고 자본에 대한 정보를 제공하는 재무보고서이다.
② 손익계산서는 일정 시점 현재 기업실체의 경영성과에 대한 정보를 제공하는 재무보고서이다.
③ 현금흐름표는 일정 기간 동안 기업실체에 대한 현금유입과 현금유출에 대한 정보를 제공하는 재무보고서이다.
④ 자본변동표는 기업실체에 대한 자본의 크기와 그 변동에 관한 정보를 제공하는 재무보고서이다.

2. 다음 중 단기매매증권 취득 시 발생한 비용을 취득원가에 가산할 경우 재무제표에 미치는 영향으로 옳은 것은?
① 자산의 과소계상
② 부채의 과대계상
③ 자본의 과소계상
④ 당기순이익의 과대계상

3. ㈜회계는 2023년 1월 1일 10,000,000원에 유형자산(기계장치)을 취득하여 사용하다가 2024년 6월 30일 4,000,000원에 처분하였다. 해당 기계장치의 처분 시 발생한 유형자산처분손실을 계산하면 얼마인가? 단, 내용연수 5년, 잔존가액 1,000,000원, 정액법(월할상각)의 조건으로 2024년 6월까지 감가상각이 완료되었다고 가정한다.
① 2,400,000원
② 3,300,000원
③ 5,100,000원
④ 6,000,000원

4. 다음의 자료를 바탕으로 2024년 12월 31일 현재 현금및현금성자산과 단기금융상품의 잔액을 계산한 것으로 옳은 것은?

- 현금시재액 : 200,000원
- 정기예금 : 1,500,000원(만기 2025년 12월 31일)
- 외상매입금 : 2,000,000원
- 당좌예금 : 500,000원
- 선일자수표 : 150,000원

① 현금및현금성자산 : 700,000원
② 현금및현금성자산 : 2,500,000원
③ 단기금융상품 : 1,650,000원
④ 단기금융상품 : 2,000,000원

5. 다음 중 대손충당금에 대한 설명으로 가장 옳지 않은 것은?

① 대손충당금은 유형자산의 차감적 평가계정이다.
② 회수가 불확실한 채권은 합리적이고 객관적인 기준에 따라 산출한 대손 추산액을 대손충당금으로 설정한다.
③ 미수금도 대손충당금을 설정할 수 있다.
④ 매출 활동과 관련되지 않은 대여금에 대한 대손상각비는 영업외비용에 속한다.

6. 다음 중 자본에 영향을 미치지 않는 항목은 무엇인가?

① 당기순이익   ② 현금배당   ③ 주식배당   ④ 유상증자

7. 다음 중 일반기업회계기준에 따른 수익 인식 시점에 대한 설명으로 옳지 않은 것은?

① 위탁판매의 경우 수탁자가 위탁품을 소비자에게 판매한 시점에 수익을 인식한다.
② 배당금수익은 배당금을 받을 권리와 금액이 확정되는 시점에 수익을 인식한다.
③ 대가가 분할되어 수취되는 할부판매의 경우 대가를 나누어 받을 때마다 수익으로 인식한다.
④ 설치수수료 수익은 재화가 판매되는 시점에 수익을 인식하는 재화의 판매에 부수되는 설치의 경우를 제외하고는 설치의 진행률에 따라 수익으로 인식한다.

8. 다음 중 재고자산에 대한 설명으로 옳지 않은 것은?
① 기업이 생산과정에 사용하거나 판매를 목적으로 보유한 자산이다.
② 취득원가에 매입부대비용은 포함되지 않는다.
③ 기말 평가방법에 따라 기말 재고자산 금액이 다를 수 있다.
④ 수입 시 발생한 관세는 취득원가에 가산하여 재고자산에 포함된다.

9. 다음 중 원가에 대한 설명으로 옳지 않은 것은?
① 원가의 발생형태에 따라 재료원가, 노무원가, 제조경비로 분류한다.
② 특정 제품에 대한 직접 추적가능성에 따라 직접원가, 간접원가로 분류한다.
③ 조업도 증감에 따른 원가의 행태로서 변동원가, 고정원가로 분류한다.
④ 기회비용은 과거의 의사결정으로 인해 이미 발생한 원가이며, 대안 간의 차이가 발생하지 않는 원가를 말한다.

10. 부문별 원가계산에서 보조부문의 원가를 제조부문에 배분하는 방법 중 보조부문의 배분 순서에 따라 제조간접원가의 배분액이 달라지는 방법은?
① 직접배분법   ② 단계배분법   ③ 상호배분법   ④ 총배분법

11. 다음 중 제조원가명세서에서 제공하는 정보는 무엇인가?
① 기부금   ② 이자비용   ③ 당기총제조원가   ④ 매출원가

12. 다음의 자료를 이용하여 평균법에 의한 가공원가 완성품환산량을 구하시오(단, 재료는 공정 초기에 전량 투입되고 가공원가는 공정 전반에 걸쳐 균등하게 발생한다).

- 당기완성품 : 40,000개
- 기초재공품 : 10,000개(완성도 30%)
- 당기착수량 : 60,000개
- 기말재공품 : 30,000개(완성도 60%)

① 52,000개 ② 54,000개 ③ 56,000개 ④ 58,000개

13. 다음 중 부가가치세법상 납세의무자에 대한 설명으로 틀린 것은?

① 사업의 영리 목적 여부에 관계없이 사업상 독립적으로 재화 및 용역을 공급하는 사업자이다.
② 영세율을 적용받는 사업자는 납세의무자에 해당하지 않는다.
③ 간이과세자도 납세의무자에 포함된다.
④ 재화를 수입하는 자는 그 재화의 수입에 대한 부가가치세를 납부할 의무가 있다.

14. 다음 중 부가가치세법상 사업장에 대한 설명으로 옳지 않은 것은?

① 사업장은 사업자가 사업을 하기 위하여 거래의 전부 또는 일부를 하는 고정된 장소로 한다.
② 사업장을 설치하지 않고 사업자등록도 하지 않은 경우에는 과세표준 및 세액을 결정하거나 경정할 당시의 사업자의 주소 또는 거소를 사업장으로 한다.
③ 제조업의 경우 따로 제품 포장만을 하거나 용기에 충전만 하는 장소도 사업장에 포함될 수 있다.
④ 부동산상의 권리만 대여하는 경우에는 그 사업에 관한 업무를 총괄하는 장소를 사업장으로 한다.

15. 부가가치세법상 법인사업자가 전자세금계산서를 발급하는 경우 전자세금계산서 발급 명세를 언제까지 국세청장에게 전송해야 하는가?

① 전자세금계산서 발급일의 다음 날
② 전자세금계산서 발급일로부터 1주일 이내
③ 전자세금계산서 발급일이 속하는 달의 다음 달 10일 이내
④ 전자세금계산서 발급일이 속하는 달의 다음 달 25일 이내

[제116회 기출문제]

실무시험

㈜태림상사(회사코드:1163)는 자동차부품의 제조 및 도소매업을 영위하는 중소기업으로 당기(제10기) 회계기간은 2024.1.1.~2024.12.31.이다. 전산세무회계 수험용 프로그램을 이용하여 다음 물음에 답하시오.

― 〈 기 본 전 제 〉 ―
- 문제에서 한국채택국제회계기준을 적용하도록 하는 전제조건이 없는 경우, 일반기업회계기준을 적용하여 회계처리 한다.
- 문제의 풀이와 답안작성은 제시된 문제의 순서대로 진행한다.

문제1

다음은 [기초정보관리] 및 [전기분재무제표]에 대한 자료이다. 각각의 요구사항에 대하여 답하시오. (10점)

[1] [거래처등록] 메뉴에서 다음의 거래처를 등록하시오. 단, 아래 제시되는 사항만 입력할 것. (3점)

- 거래처코드 : 05000
- 사업자등록번호 : 108-81-13579
- 유형 : 매출
- 거래처명 : ㈜대신전자
- 업태 : 제조
- 사업장주소 : 경기도 시흥시 정왕대로 56(정왕동)
- 대표자 : 김영일
- 종목 : 전자제품

※ 주소 입력 시 우편번호 입력은 생략해도 무방함.

[2] ㈜태림상사의 기초 채권 및 채무의 올바른 잔액은 아래와 같다. [거래처별초기이월] 메뉴의 자료를 검토하여 오류가 있으면 올바르게 삭제 또는 수정, 추가 입력을 하시오. (3점)

계정과목	거래처	금 액
외상매출금	㈜동명상사	6,000,000원
받을어음	㈜남북	1,000,000원
지급어음	㈜동서	1,500,000원

[3] 전기분 손익계산서를 검토한 결과 다음과 같은 오류를 발견하였다. 해당 오류사항과 관련된 [전기분원가명세서] 및 [전기분손익계산서]를 수정 및 삭제하시오. (4점)

- 공장 건물에 대한 재산세 3,500,000원이 판매비와관리비의 세금과공과금으로 반영되어 있다.

문제2

[일반전표입력] 메뉴를 이용하여 다음의 거래 자료를 입력하시오(일반전표입력의 모든 거래는 부가가치세를 고려하지 말 것). (18점)

〈 입력 시 유의사항 〉

- 일반적인 적요의 입력은 생략하지만, 타계정 대체거래는 적요번호를 선택하여 입력한다.
- 채권·채무와 관련된 거래는 별도의 요구가 없는 한 반드시 기등록된 거래처코드를 선택하는 방법으로 거래처명을 입력한다.
- 제조경비는 500번대 계정코드를, 판매비와관리비는 800번대 계정코드를 사용한다.
- 회계처리 시 계정과목은 별도의 제시가 없는 한 등록된 계정과목 중 가장 적절한 과목으로 한다.

[1] 08월 05일   회사는 운영자금 문제를 해결하기 위해서, 보유 중인 ㈜기경상사의 받을어음 1,000,000원을 한국은행에 할인하였으며 할인료 260,000원을 공제하고 보통예금 계좌로 입금받았다(단, 매각거래로 간주한다). (3점)

[2] 08월 10일   본사관리부 직원의 국민연금 800,000원과 카드결제수수료 8,000원을 법인카드(하나카드)로 결제하여 일괄 납부하였다. 납부한 국민연금 중 50%는 회사부담분, 50%는 원천징수한 금액으로 회사부담분은 세금과공과로 처리한다. (3점)

[3] 08월 22일   공장에서 사용할 비품(공정가치 5,000,000원)을 대주주로부터 무상으로 받았다. (3점)

[4] 09월 04일   ㈜경기로부터 원재료를 구입하기로 계약하고, 계약금 1,000,000원을 보통예금 계좌에서 이체하여 지급하였다. (3점)

[5] 10월 28일   영업부에서 사용할 소모품을 현금으로 구입하고 아래의 간이영수증을 수취하였다(단, 당기 비용으로 처리할 것). (3점)

영 수 증 (공급받는자용)				
No.	㈜태림상사 귀하			
공급자	사업자등록번호	314-36-87448		
	상호	솔잎문구	성명	김솔잎 (인)
	사업장소재지	경기도 양주시 남방동 25		
작성년월일		공급대가 총액		비고
2024. 10. 28.		70,000원		
위 금액을 정히 영수(청구)함.				
월일	품목	수량	단가	공급가(금액)
10. 28.	A4	2	35,000원	70,000원
합계				70,000원

[6] 12월 01일   단기시세차익을 목적으로 ㈜ABC(시장성 있는 주권상장법인에 해당)의 주식 100주를 주당 25,000원에 취득하였다. 이와 별도로 발생한 취득 시 수수료 50,000원과 함께 대금은 모두 보통예금 계좌에서 이체하여 지급하였다. (3점)

문제3   [매입매출전표입력] 메뉴를 이용하여 다음의 거래 자료를 입력하시오. (18점)

〈 입력 시 유의사항 〉
- 일반적인 적요의 입력은 생략하지만, 타계정 대체거래는 적요번호를 선택하여 입력한다.
- 채권·채무와 관련된 거래는 별도의 요구가 없는 한 반드시 기등록된 거래처코드를 선택하는 방법으로 거래처명을 입력한다.
- 제조경비는 500번대 계정코드를, 판매비와관리비는 800번대 계정코드를 사용한다.
- 회계처리 시 계정과목은 별도의 제시가 없는 한 등록된 계정과목 중 가장 적절한 과목으로 한다.
- 입력화면 하단의 분개까지 처리하고, 전자세금계산서 및 전자계산서는 전자입력으로 반영한다.

[1] 07월 05일   제일상사에게 제품을 판매하고 신용카드(삼성카드)로 결제받고 발행한 매출전표는 아래와 같다. (3점)

```
           카드매출전표
─────────────────────────
카 드 종 류 : 삼성카드
회 원 번 호 : 951-3578-654
거 래 일 시 : 2024.07.05. 11:20:22
거 래 유 형 : 신용승인
매      출 : 800,000원
부   가  세 : 80,000원
합      계 : 880,000원
─────────────────────────
```

[2] 07월 11일　㈜연분홍상사에게 다음과 같은 제품을 판매하고 1,000,000원은 현금으로, 15,000,000원은 어음으로 받고 나머지는 외상으로 하였다. (3점)

전자세금계산서				승인번호	20240711-1000000-00009329		
공급자	등록번호	215-81-69876	총사업장번호		등록번호	134-86-81692	총사업장번호	
	상호(법인명)	㈜태림상사	성명	정대우	공급받는자	상호(법인명)	㈜연분홍상사	성명	이연홍
	사업장주소	경기도 양주시 양주산성로 85-7				사업장주소	경기도 화성시 송산면 마도북로 40		
	업태	제조,도소매	종목	자동차부품 외		업태	제조	종목	자동차특장
작성일자	공급가액		세액		수정사유	비고		
2024.07.11.	30,000,000원		3,000,000원		해당 없음			

월	일	품목	규격	수량	단가	공급가액	비고
07	11	제품			30,000,000원	3,000,000원	

합계금액	현금	수표	어음	외상미수금	이 금액을 (영수) 함 (청구)
33,000,000원	1,000,000원		15,000,000원	17,000,000원	

[3] 10월 01일　제조공장 직원들의 야근 식사를 위해 대형마트에서 국내산 쌀(면세)을 1,100,000원에 구입하고 대금은 보통예금 계좌에서 이체하였으며, 지출증빙용 현금영수증을 발급받았다. (3점)

현금영수증

승인번호	구매자 발행번호	발행방법
G54782245	215-81-69876	지출증빙
신청구분	발행일자	취소일자
사업자번호	2024.10.01	-
상품명		
쌀		

판매자 정보

판매자상호	대표자명
대형마트	김대인
사업자등록번호	판매자전화번호
201-17-45670	02-788-8888

금액

공급가액	1	1	0	0	0	0	0
부가세액							
봉사료							
승인금액	1	1	0	0	0	0	0

[4] 10월 30일   미국의 Nice Planet에 $50,000(수출신고일 10월 25일, 선적일 10월 30일)의 제품을 직수출하였다. 수출대금 중 $20,000는 10월 30일에 보통예금 계좌로 입금받았으며, 나머지 잔액은 11월 3일에 받기로 하였다. 일자별 기준환율은 다음과 같다(단, 수출신고필증은 정상적으로 발급받았으며, 수출신고번호는 고려하지 말 것). (3점)

일 자	10월 25일	10월 30일	11월 03일
기준환율	1,380원/$	1,400원/$	1,410원/$

[5] 11월 30일   ㈜제니빌딩으로부터 영업부 임차료에 대한 공급가액 3,000,000원(부가가치세 별도)의 전자세금계산서를 수취하고 대금은 다음 달에 지급하기로 한다. 단, 미지급금으로 회계처리 하시오. (3점)

[6] 12월 10일   건축물이 있는 토지를 취득하여 그 건축물을 철거하고 토지만 사용하고자 한다. 건물 철거비용에 대하여 ㈜시온건설로부터 아래의 전자세금계산서를 발급받았다. 대금은 ㈜선유자동차로부터 제품 판매대금으로 받아 보관 중인 ㈜선유자동차 발행 약속어음으로 전액 지급하였다. (3점)

전자세금계산서				승인번호	20241210-12595557-12569886		
공급자	등록번호	105-81-23608	총사업장번호		공급받는자	등록번호	215-81-69876	총사업장번호	
	상호(법인명)	㈜시온건설	성명	정상임		상호(법인명)	㈜태림상사	성명	정대우
	사업장주소	서울특별시 강남구 도산대로 42				사업장주소	경기도 양주시 양주산성로 85-7		
	업태	건설	종목	토목공사		업태	제조, 도소매	종목	자동차부품 외
작성일자	공급가액		세액		수정사유	비고		
2024.12.10.	60,000,000원		6,000,000원		해당 없음			
월	일	품목	규격	단가	공급가액	세액	비고
12	10	철거비용		60,000,000원	60,000,000원	6,000,000원	
합계금액		현금	수표	어음	외상미수금	이 금액을 (영수) 함	
66,000,000원				66,000,000원			

문제4 [일반전표입력] 및 [매입매출전표입력] 메뉴에 입력된 내용 중 다음과 같은 오류가 발견되었다. 입력된 내용을 확인하여 정정하시오. (6점)

[1] 09월 01일 ㈜가득주유소에서 주유 후 대금은 당일에 현금으로 결제했으며 현금영수증을 수취한 것으로 일반전표에 입력하였다. 그러나 해당 주유 차량은 제조공장의 운반용트럭(배기량 2,500cc)인 것으로 확인되었다. (3점)

[2] 11월 12일 경영관리부서 직원들을 대상으로 확정기여형(DC형) 퇴직연금에 가입하고 보통예금 계좌에서 당기분 퇴직급여 17,000,000원을 이체하였으나, 회계담당자는 확정급여형(DB형) 퇴직연금에 가입한 것으로 알고 회계처리를 하였다(단, 납입 당시 퇴직급여충당부채 잔액은 없는 것으로 가정한다). (3점)

문제5 결산정리사항은 다음과 같다. 관련 메뉴를 이용하여 결산을 완료하시오. (9점)

〈 입력 시 유의사항 〉
- 적요의 입력은 생략한다.
- 채권·채무와 관련된 거래는 별도의 요구가 없는 한 반드시 기등록된 거래처코드를 선택하는 방법으로 거래처명을 입력한다.
- 회계처리 시 계정과목은 별도의 제시가 없는 한 등록된 계정과목 중 가장 적절한 과목으로 한다.

[1] 7월 1일에 가입한 하나은행의 정기예금 10,000,000원(만기 1년, 연 이자율 4.5%)에 대하여 기간 경과분 이자를 계상하였다(단, 이자 계산은 월할 계산하며, 원천징수는 없다고 가정한다). (3점)

[2] 경남은행으로부터 차입한 장기차입금 중 50,000,000원은 2025년 11월 30일에 상환기일이 도래한다. (3점)

[3] 2024년 제2기 부가가치세 확정신고 기간에 대한 부가세예수금은 52,346,500원, 부가세대급금은 52,749,000원일 때 부가가치세를 정리하는 회계처리를 하시오(단, 납부세액(또는 환급세액)은 미지급세금(또는 미수금)으로 회계처리하고, 불러온 자료는 무시한다). (3점)

문제6 다음 사항을 조회하여 알맞은 답안을 [이론문제 답안작성] 메뉴에 입력하시오. (9점)

[1] 3월 말 현재 외상매출금 잔액이 가장 큰 거래처명과 그 금액은 얼마인가? (3점)

[2] 2024년 중 실제로 배당금을 수령한 달은 몇 월인가? (3점)

[3] 2024년 제1기 부가가치세 확정신고서(2024.04.01.~2024.06.30.)의 매출액 중 세금계산서 발급분 공급가액의 합계액은 얼마인가? (3점)

이론과 실무문제의 답을 모두 입력한 후 [답안저장(USB로 저장)]을 클릭하여 저장하고, USB메모리를 제출하시기 바랍니다.

[제115회 기출문제]

이 론 시 험

다음 문제를 보고 알맞은 것을 골라 이론문제 답안작성 메뉴에 입력하시오. (객관식 문항당 2점)

─〈 기 본 전 제 〉─
문제에서 한국채택국제회계기준을 적용하도록 하는 전제조건이 없는 경우, 일반기업회계기준을 적용한다.

1. 다음 중 회계순환과정에 있어 기말결산정리의 근거가 되는 가정으로 적절한 것은?
① 발생주의 회계   ② 기업실체의 가정   ③ 계속기업의 가정   ④ 기간별 보고의 가정

2. 다음 중 당좌자산에 포함되지 않는 것은 무엇인가?
① 선급비용   ② 미수금   ③ 미수수익   ④ 선수수익

3. 다음에서 설명하는 재고자산 단가 결정방법으로 옳은 것은?

실제 물량 흐름과 원가 흐름의 가정이 유사하다는 장점이 있으나, 수익·비용 대응의 원칙에 부적합하고, 물가 상승 시 이익이 과대 계상되는 단점이 있다.

① 개별법   ② 선입선출법   ③ 후입선출법   ④ 총평균법

4. 다음 중 유형자산에 대한 추가적인 지출이 발생했을 경우 발생한 기간의 비용으로 처리하는 거래로 옳은 것은?
① 건물의 피난시설을 설치하기 위한 지출
② 내용연수를 연장시키는 지출
③ 건물 내부 조명기구를 교체하는 지출
④ 상당한 품질향상을 가져오는 지출

5. 다음 중 무형자산에 대한 설명으로 가장 옳지 않은 것은?
① 무형자산은 상각완료 후 잔존가치로 1,000원을 반드시 남겨둔다.
② 무형자산의 상각방법은 정액법, 정률법 둘 다 사용 가능하다.
③ 무형자산을 상각하는 회계처리를 할 때는 일반적으로 직접법으로 처리하고 있다.
④ 무형자산 중 내부에서 창출한 영업권은 무형자산으로 인정되지 않는다.

6. 다음 중 일반기업회계기준에 따른 부채가 아닌 것은 무엇인가?
① 임차보증금   ② 퇴직급여충당부채   ③ 선수금   ④ 미지급배당금

7. 다음의 자본 항목 중 성격이 다른 하나는 무엇인가?
① 자기주식처분이익   ② 감자차익   ③ 자기주식   ④ 주식발행초과금

8. 다음의 자료를 이용하여 영업이익을 구하시오(기초재고는 50,000원, 기말재고는 '0'으로 가정한다).

• 총매출액 500,000원	• 매출할인 10,000원	• 당기총매입액 300,000원
• 매입에누리 20,000원	• 이자비용 30,000원	• 급여 20,000원
• 통신비 5,000원	• 감가상각비 10,000원	• 배당금수익 20,000원
• 임차료 25,000원	• 유형자산처분손실 30,000원	

① 60,000원   ② 70,000원   ③ 100,000원   ④ 130,000원

9. 다음 중 보조부문의 원가 배분에 대한 설명으로 옳지 않은 것은?
① 보조부문의 원가 배분방법으로는 직접배분법, 단계배분법 및 상호배분법이 있으며, 이들 배분 방법에 따라 전체 보조부문의 원가에 일부 차이가 있을 수 있다.
② 상호배분법은 부문간 상호수수를 고려하여 계산하기 때문에 다른 배분방법보다 계산이 복잡한 방법이라 할 수 있다.
③ 단계배분법은 보조부문간 배분순서에 따라 각 보조부문에 배분되는 금액에 차이가 있을 수 있다.
④ 직접배분법은 보조부문 원가 배분액의 계산이 상대적으로 간편한 방법이라 할 수 있다.

10. 다음의 원가 분류 중 분류 기준이 같은 것으로만 짝지어진 것은?

가. 변동원가 나. 관련원가 다. 직접원가 라. 고정원가 마. 매몰원가 바. 간접원가

① 가, 나　　　　② 나, 다　　　　③ 나, 마　　　　④ 라, 바

11. 다음 자료를 참고하여 2024년 제조작업지시서 #200에 대한 제조간접원가 예정배부율과 예정배부액을 계산하면 각각 얼마인가?

가. 2023년 연간 제조간접원가 4,200,000원, 총기계작업시간은 100,000시간인 것으로 파악되었다.
나. 2024년 연간 예정제조간접원가 3,800,000원, 총예정기계작업시간은 80,000시간으로 예상하고 있다.
다. 2024년 제조작업지시서별 실제기계작업시간은 다음과 같다.
　• 제조작업지시서 #200 : 11,000시간
　• 제조작업지시서 #300 : 20,000시간

	제조간접원가 예정배부율	제조간접원가 예정배부액
①	42원/기계작업시간	462,000원
②	52.5원/기계작업시간	577,500원
③	47.5원/기계작업시간	522,500원
④	46원/기계작업시간	506,000원

12. 다음 중 종합원가계산을 적용할 경우 평균법과 선입선출법에 의한 완성품 환산량의 차이를 발생시키는 주요 원인은 무엇인가?

① 기초재공품 차이　　　　② 기초제품 차이
③ 기말제품 차이　　　　　④ 기말재공품 차이

13. 다음 중 부가가치세법상 납세의무자에 대한 설명으로 가장 옳지 않은 것은?

① 부가가치세법상 사업자는 일반과세자와 간이과세자이다.
② 국가·지방자치단체도 납세의무자가 될 수 있다.
③ 사업자단위과세사업자는 모든 사업장의 부가가치세를 총괄하여 신고만 할 수 있다.
④ 영세율을 적용받는 사업자도 부가가치세법상의 사업자등록의무가 있다.

14. 다음 중 부가가치세법상 매입세액공제가 가능한 경우는?

① 면세사업에 관련된 매입세액
② 비영업용 소형승용자동차의 유지와 관련된 매입세액
③ 토지의 형질변경과 관련된 매입세액
④ 제조업을 영위하는 사업자가 농민으로부터 구입한 면세 농산물의 의제매입세액

15. 다음 중 부가가치세법상 세금계산서 발급 의무가 면제되지 않는 경우는?

① 택시운송사업자가 공급하는 재화 또는 용역
② 미용업자가 공급하는 재화 또는 용역
③ 제조업자가 구매확인서에 의하여 공급하는 재화
④ 부동산임대업자의 부동산임대용역 중 간주임대료

[제115회 기출문제]

실 무 시 험

다산컴퓨터㈜(회사코드:1153)는 컴퓨터 등의 제조 및 도소매업을 영위하는 중소기업으로 당기(제10기) 회계기간은 2024.1.1.~2024.12.31.이다. 전산세무회계 수험용 프로그램을 이용하여 다음 물음에 답하시오.

─〈 기 본 전 제 〉─
• 문제에서 한국채택국제회계기준을 적용하도록 하는 전제조건이 없는 경우, 일반기업회계기준을 적용하여 회계처리 한다.
• 문제의 풀이와 답안작성은 제시된 문제의 순서대로 진행한다.

문제1
다음은 [기초정보관리] 및 [전기분재무제표]에 대한 자료이다. 각각의 요구사항에 대하여 답하시오. (10점)

[1] 다음 자료를 보고 [거래처등록] 메뉴에서 신규 거래처를 등록하시오(단, 주어진 자료 외의 다른 항목은 입력할 필요 없음). (3점)

• 거래처코드 : 02411
• 거래처명 : ㈜구동컴퓨터
• 사업자등록번호 : 189-86-70759
• 업태 : 제조
• 사업장주소 : 울산광역시 울주군 온산읍 종동길 102
• 거래처구분 : 일반거래처
• 유형 : 동시
• 대표자성명 : 이주연
• 종목 : 컴퓨터 및 주변장치

[2] 기초정보관리의 [계정과목및적요등록] 메뉴에서 821.보험료 계정과목에 아래의 적요를 추가로 등록하시오. (3점)

• 현금적요 7번 : 경영인 정기보험료 납부
• 대체적요 5번 : 경영인 정기보험료 미지급
• 대체적요 6번 : 경영인 정기보험료 상계

[3] 다음은 다산컴퓨터㈜의 올바른 선급금, 선수금의 전체 기초잔액이다. [거래처별초기이월] 메뉴의 자료를 검토하여 오류가 있으면 올바르게 삭제 또는 수정, 추가 입력을 하시오. (4점)

계정과목	거래처명	금 액
선급금	해원전자㈜	2,320,000원
	공상㈜	1,873,000원
선수금	㈜유수전자	2,100,000원
	㈜신곡상사	500,000원

문제2 [일반전표입력] 메뉴를 이용하여 다음의 거래 자료를 입력하시오(일반전표입력의 모든 거래는 부가가치세를 고려하지 말 것). (18점)

─────── 〈 입력 시 유의사항 〉 ───────

- 일반적인 적요의 입력은 생략하지만, 타계정 대체거래는 적요번호를 선택하여 입력한다.
- 채권·채무와 관련된 거래는 별도의 요구가 없는 한 반드시 기등록된 거래처코드를 선택하는 방법으로 거래처명을 입력한다.
- 제조경비는 500번대 계정코드를, 판매비와관리비는 800번대 계정코드를 사용한다.
- 회계처리 시 계정과목은 별도의 제시가 없는 한 등록된 계정과목 중 가장 적절한 과목으로 한다.

[1] 07월 28일 거래처 ㈜경재전자의 외상매입금 2,300,000원 중 2,000,000원은 당사에서 어음을 발행하여 지급하고 나머지는 면제받았다. (3점)

[2] 09월 03일 하나은행에서 차입한 단기차입금 82,000,000원과 이에 대한 이자 2,460,000원을 보통예금 계좌에서 이체하여 지급하였다. (3점)

[3] 09월 12일 중국의 DOKY사에 대한 제품 수출 외상매출금 10,000$(선적일 기준환율 : 1,400원/$)를 회수하여 즉시 원화 보통예금 계좌로 입금하였다(단, 입금일의 기준환율은 1,380원/$이다). (3점)

[4] 10월 07일   주당 액면가액이 5,000원인 보통주 1,000주를 주당 7,000원에 발행하였고, 발행가액 전액이 보통예금 계좌로 입금되었다(단, 하나의 전표로 처리하며 신주 발행 전 주식할인발행차금 잔액은 1,000,000원이고 신주발행비용은 없다고 가정한다). (3점)

[5] 10월 28일   당기분 DC형 퇴직연금 불입액 12,000,000원이 자동이체 방식으로 보통예금 계좌에서 출금되었다. 불입액 12,000,000원 중 4,000,000원은 영업부에서 근무하는 직원들에 대한 금액이고 나머지는 생산부에서 근무하는 직원들에 대한 금액이다. (3점)

[6] 11월 12일   전기에 회수불능으로 일부 대손처리한 ㈜은상전기의 외상매출금이 회수되었으며, 대금은 하나은행 보통예금 계좌로 입금되었다. (3점)

[보통예금(하나)] 거래 내용

행	연월일	내용	찾으신 금액	맡기신 금액	잔액	거래점
			계좌번호 120-99-80481321			
1	2024-11-12	㈜은상전기		₩2,500,000	******	1111

문제3   [매입매출전표입력] 메뉴를 이용하여 다음의 거래 자료를 입력하시오. (18점)

〈 입력 시 유의사항 〉
• 일반적인 적요의 입력은 생략하지만, 타계정 대체거래는 적요번호를 선택하여 입력한다.
• 채권·채무와 관련된 거래는 별도의 요구가 없는 한 반드시 기등록된 거래처코드를 선택하는 방법으로 거래처명을 입력한다.
• 제조경비는 500번대 계정코드를, 판매비와관리비는 800번대 계정코드를 사용한다.
• 회계처리 시 계정과목은 별도의 제시가 없는 한 등록된 계정과목 중 가장 적절한 과목으로 한다.
• 입력화면 하단의 분개까지 처리하고, 전자세금계산서 및 전자계산서는 전자입력으로 반영한다.

[1] 07월 03일   회사 영업부 야유회를 위해 도시락 10개를 구입하고 현대카드로 결제하였다. (3점)

```
           신용카드매출전표
가 맹 점 명 : 맛나도시락
거 래 일 시 : 2024-07-03 11:08:54
매 입 사 :: 현대카드(전자서명전표)

        상품명              금액
      한식도시락세트         330,000
공 급 가 액 : 300,000
부 가 세 액 :  30,000
합     계 : 330,000
```

[2] 08월 06일   제품을 만들고 난 후 나온 철 스크랩을 비사업자인 최한솔에게 판매하고, 판매대금 1,320,000원(부가가치세 포함)을 수취하였다. 대금은 현금으로 받고, 해당 거래에 대한 증빙은 아무것도 발급하지 않았다(계정과목은 잡이익으로 하고, 거래처를 조회하여 입력할 것). (3점)

[3] 08월 29일   ㈜선월재에게 내국신용장에 의해 제품을 판매하고 전자세금계산서를 발급하였다. 대금 중 500,000원은 현금으로 받고 나머지는 외상으로 하였다(단, 서류번호입력은 생략할 것). (3점)

영세율 전자세금계산서					승인번호		20240829-100028100-484650		
공급자	등록번호	129-81-50101		총사업장번호		공급받는자	등록번호	601-81-25803		총사업장번호	
	상호(법인명)	다산컴퓨터㈜		성명	박새은		상호(법인명)	㈜선월재	성명	정일원
	사업장주소	경기도 남양주시 가운로 3-28					사업장주소	경상남도 사천시 사천대로 11		
	업태	제조,도소매	종목	컴퓨터			업태	도소매	종목	컴퓨터 및 기기장치

작성일자	공급가액	세액	수정사유	비고
2024.08.29.	5,200,000원			

월	일	품목	규격	수량	단가	공급가액	세액	비고
8	29	제품A		1	5,200,000원	5,200,000원		

합계금액	현금	수표	어음	외상미수금	
5,200,000원	500,000원			4,700,000원	이 금액을 (청구) 함

[4] 10월 15일 ㈜우성유통에 제품을 판매하고 다음과 같이 전자세금계산서를 발급하였다. 대금 중 8,000,000원은 하움공업이 발행한 어음을 배서양도 받고, 나머지는 다음 달에 받기로 하였다. (3점)

전자세금계산서					승인번호		20241015-100028100-484650		
공급자	등록번호	129-81-50101	총사업장번호		공급받는자	등록번호	105-86-50416	총사업장번호	
	상호(법인명)	다산컴퓨터㈜	성명	박새은		상호(법인명)	㈜우성유통	성명	김성길
	사업장주소	경기도 남양주시 가운로 3-28				사업장주소	서울시 강남구 강남대로 292		
	업태	제조,도소매	종목	컴퓨터		업태	도소매	종목	기기장치
작성일자		공급가액		세액		수정사유	비고		
2024.10.15.		10,000,000원		1,000,000원		해당 없음			

월	일	품목	규격	수량	단가	공급가액	세액	비고
10	15	컴퓨터				10,000,000원	1,000,000원	

합계금액	현금	수표	어음	외상미수금	이 금액을 (청구) 함
11,000,000원			8,000,000원	3,000,000원	

[5] 10월 30일 미국의 MARK사로부터 수입한 업무용 컴퓨터(공급가액 6,000,000원)와 관련하여 인천세관장으로부터 수입세금계산서를 발급받고, 해당 부가가치세를 당좌예금 계좌에서 이체하여 납부하였다(단, 부가가치세 회계처리만 할 것). (3점)

[6] 12월 02일 공장 직원들의 휴게공간에 간식을 비치하기 위해 두나과일로부터 샤인머스캣 등을 구매하면서 구매대금 275,000원을 현금으로 지급하고, 지출증빙용 현금영수증을 발급받았다. (3점)

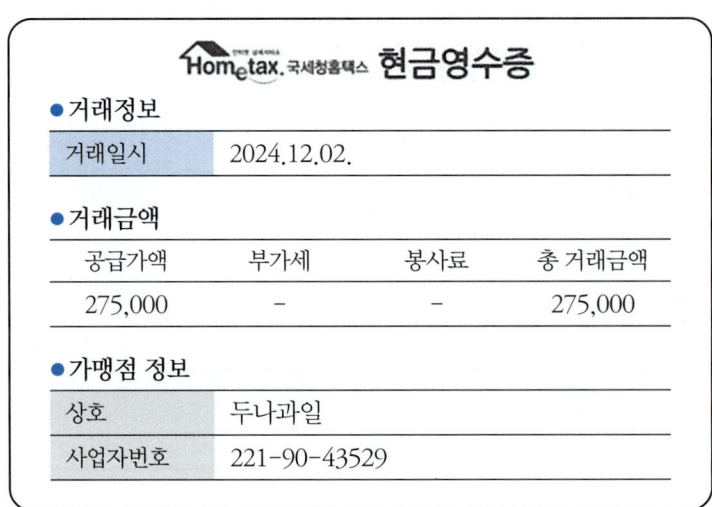

문제4 [일반전표입력] 및 [매입매출전표입력] 메뉴에 입력된 내용 중 다음과 같은 오류가 발견되었다. 입력된 내용을 확인하여 정정하시오. (6점)

[1] 11월 01일 ㈜호수의 주식 1,000주를 단기간 차익을 목적으로 1주당 12,000원(1주당 액면가 5,000원)에 현금으로 취득하고 발생한 수수료 120,000원을 취득원가에 포함하였다. (3점)

[2] 11월 26일 원재료 매입 거래처의 워크숍을 지원하기 위해 ㈜산들바람으로부터 현금으로 구매한 선물세트 800,000원(부가가치세 별도, 종이세금계산서 수취)을 소모품비로 회계처리하였다. (3점)

문제5 결산정리사항은 다음과 같다. 관련 메뉴를 이용하여 결산을 완료하시오. (9점)

[1] 12월 31일 제2기 부가가치세 확정신고기간의 부가가치세 매출세액은 14,630,000원, 매입세액은 22,860,000원, 환급세액은 8,230,000원이다. 관련된 결산 회계처리를 하시오(단, 환급세액은 미수금으로 처리한다). (3점)

[2] 10월 1일에 로배전자에 30,000,000원(상환기일 2025년 9월 30일)을 대여하고, 연 7%의 이자를 상환일에 원금과 함께 수취하기로 약정하였다. 결산 정리분개를 하시오(이자는 월할계산할 것). (3점)

[3] 12월 31일 현재 신한은행의 장기차입금 중 일부인 13,000,000원의 만기상환기일이 1년 이내에 도래할 것으로 예상되었다. (3점)

문제6   다음 사항을 조회하여 알맞은 답안을 이론문제 답안작성 메뉴에 입력하시오. (9점)

[1] 6월 말 현재 외상매입금 잔액이 가장 많은 거래처명과 그 금액은 얼마인가? (3점)

[2] 1분기(1월~3월) 중 판매비와관리비 항목의 소모품비 지출액이 가장 적게 발생한 월과 그 금액은 얼마인가? (3점)

[3] 2024년 제1기 확정신고기간(4월~6월) 중 ㈜하이일렉으로부터 발급받은 세금계산서의 총 매수와 매입세액은 얼마인가? (3점)

[제114회 기출문제]

이 론 시 험

다음 문제를 보고 알맞은 것을 골라 **이론문제 답안작성** 메뉴에 입력하시오. (객관식 문항당 2점)

― 〈 기 본 전 제 〉 ―
문제에서 한국채택국제회계기준을 적용하도록 하는 전제조건이 없는 경우, 일반기업회계기준을 적용한다.

1. 다음 중 거래내용에 대한 거래요소의 결합관계를 바르게 표시한 것은?

거래요소의 결합관계	거래내용
① 자산의 증가 : 자산의 증가	외상매출금 4,650,000원을 보통예금으로 수령하다.
② 자산의 증가 : 부채의 증가	기계장치를 27,500,000원에 구입하고 구입대금은 미지급하다.
③ 비용의 발생 : 자산의 증가	보유 중인 건물을 임대하여 임대료 1,650,000원을 보통예금으로 수령하다.
④ 부채의 감소 : 자산의 감소	장기차입금에 대한 이자 3,000,000원을 보통예금에서 이체하는 방식으로 지급하다.

2. 다음 중 재고자산이 아닌 것은?

① 약국의 일반의약품 및 전문의약품
② 제조업 공장의 생산 완제품
③ 부동산매매업을 주업으로 하는 기업의 판매 목적 토지
④ 병원 사업장소재지의 토지 및 건물

3. 다음은 ㈜한국이 신규 취득한 기계장치 관련 자료이다. 아래의 기계장치를 연수합계법으로 감가상각할 경우, ㈜한국의 당기(회계연도 : 매년 1월 1일~12월 31일) 말 현재 기계장치의 장부금액은 얼마인가?

- 기계장치 취득원가 : 3,000,000원
- 잔존가치 : 300,000원
- 취득일 : 2024.01.01.
- 내용연수 : 5년

① 2,000,000원　② 2,100,000원　③ 2,400,000원　④ 2,460,000원

4. 다음은 ㈜서울의 당기 지출 내역 중 일부이다. 아래의 자료에서 무형자산으로 기록할 수 있는 금액은 모두 얼마인가?

- 신제품 특허권 취득 비용 30,000,000원
- 신제품의 연구단계에서 발생한 재료 구입 비용 1,500,000원
- A기업이 가지고 있는 상표권 구입 비용 22,000,000원

① 22,000,000원　　② 30,000,000원　　③ 52,000,000원　　④ 53,500,000원

5. 다음 중 매도가능증권에 대한 설명으로 옳지 않은 것은?
① 기말 평가손익은 기타포괄손익누계액에 반영한다.
② 취득 시 발생한 수수료는 당기 비용으로 처리한다.
③ 처분 시 발생한 처분손익은 당기손익에 반영한다.
④ 보유 목적에 따라 당좌자산 또는 투자자산으로 분류한다.

6. 다음 중 채권 관련 계정의 차감적 평가항목으로 옳은 것은?
① 감가상각누계액　　　　　　　② 재고자산평가충당금
③ 사채할인발행차금　　　　　　④ 대손충당금

7. 다음 중 자본잉여금 항목에 포함되는 것을 모두 고른 것은?

| 가. 주식발행초과금 | 나. 자기주식처분손실 |
| 다. 주식할인발행차금 | 라. 감자차익 |

① 가, 라　　② 나, 다　　③ 가, 나, 다　　④ 가, 다, 라

8. 다음은 현금배당에 관한 회계처리이다. 아래의 괄호 안에 각각 들어갈 회계처리 일자로 옳은 것은?

(가)	(차) 이월이익잉여금	×××원	(대) 이익준비금	×××원
			미지급배당금	×××원
(나)	(차) 미지급배당금	×××원	(대) 보통예금	×××원

	(가)	(나)
①	회계종료일	배당결의일
②	회계종료일	배당지급일
③	배당결의일	배당지급일
④	배당결의일	회계종료일

9. 원가의 분류 중 원가행태(行態)에 따른 분류에 해당하는 것은?

① 변동원가   ② 기회원가   ③ 관련원가   ④ 매몰원가

10. 다음은 제조업을 영위하는 ㈜인천의 당기 원가 관련 자료이다. ㈜인천의 당기총제조원가는 얼마인가? 단, 기초재고자산은 없다고 가정한다.

• 기말재공품재고액	300,000원	• 기말제품재고액	500,000원
• 매출원가	2,000,000원	• 기말원재료재고액	700,000원
• 제조간접원가	600,000원	• 직접재료원가	1,200,000원

① 1,900,000원   ② 2,200,000원   ③ 2,500,000원   ④ 2,800,000원

11. 평균법에 따른 종합원가계산을 채택하고 있는 ㈜대전의 당기 물량 흐름은 다음과 같다. 재료원가는 공정 초기에 전량 투입되며, 가공원가는 공정 전반에 걸쳐 균등하게 발생한다. 아래의 자료를 이용하여 재료원가 완성품환산량을 계산하면 몇 개인가?

| • 기초재공품 수량 : 1,000개(완성도 20%) | • 당기완성품 수량 : 8,000개 |
| • 당기착수량 : 10,000개 | • 기말재공품 수량 : 3,000개(완성도 60%) |

① 8,000개   ② 9,000개   ③ 9,800개   ④ 11,000개

12. 다음 중 개별원가계산에 대한 설명으로 옳지 않은 것은?

① 항공기 제조업은 종합원가계산보다는 개별원가계산이 더 적합하다.
② 제품원가를 제조공정별로 집계한 후 이를 생산량으로 나누어 단위당 원가를 계산한다.
③ 직접원가와 제조간접원가의 구분이 중요하다.
④ 단일 종류의 제품을 대량으로 생산하는 업종에는 적합하지 않은 방법이다.

13. 다음 중 우리나라 부가가치세법의 특징으로 틀린 것은?

① 국세
② 인세(人稅)
③ 전단계세액공제법
④ 다단계거래세

14. 다음 중 부가가치세법상 주된 사업에 부수되는 재화·용역의 공급으로서 면세 대상이 아닌 것은?

① 은행업을 영위하는 면세사업자가 매각한 사업용 부동산인 건물
② 약국을 양수도하는 경우로서 해당 영업권 중 면세 매출에 해당하는 비율의 영업권
③ 가구제조업을 영위하는 사업자가 매각한 사업용 부동산 중 토지
④ 부동산임대업자가 매각한 부동산임대 사업용 부동산 중 상가 건물

15. 다음 중 부가가치세법상 아래의 괄호 안에 공통으로 들어갈 내용으로 옳은 것은?

> 가. 부가가치세 매출세액은 (　　　)에 세율을 곱하여 계산한 금액이다.
> 나. 재화 또는 용역의 공급에 대한 부가가치세의 (　　　)(은)는 해당 과세기간에 공급한 재화 또는 용역의 공급가액을 합한 금액으로 한다.
> 다. 재화의 수입에 대한 부가가치세의 (　　　)(은)는 그 재화에 대한 관세의 과세가격과 관세, 개별소비세, 주세, 교육세, 농어촌특별세 및 교통·에너지·환경세를 합한 금액으로 한다.

① 공급대가　　② 간주공급　　③ 과세표준　　④ 납부세액

[제114회 기출문제]

실 무 시 험

㈜하나전자(회사코드:1143)는 전자부품의 제조 및 도소매업을 영위하는 중소기업으로 당기(제9기) 회계기간은 2024.1.1.~2024.12.31.이다. 전산세무회계 수험용 프로그램을 이용하여 다음 물음에 답하시오.

─── 〈 기 본 전 제 〉 ───
- 문제에서 한국채택국제회계기준을 적용하도록 하는 전제조건이 없는 경우, 일반기업회계기준을 적용하여 회계처리 한다.

문제1
다음은 [기초정보관리] 및 [전기분재무제표]에 대한 자료이다. 각각의 요구사항에 대하여 답하시오. (10점)

[1] [거래처등록] 메뉴에서 다음의 거래처를 등록하시오. 단, 아래 제시되는 사항만 입력할 것. (3점)

- 거래처코드 : 00500
- 거래처구분 : 일반거래처
- 사업자등록번호 : 134-24-91004
- 업태 : 정보통신업
- 거래처명 : 한국개발
- 유형 : 동시
- 대표자성명 : 김한국
- 종목 : 소프트웨어개발
- 주소 : 경기도 성남시 분당구 판교역로192번길 12 (삼평동) ※ 주소 입력 시 우편번호 입력은 생략함

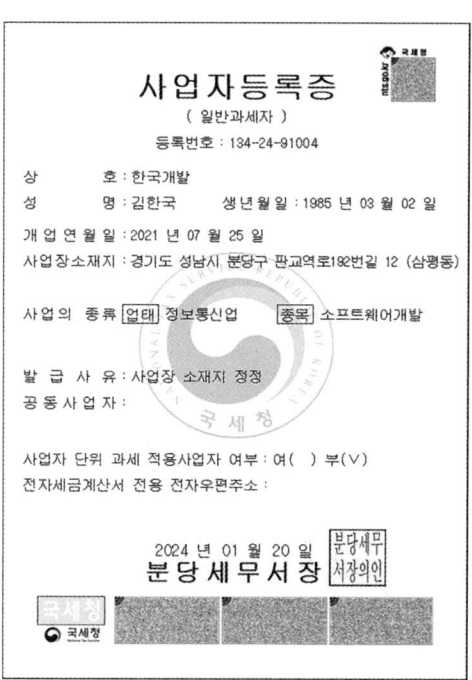

[2] 다음 자료를 이용하여 [계정과목및적요등록]에 반영하시오. (3점)

- 코드 : 862
- 계정과목 : 행사지원비
- 현금적요 1번 : 행사지원비 현금 지급
- 대체적요 1번 : 행사지원비 어음 발행
- 성격 : 경비

[3] 전기분 원가명세서를 검토한 결과 다음과 같은 오류가 발견되었다. 이와 관련된 전기분 재무제표(재무상태표, 손익계산서, 원가명세서, 잉여금처분계산서)를 모두 적절하게 수정하시오. (4점)

해당 연도(2023년)에 외상으로 매입한 부재료비 3,000,000원이 누락된 것으로 확인된다.

문제2

[일반전표입력] 메뉴를 이용하여 다음의 거래 자료를 입력하시오(일반전표입력의 모든 거래는 부가가치세를 고려하지 말 것). (18점)

〈 입력 시 유의사항 〉

- 일반적인 적요의 입력은 생략하지만, 타계정 대체거래는 적요번호를 선택하여 입력한다.
- 채권·채무와 관련된 거래는 별도의 요구가 없는 한 반드시 기등록된 거래처코드를 선택하는 방법으로 거래처명을 입력한다.
- 제조경비는 500번대 계정코드를, 판매비와관리비는 800번대 계정코드를 사용한다.

[1] 07월 05일 영업팀 직원들에 대한 확정기여형(DC형) 퇴직연금 납입액 1,400,000원을 보통예금 계좌에서 이체하여 납입하였다. (3점)

[2] 07월 25일 ㈜고운상사의 외상매출금 중 5,500,000원은 약속어음으로 받고, 나머지 4,400,000원은 보통예금 계좌로 입금받았다. (3점)

[3] 08월 30일 자금 부족으로 인하여 ㈜재원에 대한 받을어음 50,000,000원을 만기일 전에 은행에서 할인받고, 할인료 5,000,000원을 차감한 잔액이 보통예금 계좌로 입금되었다(단, 본 거래는 매각거래이다). (3점)

[4] 10월 03일 단기 투자 목적으로 보유하고 있는 ㈜미학건설의 주식으로부터 배당금 2,300,000원이 확정되어 즉시 보통예금 계좌로 입금되었다. (3점)

[5] 10월 31일 재무팀 강가연 팀장의 10월분 급여를 농협 보통예금 계좌에서 이체하여 지급하였다(단, 공제합계액은 하나의 계정과목으로 회계처리할 것). (3점)

2024년 10월 급여명세서			
이 름	강가연	지급일	2024년 10월 31일
기 본 급	4,500,000원	소 득 세	123,000원
식 대	200,000원	지 방 소 득 세	12,300원
자가운전보조금	200,000원	국 민 연 금	90,500원
		건 강 보 험	55,280원
		고 용 보 험	100,000원
급 여 계	4,900,000원	공 제 합 계	381,080원
		지 급 총 액	4,518,920원

[6] 12월 21일 자금 조달을 위하여 사채(액면금액 8,000,000원, 3년 만기)를 8,450,000원에 발행하고, 납입금은 당좌예금 계좌로 입금하였다. (3점)

문제3 다음 거래 자료를 [매입매출전표입력] 메뉴에 입력하시오. (18점)

〈 입력 시 유의사항 〉

- 일반적인 적요의 입력은 생략하지만, 타계정 대체거래는 적요번호를 선택하여 입력한다.
- 채권·채무와 관련된 거래는 별도의 요구가 없는 한 반드시 기등록된 거래처코드를 선택하는 방법으로 거래처명을 입력한다.
- 제조경비는 500번대 계정코드를, 판매비와관리비는 800번대 계정코드를 사용한다.
- 입력화면 하단의 분개까지 처리하고, 전자세금계산서 및 전자계산서는 전자입력으로 반영한다.

[1] 07월 20일   미국 소재법인 NDVIDIA에 직수출하는 제품의 선적을 완료하였으며, 수출대금 $5,000는 차후에 받기로 하였다. 제품수출계약은 7월 1일에 체결하였으며, 일자별 기준환율은 아래와 같다(단, 수출신고번호 입력은 생략할 것). (3점)

일 자	계약일 2024.07.01.	선적일 2024.07.20.
기준환율	1,100원/$	1,200원/$

[2] 07월 23일   당사가 소유하던 토지(취득원가 62,000,000원)를 돌상상회에 65,000,000원에 매각하기로 계약하면서 동시에 전자계산서를 발급하였다. 대금 중 30,000,000원은 계약 당일 보통예금 계좌로 입금받았으며, 나머지는 다음 달에 받기로 약정하였다. (3점)

[3] 08월 10일   영업팀에서 회사 제품을 홍보하기 위해 광고닷컴에서 홍보용 수첩을 제작하고 현대카드로 결제하였다. (3점)

카드번호	(9876-****-****-1230)
승인번호	28516480
거래일자	2024년08월10일15:29:44
결제방법	일시불
가맹점명	광고닷컴
가맹점번호	23721275
대표자명	김광고
사업자등록번호	305-35-65424
전화번호	02-651-1212
주소	서울특별시 서초구 명달로 100
공급가액	4,000,000원
부가세액	400,000원
승인금액	4,400,000원

고객센터(1577-8398) | www.hyundaicard.com

Hyundai Card 현대카드

[4] 08월 17일   제품 생산에 필요한 원재료를 구입하고, 아래의 전자세금계산서를 발급받았다. (3점)

전자세금계산서				승인번호	20240817-15454645-58811889		
공급자	등록번호	139-81-54313	총사업장번호		등록번호	125-86-65247	총사업장번호	
	상호(법인명)	㈜고철상사	성명	황영민	상호(법인명)	㈜하나전자	성명	김영순
	사업장주소	서울특별시 서초구 명달로 3			사업장주소	경기도 남양주시 덕릉로 1067		
	업태	도소매	종목	전자부품	업태	제조,도소매	종목	전자부품

작성일자	공급가액	세액	수정사유
2024.08.17.	12,000,000원	1,200,000원	해당 없음

월	일	품목	규격	수량	단가	공급가액	세액	비고
08	17	k-312 벨브		200	60,000원	12,000,000원	1,200,000원	

합계금액	현금	수표	어음	외상미수금	이 금액을 (청구) 함
13,200,000원			5,000,000원	8,200,000원	

[5] 08월 28일   ㈜와마트에서 업무용으로 사용하는 냉장고를 5,500,000원(부가가치세 포함)에 현금으로 구입하고, 현금영수증(지출증빙용)을 수취하였다(단, 자산으로 처리할 것). (3점)

㈜와마트

133-81-05134   류예린
서울특별시 구로구 구로동로 10   TEL : 02-117-2727

홈페이지 http://www.kacpta.or.kr

현금영수증(지출증빙용)

구매 2024/08/28/17:27   거래번호 : 0031-0027

상품명	수량	단가	금액
냉장고	1	5,500,000원	5,500,000원
		과세물품가액	5,000,000원
		부가가치세액	500,000원
		합 계	5,500,000원
		받은금액	5,500,000원

[6] 11월 08일   대표이사 김영순(거래처코드 : 375)의 호텔 결혼식장 대관료(업무관련성 없음)를 당사의 보통예금 계좌에서 이체하여 지급하고, 아래의 전자세금계산서를 수취하였다. (3점)

전자세금계산서				승인번호	20241108-27620200-4651260		
공급자	등록번호	511-81-53215	총사업장번호	공급받는자	등록번호	125-86-65247	총사업장번호
	상호(법인명)	대박호텔㈜	성명	김대박	상호(법인명)	㈜하나전자	성명	김영순
	사업장주소	서울특별시 강남구 도산대로 104			사업장주소	경기도 남양주시 덕릉로 1067	
	업태	숙박,서비스	종목	호텔, 장소대여	업태	제조,도소매	종목	전자부품
작성일자	공급가액		세액		수정사유		
2024.11.08.	25,000,000원		2,500,000원		해당 없음		
비고							

월	일	품목	규격	수량	단가	공급가액	세액	비고
11	08	파라다이스 홀 대관			25,000,000원	25,000,000원	2,500,000원	

합계금액	현금	수표	어음	외상미수금	이 금액을 (영수) 함
27,500,000원	27,500,000원				

문제4

[일반전표입력] 및 [매입매출전표입력] 메뉴에 입력된 내용 중 다음과 같은 오류가 발견되었다. 입력된 내용을 확인하여 정정하시오. (6점)

[1] 11월 12일   호호꽃집에서 영업부 사무실에 비치할 목적으로 구입한 공기정화식물(소모품비)의 대금 100,000원을 보통예금 계좌에서 송금하고 전자계산서를 받았으나 전자세금계산서로 처리하였다. (3점)

[2] 12월 12일   본사 건물에 엘리베이터를 설치하고 ㈜베스트디자인에 지급한 88,000,000원(부가가치세 포함)을 비용으로 처리하였으나, 건물의 자본적지출로 처리하는 것이 옳은 것으로 판명되었다. (3점)

문제5 결산정리사항은 다음과 같다. 관련 메뉴를 이용하여 결산을 완료하시오. (9점)

[1] 당기 중 단기시세차익을 목적으로 ㈜눈사람의 주식 100주(1주당 액면금액 100원)를 10,000,000원에 취득하였으나, 기말 현재 시장가격은 12,500,000원이다(단, ㈜눈사람의 주식은 시장성이 있다). (3점)

[2] 기말 현재 미국 GODS사에 대한 장기대여금 $2,000가 계상되어 있다. 장부금액은 2,100,000원이며, 결산일 현재 기준환율은 1,120원/$이다. (3점)

[3] 기말 현재 당기분 법인세(지방소득세 포함)는 15,000,000원으로 산출되었다. 관련된 결산 회계처리를 하시오(단, 당기분 법인세 중간예납세액 5,700,000원과 이자소득 원천징수세액 1,300,000원은 선납세금으로 계상되어 있다). (3점)

문제6 다음 사항을 조회하여 알맞은 답안을 이론문제 답안작성 메뉴에 입력하시오. (9점)

[1] 3월에 발생한 판매비와일반관리비 중 발생액이 가장 적은 계정과목과 그 금액은 얼마인가? (3점)

[2] 2024년 2월 말 현재 미수금과 미지급금의 차액은 얼마인가? (단, 반드시 양수로 기재할 것) (3점)

[3] 2024년 제1기 부가가치세 확정신고기간(4월~6월)의 공제받지 못할 매입세액은 얼마인가? (3점)

이론과 실무문제의 답을 모두 입력한 후 답안저장(USB로 저장) 을 클릭하여 저장하고, USB메모리를 제출하시기 바랍니다.

[제113회 기출문제]

이 론 시 험

다음 문제를 보고 알맞은 것을 골라 이론문제 답안작성 메뉴에 입력하시오. (객관식 문항당 2점)

― 〈 기 본 전 제 〉 ―

문제에서 한국채택국제회계기준을 적용하도록 하는 전제조건이 없는 경우, 일반기업회계기준을 적용한다.

1. 다음 중 회계의 기본가정과 특징이 아닌 것은?

① 기업의 관점에서 경제활동에 대한 정보를 측정·보고한다.
② 기업이 예상가능한 기간동안 영업을 계속할 것이라 가정한다.
③ 기업은 수익과 비용을 인식하는 시점을 현금이 유입·유출될 때로 본다.
④ 기업의 존속기간을 일정한 기간단위로 분할하여 각 기간 단위별로 정보를 측정·보고한다.

2. 다음 중 상품의 매출원가 계산 시 총매입액에서 차감해야 할 항목은 무엇인가?

① 기초재고액
② 매입수수료
③ 매입환출 및 매입에누리
④ 매입 시 운반비

3. 건물 취득 시에 발생한 금액들이 다음과 같을 때, 건물의 취득원가는 얼마인가?

• 건물 매입금액	2,000,000,000원	• 자본화 대상 차입원가	150,000,000원
• 건물 취득세	200,000,000원	• 관리 및 기타 일반간접원가	16,000,000원

① 21억 5,000만원
② 22억원
③ 23억 5,000만원
④ 23억 6,600만원

4. 다음 중 무형자산에 대한 설명으로 틀린 것은?

① 물리적인 실체는 없지만 식별이 가능한 비화폐성 자산이다.
② 무형자산을 통해 발생하는 미래 경제적 효익을 기업이 통제할 수 있어야 한다.
③ 무형자산은 자산의 정의를 충족하면서 다른 자산들과 분리하여 거래를 할 수 있거나 계약상 또는 법적 권리로부터 발생하여야 한다.
④ 일반기업회계기준은 무형자산의 회계처리와 관련하여 영업권을 포함한 무형자산의 내용연수를 원칙적으로 40년을 초과하지 않도록 한정하고 있다.

5. 다음 중 재무제표에 해당하지 않는 것은?

① 기업의 계정별 합계와 잔액을 나타내는 시산표
② 일정 시점 현재 기업의 재무상태(자산, 부채, 자본)을 나타내는 보고서
③ 기업의 자본에 관하여 일정기간 동안의 변동 흐름을 파악하기 위해 작성하는 보고서
④ 재무제표의 과목이나 금액에 기호를 붙여 해당 항목에 대한 추가 정보를 나타내는 별지

6. 다음 중 유동부채와 비유동부채의 분류가 적절하지 않은 것은?

	유동부채	비유동부채
①	단기차입금	사채
②	외상매입금	유동성장기부채
③	미지급비용	장기차입금
④	지급어음	퇴직급여충당부채

7. 다음의 자본 항목 중 포괄손익계산서에 영향을 미치는 항목은 무엇인가?

① 감자차손
② 주식발행초과금
③ 자기주식처분이익
④ 매도가능증권평가이익

8. 다음 자료 중 빈 칸 (A)에 들어갈 금액으로 적당한 것은?

기초상품 재고액	매입액	기말상품 재고액	매출원가	매출액	매출총이익	판매비와 관리비	당기순손익
219,000원	350,000원	110,000원		290,000원		191,000원	A

① 당기순손실 360,000원
② 당기순손실 169,000원
③ 당기순이익 290,000원
④ 당기순이익 459,000원

9. 다음 중 원가행태에 따라 변동원가와 고정원가로 분류할 때 이에 대한 설명으로 틀린 것은?

① 고정원가는 조업도가 증가할수록 단위당 원가도 증가한다.
② 고정원가는 조업도가 증가하여도 총원가는 일정하다.
③ 변동원가는 조업도가 증가하여도 단위당 원가는 일정하다.
④ 변동원가는 조업도가 증가할수록 총원가도 증가한다.

10. 다음 중 보조부문원가를 배분하는 방법 중 옳지 않은 것은?

① 상호배분법은 보조부문 상호 간의 용역수수관계를 완전히 반영하는 방법이다.
② 단계배분법은 보조부문 상호 간의 용역수수관계를 전혀 반영하지 않는 방법이다.
③ 직접배분법은 보조부문 상호 간의 용역수수관계를 전혀 반영하지 않는 방법이다.
④ 상호배분법, 단계배분법, 직접배분법 어떤 방법을 사용하더라도 보조부문의 총원가는 제조부문에 모두 배분된다.

11. 다음 자료에 의한 당기총제조원가는 얼마인가? 단, 노무원가는 발생주의에 따라 계산한다.

• 기초원재료	300,000원	• 당기지급임금액	350,000원
• 기말원재료	450,000원	• 당기원재료매입액	1,300,000원
• 전기미지급임금액	150,000원	• 제조간접원가	700,000원
• 당기미지급임금액	250,000원	• 기초재공품	200,000원

① 2,100,000원 ② 2,300,000원 ③ 2,450,000원 ④ 2,500,000원

12. 다음 중 종합원가계산에 대한 설명으로 옳지 않은 것은?

① 소품종 대량 생산하는 업종에 적용하기에 적합하다.
② 공정 과정에서 발생하는 공손 중 정상공손은 제품의 원가에 가산한다.
③ 평균법을 적용하는 경우 기초재공품원가를 당기에 투입한 것으로 가정한다.
④ 제조원가 중 제조간접원가는 실제 조업도에 예정배부율을 반영하여 계산한다.

13. 다음 중 부가가치세법상 세금계산서를 발급할 수 있는 자는?

① 면세사업자로 등록한 자
② 사업자등록을 하지 않은 자
③ 사업자등록을 한 일반과세자
④ 간이과세자 중 직전 사업연도 공급대가가 4,800만원 미만인 자

14. 다음 중 부가가치세법상 대손사유에 해당하지 않는 것은?

① 소멸시효가 완성된 어음·수표
② 특수관계인과의 거래로 인해 발생한 중소기업의 외상매출금으로서 회수기일이 2년 이상 지난 외상매출금
③ 채무자의 파산, 강제집행, 형의 집행, 사업의 폐지, 사망, 실종, 행방불명으로 인하여 회수할 수 없는 채권
④ 부도발생일부터 6개월 이상 지난 외상매출금(중소기업의 외상매출금으로서 부도발생일 이전의 것에 한정한다.)

15. 다음 중 부가가치세법상 공급시기로 옳지 않은 것은?

① 폐업 시 잔존재화의 경우 : 폐업하는 때
② 내국물품을 외국으로 수출하는 경우 : 수출재화의 선적일
③ 무인판매기로 재화를 공급하는 경우 : 무인판매기에서 현금을 인취하는 때
④ 위탁판매의 경우(위탁자 또는 본인을 알 수 있는 경우) : 위탁자가 판매를 위탁한 때

[제113회 기출문제]

실 무 시 험

㈜혜송상사(회사코드:1133)는 자동차부품 등의 제조 및 도소매업을 영위하는 중소기업으로 당기(제13기) 회계기간은 2024.1.1.~2024.12.31.이다. 전산세무회계수험용프로그램을 이용하여 다음 물음에 답하시오.

───────── 〈 기 본 전 제 〉 ─────────
- 문제에서 한국채택국제회계기준을 적용하도록 하는 전제조건이 없는 경우, 일반기업회계기준을 적용하여 회계처리 한다.
- 문제의 풀이와 답안작성은 제시된 문제의 순서대로 진행한다.

문제1

다음은 [기초정보관리] 및 [전기분재무제표]에 대한 자료이다. 각각의 요구사항에 대하여 답하시오. (10점)

[1] 다음의 자료를 이용하여 [거래처등록] 메뉴에서 신규거래처를 추가로 등록하시오. (3점)

- 거래처코드 : 00777
- 거래처명 : 슬기로운㈜
- 사업자등록번호 : 253-81-13578
- 업태 : 도매
- 사업장주소 : 부산광역시 부산진구 중앙대로 663(부전동)
- 거래처구분 : 일반거래처
- 유형 : 동시
- 대표자 : 김슬기
- 종목 : 금속

※ 주소 입력 시 우편번호는 생략해도 무방함

[2] 다음 자료를 이용하여 [계정과목및적요등록] 메뉴에서 대체적요를 등록하시오. (3점)

- 코드 : 134
- 계정과목 : 가지급금
- 대체적요 : 8. 출장비 가지급금 정산

[3] 전기분 손익계산서를 검토한 결과 다음과 같은 오류가 발견되었다. 해당 오류와 관련된 [전기분원가명세서] 및 [전기분손익계산서]를 수정하시오. (4점)

공장 일부 직원의 임금 2,200,000원이 판매비및일반관리비 항목의 급여(801)로 반영되어 있다.

문제2 [일반전표입력] 메뉴를 이용하여 다음의 거래 자료를 입력하시오(일반전표입력의 모든 거래는 부가가치세를 고려하지 말 것). (18점)

─── 〈 입력 시 유의사항 〉 ───
- 일반적인 적요의 입력은 생략하지만, 타계정 대체거래는 적요번호를 선택하여 입력한다.
- 채권·채무와 관련된 거래는 별도의 요구가 없는 한 반드시 기등록된 거래처코드를 선택하는 방법으로 거래처명을 입력한다.
- 제조경비는 500번대 계정코드를, 판매비와관리비는 800번대 계정코드를 사용한다.
- 회계처리 시 계정과목은 별도의 제시가 없는 한 등록된 계정과목 중 가장 적절한 과목으로 한다.

[1] 07월 15일 ㈜상수로부터 원재료를 구입하기로 계약하고, 당좌수표를 발행하여 계약금 3,000,000원을 지급하였다. (3점)

[2] 08월 05일 사옥 취득을 위한 자금 900,000,000원(만기 6개월)을 우리은행으로부터 차입하고, 선이자 36,000,000원(이자율 연 8%)을 제외한 나머지 금액을 보통예금 계좌로 입금받았다(단, 하나의 전표로 입력하고, 선이자지급액은 선급비용으로 회계처리할 것). (3점)

[3] 09월 10일 창고 임차보증금 10,000,000원(거래처 : ㈜대운) 중에서 미지급금으로 계상되어 있는 작년분 창고 임차료 1,000,000원을 차감하고 나머지 임차보증금만 보통예금으로 돌려받았다. (3점)

[4] 10월 20일 ㈜영광상사에 대한 외상매출금 2,530,000원 중 1,300,000원이 보통예금 계좌로 입금되었다. (3점)

[5] 11월 29일 장기투자 목적으로 ㈜콘프상사의 보통주 2,000주를 1주당 10,000원(1주당 액면가액 5,000원)에 취득하고 대금은 매입수수료 240,000원과 함께 보통예금 계좌에서 이체하여 지급하였다. (3점)

[6] 12월 08일   수입한 상품에 부과된 관세 7,560,000원을 보통예금 계좌에서 이체하여 납부하였다. (3점)

```
                                    납부영수증서[납부자용]          File No : 사업자과세
                                                                    B/L No. : 45241542434
사업자번호 : 312-86-12548
회계구분    관세청소관 일반회계                              납부기한   2024년 12월 08일
회계연도    2024                                            발행일자   2024년 12월 02일

수입징수관   110288        납부자   0127                    납기내
계좌번호                   번호     040-11-17-6-178461-8   금액                 7,560,000

※수납기관에서는 위의 굵은 선 안의 내용을 즉시 전산입력하여    납기후
  수입징수관에 EDI방식으로 통지될 수 있도록 하시기 바랍니다.   금액

수입신고번호   41209-17-B11221W                수입징수관서   인천세관
납부자       성명   황동규                      상    호     (주)혜송상사
             주소   경기도 용인시 기흥구 갈곡로 6(구갈동)

                              2024년 12월 2일
                              수입징수관 인천세관
```

문제3   [매입매출전표입력] 메뉴를 이용하여 다음의 거래 자료를 입력하시오. (18점)

〈 입력 시 유의사항 〉

- 일반적인 적요의 입력은 생략하지만, 타계정 대체거래는 적요번호를 선택하여 입력한다.
- 채권·채무와 관련된 거래는 별도의 요구가 없는 한 반드시 기등록된 거래처코드를 선택하는 방법으로 거래처명을 입력한다.
- 제조경비는 500번대 계정코드를, 판매비와관리비는 800번대 계정코드를 사용한다.
- 회계처리 시 계정과목은 별도의 제시가 없는 한 등록된 계정과목 중 가장 적절한 과목으로 한다.
- 입력화면 하단의 분개까지 처리하고, 전자세금계산서 및 전자계산서는 전자입력으로 반영한다.

[1] 08월 10일   ㈜산양산업으로부터 영업부에서 사용할 소모품(공급가액 950,000원, 부가가치세 별도)을 현금으로 구입하고 전자세금계산서를 발급받았다. 단, 소모품은 자산으로 처리한다. (3점)

[2] 08월 22일   내국신용장으로 수출용 제품의 원재료 34,000,000원을 ㈜로띠상사에서 매입하고 아래의 영세율전자세금계산서를 발급받았다. 대금은 당사가 발행한 3개월 만기 약속어음으로 지급하였다. (3점)

영세율전자세금계산서					승인번호		20240822-14258645-58811657		
공급자	등록번호	124-86-15012	총사업장번호		공급받는자	등록번호	312-86-12548	총사업장번호	
	상호(법인명)	㈜로띠상사	성명	이로운		상호(법인명)	㈜혜송상사	성명	황동규
	사업장주소	대전광역시 대덕구 대전로1019번길 28-10				사업장주소	경기도 용인시 기흥구 갈곡로 6		
	업태	제조	종목	부품		업태	제조,도소매	종목	자동차부품
작성일자		공급가액		세액			수정사유		
2024.08.22.		34,000,000원							
월	일	품목	규격	수량	단가		공급가액	세액	비고
08	22	부품 KT_01234					34,000,000원		
합계금액		현금		수표		어음	외상미수금	이 금액을 (**청구**) 함	
34,000,000원						34,000,000원			

[3] 08월 25일 송강수산으로부터 영업부 직원선물로 마른멸치세트 500,000원, 영업부 거래처선물로 마른멸치세트 300,000원을 구매하였다. 대금은 보통예금 계좌에서 이체하여 지급하고 아래의 전자계산서를 발급받았다(단, 하나의 거래로 작성할 것). (3점)

전자계산서					승인번호		20240825-1832324-1635032		
공급자	등록번호	850-91-13586	총사업장번호		공급받는자	등록번호	312-86-12548	총사업장번호	
	상호(법인명)	송강수산	성명	송강		상호(법인명)	㈜혜송상사	성명	황동규
	사업장주소	경상남도 남해군 남해읍 남해대로 2751				사업장주소	경기도 용인시 기흥구 갈곡로 6		
	업태	도소매	종목	건어물		업태	제조,도소매	종목	자동차부품
작성일자		공급가액		세액		수정사유		비고	
2024.08.25.		800,000원							
월	일	품목	규격	수량	단가		공급가액		비고
08	25	마른멸치세트		5	100,000원		500,000원		
08	25	마른멸치세트		3	100,000원		300,000원		
합계금액		현금		수표		어음	외상미수금	이 금액을 (**영수**) 함	
800,000원		800,000원							

[4] 10월 16일 　업무와 관련없이 대표이사 황동규가 개인적으로 사용하기 위하여 상해전자㈜에서 노트북 1대를 2,100,000원(부가가치세 별도)에 외상으로 구매하고 아래의 전자세금계산서를 발급받았다(단, 가지급금 계정을 사용하고, 거래처를 입력할 것). (3점)

전자세금계산서				승인번호	20241016-15454645-58811886		
공급자	등록번호	501-81-12347	총사업장번호	공급받는자	등록번호	312-86-12548	총사업장번호	
	상호(법인명)	상해전자㈜	성명	김은지		상호(법인명)	㈜혜송상사	성명	황동규
	사업장주소	서울특별시 동작구 여의대방로 28				사업장주소	경기도 용인시 기흥구 갈곡로 6	
	업태	도소매	종목	전자제품		업태	제조,도소매	종목	자동차부품
	이메일					이메일	hyesong@hscorp.co.kr	
작성일자		공급가액		세액		수정사유	
2024.10.16.		2,100,000원		210,000원		해당 없음	

월	일	품목	수량	단가	공급가액	세액	비고
10	16	노트북	1	2,100,000원	2,100,000원	210,000원	

합계금액	현금	수표	어음	외상미수금	이 금액을 (청구) 함
2,310,000원				2,310,000원	

[5] 11월 04일 　개인소비자 김은우에게 제품을 770,000원(부가가치세 포함)에 판매하고, 대금은 김은우의 신한카드로 수취하였다(단, 신용카드 결제대금은 외상매출금으로 회계처리할 것). (3점)

[6] 12월 04일 　제조부가 사용하는 기계장치의 원상회복을 위한 수선비 880,000원을 하나카드로 결제하고 다음의 매출전표를 수취하였다. (3점)

```
           하나카드 승인전표
------------------------------------
거래일시       2024. 12. 04. 15:35:45
취소일시
------------------------------------
공급가액 :                  800,000원
부가세 :                     80,000원
봉사료 :
합계액 :                    880,000원
------------------------------------
승인번호 : 4535482542K
------------------------------------
가맹점명 : ㈜뚝딱수선
```

문제4 [일반전표입력] 및 [매입매출전표입력] 메뉴에 입력된 내용 중 다음과 같은 오류가 발견되었다. 입력된 내용을 확인하여 정정하시오. (6점)

[1] 09월 09일 ㈜초록산업으로부터 5,000,000원을 차입하고 이를 모두 장기차입금으로 회계처리하였으나, 그중 2,000,000원의 상환기일은 2024년 12월 8일로 확인되었다. (3점)

[2] 10월 15일 바로카센터에서 영업부의 영업용 화물차량을 점검 및 수리하고 차량유지비 250,000원(부가세 별도)을 현금으로 지급하였으며, 전자세금계산서를 발급받았다. 그러나 회계 담당 직원의 실수로 이를 일반전표에 입력하였다. (3점)

문제5 결산정리사항은 다음과 같다. 관련 메뉴를 이용하여 결산을 완료하시오. (9점)

[1] 결산일 현재 외상매입금 잔액은 2024년 1월 2일 미국에 소재한 원재료 공급거래처 NOVONO로부터 원재료 $5,500를 외상으로 매입하고 미지급한 잔액 $2,000가 포함되어 있다(단, 매입 시 기준환율은 1,100원/$, 결산 시 기준환율은 1,200원/$이다). (3점)

[2] 12월 31일 결산일 현재 단기 매매 목적으로 보유 중인 지분증권에 대한 자료는 다음과 같다. 적절한 결산분개를 하시오. (3점)

종 목	취득원가	결산일 공정가치	비 고
㈜가은	56,000,000원	54,000,000원	단기 매매 목적

[3] 2024년 5월 1일 제조부 공장의 1년치 화재보험료(2024년 5월 1일~2025년 4월 30일) 3,600,000원을 보통예금 계좌에서 이체하여 납부하고 전액 보험료(제조경비)로 회계처리하였다(단, 보험료는 월할 계산하고, 거래처입력은 생략할 것). (3점)

문제6 다음 사항을 조회하여 알맞은 답안을 [이론문제 답안작성] 메뉴에 입력하시오. (9점)

[1] 2024년 제1기 부가가치세 확정신고(2024.04.01.~2024.06.30.)에 반영된 예정신고누락분 매출의 공급가액과 매출세액은 각각 얼마인가? (3점)

[2] 2분기(4월~6월) 중 제조원가 항목의 복리후생비 지출액이 가장 많이 발생한 월(月)과 그 금액을 각각 기재하시오. (3점)

[3] 4월 말 현재 미지급금 잔액이 가장 큰 거래처명과 그 금액은 얼마인가? (3점)

[제112회 기출문제]

이 론 시 험

다음 문제를 보고 알맞은 것을 골라 **이론문제 답안작성** 메뉴에 입력하시오. (객관식 문항당 2점)

─── 〈 기 본 전 제 〉 ───
문제에서 한국채택국제회계기준을 적용하도록 하는 전제조건이 없는 경우, 일반기업회계기준을 적용한다.

1. 다음 중 일반기업회계기준에 따른 재무제표의 종류에 해당하지 않는 것은?
① 현금흐름표　　② 주석　　③ 제조원가명세서　　④ 재무상태표

2. 다음 중 정액법으로 감가상각을 계산할 때 관련이 없는 것은?
① 잔존가치　　② 취득원가　　③ 내용연수　　④ 생산량

3. 다음 중 이익잉여금처분계산서에 나타나지 않는 항목은?
① 이익준비금　　② 자기주식　　③ 현금배당　　④ 주식배당

4. 다음 중 수익인식기준에 대한 설명으로 잘못된 것은?
① 위탁매출은 위탁자가 수탁자로부터 판매대금을 지급받는 때에 수익을 인식한다.
② 상품권매출은 물품 등을 제공하거나 판매하면서 상품권을 회수하는 때에 수익을 인식한다.
③ 단기할부매출은 상품 등을 판매(인도)한 날에 수익을 인식한다.
④ 용역매출은 진행기준에 따라 수익을 인식한다.

5. 다음 중 계정과목의 분류가 나머지 계정과목과 다른 하나는 무엇인가?
① 임차보증금　　② 산업재산권　　③ 프랜차이즈　　④ 소프트웨어

6. 다음 중 자본의 분류 항목의 성격이 다른 것은?

① 자기주식　　　　② 주식할인발행차금　　　　③ 자기주식처분이익　　　　④ 감자차손

7. 실제 기말재고자산의 가액은 50,000,000원이지만 장부상 기말재고자산의 가액이 45,000,000원으로 기재된 경우, 해당 오류가 재무제표에 미치는 영향으로 다음 중 옳지 않은 것은?

① 당기순이익이 실제보다 5,000,000원 감소한다.
② 매출원가가 실제보다 5,000,000원 증가한다.
③ 자산총계가 실제보다 5,000,000원 감소한다.
④ 자본총계가 실제보다 5,000,000원 증가한다.

8. 다음의 거래를 회계처리할 경우에 사용되는 계정과목으로 옳은 것은?

7월 1일 투자 목적으로 영업활동에 사용할 예정이 없는 토지를 5,000,000원에 취득하고 대금은 3개월 후에 지급하기로 하다. 단, 중개수수료 200,000원은 타인이 발행한 당좌수표로 지급하다.

① 외상매입금　　　　② 당좌예금　　　　③ 수수료비용　　　　④ 투자부동산

9. 다음 중 원가 개념에 관한 설명으로 옳지 않은 것은?

① 관련 범위 밖에서 총고정원가는 일정하다.
② 매몰원가는 의사결정에 영향을 주지 않는다.
③ 관련 범위 내에서 단위당 변동원가는 일정하다.
④ 관련원가는 대안 간에 차이가 나는 미래원가로서 의사결정에 영향을 준다.

10. 다음 중 제조원가명세서에서 제공하는 정보가 아닌 것은?

① 기말재공품재고액　　② 당기제품제조원가　　③ 당기총제조원가　　④ 매출원가

11. 다음 중 보조부문 원가의 배부기준으로 적합하지 않은 것은?

	보조부문원가	배부기준
①	건물 관리 부문	점유 면적
②	공장 인사관리 부문	급여 총액
③	전력 부문	전력 사용량
④	수선 부문	수선 횟수

12. 다음 자료를 토대로 선입선출법에 의한 직접재료원가 및 가공원가의 완성품환산량을 각각 계산하면 얼마인가?

- 기초재공품 5,000개(완성도 70%)
- 기말재공품 10,000개(완성도 30%)
- 당기착수량 35,000개
- 당기완성품 30,000개
- 재료는 공정초기에 전량투입되며, 가공원가는 공정 전반에 걸쳐 균등하게 발생한다.

	직접재료원가	가공원가
①	35,000개	29,500개
②	35,000개	34,500개
③	40,000개	34,500개
④	45,000개	29,500개

13. 다음 중 우리나라 부가가치세법의 특징으로 옳지 않은 것은?

① 소비지국과세원칙
② 생산지국과세원칙
③ 전단계세액공제법
④ 간접세

14. 다음 중 부가가치세법상 과세기간 등에 대한 설명으로 옳지 않은 것은?

① 사업개시일 이전에 사업자등록을 신청한 경우에 최초의 과세기간은 그 신청한 날부터 그 신청일이 속하는 과세기간의 종료일까지로 한다.
② 사업자가 폐업하는 경우의 과세기간은 폐업일이 속하는 과세기간의 개시일부터 폐업일까지로 한다.
③ 폐업자의 경우 폐업일이 속하는 과세기간 종료일부터 25일 이내에 확정신고를 하여야 한다.
④ 간이과세자의 과세기간은 1월 1일부터 12월 31일까지로 한다.

15. 다음 중 부가가치세법상 매입세액공제가 가능한 것은?

① 사업과 관련하여 접대용 물품을 구매하고 발급받은 신용카드매출전표상의 매입세액
② 제조업을 영위하는 법인이 업무용 소형승용차(1,998cc)의 유지비용을 지출하고 발급받은 현금영수증상의 매입세액
③ 제조부서의 화물차 수리를 위해 지출하고 발급받은 세금계산서상의 매입세액
④ 회계부서에서 사용할 물품을 구매하고 발급받은 간이영수증에 포함되어 있는 매입세액

[제112회 기출문제]

실 무 시 험

㈜유미기계(회사코드:1123)는 기계부품 등의 제조·도소매업 및 부동산임대업을 영위하는 중소기업으로 당기(제8기) 회계기간은 2023.1.1.~2023.12.31.이다. 전산세무회계 수험용 프로그램을 이용하여 다음 물음에 답하시오.

― 〈 기 본 전 제 〉 ―
- 문제에서 한국채택국제회계기준을 적용하도록 하는 전제조건이 없는 경우, 일반기업회계기준을 적용하여 회계처리 한다.
- 문제의 풀이와 답안작성은 제시된 문제의 순서대로 진행한다.

문제1 다음은 [기초정보관리] 및 [전기분재무제표]에 대한 자료이다. 각각의 요구사항에 대하여 답하시오. (10점)

[1] 다음의 신규 거래처를 [거래처등록] 메뉴를 이용하여 추가로 등록하시오. (3점)

- 거래처코드 : 5230
- 거래처명 : ㈜대영토이
- 사업자등록번호 : 108-86-13574
- 업태 : 제조
- 사업장주소 : 경기도 광주시 오포읍 왕림로 139
- 유형 : 동시
- 대표자 : 박완구
- 종목 : 완구제조

※ 주소입력 시 우편번호 입력은 생략해도 무방함.

[2] ㈜유미기계의 기초 채권 및 채무의 올바른 잔액은 다음과 같다. [거래처별초기이월] 자료를 검토하여 잘못된 부분은 오류를 정정하고, 누락된 부분은 추가하여 입력하시오. (3점)

계정과목	거래처	금 액
외상매출금	알뜰소모품	5,000,000원
	튼튼사무기	3,800,000원
받을어음	㈜클래식상사	7,200,000원
	㈜강림상사	2,000,000원
외상매입금	㈜해원상사	4,600,000원

[3] 전기분 재무상태표를 검토한 결과 기말 재고자산에서 다음과 같은 오류가 발견되었다. 관련된 [전기분 재무제표]를 모두 수정하시오. (4점)

계정과목	틀린 금액	올바른 금액	내용
원재료(0153)	73,600,000원	75,600,000원	입력 오류

문제2

[일반전표입력] 메뉴를 이용하여 다음의 거래 자료를 입력하시오(일반전표입력의 모든 거래는 부가가치세를 고려하지 말 것). (18점)

⟨ 입력 시 유의사항 ⟩

- 일반적인 적요의 입력은 생략하지만, 타계정 대체거래는 적요번호를 선택하여 입력한다.
- 채권·채무와 관련된 거래는 별도의 요구가 없는 한 반드시 기등록된 거래처코드를 선택하는 방법으로 거래처명을 입력한다.
- 제조경비는 500번대 계정코드를, 판매비와관리비는 800번대 계정코드를 사용한다.
- 회계처리 시 계정과목은 별도의 제시가 없는 한 등록된 계정과목 중 가장 적절한 과목으로 한다.

[1] 08월 10일   제조부서의 7월분 건강보험료 680,000원을 보통예금으로 납부하였다. 납부한 건강보험료 중 50%는 회사부담분이며, 회사부담분 건강보험료는 복리후생비로 처리한다. (3점)

[2] 08월 23일   ㈜애플전자로부터 받아 보관하던 받을어음 3,500,000원의 만기가 되어 지급제시하였으나, 잔고 부족으로 지급이 거절되어 부도처리하였다(단, 부도난 어음은 부도어음과수표 계정으로 관리하고 있다). (3점)

[3] 09월 14일   영업부서에서 고용한 일용직 직원들의 일당 420,000원을 현금으로 지급하였다(단, 일용직에 대한 고용보험료 등의 원천징수액은 발생하지 않는 것으로 가정한다). (3점)

[4] 09월 26일   영업부서의 사원이 퇴직하여 퇴직연금 5,000,000원을 확정급여형(DB) 퇴직연금에서 지급하였다(단, 퇴직급여충당부채 감소로 회계처리하기로 한다). (3점)

[5] 10월 16일 단기 시세 차익을 목적으로 2023년 5월 3일 취득하였던 ㈜더푸른컴퓨터의 주식 전부를 37,000,000원에 처분하고 대금은 보통예금 계좌로 입금받았다. 단, 취득 당시 관련 내용은 아래와 같다. (3점)

- 취득 수량 : 5,000주
- 1주당 취득가액 : 7,000원
- 취득 시 거래수수료 : 35,000원

[6] 11월 29일 액면금액 50,000,000원의 사채(만기 3년)를 49,000,000원에 발행하였다. 대금은 보통예금 계좌로 입금되었다. (3점)

문제3 다음 거래 자료를 [매입매출전표입력] 메뉴에 입력하시오. (18점)

〈 입력 시 유의사항 〉

- 일반적인 적요의 입력은 생략하지만, 타계정 대체거래는 적요번호를 선택하여 입력한다.
- 채권·채무와 관련된 거래는 별도의 요구가 없는 한 반드시 기등록된 거래처코드를 선택하는 방법으로 거래처명을 입력한다.
- 제조경비는 500번대 계정코드를, 판매비와관리비는 800번대 계정코드를 사용한다.
- 회계처리 시 계정과목은 별도의 제시가 없는 한 등록된 계정과목 중 가장 적절한 과목으로 한다.
- 입력화면 하단의 분개까지 처리하고, 전자세금계산서 및 전자계산서는 전자입력으로 반영한다.

[1] 09월 02일 ㈜신도기전에 제품을 판매하고 다음의 전자세금계산서를 발급하였다. 대금 중 어음은 ㈜신도기전이 발행한 것이다. (3점)

전자세금계산서					승인번호		20230902-14652823-1603488	
공급자	등록번호	138-81-61276	총사업장번호		공급받는자	등록번호	130-81-95054	총사업장번호
	상호(법인명)	㈜유미기계	성명	정현욱		상호(법인명)	㈜신도기전	성명	윤현진
	사업장주소	서울특별시 강남구 압구정로 347				사업장주소	울산 중구 태화로 150	
	업태	제조,도소매	종목	기계부품		업태	제조	종목	전자제품 외
작성일자	공급가액		세액		수정사유		비고	
2024.09.02.	10,000,000원		1,000,000원					
월	일	품목	규격	수량	단가	공급가액	세액	비고
09	02	제품		2	5,000,000원	10,000,000원	1,000,000원	
합계금액		현금		수표	어음	외상미수금	이 금액을 (청구) 함	
11,000,000원					8,000,000원	3,000,000원		

[2] 09월 12일 제조부서의 생산직 직원들에게 제공할 작업복 10벌을 인천상회로부터 구입하고 우리카드(법인)로 결제하였다(단, 회사는 작업복 구입 시 즉시 전액 비용으로 처리한다). (3점)

```
우리 마음속 첫 번째 금융, 🔵우리카드
2023.09.12.(화)  14:03:54
─────────────────────────────
결제 금액                495,000원
공급가액                 450,000원
부가세                    45,000원
─────────────────────────────
가맹점 정보
가맹점명                   인천상회
```

[3] 10월 05일 미국의 PYBIN사에 제품 100개(1개당 판매금액 $1,000)를 직접 수출하고 대금은 보통예금 계좌로 송금받았다(단, 선적일인 10월 05일의 기준환율은 1,000원/$이며, 수출신고번호의 입력은 생략한다). (3점)

[4] 10월 22일 영업부서 직원들의 직무역량 강화를 위한 도서를 영건서점에서 현금으로 구매하고 전자계산서를 발급받았다. (3점)

전자계산서					승인번호	20231022-15454645-58811886		
공급자	등록번호	112-60-61264		총사업장번호		공급받는자	등록번호	138-81-61276		총사업장번호	
	상호(법인명)	영건서점	성명	김종인		상호(법인명)	㈜유미기계	성명	정현욱
	사업장주소	인천시 남동구 남동대로 8				사업장주소	서울특별시 강남구 압구정로 347		
	업태	소매	종목	도서		업태	제조, 도소매	종목	기계부품
작성일자	공급가액		수정사유		비고			
2023.10.22.	1,375,000원		해당 없음					

월	일	품목	규격	수량	단가	공급가액	비고
10	22	도서(슬기로운 직장 생활 외)				1,375,000원	

합계금액	현금	수표	어음	외상미수금	이 금액을 (청구) 함
1,375,000원	1,375,000원				

[5] 11월 02일   개인소비자에게 제품을 8,800,000원(부가가치세 포함)에 판매하고 현금영수증(소득공제용)을 발급하였다. 판매대금은 보통예금 계좌로 받았다. (3점)

[6] 12월 19일   매출거래처에 보낼 연말 선물로 홍성백화점에서 생활용품세트를 구입하고 아래 전자세금계산서를 발급받았으며, 대금은 국민카드(법인카드)로 결제하였다. (3점)

전자세금계산서					승인번호	20231219-451542154-542124512		
공급자	등록번호	124-86-09276		총사업장번호	공급받는자	등록번호	138-81-61276	총사업장번호
	상호(법인명)	홍성백화점	성명	조재광		상호(법인명)	㈜유미기계	성명	정현욱
	사업장주소	서울 강남구 테헤란로 101				사업장주소	서울특별시 강남구 압구정로 347	
	업태	도소매	종목	잡화		업태	제조, 도소매	종목	기계부품
작성일자	공급가액		세액		수정사유		비고	
2023.12.19.	500,000원		50,000원					
월	일	품목	규격	수량	단가	공급가액	세액	비고
12	19	생활용품세트		10	50,000원	500,000원	50,000원	
합계금액		현금		수표		어음	외상미수금	이 금액을 (청구) 함
550,000원							550,000원	

문제4   [일반전표입력] 및 [매입매출전표입력] 메뉴에 입력된 내용 중 다음과 같은 오류가 발견되었다. 입력된 내용을 확인하여 정정하시오. (6점)

[1] 07월 31일   경영관리부서 직원을 위하여 확정급여형(DB형) 퇴직연금에 가입하고 보통예금 계좌에서 14,000,000원을 이체하였으나, 회계담당자는 확정기여형(DC형) 퇴직연금에 가입한 것으로 알고 회계처리를 하였다. (3점)

[2] 10월 28일   영업부서의 매출거래처에 선물하기 위하여 다다마트에서 현금으로 구입한 선물 세트 5,000,000원(부가가치세 별도, 전자세금계산서 수취)을 복리후생비로 회계처리를 하였다. (3점)

문제5 결산정리사항은 다음과 같다. 관련 메뉴를 이용하여 결산을 완료하시오. (9점)

[1] 7월 1일에 가입한 토스은행의 정기예금 5,000,000원(만기 1년, 연 이자율 6%)에 대하여 기간 경과분 이자를 계상하다. 단, 이자 계산은 월할 계산하며, 원천징수는 없다고 가정한다. (3점)

[2] 외상매입금 계정에는 중국에 소재한 거래처 상하이에 대한 외상매입금 2,000,000원($2,000)이 포함되어 있다(결산일 현재 기준환율 : 1,040원/$). (3점)

[3] 매출채권 잔액에 대하여만 1%의 대손충당금을 보충법으로 설정한다(단, 기중의 충당금에 대한 회계처리는 무시하고 아래 주어진 자료에 의해서만 처리한다). (3점)

구 분	기말채권 잔액	기말충당금 잔액	추가설정(△환입)액
외상매출금	15,000,000원	70,000원	80,000원
받을어음	12,000,000원	150,000원	△30,000원

문제6 다음 사항을 조회하여 알맞은 답안을 이론문제 답안작성 메뉴에 입력하시오. (9점)

[1] 제1기 부가가치세 예정신고에 반영된 자료 중 현금영수증이 발행된 과세매출의 공급가액은 얼마인가? (3점)

[2] 6월 한 달 동안 발생한 제조원가 중 현금으로 지급한 금액은 얼마인가? (3점)

[3] 6월 30일 현재 외상매입금 잔액이 가장 작은 거래처명과 외상매입금 잔액은 얼마인가? (3점)

이론과 실무문제의 답을 모두 입력한 후 답안저장(USB로 저장) 을 클릭하여 저장하고, USB메모리를 제출하시기 바랍니다.

[제111회 기출문제]

이 론 시 험

다음 문제를 보고 알맞은 것을 골라 이론문제 답안작성 메뉴에 입력하시오. (객관식 문항당 2점)

— 〈 기 본 전 제 〉 —

문제에서 한국채택국제회계기준을 적용하도록 하는 전제조건이 없는 경우, 일반기업회계기준을 적용한다.

1. 다음 중 아래의 자료에서 설명하고 있는 재무정보의 질적특성에 해당하지 않는 것은?

재무정보가 정보이용자의 의사결정에 유용하게 활용되기 위해서는 그 정보가 의사결정의 목적과 관련이 있어야 한다.

① 예측가치 ② 피드백가치 ③ 적시성 ④ 중립성

2. 다음 중 일반기업회계기준에 따른 재무상태표의 표시에 관한 설명으로 가장 적절하지 않은 것은?
① 비유동자산은 당좌자산, 유형자산, 무형자산으로 구분된다.
② 단기차입금은 유동부채로 분류된다.
③ 자산과 부채는 유동성배열법에 따라 작성된다.
④ 재고자산은 유동자산에 포함된다.

3. 다음은 재고자산 단가 결정방법에 대한 설명이다. 어느 방법에 대한 설명인가?

- 실제의 물량 흐름에 대한 원가흐름의 가정이 대체로 유사하다.
- 현재의 수익과 과거의 원가가 대응하여 수익·비용 대응의 원칙에 부적합하다.
- 물가 상승 시 이익이 과대 계상된다.

① 개별법 ② 선입선출법 ③ 후입선출법 ④ 총평균법

4. 다음 중 현금및현금성자산에 해당하는 항목의 총합계액은 얼마인가?

| • 선일자수표 | 500,000원 | • 배당금지급통지서 | 500,000원 |
| • 타인발행수표 | 500,000원 | • 만기 6개월 양도성예금증서 | 300,000원 |

① 1,000,000원　　② 1,300,000원　　③ 1,500,000원　　④ 1,800,000원

5. 다음 중 자본에 대한 설명으로 옳지 않은 것은?

① 자본금은 발행주식수에 액면가액을 곱한 금액이다.
② 주식발행초과금과 감자차익은 자본잉여금이다.
③ 자본조정에는 주식할인발행차금, 감자차손 등이 있다.
④ 주식배당과 무상증자는 순자산의 증가가 발생한다.

6. 다음 중 손익계산서에 나타나는 계정과목으로만 짝지어진 것은?

| 가. 대손상각비 | 나. 현금 | 다. 기부금 |
| 라. 퇴직급여 | 마. 이자수익 | 바. 외상매출금 |

① 가, 나　　② 가, 다　　③ 나, 바　　④ 다, 바

7. 다음은 12월 말 결산법인인 ㈜한국의 기계장치 관련 자료이다. ㈜한국이 2023년 12월 31일에 계상할 감가상각비는 얼마인가? (단, 월할 상각할 것)

| • 취득일 : 2022년 7월 1일 | • 상각방법 : 정률법 | • 내용연수 : 5년 |
| • 상각률 : 45% | • 취득원가 : 10,000,000원 | • 잔존가치 : 500,000원 |

① 4,500,000원　　② 3,487,500원　　③ 2,475,000원　　④ 2,250,000원

8. 다음 중 손익계산서상 표시되는 매출원가를 증가시키는 영향을 주지 않는 것은?

① 판매 이외 목적으로 사용된 재고자산의 타계정대체액
② 재고자산의 시가가 장부금액 이하로 하락하여 발생한 재고자산평가손실
③ 정상적으로 발생한 재고자산감모손실
④ 원재료 구입 시 지급한 운반비

9. 다음 중 원가에 대한 설명으로 가장 옳지 않은 것은?

① 기초원가이면서 가공원가에 해당하는 원가는 직접노무원가이다.
② 직접원가란 특정 제품의 생산에 직접적으로 사용되어 명확하게 추적할 수 있는 원가이다.
③ 변동원가는 생산량이 증가할 때마다 단위당 원가도 증가하는 원가이다.
④ 매몰원가는 과거에 발생하여 현재 의사결정에 영향을 미치지 않는 원가를 말한다.

10. 다음 중 개별원가계산의 적용이 가능한 업종은 무엇인가?

① 제분업 ② 정유업 ③ 건설업 ④ 식품가공업

11. 다음 중 공손 등에 대한 설명으로 옳지 않은 것은?

① 공손은 생산과정에서 발생하는 원재료의 찌꺼기를 말한다.
② 정상공손은 효율적인 생산과정에서 발생하는 공손을 말한다.
③ 비정상공손원가는 영업외비용으로 처리한다.
④ 정상공손은 원가에 포함한다.

12. ㈜서울은 직접노무시간을 기준으로 제조간접원가를 배부하고 있다. 당해연도 초의 예상 직접노무시간은 50,000시간이고, 제조간접원가 예상액은 2,500,000원이었다. 6월의 제조간접원가 실제 발생액은 300,000원이고, 실제 직접노무시간이 5,000시간인 경우, 6월의 제조간접원가 배부차이는 얼마인가?

① 과대배부 40,000원 ② 과소배부 40,000원 ③ 과대배부 50,000원 ④ 과소배부 50,000원

13. 다음 중 부가가치세법상 세부담의 역진성을 완화하기 위한 목적으로 도입한 제도는 무엇인가?

① 영세율제도 ② 사업자단위과세제도 ③ 면세제도 ④ 대손세액공제제도

14. 다음 중 부가가치세법상 '재화의 공급으로 보지 않는 특례'에 해당하지 않는 것은?

① 담보의 제공 ② 제품의 외상판매 ③ 조세의 물납 ④ 법률에 따른 수용

15. 다음 중 부가가치세법상 과세표준에 포함하지 않는 것은?

① 할부판매 시의 이자상당액
② 개별소비세
③ 매출할인액
④ 대가의 일부로 받는 운송비

[제111회 기출문제]

실 무 시 험

예은상사㈜(회사코드 : 1113)는 사무용가구의 제조·도소매업 및 부동산임대업을 영위하는 중소기업으로 당기(제14기) 회계기간은 2023.1.1.~2023.12.31.이다. 전산세무회계 수험용 프로그램을 이용하여 다음 물음에 답하시오.

〈 기 본 전 제 〉

- 문제에서 한국채택국제회계기준을 적용하도록 하는 전제조건이 없는 경우, 일반기업회계기준을 적용하여 회계처리 한다.
- 문제의 풀이와 답안작성은 제시된 문제의 순서대로 진행한다.

문제1
다음은 [기초정보관리] 및 [전기분재무제표]에 대한 자료이다. 각각의 요구사항에 대하여 답하시오. (10점)

[1] 다음 자료를 이용하여 아래의 계정과목에 대한 적요를 추가로 등록하시오. (3점)

- 계정과목 : 831. 수수료비용
- 현금적요 : (적요NO. 8) 결제 대행 수수료

[2] 당사는 여유자금 활용을 위하여 아래와 같이 신규 계좌를 개설하였다. [거래처등록] 메뉴를 이용하여 해당 사항을 추가로 입력하시오. (3점)

- 코드번호 : 98005
- 거래처명 : 수협은행
- 계좌번호 : 110-146-980558
- 유형 : 정기적금

[3] 다음의 자료를 토대로 각 계정과목의 거래처별 초기이월 금액을 올바르게 정정하시오. (4점)

계정과목	거래처명	수정 전 금액	수정 후 금액
지급어음	천일상사	9,300,000원	6,500,000원
	모닝상사	5,900,000원	8,700,000원
미지급금	대명㈜	8,000,000원	4,500,000원
	㈜한울	4,400,000원	7,900,000원

문제2 [일반전표입력] 메뉴를 이용하여 다음의 거래 자료를 입력하시오(일반전표입력의 모든 거래는 부가가치세를 고려하지 말 것). (18점)

〈 입력 시 유의사항 〉

- 일반적인 적요의 입력은 생략하지만, 타계정 대체거래는 적요번호를 선택하여 입력한다.
- 채권·채무와 관련된 거래는 별도의 요구가 없는 한 반드시 기등록된 거래처코드를 선택하는 방법으로 거래처명을 입력한다.
- 제조경비는 500번대 계정코드를, 판매비와관리비는 800번대 계정코드를 사용한다.
- 회계처리 시 계정과목은 별도의 제시가 없는 한 등록된 계정과목 중 가장 적절한 과목으로 한다.

[1] 07월 10일   회사는 6월에 관리부 직원의 급여를 지급하면서 원천징수한 근로소득세 20,000원과 지방소득세 2,000원을 보통예금 계좌에서 이체하여 납부하였다. (3점)

[2] 07월 16일   ㈜홍명으로부터 원재료를 구입하기로 계약하고, 계약금 1,000,000원은 당좌수표를 발행하여 지급하였다. (3점)

[3] 08월 10일   비씨카드 7월분 결제대금 2,000,000원이 보통예금 계좌에서 인출되었다. 단, 회사는 신용카드 사용대금을 미지급금으로 처리하고 있다. (3점)

[4] 08월 20일   영업부 김시성 과장이 대구세계가구박람회 참가를 위한 출장에서 복귀하여 아래의 지출결의서와 출장비 600,000원(출장비 인출 시 전도금으로 회계처리함) 중 잔액을 현금으로 반납하였다. (3점)

<u>지출결의서</u>

- 왕복항공권 350,000원
- 식대 30,000원

[5] 09월 12일   제조공장의 기계장치를 우리기계에 처분하고 매각대금으로 받은 약속어음 8,000,000원의 만기가 도래하여 우리기계가 발행한 당좌수표로 회수하였다. (3점)

[6] 10월 28일   중국의 'lailai co. ltd'에 대한 제품 수출 외상매출금 30,000달러(선적일 기준환율 : ₩1,300/$)를 회수하여 즉시 원화 보통예금 계좌로 입금하였다(단, 입금일의 기준환율은 ₩1,380/$이다). (3점)

문제3 다음 거래 자료를 [매입매출전표입력] 메뉴에 입력하시오. (18점)

― 〈 입력 시 유의사항 〉 ―

- 일반적인 적요의 입력은 생략하지만, 타계정 대체거래는 적요번호를 선택하여 입력한다.
- 채권·채무와 관련된 거래는 별도의 요구가 없는 한 반드시 기등록된 거래처코드를 선택하는 방법으로 거래처명을 입력한다.
- 제조경비는 500번대 계정코드를, 판매비와관리비는 800번대 계정코드를 사용한다.
- 회계처리 시 계정과목은 별도의 제시가 없는 한 등록된 계정과목 중 가장 적절한 과목으로 한다.
- 입력화면 하단의 분개까지 처리하고, 전자세금계산서 및 전자계산서는 전자입력으로 반영한다.

[1] 07월 06일 ㈜아이닉스에 제품을 판매하고 다음과 같이 전자세금계산서를 발급하였으며, 대금은 한 달 뒤에 받기로 하였다. (3점)

전자세금계산서				승인번호	20230706-121221589148		
공급자	등록번호	142-81-05759	총사업장번호	공급받는자	등록번호	214-87-00556	총사업장번호
	상호(법인명)	예은상사㈜	성명 한태양		상호(법인명)	㈜아이닉스	성명 이소방
	사업장주소	경기도 고양시 덕양구 통일로 101			사업장주소	서울시 용산구 한남대로 12	
	업태	제조·도소매	종목 사무용가구		업태	도매 외	종목 의약외품 외
작성일자	공급가액		세액	수정사유			
2023.07.06.	23,000,000원		2,300,000원	해당 없음			
월	일	품목	규격	수량	단가	공급가액	세액	비고
07	06	사무용책상 등		1,000	23,000원	23,000,000원	2,300,000원	
합계금액		현금	수표	어음	외상미수금	이 금액을 (청구) 함	
25,300,000원					25,300,000원		

[2] 08월 10일 원재료 매입 거래처에 접대목적으로 당사의 제품(원가 300,000원)을 무상으로 제공하였다. 단, 해당 제품의 시가는 500,000원이다. (3점)

[3] 09월 16일 팔팔물산에 제품을 9,000,000원(부가가치세 별도)에 판매하고 전자세금계산서를 발급하였으며, 대금으로 팔팔물산이 발행한 당좌수표를 받았다. (3점)

[4] 09월 26일   회사 건물에 부착할 간판을 잘나가광고에서 주문 제작하였다. 대금 5,500,000원(부가가치세 포함)은 보통예금 계좌에서 송금하고 전자세금계산서를 발급받았다(단, 비품으로 처리할 것). (3점)

[5] 10월 15일   메타가구에서 원재료(50단위, @50,000원, 부가가치세 별도)를 매입하고 아래의 전자세금계산서를 발급받았다. 대금 중 1,000,000원은 ㈜은성가구로부터 제품 판매대금으로 받아 보관 중인 ㈜은성가구 발행 약속어음을 배서양도하고 잔액은 1개월 뒤에 지급하기로 하였다.(3점)

전자세금계산서				승인번호	20231015-154215452154		
공급자	등록번호	305-81-13428	총사업장번호	공급받는자	등록번호	142-81-05759	총사업장번호
	상호(법인명)	메타가구	성명 윤은영		상호(법인명)	예은상사㈜	성명 한태양
	사업장주소	전북 김제시 금산면 청도7길 9			사업장주소	경기도 고양시 덕양구 통일로 101	
	업태	제조	종목 가구		업태	제조·도소매	종목 사무용가구
작성일자	공급가액		세액	수정사유			
2023.10.15.	2,500,000원		250,000원	해당 없음			
월	일	품목	규격	수량	단가	공급가액	세액	비고
10	15	원재료	PC-5	50	50,000원	2,500,000원	250,000원	
합계금액		현금	수표	어음	외상미수금	이 금액을 (청구) 함	
2,750,000원				1,000,000원	1,750,000원		

[6] 12월 20일   대표이사 한태양은 본인 자녀의 대학교 입학 축하 선물로 니캉전자에서 디지털카메라를 3,800,000원(부가가치세 별도)에 구매하면서 당사 명의로 전자세금계산서를 발급받고, 대금은 보통예금 계좌에서 지급하였다(단, 대표이사 한태양의 가지급금으로 회계처리할 것). (3점)

문제4 [일반전표입력] 및 [매입매출전표입력] 메뉴에 입력된 내용 중 다음과 같은 오류가 발견되었다. 입력된 내용을 확인하여 정정하시오. (6점)

[1] 08월 17일 사거리주유소에서 영업부가 사용하는 비영업용 소형승용차(800cc, 매입세액공제 가능 차량)에 경유를 주유하고 유류대 44,000원을 비씨카드(법인카드)로 결제한 건에 대하여 회계담당자는 매입세액을 공제받지 못하는 것으로 판단하였으며, 이를 매입매출전표에 카드면세로 입력하였다. (3점)

[2] 11월 12일 매출거래처 직원의 결혼축하금으로 현금 500,000원을 지급한 것으로 회계처리하였으나 이는 당사의 공장 제조부 직원의 결혼축하금인 것으로 밝혀졌다. (3점)

문제5 결산정리사항은 다음과 같다. 관련 메뉴를 이용하여 결산을 완료하시오. (9점)

[1] 제2기 부가가치세 확정신고기간에 대한 부가세예수금은 49,387,500원, 부가세대급금은 34,046,000원이다. 부가가치세를 정리하는 회계처리를 하시오(단, 불러온 자료는 무시하고, 납부세액은 미지급세금, 환급세액은 미수금으로 회계처리할 것). (3점)

[2] 2023년 7월 1일 제조부 공장의 화재보험료 1년분(2023년 7월 1일~2024년 6월 30일) 7,200,000원을 전액 납부하고 즉시 비용으로 회계처리하였다. 이에 대한 기간 미경과분 보험료를 월할계산하여 결산정리분개를 하시오. (3점)

[3] 다음은 2023년 4월 15일 제조부에서 사용하기 위하여 취득한 화물차에 대한 자료이다. 아래 주어진 자료에 대해서만 감가상각을 하시오. (3점)

취득일	취득원가	자산코드/명	잔존가치	내용연수	상각방법
2023.04.15.	30,000,000원	[101]/포터	0원	5	정액법

문제6 다음 사항을 조회하여 알맞은 답안을 이론문제 답안작성 메뉴에 입력하시오. (9점)

[1] 4월(4월 1일~4월 30일)의 외상매출금 회수액은 얼마인가? (3점)

[2] 상반기(1월~6월) 중 제품매출액이 가장 많은 월(月)과 가장 작은 월(月)의 차액은 얼마인가? 단, 양수로 표시할 것) (3점)

[3] 2023년 제1기 부가가치세 확정신고기간(4월~6월)에 세금계산서를 받은 고정자산매입세액은 얼마인가? (3점)

이론과 실무문제의 답을 모두 입력한 후 답안저장(USB로 저장) 을 클릭하여 저장하고, USB메모리를 제출하시기 바랍니다.

[제110회 기출문제]

이 론 시 험

다음 문제를 보고 알맞은 것을 골라 [이론문제 답안작성] 메뉴에 입력하시오. (객관식 문항당 2점)

─── 〈 기 본 전 제 〉 ───

문제에서 한국채택국제회계기준을 적용하도록 하는 전제조건이 없는 경우, 일반기업회계기준을 적용한다.

1. 다음 중 재무상태표에 관한 설명으로 가장 옳은 것은?
① 일정 시점의 현재 기업이 보유하고 있는 자산과 부채 및 자본에 대한 정보를 제공하는 재무보고서이다.
② 일정 기간 동안의 기업의 수익과 비용에 대해 보고하는 보고서이다.
③ 일정 기간 동안의 현금의 유입과 유출에 대한 정보를 제공하는 보고서이다.
④ 기업의 자본변동에 관한 정보를 제공하는 재무보고서이다.

2. 다음 중 유동부채에 포함되지 않는 것은 무엇인가?
① 매입채무　　② 단기차입금　　③ 유동성장기부채　　④ 임대보증금

3. 다음 중 무형자산과 관련된 설명으로 옳지 않은 것은?
① 연구프로젝트에서 발생한 지출이 연구단계와 개발단계로 구분할 수 없는 경우에는 모두 연구단계에서 발생한 것으로 본다.
② 내부적으로 창출한 브랜드, 고객목록과 같은 항목은 무형자산으로 인식할 수 있다.
③ 무형자산은 회사가 사용할 목적으로 보유하는 물리적 실체가 없는 자산이다.
④ 무형자산의 소비되는 행태를 신뢰성 있게 결정할 수 없을 경우 정액법으로 상각한다.

4. 다음 중 일반기업회계기준에 의한 수익 인식 시점에 대한 설명으로 옳지 않은 것은?
① 위탁판매의 경우에는 수탁자가 위탁품을 소비자에게 판매한 시점에 수익을 인식한다.
② 시용판매의 경우에는 상품 인도 시점에 수익을 인식한다.
③ 광고 제작 수수료의 경우에는 광고 제작의 진행률에 따라 수익을 인식한다.
④ 수강료의 경우에는 강의 시간에 걸쳐 수익으로 인식한다.

5. 재고자산의 단가 결정 방법 중 매출 시점에서 해당 재고자산의 실제 취득원가를 기록하여 매출원가로 대응시킴으로써 가장 정확하게 원가 흐름을 파악할 수 있는 재고자산의 단가 결정 방법은 무엇인가?

① 개별법   ② 선입선출법   ③ 후입선출법   ④ 총평균법

6. 다음 중 영업이익에 영향을 주는 거래로 옳은 것은?

① 거래처에 대한 대여금의 전기분 이자를 받았다.
② 창고에 보관하고 있던 상품이 화재로 인해 소실되었다.
③ 차입금에 대한 전기분 이자를 지급하였다.
④ 일용직 직원에 대한 수당을 지급하였다.

7. 다음의 거래를 적절하게 회계처리 하였을 경우, 당기순이익의 증감액은 얼마인가? 단, 주어진 자료 외의 거래는 없다고 가정한다.

- 매도가능증권 : 장부금액 5,000,000원, 결산일 공정가치 4,500,000원
- 단기매매증권 : 장부금액 3,000,000원, 결산일 공정가치 3,300,000원
- 투자부동산 : 장부금액 9,000,000원, 처분금액 8,800,000원

① 100,000원 감소   ② 100,000원 증가   ③ 400,000원 감소   ④ 400,000원 증가

8. ㈜수암골의 재무상태가 다음과 같다고 가정할 때, 기말자본은 얼마인가?

기초		기말		당기 중 추가출자	이익 배당액	총수익	총비용
자산	부채	부채	자본				
900,000원	500,000원	750,000원	( )	100,000원	50,000원	1,100,000원	900,000원

① 500,000원   ② 550,000원   ③ 600,000원   ④ 650,000원

9. 다음 중 원가회계에 대한 설명이 아닌 것은?

① 외부의 정보이용자들에게 유용한 정보를 제공하기 위한 정보이다.
② 원가통제에 필요한 정보를 제공하기 위함이다.
③ 제품원가계산을 위한 원가정보를 제공한다.
④ 경영계획수립과 통제를 위한 원가정보를 제공한다.

10. 다음 중 원가행태에 따라 변동원가와 고정원가로 분류할 때 이에 대한 설명으로 올바른 것은?

① 변동원가는 조업도가 증가할수록 총원가도 증가한다.
② 변동원가는 조업도가 증가할수록 단위당 원가도 증가한다.
③ 고정원가는 조업도가 증가할수록 총원가도 증가한다.
④ 고정원가는 조업도가 증가할수록 단위당 원가도 증가한다.

11. 다음 중 보조부문의 원가 배분에 대한 설명으로 옳지 않은 것은?

① 보조부문의 원가 배분방법으로는 직접배분법, 단계배분법 및 상호배분법이 있으며, 어떤 방법을 사용하더라도 전체 보조부문의 원가는 차이가 없다.
② 상호배분법을 사용할 경우, 부문간 상호수수를 고려하여 계산하기 때문에 어떤 배분방법보다 정확성이 높다고 할 수 있다.
③ 단계배분법을 사용할 경우, 배분순서를 어떻게 하더라도 각 보조부문에 배분되는 금액은 차이가 없다.
④ 직접배분법을 사용할 경우, 보조부문 원가 배분액의 계산은 쉬우나 부문간 상호수수에 대해서는 전혀 고려하지 않는다.

12. 다음 중 개별원가계산과 종합원가계산에 대한 설명으로 옳지 않은 것은?

① 개별원가계산은 작업지시서에 의한 원가계산을 한다.
② 개별원가계산은 주문형 소량 생산 방식에 적합하다.
③ 종합원가계산은 공정별 대량 생산 방식에 적합하다.
④ 종합원가계산은 여러 공정에 걸쳐 생산하는 경우 적용할 수 없다.

13. 다음 중 부가가치세법상 사업자등록 정정 사유가 아닌 것은?

① 상호를 변경하는 경우
② 사업장을 이전하는 경우
③ 사업의 종류에 변동이 있는 경우
④ 증여로 인하여 사업자의 명의가 변경되는 경우

14. 다음 중 부가가치세법상 영세율에 대한 설명으로 가장 옳지 않은 것은?

① 수출하는 재화에 대해서는 영세율이 적용된다.
② 영세율은 수출산업을 지원하는 효과가 있다.
③ 영세율을 적용하더라도 완전면세를 기대할 수 없다.
④ 영세율은 소비지국과세원칙이 구현되는 제도이다.

15. 다음 중 영수증 발급 대상 사업자가 될 수 없는 업종에 해당하는 것은?

① 소매업
② 도매업
③ 목욕, 이발, 미용업
④ 입장권을 발행하여 영위하는 사업

[제110회 기출문제]

실 무 시 험

오영상사㈜(회사코드:1103)는 가방 등의 제조·도소매업 및 부동산임대업을 영위하는 중소기업으로 당기(제9기) 회계기간은 2023.1.1.~2023.12.31.이다. 전산세무회계 수험용 프로그램을 이용하여 다음 물음에 답하시오.

〈 기 본 전 제 〉

- 문제에서 한국채택국제회계기준을 적용하도록 하는 전제조건이 없는 경우, 일반기업회계기준을 적용하여 회계처리 한다.
- 문제의 풀이와 답안작성은 제시된 문제의 순서대로 진행한다.

문제1

다음은 [기초정보관리] 및 [전기분재무제표]에 대한 자료이다. 각각의 요구사항에 대하여 답하시오. (10점)

[1] [거래처등록] 메뉴에서 다음의 거래처를 등록하시오. 단, 아래 제시되는 사항만 입력할 것. (3점)

- 코드 : 99850
- 거래처명 : 하나카드
- 카드종류 : 사업용카드
- 유형 : 매입
- 카드번호 : 5531-8440-0622-2804

[2] [계정과목및적요등록] 메뉴에서 여비교통비(판매비및일반관리비) 계정에 아래의 적요를 추가로 등록하시오. (3점)

- 현금적요 6번 : 야근 시 퇴근택시비 지급
- 대체적요 3번 : 야근 시 퇴근택시비 정산 인출

[3] [전기분 손익계산서를 검토한 결과 다음과 같은 오류가 발견되었다. 해당 오류와 연관된 재무제표를 모두 올바르게 정정하시오. (4점)

공장 생산직 사원들에게 지급한 명절 선물 세트 1,000,000원이 회계 담당 직원의 실수로 인하여 본사 사무직 사원들에게 지급한 것으로 회계처리 되어 있음을 확인하다.

문제2 [일반전표입력] 메뉴를 이용하여 다음의 거래 자료를 입력하시오(일반전표입력의 모든 거래는 부가가치세를 고려하지 말 것). (18점)

―――――〈 입력 시 유의사항 〉―――――
- 일반적인 적요의 입력은 생략하지만, 타계정 대체거래는 적요번호를 선택하여 입력한다.
- 채권·채무와 관련된 거래는 별도의 요구가 없는 한 반드시 기등록된 거래처코드를 선택하는 방법으로 거래처명을 입력한다.
- 제조경비는 500번대 계정코드를, 판매비와관리비는 800번대 계정코드를 사용한다.
- 회계처리 시 계정과목은 별도의 제시가 없는 한 등록된 계정과목 중 가장 적절한 과목으로 한다.

[1] 07월 04일 나노컴퓨터에 지급하여야 할 외상매입금 5,000,000원과 나노컴퓨터로부터 수취하여야 할 외상매출금 3,000,000원을 상계하여 처리하고, 잔액은 당좌수표를 발행하여 지급하였다. (3점)

[2] 09월 15일 투자 목적으로 보유 중인 단기매매증권(보통주 1,000주, 1주당 액면가액 5,000원, 1주당 장부가액 9,000원)에 대하여 1주당 1,000원씩의 현금배당이 보통예금 계좌로 입금되었으며, 주식배당 20주를 수령하였다. (3점)

[3] 10월 05일 제품을 판매하고 ㈜영춘으로부터 받은 받을어음 5,000,000원을 만기 이전에 주거래은행인 토스뱅크에 할인하고, 할인료 55,000원을 차감한 나머지 금액을 보통예금 계좌로 입금받았다. 단, 어음의 할인은 매각거래에 해당한다. (3점)

[4] 10월 30일 영업부에서 대한상공회의소 회비 500,000원을 보통예금 계좌에서 지급하고 납부영수증을 수취하였다. (3점)

[5] 12월 12일 자금 조달을 위하여 발행하였던 사채(액면금액 10,000,000원, 장부가액 10,000,000원)를 9,800,000원에 조기 상환하면서 보통예금 계좌에서 지급하였다. (3점)

[6] 12월 21일 보통예금 계좌를 확인한 결과, 결산이자 500,000원에서 원천징수세액 77,000원을 차감한 금액이 입금되었음을 확인하였다(단, 원천징수세액은 자산으로 처리할 것). (3점)

문제3 [매입매출전표입력] 메뉴를 이용하여 다음의 거래 자료를 입력하시오. (18점)

〈 입력 시 유의사항 〉

• 일반적인 적요의 입력은 생략하지만, 타계정 대체거래는 적요번호를 선택하여 입력한다.
• 채권·채무와 관련된 거래는 별도의 요구가 없는 한 반드시 기등록된 거래처코드를 선택하는 방법으로 거래처명을 입력한다.
• 제조경비는 500번대 계정코드를, 판매비와관리비는 800번대 계정코드를 사용한다.
• 회계처리 시 계정과목은 별도의 제시가 없는 한 등록된 계정과목 중 가장 적절한 과목으로 한다.
• 입력화면 하단의 분개까지 처리하고, 전자세금계산서 및 전자계산서는 전자입력으로 반영한다.

[1] 07월 11일 성심상사에 제품을 판매하고 아래의 전자세금계산서를 발급하였다. (3점)

전자세금계산서				승인번호	20230711-1000000-00009329		
공급자	등록번호	124-87-05224	총사업장번호		등록번호	134-86-81692	총사업장번호	
	상호(법인명)	오영상사㈜	성명	김하현	공급받는자	상호(법인명)	성심상사	성명	황성심
	사업장주소	경기도 성남시 분당구 서판교로6번길 24				사업장주소	경기도 화성시 송산면 마도북로 40		
	업태	제조,도소매	종목	가방		업태	제조	종목	자동차특장
작성일자	공급가액		세액		수정사유	비고		
2023.07.11.	3,000,000원		300,000원		해당 없음			

월	일	품목	규격	수량	단가	공급가액	세액	비고
07	11	제품				3,000,000원	300,000원	

합계금액	현금	수표	어음	외상미수금	이 금액을 (영수) 함 (청구)
3,300,000원	1,000,000원			2,300,000원	

[2] 08월 25일 본사 사무실로 사용하기 위하여 ㈜대관령으로부터 상가를 취득하고, 대금은 다음과 같이 지급하였다(단, 하나의 전표로 입력할 것). (3점)

• 총매매대금은 370,000,000원으로 토지분 매매가액 150,000,000원과 건물분 매매가액 220,000,000원(부가가치세 포함)이다.
• 총매매대금 중 계약금 37,000,000원은 계약일인 7월 25일에 미리 지급하였으며, 잔금은 8월 25일에 보통예금 계좌에서 이체하여 지급하였다.
• 건물분에 대하여 전자세금계산서를 잔금 지급일에 수취하였으며, 토지분에 대하여는 별도의 계산서를 발급받지 않았다.

[3] 09월 15일   총무부가 사용하기 위한 소모품을 골드팜㈜으로부터 총 385,000원(VAT포함)에 구매하고 보통예금 계좌에서 이체하였으며, 지출증빙용 현금영수증을 발급받았다. 단, 소모품은 구입 즉시 비용으로 처리한다. (3점)

[4] 09월 30일   경하자동차㈜로부터 본사에서 업무용으로 사용할 승용차(5인승, 배기량 998cc, 개별소비세 과세 대상 아님)를 구입하고 아래의 전자세금계산서를 발급받았다. (3점)

전자세금계산서				승인번호	20230930-145982301203467		
공급자	등록번호	610-81-51299	총사업장번호		공급받는자	등록번호	124-87-05224	총사업장번호	
	상호(법인명)	경하자동차㈜	성명	정선달		상호(법인명)	오영상사㈜	성명	김하현
	사업장주소	울산 중구 태화동 150				사업장주소	경기도 성남시 분당구 서판교로6번길 24		
	업태	제조,도소매	종목	자동차		업태	제조,도소매	종목	가방
작성일자	공급가액		세액		수정사유		비고	
2023.09.30.	15,000,000원		1,500,000원					
월	일	품목	규격	수량	단가	공급가액	세액	비고
09	30	승용차(배기량 998cc)		1		15,000,000원	1,500,000원	
합계금액		현금		수표	어음	외상미수금	이 금액을 (청구) 함	
16,500,000원						16,500,000원		

[5] 10월 17일   미국에 소재한 MIRACLE사에서 원재료 8,000,000원(부가가치세 별도)을 수입하면서 인천세관으로부터 수입전자세금계산서를 발급받고 부가가치세는 보통예금 계좌에서 지급하였다(단, 재고자산에 대한 회계처리는 생략할 것). (3점)

[6] 10월 20일   개인 소비자에게 제품을 판매하고 현금 99,000원(부가가치세 포함)을 받았다. 단, 판매와 관련하여 어떠한 증빙도 발급하지 않았다. (3점)

문제4 [일반전표입력] 및 [매입매출전표입력] 메뉴에 입력된 내용 중 다음과 같은 오류가 발견되었다. 입력된 내용을 확인하여 정정하시오. (6점)

[1] 08월 31일 운영자금 조달을 위해 개인으로부터 차입한 부채에 대한 이자비용 362,500원을 보통예금 계좌에서 이체하고 회계처리하였으나 해당 거래는 이자비용 500,000원에서 원천징수세액 137,500원을 차감하고 지급한 것으로 이에 대한 회계처리가 누락되었다(단, 원천징수세액은 부채로 처리하고, 하나의 전표로 입력할 것). (3점)

[2] 11월 30일 제품생산공장 출입문의 잠금장치를 수리하고 영포상회에 지급한 770,000원(부가가치세 포함)을 자본적지출로 회계처리하였으나 수익적지출로 처리하는 것이 옳은 것으로 판명되었다. (3점)

문제5 결산정리사항은 다음과 같다. 관련 메뉴를 이용하여 결산을 완료하시오. (9점)

[1] 2월 11일에 소모품 3,000,000원을 구입하고 모두 자산으로 처리하였으며, 12월 31일 현재 창고에 남은 소모품은 500,000원으로 조사되었다. 부서별 소모품 사용 비율은 영업부 25%, 생산부 75%이며, 그 사용 비율에 따라 배부한다. (3점)

[2] 기중에 현금시재 잔액이 장부금액보다 부족한 것을 발견하고 현금과부족으로 계상하였던 235,000원 중 150,000원은 영업부 업무용 자동차의 유류대금을 지급한 것으로 확인되었으나 나머지는 결산일까지 그 원인이 파악되지 않아 당기의 비용으로 대체하다. (3점)

[3] 12월 31일 결산일 현재 재고자산의 기말재고액은 다음과 같다. (3점)

원재료	재공품	제품
• 장부수량 10,000개(단가 1,000원) • 실제수량 9,500개(단가 1,000원) • 단, 수량차이는 모두 정상적으로 발생한 것이다.	8,500,000원	13,450,000원

문제6 다음 사항을 조회하여 알맞은 답안을 이론문제 답안작성 메뉴에 입력하시오. (9점)

[1] 2023년 5월 말 외상매출금과 외상매입금의 차액은 얼마인가? (단, 양수로 기재할 것) (3점)

[2] 제1기 부가가치세 확정신고기간(4월~6월)의 영세율 적용 대상 매출액은 모두 얼마인가? (3점)

[3] 6월에 발생한 판매비와일반관리비 중 발생액이 가장 적은 계정과목과 그 금액은 얼마인가? (3점)

이론과 실무문제의 답을 모두 입력한 후 답안저장(USB로 저장) 을 클릭하여 저장하고, USB메모리를 제출하시기 바랍니다.

[제109회 기출문제]

이 론 시 험

다음 문제를 보고 알맞은 것을 골라 이론문제 답안작성 메뉴에 입력하시오. (객관식 문항당 2점)

〈 기 본 전 제 〉

문제에서 한국채택국제회계기준을 적용하도록 하는 전제조건이 없는 경우, 일반기업회계기준을 적용한다.

1. 회계분야 중 재무회계에 대한 설명으로 적절한 것은?

① 관리자에게 경영활동에 필요한 재무정보를 제공한다.
② 국세청 등의 과세관청을 대상으로 회계정보를 작성한다.
③ 법인세, 소득세, 부가가치세 등의 세무 보고서 작성을 목적으로 한다.
④ 일반적으로 인정된 회계원칙에 따라 작성하며 주주, 투자자 등이 주된 정보이용자이다.

2. 유가증권 중 단기매매증권에 대한 설명으로 옳지 않은 것은?

① 시장성이 있어야 하고, 단기시세차익을 목적으로 하여야 한다.
② 단기매매증권은 당좌자산으로 분류된다.
③ 기말평가방법은 공정가액법이다.
④ 단기매매증권은 투자자산으로 분류된다.

3. 다음 중 재고자산의 평가에 대한 설명으로 옳지 않은 것은?

① 성격이 상이한 재고자산을 일괄 구입하는 경우에는 공정가치 비율에 따라 안분하여 취득원가를 결정한다.
② 재고자산의 취득원가에는 취득과정에서 발생한 할인, 에누리는 반영하지 않는다.
③ 저가법을 적용할 경우 시가가 취득원가보다 낮아지면 시가를 장부금액으로 한다.
④ 저가법을 적용할 경우 발생한 차액은 전부 매출원가로 회계처리한다.

4. 다음 중 유형자산의 자본적지출을 수익적지출로 잘못 처리했을 경우 당기의 자산과 자본에 미치는 영향으로 올바른 것은?

	자산	자본
①	과대	과소
②	과소	과소
③	과소	과대
④	과대	과대

5. ㈜재무는 자기주식 200주(1주당 액면가액 5,000원)를 1주당 7,000원에 매입하여 소각하였다. 소각일 현재 자본잉여금에 감차차익 200,000원을 계상하고 있는 경우 주식소각 후 재무상태표상에 계상되는 감자차손익은 얼마인가?

① 감자차손 200,000원
② 감자차손 400,000원
③ 감자차익 200,000원
④ 감자차익 400,000원

6. 다음 중 손익계산서에 대한 설명으로 옳지 않은 것은?

① 매출원가는 제품, 상품 등의 매출액에 대응되는 원가로서 판매된 제품이나 상품 등에 대한 제조원가 또는 매입원가이다.
② 영업외비용은 기업의 주된 영업활동이 아닌 활동으로부터 발생한 비용과 차손으로서 기부금, 잡손실 등이 이에 해당한다.
③ 손익계산서는 일정 기간의 기업의 경영성과에 대한 유용한 정보를 제공한다.
④ 수익과 비용은 각각 순액으로 보고하는 것을 원칙으로 한다.

7. ㈜서울은 ㈜제주와 제품 판매계약을 맺고 ㈜제주가 발행한 당좌수표 500,000원을 계약금으로 받아 아래와 같이 회계처리하였다. 다음 중 ㈜서울의 재무제표에 나타난 영향으로 옳은 것은?

| (차) 당좌예금 | 500,000원 | (대) 제품매출 | 500,000원 |

① 당좌자산 과소계상
② 당좌자산 과대계상
③ 유동부채 과소계상
④ 당기순이익 과소계상

8. ㈜한국상사의 2023년 1월 1일 자본금은 50,000,000원(발행주식 수 10,000주, 1주당 액면금액 5,000원)이다. 2023년 10월 1일 1주당 6,000원에 2,000주를 유상증자하였을 경우, 2023년 기말 자본금은 얼마인가?

① 12,000,000원 ② 50,000,000원 ③ 60,000,000원 ④ 62,000,000원

9. 원가 및 비용의 분류항목 중 제조원가에 해당하는 것은 무엇인가?

① 생산공장의 전기요금
② 영업용 사무실의 전기요금
③ 마케팅부의 교육연수비
④ 생산공장 기계장치의 처분손실

10. 다음 중 보조부문 상호간의 용역수수관계를 고려하여 보조부문원가를 제조부문과 보조부문에 배분함으로써 보조부문간의 상호 서비스 제공을 완전히 반영하는 방법으로 옳은 것은?

① 직접배분법 ② 단계배분법 ③ 상호배분법 ④ 총배분법

11. 다음의 자료에 의한 당기직접재료원가는 얼마인가?

• 기초원재료	1,200,000원	• 기초재공품	200,000원
• 당기원재료매입액	900,000원	• 기말재공품	300,000원
• 기말원재료	850,000원	• 기초제품	400,000원
• 기말제품	500,000원	• 직접노무원가	500,000원

① 1,150,000원 ② 1,250,000원 ③ 1,350,000원 ④ 1,650,000원

12. ㈜성진은 직접원가를 기준으로 제조간접원가를 배부한다. 다음 자료에 의하여 계산한 제조지시서 no.1의 제조간접원가 배부액은 얼마인가?

공장전체 발생원가	제조지시서 no.1
• 총생산수량 : 10,000개 • 기계시간 : 24시간 • 직접재료원가 : 800,000원 • 직접노무원가 : 200,000원 • 제조간접원가 : 500,000원	• 총생산수량 : 5,200개 • 기계시간 : 15시간 • 직접재료원가 : 400,000원 • 직접노무원가 : 150,000원 • 제조간접원가 : (?)원

① 250,000원 ② 260,000원 ③ 275,000원 ④ 312,500원

13. 다음 중 부가가치세법상 과세기간에 대한 설명으로 옳지 않은 것은?

① 간이과세자의 과세기간은 1월 1일부터 12월 31일까지이다.
② 사업자가 폐업하는 경우의 과세기간은 폐업일이 속하는 과세기간의 개시일부터 폐업일까지로 한다.
③ 일반과세자가 간이과세자로 변경되는 경우에 그 변경되는 해의 간이과세자 과세기간은 7월 1일부터 12월 31일까지이다.
④ 간이과세자가 일반과세자로 변경되는 경우에 그 변경되는 해의 간이과세자 과세기간은 1월 1일부터 12월 31일까지이다.

14. 다음 중 세금계산서의 필요적 기재사항에 해당하지 않는 것은?

① 공급연월일
② 공급하는 사업자의 등록번호와 성명 또는 명칭
③ 공급받는자의 등록번호
④ 공급가액과 부가가치세액

15. 다음 중 부가가치세법에 따른 재화 또는 용역의 공급시기에 대한 설명으로 적절하지 않은 것은?

① 위탁판매의 경우 수탁자가 공급한 때이다.
② 상품권의 경우 상품권이 판매되는 때이다.
③ 장기할부판매의 경우 대가의 각 부분을 받기로 한 때이다.
④ 내국물품을 외국으로 반출하는 경우 수출재화를 선적하는 때이다.

[제109회 기출문제]

실 무 시 험

정민상사㈜(회사코드:1093)는 전자제품의 제조 및 도·소매업을 영위하는 중소기업으로 당기(제9기)의 회계기간은 2023.1.1.~2023.12.31.이다. 전산세무회계 수험용 프로그램을 이용하여 다음 물음에 답하시오.

───── 〈 기 본 전 제 〉 ─────
- 문제에서 한국채택국제회계기준을 적용하도록 하는 전제조건이 없는 경우, 일반기업회계기준을 적용하여 회계처리 한다.
- 문제의 풀이와 답안작성은 제시된 문제의 순서대로 진행한다.

문제1
다음은 [기초정보관리] 및 [전기분재무제표]에 대한 자료이다. 각각의 요구사항에 대하여 답하시오. (10점)

[1] 다음 자료를 이용하여 [거래처등록] 메뉴에 등록하시오. (3점)

- 거래처코드 : 01230
- 사업자등록번호 : 107-36-25785
- 종목 : 사무기기
- 거래처명 : 태형상사
- 대표자 : 김상수
- 사업장주소 : 서울시 동작구 여의대방로10가길 1(신대방동)
- 유형 : 동시
- 업태 : 도소매

※ 주소 입력 시 우편번호 입력은 생략해도 무방함.

[2] 정민상사㈜의 전기말 거래처별 채권 및 채무의 올바른 잔액은 다음과 같다. 주어진 자료를 검토하여 잘못된 부분은 오류를 정정하고, 누락된 부분은 추가하여 입력하시오. (3점)

채권 및 채무	거래처	금 액
받을어음	㈜원수	15,000,000원
	㈜케스터	2,000,000원
단기차입금	㈜이태백	10,000,000원
	㈜빛날통신	13,000,000원
	Champ사	12,000,000원

[3] 전기분 손익계산서를 검토한 결과 다음과 같은 오류가 발견되었다. 전기분재무제표 중 관련 재무제표를 모두 적절하게 수정 또는 삭제 및 추가입력하시오. (4점)

계정과목	오류내용
보험료	제조원가 1,000,000원을 판매비와관리비로 회계처리

문제2 [일반전표입력] 메뉴를 이용하여 다음의 거래 자료를 입력하시오(일반전표입력의 모든 거래는 부가가치세를 고려하지 말 것). (18점)

〈 입력 시 유의사항 〉

- 일반적인 적요의 입력은 생략하지만, 타계정 대체거래는 적요번호를 선택하여 입력한다.
- 채권·채무와 관련된 거래는 별도의 요구가 없는 한 반드시 기등록된 거래처코드를 선택하는 방법으로 거래처명을 입력한다.
- 제조경비는 500번대 계정코드를, 판매비와관리비는 800번대 계정코드를 사용한다.
- 회계처리 시 계정과목은 별도의 제시가 없는 한 등록된 계정과목 중 가장 적절한 과목으로 한다.

[1] 08월 20일 인근 주민센터에 판매용 제품(원가 2,000,000원, 시가 3,500,000원)을 기부하였다. (3점)

[2] 09월 02일 대주주인 전마나 씨로부터 차입한 단기차입금 20,000,000원 중 15,000,000원은 보통예금 계좌에서 이체하여 상환하고, 나머지 금액은 면제받기로 하였다. (3점)

[3] 10월 19일 ㈜용인의 외상매입금 2,500,000원에 대해 타인이 발행한 당좌수표 1,500,000원과 ㈜수원에 제품을 판매하고 받은 ㈜수원 발행 약속어음 1,000,000원을 배서하여 지급하다. (3점)

[4] 11월 06일 전월분 고용보험료를 다음과 같이 현금으로 납부하다(단, 하나의 전표로 처리하고, 회사부담금은 보험료로 처리할 것). (3점)

고용보험 납부내역				
사원명	소속	직원부담금	회사부담금	합계
김정직	제조부	180,000원	221,000원	401,000원
이성실	마케팅부	90,000원	110,500원	200,500원
합계		270,000원	331,500원	601,500원

[5] 11월 11일 영업부 직원에 대한 확정기여형(DC) 퇴직연금 7,000,000원을 하나은행 보통예금 계좌에서 이체하여 납입하였다. 이 금액에는 연금운용에 대한 수수료 200,000원이 포함되어 있다. (3점)

[6] 12월 03일 일시보유목적으로 취득하였던 시장성 있는 ㈜세무의 주식 500주(1주당 장부금액 8,000원, 1주당 액면금액 5,000원, 1주당 처분금액 10,000원)를 처분하고 수수료 250,000원을 제외한 금액을 보통예금 계좌로 이체받았다. (3점)

문제3

[매입매출전표입력] 메뉴를 이용하여 다음의 거래 자료를 입력하시오. (18점)

〈 입력 시 유의사항 〉

- 일반적인 적요의 입력은 생략하지만, 타계정 대체거래는 적요번호를 선택하여 입력한다.
- 채권·채무와 관련된 거래는 별도의 요구가 없는 한 반드시 기등록된 거래처코드를 선택하는 방법으로 거래처명을 입력한다.
- 제조경비는 500번대 계정코드를, 판매비와관리비는 800번대 계정코드를 사용한다.
- 입력화면 하단의 분개까지 처리하고, 전자세금계산서 및 전자계산서는 전자입력으로 반영한다.

[1] 07월 28일 총무부 직원들의 야식으로 저팔계산업(일반과세자)에서 도시락을 주문하고, 하나카드로 결제하였다. (3점)

```
           신용카드매출전표
가 맹 점 명 : 저팔계산업
사업자번호 : 127-10-12343
대 표 자 명 : 김돈육
주     소 : 서울 마포구 상암동 332
롯 데 카 드 : 신용승인
거 래 일 시 : 2023-07-28 20:08:54
매  입  사 : 하나카드(전자서명전표)

     상품명              금액
    도시락세트           220,000

공 급 가 액 : 200,000
부 가 세 액 :  20,000
합     계 : 220,000
```

[2] 09월 03일 공장에서 사용하던 기계장치(취득가액 50,000,000원, 처분 시점까지의 감가상각누계액 38,000,000원)를 보람테크㈜에 처분하고 아래의 전자세금계산서를 발급하였다(당기의 감가상각비는 고려하지 말고 하나의 전표로 입력할 것). (3점)

전자세금계산서					승인번호	20230903-145654645-58811657		
공급자	등록번호	680-81-32549	종사업장번호		공급받는자	등록번호	110-81-02129	종사업장번호	
	상호(법인명)	정민상사㈜	성명	최정민		상호(법인명)	보람테크㈜	성명	김종대
	사업장주소	경기도 수원시 권선구 평동로79번길 45				사업장주소	경기도 안산시 단원구 광덕서로 100		
	업태	제조,도소매	종목	전자제품		업태	제조	종목	반도체
작성일자		공급가액		세액		수정사유	비고		
2023.09.03.		13,500,000원		1,350,000원		해당 없음			
월	일	품목	규격	수량	단가	공급가액	세액	비고
09	03	기계장치 매각		1		13,500,000원	1,350,000원	
합계금액		현금		수표		어음	외상미수금	이 금액을 (청구) 함
14,850,000원		4,850,000원					10,000,000원	

[3] 09월 22일 마산상사로부터 원재료 5,500,000원(부가가치세 포함)을 구입하고 전자세금계산서를 발급받았다. 대금은 ㈜서울에 제품을 판매하고 받은 ㈜서울 발행 약속어음 2,000,000원을 배서하여 지급하고, 잔액은 외상으로 하다. (3점)

[4] 10월 31일 NICE Co.,Ltd의 해외수출을 위한 구매확인서에 따라 전자제품 100개(@700,000원)를 납품하고 영세율전자세금계산서를 발행하였다. 대금 중 50%는 보통예금 계좌로 입금받고 잔액은 1개월 후에 받기로 하다. (3점)

[5] 11월 04일 영업부 거래처의 직원에게 선물할 목적으로 선물세트를 외상으로 구입하고 아래와 같은 전자세금계산서를 발급받았다. (3점)

전자세금계산서					승인번호		20231104-15454645-58811889	
공급자	등록번호	113-18-77299	총사업장번호		공급받는자	등록번호	680-81-32549	총사업장번호	
	상호(법인명)	손오공상사	성명	황범식		상호(법인명)	정민상사㈜	성명	최정민
	사업장주소	서울특별시 서초구 명달로 102				사업장주소	경기도 수원시 권선구 평동로79번길 45		
	업태	도매	종목	잡화류		업태	제조,도소매	종목	전자제품
작성일자		공급가액		세액		수정사유	비고		
2023.11.04.		1,500,000원		150,000원		해당 없음			
월	일	품목	규격	수량	단가	공급가액	세액	비고
11	04	선물세트		1	1,500,000원	1,500,000원	150,000원	
합계금액		현금		수표		어음	외상미수금	이 금액을 **(청구)** 함
1,650,000원							1,650,000원	

[6] 12월 05일 공장 신축 목적으로 취득한 토지의 토지정지 등을 위한 토목공사를 하고 ㈜만듬건설로부터 아래의 전자세금계산서를 발급받았다. 대금 지급은 기지급한 계약금 5,500,000원을 제외하고 외상으로 하였다. (3점)

전자세금계산서					승인번호		20231205-15454645-58811886	
공급자	등록번호	105-81-23608	총사업장번호		공급받는자	등록번호	680-81-32549	총사업장번호	
	상호(법인명)	㈜만듬건설	성명	다만듬		상호(법인명)	정민상사㈜	성명	최정민
	사업장주소	서울특별시 동작구 여의대방로 24가길 28				사업장주소	경기도 수원시 권선구 평동로79번길 45		
	업태	건설	종목	토목공사		업태	제조,도소매	종목	전자제품
작성일자		공급가액		세액		수정사유	비고		
2023.12.05.		50,000,000원		5,000,000원		해당 없음			
월	일	품목	규격	수량	단가	공급가액	세액	비고
12	05	공장토지 토지정지 등			50,000,000원	50,000,000원	5,000,000원	
합계금액		현금		수표		어음	외상미수금	이 금액을 **(청구)** 함
55,000,000원				5,500,000원			49,500,000원	

문제4 [일반전표입력] 및 [매입매출전표입력] 메뉴에 입력된 내용 중 다음과 같은 오류가 발견되었다. 입력된 내용을 확인하여 정정하시오. (6점)

[1] 11월 10일 공장 에어컨 수리비로 가나상사에 보통예금 계좌에서 송금한 880,000원을 수선비로 회계처리 하였으나, 해당 수선비는 10월 10일 미지급금으로 회계처리한 것을 결제한 것이다. (3점)

[2] 12월 15일 당초 제품을 $10,000에 직수출하고 선적일 당시 환율 1,000원/$을 적용하여 제품매출 10,000,000원을 외상판매한 것으로 회계처리하였으나, 수출 관련 서류 검토 결과 직수출이 아니라 내국신용장에 의한 공급으로 ㈜강서기술에 전자영세율세금계산서를 발급한 외상매출인 것으로 확인되었다. (3점)

문제5 결산정리사항은 다음과 같다. 관련 메뉴를 이용하여 결산을 완료하시오. (9점)

[1] 거래처 ㈜태명에 4월 1일 대여한 50,000,000원(상환회수일 2025년 3월 31일, 연 이자율 6%)에 대한 기간경과분 이자를 계상하다. 단, 이자는 월할 계산하고, 매년 3월 31일에 받기로 약정하였다. (3점)

[2] 제조공장의 창고 임차기간은 2023.04.01.~2024.03.31.으로 임차개시일에 임차료 3,600,000원을 전액 지급하고 즉시 당기 비용으로 처리하였다. 결산정리분개를 하시오. (3점)

[3] 당기 중 단기간 시세차익을 목적으로 시장성이 있는 유가증권을 75,000,000원에 취득하였다. 당기말 해당 유가증권의 시가는 73,000,000원이다. (3점)

문제6 다음 사항을 조회하여 알맞은 답안을 이론문제 답안작성 메뉴에 입력하시오. (9점)

[1] 2023년 상반기(1월~6월) 중 판매비및관리비의 급여 발생액이 가장 많은 월(月)과 가장 적은 월(月)의 차액은 얼마인가? (단, 양수로만 기재할 것) (3점)

[2] 일천상사에 대한 제품매출액은 3월 대비 4월에 얼마나 감소하였는가? (단, 음수로 입력하지 말 것) (3점)

[3] 2023년 제1기 예정신고기간(1월~3월) 중 ㈜서산상사에 발행한 세금계산서의 총발행매수와 공급가액은 얼마인가? (3점)

이론과 실무문제의 답을 모두 입력한 후 답안저장(USB로 저장) 을 클릭하여 저장하고, USB메모리를 제출하시기 바랍니다.

정답 및 해설

[120회 - 이론]

01 ③ ① 상품(자산)증가, 외상매입금(부채) 증가 → 회계상 거래임. ② 급여(비용) 증가, 급여미지급(부채) 증가 → 회계상 거래임. ③ 단순한 물건 예약은 회계상 거래 아님. ④ 재고(자산) 소실, 재해손실(비용) 발생 → 회계상 거래임.

02 ① 기본재무제표는 재무상태표, 손익계산서, 자본변동표, 현금흐름표, 자본변동표, 주석임.

03 ② • 선적지 인도조건 재고구입: 선적되는 순간 구매회사 재고이므로 기말창고에 없더라도 재고자산에 포함시켜야 함.
  • 위탁재고: 수탁자가 판매하기 전까지는 위탁자 재고이므로 기말창고에 없더라도 재고자산에 포함시켜야 함.
  • 기말 창고재고(20,000,000) + 선적지 인도조건 미착상품(5,000,000) + 수탁자가 보관중인 재고(3,000,000) = 28,000,000원

04 ④ 시장성을 상실한 단기매매증권은 매도가능증권으로 분류해야 함.

05 ② 이종자산 교환 시 매매차익을 인식함. 즉, 교환으로 취득하는 자산은 공정가치를 취득원가로 함.

06 ① 가. 미처분이익잉여금: 이익잉여금, 나. 이익준비금: 이익잉여금, 다. 매도가능증권평가이익: 기타포괄손익누계

07 ① • 매출원가: 기초상품(1,100,000) + 당기매입(4,550,000) - 기말재고(2,300,000) = 3,350,000원
  • (차) 상품매출원가 3,350,000 (대) 상 품 3,350,000

08 ④ 미수금에 대한 대손상각비는 영업외비용(기타의대손상각비) 처리함.

09 ④ • 당기총제조원가: 직접재료비(300,000) + 직접노무비(200,000) + 제조간접비(250,000) = 750,000원
  • 당기제품제조원가: 기초재공품(200,000) + 당기총제조원가(750,000) - 기말재공품(300,000) = 650,000원

10 ④ • Y → X 배부액: 500,000원(Y의 원가) × 10% = 50,000원
  • X의 A부분 배부: (350,000 + 50,000) × [30%/(30% + 50%)] = 150,000원

11 ① ② 가공원가는 노무비, 제조간접이므로 직접재료비는 가공원가에 포함되지 않음. ③ 간접원가는 직접 추적할 수 없는 원가임. ④ 매몰원가는 이미 지난 원가라 의사결정에 영향을 미치지 않음.

12 ④ 종합원가계산은 통상 직접재료비는 공정초기에 투입되고 가공비는 공정 전반에 걸쳐 발생함.

13 ② 「공급대가 = 공급가액 + 부가가치세」이므로 부가가치세 과세표준은 공급대가가 아니라 공급가액임.

14 ④ 재화의 수출은 면세가 아니라 영세율 대상임.

15 ③ 세금계산서 필요적 기재사항은 공급받는 자의 경우 사업자등록번호임.

[121회 - 실무]

01 [1] [기초정보관리] - [거래처등록] - [일반거래처] 탭 클릭 후 아래 거래처 등록

- 거래처코드: 03000
- 거래처명: ㈜팔공전자
- 사업자등록번호: 503-81-12343
- 유형: 1.매출
- 대표자성명: 김팔공
- 업태: 제조
- 종목: 전자제품
- 사업장주소: 부산광역시 사상구 대동로 18(엄궁동)

[2] [계정과목및적요등록] - 판매관리비 - 814.통신비 클릭 후 아래 현금적요와 대체적요 내용 입력

- 현금적요 5번: 핸드폰 요금 현금 납부
- 대체적요 3번: 인터넷 요금 미지급

[3] [거래처별초기이월] 클릭

- 외상매출금: ㈜세율상사 2,000,000원 → 2,500,000원, ㈜하나상사 4,200,000원 → 3,900,000원으로 수정
- 미지급비용: ㈜금호철물 1,000,000원 → 1,300,000원, ㈜청도철물 2,000,000원 → 2,200,000원으로 수정

02 [1] 영업부서 위한 수수료이므로 수수료비용(판매관리비) 처리

07.08	(차) 외상매입금(삼일유통)	5,966,000	(대) 보통예금	5,967,000
	수수료비용(판매관리비)	1,000,000		

[2] 8월 1일자 재무상태표 조회하여 대손충당금 충분한지 조회 후 대손충당금과 상계

08.01	(차) 대손충당금(받을어음)	10,000,000	(대) 받을어음((주)나무)	10,000,000

[3] 가지급금 상계처리하고 추가지급 15만 원 포함하여 여비교통비 처리

09.30	(차) 여비교통비(판매관리비)	650,000	(대) 가지급금	500,000
			현금	150,000

[4] 교환으로 토지 취득 시 토지의 공정가치를 취득원가로 함.

10.02	(차) 토지	500,000,000	(대) 자본금	500,000,000

(*) 자본금: 100,000주 × 액면 5,000원 = 500,000,000원 → 토지 공정가치와 액면금액이 동일하므로 액면발행임.

[5] 외상매입금과 지급어음 상계처리하고 나머지 100만 원은 보통예금 처리

11.13	(차) 외상매입금((주)창설)	5,000,000	(대) 지급어음((주)창설)	4,000,000
			보통예금	1,000,000

[6] 정기예금 가입분은 1년 이내 만기도래하므로 당좌자산(105)으로 처리되어 있으므로 대변에 정기예금(당좌자산) 차감. 원천징수세액은 선납세금 처리

12.19	(차) 보통예금	31,015,200	(대) 정기예금(105,당좌자산)	30,000,000
	선납세금	184,800	이자수익(영업외수익)	1,200,000

03 [1] 유형: '14.건별', 정규 증빙 발급 없는 과세 매출

유형: 14.건별, 공급가액: 20,000원, 부가세: 2,000원, 분개: 혼합				
07.31	(차) 현금	22,000	(대) 제품매출 부가세예수금	20,000 2,000

[2] 유형: '51.과세', 전자세금계산서 수취하면서 과세 재화 취득

유형: 51.과세, 공급가액: 2,000,000원, 부가세: 200,000원, 거래처: ㈜웅비제철, 전자: 여, 분개: 혼합				
08.25	(차) 원재료 부가대급금	2,000,000 200,000	(대) 지급어음((주)웅비제철) 외상매입금((주)웅비제철)	1,000,000 1,200,000

[3] 유형: '11.과세', 전자세금계산서 발행하면서 과세 재화(기계장치) 매각, 상거래 이외 채권이므로 미수금 계정과목 사용

유형: 11.과세, 공급가액: 10,000,000원, 부가세: 1,000,000원, 공급처명: ㈜천안중고, 전자: 여, 분개: 혼합				
10.07	(차) 미수금((주)천안중고) 감가상각누계액(기계장치)	11,000,000 60,000,000	(대) 기계장치 부가세예수금	70,000,000 1,000,000

(*) 유형자산처분이익: 매각금액(10,000,000) − 장부가액 10,000,000원(70,000,000 − 60,000,000) = 0원

[4] 유형: '51.과세', 전자세금계산서 수취하면서 과세 재화 취득

유형: 51.과세, 공급가액: 21,000,000원, 부가세: 2,100,000원, 공급처명: ㈜기아자동차, 전자: 여, 분개: 혼합				
11.05	(차) 차량운반구 부가대급금	21,000,000 2,100,000	(대) 보통예금	23,100,000

(*) 1,000cc 이하 소형승용차는 매입세액공제 받을 수 있음.

[5] 유형: '54.불공', 건물 철거하는 경우 전체를 토지로 처리. 면세 토지를 취득하면서 전자세금계산서 수취. 매입세액 불공제 대상임.

유형: 54.불공, 공급가액: 5,000,000원, 부가세: 500,000원, 공급처명: ㈜성호, 전자: 여, 분개: 혼합, 불공제사유: ⑥ 토지의 자본적지출 관련				
12.05	(차) 토지	5,500,000	(대) 보통예금	5,500,000

(*) 1,000cc 이하 소형승용차는 매입세액공제 받을 수 있음.

[6] 유형: '11.과세', 전자세금계산서 발행하면서 과세 제품 판매

유형: 11.과세, 공급가액: 50,000,000원, 부가세: 5,000,000원, 공급처명: ㈜명조테크, 전자: 여, 분개: 혼합				
12.20	(차) 외상매출금((주)명조테크)	55,000,000	(대) 제품매출 부가세예수금	50,000,000 5,000,000

04 [1] 일반전표 조회 후 오류 수정: 확정기여형 ⇒ 확정급여형

수정 전	08.08	(차) 퇴직급여(제조원가)	20,000,000	(대) 보통예금	20,000,000
수정 후	08.08	(차) 퇴직연금운용자산(186)	20,000,000	(대) 보통예금	20,000,000

[2] 일반 조회 후 오류 수정: 기업업무추진비 ⇒ 복리후생비

수정 전	11.06	(차) 기업업무추진비(판매관리비)	100,000	(대) 현금	100,000
수정 후	11.06	(차) 복리후생비(판매관리비)	100,000	(대) 현금	100,000

(*) 종업원 결혼축의금은 복리후생비임.

05 [1] 취득 시 전액 소모품(자산) 처리했으므로 사용액을 소모품비(비용) 처리: 사용액 1,650,000원(2,000,000 - 350,000)

12.31	(차) 소모품비(판매관리비)	1,650,000	(대) 소모품(173)	1,650,000

(*) 소모품 구입 시 자산(소모품)으로 처리했는지, 비용(소모품비)으로 처리했는지 확인하기 위해 재무상태표(12월) 조회: 소모품 잔액 2,000,000원 확인 ⇒ 소모품 취득 시 전액 자산처리 했음.

[2] 매출세액(부가세예수금)와 매입세액(부가세대급금)을 상계처리하면서 추가 납부할 금액을 미지급세금 처리

12.31	(차) 부가세예수금	1,700,000	(대) 부가세대급금	1,200,000
			미지급세금	480,000
			잡이익(영업외수익)	20,000

(*) 공제세액 2만 원은 신고세액공제 등 납부세액에서 깎아주는 금액 미지급세금에서 차감처리 할 수도 있으나, 시험문제에서 잡이익 처리하도록 했으므로 잡이익 처리.

[3] 다음 2가지 방법 중 하나 선택
- [결산자료입력] 기간 1월 ~ 12월 입력 → 판매관리비의 무형자산상각비 중 영업권 칸에 500,000원 입력 → F3 전표 추가 클릭
- 12월 31일자로 아래 일반전표 입력

12.31	(차) 무형자산상각비(판매관리비)	500,000	(대) 영업권	500,000

06 [1] 일계표(월계표): 157,159,000원
[일계표(월계표)] ⇒ 1일 1일~3월 31일 조회 후 원재료 계정 차변 합계 확인

[2] 총계정원장: 3월, 511,000원
[총계정원장] ⇒ 1월 1일~6월 31일, 계정과목: 0522. 차량유지비 조회 후 차변금액이 가장 큰 3월 확인

[3] 부가가치세신고서: 600,000원
[부가가치세신고서] ⇒ 조회기간: 4월 1일~6월 30일 ⇒ 16번 공제받지못할매입세액란 확인

[119회 - 이론]

01 ③ 당좌예금(450,000) + 타인발행수표(250,000) + 자기앞수표(500,000) = 1,200,000원, 현금성자산은 취득 당시 만기 3개월 이내만 포함됨.

02 ④ ① 상품(자산) 증가, 현금(자산) 감소, ② 복리후생비(비용) 발생, 현금(자산) 감소, ③ 차량운반구(자산) 증가, 차입금(부채) 증가, ④ 선급금(자산) 증가, 현금(자산) 감소

03 ② 상품권: 판매된 상품권이 사용되어 재화 또는 용역이 공급되는 시점

04 ④ 토지, 건설중인자산, 투자부동산은 감가상각 하지 않음.

05 ① 무형자산은 잔존가치가 없는 것으로 하는 것이 원칙임.

06 ①
- 선입선출법은 먼저 구입한 것이 먼저 판매된다는 가정임.
- 4/5 매출 80개: 1/1 재고 80개×100원 = 8,000원
- 9/9 매출 60개: 1/1 재고 20개×100원 + 7/4 재고 40개×110원 = 6,400원
- 총 매출원가: 8,000 + 6,400 = 14,400원

07 ③ 다. 유동성장기부채, 라. 외상매입금은 1년 이내 상환해야 하는 유동부채임. 가. 임대보증금, 나. 장기차입금은 1년 이후 상환해야 하는 비유동부채이며 마. 매도가능증권은 자산임.

08 ③ ① 주식할인발행차금, ② 자기주식처분손실, ④ 미교부주식배당금은 자본조정 항목이고 ③ 자기주식처분이익은 자본잉여금임.

09 ①
- 제조간접비 배부액: 예정배부율(10,000원) × 작업시간(200시간) = 2,000,000원
- 실제 발생액: 배부액(2,000,000) - 200,000(과다배부) = 1,800,000원

10 ③
- 선입선출법 가공비 환산량은 당기 작업분만 계산
- 기초재공품 추가 가공 120개(200개 × 60%) + 당기 착수 당기완성 500개 + 기말재공품 150개(300개 × 50%) = 770개

11 ④
- 조업도(생산량) 증가에 따라 단위당 원가 감소하는 비용은 고정비임.
- ④ 공장 건물임차료: 고정비, ① 공장 상하수도요금, ② 직접재료비, ③ 공장 발전시설의 동력용 연료: 변동비

12 ② 월말재공품 평가는 종합원가계산에 해당하는 설명임.

13 ① 주사업장 총괄납부는 납부만 총괄할 뿐 사업자등록, 세금계산서 발행, 신고는 각 사업장에서 각자 수행함.

14 ④ 부가가치세 과세대상은 재화의 공급, 용역의 공급, 재화의 수입, 3가지임.

15 ② ② 과세·면세 겸영사업자의 과세 매출은 매출세액을 발생시키므로 관련한 비용도 매입세액 공제를 받을 수 있음. ① 면세품 관련비용, ③ 개별소비세 대상(1,000cc 초과) 비영업용소형승용차, ④ 거래처 기업업무추진비(접대비) 관련 지출은 매입세액 공제받을 수 없음.

[119회 - 실무]

01 [1] [기초정보관리] - [거래처등록] - [일반거래처] 탭 클릭 후 아래 거래처 등록

- 코드: 03333
- 사업자등록번호: 253-11-36845
- 업태: 제조
- 사업장주소: 대구광역시 서구 국채보상로 50길 10(평리동)
- 거래처명: 승우공구
- 대표자성명: 김승우
- 종목: 공구
- 유형: 3.동시

[2] [계정과목및적요등록] - 유형자산 - 195.설비장치 클릭 후 아래 현금적요와 대체적요 내용 입력

- 현금적요 1. 인테리어 비용 현금결제
- 대체적요 1. 인테리어 비용 미지급

[3] • [전기분원가명세서] 보험료 5,000,000원 입력, 당기제품제조원가 104,250,000원 ⇒ 109,250,000원으로 수정 확인
 • [전기분손익계산서] 당기제품제조원가 109,250,000원으로 수정, 판매비와관리비 보험료 5,000,000원 삭제(또는 보험료 금액을 0원으로 수정) ⇒ 당기순이익 20,115,000원 변동 없음 확인

02 [1] 상거래 이외 차량운반구 매각대금을 약속어음으로 받은 경우 미수금 계정과목 사용

| 07.29 | (차) 보통예금 | 11,000,000 | (대) 미수금(120, 왕창중고차) | 11,000,000 |

[2] 당초 할부금을 장기차입금으로 처리했으므로 할부금 상환은 장기차입금 상환으로 처리

| 08.31 | (차) 장기차입금((주)반스캐피탈) | 630,000 | (대) 보통예금 | 685,000 |
| | 이자비용(951, 영업외비용) | 55,000 | | |

[3] 확정급여형 퇴직연금 납부액은 퇴직연금운용자산에 납입 처리

| 09.11 | (차) 퇴직연금운용자산 | 3,000,000 | (대) 보통예금 | 3,000,000 |

[4] 당좌예금 잔액을 초과해 인출한 금액이 당좌차월임. 기말 결산시 단기차입금으로 대체

| 10.01 | (차) 외상매입금((주)기현) | 5,000,000 | (대) 당좌예금 | 4,000,000 |
| | | | 당좌차월 | 1,000,000 |

[5] 제조부 급여는 KcLep은 임금 계정과목 사용, 직원에게 지급하지 않은 공제금액은 예수금 처리

| 11.30 | (차) 임금(504, 제조원가) | 3,200,000 | (대) 보통예금 | 2,836,100 |
| | | | 예수금(254) | 363,900 |

[6] 대손 확정되었던 미수금을 회수하면 대손충당금(미수금)을 다시 살려줘야 함.

| 12.15 | (차) 보통예금 | 1,100,000 | (대) 대손충당금(121, 미수금) | 1,100,000 |

03 **[1]** 유형: '51.과세', 전자세금계산서 수취하면서 과세 재화 취득

유형: 51.과세, 공급가액: 8,000,000원, 부가세: 800,000원, 거래처: ㈜천지쇼핑, 전자: 여, 분개: 혼합			
07.20	(차) 비품 8,000,000 부가세대급금 800,000	(대) 보통예금	8,800,000

[2] 유형: '53.면세', 전자계산서 수취하면서 면세 재화 취득

유형: 53.면세, 공급가액: 800,000원, 부가세: 0원, 거래처: 남경수산 전자: 여, 분개: 혼합			
08.12	(차) 기업업무추진비(813,판매관리비) 800,000	(대) 보통예금	800,000

[3] 유형: '16.수출', 영세율 적용 직수출

유형: 16.수출, 공급가액: 14,500,000원, 공급처명: AMG.COM, 분개: 혼합, 영세율구분:①직수출			
10.07	(차) 외상매출금(AMG.COM) 14,500,000	(대) 제품매출	14,500,000

(*) $10,000×1,450원 = 14,500,000원, 직수출은 선적일 환율 적용

[4] 유형: '53.면세', 전자계산서 수취하면서 면세 용역 결제

유형: 53.면세, 공급가액: 850,000원, 부가세: 0원, 거래처: 대우캐피탈 전자: 여, 분개: 혼합			
09.20	(차) 임차료(819,판매관리비) 850,000	(대) 미지급금(국민카드)	850,000

(*) 상거래 이외 외상이므로 미지급금 계정과목 사용

[5] 유형: '11.과세', 전자세금계산서 발급하면서 과세 제품 판매

유형: 11.과세, 공급가액: 15,000,000원, 부가세: 1,500,000원, 공급처명: ㈜블랙라임, 전자: 여, 분개: 혼합			
10.27	(차) 받을어음((주)레드) 16,500,000	(대) 제품매출 부가세예수금	15,000,000 1,500,000

(*) 받을어음 거래처를 반드시 ㈜레드 선택

[6] 유형: '17.카과', 신용카드로 결제하면서 과세 제품 판매

유형: 17.카과, 공급가액: 500,000원, 부가세: 50,000원, 공급처명: 김성공, 분개: 혼합, 신용카드사: 현대카드			
11.17	(차) 외상매출금(현대카드) 550,000	(대) 제품매출 부가세예수금	500,000 50,000

(*) 카드사로부터 외상대금을 수령하므로 외상매출금 거래처에 반드시 현대카드 입력

04 [1] 매입매출전표 조회하여 삭제 ⇒ 일반전표 입력

1,000cc 이상 비영업용 소형승용차를 매입세액 불공제인데 이를 공제대상으로 입력했음. 매입세액불공제 대상을 신용카드로 결제한 경우 일반전표에 입력해야 함.

수정 전	유형: 57.카과, 공급가액: 700,000원, 부가세: 70,000원, 공급처명: 대하정비공장, 분개: 혼합			
	07.05	(차) 차량유지비(822, 판매관리비) 700,000 부가세대급금 70,000	(대) 미지급금(국민카드)	770,000
수정 후	07.05	(차) 차량유지비(822, 판매관리비) 770,000	(대) 미지급금(국민카드)	770,000

[2] 일반 조회 후 삭제 ⇒ 매입매출전표 입력

현금영수증을 발급받은 공제 대상인데 일반전표에 입력했으므로 삭제 후 매입매출전표 입력

수정 전	09.02	(차) 광고선전비(833, 판매관리비) 330,000	(대) 현금	330,000
수정 후	유형: 61.현과, 공급가액: 300,000원, 부가세: 30,000원, 공급처명: ㈜널리널리, 분개: 혼합			
	09.02	(차) 광고선전비(833, 판매관리비) 300,000 부가세대급금 30,000	(대) 현금	330,000

05 [1] 미수이자: 150,000,000 × 4% × 4개월/12개월 = 2,000,000원, 결산정리 분개이므로 12.31로 입력

12.31	(차) 미수수익(116, 유동자산) 2,000,000	(대) 이자수익(901, 영업외수익)	2,000,000

[2] 단기매매증권 평가이익 인식: 결산일 공정가치(134,000,000) - 취득원가(123,000,000) = 11,000,000원

12.31	(차) 단기매매증권 11,000,000	(대) 단기매매증권평가이익(905,영업외수익)	11,000,000

[3] 원인을 찾지 못해 현금과부족 처리했던 현금 부족분 5만 원의 원인을 찾지 못해 잡손실 처리

12.31	(차) 잡손실(980,영업외손실) 50,000	(대) 현금과부족	50,000

06 [1] 손익계산서: 3,540,000원

[손익계산서] ⇒ 1월 ~ 5월 조회 후 영업외수익 금액 3,540,000원 확인

[2] 세금계산서합계표: 영원상사, 8건

[세금계산서합계표] ⇒ 매출, 거래처명과 발급 건수 확인

[3] 부가가치세신고서: 30,000,000원

[부가가치세신고서] ⇒ 조회기간: 4월 1일~6월 30일 ⇒ 과세표준및매출세액, 영세, 세금계산서발급분(5) 금액 확인

[118회 - 이론]

01 ④ ① 타인자본, ② 자기자본, ③ 자산총액은 재무상태표에 표시, ④ 경영성과는 손익계산서에 표시됨.

02 ① 대손충당금 잔액: 1,000,000원 → 대손 처리된 외상매출금 1,200,000원 → 부족액 200,000원을 추가로 대손상각비 처리. 아래와 같이 분개 처리됨.

12.31	(차) 대손충당금(외상매출금)	1,000,000	(대) 외상매출금	1,200,000
	대손상각비	200,000		

03 ① 보수주의 차원에서 재고자산은 시가가 취득원가 보다 하락한 경우에 재고자산 평가손실만 인식할 뿐 상승했다고 재고자산 평가이익을 인식하지는 않음.

04 ③ • 2023년 감가상각비: 20,000,000원 × 45% × (6개월/12개월) = 4,500,000원
• 2024년 감가상각비: (20,000,000 - 4,500,0000) × 45% = 6,975,000원

05 ② • 단기매매증권에는 주식, 채권이 있음.
• 단기매매증권은 주식, 채권 모두 거래가 가능하므로 회계기간 말에 공정가액으로 평가함.

06 ② 부채는 자기자본이 아니라 타인자본임.

07 ① ① 신주발행비는 당기 비용으로 처리하는 것이 아니라 발행가액에서 차감하는 것임. 즉, 액면발행, 할인발행 시에는 주식할인발행차금, 할증 발행시에는 주식발행초과금에서 차감함. ② 자본금은 항상 액면가액으로 표시해야 하므로 할인발행, 액면발행, 할증발행 모두 자본금은 동일함. ③ 자본거래로 자본잉여금, 손익거래로 이익잉여금이 발생함.

08 ② • 매출총이익 = 매출 - 매출원가, 매출원가 = 기초상품 + 당기 매입 - 기말상품
• 매출원가: 기초상품(1,000,000) + 당기매입(2,000,000) - 기말재고(500,000) = 2,500,000원
• 매출총이익: 매출(5,000,000) - 매출원가(2,500,000) = 2,500,000원

09 ③ 직접노무원가는 특정 제품에 직접 추적이 가능한 원가임.

10 ① 종합원가계산은 소품종, 대량생산에 적합함.

11 ④ • 「원재료비 = 기초원재료 + 당기 매입(8,000,000원) - 기말원재료」에서
• 기말 원재료 재고액이 기초 원재료 재고액보다 300,000원 감소하면
• 원재료비 = 기초원재료(x) + 당기 매입(8,000,000) - 기말원재료(x - 300,000)이므로
• 원재료비는 8,300,000원임.

12 ② 제조간접비 배부방법은 인과관계기준, 수혜기준, 부담능력기준이 있음.

13 ④ 전자세금계산서는 법인사업자와 직전 연도 공급대가 8,000만 원 이상 개인사업자임. → 3명 사업자 모두 전자세금계산서 발급 대상임.

14 ③ ③ 사업상의 증여는 간주공급으로 VAT 과세대상이지만 ① 조세물납, ② 법률에 따른 공매, 경매, 수용 ④ 사업포괄 승계에 따른 사업양도는 VAT 과세대상이 아님.

15 ③ 주택과 그에 부수되는 토지의 용역은 면세대상으로 영세율 대상이 아님.

[118회 - 실무]

01 **[1]** [기초정보관리] - [거래처등록] - [신용카드] 탭 클릭 후 아래 내용 등록

- 코드: 99851
- 카드번호: 5527-0622-2804-8446
- 거래처명: 나라카드
- 유형: 2.매입
- 카드종류: 3.사업용카드

[2] [거래처별초기이월] 클릭

- 외상매출금: ㈜서울 12,000,000원 → 10,000,000원으로 수정
- 미지급금: ㈜강원 10,000,000원 추가 입력, ㈜경기 10,000,000원 → 12,000,000원으로 수정

[3]
- [전기분손익계산서] 기부금 3,000,000원 추가 입력 ⇒ 당기순이익 37,000,000원으로 변경 확인
- [전기분잉여금처분계산서] 당기순이익 37,000,000원으로 변경 ⇒ 차기이월이익잉여금 67,000,000원 확인
- [전기분재무상태표] 이월이익잉여금 67,000,000원으로 수정

02 **[1]** 미지급배당금 지급

04.18	(차) 미지급배당금(265,유동부채)	1,000,000	(대) 보통예금	846,000
			예수금(254,유동부채)	154,000

[2] 일용직 급여는 "잡급" 계정과목 사용

07.16	(차) 잡급(805,판매관리비)	250,000	(대) 보통예금	250,000

[3] 전자어음 발행금액 13,000,000원을 지급어음으로 처리

08.30	(차) 외상매입금((주)제주상사)	20,000,000	(대) 지급어음((주)제주상사)	13,000,000
			보통예금	7,000,000

[4] 주식 할증발행, 액면금액은 자본금, 할증발행 금액은 주식발행초과금 처리

09.21	(차) 보통예금	12,000,000	(대) 자본금	5,000,000
			주식발행초과금	7,000,000

(*) 주식발행초과금: 10,000주 × (발행금액 1,200원 - 액면가 500원) = 7,000,000원

[5] 공장용 토지에 대한 재산세는 세금과공과(제조원가) 처리

09.24	(차) 세금과공과(517,제조원가)	5,000,000	(대) 보통예금	5,000,000

[6] 결제된 금액 1,800,000원만 미지급금을 줄여줌

12.25	(차) 미지급금(하나카드(법인))	1,800,000	(대) 보통예금	1,800,000

03 [1] 유형: '51.과세', 전자세금계산서 수취하면서 과세 재화 취득

유형: 51.과세, 공급가액: 18,000,000원, 부가세: 1,800,000원, 공급처명: 울산자동차㈜, 전자: 여, 분개: 혼합				
07.30	(차) 차량운반구 부가세대급금	18,000,000 1,800,000	(대) 미지급금(신한카드) 현금	17,800,000 2,000,000

(*) 1,000cc 미만 승용차는 매입세액공제 받을 수 있음.

[2] • 유형: '14.건별', 증빙 없이 보유 중인 제품 사업상 증여
  • 제품 사업상 증여: 간주공급으로 시가를 공급가액으로 함.
  • 부가가치세: 시가 1,100,000원 × 10% = 110,000원 ⇒ 기업업무추진비 처리
  • 기업업무추진비: 제품원가 600,000 + 부가가치세 납부액 110,000 = 710,000원

유형: 14.건별, 공급가액: 1,100,000원, 부가세: 110,000원, 공급처명: 없음, 분개: 혼합				
08.16	(차) 기업업무추진비(513,제조원가)	710,000	(대) 부가세예수금 제품 (적요8.타계정으로 대체액)	110,000 600,000

(*) 제품을 판매 이외 타용도로 사용하면 적요8.타계정으로 대체액 반드시 입력해야 함.

[3] 유형: '57.카과', 신용카드로 과세 재화 취득

유형: 57.카과, 공급가액: 500,000원, 부가세: 50,000원, 공급처명: 단짠도시락, 분개: 혼합, 신용카드사: 비씨카드				
09.19	(차) 복리후생비(811,판매관리비) 부가세대급금	500,000 50,000	(대) 미지급금(비씨카드)	550,000

(*) 신용카드사로 비씨카드 입력

[4] 유형: '61.현과', 현금영수증 수취하면서 트럭 수리비(과세) 지출

유형: 61.현과, 공급가액: 250,000원, 부가세: 25,000원, 공급처명: 차차차 카센터, 분개: 혼합				
10.30	(차) 차량유지비(522,제조원가) 부가세대급금	250,000 25,000	(대) 현금	275,000

(*) 트럭은 비영업용소형승용차가 아니므로 관련 비용을 매입세액공제 받을 수 있음.

[5] 유형: '12.영세', 전자세금계산서 발급하면서 영세율(내국 수출) 제품 매출

유형: 12.영세, 공급가액: 50,000,000원, 부가세: 0원, 공급처명: ㈜대림전자, 전자: 여, 분개: 혼합, 영세율구분: ③ 내국신용장·구매확인서에 의하여 공급하는 재화				
11.10	(차) 외상매출금((주)대림전자)	50,000,000	(대) 제품매출	50,000,000

(*) 구매확인서 내국수출이므로 영세율 구분: ③번 입력

[6] 유형: '54.불공', 대표이사 개인적 지출은 매입세액 공제 받을 수 없으며, 추후 대표이사로부터 회수할 금액으로 "가지급금" 계정과목 사용

유형: 54.불공, 공급가액: 100,000,000원, 부가세: 10,000,000원, 공급처명: ㈜해양, 전자: 여, 분개: 혼합, 불공제사유: ② 사업과 직접 관련 없는 지출				
12.01	(차) 가지급금(김제일)	110,000,000	(대) 보통예금	110,000,000

(*) 불공제사유: ②번 입력

04

[1] 매입매출전표 조회하여 잘못 입력된 내용 수정

수정 전	유형: 51.과세, 공급가액: 1,000,000원, 부가세: 100,000원, 거래처: 케이시티넷, 전자: 여, 분개: 혼합				
	09.28	(차) 원재료 부가세대급금	1,000,000 100,000	(대) 외상매입금(케이시티넷)	1,100,000
수정 후	유형: 61.현과, 공급가액: 1,000,000원, 부가세: 100,000원, 거래처: 케이시티넷, 전자: 부, 분개: 혼합				
	09.28	(차) 비품 부가세대급금	1,000,000 100,000	(대) 현금	1,100,000

[2] 일반전표 조회 후 잘못 입력된 내용 수정

수정 전	11.02	(차) 개발비(226,무형자산)	5,000,000	(대) 현금	5,000,000
수정 후	11.02	(차) 경상연구개발비(523,제조원가)	5,000,000	(대) 현금	5,000,000

(*) 공장 관련 연구개발비이므로 제조원가 선택

05

[1] 외상매입금 환율 상승에 따른 외화환산손실: $2,000 × (1,120 - 1,100) = 40,000원

12.31	(차) 외화환산손실(955,영업외비용)	40,000	(대) 외상매입금(문차이나)	40,000

(*) 기존 환율: 2,200,000 ÷ $2,000 = 1,100원/1달러

[2] 보험료 선급액 중 경과분 인식: 720,000 × 3개월/12개월 = 180,000원

12.31	(차) 보험료(521,제조원가)	180,000	(대) 선급비용(133,당좌자산)	180,000

(*) 보험료 지급 시 전액 선급비용 처리했으므로 미경과분을 보험료로 인식

[3] [결산자료입력] 9.법인세등의 1)선납세금 결산반영금액 6,500,000원 입력, 2)추가계상액에 7,200,000원 입력 후 F3 전표추가 클릭. 단, 아래와 같이 12월 31일 자 분개를 입력해 됨.

12.31	(차) 법인세등	13,700,000	(대) 선납세금(136,당좌자산) 미지급세금(261,유동부채)	6,500,000 7,200,000

06

[1] 총계정원장: 64,480,000원

[총계정원장] ⇒ 조회기간: 1월 1일~3월 31일 ⇒ 계정과목: 제품매출(404) 조회 ⇒ 1월 120,380,000원 - 2월 55,900,000원 = 64,480,000원

[2] 총계정원장: 15,400,000원

[총계정원장] ⇒ 외상매입금(6월) 조회하여 대변 합계금액 확인

[3] 부가가치세신고서: 250,000원

[부가가치세신고서] ⇒ 기간: 4월 1일~6월 30일 ⇒ 16.공제받지못할매입세액란 금액 확인

[117회 - 이론]

01 ③ 연구 단계에서 발생한 개발비는 성공가능성을 알 수 없으므로 전액 경상연구개발비라는 당기비용 처리함.

02 ④ 단기차입금은 자산이 아닌 유동부채임.

03 ① 무형자산은 합리적인 상각방법을 정할 수 없을경우 정액법으로 상각함.

04 ① • 도착지 인도조건 재고는 도착지에 도착하기 전까지는 판매자의 재고자산임.
　　• 위탁자로부터 받아 보관 중인 재고는 보관자의 재고자산이 아님.
　　• 기말재고자산 금액: 기말 실사금액(300,000원) + 도착지 조건 운송 중 재고(20,000원) - 수탁품(30,000원) = 290,000원

05 ③ 단기매매증권 취득 관련 비용은 당기 비용(수수료비용, 영업외비용) 처리함.

06 ② 미지급배당금은 유동부채이므로 부채는 200,000원이 증가함. 법정적립금은 이익잉여금의 한 종류임.

07 ④ ③ 이익잉여금 처분이 반영되기 전 금액이 미처분이익잉여금이며 이익잉여금 처분 후 금액이 이월이익잉여금임. ④ 주식배당: 이익잉여금 감소, 자본금 증가, 무상증자: 자본잉여금 감소, 자본금 증가하므로 자본(순자산)은 변동이 없음.

08 ④ 매출은 영업외수익이 아님.

09 ① • 제조간접비 배부율: 제조간접비 예상액(3,000,000) ÷ 예상 직접노무시간(50,000) = 60원/1시간당
　　• 제조간접비 배부액: 실제 직접노무시간(3,000) × 60원 = 180,000원, 제조간접비 실제 발생액이 500,000원 → 「500,000원(실제) - 180,000원(배부) = 320,000원」 과소 배부

10 ② ① 원재료비, ③ 시간당 노무비, ④ 기본요금 없는 전기료는 변동원가이고 ② 임차료는 고정원가임.

11 ④ 가공원가: 직접노무비(2,500,000) + 제조간접비(1,800,000) = 4,300,000원임.

12 ② 정확한 원가배분이 가능한 방법은 상호배분법임.

13 ② 처방전에 따른 의약품은 면세이나 일반의약품은 과세대상임.

14 ③ 장기할부판매의 공급시기는 대가의 각 부분을 수령한 때가 아니라 받기로 한 때임.

15 ① 수출지원을 위한 제도는 영세율제도임.

[117회 - 실무]

01 [1] [계정과목및적요등록] - 812.여비교통비 - 대체적요에 아래 내용 입력

> 적요 NO.3: 교통비 가지급금 정산

[2] [거래처별초기이월] 클릭

> - 외상매출금: ㈜장전전자 2,000,000원 → 20,000,000원으로 수정
> - 외상매입금: 구서기업 23,000,000원 → 30,000,000원으로 수정
> - 받을어음: 데모산업 20,000,000원 추가 입력

[3]
- [전기분원가명세서] 운반비 5,500,000원 추가 입력, 당기제품제조원가 74,650,000원 → 80,150,000원으로 수정 확인
- [전기분손익계산서] 제품매출원가의 당기제품제조원가 74,650,000원 → 80,150,000원으로 수정, 당기순이익 24,030,000원 → 18,530,000원으로 수정 확인
- [전기분잉여금처분계산서] F6 불러오기, 당기순이익 24,030,000원 → 18,530,000원으로 수정 확인, 미처분이익잉여금 42,260,000원 → 36,760,000원으로 수정 확인
- [전기분재무상태표] 이월이익잉여금 42,260,000원 → 36,760,000원으로 수정, 대차차액 0원 확인

02 [1] 제품을 판매 이외 타용도로 사용하면 "적요8.타계정으로 대체" 반드시 입력

| 07.20 | (차) 기부금(953,영업외비용) | 20,000,000 | (대) 제 품 (적요8.타계정으로 대체액) | 20,000,000 |

(*) 제품의 원가를 기부금 처리

[2] 판매 계약금 수령은 선수금 처리, 5,000,000×30% = 1,500,000원

| 08.28 | (차) 당좌예금 | 1,500,000 | (대) 선수금((주)나른물산) | 1,500,000 |

[3] 대손충당금 잔액이 없으므로 전액 대손상각비 처리

| 10.01 | (차) 대손상각비(835,판매관리비) | 2,000,000 | (대) 외상매출금((주)부곡무역) | 2,000,000 |

[4] 장기투자 목적 매도가능증권 취득 수수료는 취득원가에 가산

| 11.11 | (차) 매도가능증권(178,투자자산) | 40,115,000 | (대) 보통예금 | 40,115,000 |

(*) 4,000주×10,000원 + 115,000 = 40,115,000원

[5] 원천징수한 세금은 예수금 처리

| 12.04 | (차) 교육훈련비(525,제조원가) | 2,500,000 | (대) 보통예금 | 2,280,000 |
| | | | 예수금(254,유동부채) | 220,000 |

[6] 외상매입금과 외상매출금을 상계 처리

| 12.28 | (차) 외상매입금((주)온천전기) | 6,900,000 | (대) 외상매출금((주)온천전기) | 6,900,000 |

03 [1] 유형: '12.영세', 내국신용장에 의한 영세율 전자세금계산서 발행하는 내국 수출(영세율)

유형: 12.영세, 공급가액: 16,500,000원, 부가세: 0원, 공급처명: ㈜전남, 전자: 여, 분개: 혼합, 영세율구분: ③ 내국신용장·구매확인서에 의하여 공급하는 재화				
07.11	(차) 선수금(㈜전남) 받을어음(㈜전남)	5,000,000 11,500,000	(대) 제품매출	16,500,000

(*) 영세율 종류 ③번 선택

[2] 유형: '51.과세', 전자세금계산서 발급 받으며 과세 물품 매입, 간판은 "비품" 계정 사용

유형: 51.과세, 공급가액: 5,000,000원, 부가세: 500,000원, 공급처명: 빛나는간판, 전자: 여, 분개: 혼합				
08.25	(차) 비 품 부가세대급금	5,000,000 500,000	(대) 미지급금(빛나는간판) 현 금	5,000,000 500,000

[3] 유형: '11.과세', 전자세금계산서 발급하면서 과세 물품 매출

유형: 11.과세, 공급가액: 5,000,000원, 부가세: 500,000원, 공급처명: 한수상사, 전자: 여, 분개: 혼합				
09.17	(차) 보통예금 외상매출금(한수상사)	2,000,000 3,500,000	(대) 제품매출 부가세예수금	5,000,000 500,000

[4] 유형: '22.현과', 현금영수증 발급하면서 과세 물품 매출

유형: 22.현과, 공급가액: 1,000,000원, 부가세: 100,000원, 공급처명: 나누리, 분개: 혼합				
10.02	(차) 현 금	1,100,000	(대) 제품매출 부가세예수금	1,000,000 100,000

[5] 유형: '55.수입', 원재료 수입하면서 세관에 수입부가가치세 현금 납부

유형: 55.수입, 공급가액: 2,600,000원, 부가세: 260,000원, 공급처명: 부산세관, 전자: 여, 분개: 혼합				
11.19	(차) 부가세대급금	260,000	(대) 현 금	260,000

(*) '55.수입'을 입력하면 부가가치세만 분개처리됨.

[6] 유형: '57.카과', 신용카드로 과세 용역 매입, 신용카드사 우리카드(법인) 입력

유형: 57.카과, 공급가액: 3,000,000원, 부가세: 300,000원, 공급처명: ㈜광고나라, 분개: 혼합, 신용카드사:우리카드(법인)				
12.01	(차) 광고선전비(832,판매관리비) 부가세대급금	3,000,000 300,000	(대) 미지급금(우리카드(법인))	3,300,000

(*) 상거래 이외 광고비 미지급이므로 미지급금 계정과목 사용, 대금을 카드사에 지급하므로 거래처 우리카드(법인) 입력

04 [1] 일반전표 조회하여 장기차입금 중 일부를 단기차입금으로 수정

수정 전	07.13	(차) 보통예금	12,000,000	(대) 장기차입금((주)정모상사)	12,000,000
수정 후	07.13	(차) 보통예금	12,000,000	(대) 장기차입금((주)정모상사) 단기차입금((주)정모상사)	10,000,000 2,000,000

(*) 200만원은 상환기일이 12.15로 1년 이내이므로 단기차입금 계정과목 사용

[2] 일반전표 조회 후 수익적 지출을 자본적 지출로 수정

수정 전	유형: 51.과세, 공급가액: 10,000,000원, 부가세: 1,000,000원, 공급처명: 다온테크㈜, 분개: 혼합				
	11.10	(차) 수선비(제조원가) 부가세대급금	10,000,000 1,000,000	(대) 보통예금	11,000,000
수정 후	유형: 51.과세, 공급가액: 10,000,000원, 부가세: 1,000,000원, 공급처명: 다온테크㈜, 분개: 혼합				
	11.10	(차) 건 물 부가세대급금	10,000,000 1,000,000	(대) 보통예금	11,000,000

(*) 엘리베이터 설치는 자본적 지출이므로 건물 취득원가에 가산 해야함.

05 [1] 현금과부족 처리했던 금액을 선수금 및 잡손실 처리

12.31	(차) 현금과부족	670,000	(대) 선수금((주)은비상사) 잡이익(930.영업외이익)	340,000 330,000

(*) 실제 현금이 장부보다 많기 때문에 최초 현금과부족을 대변에 처리했으므로 기말결산시 현금과부족을 차변에 기재해야 함.

[2] 임차료 지급 시 전액 임차료(비용) 처리했으므로 기간 미경과분을 선급비용(자산) 처리

12.31	(차) 선급비용(133.당좌자산)	600,000	(대) 임차료(519.제조원가)	600,000

(*) 1년치 임차료 1,200,000원 × (6개월/12개월) = 600,000원

[3] 종업원 소유 확정기여형(DC형) 퇴직연금 계좌에 납입하면 퇴직금 지급과 동일하므로 퇴직급여 처리해야 함.

12.31	(차) 퇴직급여(508.제조원가) 퇴직급여(806.판매관리비)	22,000,000 18,000,000	(대) 보통예금	40,000,000

(*) 생산부서는 제조원가, 판매관리부서는 판매관리비의 퇴직급여 선택

06 [1] 세금계산서합계표: 9매, 72,050,000원

[세금계산서합계표] ⇒ 기간 1월 ~ 3월 조회, 매출 조회

[2] 일계표(월계표): 960,000원

[일계표(월계표)] ⇒ 6월 1일 ~ 6월 30일 조회 ⇒ 가장 많은 계정과목: 이자비용 1,460,000원, 가장 적은 계정과목: 기부금 500,000원 ⇒ 차액 960,000원(1,460,000원 - 500,000원)

[3] 거래처원장: 16,300,000원

[거래처원장] ⇒ 기간: 4월 1일~4월 30일, 계정과목: 108.외상매출금 조회 ⇒ 거래처: 리제상사의 대변 합계금액 확인

[116회 - 이론]

01 ② 손익계산서는 일정 시점이 아니라 일정기간의 경영성과를 제공하는 보고서임.

02 ④ 단기매매증권 취득 시 비용은 취득원가가 아니라 당기 비용 처리해야 함. 이를 취득원가 처리 시: 자산 과대계상, 비용 과소계상 → 당기순이익 과대계상 → 자본 과대계상

03 ②
- 2023년 감가상각비: (10,000,000 - 1,000,000) ÷ 5년 = 1,800,000원
- 2023년 감가상각비: (10,000,000 - 1,000,000) ÷ 5년 × (6개월/12개월) = 900,000원
- 처분 직전 감가상각누계액: 1,800,000 + 900,000 = 2,700,000원
- 처분 직전 장부가액: 취득가액(10,000,000) - 감가상각누계액(2,700,000) = 7,300,000원
- 유형자산 처분손실: 처분가액(4,000,000) - 장부가액(7,300,000) = 3,300,000원

04 ①
- 현금및현금성자산: 현금시재액(200,000) + 당좌예금(500,000) = 700,000원
- 단기금융상품: 정기예금 1,500,000원 (회계기간말 기준 1년 이내 정기예금 등이 단기금융상품임.)
- 선일자수표: 수표 발행 당시에는 잔고가 없지만, 나중에 입금될 날짜를 발행일로 하여 발행된 수표로 지금 당장 현금화가 되지 않아 현금성 자산이 아님.

05 ① 대손충당금은 외상매출금, 받을어음, 선급금, 미수금 등 매출채권, 기타채권의 차감적 평가계정임.

06 ③ ① 당기순이익: 이익잉여금 증가로 총자본 증가, ② 현금배당: 이익잉여금 감소로 총자본 감소, ④ 유상증자: 자본금 증가로 총자본 증가하지만 ③ 주식배당: 이익잉여금 감소, 자본금 증가로 총자본 불변

07 ③ 장기할부판매는 대가의 각 부분을 받기로 한 때 수익을 인식하지만 할부판매는 재화의 인도시점이 수익 인식 시점임.

08 ② 재고자산의 취득 시 매입부대비용은 취득원가에 가산해야 함.

09 ④ 과거의 의사결정으로 이미 발생해 대안 간에 차이가 발생하지 않은 원가는 매몰원가이며 기회원가란 어느 한쪽을 포기함으로써 잃게 되는 이익으로 대안 간에 차이가 발생하는 원가임.

10 ② 보조부문의 배분 순서에 따라 제조원가 배분액이 달라지는 방법은 단계배분법임.

11 ③ 매출원가(기초제품, 당기제품제조원가, 기말제품), 영업외비용(기부금, 이자비용)은 손익계산서에 표시되고 당기총제조원가(직접재료비, 직접노무비, 제조간접비), 당기제품제조원가(기초재공품, 당기총제조원가, 기말재공품)은 제조원가명세서에 표시됨.

12 ④
- 평균법은 기초재공품을 당기에 모두 다시 가공한다는 가정임.
- 가공비 완성품환산량: 당기 완성수량 40,000개(기초재공품 10,000개 + 당기착수 당기완성 30,000개) + 기말재공품 18,000개(30,000개 × 60%) = 58,000개

13 ② 영세율 사업자도 매입세액 환급을 위해 부가가치세 신고를 수행하는 납세의무자임.

14 ③ 제품의 포장 또는 용기 충전만을 하는 장소는 사업장이 아님.

15 ① 전자세금계산서 발급 명세는 발급일의 다음 날까지 국세청에 전송해야 함.

[116회 - 실무]

01 [1] [기초정보관리] - 거래처등록, 일반거래처 탭 클릭 후 아래 내용 입력

- 거래처코드: 05000
- 거래처명: ㈜대신전자
- 사업자등록번호: 108-81-13579
- 유형: 1.매출
- 대표자성명: 김영일
- 업태: 제조
- 종목: 전자제품
- 사업장주소: 경기도 시흥시 정왕대로 56(정왕동)

[2] [거래처별초기이월] 클릭

- 외상매출금: ㈜동명상사 5,000,000원 → 6,000,000원으로 수정
- 받을어음: ㈜남북 2,500,000원 → 1,000,000원으로 수정
- 지급어음: ㈜동서 1,500,000원 추가 입력

[3] • [전기분원가명세서] 세금과공과금 3,500,000원 입력, 당기제품제조원가 104,150,000원 → 107,650,000원으로 수정 확인
• [전기분손익계산서] 당기제품제조원가 107,650,000원으로 수정, 판매비와관리비 세금과공과금 3,500,000원 삭제(또는 세금과공과금 금액을 0원으로 수정) → 당기순이익 18,530,000원 변동 없음 확인

02 [1] 매각거래의 어음 할인료는 매출채권처분손실 계정과목 사용

08.05	(차) 보통예금	740,000	(대) 받을어음(㈜기경상사)	1,000,000
	매출채권처분손실(956,영업외비용)	260,000		

[2] 국민연금 80만 원 중 50%인 40만 원을 이미 직원으로부터 받아 예수금 처리했으므로 차변에 예수금을 없애야 함.

08.10	(차) 예수금(254)	400,000	(대) 미지급금(하나카드)	808,000
	세금과공과(817,판매관리비)	400,000		
	수수료비용(831,판매관리비)	8,000		

[3] 자산을 수증받으면 공정가치로 취득원가 처리함.

08.22	(차) 비 품	5,000,000	(대) 자산수증이익(917,영업외수익)	5,000,000

[4] 지급한 계약금은 선급금 계정과목 사용

09.04	(차) 선급금(㈜경기)	1,000,000	(대) 보통예금	1,000,000

(*) 자

[5] 영업부서이므로 판매관리의 소모품비 선택

10.28	(차) 소모품비(830,판매관리비)	70,000	(대) 현 금	70,000

[6] 단기매매증권 취득수수료는 당기비용(영업외비용) 처리함. 100주 × 25,000 = 2,500,000원

12.01	(차) 단기매매증권	2,500,000	(대) 보통예금	2,550,000
	수수료비용(984,영업외비용)	50,000		

03 [1] 유형: '17.카과', 신용카드 결제받고 과세 물품 판매

	유형: 17.카과, 공급가액: 800,000원, 부가세: 80,000원, 공급처명: 제일상사, 분개: 혼합, 신용카드사:삼성카드				
07.05	(차) 외상매출금(삼성카드)	880,000	(대) 제품매출		800,000
			부가세예수금		80,000

[2] 유형: '11.과세', 전자세금계산서 발급하면서 과세 물품 매출

	유형: 11.과세, 공급가액: 30,000,000원, 부가세: 3,000,000원, 공급처명: ㈜연분홍상사, 전자: 여, 분개: 혼합			
07.11	(차) 현 금	1,000,000	(대) 제품매출	30,000,000
	받을어음(㈜연분홍상사)	15,000,000	부가세예수금	3,000,000
	외상매출금(㈜연분홍상사)	17,000,000		

[3] 유형: '62.현면', 현금영수증을 수취하고 면세 물품 매입

	유형: 62.현면, 공급가액: 1,100,000원, 부가세: 0원, 공급처명: 대형마트, 분개: 혼합			
10.01	(차) 복리후생비(511,제조원가)	1,100,000	(대) 보통예금	1,100,000

[4] 유형: '16.수출', 해외 직수출, 환율은 선적일(1.30) 1,400원/1$ 사용

	유형: 16.수출, 공급가액: 70,000,000원, 부가세: 0원, 공급처명: Nice Planet, 분개: 혼합, 영세율구분: ① 직접수출(대행수출 포함)			
10.30	(차) 보통예금	28,000,000	(대) 제품매출	70,000,000
	외상매출금(Nice Planet)	42,000,000		

(*) 매출액: $50,000 × 1,400원 = 70,000,000원, 보통예금 입금액 28,000,000원(@20,000 × 1,400원)

[5] 유형: '51.과세', 전자세금계산서 수령하면서 과세 비용 지출

	유형: 51.과세, 공급가액: 3,000,000원, 부가세: 300,000원, 공급처명: ㈜제니빌딩, 전자: 여, 분개: 혼합			
11.30	(차) 임차료(819,판매관리비)	3,000,000	(대) 미지급금(㈜제니빌딩)	3,300,000
	부가세대급금	300,000		

[6] 유형: '54.불공', 건물철거비용은 면세인 토지를 위한 것으로 매입세액불공제임.

	유형: 54.불공, 공급가액: 60,000,000원, 부가세: 6,000,000원, 공급처명: ㈜시온건설, 전자: 여, 분개: 혼합, 불공제사유: ⑥ 토지의 자본적지출 관련			
12.10	(차) 토 지	66,000,000	(대) 받을어음(㈜선유자동차)	66,000,000

04 [1] 일반전표 조회 후 삭제 ⇒ 매입매출전표 입력

수정 전	09.01	(차) 차량운반구(판매관리비)	110,000	(대) 현금	110,000
수정 후		유형: 61.현과, 공급가액: 100,000원, 부가세: 10,000원, 공급처명: ㈜가득주유소, 분개: 혼합			
	09.01	(차) 차량유지비(522,제조원가) 부가세대급금	100,000 10,000	(대) 현금	110,000

(*) 트럭 관련 비용은 매입세액공제 받을 수 있음. 일반전표 삭제 전 금액 메모할 것.

[2] 일반전표 조회 후 퇴직연금 오류 수정

수정 전	11.12	(차) 퇴직연금운용자산	17,000,000	(대) 보통예금	17,000,000
수정 후	11.12	(차) 퇴직급여(806,판매관리비)	17,000,000	(대) 보통예금	17,000,000

(*) 확정기여형(DC)은 종업원 명의 퇴직연금계좌에 입금해 퇴직금을 지급한 것이므로 납입액을 퇴직급여 처리해야 함.

05 [1] 발생하였으나 지급받지 못한 미수이자 인식

12.31	(차) 미수수익(116,유동자산)	225,000	(대) 이자수익(901,영업외수익)	225,000

(*) 10,000,000 × 4.5% × 6개월/12개월 = 225,000원

[2] 12월 31일 기준으로 1년 이내 상환기일이 도래하면 유동성장기부채로 재분류해야 함.

12.31	(차) 장기차입금(경남은행)	50,000,000	(대) 유동성장기부채(경남은행)	50,000,000

[3] 받아둔 부가가치세(부가세예수금)와 납부한 부가가치세(부가세대급금)을 상계처리하면서 환급받을 금액을 미수금 처리

12.31	(차) 부가세예수금 미수금	52,346,500 402,500	(대) 부가세대급금	52,749,000

06 [1] 거래처원장: 양주기업, 50,000,000원
　　　[거래처원장] ⇒ 기간 6월 30일 ~ 6월 30일, 계정과목: 0108.외상매출금 조회, 잔액이 가장 큰 양주기업 잔액 확인

[2] 계정별원장: 4월
　　　[계정별원장] ⇒ 배당금수익 조회

[3] 부가가치세신고서: 295,395,000원
　　　[부가가치세신고서] ⇒ 기간: 4월 1일 ~ 6월 30일, 과세 세금계산서 발급분 공급가액 290,395,000원 + 영세 세금계산서 발급분 공급가액 5,000,000원 = 295,395,000원

[115회 - 이론]

01 ④ 기간별로 보고를 하기 위해 매년 단위로 끊어 마감을 해야 하므로 기말결산정리를 하는 것임.

02 ④ 선수수익은 미리 받은 수익으로 유동부채임. 대표적인 선수수익이 월세 선수령액임.

03 ② 먼저 입고된 것이 먼저 판매되는 것이 실제 물량 흐름과 맞음. 물가 상승 시 싸게 구입한 것이 판매되어 매출원가가 과소하게 계산되어 당기순이익이 늘어남. → 선입선출법에 대한 설명임.

04 ③ ① 건물피난시설, ② 내용연수 연장시키는 지출, ④ 상당한 품질향상을 가져오는 지출은 자본적 지출로 처리하여 유형자산 가액을 증가시켜야 함. ③ 조명기구 교체는 현상 유지 비용으로 수익적 지출(당기 비용) 처리함.

05 ① 무형자산은 잔존가치를 0원으로 하여 감가상각 해야 함.

06 ① 임차보증금은 세입자가 건물주에게 지급한 것으로 임차기간 종료시 돌려받아야 하므로 기타의 비유동자산임.

07 ③ ① 자기주식처분이익, ② 감자차익, ④ 주식발행초과금은 자본잉여금이고 ③ 자기주식은 자본조정임.

08 ③
- 매출: 총매출액(500,000) – 매출할인(10,000) = 490,000원
- 매출원가: 기초재고(50,000) + 당기매입(총매입 300,000 – 매입에누리 20,000) – 기말재고(0) = 330,000원
- 판매관리비: 급여(20,000) + 통신비(5,000) + 감가상각비(10,000) + 임차료(25,000) = 60,000원
- 영업이익: 매출(490,000원) – 매출원가(330,000원) – 판매관리비(60,000원) = 100,000원

09 ① 직접배분법, 단계배분법, 상호배분법 중 어느 방법이던 전체 보조부문의 원가는 동일함.

10 ③
- 조업도에 따른 변동: 변동원가고정원가
- 원가 추적 가능성: 직접원가간접원가
- 의사결정 관련성 여부: 관련원가매몰원가

11 ③
- 2024년 제조간접비 예정배부율: 3,800,000원 ÷ 80,000원 = 47.5원/시간당
- #200 제조간접비 배부액: 11,000시간 × 47.5원 = 522,500원

12 ① 평균법은 기초재공품이 당기에 모두 다시 작업한다는 가정을 하고 있음. 즉, 평균법과 선입선출법은 기초재공품이 없다면 환성품 환산량이 동일하게 계산됨.

13 ③ 사업자단위과세사업자는 본점에서 사업자등록을 대표로 한 뒤 세금계산서 발행, 부가가치세 신고, 납부 등 업무를 모두 총괄하여 진행함.

14 ④ 제조업 사업자가 면세농산물을 구입하여 과세 물품을 판매할 경우 의제매입세액 공제를 받을 수 있음.

15 ③ 구매확인서에 의해 공급하는 내국수출은 세금계산서를 발급해야 함.

[115회 - 실무]

01

[1] [기초정보관리] - [거래처등록] - 일반거래처 탭 클릭 후 아래 내용 입력

- 거래처코드: 02411
- 유형: 3.동시
- 종목: 컴퓨터 및 주변장치
- 거래처명: ㈜구동컴퓨터
- 대표자: 이주연
- 사업장주소: 울산광역시 울주군 온산읍 종동길 102
- 등록번호: 189-86-70759
- 업태: 제조

[2] [기초정보관리] - [계정과목및적요등록] - 821.보험료 - 현금적요, 대체적요 입력

- 현금적요 NO.7, 경영인 정기보험료 납부
- 대체적요 NO.5, 경영인 정기보험료 미지급
- 대체적요 NO.6, 경영인 정기보험료 상계

[3] [거래처별초기이월] 클릭

- 선급금: 공상㈜ 1,873,000원 입력, 해원전자㈜ 1,320,000원 → 2,320,000원으로 수정
- 선수금: ㈜유수전자 210,000원 → 2,100,000원으로 수정, 데회전자 500,000원 삭제(또는 금액을 0원으로 수정)

02

[1] 탕감 받은 300,000원은 채무면제이익(영업외수익) 선택

07.28	(차) 외상매입금((주)경재전자)	2,300,000	(대) 지급어음((주)경재전자)	2,000,000
			채무면제이익(영업외수익)	300,000

[2] 차변에 단기차입금 줄이고 이자비용 인식

09.03	(차) 단기차입금(하나은행)	82,000,000	(대) 보통예금	84,460,000
	이자비용(영업외비용)	2,460,000		

[3] 선적일 환율(1,400원/1$) ⇒ 환전일 환율(1,380원/1$)로 달러당 환율 20원 하락해 외환차익 발생. $10,000원 × (1,400 - 1,380) = 200,000원

09.12	(차) 보통예금	13,800,000	(대) 외상매출금(DOKY)	14,000,000
	외환차손(영업외비용)	200,000		

(*) 보통예금 입금액: $10,000원 × 1,380원 = 13,800,000원, 외상매출금: $10,000원 × 1,400원 = 14,000,000원

[4] 액면 5,000원 ⇒ 7,000원으로 1주당 2,000원 할증발행. 주식발행초과금 2,000,000원(1,000주 × 2,000원) 발생. 신주 발행 전 주식할인발행차금 1,000,000원을 먼저 없애야 함.

10.07	(차) 보통예금	7,000,000	(대) 자본금	5,000,000
			주식할인발행차금	1,000,000
			주식발행초과금	1,000,000

(*) 액면가액: 1,000주 × 5,000원 = 5,000,000원, 발행액: 1,000주 × 7,000원 = 7,000,000원

[5] 확정기여형(DC)은 종업원 명의 퇴직연금계좌에 입금해 퇴직금을 지급한 것이므로 납입액을 퇴직급여(당기비용) 처리해야 함.

10.28	(차) 퇴직급여(806,판매관리비)	4,000,000	(대) 보통예금	12,000,000
	퇴직급여(508,제조원가)	8,000,000		

[6] 대손처리한 외상매출금이 회수되면 대손충당금을 살려줘야 함.

11.12	(차) 보통예금	2,500,000	(대) 대손충당금(109,외상매출금)	2,500,000

03 [1] 유형: '57.카과', 신용카드로 과세 물품 매입

유형: 57.카과, 공급가액: 300,000원, 부가세: 30,000원, 공급처명: 맛나도시락, 분개: 혼합, 신용카드사: 현대카드				
07.03	(차) 복리후생비(811,판매관리비) 부가세대급금	300,000 30,000	(대) 미지급금(현대카드)	330,000

[2] 유형: '14.건별', 무증빙으로 과세 물품 판매, 거래처는 최한솔 입력

유형: 14.건별, 공급가액: 1,200,000원, 부가세: 120,000원, 공급처명: 최한솔, 분개: 혼합				
08.06	(차) 현 금	1,320,000	(대) 잡이익(930,영업외수익) 부가세예수금	1,200,000 120,000

[3] 유형: '12.영세', 내국신용장에 의한 내국 수출

유형: 12.영세, 공급가액: 5,200,000원, 공급처명: ㈜선월재, 전자: 여, 분개: 혼합, 영세율구분: ③ 내국신용장·구매확인서에 의하여 공급하는 재화				
08.29	(차) 현 금 외상매출금((주)선월재)	500,000 4,700,000	(대) 제품매출	5,200,000

[4] 유형: '11.과세', 전자세금계산서 발행하면서 과세 물품 매출

유형: 11.과세, 공급가액: 10,000,000원, 부가세: 1,000,000원, 공급처명: ㈜우성유통, 전자: 여, 분개: 혼합				
10.15	(차) 받을어음(하움공업) 외상매출금((주)우성유통)	8,000,000 3,000,000	(대) 제품매출 부가세예수금	10,000,000 1,000,000

(*) 받을어음 거래처는 어음 발행처인 하움공업 입력

[5] 유형: '55.수입', 원재료 수입하면서 세관에 수입부가가치세 현금 납부

유형: 55.수입, 공급가액: 6,000,000원, 부가세: 600,000원, 공급처명: 인천세관, 전자: 부, 분개: 혼합				
10.30	(차) 부가세대급금	600,000	(대) 당좌예금	600,000

(*) '55.수입'을 입력하면 부가가치세만 분개처리됨.

[6] 유형: '62.현면', 현금영수증 수취하면서 면세품(과일) 구입

유형: 62.현면, 공급가액: 275,000원, 공급처명: 두나과일, 분개: 혼합				
12.02	(차) 복리후생비(511,제조원가)	275,000	(대) 현 금	275,000

04

[1] 일반전표 조회 후 오류 수정

수정 전	11.01	(차) 단기매매증권	12,120,000	(대) 현금	12,120,000
수정 후	11.01	(차) 단기매매증권 　　　수수료비용(984,영업외비용)	12,000,000 120,000	(대) 현금	12,120,000

(*) 단기매매증권은 취득수수료를 당기비용 처리해야함.

[2] 매입매출전표 조회 후 오류 수정

수정 전	유형: 51.과세, 공급가액: 800,000원, 부가세: 80,000원, 공급처명: ㈜산들바람, 전자: 부, 분개: 혼합				
	11.26	(차) 부가세대급금 　　　소모품비(530,제조원가)	80,000 800,000	(대) 현금	880,000
수정 후	유형: 54.불공, 공급가액: 800,000원, 부가세: 80,000원, 공급처명: ㈜산들바람, 전자: 부, 분개: 혼합				
	11.26	(차) 기업업무추진비(513,제조원가)	880,000	(대) 현금	880,000

(*) 재료 매입거래처 선물비용은 기업업무추진비(제조원가)임.

05

[1] 받아둔 부가가치세(부가세예수금)와 납부한 부가가치세(부가세대급금)을 상계처리하면서 환급받을 금액을 미수금 처리

12.31	(차) 부가세예수금 　　　미수금	14,630,000 8,230,000	(대) 부가세대급금	22,860,000

[2] 대여금 미수이자 계상: 30,000,000 × 7% × (3개월/12개월) = 525,000원

12.31	(차) 미수수익(116,당좌자산)	525,000	(대) 이자수익(901,영업외수익)	525,000

[3] 12월 31일 기준으로 1년 이내 상환기일이 도래하면 유동성장기부채로 재분류해야 함.

12.31	(차) 장기차입금(신한은행)	13,000,000	(대) 유동성장기부채(신한은행)	13,000,000

06

[1] 거래처원장: 민선전자, 36,603,000원

　　[거래처원장] ⇒ 기간 6월 30일 ~ 6월 30일, 1월 1일 ~ 6월 30일 조회, 251.외상매입금 조회 ⇒ 잔액이 가장 큰 민선전자 확인.

[2] 총계정원장: 2월, 800,000원

　　[총계정원장] ⇒ 1월 1일 ~ 3월 31일 → 계정과목: 소모품비(830) 조회, 금액이 가장 큰 월은 2월임.

[3] 세금계산서합계표: 2매, 440,000원

　　[세금계산서합계표] ⇒ 기간: 4월 ~ 6월 조회, 매입의 ㈜하이일렉의 매수와 세액 확인

[114회 - 이론]

01 ② ① 보통예금(자산) 증가, 외상매출금(자산) 감소
② 기계장치(자산) 증가, 미지급금(부채) 증가
③ 보통예금(자산) 증가, 임대료(수익) 발생
④ 이자비용(비용) 발생, 보통예금(자산) 감소

02 ④ 병원 사업장 소재지의 토지, 건물은 업무에 사용하는 유형자산임.

03 ② • 당해 연도 감가상각비: (3,000,000 - 300,000) × 5/(1 + 2 + 3 + 4 +5) = 900,000원
• 장부금액: 취득가액(3,000,000) - 감가상각누계액(900,000) = 2,100,000원

04 ③ • 무형자산: 특허권(30,000,000) + 상표권(22,000,000) = 52,000,000원
• 연구단계 발생 비용은 성공가능성을 알 수 없어 모두 당기 비용 처리

05 ② 매도가능증권 취득 시 발생한 수수료는 취득원가에 가산함. 단, 단기매매증권 취득 수수료는 당기 비용 처리함.

06 ④ 채권의 차감계정은 대손충당금임.

07 ① 자본잉여금은 가. 주식발행초과금, 라. 감자차익

08 ③ (가)는 배당결의일이고 (나)는 배당금 지급일임.

09 ① 원가행태에 따라 변동비, 고정비, 준변동비(혼합원가), 준고정원가(계단원가)로 구분함.

10 ④ • 매출원가(2,000,000) = 기초제품(0) + 당기제품제조원가 - 기말제품(500,000) → 당기제품제조원가는 2,500,000원임.
• 당기제품제조원가(2,500,000) = 기초재공품(0) + 당기총제조원가 - 기말재공품(300,000) → 당기총제조원가는 2,800,000원임.

11 ④ 평균법은 기초재공품도 모두 당기에 다시 작업한다는 가정임. 기초재공품 1,000개 + 당기 착수 10,000원 = 11,000개가 평균법 재료비 완성품환산량임.

12 ② 원가를 제조공정별로 집계한 후 이를 생산량으로 나누어 단위당 원가를 계산하는 것은 종합원가계산 방법임.

13 ② 부가가치세는 인적 사항을 고려하는 인(人)세가 아니라 물(物)세임.

14 ④ 부동산임대업자가 매각하는 상가 건물은 부가가치세 과세대상임.

15 ③ 부가가치세 매출세액은 가. 과세표준 × 세율로 계산하며, 나. 과세표준은 공급가액을 합하여 계산하며, 다. 수입 시 부가가치세 과세표준은 관세과세가액, 관세, 개별소비세, 주세, 교육세, 농어촌특별세, 교통에너지환경세를 합하여 계산함.

[114회 - 실무]

01 [1] [기초정보관리] - [거래처등록] - 일반거래처 탭 클릭 후 아래 내용 입력

• 코드: 00500	• 거래처명: 한국개발	• 유형: 3.동시
• 사업자등록번호: 134-24-91004	• 대표자성명: 김한국	• 업태: 정보통신업
• 종목: 소프트웨어개발	• 주소: 경기도 성남시 분당구 판교역로192번길 12 (삼평동)	

[2] [기초정보관리] - [계정과목및적요등록] - 862번에 아래 계정과목 신규 등록

• 코드: 862	• 계정과목명: 행사지원비	• 성격: 3.경비
• 현금적요 NO.1: 행사지원비 현금 지급	• 대체적요 NO.1: 행사지원비 어음 발행	

[3] • [전기분원가명세서] 부재료비 - 당기부재료매입액 3,000,000원 추가입력, 당기제품제조원가 87,250,000원 → 90,250,000원으로 변경 확인
  • [전기분손익계산서] 당기제품제조원가 87,250,000원 → 90,250,000원으로 변경, 당기순이익 81,210,000원 → 78,210,000원으로 변경 확인
  • [전기분잉여금처분계산서] F6 불러오기, 당기순이익 81,210,000원 → 78,210,000원으로 변경 확인, 미처분이익잉여금 93,940,000원 → 90,940,000원으로 변경 확인
  • [전기분재무상태표] 이월이익잉여금 90,940,000원으로 수정, 외상매입금 90,000,000원으로 수정

02 [1] 확정기여형(DC)은 종업원 명의 퇴직연금계좌에 입금해 퇴직금을 지급한 것이므로 납입액을 퇴직급여(당기비용) 처리해야 함.

07.05	(차) 퇴직급여(806, 판매관리비)	1,400,000	(대) 보통예금	1,400,000

[2] 외상매출금 없애고 받을어음, 보통예금으로 대체

07.25	(차) 받을어음((주)고운상사)	5,500,000	(대) 외상매출금((주)고운상사)	9,900,000
	보통예금	4,400,000		

[3] 받을어음 매각거래 시 할인수수료는 매출채권처분손실(영업외비용) 처리

08.30	(차) 매출채권처분손실(956,영업외비용)	5,000,000	(대) 받을어음((주)재원)	50,000,000
	보통예금	45,000,000		

[4] 배당금수익(영업외수익) 인식

10.03	(차) 보통예금	2,300,000	(대) 배당금수익(903,영업외수익)	2,300,000

[5] 소득세 등 원천징수 금액은 예수금 처리

10.31	(차) 급여(801,판매관리비)	4,900,000	(대) 예수금(254,유동부채)	381,080
			보통예금	4,518,920

[6] 액면 금액 보다 비싸게 발행한 금액을 사채할증발행차금 처리

12.21	(차) 당좌예금	8,450,000	(대) 사 채(291,비유동부채)	8,000,0000
			사채할증발행차금(313)	450,000

03 [1] 유형: '16.수출', 해외 직수출로 영세율 매출, 환율은 선적일 환율 1,200원/$ 적용

유형: 16.수출, 공급가액: 6,000,000원, 부가세: 0원, 공급처명: NDVIDIA, 분개: 혼합, 영세율구분: ①직접수출(대행수출 포함)				
07.20	(차) 외상매출금(NDVIDAI)	6,000,000	(대) 제품매출	6,000,000

(*) 매출금액: $5,000 × 1,200원 = 6,000,000원

[2] 유형: '13.면세', 토지를 면세로 매출.

유형: 13.면세, 공급가액: 65,000,000원, 공급처명: 돌상상회, 전자: 여, 분개: 혼합				
07.23	(차) 보통예금 미수금(돌상상회)	30,000,000 35,000,000	(대) 토 지 유형자산처분이익(914)	62,000,000 3,000,000

(*) 유형자산처분이익: 처분금액(65,000,000) - 62,000,000(장부가액) = 3,000,000원

[3] 유형: '57.카과', 신용카드로 과세 비용 매입, 상거래 이외 외상이므로 미지급금 처리

유형: 57.카과, 공급가액: 4,000,000원, 부가세: 400,000원, 공급처명: 광고닷컴, 분개: 혼합, 신용카드사:현대카드				
08.10	(차) 광고선전비(판매관리비) 부가세대급금	4,000,000 400,000	(대) 미지급금(현대카드)	4,400,000

(*) 미지급금은 카드사에 갚아야 하므로 거래처는 카드사 입력

[4] 유형: '51.과세', 전자세금계산서 수취한 과세 매입

유형: 51.과세, 공급가액: 12,000,000원, 부가세: 1,200,000원, 공급처명: ㈜고철상사, 전자: 여, 분개: 혼합				
08.17	(차) 원재료 부가세대급금	12,000,000 1,200,000	(대) 지급어음((주)고철상사) 외상매입금((주)고철상사)	5,000,000 8,200,000

[5] 유형: '61.현과', 현금영수증 수취한 과세 매입

유형: 61.현과, 공급가액: 5,000,000원, 부가세: 500,000원, 공급처명: ㈜와마트, 분개: 혼합				
08.28	(차) 비 품 부가세대급금	5,000,000 500,000	(대) 현 금	5,500,000

[6] 유형: '54.불공', 업무무관지출로 매입세액공제 받을 수 없음.

유형: 54.불공, 공급가액: 25,000,000원, 부가세: 2,500,000원, 공급처명: 대박호텔㈜, 전자: 여, 분개: 혼합, 불공제사유: ② 사업과 직접 관련 없는 지출				
11.08	(차) 가지급금(김영순)	27,500,000	(대) 보통예금	27,500,000

(*) 대표이사 김영순으로부터 돌려받아야 하므로 일단 가지급금 처리, 거래처 김영순

04 [1] 매입매출전표 조회 후 오류 수정: '51.과세' → '53.면세'

수정 전	유형: 51.과세, 공급가액: 90,909원, 부가세: 9,091원, 공급처명: 호호꽃집, 전자: 여, 분개: 혼합				
	11.12	(차) 부가세대급금 소모품비(판매관리비)	9,091 90,909	(대) 현금	100,000
수정 후	유형: 53.면세, 공급가액: 100,000원, 공급처명: 호호꽃집, 전자: 여, 분개: 혼합				
	11.12	(차) 소모품비(판매관리비)	100,000	(대) 현금	100,000

(*) 공기정화식물은 면세품이므로 '51.과세' → '53.면세'로 오류수정

[2] 매입매출전표 조회 후 오류 수정: 수익적 지출(수선비) → 자본적지출(건물)

수정 전	유형: 51.과세, 공급가액: 80,000,000원, 부가세: 8,000,000원, 공급처명: ㈜베스트디자인, 전자: 여, 분개: 혼합				
	12.12	(차) 부가세대급금 수선비(판매관리비)	8,000,000 80,000,000	(대) 보통예금	88,000,000
수정 후	유형: 51.과세, 공급가액: 80,000,000원, 부가세: 8,000,000원, 공급처명: ㈜베스트디자인, 전자: 여, 분개: 혼합				
	12.12	(차) 부가세대급금 건물	8,000,000 80,000,000	(대) 보통예금	88,000,000

05 [1] 단기매매증권 평가이익 인식

12.31	(차) 단기매매증권	2,500,000	(대) 단기매매증권평가이익(영업외수익)	2,500,000

(*) 12,500,000(기말 시장가격) - 10,000,000(취득가액) = 2,500,000

[2] 장기대여금에 대한 외화환산이익 인식: 2,240,000 - 2,100,000 = 140,000원

12.31	(차) 장기대여금(GODS)	140,000	(대) 외화환산이익(영업외수익)	140,000

(*) 결산일 장기대여금: $2,000 × 1,120원 = 2,240,000원

[3] [결산자료입력] 9.법인세등의 1) 선납세금 결산반영금액 7,000,000원 입력, 2) 추가계상액에 8,000,000원 입력 후 F3 전표추가 클릭. 단, 아래와 같이 12월 31일 자 분개를 입력해도 됨.

12.31	(차) 법인세등	15,000,000	(대) 선납세금(136,당좌자산) 미지급세금(261,유동부채)	7,000,000 8,000,000

06 [1] 일계표(월계표): 기업업무추진비, 50,000원

[일계표(월계표)] ⇒ 기간 3월 ~ 3월, 판매관리비 계정과목 중 금액이 가장 적은 기업업무추진비 금액 확인

[2] 재무상태표: 5,730,000원

[재무상태표] ⇒ 2월로 조회하여 미수금 22,530,000원, 미지급금 16,800,000원 조회, 차액은 22,530,000원 - 16,800,000원 = 5,730,000원

[3] 부가가치세신고서: 3,060,000원

[부가가치세신고서] ⇒ 기간: 4월 1일 ~ 6월 30일 조회, 공제받지못할매입세액(16)란의 세액 확인

[113회 - 이론]

01 ③ 회계의 기본가정에는 기업실체의 가정, 계속기업의 가정, 기간별 보고의 가정이 있음. ③은 현금주의에 대한 설명으로 회계는 발생주의를 원칙으로 함.

02 ③ ② 매입수수료, ④ 매입 시 운반수수료는 매입가액에 가산하며 ③ 매입환출및에누리는 매입가액에서 차감하여 계산함.

03 ③ 건물매입금액(2,000,000,000) + 자본화 대상 차입원가(150,000,000) + 건물 취득세(200,000,000) = 23억 5,000만 원

04 ④ 무형자산의 내용연수는 20년 이내임.

05 ① 기본재무제표는 재무상태표, 손익계산서, 현금흐름표, 자본변동표, 주석이 있음. 시산표는 기본재무제표가 아님.

06 ② 유동성장기부채는 결산일 기준 1년 이내에 상환해야 하는 유동부채임.

07 ④ 총포괄이익 = 당기순이익 + 기타포괄손익으로 계산하므로 매도가능증권평가이익(기타포괄손익누계)기 총포괄이익, 즉 포괄손익계산서에 영향을 미침.

08 ①
- 매출원가: 기초상품(219,000) + 당기매입(350,000) - 기말상품(110,000) = 459,000원
- 매출(290,000) - 매출원가(459,000) - 판매관리비(191,000) = 당기순손실 360,000원

09 ① 고정원가는 총원가는 일정하되 조업도가 증가할수록 단위당 원가는 감소함. 변동원가는 단위당 원가는 일정하되 조업도가 증가할수록 총원가는 증가함.

10 ② 단계배분법은 보조부문의 원가 배부순서를 정하여 그 순서에 따라 단계적으로 보조부문원가를 다른 보조부문과 제조부문에 배부하는 방법임.

11 ②
- 원재료비: 기초원재료(300,000) + 당기원재료매입액(1,300,000) - 기말원재료(450,000) = 1,150,000원
- 전기미지급임금액(150,000) + 당기 노무비 발생액 - 당기임금지급액(350,000) = 당기미지급임금액(250,000) → 당기 노무비 발생액은 450,000원
- 당기총제조원가: 원재료비(1,150,000) + 노무비(450,000) + 제조간접비(700,000) = 2,300,000원

12 ④ 실제 조업도에 예정배부율을 곱해 제조간접비를 계산하는 것은 개별원가계산임.

13 ③ 사업자등록을 한 일반과세자는 세금계산서를 발급할 수 있음. 간이과세자는 직전 사업연도 공급대가 4,800만 원 이상인 경우에만 세금계산서 발급이 가능함.

14 ② 중소기업 외상매출금으로 회수기일이 2년 이상 지난 외상매출금의 대손인정은 특수관계자 없는 경우에만 적용됨.

15 ④ 위탁판매는 수탁자가 판매하는 시점이 부가가치세 공급시기임.

[113회 - 실무]

01 [1] [기초정보관리] - [거래처등록] - 일반거래처 탭 클릭 후 아래 내용 입력

• 코드: 00777	• 거래처명: ㈜슬기로운	• 유형: 3.동시
• 사업자번호: 253-81-13578	• 대표자성명: 김슬기	• 업태: 도매
• 종목: 금속	• 사업장주소: 부산광역시 부산진구 중앙대로 663(부전동)	

[2] [기초정보관리] - [계정과목및적요등록] - 134.가지급금에 대체적요 등록

대체적요 NO 8: 출장비 가지급금 정산

[3] • [전기분원가명세서] 임금 45,000,000원 → 47,200,000원 수정, 당기제품제조원가 398,580,000원 → 400,780,000원 변경 확인
  • [전기분손익계산서] 제품매출원가의 당기제품제조원가 398,580,000원 → 400,780,000원 수정, 매출원가 391,580,000원 → 393,780,000원 변경 확인, 급여 86,500,000원 → 84,300,000원 수정, 당기순이익 74,960,000원 확인
  • 전기분재무상태표 및 전기분잉여금처분계산서 변동 없음

02 [1] 계약금 지급은 선급금 처리. 당좌수표 발행하면 당좌예금에서 인출됨.

07.15	(차) 선급금(131, ㈜상수)	3,000,000	(대) 당좌예금	3,000,000

[2] 만기 1년 이내이므로 단기차입금 처리

08.05	(차) 선급비용(133)	36,000,000	(대) 단기차입금(우리은행)	900,000,000
	보통예금	864,000,000		

[3] 미지급 임차료 100만 원 차감 후 900만 원을 보통예금으로 입금 받음.

09.10	(차) 미지급금((주)대운)	1,000,000	(대) 임차보증금((주)대운)	10,000,000
	보통예금	9,000,000		

[4] 외상매출금 130만 원을 보통예금으로 회수

10.20	(차) 보통예금	1,300,000	(대) 외상매출금((주)영광상사)	1,300,000

[5] 장기투자목적의 매도가능증권 취득 수수료는 취득원가에 가산

11.29	(차) 매도가능증권(178)	20,240,000	(대) 보통예금	20,240,000

(*) 10,000원 × 2,000주 + 240,000원 = 20,240,000원

[6] 재고자산 취득의 부대비용(관세, 운송비 등)은 취득원가에 가산

12.08	(차) 상 품	7,560,000	(대) 보통예금	7,560,000

03 [1] 유형: '51.과세', 전자세금계산서 수취하는 과세 매입

	유형: 51.과세, 공급가액: 950,000원, 부가세: 95,000원, 공급처명: ㈜산양산업, 전자: 여, 분개: 혼합			
08.10	(차) 소모품(173) 부가세대급금	950,000 95,000	(대) 현금	1,045,000

[2] 유형: '52.영세', 내국신용장으로 영세율전자세금계산서 수취하면서 영세율 매입

	유형: 52.영세, 공급가액: 34,000,000원, 부가세: 0원, 공급처명: ㈜로띠상사, 전자: 여, 분개: 혼합			
08.22	(차) 원재료	34,000,000	(대) 지급어음(㈜로띠상사)	34,000,000

[3] 유형: '53.면세', 전자계산서 수취하면서 면세품(미가공식품) 매입

	유형: 53.면세, 공급가액: 800,000원, 공급처명: 송강수산, 전자: 여, 분개: 혼합			
08.25	(차) 복리후생비(판매관리비) 기업업무추진비(판매관리비)	500,000 300,000	(대) 보통예금	800,000

[4] 유형: '54.불공', 대표이사 개인적 지출은 매입세액공제 받을 수 없음.

	유형: 54.불공, 공급가액: 2,100,000원, 부가세: 210,000원, 공급처명: 상해전자㈜, 전자: 여, 분개: 혼합, 불공제사유: ②사업과 직접 관련 없는 지출			
10.16	(차) 가지급금(황동규)	2,310,000	(대) 미지급금(상해전자㈜)	2,310,000

[5] 유형: '17.카과', 카드로 과세 물품 판매

	유형: 17.카과, 공급가액: 700,000원, 부가세: 70,000원, 공급처명: 김은우, 분개: 혼합, 신용카드사: 신한카드			
11.04	(차) 외상매출금(신한카드)	770,000	(대) 제품매출 부가세예수금	700,000 70,000

(*) 외상대금을 신한카드에서 수령하므로 거래처 신한카드 입력

[6] 유형: '57.카과', 카드로 과세 물품 매입

	유형: 57.카과, 공급가액: 800,000원, 부가세: 80,000원, 공급처명: ㈜뚝딱수선, 분개: 혼합, 신용카드사: 하나카드			
12.04	(차) 수선비(제조원가) 부가세대급금	800,000 80,000	(대) 미지급금(하나카드)	880,000

(*) 상거래 이외 외상매입으로 미지급금 처리, 카드사에 대금 갚아야 하므로 거래처 하나카드 입력

04 [1] 일반전표 조회 후 오류 수정: 장기차입금 중 1년 이내 상환기일 금액을 단기차입금 처리

수정 전	09.09	(차) 보통예금	5,000,000	(대) 장기차입금((주)초록산업)	5,000,000
수정 후	09.09	(차) 보통예금	5,000,000	(대) 장기차입금((주)초록산업) 단기차입금((주)초록산업)	3,000,000 2,000,000

[2] 일반전표 삭제 후 매입매출전표 신규 입력

수정 전	10.15	(차) 차량유지비(판매관리비)	275,000	(대) 현 금	275,000
수정 후		유형: 51.과세, 공급가액: 250,000원, 부가세: 25,000원, 공급처명: 바로카센터, 전자: 여, 분개: 혼합			
	10.15	(차) 부가세대급금 차량유지비(판매관리비)	25,000 250,000	(대) 현 금	275,000

05 [1] 환율 상승(1,100원/$ → 1,200원/$)로 외화환산손실 인식

12.31	(차) 외화환산손실(영업외손실)	200,000	(대) 외상매입금(NOVONO)	200,000

(*) 외상매입금 잔액 $2,000 × (1,200원 - 1,100원) = 200,000원

[2] 단기매매증권손실 인식: 56,000,000원 → 54,000,000원, 2,000,000원 하락

12.31	(차) 단기매매증권평가손실(영업외비용)	2,000,000	(대) 단기매매증권	2,000,000

[3] 전액 비용(보험료) 처리했던 금액 중 기간 미경과분을 선급비용(자산)으로 인식

12.31	(차) 선급비용(133.당좌자산)	1,200,000	(대) 보험료(제조경비)	1,200,000

(*) 미경과분: 3,600,000원 × (4개월/12개월) = 1,200,000원

06 [1] 부가가치세신고서: 공급가액 5,100,000원, 세액 300,000원
　　　[부가가치세신고서] ⇒ 기간: 4월 1일 ~ 6월 30일 조회, 과세표준 및 매출세액란의 예정신고누락분 금액 및 세액 확인

[2] 총계정원장: 4월, 416,000원
　　　[총계정원장] ⇒ [월별] 탭 클릭, 4월 1일 ~ 6월 30일 조회, 계정과목: 511.복리후생비 조회, 가장 금액이 큰 월 4월과 금액 416,000원 확인

[3] 거래처원장: 세경상사, 50,000,000원
　　　[거래처원장] ⇒ 기간: 1월 1일 ~ 4월 30일 조회, 계정과목: 253.미지급금 조회 후 잔액이 가장 큰 거래처와 금액 확인

[112회 - 이론]

01 ③ 기본재무제표는 재무상태표, 손익계산서, 현금흐름표, 자본변동표, 주석이 있음. 제조원가명세서는 기본재무제표가 아님.

02 ④ 정액법은(취득가액 - 잔존가치) ÷ 내용연수로 계산됨. 생산량은 생산량비례법에 사용됨.

03 ② 이익잉여금처분계산서는 이익잉여금의 변동을 나타내는 표로 이익잉여금은 법정적립금(이익준비금), 임의적립금, 이익잉여금으로 구성됨. 자기주식은 이익잉여금과 관련 없음.

04 ① 위탁매출은 수탁자가 판매하는 시점이 수익인식 시점임.

05 ① 임차보증금은 기타비유동자산이고 산업재산권, 프랜차이즈, 소프트웨어는 무형자산임.

06 ③ 자기주식처분이익은 자본잉여금이고 자시주식, 주식할인발행차금, 감자차손은 자본조정임.

07 ④
- 매출원가 = 기초재고자산 + 당기 매입 - 기말재고자산이므로
- 실제 기말재고자산 50,000,000원 → 장부상 기말재고자산 45,000,000원으로 실제보다 5,000,000원 기말재고자산을 과소계상하면
- 매출원가 5,000,000원 과대계상 → 당기순이익 5,000,000원 과소계상 → 자본 5,000,000원 과소계상

08 ④ ① 상거래(상품, 원재료 등) 이외 거래의 외상구입은 외상매입금이 아니라 "미지급금" 계정과목 사용, ② 당좌수표는 당장 사용이 가능하므로 "현금" 계정과목 사용, ③ 유형자산 취득 중개수수료는 취득원가에 가산함.

(차) 투자부동산	5,200,000	(대) 미지급금	5,000,000
		현 금	200,000

09 ① 고정원가는 조업도 범위 내에서만 의미가 있으며 조업도가 증가하면 추가 고정비가 발생하여 총고정비가 증가함.

10 ④ 매출원가는 손익계산서에 표시됨.

11 ② 공장 인사관리 부문은 인원(종업원 수)이 배부기준임.

12 ①
- 직접재료비: 당기 착수 35,000개
- 가공비: 기초재공품 당기 작업 1,500개(5,000개 × 30%) + 당기 착수 & 당기 완성 25,000개 + 기말재공품 3,000개(10,000 × 30%) = 29,500개

13 ② 부가가치세는 수출 촉진을 위해 수출품에는 과세하지 않아 소비되는 국가에서 과세되도록 하고 있으므로 생산지국 과세원칙이 아니라 소비지국 과세원칙임.

14 ③ 폐업 시에는 폐업일이 속하는 달의 다음 달 25일까지 확정신고를 해야 함.

15 ③ ③ 화물차 수리비용은 매입세액공제 받을 수 있고 ④ 정규증빙(세금계산서, 신용카드 매출전표, 현금영수증)이 아닌 간이영수증으로는 매입세액공제를 받을 수 없음.

[112회 - 실무]

01 [1] [기초정보관리] - [거래처등록] - 일반거래처 탭 클릭 후 아래 내용 입력

- 거래처코드: 5230
- 사업자등록번호: 108-86-13574
- 종목: 완구제조
- 거래처명: ㈜대영토이
- 대표자: 박완구
- 사업장주소: 경기도 광주시 오포읍 왕림로 139
- 유형: 3.동시
- 업태: 제조

[2] [거래처별초기이월] 클릭

- 외상매출금: 튼튼사무기 8,300,000원 → 3,800,000원
- 받을어음: ㈜강림상사 20,000,000원 → 2,000,000원
- 외상매입금: ㈜해원상사 4,600,000원 추가 입력

[3] • [전기분재무상태표] 원재료 73,600,000원 → 75,600,000원 수정
- [전기분원가명세서] 기말원재료재고액 73,600,000원 → 75,600,000원 확인, 당기제품제조원가 505,835,000원 → 503,835,000원 확인
- [전기분손익계산서] 당기제품제조원가 505,835,000원 → 503,835,000원 수정, 당기순이익 131,865,000원 → 133,865,000원 확인
- [전기분잉여금처분계산서] 당기순이익 131,865,000원 → 133,865,000원 수정, 미처분이익잉여금 169,765,000원 → 171,765,000원 확인
- [전기분재무상태표] 이월이익잉여금 169,765,000원 → 171,765,000원 수정

02 [1] 급여 지급 시 원천징수 했던 예수금 340,000원(680,000 × 50%)를 차변에 없앰. 제조부서이므로 복리후생비(제조원가) 처리

08.10	(차) 예수금(254,유동부채)	340,000	(대) 보통예금	680,000
	복리후생비(511,제조원가)	340,000		

[2] 부도어음과수표(246,기타비유동자산) 계정과목 사용

08.23	(차) 부도어음과수표(㈜애플전자)	3,500,000	(대) 받을어음(㈜애플전자)	3,500,000

[3] 일용직 급여는 잡급 처리

09.14	(차) 잡급(805, 판매관리비)	420,000	(대) 현 금	420,000

[4] 회사 소유 퇴직연금운용자산과 퇴직급여충당부채 상계 처리

09.26	(차) 퇴직급여충당부채(295)	5,000,000	(대) 퇴직연금운용자산(186)	5,000,000

[5] 단기매매증권 취득수수료는 당기 비용 처리 → 단기매매증권 취득원가 35,000,000원(5,000주 × 7,000원)

10.16	(차) 보통예금	37,000,000	(대) 단기매매증권(107)	35,000,000
			단기매매증권처분이익(906)	2,000,000

(*) 단기매매증권 처분이익: 37,000,000(처분가액) - 35,000,000(처분가액) = 2,000,000원

[6] 사채의 할인발행 → 사채할인발행차금 1,000,000원 인식

11.29	(차) 보통예금	49,000,000	(대) 사 채	50,000,000
	사채할인발행차금(292)	1,000,000		

03 [1] 유형: '11.과세', 전자세금계산서 발행하는 과세 매출

유형: 11.과세, 공급가액: 10,000,000원, 부가세: 1,000,000원, 공급처명: ㈜신도기전, 전자: 여, 분개: 혼합				
09.02	(차) 받을어음((주)신도기전)	8,000,000	(대) 제품매출	10,000,000
	외상매출금((주)신도기전)	3,000,000	부가세예수금	1,000,000

[2] 유형: '57.카과', 신용카드로 과세 물품 매입. 작업복은 제조부서 복리후생비 처리

유형: 57.카과, 공급가액: 450,000원, 부가세: 45,000원, 공급처명: 인천상회, 분개: 혼합, 신용카드사: 우리카드(법인)				
09.12	(차) 복리후생비(제조원가)	450,000	(대) 미지급금(우리카드(법인))	495,000
	부가세대급금	45,000		

(*) 카드사에 대급 지급해야 하므로 미지급금 처리, 거래처 카드사 입력

[3] 유형: '16.수출', 해외로 영세율 직수출, 선적일 환율 1,000원/$ 적용

유형: 16.수출, 공급가액: 100,000,000원, 거래처: PYBIN사, 분개: 혼합, 영세율구분: ① 직접수출(대행수출 포함)				
10.05	(차) 보통예금	100,000,000	(대) 제품매출	100,000,000

(*) 매출액: 100개 × $1,000 × 1,000원 = 100,000,000원

[4] 유형: '53.면세', 전자계산서 수취한 면세품(도서) 현금 구입

유형: 53.면세, 공급가액: 1,375,000원, 거래처: 영건서점, 전자: 여, 분개: 혼합				
10.22	(차) 도서인쇄비(판매관리비)	1,375,000	(대) 현금	1,375,000

[5] 유형: '22.현과', 현금영수증 발행하면서 과세 물품 매출, 제시된 거래처 없으므로 입력 생략

유형: 22.현과, 공급가액: 8,000,000원, 부가세: 800,000원, 공급처명: 없음, 분개: 혼합				
11.02	(차) 보통예금	8,800,000	(대) 제품매출	8,000,000
			부가세예수금	800,000

[6] 유형: '54.불공', 전자세금계산서 수취하면서 매입세액불공제 과세 물품 매입

유형: 54.불공, 공급가액: 500,000원, 부가세: 50,000원, 공급처명: 홍성백화점, 전자: 여, 분개: 혼합, 불공제사유: ④ 기업업무추진비 및 이와 유사한 비용 관련				
12.19	(차) 기업업무추진비(판매관리비)	550,000	(대) 미지급금(국민카드)	550,000

(*) 거래처 접대를 위한 기업업무추진비는 매입세액공제를 받을 수 없음.

04

[1] 일반전표 조회 후 오류 수정: 확정기여형(DC) → 확정급여형(DB)

수정 전	07.31	(차) 퇴직급여(판매관리비)	14,000,000	(대) 보통예금	14,000,000
수정 후	07.31	(차) 퇴직연금운용자산(186)	14,000,000	(대) 보통예금	14,000,000

[2] 매입매출전표 조회 후 오류 수정: 복리후생비 → 기업업무추진비

수정 전	유형: 51.과세, 공급가액: 5,000,000원, 부가세: 500,000원, 공급처명: 다다마트, 전자: 여, 분개: 현금				
	10.28	(차) 부가세대급금 복리후생비(판매관리비)	500,000 5,000,000	(대) 현 금	5,500,000
수정 후	유형: 54.불공, 공급가액: 5,000,000원, 부가세: 500,000원, 공급처명: 다다마트, 전자: 여, 분개: 혼합, 불공제사유: ④ 기업업무추진비 및 이와 유사한 비용 관련				
	10.28	(차) 기업업무추진비(판매관리비)	5,500,000	(대) 현 금	5,500,000

05

[1] 기간 경과분 정기예금 미수이자 인식

12.31	(차) 미수수익(116.당좌자산)	150,000	(대) 이자수익(영업외수익)	150,000

(*) 5,000,000원 × 6% × 6개월/12개월 = 150,000원

[2] 환율 상승으로 외화환산손실 인식: $2,000 × (1,040 - 1,000) = 80,000원

12.31	(차) 외화환산손실(영업외비용)	80,000	(대) 외상매입금(상하이)	80,000

(*) 최초 환율: 2,000,000원 ÷ $2,000 = 1,000원/$

[3] 다음 3가지 방법 중 하나 선택

① [결산자료입력] 기간 1월 ~ 12월 입력 → 판매관리비 대손상각 중 외상매출금칸에 80,000원, 받을어음 칸에 (-)30,000원 입력 → F3 전표 추가 클릭

② [결산자료입력] 기간 1월 ~ 12월 입력 → F8 대손상각 클릭 → 추가설정액 칸에 외상매출금칸에 80,000원, 받을어음 칸에 (-)30,000원 입력 후 [결산반영] 클릭. 단, 매출채권에 대해서만 대손충당금 설정해야 하므로 단기대여금, 미수수익, 미수금, 선급금 칸에는 0원 입력 → F3 전표 추가 클릭

③ 12월 31일자로 아래 일반전표 입력

12.31	(차) 대손상각비(판매관리비) 대손충당금(받을어음)	50,000 30,000	(대) 대손충당금(외상매출금)	80,000

06

[1] 매입매출장: 700,000원

[매입매출장] ⇒ 조회기간: 1기 예정(1월 1일 ~ 3월 31일), 2.매출 - 유형: 22.현과 조회

[2] 일(월)계표: 3,162,300원

[일(월)계표] ⇒ 조회기간: 6월 1일 ~ 6월 30일, 5.제조원가의 차변 중 현금액 확인

[3] 거래처원장: 전설유통, 700,000원

[거래처원장] ⇒ 기간: 1월 1일 ~ 6월 30일 조회, 계정과목: 251.외상매입금 조회 후 잔액이 가장 작은 거래처와 금액 확인

[111회 - 이론]

01 ④ 재무정보의 질적 특성은 신뢰성과 목적적합성이 있음. 보기는 회계정보의 목적적합성에 대한 설명으로 "예측가치, 피드백가치, 적시성"이 이에 해당하는 특성임. 신뢰성과 관련한 특성은 "표현의 충실성, 중립성, 검증가능성"임.

02 ① 비유동자산: 투자자산, 유형자산, 무형자산, 기타비유동자산이 있음. 당좌자산은 유동자산임.

03 ② 실제 물량 흐름은 먼저 구입한 것을 먼저 파는 것임(선입선출법). 물가 상승 시 먼저 싸게 구입한 것을 먼저 판매하므로 매출원가가 낮아짐 → 당기순이익은 증가함.

04 ① 배당금지급통지서(500,000) + 타인발행수표(500,000) = 1,000,000원

05 ④ 주식배당: 이익잉여금 감소, 자본금 증가 → 자본 불변, 무상증자: 자본잉여금 감소, 자본금 증가 → 자본 불변, 즉, 주식배당, 무상증자시 자본(순자산)은 변동이 없음.

06 ② 나. 현금, 바. 외상매출금은 재무상태표에 표시됨.

07 ② · 2022년 감가상각비: 10,000,000 × 45% × (6개월/12개월) = 2,250,000원
· 2023년 감가상각비: (10,000,000 - 2,250,000) × 45% = 3,487,500원

08 ① ① 판매목적 이외 타계정으로 대체되면 판매 가능 재고자산이 줄어들어 매출원가 줄어듦. ② 재고자산평가손실, ③ 정상적인 재고자산 감모손실은 매출원가 처리함. ④ 원재료 구입 시 운반비는 매입가격에 가산해 매출원가 늘어남.

09 ③ 변동원가는 단위당 원가는 고정되어 있어 생산량이 증가해야 총원가가 증가함.

10 ③ 개별원가계산은 항공기, 선박, 건설업 등에 적합한 방법임.

11 ① 공손은 추가 작업을 통해서도 판매가 불가능한 불량품을 말함. 원재료 찌꺼기는 일종의 부산물 또는 작업폐물임.

12 ④ · 예정배부율: 제조간접비 예상액(2,500,000) ÷ 예상 직접노무시간(50,000) = 50원/시간당
· 제조간접비 배부액: 5,000시간 × 50원 = 250,000원
· 제조간접비 실제 발생액: 300,000원 → 과소배부액 50,000원(300,000 - 250,000)

13 ③ 부가가치세 부담 역진성 완화를 위한 것이 면세 제도임.

14 ② 제품을 외상으로 판매해도 부가가치세는 납부해야 함.

15 ③ 매출할인은 매출에서 차감해야 하므로 과세표준에 포함되지 않음.

[111회 - 실무]

01 [1] [기초정보관리] - [계정과목및적요등록] - 831.수수료비용에 현금적요 등록

> 현금적요 NO.8: 결제 대행 수수료

[2] [기초정보관리] - [거래처등록] - 금융기간 탭 클릭 후 아래 내용 입력

> • 거래처코드: 98005　　　• 거래처명: 수협은행　　　• 유형: 3.정기적금
> • 계좌번호: 110-146-980558

[3] [거래처별초기이월] 클릭

> • 지급어음: 천일상사 9,300,000원 → 6,500,000원, 모닝상사 5,900,000원 → 8,700,000원으로 수정
> • 미지급금: 대명㈜ 8,000,000원 → 4,500,000원, ㈜한울 4,400,000원 →7,900,000원으로 수정

02 [1] 급여 지급 시 원천징수 했던 예수금 22,000원을 납부

| 07.10 | (차) 예수금(254) | 22,000 | (대) 보통예금 | 22,000 |

[2] 계약금 지급은 선급금 처리, 당좌수표 발행하면 당좌예금에서 인출됨.

| 07.16 | (차) 선급금((주)홍명) | 1,000,000 | (대) 당좌예금 | 1,000,000 |

[3] 기 인식했던 미지급금을 보통예금으로 지급

| 08.10 | (차) 미지급금(비씨카드) | 2,000,000 | (대) 보통예금 | 2,000,000 |

[4] 전도금(600,000) 없애고 사용한 380,000원을 여비교통비 처리

| 08.20 | (차) 여비교통비(판매관리비)
현 금 | 380,000
220,000 | (대) 전도금(138,당좌자산) | 600,000 |

[5] 상거래 이외 기계장치 처분 시 수령한 어음은 미수금으로 처리되어 있음. 우리기계 발행 당좌수표는 곧장 사용가능하므로 현금 처리

| 09.12 | (차) 현 금 | 8,000,000 | (대) 미수금(우리기계) | 8,000,000 |

[6] 환율 상승으로 외환차익 발생: $30,000 × (1,380 - 1,300) = 2,400,000원

| 10.28 | (차) 보통예금 | 41,400,000 | (대) 외상매출금(lailai)
외환차익(영업외수익) | 39,000,000
2,400,000 |

(*) 보통예금 입금액: $30,000 × 1,380 = 41,400,000원, 외상매출금: $30,000 × 1,300 = 39,000,000원

03 [1] 유형: '11.과세', 전자세금계산서 발행하는 과세 매출

유형: 11.과세, 공급가액: 23,000,000원, 부가세: 2,300,000원, 거래처: ㈜아이닉스, 전자: 여, 분개: 혼합			
07.06	(차) 외상매출금((주)아이닉스) 25,300,000	(대) 제품매출 부가세예수금	23,000,000 2,300,000

[2] • 유형: '14.건별', 증빙 없이 보유 중인 원재료 사업상 증여
- 원재료 사업상 증여: 간주공급으로 시가를 공급가액으로 함.
- 부가가치세: 시가 500,000원 × 10% = 50,000원 ⇒ 기업업무추진비 처리
- 기업업무추진비: 원재료 원가 300,000 + 부가가치세 납부액 50,000 = 350,000원

유형: 14.건별, 공급가액: 500,000원, 부가세: 50,000원, 공급처명: 없음, 분개: 혼합			
08.10	(차) 기업업무추진비(513,제조원가) 350,000	(대) 부가세예수금 제 품 (적요8.타계정으로 대체액)	50,000 300,000

(*) 제품을 판매 이외 타용도로 사용하면 적요8.타계정으로 대체액 반드시 입력해야 함.

[3] 유형: '11.과세', 전자세금계산서 발행하는 과세 매출, 당좌수표는 곧장 사용가능해 현금 처리

유형: 11.과세, 공급가액: 9,000,000원, 부가세: 900,000원, 거래처: 팔팔물산, 전자: 여, 분개: 혼합			
09.16	(차) 현 금 9,900,000	(대) 제품매출 부가세예수금	9,000,000 900,000

[4] 유형: '51.과세', 전자세금계산서 수취한 과세 매입

유형: 51.과세, 공급가액: 5,000,000원, 부가세: 500,000원, 거래처: 잘나가광고, 전자: 여, 분개: 혼합			
09.26	(차) 비 품 5,000,000 부가세대급금 500,000	(대) 보통예금	5,500,000

[5] 유형: '51.과세', 전자세금계산서 수취한 과세 매입

유형: 51.과세, 공급가액: 2,500,000원, 부가세: 250,000원, 거래처: 메타가구, 전자: 여, 분개: 혼합			
10.15	(차) 원재료 2,500,000 부가세대급금 250,000	(대) 받을어음((주)은성가구) 외상매입금(메타가구)	1,000,000 1,750,000

(*) 배서 양도한 받을어음의 거래처는 ㈜은성가구 입력

[6] 유형: '54.불공', 개인적 지출은 매입세액 공제를 받을 수 없음.

54.불공, 공급가액: 3,800,000원, 부가세: 380,000원, 거래처: 니캉전자, 전자: 여, 분개: 혼합, 불공제사유: ② 사업과 직접 관련 없는 지출			
12.20	(차) 가지급금(한태양) 4,180,000	(대) 보통예금	4,180,000

(*) 대표이사로부터 회수할 금액이므로 가지급 처리, 거래처는 대표이사 한태양 입력

04 [1] 매입매출전표 조회 후 오류 수정: 면세 → 매입세액 공제

수정 전	유형: 58.카면, 공급가액: 44,000원, 거래처: 사거리주유소, 분개: 혼합, 신용카드사: 비씨카드				
	08.17	(차) 차량유지비(판매관리비)	44,000	(대) 미지급금(비씨카드)	44,000
수정 후	유형: 57.카과, 공급가액: 40,000원, 부가세: 4,000원, 거래처: 사거리주유소, 분개: 혼합, 신용카드사: 비씨카드				
	08.17	(차) 차량유지비(판매관리비) 부가세대급금	40,000 4,000	(대) 미지급금(비씨카드)	44,000

(*) 1,000cc 이하 소형승용차는 취득, 유지비용을 매입세액공제 가능

[2] 일반전표 오류 수정: 기업업무추진비 → 복리후생비

수정 전	11.12	(차) 기업업무추진비(판매관리비)	500,000	(대) 현금	500,000
수정 후	11.12	(차) 복리후생비(제조원가)	500,000	(대) 현금	500,000

(*) 직원 결혼축의금은 복리후생비임.

05 [1] 받아둔 부가가치세(부가세예수금)와 납부한 부가가치세(부가세대급금)을 상계처리하면서 추가 납부할 금액을 미지급세금 처리

12.31	(차) 부가세예수금	49,387,500	(대) 부가세대급금 미지급세금	34,046,000 15,341,500

[2] 미경과 분 보험료를 선급비용 처리: 7,200,000 × 6개월/12개월 = 3,600,000원

12.31	(차) 선급비용(133.당좌자산)	3,600,000	(대) 보험료(제조원가)	3,600,000

(*) 보험료 지급 시 전액 비용 처리 → 기말에 미경과분을 선급비용 처리 & 보험료 줄여줌.

[3] ① 감가상각비: 30,000,000원 ÷ 5년 × 9개월/12개월 = 4,500,000원

② 다음 2가지 방법 중 하나 선택
- [결산자료입력] 기간 1월 ~ 12월 입력 → 제품매출원가의 7) 경비 중 차량운반구 칸에 4,500,000원 입력 → F3 전표 추가 클릭
- 12월 31일자로 아래 일반전표 입력

12.31	(차) 감가상각비(제조원가)	4,500,000	(대) 감가상각누계액(차량운반구)	4,500,000

06 [1] 계정별원장: 40,000,000원

[계정별원장] ⇒ 조회기간: 4월 1일 ~ 4월 30일 ⇒ 계정과목: 108.외상매출금 조회, 대변 월계금액 확인

[2] 총계정원장: 117,630,000원

[총계정원장] ⇒ 조회기간: 1월 1일 ~ 6월 30일 ⇒ 계정과목: 404.제품매출 조회, 대변 금액 확인 ⇒ 가장 큰 6월 매출액 147,150,000원, 가장 작은 2월 매출액 29,520,000원, 차이 117,630,000원(147,150,000 - 29,520,000)

[3] 부가가치세신고서: 6,372,000원

[부가가치세신고서] ⇒ 기간: 4월 1일 ~ 6월 30일 조회, 11.고정자산매입(세금계산서수취분) 세액란 금액 확인

[110회 - 이론]

01 ① 재무상태표는 일정 시점의 자산, 부채, 자본의 내역을 알려주는 보고서임.

02 ④ 임대보증금은 건물주가 세입자로부터 받은 것으로 통상 수년 뒤에 돌려주므로 비유동부채임.

03 ② 내부적으로 창출한 무형자산은 인식할 수 없으며 타인으로부터 취득한 경우에만 인식할 수 있음.

04 ② 시용판매는 소비자가 구입의사 표시를 한 시점에 수익을 인식함.

05 ① 매출되는 재고의 실제 취득 원가를 개별적으로 파악하여 매출원가로 인식하는 것이 개별법임.

06 ④ • 영업이익 = 매출 - 매출원가 - 판매관리비
  • ① 이자수익(영업외수익), ② 재해손실(영업외비용), ③ 이자비용(영업외비용), ④ 잡급(판매관리비)이므로 ④ 잡급이 영업이익에 영향을 미침.

07 ② • 매도가능증권평가손익은 기타포괄손익(자본항목) 처리, 단기매매증권평가손익, 투자부동산 처분손익은 영업외손익 처리
  • 단기매매증권 평가이익: 결산일 공정가치(3,300,000) - 장부금액(3,000,000) = 300,000원
  • 투자부동산 처분손실: 처분금액(8,800,000) - 장부금액(9,000,000) = 200,000원
  • 당기순이익: 단기매매증권 평가이익 300,000 - 투자부동산 처분손실 200,000 = 100,000원 증가

08 ④ • 기초자본: 기초자산(900,000) - 기초부채(500,000) = 400,000원
  • 기말자본: 기초자본(400,000) + 추가 출자(100,000) - 이익배당(50,000) + 당기순이익(1,100,000 - 900,000) = 650,000원

09 ① 외부정보 이용자에게 유용한 정보를 제공하는 것은 재무회계임.

10 ① 변동원가는 단위당 원가는 고정되어 있고 조업도가 증가하면 총원가가 증가함. 고정원가는 총원가는 고정되어 있고 조업도가 증가하면 단위당 원가는 감소함.

11 ③ 단계배분법을 사용할 경우 보조부문 배부 순서에 따라 각 보조부문에 배분되는 금액이 달라짐.

12 ④ 종합원가계산은 여러 공정에 걸쳐 생산하는 경우 적용이 용이함.

13 ④ 증여로 사업자 명의가 변경될 경우 폐업하고 신규 사업을 개설하는 것이므로 기존 사업자등록은 반납하고 신규 사업자등록을 발급받아야 함.

14 ③ 영세율이 적용되면 매출세액은 0원, 매입세액은 전액 환급받으므로 완전면세를 받을 수 있음.

15 ② 도매업은 규모가 있으므로 세금계산서 발급 대상임.

[110회 - 실무]

01 [1] [기초정보관리] - [거래처등록] - 금융기관 탭 클릭 후 아래 내용 입력

• 코드: 99850	• 거래처명: 하나카드	• 유형: 2.매입
• 카드번호: 5531-8440-0622-2804	• 카드종류: 3.사업용카드	

[2] [기초정보관리] - [계정과목및적요등록] - 812.여비교통비에 적요 등록

- 현금적요 NO.6: 야근 시 퇴근택시비 지급
- 대체적요 NO.3: 야근 시 퇴근택시비 정산 인출

[3] • [전기분원가명세서] 511.복리후생비 9,000,000원 → 10,000,000원 수정, 당기제품제조원가 94,200,000원 → 95,200,000원 변경 확인
 • [전기분손익계산서] 당기제품제조원가 94,200,000원 → 95,200,000원 수정, 제품매출원가 131,550,000원 → 132,550,000원 수정, 판매관리비의 복리후생비 30,000,000원 → 29,000,000원 수정, 당기순이익 61,390,000원 확인
 • [전기분잉여금처분계산서], [전기분재무상태표]는 당기순이익이 변동없으므로 수정사항 없음.

02 [1] 당좌수표를 발행하면 당좌예금이 감소함.

07.04	(차) 외상매입금(나노컴퓨터)	5,000,000	(대) 외상매출금(나노컴퓨터)	3,000,000
			당좌예금	2,000,000

[2] 주식배당은 피투자회사의 이익잉여금 감소, 자본금 증가 → 총자본 불변이므로 투자한 회사 입장에서는 가치의 변화가 없음. 따라서 현금배당만 배당금수익 인식하고 주식배당에 대해서는 분개처리 하지 않음.

09.15	(차) 보통예금	1,000,000	(대) 배당금수익(903)	1,000,000

(*) 현금배당액: 1,000주 × 1,000원 = 1,000,000원

[3] 받을어음 할인수수료는 매출채권처분손실(영업외비용) 처리함.

10.05	(차) 매출채권처분손실(956)	55,000	(대) 받을어음((주)영춘)	5,000,000
	보통예금	4,945,000		

[4] 업무에 필요한 상공회의소 회비는 세금과공과 처리

10.30	(차) 세금과공과(판매관리비)	500,000	(대) 보통예금	500,000

[5] 사채 상환 시 덜 지급한 20만 원은 사채상환이익(영업외수익) 처리

12.12	(차) 사 채	10,000,000	(대) 보통예금	9,800,000
			사채상환이익(911)	200,000

[6] 이자수령 시 미리 납부한 원천징수세액은 선납세금 처리

12.21	(차) 선납세금(136.당좌자산)	77,000	(대) 이자수익(영업외수익)	500,000
	보통예금	423,000		

03 **[1]** 유형: '11.과세', 전자세금계산서 발행하는 과세 매출

유형: 11.과세, 공급가액: 3,000,000원, 부가세: 300,000원, 거래처: 성심상사, 전자: 여, 분개: 혼합				
07.11	(차) 외상매출금(성심상사)	2,300,000	(대) 제품매출	3,000,000
	현금	1,000,000	부가세예수금	300,000

[2] 유형: '51.과세', 과세인 건물매입과 면세인 토지매입이 동시에 이루어지면 '51.과세'로 입력

유형: 51.과세, 공급가액: 200,000,000원, 부가세: 20,000,000원, 거래처: ㈜대관령, 전자: 여, 분개: 혼합				
08.25	(차) 건물	200,000,000	(대) 선급금((주)대관령)	37,000,000
	부가세대급금	20,000,000	보통예금	333,000,000
	토지	150,000,000		

(*) 이 문제는 전산회계 1급 수준을 살짝 넘으니 과감히 패스

[3] 유형: '61.현과', 현금영수증 수취한 과세 물품 구입

유형: 61.현과, 공급가액: 350,000원, 부가세: 35,000원, 거래처: 골드팜㈜, 분개: 혼합				
09.15	(차) 소모품비(판매관리비)	350,000	(대) 보통예금	385,000
	부가세대급금	35,000		

[4] 유형: '51.과세', 전자세금계산서 수취한 과세 물품 구입, 상거래 이외 외상매입은 미지급금 계정과목 사용

유형: 51.과세, 공급가액: 15,000,000원, 부가세: 1,500,000원, 거래처: 경하자동차㈜, 전자: 여, 분개: 혼합				
09.30	(차) 차량운반구	15,000,000	(대) 미지급금(경하자동차(주))	16,500,000
	부가세대급금	1,500,000		

(*) 1,000cc 이하 소형승용차를 매입세액공제를 받을 수 있음.

[5] 유형: '55.수입', 원재료 수입하면서 세관에 수입부가가치세 현금 납부

유형: 55.수입, 공급가액: 8,000,000원, 부가세: 800,000원, 거래처: 인천세관, 전자: 여, 분개: 혼합				
10.17	(차) 부가세대급금	800,000	(대) 보통예금	800,000

(*) '55.수입'을 입력하면 부가가치세만 분개처리됨.

[6] 유형: '14.건별', 증빙 없이 과세 물품 판매

유형: 14.건별, 공급가액: 90,000원, 부가세: 9,000원, 분개: 혼합				
10.20	(차) 현금	99,000	(대) 제품매출	90,000
			부가세예수금	9,000

04

[1] 일반전표 오류 수정: 원천징수세액(예수금) 누락

수정 전	08.31	(차) 이자비용(영업외비용)	362,500	(대) 보통예금	362,500
수정 후	08.31	(차) 이자비용(영업외비용)	500,000	(대) 보통예금 예수금(254)	362,500 137,500

[2] 매입매출전표 오류 수정: 자본적 지출 → 수익적 지출

수정 전	유형: 51.과세, 공급가액: 700,000원, 부가세: 70,000원, 거래처: 영포상회, 전자: 여, 분개: 혼합				
	11.30	(차) 건 물 부가세대급금	700,000 70,000	(대) 보통예금	770,000
수정 후	유형: 51.과세, 공급가액: 700,000원, 부가세: 70,000원, 거래처: 영포상회, 전자: 여, 분개: 혼합				
	11.30	(차) 수선비(제조원가) 부가세대급금	700,000 70,000	(대) 보통예금	770,000

05

[1] 소모품 구입 시 전액 자산 처리: 기말 기준으로 사용된 소모품은 소모품비(비용) 처리

12.31	(차) 소모품비(판매관리비) 소모품비(제조원가)	625,000 1,875,000	(대) 소모품	2,500,000

(*) 소모품 사용액: 3,000,000(총구입액) - 500,000(기말 잔액) = 2,500,000원 → 판매관리비: 2,500,000 × 25% = 625,000원, 제조원가: 2,500,000 × 75% = 1,875,000원

[2] 현금 대신 계상되어 있던 현금과부족 없애면서 원인을 알 수 없는 금액은 잡손실 처리

12.31	(차) 차량유지비(판매관리비) 잡손실(영업외비용)	150,000 85,000	(대) 현금과부족	235,000

[3] 매출원가는 [결산자료입력] 창에서 자동분개로 입력하는 것이 편함.
① 원재료 금액: 9,500개 × 1,000원 = 9,500,000원 ⇐ 「기초 + 당기 매입 - 기말재고 = 매출원가」이므로 정상적인 수량차이는 매출원가에 포함시키기 위해서는 기말재고 금액을 실제 원재료 금액으로 입력해야 매출원가 금액이 늘어남.
② [결산자료입력] 기간 1월 ~ 12월 입력 → 제품매출원가의 원재료 칸에 9,500,000원, 기말재공품 칸에 8,500,000원, 제품 칸에 13,450,000원 입력 → F3 전표 추가 클릭
　재고자산 감모가 포함된 매출원가 계산문제는 전산회계 1급 범위를 살짝 넘어서니 패스해도 상관없음.

06

[1] 재무상태표: 40,465,000원
[재무상태표] ⇒ 조회기간: 5월 ⇒ 계정과목: 외상매출금 107,700,000원, 외상매입금 67,235,000원 확인, 차이금액 107,700,000 - 67,235,000 = 40,465,000원

[2] 부가가치세신고서: 48,450,000원
[부가가치세신고서] ⇒ 조회기간: 4월 1일 ~ 6월 30일 ⇒ 과세표준및매출세액 영세 부분의 세금계산서발급분 금액(38,450,000원)과 기타 금액(10,000,000원) 합계

[3] 일계표(월계표): 도서인쇄비, 10,000원
[일계표(월계표)] ⇒ 기간: 6월 1일 ~ 6월 30일 조회, 발생액이 가장 큰 도서인쇄비 확인

[109회 - 이론]

01 ④ 재무회계는 회계기준에 따라 재무제표를 작성하여 주주, 투자자, 채권자 등 회계정보 이용자에게 제공하는 것임. ① 관리자의 경영활동 정보를 제공하는 것은 관리회계, ②③국세청 대상 회계정보 제공, 법인세 등 세무보고서 작성은 세무회계에 대한 설명임.

02 ④ 단기매매증권은 당좌자산으로 분류함.

03 ② 재고자산 취득 과정에서 발생한 매입할인, 매입에누리는 매입가액에서 차감하여 계산함.

04 ② 자본적 지출을 수익적 지출로 처리: 자산 과소 계상, 비용 과대 계상 → 당기순이익 과소 계상 → 자본 과소 계상

05 ①
- 자기주식 가액: 200주 × 7,000원 = 1,400,000원, 소각 전 감자차익 200,000원, 자본금 1,000,000원(200주 × 5,000원), 이를 분개하면 다음과 같음.
- 소각시 감가차손: 자기주식(1,400,000) - 자본금(1,000,000) - 감자차익(200,000) = 200,000원

(차) 자본금	1,000,000	(대) 자기주식	1,400,000
감자차익	200,000		
감자차손	200,000		

06 ④ 수익, 비용은 순액이 아니라 각각 총액으로 보고하는 것이 원칙임.

07 ③ 선수금(매출계약금)을 매출로 처리 → 유동부채 과소 계상, 수익 과대 계상 → 당기순이익 과대계상

08 ③ 자본금은 반드시 액면금액으로만 표시함. 기초자본금 50,000,000원 + 유상증자 10,000,000원(2,000주 × 액면 5,000원) = 60,000,000원

09 ① 생산공장의 전기요금은 제조원가, 영업용 사무실 전기요금, 마케팅부서 교육연수비는 판매관리비, 생산공장 기계장치 처분손실은 영업외비용임.

10 ③ 보조부문간 상호 관계를 완벽히 고려한 배부 방법은 상호배분법임.

11 ② 직접재료원가: 기초원재료(1,200,000) + 당기원재료매입액(900,000) - 기말원재료(850,000) = 1,250,000원

12 ③
- 직접원가: 직접재료원가 800,000 + 직접노무원가 200,000 = 1,000,000원
- 제조간접비 배부율: 500,000원 ÷ 1,000,000원 = 0.5원/직접원가 당
- No 1 제조간접비 배부액: (직접재료원가 400,000 + 직접노무원가 150,000) × 0.5원 = 275,000원

13 ④ 간이과세자 판단기준은 직전 연도 공급대가인데 직전 연도 공급대가 집계하여 간이과세자 통보를 하는 것이 5월임. 따라서 ③ 일반과세자 → 간이과세자: 변경되는 해의 7월 1일부터 간이과세가 적용됨. ④ 간이과세자 → 일반과세자: 변경되는 해의 7월 1일부터 일반과세가 적용되므로 변경되는 해의 간이과세 기간은 1.1 ~ 6. 30임.

14 ① 세금계산서 필요적 기재사항은 공급하는 자의 사업자등록번호성명(명칭), 공급받는 자의 사업자등록번호, 공급가액과 부가가치세액, 작성연월일임. 공급연월일은 필요적 기재사항이 아님.

15 ② 상품권은 상품권 판매시점이 아니라 상품권이 회수되어 재화용역이 공급되는 시점이 공급시기임.

[109회 - 실무]

01 [1] [기초정보관리] - [거래처등록] - 일반거래처 탭 클릭 후 아래 내용 입력

• 코드: 01230	• 거래처명: 태형상사	• 유형: 3.동시
• 사업자등록번호: 107-36-25785	• 대표자성명: 김상수	• 업태: 도소매
• 종목: 사무기기	• 사업장주소: 서울시 동작구 여의대방로10가길 1(신대방동)	

[2] [거래처별초기이월] 클릭

- 받을어음: ㈜원수 10,000,000원 → 15,000,000원으로 수정
- 단기차입금: ㈜이태백 10,000,000원 추가입력, ㈜빛날통신 3,000,000원 → 13,000,000원으로 수정

[3]
- [전기분원가명세서] 보험료(제조원가) 1,000,000원 추가입력, 당기제품제조원가 93,000,000원 → 94,000,000원 금액 변경 확인
- [전기분손익계산서] 제품매출원가의 당기제품제조원가 93,000,000원 → 94,000,000원으로 수정, 매출원가 금액 120,350,000원 → 121,350,000원 변경 확인, 보험료(판매관리비) 3,000,000원 → 2,000,000원으로 수정, 당기순이익 356,150,000원 변동 없음 확인
- [전기분잉여금처분계산서], [전기분재무상태표]는 당기순이익이 변동 없으므로 수정사항 없음.

02 [1] 제품을 판매하지 않고 타 용도로 이용 시 「적요8. 타계정으로 대체」 반드시 입력

08.20	(차) 기부금(영업외비용)	2,000,000	(대) 제 품	2,000,000
			(적요8.타계정으로 대체액)	

[2] 상환 받은 금액은 채무상환이익(영업외수익) 계정과목 사용

09.02	(차) 단기차입금(전마나)	20,000,000	(대) 보통예금	15,000,000
			채무면제이익(영업외수익)	5,000,000

[3] 타인발행 당좌수표는 당장 사용이 가능한 현금이며 받을어음 거래처는 발행처인 ㈜수원 입력

10.19	(차) 외상매입금((주)용인)	2,500,000	(대) 현 금	1,500,000
			받을어음((주)수원)	1,000,000

[4] 직원부담금은 지난달에 미리 원천징수하여 예수금으로 처리했으므로 예수금 상계처리

11.06	(차) 예수금(254)	270,000	(대) 현 금	601,500
	보험료(제조원가)	221,000		
	보험료(판매관리비)	110,500		

(*) 회사 부담분 중 제조부 금액은 제조원가, 마케팅부 금액은 판매관리비 처리

[5] 직원 소유 확정기여형(DC) 퇴직연금 계좌에 납부하면 퇴직금 지급 처리

11.11	(차) 퇴직급여(판매관리비)	6,800,000	(대) 보통예금	7,000,000
	수수료비용(판매관리비)	200,000		

[6] 단기매매증권 처분이익: 처분금액 5,000,000원(500주 × 10,000원) - 장부가액 4,000,000원(500주 × 8,000원) - 수수료 250,000원 = 750,000원

12.03	(차) 보통예금	4,750,000	(대) 단기매매증권	4,000,000
			단기매매증권처분이익(영업외수익)	750,000

(*) 유가증권 처분 시 수수료비용은 별도 비용처리 않고 처분금액에서 가감함.

03

[1] 유형: '57.과세', 신용카드로 결제하고 과세 물품 매입

유형: 57.카과, 공급가액: 200,000원, 부가세: 20,000원, 거래처: 저팔계산업, 분개: 혼합, 신용카드사: 하나카드				
07.28	(차) 복리후생비(판매관리비)	200,000	(대) 미지급금(하나카드)	220,000
	부가세대급금	20,000		

[2] 유형: '11.과세', 전자세금계산서 발급하고 과세 기계장치 매출, 상거래 이외 외상미수금은 미수금 계정과목 사용

유형: 11.과세, 공급가액: 13,500,000원, 부가세: 1,350,000원, 거래처: 보람테크㈜, 전자: 여, 분개: 혼합				
09.03	(차) 현금	4,850,000	(대) 기계장치	50,000,000
	미수금(보람테크)	10,000,000	유형자산처분이익	1,500,000
	감가상각누계액(기계장치)	38,000,000	부가세예수금	1,350,000

(*) 유형자산처분이익: 처분가액 13,500,000원(부가세 제외금액으로 계산) - 장부가액 12,000,000원(50,000,000 - 38,000,000) = 1,500,000원

[3] 유형: '51.과세', 전자세금계산서 발급받고 과세 물품 매입

유형: 51.과세, 공급가액: 5,000,000원, 부가세: 500,000원, 거래처: 마산상사, 전자: 여, 분개: 혼합				
09.22	(차) 원재료	5,000,000	(대) 받을어음((주)서울)	2,000,000
	부가세대급금	500,000	외상매입금(마산상사)	3,500,000

[4] 유형: '12.영세', 구매확인서에 의한 내국 수출

유형: 12.영세, 공급가액: 70,000,000원, 거래처: NICE Co.,Ltd, 전자: 여, 분개: 혼합, 영세율구분: ③ 내국신용장·구매확인서에 의하여 공급하는 재화				
10.31	(차) 보통예금	35,000,000	(대) 제품매출	70,000,000
	외상매출금(Nice Co.,Ltd)	35,000,000		

[5] 유형: '54.불공', 거래처 선물을 위한 지출은 매입세액공제를 받을 수 없음.

유형: 54.불공, 공급가액: 1,500,000원, 부가세: 150,000원, 거래처: 손오공상사, 전자: 여, 분개: 혼합, 불공제사유: ④ 기업업무추진비 및 이와 유사한 비용 관련				
11.04	(차) 기업업무추진비(판매관리비)	1,650,000	(대) 미지급금(손오공상사)	1,650,000

(*) 상거래 이외 외상매입이므로 미지급금 계정과목 사용

[6] 유형: '54.불공', 토지의 취득 관련 비용은 매입세액공제를 받을 수 없음.

유형: 54.불공, 공급가액: 50,000,000원, 부가세: 5,000,000원, 거래처: ㈜만듬건설, 전자: 여, 분개: 혼합, 불공제사유: ⑥ 토지의 자본적지출 관련				
12.05	(차) 토지	55,000,000	(대) 선급금((주)만듬건설)	5,500,000
			미지급금((주)만듬건설)	49,500,000

(*) 상거래 이외 외상매입이므로 미지급금 계정과목 사용

04 [1] 일반전표 오류 수정: 수선비 → 미지급금 상환

수정 전	11.10	(차) 수선비(제조원가)	880,000	(대) 보통예금	880,000
수정 후	11.10	(차) 미지급금(가나상사)	880,000	(대) 보통예금	880,000

(*) 직원 결혼축의금은 복리후생비임.

[2] 매입매출전표 오류 수정: 직수출 → 내국수출

수정 전	유형: 16.수출, 공급가액: 10,000,000원, 거래처: ㈜강서기술, 전자: 부, 분개: 혼합, 영세율구분: ① 직수출(대행수출 포함)				
	12.15	(차) 외상매출금((주)강서기술)	10,000,000	(대) 제품매출	10,000,000
수정 후	유형: 12.영세, 공급가액: 10,000,000원, 거래처: ㈜강서기술, 전자: 여, 분개: 혼합, 영세율구분: ③ 내국신용장·구매확인서에 의하여 공급하는 재화				
	12.15	(차) 외상매출금((주)강서기술)	10,000,000	(대) 제품매출	10,000,000

05 [1] 미수이자 인식: 50,000,000원 × 6% × 9개월/12개월 = 2,250,000원

12.31	(차) 미수수익(116, 당좌자산)	2,250,000	(대) 이자수익(영업외수익)	2,250,000

[2] 기간경과 하지 않은 임차료 선급비용(자산) 인식: 3,600,000 × (3개월/12개월) = 900,000원

12.31	(차) 선급비용(133,당좌자산)	900,000	(대) 임차료(제조원가)	900,000

(*) 임차료 지급시 전액 비용처리 했으므로 미경과분 만큼 자산 인식하고 비용 취소

[3] 단기매매증권 평가손실 인식: 기말가액(73,000,000) − 취득가액(75,000,000) = 2,000,000원

12.31	(차) 단기매매증권평가손실(영업외비용)	2,000,000	(대) 단기매매증권	2,000,000

06 [1] 총계정원장: 3,000,000원

[총계정원장] ⇒ 조회기간: 1월 ~ 6월 ⇒ 계정과목: 판매관리비의 급여 조회 ⇒ 가장 많은 3월 8,400,000원, 가장 적은 1월 5,400,000원 조회. 차이금액 3,000,000원(8,400,000 - 5,400,000)

[2] 거래처원장: 8,140,000원
- 3월 매출 조회: [거래처원장] ⇒ 기간: 3월 1일 ~ 3월 31일 ⇒ 계정과목: 404.제품매출, 거래처: 일천상사 ⇒ 대변합계 13,000,000원
- 4월 매출 조회: [거래처원장] ⇒ 기간: 4월 1일 ~ 4월 31일 ⇒ 계정과목: 404.제품매출, 거래처: 일천상사 ⇒ 대변합계 4,860,000원
- 3월 대비 4월 감소액: 8,140,000원(13,000,000 - 4,860,000)

[3] 세금계산서합계표: 6매, 10,320,000원

[세금계산서합계표] ⇒ 매출, 기간: 1월 ~ 3월 조회 ⇒ 서산상사에 발행한 세금계산서 매수, 금액 확인

Q PASS

콕콕 정교수
전산회계 1급

- 합격에 필요한 내용만 콕콕 수록
- KcLep실습프로그램 완벽반영
- 단숨에 읽히는 대화식 교재구성
- 출제위원급 공인회계사 저자의 명쾌한 강의